율곡 이이(1536~1584) 표준영정 김은호. 1975. 강릉 오죽헌 소장.

율곡 이이 동상 강릉 오죽헌 유적

어머니 신사임당 동상 강릉 오죽헌 유적

강릉 오죽헌 자경문(自警門) 오죽헌 유적 입구를 들어서면 이이 동상이 보이고 오른쪽으로 자경문(삼문)이 있다. 자경문을 돌아가면 신사임당 동상이 보이고 오죽헌 입지문(立志門, 삼문)이 있다. 이 문을 들어서면 오죽헌 광장에 유물전시관, 오죽헌을 들어가기 위한 사주문이 있다.

▲ 오죽헌·몽룡실
별채인 오죽헌은 신사임당과 이이가 태어난 곳. '오죽헌'은 뜰에 검은 대나무가 많다 하여 붙여진 이름. 오른쪽 '몽룡실'은 신사임당이 율곡을 가질 때와 출산할 때 모두 용꿈을 꾸었다 하여 붙여진 이름. 이곳에서는 신사임당 영정이 모셔져 있다. 사주문을 들어서면 바로 왼쪽에 있다. 오른쪽에 대나무 숲이 보인다.

▶오죽헌 검은대나무숲

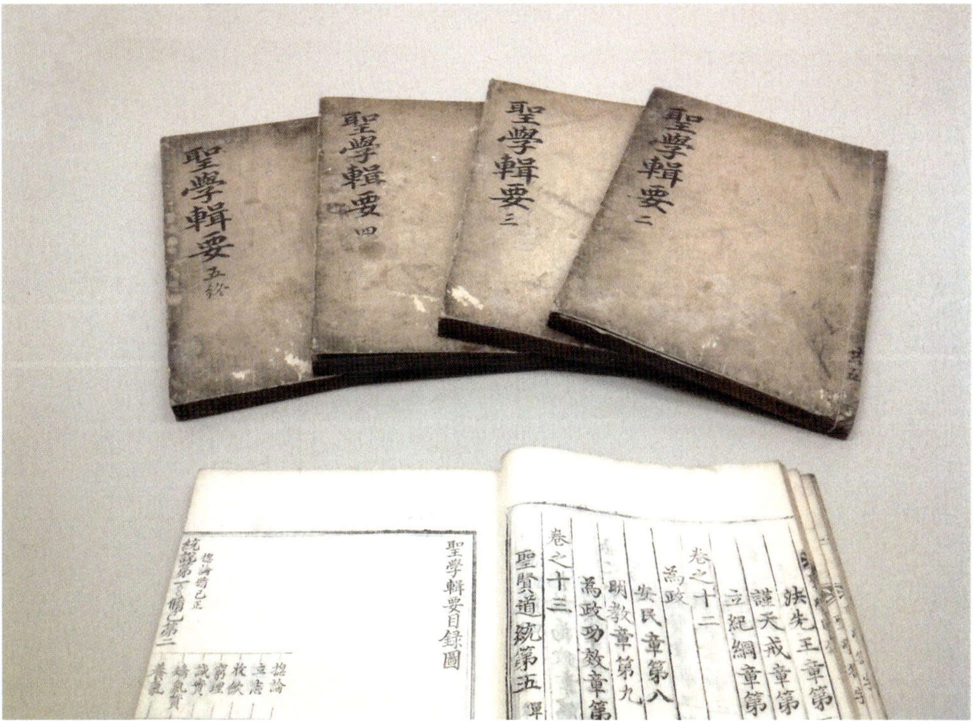

《성학집요》(1575) 제왕의 학문을 위해 선조에게 지어 바친 책.

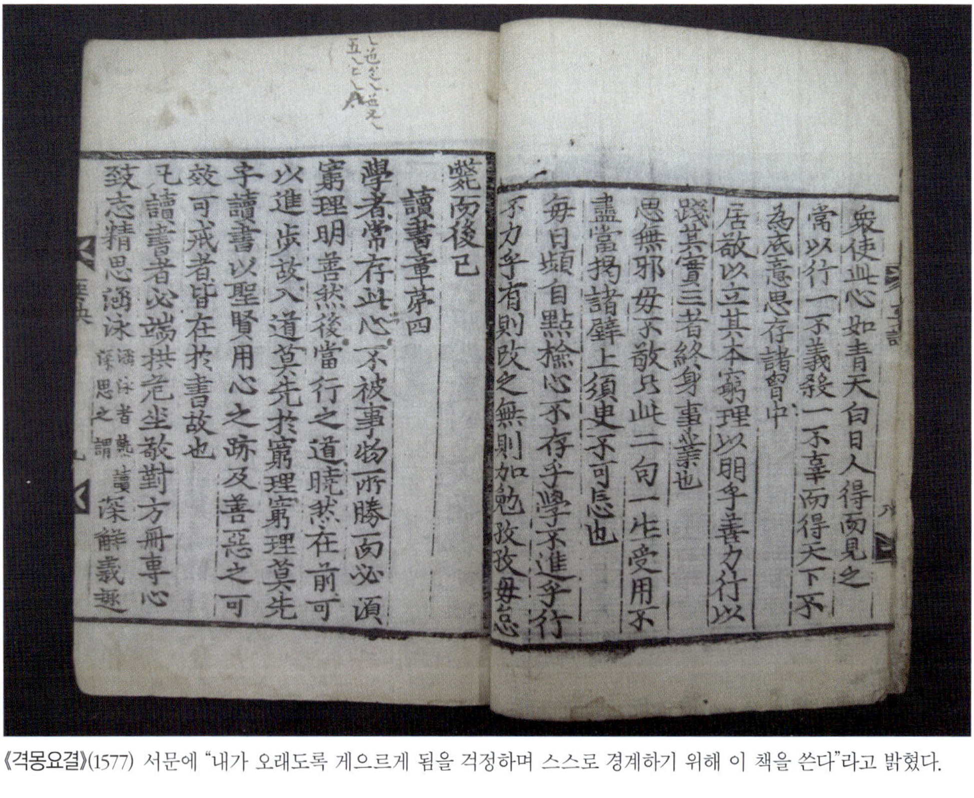

《격몽요결》(1577) 서문에 "내가 오래도록 게으르게 됨을 걱정하며 스스로 경계하기 위해 이 책을 쓴다"라고 밝혔다.

World Book 30

李珥
聖學輯要/擊蒙要訣
성학집요/격몽요결
이이/고산 역해

동서문화사

디자인 : 동서랑 미술팀/표지그림 : 冊架文房図屛風

성학집요/격몽요결
차례

성학집요
성학집요〔箚子〕를 올리는 글 … 11
서 … 19
일러두기 … 23

1편 통설(通說) 《성학집요》 개괄 … 26

2편 자신을 수양하라〔修己〕… 36
총론 … 36
뜻을 세움에 대하여〔立志〕… 38
마음을 단속함에 대하여〔收斂〕… 46
이치를 연구하는 학문에 대하여〔窮理〕… 56
성실함에 대하여〔誠實〕… 129
기질 바로잡음에 대하여〔矯氣質〕… 136
기운을 기름에 대하여〔養氣〕… 147
마음 바르게 함에 대하여〔正心〕… 155
자신의 몸 다스림에 대하여〔檢身〕… 181
덕량을 넓힘에 대하여〔恢德量〕… 189
사람을 통하여 자신의 덕을 키움에 대하여〔輔德〕… 196
처음과 끝이 돈독함에 대하여〔敦篤〕… 213
수양 효과에 대하여〔修己功效〕… 219

3편 집안을 바르게 하라〔正家〕… 231
총론… 231
효도하고 공경함에 대하여〔孝敬〕… 234
아내를 바르게 함에 대하여〔刑內〕… 259
자식을 바르게 가르침에 대하여〔敎子〕… 271
친족과 친함에 대하여〔親親〕… 283
근엄한 몸가짐에 대하여〔謹嚴〕… 287
절약과 검소에 대하여〔節儉〕… 302
집안을 바로잡는 효과에 대하여〔正家功效〕… 307

4편 정치를 바로 행하라〔爲政〕… 312
총론… 312
어진 이를 등용함에 대하여〔用賢〕… 330
좋은 것을 취함에 대하여〔取善〕… 379
시급함을 앎에 대하여〔識時務〕… 385
선왕을 본받음에 대하여〔法先王〕… 393
하늘이 내려 준 계율을 조심함에 대하여〔謹天戒〕… 402
기강을 세움에 대하여〔立紀綱〕… 410
백성을 평안케 함에 대하여〔安民〕… 418
교육을 널리 밝힘에 대하여〔明敎〕… 446
올바른 정치를 펴는 효과에 대하여〔爲政功效〕… 464

5편 도를 전하는 성현의 계통〔聖賢道統〕… 472

격몽요결
시작하는 글
제1장 뜻을 세우고 정진함〔立志〕… 530
제2장 낡은 습관을 고침〔革舊習〕… 531
제3장 배우는 자세〔持身〕… 532
제4장 배움의 방법〔讀書〕… 535
제5장 부모를 섬김〔事親〕… 537
제6장 장례 절차와 법도〔喪制〕… 539
제7장 제사 모시는 절차〔祭禮〕… 542
제8장 집안을 다스림〔居家〕… 543
제9장 사람을 사귀는 예절〔接人〕… 547
제10장 선비로서 세상사는 법〔處世〕… 549

시와 부
시(詩) … 553
부(賦) … 561

율곡 이이 생애와 사상
1 율곡의 생애 … 567
2 율곡의 학문과 사상 … 588
연보 … 616

성학집요

성학집요〔箚子〕*1를 올리는 글

　홍문관 부제학 신 이이(李珥)는 조심스럽게 생각하여 아룁니다. 미천한 소신이 하늘과 땅처럼 넓은 임금의 은덕을 입었으니, 바다와 같이 깊은 은혜와 태산처럼 큰 의리의 무거움을 느낍니다. 신은 지혜와 정성을 다하여 전하께 만분의 일이라도 보답하고자 하나, 기품이 이미 흐려진 데다가 배운 바가 얕아서, 재주는 실제와 거리가 멀어 실용적이지 못하고 학문은 거칠어서 실효를 거둘 수 없습니다. 그리하여 욕되게도 안으로 전하를 가까이 모시면서는 전하의 치도(治道)를 도와 빛내지 못하고, 부끄럽게도 밖으로 지방 수령(守令)이 되어서는 전하의 덕치(德治)를 베풀어 펴지 못하였습니다. 백 번 생각해도 물러나 초야로 돌아감이 옳을 듯 하나, 다만 전하를 사랑하는 일념이 마음 깊이 내려 있어 아무리 떨쳐 버리려 해도 되지 않습니다. 그리하여 주저하며 전하를 사모하는 마음으로 벼슬에서 물러났다가도 다시 나오니, 어리석으나마 전하께 정성을 다하여 조금이라도 보탬이 되어야만 신의 마음이 편할 것 같습니다.
　생각건대 제왕(帝王)의 도(道)는 백성의 미묘한 마음에 근본하는 것으로서, 그것은 문자(文字)에 분명히 실려 있습니다. 성현들이 계속 나와 그들이 처한 시대에 따라 언설(言說)을 베풀어 도리를 반복적으로 규명함으로써 책들이 수없이 쏟아져 나왔으니, 어느 것인들 도를 실은 글이 아니겠습니까? 앞으로 성현이 다시 나온다 하더라도 더 이상 할 말이 없을 것입니다. 그러므로 다만 앞서 간 성현들의 언설을 기초로 도리를 탐색하고 밝히며, 이를 실행에 옮겨 수신(修身) 및 치인(治人)의 일을 다하기만 하면 그로써 족할 것입니다. 후세에 와서 도학(道學)이 밝혀지지 않고 실행되지 않는 것은 학자들이 독서를 게을리하기 때문입니다. 그것은 그들이 도리를 살핌에 있어서 정밀하지 못하기 때문이며, 그들의 식견이 넓지 못하기 때문이 아닙니다. 즉 도리의 실천에 있어서 정성을 다하지 못하기 때문입니다. 그런데 그들의 성찰이 정밀하지 못한 것은 요점을 파악하지 못하는 데 기인하고, 한편 실천이 독실하지 못한 것은 그들의 성의를 다하지 않기 때문입니다. 요점을 파악해야만 그 맛을 알 수 있으며, 맛을 알아야만 성의를 다할 수 있습니다.

신은 오래 전부터 이러한 생각을 해왔습니다. 그래서 일찍이 책 한 권을 편집하여 요점 파악의 자료로 삼아 위로는 전하께 올리고 아래로는 후생(後生)들을 가르치고자 하였습니다만, 생각해 보니 부끄러운 점이 많아 그것도 마음속 뜻으로만 그치고 말았습니다. 신이 계유년(癸酉年)에 소명(召命)을 받고[2] 감히 굳이 사양할 수 없어서 직무를 맡았을 때, 다만 남들 따라 행하다 보니 나라에 이룬 공은 없고 학문을 향한 신의 정진도 손해만 입었습니다. 크나큰 은혜를 저버린지라 책임을 피할 길이 없음을 스스로 탄식하다가, 이제야 책 한 권을 편집할 계획을 세워 경전(經傳)들을 탐색하고 사서(史書)들을 발췌하였으나 반도 이루지 못한 채 병을 얻어 전하의 곁을 떠나게 되었습니다. 그러나 시골에 머물면서도 그 뜻을 버릴 수 없어 한가한 중에 작업을 계속하였습니다. 다만 책의 편집을 탈고하기 전에 또 관찰사(觀察使)의 명을 받고는[3] 잡무에 시달린 관계로 그에 온전히 노력을 기울일 수 없었습니다. 게다가 병도 생겨 여러 달 동안 손을 못 대다가 올해[4] 가을에 이르러서야 편집을 마치고 그 이름을 《성학집요》라 하였습니다.

제왕의 학문의 본말(本末)과 정치의 먼저 할 것 나중 할 것, 명덕(明德)의 실효와 신민(新民)의 실상[5]이 대략 그 내용 안에 드러나 있습니다. 그러므로 미세한 점을 미루어 대체(大體)를 알고, 어떤 것을 토대로 또 다른 것을 밝힌다면 천하의 도가 실로 이를 벗어나지 않을 것입니다. 이 책은 신이 쓴 글이 아닙니다. 성현들이 쓴 글입니다. 신의 식견이 낮아 편집의 순서가 틀렸을 수도 있습니다만, 다만 한 구절 한 구절이 모두 약과 같아서 우리 몸에 절실한 교훈이 아닌 것이 없습니다. 정자(程子)의 말씀에 "학문은 깊지 않지만 말이 훌륭한 사람이 있을 때, 그의 말을 좇아 나아가면 도에 들 수 있다" 했듯이, 설령 이 글이 부족한 신의 손에서 나온 것이라고 하더라도 좋은 말까지 버려서는 안 될 것입니다. 하물며 이 말들은 신의 말이 아닌 성현들의 말씀일진대 더 말할 것도 없습니다. 그러므로 참으로 외람된 일이지만 삼가 세 책을 흰 보자기에 싸서 엎드려 전하께 올립니다. 만약 전하께서 한가하실 때에 이 책을 보시면서 성현들의 말씀을 깊이 음미하시고 학문적 노력을 계속하시어, 고명(高明)하고 인품이 후한 경지에 이르신다면 소신의 충성하고자 하는 뜻이 미미하나마, 조금이나마 이루어질 것입니다.

생각건대, 제왕의 학문은 기질을 변화시키는 것이 가장 절실한 일이며,*6 제왕의 정치는 성의를 다해 현자를 등용하는 것이 가장 급선무입니다. 이때 기질을 변화시키는 데에는 자신의 병통을 살펴 처방하는 일이 중요하며, 한편 성의를 다해 현자를 등용하는 데에는 임금과 신하 사이를 없애는 것이 근본입니다. 엎드려 살피건대, 전하께서는 총명 예지가 범상함을 훨씬 넘으시고, 효도와 우애, 공손함과 검소함을 천성적으로 행하시며, 호색(好色)하는 마음이나 이욕심(利慾心)을 근본적으로 끊어 버리시니, 지난 역사 속에서는 전하에 비견할 만한 임금이 드뭅니다. 신이 전하께 마음을 쏟고 또 정(情)을 맺어서, 전하의 덕이 성취되어 전하께서 성군이 되실 것을 꼭 기대하는 것은 바로 이 점 때문입니다. 다만 전하께서는 재기(才氣)가 너무 드러나 선(善)을 받아들이는 도량이 넓지 못하시고, 또 노여움을 쉽게 발하시어 남 이기기를 좋아하는 사심을 버리지 못하시는 병통이 있으십니다. 만약 이러한 병통을 다스리지 못하시면 실로 도에 들기 어려울 것입니다. 이 점 때문에 부드럽고 공손하게 말하는 이들은 전하에 의해 많이들 용납되고, 반면에 직언을 하며 전하의 잘못을 지적하는 이들은 꼭 전하와 멀어지고 맙니다. 이것은 자기를 낮추어 남을 따르는 도리가 아닐 것입니다.

이제 드러난 일로써 예를 들어 본다면, 전하께서는 부녀자들과 내시들에게 본디 근엄하시어, 그들에게 조금도 마음을 얽매이거나 연연해하지 않으십니다. 그런데 혹 누가 그들에 대한 전하의 편애(偏愛)를 지적하는 사람이 있으면, 전하는 곧 언성을 높이시며 도리어 그들을 더 편애하는 뜻을 보이십니다. 또 나랏일이 날로 기울어짐에 개혁의 뜻을 가지시다가도 누가 전하의 보수성을 지적하기만 하면, 전하는 곧 더욱 완고하게 보수의 뜻을 보이십니다. 무릇 전하의 발언이나 처사가 이런 식입니다. 이러한 일들은 아랫사람들이 전하의 진심을 모르기 때문에 일어나는 것이긴 하지만, 또한 전하의 도량이 넓지 못하고 사심을 극복하지 못한 데에도 원인이 있습니다. 옛 성왕(聖王)들은 그렇지 않았습니다. 순(舜)임금은 결코 게으르거나 남을 업신여기거나 학대하는 일이 없었는데도, 그의 신하 백익(伯益)은 순임금에게, "거만하게 굴지 말라" 훈계했습니다. 또 무왕(武王)은 사소한 일이라도 반드시 신중히 처리했습니다만, 그의 신하 소공(召公)은 무왕에게, "산을 만드는 데 마지막 흙 한 삼태기 가져다 붓지 않음으로써 일이 무위로 끝난다" 훈계하였습니다. 위대한 순임금이요 무왕이었음에도 이와 같은 훈계를 겸허하게 받아들이면서, 오히려 군신(君臣) 간에 조금이라도 서로를 알지 못하는 점이 없는가 걱정했습니다.

지금 전하는 자질이 순수하시고 학문이 고명하시니, 전하가 순임금이나 무왕 같은 성왕이 되는 것을 어느 누구든 감히 막을 수 있겠습니까. 그런데 어찌하여 뜻을 세움이 독실하지 못하시고 선을 받아들임이 넓지 못하십니까? 신하들이 전하의 잘못을 바로잡아 전하를 바른 길로 나아가게 하고자 하면 전하는 꼭 '서로를 알지 못하기 때문에 그런 것'이라고 의심하십니다. 또 전하께 선한 말을 아뢰고 이상적인 일을 하시도록 권면해서 전하를 요순(堯舜)의 도로써 이끌어 가려 하면 전하는 꼭, '감당하기 어렵다' 하시며 물러서 버리십니다. 전하는 한가한 가운데 홀로 계실 때에 어떤 책을 즐겨 읽으시며 어떤 일에 힘쓰시는가요? 뛰어난 자질을 길러 발휘하지 못하시고 깊은 병을 치료하지 못하신다면, 그것은 비단 신하들의 아픔일 뿐만 아니라 아마도 하늘에 계신 선조들의 근심이 될 것입니다.

엎드려 바라건대, 전하는 큰 뜻을 먼저 세우시고 반드시 성현들을 모범으로 하시어 이상 사회에 목표를 두십시오. 이를 위해 독서에 전념하고 정밀히 하실 것이며, 사물에 나아가서는 그 이치를 연구하시길 바랍니다. 혹 전하의 마음에 거슬리는 말을 할 때에는 반드시 그의 옳음을 도에 입각하여 찾으실 것이요, 또 혹 전하의 뜻에 맞는 달콤한 말에 대해서는 반드시 그의 옳지 않음을 도리에 어긋남에서 찾으십시오. 그리하여 바른 말을 즐겨 들으시고 그것이 마음에 거슬린다고 싫어하지 마시어 선을 받아들이는 도량을 넓히시기 바랍니다. 의리의 귀추를 깊이 살피시고 자신을 굽히는 것을 부끄러이 여기지 마시어 남 이기기 좋아하는 사심을 버리시기 바랍니다.

일상 생활 중에 성실하고 확고히 실천하시어 어느 한 가지 일도 잘못을 범하지 마시고, 한가하게 홀로 계실 때에는 순수하고 독실하게 마음을 지키시어 한 생각이라도 오류가 없게 하십시오. 도중에 나태해지지 마시고 작은 결과에 만족하지 마시며, 병통의 근원을 다 없애시고 아름다운 자질을 완전히 성취시키십시오. 이렇게 해서 제왕의 학문을 이루신다면 그처럼 다행스러운 일이 없겠습니다.

  신은 또 엎드려 살피건대, 전하께서는 맡겨진 일의 막중함을 깊이 생각하시고 시대의 운이 쇠퇴해 감을 개탄하시며, 정성을 다하여 백성을 잘 다스리기를 도모하시고 훌륭한 선비들을 예우하고 계십니다. 그리하여 대신들을 웃어른처럼 공경하시고 관료들을 친구처럼 대하시며, 백성들에게는 마치 그들이 다치기나 한 것처럼 신경쓰고 계십니다. 이는 삼대(三代)*7 이후로는 볼 수 없는 일입니다. 신이 제 분수도 생각지 않고 주제넘게 전하께 청하여, 전하가 심기일전하여 세상의 타락된 도리를 한번 바로잡으시기를 바라는 것은 바로 이 점 때문입니다. 다만 군신 상하 간에 때로 성의와 신뢰가 서로 통하지 않음으로써 신하들의 진정(眞情)이 전달되지 않는 경우도 있고, 전하의 뜻이 오해되는 경우도 있습니다. 아마 이 점 때문에 신하들에게 일을 맡겨 성과를 구하지 못하여, 훌륭한 정치를 펴지 못하는 듯 합니다.

  예로부터 군신 간에 서로 마음을 알지도 못하는 터에 업적을 이룰 수 있었다는 말은 들어 보지 못했습니다. 삼대 이전은 말할 것도 없거니와, 후한(後漢) 광무제(光武帝)가 관중(關中) 땅을 소중히 여겨 그곳을 풍이(馮異)에게 맡겼던바, 그는 풍이가 결코 함양왕(咸陽王)으로 자칭하지 않았을 것임을 알고 있었습니다.*8 또 촉(蜀)나라 황권(黃權)은 길이 막히자 위(魏)나라에 투항했지만 소열황제(昭烈皇帝)를 깊이 믿었던바, 그는 황제가 결코 자기 처자(妻子)를 죽이지 않았을 것임을 알고 있었습니다. 이러한 일들은 모두 진실성과 신의가 본디 내적으로 맺어져 있어서, 중상 모략이 그에 끼어들 여지가 없었기 때문에 가능했던 것입니다. 하물며 훌륭한 임금과 어진 신하 간에 서로 뜻이 맞고 이상이 같기를 물과 고기처럼 하여, 날마다 신하의 훈도(薰陶) 속에서 임금이 간언을 듣고 따른다면, 무슨 선인들 행해지지 않을 것이며 무슨 일인들 이루어지지 않겠습니까. 이야말로 후세의 임금들이 모범으로 삼아야 할 내용입니다.

  그러나 후세 임금들은 그렇지 못하여 깊이 팔짱끼고 고고하게 앉아 신하들을 멀리합니다. 그리하여 신하들의 선한 점을 알고도 그들에게 일을 맡기려는 뜻을 보이지 않고, 그들의 악한 점을 보고도 그들을 물리치지 않습니다. 그러고는, '정무(政務)의 기밀을 아랫사람들이 감히 헤아리지 못하는 것이야말로 정말 임금의 체통을 얻은 증거'라고 스스로들 생각하고 있습니다.

그 결과 군자들은 감히 정성을 다하지 못하게 되고 소인들은 이 틈을 이용함으로써 바른 일 사악한 일의 시비가 모호해져서 나라를 어떻게 할 수 없게 되는 것입니다. 이야말로 경계해야 할 일입니다. 지금 전하는 선을 좋아하심이 지극하지 않은 것은 아니지만, 한편으로는 선비들이 반드시 정말 옳은 것은 아니라고 의심하시고, 또 악을 미워하심이 깊지 않은 것은 아니지만, 한편으로는 소인들이 반드시 정말 그른 것은 아니라고 의심하고 계십니다.

 그러므로 정직한 선비들과 겉으로만 위엄을 갖춘 소인들이 똑같이 고고하다는 평가를 받음으로써 현자들이 그들의 진심을 다하지 못합니다. 또 아첨꾼과 덕망 있는 노신이 똑같이 꾸밈이 없다는 평가를 받음으로써, 어리석은 이들은 분발함이 없이 더욱 자신의 절개와 지조를 떨어뜨리고 맙니다. 게다가 전하께서는 신하들을 드물게 접견하시어 서로간 정의(情意)가 막혀 있기 때문에, 정령(政令)이 전하의 뜻과 일치하는지 알 수 없고 관료들의 승진 또는 강등이 백성들의 여론에 토대를 두고 있는지 알 수 없습니다. 또 유자(儒者)의 말은 행해지지 않는데 한갓 과장된 거짓 꾸미고 헐뜯는 말만 취하시고, 백성들에게 해로운 법은 없애지 않으시면서 오히려 개혁하는 것을 지나치다고 반대하십니다. 이렇게 되니, 선을 좋아한다고 하지만 현자를 등용하는 실질이 따르지 못하고, 악을 미워한다고 하지만 사악한 무리를 제거하는 실효가 없어 의논만 분분하고 시비만 논란되는 것입니다. 현신(賢臣)들은 충심을 다 바치지 못하고 가난한 소인배들은 틈이나 엿보니, 전하의 생각에 후손들을 부탁하며 국정(國政)을 맡길 만한 현자가 누구라고 보십니까. 전하는 틀림없이 마음 속으로 생각하신 바가 있을 텐데 아랫사람들이 그것을 알지 못하니, 이 어찌 군신 서로 간에 간격이 있다는 증거가 아니겠습니까.

 엎드려 바라건대, 전하는 대신들 중 성실하고 믿을 만한 사람들을 팔다리처럼 여기시어 그들이 행하는 말이나 계책을 들으시고 끝까지 의심하지 마십시오. 또한 학문이 깊고 행실이 훌륭한 사람들을 선택하시어 전하의 좌우에 두시고, 그들로 하여금 수시로 출입하여 전하를 모시면서 성심을 다하여 전하를 깨우치어 이끌게끔 하십시오. 이렇듯 선비들이 모두 나서서 전하를 도우려는 뜻을 갖게 해야 합니다. 나아가 초야에 묻혀 있는 현자들도 정성을 다하여 부르시어 그들의 재능에 따라 관직에 임명, 유용한 곳에 배치하십시오. 전하의 부름에 끝내 응하지 않는 이에게도 마찬가지로 포상과 장려를 더 하시어 그들의 높은 절개를 이루어 주십시오. 전하 스스로 때의 알맞는 사정을 살피시고 역량을 헤아리실 때, 세상의 타락된 도를 갑자기 변화시키기는 어렵다 하더라도 조정에 항상 청론(淸論)이 그치지 않게 하여 선을 좋아하는 성실성을 다하신다면 잡된 무리들이 어찌 감히 있을 수 있겠습니까. 만약 사론을 펴면서 선왕의 도를 노골적으로 배격하는 자가 있거나, 혹은 겉으로만 달라졌을 뿐, 보이지 않게는 선치(善治)의 형세를 저해하여 그 행적이 덮어 둘 수 없을 만큼 드러난 자가 있을 때에는, 또한 마땅히 추방하고 유배를 보내어 악을 미워하는 성의를 다하셔야 할 것입니다.

그리하여 반드시 현자로 하여금 진출하게 하고, 사악한 자로 하여금 자취를 감추게 하여, 위로는 전하의 이목(耳目)을 가리지 않게 하고 아래로는 신하들의 의심을 없애야만 군신 서로간에 속마음을 밝게 살필 수 있을 것입니다. 이렇게 함으로써 이 나라의 모든 백성들도 또한 전하의 사심(私心) 없는 마음 보기를 마치 푸른 하늘의 밝은 태양을 우러러듯 하여, 군자들은 믿음 속에서 자기들의 성의와 재주를 다할 것이요, 소인들은 두려움 속에서 개과천선(改過遷善)할 것입니다. 이러한 가운데 정기(正氣)와 나라의 명맥이 자라나고 기강이 진작되며 선정(善政)이 행해져서 성인의 정치를 이룰 수 있게 될 것이니, 그리 되면 더 이상 다행스러운 일이 없겠습니다. 아, 전하와 같이 뛰어난 임금은 천 년에 한 번 날까 말까 한데 세상의 도는 물이 더욱 아래로 흘러내리듯 타락해 가고 있으니, 지금 급히 이를 구제하시지 않는다면 깊이 후회할 것입니다.

옛사람의 말에, "못난 임금을 원망하지 않고 뛰어난 임금을 원망한다" 했습니다. 왜냐하면, 못난 임금은 훌륭한 정치를 펴고 싶어도 능력이 없기 때문에 백성들이 아예 기대조차 하지 않지만, 뛰어난 임금은 훌륭한 정치를 할 수 있음에도 노력하지 않아 백성들의 원망이 갈수록 심해지기 때문입니다. 이 어찌 크게 두려운 말이 아니겠습니까. 신이 편찬한 책을 올리면 됐지 더 이상 췌언을 하지 않는 것이 옳겠습니다만, 전하께서 정말 기질을 변화시키기 위한 공부를 아니 하시고, 또한 성심을 다하여 실제로 현자를 등용하지 않으신다면, 비록 이 책을 올린다 하더라도 공염불이 되어 버릴 것이기 때문입니다. 이 때문에 말이 분수에 넘쳐 여기에 이르렀습니다. 엎드려 바라건대, 신의 어리석음과 외람됨을 용서하시고 너그럽게 살펴 거두시어 버림과 취함을 정하시기 바랍니다.

〈주〉
*1 간단한 형식의 상소문.
*2 율곡이 38세 때(1573년) 홍문관 직제학의 명을 받은 것을 말함. 이는 9월의 일로서 그해 7월에도 위의 직책에 임명되었으나 세 번에 걸친 사직의 상소 끝에 고향으로 돌아간 일이 있음.
*3 율곡이 39세 때 황해도 관찰사에 임명된 것을 말함.
*4 율곡의 나이 40세 되는 해.
*5 '명덕(明德)'이란 자기의 덕을 밝히는 것을 뜻하고, '신민(新民)'이란 백성들의 덕을 새롭게 하는 것을 뜻한다.
*6 여기에서 기질의 변화란 흐려진 기질을 순수화하는 것을 말한다. 성리학자들은—당연히 율곡은—행위의 불선의 원인을 탁박한 기질에 두기 때문에 위와 같은 말이 나온 것이다.
*7 하(夏)·상(商)·주(周) 등 이른바 성인 정치 시대를 일컬음.
*8 그즈음 풍이가 함양왕이라고 자칭하고, 광무제(光武帝)로부터 독립하려 한다는 소문이 있었음.

서

　신이 살펴보건대, 도(道)는 오묘하여 모양이 없으므로 글을 써서 도를 표현하였는바, 사서(四書)와 육경(六經)이 이미 잘 갖추어져 있으니 글들을 통하여 도를 구하면 모든 이치가 다 드러날 것입니다.
　이 책들의 뜻이 모두 막연하여 요점을 잡기가 어렵다는 데에 한 가지 문제가 있습니다만, 옛 현인들이 《대학》을 지어 규모를 세움으로써 성현들의 모든 교훈이 이를 벗어나지 않게 되었으니, 이 책이야말로 요점을 잡는 데 근본입니다. 서산 진씨(西山眞氏)[1]는 이 책의 뜻을 덧붙여 《대학연의(大學衍義)》를 지었으니 널리 경전(經傳)들과 사서(史書)들을 원용한 내용입니다. 이에는 학문의 근본과 정치의 차례가 아주 조리있게 쓰여졌으며 그 중심점을 임금 한 분께 두었으니, 정말 제왕(帝王)이 도에 들어가기 위한 지남침입니다. 다만 책이 여러 권이고 문장이 산만하여 사실들을 기술한 책 같고 몸소 이행할 학문에는 거리가 있어 보이니, 정말 훌륭한 책이기는 하지만 완벽하지는 못합니다. 학자는 마땅히 배움이 많아 학식이 풍부해야 할 것이요 학문의 폭이 좁아서는 안 됩니다만, 다만 방향이 정해져 있지 않고 뜻세움이 굳지 않은 터에 앎이 많음에만 먼저 힘쓴다면, 마음과 사려가 함께하지 못하고 취사선택에 정밀하지 못하여 지리멸렬의 상태에 빠져 참을 잃고 마는 병폐가 간혹 있습니다. 그러므로 반드시 먼저 중요한 길을 찾아 확실히 문을 열어야만, 모든 방면으로 널리 배울 수 있고 앎을 증가시켜 나갈 수 있습니다. 하물며 임금이란 정치의 중심으로서, 정사에 임하는 시간이 많고 책을 읽을 시간은 적습니다. 그러므로 만약 책의 요지를 뽑아 그 중심되는 가르침을 정립하지 않은 채 오직 배움에만 힘쓴다면, 외우기나 하고 좋은 글이나 짓는 폐단에 빠져 사물의 이치를 연구하고 마음을 바루며 자신을 수양하고 남을 다스리는 도에는 참된 얻음이 있지 않습니다. 신은 보잘것없는 자이지만 좋은 때를 만나 전하를 우러러보니, 전하의 총명 예지가 천성적으로 뛰어나십니다. 그러므로 학문에 노력을 기울여 능력과 품성을 기르고 닦고 이루어 전하의 진면목을 발휘하시기만 한다면 동방의 나라에서 요순(堯舜) 시대와 같은 이상사회를 볼 수 있습니다. 하늘이 내리신 이 기회를 놓칠 수 없습니다. 다만 신이 경박하고 어설퍼서 재주와 그릇됨은 이미 형편없고, 또 지리멸렬해서 학문 또한 거칩니다. 이 때문에 전하를 흠모하는 마음이 간절하기는 하지만 충성을 바칠 방법이 없습니다.

가만히 생각건대, 《대학》은 정말 덕(德)에 들어가는 문입니다만 진씨(眞氏)의 《대학연의》는 오히려 간략함과 요점이 결여되어 있습니다. 그러므로 만약 《대학》의 취지를 본떠서 순서를 나누고 성현들의 말을 정선하여 그 순서에 따라 분류하여, 각 조목들을 상세히 밝혀 간략한 언사 속에서도 이치를 다 드러낸다면, 요점을 터득하는 요령이 바로 여기에 있다고 할 수 있겠습니다. 이렇게 전하께 책을 만들어 올린다면 비록 그것이 보잘것없어 남들의 비웃음을 사겠지만, 반딧불이나 촛불 같은 빛이 해와 달을 조금이라도 더 밝게 하듯이 전하의 광명에 도움을 드릴 것입니다. 그래서 다른 일 제쳐 놓고 요점을 뽑는 일에 전력을 기울였는바, 사서(四書)와 육경(六經)은 물론 선현들의 논설과 역대의 사서에 이르기까지 깊이 그리고 널리 탐색하였습니다. 이렇게 중요한 요점들만을 뽑아 분류하고 순서를 세우고 그 중에서도 긴요치 않은 것은 다시 없애고 거듭 음미하고 계속 수정한 끝에 2년 만에 다섯 편을 완성하였습니다. 제1편은 '통설(通說)'로서, 수기(修己)와 치인(治人)을 합해서 논한 것입니다. 《대학》의 이른바 명명덕(明明德)·신민·지어지선(止於至善)*² 에 해당됩니다. 제2편은 '수기(修己)'로서 이는 《대학》의 이른바 명명덕에 해당됩니다. 이에는 13개의 항목이 있습니다. 제1장은 총론이요, 제2장은 입지(立志)장이며, 제3장은 수렴(收斂)장입니다. 수렴은 마음의 방향을 정하고 방심을 구하여 《대학》의 기본을 세우는 내용입니다. 제4장은 궁리(窮理)장으로서 이는 《대학》의 이른바 격물치지(格物致知)*³ 에 해당됩니다. 제5장은 성실장이요, 제6장은 교기질(矯氣質)장이며, 제7장은 양기(養氣)장이며, 제8장은 정심(正心)장입니다. 《대학》의 이른바 성의와 정심(正心)에 해당됩니다. 제9장은 검신(檢身)장으로서 이는 《대학》의 이른바 수신(修身)에 해당됩니다. 제10장은 회덕량(恢德量)장이요, 제11장은 보덕(輔德)장이며, 제12장은 돈독(敦篤)장입니다. 성의(誠意)·정심(正心)·수신

(修身)의 나머지 뜻을 거듭 논한 것입니다. 제13장은 공부의 효과를 논한 것으로서 이는 수기(修己)가 지선(至善)에 다다른 것이 되겠습니다. 제3편은 '정가(正家)'요, 제4편은 '위정(爲政)'입니다. 정가편은 제가(齊家)를 뜻하고, 위정편은 《대학》의 이른바 신민(新民)으로서 치국(治國)·평천하(平天下)를 뜻합니다. 정가편에는 항목이 여덟 개 있습니다. 제1장은 총론이요, 제2장은 효경(孝敬)장이요, 제3장은 형내(刑內)장이요, 제4장은 교자(敎子)장이요, 제5장은 친친(親親)장입니다. 그 뜻은 어버이에게 효도하고 처자에게 모범이 되며 형제와 우애있게 지내는 도리를 논한 것입니다. 제6장은 근엄(謹嚴)장이요, 제7장은 절검(節儉)장입니다. 이들은 미진한 뜻을 부연한 것입니다. 제8장은 공부의 효과를 논한 것으로서 이는 제가(齊家)가 지선(至善)에 이르른 것이 되겠습니다. 제4편인 위정편에는 항목이 열 개 있습니다. 제1장은 총론이요 제2장은 용현(用賢)장이요 제3장은 취선(取善)장입니다. 이들은 《대학》의 이른바 '어진 사람이라야 능히 사람을 사랑할 수도 있고 미워할 수도 있다'는 뜻입니다. 제4장은 식시무(識時務)장이요, 제5장은 법선왕(法先王)장이요, 제6장은 근천계(謹天戒)장입니다. 이들은 《대학》에 인용된바, '마땅히 은(殷)나라를 거울삼을지어다. 천명(天命)을 보전하기가 쉽지 않도다' 하는 뜻입니다. 제7장은 입기강(立紀綱)장으로서 이는 《대학》의 이른바, '나라를 다스리는 자는 신중하지 않으면 안 되나니, 편벽되면 천하 사람들에 의하여 죽임을 당하리라'는 뜻입니다. 제8장은 안민(安民)장이요, 제9장은 명교(明敎)장입니다. 이는 《대학》의 이른바, '정치가는 반드시 사람 마음이 같음을 알아 이를 토대로 백성들의 마음을 헤아려 그들을 바로 이끌어야만 그들이 부모에게 효도하고 어른을 공경하며 도리에 어긋난 짓을 하지 않을 것'이라는 뜻입니다. 제10장은 결론적으로 그 효과를 논한 것으로서 치국(治國)·평천하(平天下)가 더할나위없는 선에 다다른 것이 되겠습니다. 제5편은 '성현도통(聖賢道統)'으로서 이는 《대학》의 내용이 실현된 모습입니다. 이렇게 다섯 편을 합해서 《성학집요》라 하였고, 마지막으로 도(道)를 전할 책임이 전하에게 있음을 재차 말씀드렸는데 이는 지나친 요구가 아닙니다. 전하는 오백 년 만에 성인이 나온다는 그러한 때에 나시어 임금의 자리에 오르셨으매, 선을 좋아하는 지혜와 욕망이 적은 어진 마음과 일을 결단하는 용기를 갖고 계십니다. 그러므로 진실로 학문에 시종 전

넘하시며 끊임없이 노력하시기만 한다면, 아무리 무거운 책임인들 무엇을 못하며 아무리 먼 곳인들 어찌 못 가겠습니까. 다만 어리석은 신(臣)의 견문이 넓지 못하고 사려가 올바르지 못함으로써, 이 책을 편집함에 있어서 순서에 짜임새와 조리가 없을 것으로 생각합니다. 그러나 인용된 성현들의 말씀은 만천하에 내놓아도 어긋남이 없을 것이고, 귀신에게 물어도 의심될 것이 없으며, 뒷날의 성인을 기다린다 해도 미혹될 것이 없을 것이니, 어리석은 신이 조리를 잘못 잡았다 하더라도 그 말씀들을 가볍게 여기시지 말기를 바랍니다. 간혹 어리석은 신의 말들이 사이사이에 첨부되어 있기는 하지만, 모두 성현들의 말씀을 신중히 살펴 그에 의거하여 글을 이룬 것일 뿐입니다. 감히 방자하게 이치에 맞지도 않은 말을 늘어놓아 글의 중요한 요지를 벗어난 것은 아니니, 신의 정력을 읽으시고 항상 책상 위에 놓아두신다면 전하의 수덕(修德)과 왕도(王道)의 학문에 아마도 조금은 보탬이 되리라 생각합니다. 그리고 이 책이 비록 임금의 학문을 위주로 한 것이긴 하지만, 사실상 아랫 사람들에게도 다 통하는 내용입니다. 그러므로 학자들 중 많이 배워 지식만 풍부할 뿐 차근차근하지 못해 귀착지를 알지 못하는 자들이 있다면, 이 책에 공력을 쏟길 바랍니다. 큰 줄거리는 잡을 수 있을 것입니다. 또한 학문의 기회를 잃어 견문이 고루하고 천박한 사람들이 있다면, 이 책에 전심전력하십시오. 학문을 하는 방법을 터득한다면, 학문에 비록 이름과 늦음이 있기는 하겠지만 모두 유익함이 있을 것입니다. 다만 이 책은 사서와 육경의 전 단계에 불과합니다. 만약 노력하기 싫어하고 간편한 것만을 좋아하여 학문의 노력을 이 책에서 그치고 만다면, 그것은 마치 대문이나 뜨락만을 찾을 뿐 정작 집 안을 살피지 않는 것이나 다름없는 일이며, 이는 신이 이 책을 편집한 의도가 아닙니다.

만력(萬曆) 3년 을해(乙亥)년 가을 7월 16일 통정대부 홍문관부제학 지제교 겸 경연참찬관 춘추관수찬관(通政大夫弘文館副提學知提敎兼經筵參贊官春秋館修撰官) 신 이이는 엎드려 절하며 삼가 머리글을 올립니다.

〈주〉
*1 서산 진씨(西山眞氏) : 중국 송나라 때 성리학자. 이름은 덕수(德秀).
*2 지어지선(止於至善) : '지선에 머문다'는 뜻.
*3 격물치지(格物致知) : 사물의 이치를 탐구하여 앎을 극진히 한다는 뜻.

일러두기

1. 요점적인 말을 뽑아 장(章)(대문(大文)을 뜻합니다.)으로 삼고 여러 설을 인용하여 주(註)로 삼았습니다. 장은 사서 오경(四書五經)을 위주로 하되 사이사이 부족한 점은 선현들의 설로 보충하였습니다. 주는 본주(本註)를 위주로 하고 그외 여러 경전들도 섞어 인용하였습니다.
1. 인용한 책들은 모두 시대의 전후를 막론하고 오직 공부의 앞뒤나 글의 뜻, 말의 높낮이에 따라 차례대로 배열했습니다. 비록 공부하는 차례대로 앞과 뒤를 나누기는 하였지만, 반드시 한 가지를 행하여 부족한 점이 없이 다 끝낸 뒤에 다른 한 가지 공부로 나아간 것은 아니며, 간혹 한 가지 사항이지만 2장으로 분속시킨 것도 있습니다(예컨대, 경(敬)을 수렴장(收斂章)뿐만 아니라 정심장(正心章)에서도 설명한 것이라든지, 또는 욕망의 단절을 교기질장(矯氣質章)에, 과욕(寡慾)을 양기장(養氣章)에서 설명한 것이 그러한 것입니다). 그러므로 장마다 상호 무관한 별도의 공부 사항은 아닙니다.
1. 인용된 대문(大文)은 그 아래에 책 이름만 기록하고 일일이 누구누구의 말이라고 하지는 않았습니다. 원문에 '누구누구가 말하기를'(예컨대 공자가 말하기를, 또는 맹자가 말하기를 한 것과 같은 것입니다.)이라 한 것도 원문 그대로 따랐습니다. 혹 원문에 명칭이 없음에도 불구하고 반드시 명칭을 넣어야만 그 뜻이 드러날 경우에는 "누구누구가 말하기를"이라 하거나 또는 아래에 주를 달기도 했습니다. 예컨대, '순(舜) 임금이 우(禹)에게 명령했다' 하거나 '이윤(伊尹)이 태갑(太甲)을 훈계했다' 하는 등이 그것입니다. 다른 것들도 모두 이와 같습니다. 그러나 《주역》과 《시경》 같은 것은 반드시 책 이름을 위에 밝히고 괘(卦) 이름과 편명(篇名)을 아래에 주로 달았습니다. 그 문자들이 다른 책과 같지 않기 때문입니다. 다만 《주역》 중에 공자의 말씀은 이 예(例)에 얽매이지

않았습니다.
1. 모든 주(註)에는 '누구누구가 말하였다'라고만 하였을 뿐 책이름은 기록하지 않고 글자를 생략했습니다.
1. 한 장 안에서도 같은 책의 글이지만 말뜻이 관련되어 있지 않을 경우에는 동그라미로 표시하여 구별해 놓았으며, 서로 다른 책들에서 인용된 글이라 하더라도 말뜻이 상호 밀접할 경우에는 동그라미로 구별하지 않았습니다. 그러나 주의 경우에는 매 단(段)마다 동그라미로 표시했고, 한 사람의 말을 계속 인용할 경우에는 '또 말하였다'라고 하여 시작했습니다.
1. 옛글을 인용할 때에는 비록 성현들의 말이 아니더라도 이치에 맞으면 누구의 말이라도 취했습니다.
1. 인용된 글은 혹은 원문 전체의 뜻을 고려함 없이 한두 구절의 뜻만 취하기도 하고, 혹은 중간의 문구를 생략한 것도 있으며, 또 같은 시대의 말이 아니더라도 합해서 한 단락을 만들어 흠결없게 한 것도 있습니다. 이 모두 원문에 구애받지 않고 활용한 것입니다. 다만 구절들을 삭제한 것은 있지만 감히 한 글자도 덧붙이지는 않았습니다.
1. 선유(先儒)들의 성(姓)이나 고향·별호(別號) 등을 쓰기도 하고 쓰지 않기도 하였습니다. 이는 글의 뜻과는 무관한 것이겠기에 모두 원문대로 하였습니다. 주돈이(周敦頤)·정호(程顥)·정이(程頤)·장재(張載)·소옹(邵雍)·주희(朱熹) 등 여섯 선생에게는 반드시 자(子)를 붙였습니다. 정자(程子) 형제에 대해서는 사서(四書)의 주의 예에 따라 형과 아우를 구분하지 않았습니다.
1. 모든 장의 끝과 문단(文段)에 논의의 여지가 있으면 외람되나마 신의 좁은 소견을 피력했으며, 그 때에는 반드시 '신이 살피건대'라고 써서 구별했고 또 키를 약간 낮추어서 썼습니다.
1. 작은 주(小註)는 대개 신의 의견이며, 만약 선현들의 말씀을 인용할 경우에는 '누구누구가 말하기를'이라고 써서 구별하였습니다. 글자의 뜻이나 음과 훈(音訓), 그리고 사소한 어구들에 대해서는 일일이 그 출처를 기록하지 않았습니다.

목록도(目錄圖)

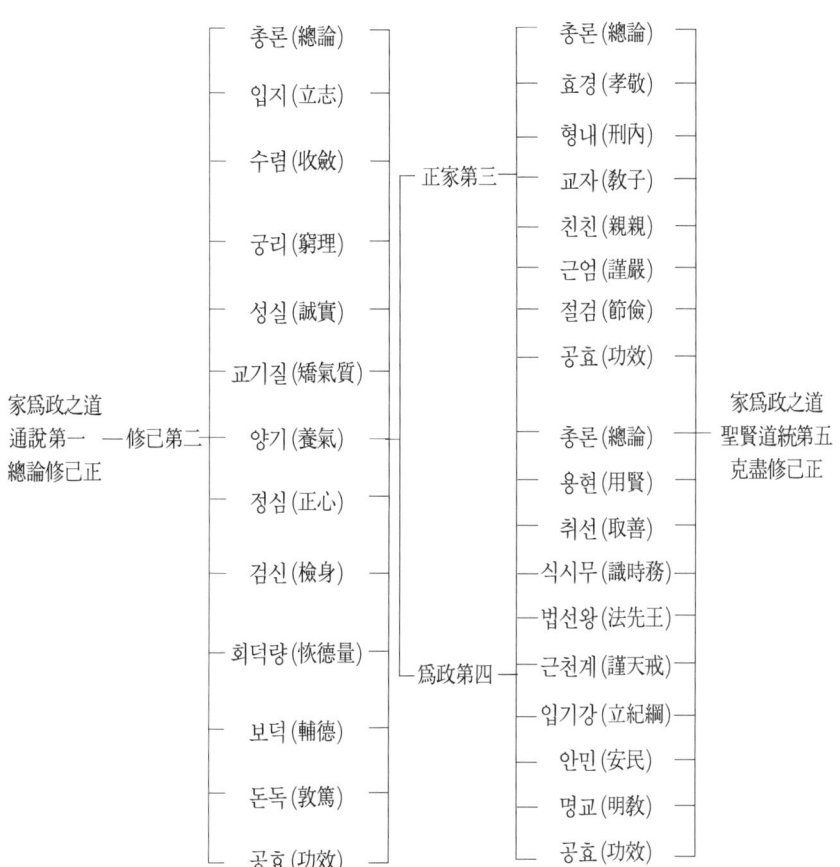

1편 통설(通說) 《성학집요》 개괄

신이 살피건대, 성현들의 말씀은 에둘러 말하기도 하고 바로 말하기도 하여 말한 마디로 본체와 작용을 다 포함한 것도 있고, 또 여러 말로써도 단지 어느 한 가지만을 논한 것도 있습니다. 여기에서는 본체와 작용을 총괄한 논설들을 취하여 첫 편으로 삼았습니다.

하늘이 명한 것을 일컬어 성(性)이라 하고, 성에 따르는 것을 일컬어 도(道)라 하며, 도를 닦는 것을 일컬어 가르침(敎)이라 한다.

《중용》 아래도 같음

주자(朱子)가 말하였다. "하늘이 음양(陰陽)과 오행(五行)으로 만물(萬物)의 형태와 기능을 변화시킬 때에는, 기(氣)를 가지고 형체를 이루고 이(理) 또한 그에 부여되는 것이니(이와 기는 원래 서로 떨어지는 것이 아니니, 기가 있으면 이가 그 중에 내재합니다. 위의 말은 음양의 조화와 생성이라는 말을 받았기 때문에 '기로써 형체를 이루므로 이 또한 그에 부여된다'한 것이지, 기가 있은 다음에 이가 있다는 뜻이 아닙니다. 그러므로 말에 얽매여 글의 뜻을 해쳐서는 안 될 것입니다.) 마치 하늘이 명령을 내린 것과도 같다. 그러므로 사람이나 만물이 생겨날 때에는 저마다 부여된 이를 근본으로 하여 건순(健順)과 오상(五常)의 덕(德)을 타고 나니 이른바 성(性)이다(건(健)은 양(陽)의 이(理)요 순(順)은 음(陰)의 이입니다. 오상의 덕이란 인의예지신(仁義禮智信)을 말하는 것으로서, 이는 오행(五行)의 이입니다).

따른다는 것은 좇음을 뜻한다. 도(道)란 길(路)과 같다. 사람이나 만물이 저마다 자기 본성을 그대로 따를 경우, 그 일상의 사물들 간에 각기 마땅히 따라야 할 길이 있다. 이것이 이른바 도이다(주자가 말하기를, 성을 따른다는 말은 사람이 그에 따름을 뜻하는 것이 아니다. 그것은 다만, 나의 본연의 성을 좇아 나가기만

하면 거기에는 자연히 허다한 도리가 있을 것이라는 뜻이다. 어떤 사람은 그 말을 성명(性命)의 이치에 따른다는 뜻으로 생각하는데, 그러나 그렇게 되면 도가 사람의 존재를 전제하는 것이 되어 옳지 못하다). 닦는다는 것은 등급에 따라 나누어 구분함을 뜻한다. 성과 도는 모든 사람이 다 같지만 후천적으로 타고난 기질이 서로 다를 수 있다. 그러므로 지나치거나 미처 못 미치는 차이가 있을 수 있다. 이에 성인(聖人)은 사람과 만물들이 마땅히 행해야 할 바를 토대로 등급에 따라 나누고 마름질하여, 온 세상에 규범을 제시하였으니 이것을 가르침(敎)이라 한다. 예컨대, 예절(禮)·음악(樂)·법률(刑)·행정(政) 같은 것이 그것이다. 대개 사람들은 자기에게 성이 있는 것은 알지만 그것이 하늘에서 나온 것임을 알지 못하고, 사물에 도리가 있는 것은 알지만 그것이 성에서 나온 것임을 알지 못하며, 성인들의 가르침에 대해서는 알지만 그 가르침이 나에게 본래부터 있던 것을 토대로 하여 등급에 따라 나누어 마름질된 것임을 알지 못한다. 이 때문에 자사(子思)가 여기에서 맨 처음으로 이를 밝혀 놓았으니, 이는 동자(董子)의 이른바, '도의 큰 근원은 하늘에서 나온다'고 한 뜻과 같다."

도라는 것은 잠시도 떠날 수 없는 것이니 떠날 수 있다면 그것은 도가 아니다. 그러므로 군자(君子)는 남들이 보지 않는 데서도 삼가고 조심하며 남들이 듣지 못하는 데서도 두려워하고 무서워한다.

주자가 말하였다. "도는 늘 일상 사물이 마땅히 따라야 할 이치이다. 도는 모두 본성의 덕이요 마음에 갖추어져 있는 것인바, 도를 갖추지 않은 사물이 없고 도가 있지 않은 때가 없다. 그러므로 잠시도 그로부터 떠날 수 없다. 만약 그로부터 떠날 수 있다면 어떻게 그것을 '본성에 따르는 것'이라고 할 수 있겠는가? 이 때문에 군자는 항상 경외(敬畏)하는 마음을 가져, 자기가 보거나 듣지 못하는 때라도 감히 소홀히 하지 않는다. 군자가 천리(天理)를 본디 그대로 보존하여 그로부터 잠시도 떠날 수 없음은 바로 이 점 때문이다."

마음속의 아무리 그윽한 곳이라도 은연중에 스스로 알게 되니 천하의 어떠한 것도 이보다 더 뚜렷한 것은 없으며, 마음속의 아무리 미세한 일이라도 이를 스스로 알 수 있으며 천하의 어떠한 것도 이보다 더 드러나지 않는다. 그러므로 군자는 홀로 있을 때 삼간다.

주자가 말하였다. "홀로 있음이란 남은 알지 못하지만 나만은 아는 곳을 말한다. 이 말의 뜻은 다음과 같다. 즉, 마음속 그윽한 가운데 매우 미세한 일이 비록 자취는 드러내지 않았으나 기미가 이미 보인만큼, 남들은 미처 그것을 몰라도 나 자신은 알고 있다. 그러므로 세상의 일들 중에서 이보다 더 뚜렷이 드러나는 일은 없다 할 것이다. 이 때문에 군자는 늘 경외심을 가져야 하지만 여기에서 더욱 더 조심하며 삼가야 한다. 군자가 좋지 못한 욕망을 싹에서부터 잘라 버리고 그것이 은연중에라도 조금씩 자라나지 못하게 하며, 이로써 도에서 멀리 벗어나지 않는 것은 바로 이 점 때문이다."

도향 추씨(道鄕鄒氏)가 말하였다. "홀로 있을 때 삼가는 것이 도(道)에 이르기 위한 최고의 요령이다. 홀로 있을 때라고 하는 것은 한가하고 조용하게 머무는 것만이 아니다. 마음속에서 생각이 활동하는 순간이야말로 홀로 있는 상태일 때이다. 우리가 여기에서부터 공부를 잘 해 나간다면 악(惡)을 저지를 까닭이 없어질 것이기에 《중용》은 이 말을 첫 편으로 삼았다."

정자(程子)가 말하였다. "천덕(天德)이 있으면 왕도(王道)를 말할 수 있으니, 그 요점은 홀로 있음을 삼가는 데 있다."(천덕은 수신(修身) 공부의 효과로 주어지는 것이고, 왕도는 제가(齊家)와 치국(治國)의 규준(規準)입니다. 홀로 있음을 삼가는 것은 수신과 제가와 치국의 핵심입니다.)

희노애락(喜怒哀樂)이 드러나지 않은 상태를 중(中 : 마음의 본모습)이라 하고, 그것이 드러나서 절도에 맞음을 화(和 : 조화)라 한다. 중이라는 것은 만사(萬事)의 근본이고 화는 천하의 공통된 길이다.

주자가 말하였다. "희노애락은 정(情)이요, 정이 드러나지 않은 상태를 본성이라 한다. 희노애락이 드러나지 않은 상태를 중이라 말함은, 그 때에는 우리의 정이 어느 한쪽으로도 치우치거나 기울어짐이 없기 때문이다. 드러나서 모두 절도에 맞는 것은 감정의 바른 상태인데, 어긋나고 온당하지 않음이 없기 때문에 화라고 한다. 만사의 근본이란 하늘이 명한 본성과 하늘과 땅의 이치가 모두 이에서 연원하는 것이며 도의 본체를 뜻한다. 하늘과 땅의 보편적인 길이라는 것은 성에 따르는 것을 말한다. 이는 고금을 막론하고 하늘과 땅 모든 일이 모두 이에 의거하는 것으로서 도의 용(用)[*1]이다. 위의 글은 성과 정의 덕(德)을 말함으로써(중은 성의 덕이요 화는 정의 덕입니다.) 우리가 도에서 떠날 수 없음을 설명한 것이다."(위에서 말한 본성과 정의 덕은 이와 같은 뜻이지 그 글 중, 경외하면 홀로 있음을 삼간다는 것은 아래의 글, '중과 화를 극진히 하기' 위한 공부 사항입니다.)

또 말하였다. "마음이 몸을 주재할 때는, 그것은 작용할 때나 작용하지 않을 때나를 막론하고 언제나 한결같다. 마음이 고요할 때에는 사물과의 접촉이 없어 생각의 활동이 나타나지 않는데, 이 상태의 마음에는 본성이 온전하고 도의(道義)가 다 갖추어져 있다. 이것이 이른바 중(中)으로서 고요히 움직이지 않는 마음의 본체를 말한다. 마음이 발동함에 이르러서는 사물들과의 접촉 속에 생각이 시작되어 온갖 감정이 일에 따라 교차하는데, 이것이 이른바 화(和)로서 이는 사물에 감동하여 활동하는 마음의 작용이다."

호계수(胡季隨)가 말하였다. "앞에서 마음을 삼가고 조심하며 두려워함은 희노애락의 감정이 발동하기 전에 심성(心性)을 함양하기 위함이요, 홀로 있음을 삼간다는 것은 희노애락의 감정이 발동한 뒤에 마음을 성찰하기 위함이다."(함양과 성찰의 공부론은 아래 정심장(正心章)에서 자세히 설명됩니다.)

중화를 극진히 하면 천지(天地)가 제자리에 위치하고 만물이 생육된다.

주자가 말하였다. "극진히 한다 함은 미루어 극진히 함을 뜻한다. 제자리에 위치한다 함은 그들이 각기 있어야 할 자리에 위치함을 뜻한다. 생육된다 함은 생장(生長)을 이룸을 뜻한다. 군자가 조심하고 삼가며 두려워하는 공부를 행하여, 보거나 듣지 못하는 고요한 중에서도 조금도 어느 한쪽에 기울어짐이 없이 마음을 함양해 나간다면, 중을 극진히 하여 천지가 제자리에 위치할 것이다. 또한 홀로 있음을 삼가는 공부를 정밀히 하여 마음속 은밀한 데에서부터 사물의 접촉시에 이르기까지 조금도 어긋남이 없이 마음을 성찰해 나간다면, 화를 극진히 하여 만물이 자라나게 된다. 천지 만물이 본래 나와 일체(一體)이므로 나의 마음이 바르면 천지의 마음도 바르게 되며, 나의 기(氣)가 순리적(順理的)이면 천지의 기도 순리적이 된다. 그러므로 그 효험이 이와 같은 경지에까지 이르게 된다. 이는 학문의 극대한 효과로 성인이 능히 행하는 일로서, 처음부터 우리의 심성 밖에서 그 무엇을 기다려서 되는 것이 아니며, 도(道)를 닦는다는 뜻으로서의 가르침 또한 이 가운데에 있다. 여기에서 중(中)과 화(和)가 하나는 본체요 다른 하나는 용(用)으로서, 양자간에 움직이고 움직이지 않는 차이는 있지만, 그러나 반드시 그 본체가 확립되어야만 용의 행사가 가능할 것이므로 양자는 별개의 일이 아니다. 그러므로 위의 말로써 종합하여 윗글의 뜻을 결론지었다."

서산 진씨(西山眞氏)가 말하였다. "중화를 이루는 공부 방법은 경(敬)일 뿐이다. 조심하고 삼가며 두려워하는 것은 고요한 때 경한 것이요, 홀로 있음을 삼가는 것은 움직일 때 경한 것이다. 마음이 고요할 때 경하는 것이야말로 중(中)을 이루는 방법이요, 마음이 움직일 때 또한 경하는 것이야말로 화(和)를 이루는 방법이다. 이렇게 마음이 고요할 때나 움직일 때를 막론하고, 경하면 저절로 하늘과 땅이 제자리에 위치할 것이요 만물이 자라난다. 동중서(董仲舒)가 이른바, '임금이 마음을 바로 가져 조정과 모든 관리와 온 백성을 바로잡으면 음양(陰陽)이 조화를 띠고 바람과 비가 때에 알맞게 주어지며 모든 좋은 일들이 다 와서 복에 이른다' 한 것과 같은 이치이다."(이 책에서 경(敬)을 말하는 데는 이 곳이 처음인데, 사실 경이야말로 수기(修己)와 치인(治人)의 강령입니다.)

주자가 말하였다. "위의 글들은 자사(子思)가 전해 받은 말의 뜻을 기록해 놓은 것이다."(공자는 도(道)를 증자(曾子)에게 전했고 증자는 그것을 자사에게 전했기 때문에 자사가 그 뜻을 기록했습니다.) 여기에서 그는, 제일 먼저 도(道)의 근원이 하늘에서 나왔기 때문에 그것은 불가변역(不可變易)의 것이며, 그 실체가 나에게 갖추어져 있으므로 그로부터 벗어날 수 없다는 것을 밝혔다. 다음으로는 심성(心性)을 함양하며 마음을 성찰하는 요령을 말하였고, 마지막으로는 성인(聖人)의 공부 내용과 그 효과의 극대한 모습을 말하였다. 자사는 여기에서 학자들이 위에 말한 내용들을 반성하여 살펴 스스로 터득하고, 그로써 바깥으로부터 주어지는 사사로운 유혹을 물리치고 자신의 본래적인 선(善)을 확충하게끔 하려는 뜻이 있다.

   대학(大學)의 도는 자기의 명덕(明德)을 밝히는 데에 있고, 백성들의 덕(德)을 새롭게 하는 데에 있으며, 지극한 선에 머무는 데에 있다.
《대학》 아래도 같음

   정자가 말하였다. "'새롭게 한다'는 말이 원문에는 '친히 한다'로 되어 있으나, 그것은 앞의 뜻처럼 해야 할 것이다."

   주자가 말하였다. "《대학》은 대인(大人)의 학문을 뜻한다. 명덕(明德)은 사람이 하늘에서 얻은 바 허명(虛明)하고 영묘하여 그에 여러 이치를 갖추고서 만사에 응하는 근본이다. (주자가 말하였다. "허명하고 영묘하다함은 마음을 두고 한 말이요, 여러 이치가 조금도 흠결 없이 마음에 갖추어져 있음은 성(性)을 이름이며, 성이 사물에 따라 감응하여 나타나는 것은 정(情)이다." 옥계 노씨(玉溪盧氏)가 말하였다. "명덕이란 단지 본심일 뿐이다.") 다만 명덕이 기품(氣稟)과 물욕에 의해 가리워짐으로써 때때로 어두워지기도 하지만, 그러나 그 본래의 밝음은 일찍이 그친 적이 없다. 그러므로 학자들은 그 받은 드러난 덕을 근거로 삼아 그것을 계속해서 밝혀 그 본래의 밝음을 회복하여야 한다. (주자가 말하였다. "명덕은 그 작용을 그치는 일이 없다. 그것은 일상 생활에서 수시로 드러난다. 예컨대 어린아이가 우물에 빠지려는 모습을 보고 깜짝 놀라고, 불의(不義)를 보고서 그것을 부끄러워하거나 미워하지 않으며, 현자를 보고서 그를 공경하고, 그리고 좋은 일을 보고서 감탄하고 흠모하는 등등은 모두 명덕이 드러난 모습들이다. 아무리 악한 사람이라도 때때로 착한 생각들이 떠오르게 된다. 다만 이 때에 해야 할 일은 그 드러난 단서를 토대로 해서 그를 계속해서 밝히는 일이다.") 새롭게 한다는 것은 옛것을 벗긴다는 뜻이다. 즉, 자신의 명덕을 이미 밝히고 나서는 그로써 남에게 나아가 그들로 하여금 또한 그들 자신의 옛것들을 버리게끔 해야 한다는 말이다. 그친다는 말은 반드시 지선(至善)에 이르러 이를 움직이지 않는다는 뜻이다. 지선이란 사리(事理)상 마땅히 그러해야 할 규준(規準)을 뜻한다. (주자가 말하였다. "지선이란 예컨대 최고의 도리를 힘써 다한다고 할 때 그 중의 선(善)을 말한다.") 그리하여 지선에 그친다는 말은 다음과 같은 뜻을 갖는다. 즉 명덕을 밝히는 일과 백성들의 덕을 새롭게 하는 일을 모두 지선에 그쳐 이를 고수하지 않으면 안 되는바, 이렇게 하여 천리(天理)의 극치까지 다하고 사사로운 사람 욕심을 완전히 끊지 않으면 안 된다. (어떤 이가 묻기를, "지선이란 명덕의 밖에 있는 또 다른 선을 말하는 것이 아니라, 다만 명덕의 지극한 경지를 말하는 것이 아니겠습니까?" 하니 주자가 답하기를, "명덕 중에도 지선이 있고 백성들의 덕을 새롭게 하는 중에도 지선이 있다. 이 모두 그의 지극한 경지에 이름을 요구하는 뜻으로서, 단지 이해하는 것이 아니라 실제로 행하지 않으면 안 된다" 하였습니다.) 명덕을 밝히는 일과 백성들의 덕을 새롭게 하는 일, 그리고 지선에 머무르는 일 등 세 가지는 《대학》의 세 강령이다."

옛날에 명덕을 온 세상에 밝히고자 했던 사람들은 먼저 자기 나라를 다스렸고, 자기 나라를 다스리고자 했던 사람들은 먼저 자기 집안을 다스렸고, 자기 집안을 다스리고자 했던 사람들은 먼저 자기 몸을 닦았고, 자기 몸을 닦고자 했던 사람들은 먼저 자기 마음을 바르게 했고, 자기 마음을 바르게 하려 했던 사람들은 먼저 자기 뜻을 성실히 했고, 자기 뜻을 성실히 하고자 했던 사람들은 먼저 자기의 앎을 끝까지 추구하였다. 이 때 앎을 끝까지 추구하는 일은 사물들의 이치를 탐구하는 데에 있다.

주자가 말하였다. "명덕을 온 세상에 밝힌다는 것은 온 세상의 사람들로 하여금 모두 자기의 명덕을 밝히도록 한다는 뜻이다. (주자가 말하였다. "이 말은 근본과 그의 적용을 극대화하여 한 마디로 표현했다. 신(臣)이 생각건대, 자기의 덕을 밝히는 것이 근본이요 백성들의 덕을 새롭게 하는 것은 이 근본의 적용인데, 명덕을 천하에 밝힘은 이 양자를 합해서 한 말입니다.") 마음이란 몸의 주인이다. 성(誠)이라는 것은 충실함을 말한다. 마음이 말하는 것은 뜻[意]이라 한다. 그 마음이 움직임을 충실하게 하는 것이란 반드시 스스로 만족하여 자신을 속이는 것이 없게 함이다. 앎의 끝까지 추구한다는 것은 나의 지식을 미루어서 사물에 대한 앎의 끝까지 이름을 뜻한다. 사물들의 이치를 탐구한다는 것은 그 속에서 그 이치의 지극함에 이름을 뜻한다(사물을 탐구한다는 말은 '궁리한다'는 뜻과 '이른다'라는 뜻이 있습니다. 사물을 탐구한다는 뜻은 궁리한다는 뜻이 많고 사물의 이치가 탐구된다는 뜻은 단지 '이른다'는 뜻일 뿐입니다). 위의 여덟 가지는 《대학》의 조목(條目)이다."

또 말하였다. "사물들의 이치를 탐구하는 것은 꿈과 깨어남 간의 관문이요, 뜻을 성실히 하는 것은 사람과 귀신 간의 관문이다. 이 두 개의 관문을 통과하면 그 이상의 공부는 쉬워진다. 만약 이 공부들을 이룬다면, 나라를 다스리는 일이나 천하를 평정하는 일은 더욱 간단해질 것이다. 다만 반복적인 공부 속에서만 이에 이를 수 있다."

또 말하였다. "앎을 끝까지 추구하는 것과 사물들을 탐구한다는 것은 사물들의 이치를 탐구하는 것이요, 뜻을 성실히 하고 마음을 바르게 하며 몸을 닦는다는 것은 탐구된 이치를 실천하는 것이며, 집안을 다스리고 나라를 다스리며 천하를 평정한다는 것은 저 이치를 확대 적용하는 것을 뜻하는 것으로서, 이와 같이 세 가지 측면으로 살펴야 한다."

또 말하였다. "사물들의 이치를 탐구함에서부터 온 세상을 평정함에 이르기까지 성인(聖人)이 단단히 앞뒤를 나누어서 사람들에게 보였지만, 그렇다고 해서 한 조목의 공부가 남김없이 다 끝난 다음에 다른 조목을 공부하려 하면 안 된다. 만약 이렇게 한다면 어느 세월에 공부를 다 할 수 있겠는가."

사물의 이치가 탐구된 뒤에 앎이 끝까지 이르고, 앎이 끝까지 이른 뒤에 뜻이 성실해지며, 뜻이 성실해진 다음에 마음이 바르게 되며, 마음이 바르게 된 다음에 몸이 닦여지며, 몸이 닦여진 다음에 집안이 다스려지며, 집안이 다스려진 다음에 나라가 다스려지며, 나라가 다스려진 다음에 온 세상이 평화롭게 된다.

주자가 말하였다. "사물의 이치가 탐구된다는 것은 사물의 이치가 극진

(極盡)한 곳에 이르지 않음이 없음을 뜻한다(이 구절은 아래의 구절과 상대되는 말입니다. 그래서 문세(文勢)가 이와 같은 것이지, 실인즉 사물의 이치에 대해서 그 극진한 곳에 이르지 않음이 없음을 뜻합니다). 앎이 끝까지 이른다는 것은 내 마음의 아는 바가 다하지 않음이 없음을 뜻한다(사물의 이치가 탐구된다는 것과 앎이 극진해진다는 것은 별개의 일이 아닙니다. 사물의 이치로 말한다면 사물의 이치가 탐구된다는 것으로서, 이는 사물의 이치가 각기 극진함에 이르는 것을 뜻하고, 나의 마음으로써 말한다면 앎이 극진해진다는 것으로서, 이는 나의 마음이 사물의 이치에 이른 바에 따라 다하지 않음이 없음을 뜻합니다). 앎이 이미 끝까지 이르면 뜻이 성실해질 수 있고, 뜻이 이미 성실해지면 마음이 바르게 될 수 있다. 몸을 닦는다는 말 이상은 밝은 덕을 밝히는 측면이요, 집안을 다스린다는 말 이하는 백성들의 덕을 새롭게 하는 측면이다."(위의 글은 공부의 효과를 순서에 따라 미루어나간 것입니다.)

정자가 말하였다. "몸을 닦고 집안을 다스리는 일로부터 온 세상을 평화롭게 하는 일에 이르기까지는 정치의 도(道)요, 정치의 일의 근본을 세우고 관직을 나누어 정비하며 시대 상황에 따라 사업을 일으키며 나아가 제도를 만들어 천하의 일들을 다하는 것은 정치의 방법이다. 성인이 온 세상을 다스리는 데에는 이 두 가지가 있을 뿐이다."(건안 섭씨(建安葉氏)가 말하였다. "도란 정치의 근본이요 방법이란 정치의 수단으로서 어느 하나도 폐기할 수 없지만, 그러나 근본이 먼저 서야만 수단을 거행할 수 있다.")

신이 살피건대, 성현들의 학문은 자신을 닦고 남을 다스리는 일에 지나지 않습니다. 위에 편집해 놓은 《중용》과 《대학》의 첫 장의 말들은 서로 표리를 이루는바, 여기에는 자신을 닦고 남을 다스리는 근본이 다 갖추어져 있습니다. 이를 보면, 하늘이 명한 것으로서 성(性)은 명덕(明德)이 갖추고 있는 것이고 성에 따르는 것으로서, 도는 명덕이 행하는 것이며 도를 닦는 것으로서 가르침이란 백성들의 덕을 새롭게 하는 방법입니다. 삼가고 조심하며 두려워한다는 것은 마음이 고요할 때에 심성(心性)을 함양하는 뜻으로서, 마음을 바르게 하는 공부에 해당되고, 홀로 있음을 삼간다는 것은 움직일 때에 마음의 움직임을 성찰하는 뜻으로서, 뜻을 성실히 하는 공부에 해당됩니다. 중화(中和)를 이루어 하늘과 땅이 저마다 제 있어야 할 자리에 위치하고,

만물이 자란다는 것은 덕(德)을 밝히는 공부와 백성들의 덕을 새롭게 하는 일이 지선(至善)에 이르러 명덕을 온 세상에 밝힌다는 뜻입니다. 다만 저마다 미치는 범위가 넓고 좁음이 있으며, 그 효과가 크고 작음이 있습니다. 즉 중화를 극진히 하려는 노력이 한 집안에 머물면, 그 집안의 하늘과 땅이 제자리를 잡고 만물들이 자랄 것이요, 명덕이 한 집안에서 밝혀지는 일이 됩니다(한 집안에 어찌 천지만물이 별달리 있겠습니까. 부자(父子)와 부부(夫婦)와 형제(兄弟)가 각자 자신의 직분을 지키는 것이 바로 천지가 제자리에 위치하는 기상이요, 남편의 어버이의 사랑과 자식의 효도와 형의 우애와 동생의 공경과 남편의 선도(先導)와 부인의 뒤따름 등, 각자 자신의 정분(情分)을 다하는 것이 바로 만물이 생육되는 기상입니다). 또 그 노력이 한 나라에 머물면 그 나라의 하늘과 땅이 제자리를 잡고 만물이 생육되어 명덕이 그 나라에서 밝혀지는 일이 됩니다. 이는 천하의 경우도 마찬가지입니다. 삼대(三代) 이후로 한 집안 안에서 하늘과 땅이 제자리를 잡고 만물이 생육된 일이 세상에 간혹 있었습니다만, 한 나라 또는 하늘과 땅이 제자리에 위치하고 만물이 생육된 경우를 들어 본 일이 없습니다. 이 때문에 전하에 대한 기대가 깊은 것입니다.

〈주〉

*1 위에서 말하는 체(體)·용(用)이란 본체와 작용이라고 말할 수도 있겠으나, 엄밀히 그에 적절한 번역 용어가 없어서 그대로 둔다. 체란 존재의 형이상학적 근원이요, 용이란 이 체가 현상 세계에서 드러난 모습이라 할 수 있을 것이다.

2편 자신을 수양하라〔修己〕

　신이 살피건대, 《대학》에 "천자(天子)로부터 서민에 이르기까지 한결같이 모두 마음과 행실을 닦아 수양함을 근본으로 삼는다. 근본이 어지러운데 집안이나 나라가 다스려지는 일은 없다" 하였습니다. 그러므로 제왕(帝王)의 학문에서 몸과 행실을 닦아 수양함보다 앞서는 일은 없습니다.

총론

　신이 살피건대, 자기를 수양하는 공부에는 앎의 측면과 행함의 측면이 있습니다. 앎으로써 선(善)을 밝히고 행함으로써 몸을 성실히 하려는 것입니다. 아래에서는 앎과 행함을 합해서 말한 것을 뽑아서 첫 장으로 삼겠습니다.

　군자는 덕성(德性)을 존중하고 학문을 강구하니, 덕성을 넓히기에 힘쓰고 사물의 이치에서 정밀하고 미세한 부분까지 포함하여, 가장 높고 밝은 경지에 이르고 중용을 따르며, 옛것을 익히고 새것을 알며, 순박함을 두텁게 하여서 이로써 예(禮)를 숭상한다. 《중용》

　주자가 말하였다. "존중한다는 것은 공경하며 받들어 지킨다는 뜻이다. 덕성이란 하늘에서 받은 바른 이치이다. 익힌다는 것은 옛날에 배운 것을 다시 때때로 익힌다는 뜻이다. 덕성을 존중하는 것은 마음을 함양하여 도(道)의 본체의 광대함에 힘을 쏟기 위한 것이요, 학문을 강구하는 것은 앎을 극진히 하여 도의 본체의 세세함에 이름을 말한다. 터럭만큼도 개인적인 뜻으로서 마음을 가리우지 않고(덕성을 넓히기에 힘쓴다는 뜻입니다.) 터럭만큼도 개인의 욕심으로 마음을 더럽히지 않으며(가장 고명한 경지에 달한다는 뜻입니다.) 이미 알고 있는 것을 몸에 배도록 하고(과거에 배운 것을 익힌다는 뜻입니다.) 이미 할 수 있는 것을 더욱 돈독하게 하는 것(순박함을 더한다는 뜻입니다.)은 모두 마음을 함양하는 일에 해당된다. 사리를 분석하면 털끝만큼도 차이가 없게 하고(사리의 정미함을 다한다는 뜻입니다.) 일을 처리함에 있어서는 지나침이나 모자람의 잘못이 없게 하며(중용의 도리를 지켜 나간다는 뜻입니다.) 사리나 의리의 모르는 점에 대해서는 날마다 앎을 증진시키고(새로운 것을 안다는 뜻입니다.) 예에 조심성이 없는 점에 대해서 날마다 삼가는 것은, 모두 앎을 끝까지 미루어가는 일에 해당된다. 무릇 마음을 갈고 닦지 않으면 앎을 끝까지 미루어가지 못하며, 마음을 갈고 닦기 위해서는 또한 앎을 극진히 하지 않으면 안 된다. 그러므로 위의 다섯 구절은 크고 작음이 서로 보완해주며 처음과 끝이 상응한다. (동양 허씨(東陽許氏)가 말하였다. "큰 것은 앞의 다섯 문구를 말하며 작은 것은 뒤의 다섯 문구를 말하고, 처음이란 덕성을 존중하고 학문을 강구한다는 구절을 말하고, 끝은 아래의 나머지 네 구절을 말한다.") 성현들이 보여준 것에 덕(德)을 향상시키는 방법이 이보다 자세한 것이 없으므로 학자들은 마음을 다해야 한다."

공자(孔子)가 말하였다. "군자가 글을 널리 배우고 그 배운 내용을 예로써 요약한다면 또한 도에 어긋나지 않을 것이다."　　　　　　　　《논어》

주자가 말하였다. "요약한다는 것은 요점을 추리는 것이요, 배반한다는 것은 등지는 것이다. 군자는 학문에 있어서 널리 알고 배우고자 하기 때문에 모든 글을 읽고, 행동을 지켜 나가면서 요점을 취하려고 하므로 행동을 반드시 예에 맞게 한다. 이와 같이 한다면 도에서 벗어나지는 않을 수 있다."(면재 황씨(勉齋黃氏)가 말하였다. "널리 배운다는 것은 범연히 배워서 지극히 넓게 한다는 뜻이다. 요약한다는 것은 돌이켜 단속하여 가장 요점이 되는 것을 포착함이다.")

정자가 말하였다. "널리 배우기만 할 뿐 예로써 요약하지 않으면 반드시 산만해지고 만다. 그러므로 널리 배웠다면 또 예를 잘 지켜 법도를 따라가야 도에서 벗어나지 않는다."

신이 살피건대, 자기를 수양하는 공부는 경(敬)의 자세를 갖는 것과 사물의 이치를 탐구하는 것, 힘써 실행하는 것 등 세 가지를 벗어나지 않습니다. 그러므로 이 장에서 그 실마리를 간략하게 드러내 보았습니다. 자세한 것은 뒤에 나옵니다.

뜻을 세움에 대하여〔立志〕

　신이 살피건대, 배움에는 뜻을 세우는 것보다 중요한 것이 없습니다. 뜻도 서지 않았는데 공을 이룰 수는 없는 일입니다. 그러므로 수기(修己)의 조목 중에서 뜻세움을 맨 앞에 놓았습니다.

　공자가 말하였다. "도에 뜻을 두어야 할 것이다."　　　　　　　　《논어》

　주자가 말하였다. "뜻을 둔다는 것은 마음이 그 곳으로 향하게 됨을 말한다. 도란 일상 생활에서 인륜상 마땅히 실행해야 할 것을 이른다. 이 도를 알아서 마음이 반드시 그리로 향한다면 행하는 일이 바르게 되어 다른 길에 마음을 빼앗기지 않을 것이다."

　진씨(眞氏)가 말하였다. "뜻이란 덕(德)을 향상시키는 토대이다. 성현들은 여기에서부터 시작하여 아무리 멀어도 도달하고 아무리 단단해도 뚫고 들어간다. 선악의 두 갈래 길은 도(道)와 이(利)일 뿐이다. 도에 뜻을 두면 의리가 뜻의 주인이 되어 물욕이 그를 움직이지 못할 것이요, 이에 뜻을 두면 물욕이 뜻의 주인이 되어 의리가 그에 끼어들 수 없을 것이다. 성인인 요(堯)임금과 포악한 걸왕, 성인인 순(舜)임금과 악독한 도척이 서로 구별되는 것은 바로 이 점에서이니 어찌 조심하지 않을 수 있겠는가."

　북계 진씨(北溪陳氏)가 말하였다. "도에 뜻을 둔다는 말은 온 마음이 도로 향한다는 뜻이다. 그러므로 뜻이 있다가 없다가 한다든지, 또는 다른 데에 쏠리기라도 한다든지 하면 그것은 뜻을 두었다고 말할 수 없다.

맹자(孟子)는 인간의 성(性)이 선(善)함을 말할 때마다 반드시 요·순 두 임금의 말과 행동을 예로 들었다. 《맹자》 아래도 같음

주자가 말하였다. "본성[性]이란 사람이 태어날 때 하늘로부터 받은 이치로서, 그것은 아주 지극히 선하여 처음부터 악한 것이라고는 없다. 이는 일반인이나 요임금·순임금이나 조금도 다름이 없다. 다만 보통 사람은 사욕(私欲)에 빠져서 성을 잃는 데 반하여, 요·순 두 임금은 사욕에 가리움이 없어서 성을 충실하게 지닐 수 있었을 뿐이다. 그러므로 맹자가 인간의 본성이 선함을 말할 때에는 반드시 요·순을 예로 들어서 증거로 삼았다. 이로써 인의(仁義)를 밖에서 구하지 않고 학문을 통하여 성인(聖人)에 이를 수 있음을, 상대방으로 하여금 알게 하여 노력을 하는 데 게으르지 않도록 하려고 하였다."

또 말하였다. "무릇 사람은 모름지기 성현을 자기의 삶의 목표로 삼아야 한다. 그런데 세상 사람들은 대부분 성현을 너무 높게 보고 자신을 비천하다고 여기기 때문에 기꺼이 성현으로 나아가려고 하지 않는다. 아니, 그들은 성현들의 품성(稟性)이 일반인들과 같다는 것을 모르고 있다. 그렇지 않다면 어찌 성현과 같이 되는 것을 자기의 임무로 삼지 않을 수 있겠는가?"

안연(顏淵)이 말하였다. "순(舜)은 어떤 사람이며, 나는 어떤 사람인가? 노력하는 자 또한 그와 같이 될 것이다."

주자가 말하였다. "사람이 순과 같이 할 수 있다면 모든 사람들이 순과 같이 된다는 말이다."

또 말하였다. "위의 말은 사람들로 하여금 분발하여 용감하게 앞으로 나아가며, 일상 생활 중 사욕을 조금도 두지 못하게 하려는 뜻이다. 만약 사람들이 여기에서 자신이 딛고서 분발하여 일어날 곳을 갖는다면, 그것은 그들이 공부할 토대가 된다. 그렇지 않으면 기름에 그림 그리고 얼음에 조각하는 것과 같아, 정말로 힘을 쓸 곳이 없다."

또 말하였다. "반드시 자기 스스로 확실하고 평온하게 공부할 토대를 가져야 할 것이요, 한갓 자기의 언행을 순임금의 언행과 밤낮 비교해보고 헤아리면서 어째서 순임금과 같지 못할까 안타깝게 걱정만 해서는 안 된다. 예를 들어, 환자는 응당 순서에 따라 약을 복용하여 점차적으로 병을 다스려 기력을 서서히 회복시켜야 한다. 그리하여 건강해진 다음에 약을 그쳐야 할 것이지, 한 알의 환약이나 한 봉지의 가루약으로 하루아침에 그 효과를 기대했다가 당장 건강해지지 않는다며 괴이하게 여겨서는 안 되는 것과 같다."

또 공부하는 사람들에게 깨우쳐 말하였다. "글을 외지 못하면 숙독(熟讀)을 하라. 그리하면 기억할 수 있다. 의리에 정밀하지 못하면 심사숙고하라. 그리하면 정밀할 수 있다. 뜻이 서지 않으면 곧 공부할 바탕을 갖지 못할 것이다. 지금 너희들이 이익과 급료만을 탐할 뿐 도의(道義)를 탐하지 않는 것이나, 또는 귀한 사람이나 되려 할 뿐 훌륭한 사람이 되려 하지 않는 것은 모두 뜻이 서지 않은 까닭이다. 즉시 끊임없이 반성하여 폐단을 발견하고 용맹 정진하라. 그리고 성현들의 한 마디 한 마디가 어느 한 가지도 빈 말이 아님을 알아야만 뜻을 세울 수 있을 것이다. 이렇게 해서 쉼없이 공부를 해나간다면 크게 효과가 있을 것이다. 여러분들은 노력하라. 이것은 작은 일이 아니다."

여기까지는 뜻을 세움에 대하여 일반적으로 말한 것입니다.

하늘과 땅을 위하여 뜻을 세우고, 백성을 위하여 도(道)를 세우고, 지나간 성인들을 위하여 끊어진 학문을 이으며, 만세(萬世)를 위하여 태평성세를 연다.
《횡거문집(橫渠文集)》

섭씨(葉氏)가 말하였다. "하늘과 땅은 만물을 끊임없이 생성하는 데에 그 마음이 있다. 성인은 하늘과 땅의 이러한 뜻에 참여하여 만물들의 조화와 발육을 도와 그들로 하여금 저마다 자기 본성대로 살아가게 해준다. 이것이 하늘과 땅을 위하여 뜻을 세운다는 말의 의미이다. 백성을 위해 도를 세운다는 것은 의리(義理)를 세워 밝혀 보편적 윤리를 뿌리내림을 말한다. 끊어진 학문을 잇는다는 것은 도의 전통을 잇는다는 뜻이다. 태평성세를 연다는 것은 만약 성군(聖君)이 나오면 틀림없이 그가 나에게 와서 자문을 구할 것이므로, 그 혜택이 온 세대에 끼친다는 뜻이다. 학자들이 이로써 뜻을 세운다면 그의 맡은 바가 지극히 클 것이요 마음가짐이 지극히 공평할 것이다."

정자가 말하였다. "임금의 도리는 옛것을 자세히 살피고 학문을 바로 하며 선(善)과 악(惡)의 귀추를 밝히고 진실과 간사함을 분명히 분별하여 바른 길로 나아가는 데에 그 큰 뜻이 있다. 그러므로 임금의 뜻이 먼저 정립되어야 한다. 임금의 뜻이 정립되면 온 세상의 평정이 가능할 것이다. 이른바 뜻의 정립이란 마음을 한결같이 하고 뜻을 성실히 하며 선을 택하여 이를 고집한다는 말이다. 무릇 임금이 의리에 밝지 않으면 듣는 것이 많아 미혹되기가 쉽고, 뜻이 서 있지 않으면 선을 지키는 데 혹시 흔들릴 수도 있다. 그러므로 성현들의 말씀을 반드시 본받아야 할 것이요, 후세의 혼탁한 정치에 이끌려서는 안 되며 또 세속의 구태의연한 주장에 의해 동요되어서도 안 될 것이다. 앎을 철저히 하고 도(道)를 지극히 독실하게 믿으며, 현자(賢者)를 의심없이 임용하고 간사한 무리들을 단호히 배제하여 세상을 기필코 삼대(三代)와 같이 태평성세로 만들어야 할 것이다."(위의 말은 임금의 입지에 대한 것이긴 하지만 학자들에게도 절실한 내용입니다.)

여기까지는 뜻 세움의 조목들을 논한 것입니다.

공자가 말하였다. "인(仁)은 멀리 있는 것인가. 내가 인을 베풀고자 한다면 인에 이를 것이다."　　　　　　　　　　　《논어》 아래도 같음

주자가 말하였다. "인이란 마음의 덕(德)으로서, 마음 밖에 있지 않다. 다만 사람들이 마음을 놓아버리고 찾지 않기 때문에 그것을 멀리 있다고 생각할 뿐이다. 그러므로 돌이켜 마음속에서 인을 찾기만 한다면 바로 마음속에 인이 있을 것이다. 어찌 멀리 있겠느냐?"

정자가 말하였다. "인(仁)을 행하는 것은 자신으로부터 시작된다. 그러므

로 자신이 어질기를 원하면 어질게 된다. 어찌 인이 먼 것이겠는가."

진실로 인에 뜻을 둔다면 그 사람은 악한 일은 하지 않을 것이다.

주자가 말하였다. "한 사람의 마음이 진실로 인에 있다면 틀림없이 악을 행하는 일은 없을 것이다."

양기(陽氣)가 피어나는 곳에서는 쇠나 돌도 뚫을 수 있는 것이니[*1] 정신이 한 곳에 집중된다면 무슨 일이든 이루지 못하겠는가. 주자의 말

주자가 말하였다. "세속의 학문이 성현들의 학문과 다른 점을 알기는 어렵지 않다. 예를 들면 성현들이 마음의 바로잡음에 대하여 말하면 그들은 곧 마음을 바르게 하려 하며, 성실함에 대하여 말하면 그들은 곧 뜻을 성실히 하려 한다. 이러한 점은 자신을 수양(修養)함과 집안을 잘 다스려 바로잡음에도 그대로 해당되어 그들은 그것을 빈말로 돌리지 않는다. 그러나 요즈음 학자들은 마음의 바로잡음에 대하여 말할 때에는 단지 그것을 말로 외우기나 하고, 한 순간 성의에 대하여 말할 때에도 그것을 말로 외기나 하며, 또 한 순간 자신의 수양에 대하여 말할 때에도 성현들이 자신을 수양함에 대한 말들을 외는 것으로 그쳐, 말들을 주워모으기나 하고 과거 시험의 문체(文體)들을 편집하거나 한다. 이렇게 학문을 하고서야 그들의 심신(心身)에 어떠한 유익함이 있겠는가. 사람들은 모름지기 정신을 차리고 이해해야 한다. 요즈음 친구들이 성현들의 학문을 즐겨 듣는 것은 사실이지만, 끝내 세속의 낡은 관습에서 벗어나지 못하는 원인은 뜻이 서 있지 않기 때문일 뿐이다. 학자들에게 있어서 가장 중요한 점은 뜻을 세우는 데에 있다. 학문을 하려면 응당 성인이 되려고 해야 한다."

정자가 말하였다. "세상에는 자연 조화의 힘을 빼앗을 수 있는 세 가지 일이 있다. 첫째는 나라를 잘 다스려 천명(天命)[*2]을 길이 보전하는 것, 둘째는 몸을 잘 다스려 오래 사는 것, 셋째는 학문을 연마하여 성인(聖人)이 되는 것이다. 이 세 가지는 분명 사람의 힘으로써 하늘과 땅의 조화를 이길 수

있는 일이다. 다만 스스로 그렇게 하지 않을 뿐이다."

여기까지는 뜻세움의 효과를 논한 것입니다.

맹자가 말하였다. "자신을 해치는 자와는 함께 말할 것이 없고 자신을 버리는 자와는 같이 행할 것이 없다. 예의와 도리를 비난하는 말을 하는 것을 일러 '자신을 해친다' 하고, 자기는 사랑과 의리를 행할 능력이 없다고 생각하는 것을 일러 '자신을 포기한다'고 한다." 《맹자》 아래도 같음

주자가 말하였다. "자신을 스스로 해치는 사람은 예의와 도리가 훌륭한 것임을 알지 못하고 그것을 비난할 것이기 때문에, 비록 그 사람과 함께 예의를 말하더라도 그의 믿음을 얻지 못한다. 자신을 스스로 버리는 자는 사랑과 의리가 훌륭한 것임을 알고는 있지만 다만 게으름에 빠져 스스로 실천할 수 없다고 생각할 것이므로, 그와 함께 행해 보아야 그는 틀림없이 노력하지 않는다."

정자가 말하였다. "만약 사람이 성실하게 선(善)으로써 자신을 다스리면 누구든지 자신의 기질을 변화시킬 수 있다. 아무리 어리석은 자라도 차츰차츰 닦아서 진보할 수 있음이다. 다만 자신을 해하는 사람들은 예의와 도리를 비난하며 믿지 않고, 자신을 버리는 사람들은 사랑과 의리를 막아 버려 행하지 않는다. 비록 성인이 이들과 함께 거처한다 해도 그들을 교화하여 그들로 하여금 도를 행하게 할 수 없다. 이는 이른바 어리석은 사람들은 도저히 변화시키지 못한다는 뜻이다."

또 말하였다. "1등은 남에게 양보하고 2등이나 하겠다고 말하지 말라. 그렇게 말하면 이는 스스로를 버리는 것이다. 학문으로 말한다면 곧바로 도(道)를 깨달으려는 뜻을 품고, 사람으로 말한다면 곧바로 성인이 되려는 뜻을 품어야 한다."

또 말하였다. "게으른 마음으로 일생을 살아가는 것은 바로 스스로를 상

하게 하고 버리는 일이 된다."

　명도(明道)가 신종(神宗)에게 정치의 도에 대하여 간곡히 생각한 바를 아뢰자 신종이 이렇게 말했다. "그것은 요순의 일입니다. 내가 어찌 감당할 수 있겠습니까?" 이에 명도가 정색을 하면서 말하였다. "폐하의 그 말씀은 종묘사직과 백성들에게 복된 말이 아닙니다."

　인(仁)은 사람의 편안한 집이요 의(義)는 사람의 올바른 길이다. 편안한 집을 비워 놓고 살지 않으며, 올바른 길을 버리고 가지 않으니 슬프구나.

　주자가 말하였다. "인이란 본마음 전체의 덕(德)으로서, 거기에는 하늘의 뜻인 자연스러운 안락함이 있으며, 나쁜 욕망에 빠질 위험이 없다. 그러므로 사람들이 마땅히 항상 인 가운데 있어야 하고 그로부터 잠시도 떠나서는 안 될 것이다. 이 점에서 인을 '편안한 집'이라 한 것이다. 의란 마땅함을 뜻하는 것으로서, 천리상 마땅히 행해야 할 바요, 욕망의 간악함이 없다. 이 점에서 의를 '올바른 길'이라 한 것이다. 위의 말은, 도(道)가 인간에게 본래부터 있는 것인데 사람들 스스로 포기하니 슬픈 일이라는 뜻이다. 이것은 성현이 깊이 경계한 것이니 학자들이 철저히 반성해야 할 문제이다."

　여기까지는 뜻세움에 반대되는 일을 말한 것입니다.

　신이 살피건대, 뜻이란 인간 행위의 원동력으로서의 기(氣)를 이끄는 것입니다. 뜻이 하나로 모이면 기가 그에 따라 움직이는 법입니다. 학자들이 평생 글을 읽으면서도 성취하지 못하는 것은, 다만 뜻이 서 있지 않기 때문일 뿐입니다. 뜻이 서지 않는 원인은 세 가지가 있습니다. 첫째는 믿지 않기 때문이요, 둘째는 모르기 때문이요, 셋째는 용기가 없기 때문입니다. 첫째에 이른바 믿지 않기 때문이라는 것은 다음을 두고 한 말입니다. 즉, 성현들이 후배들에게 분명하고도 정성껏 진리를 밝혀주었기 때문에, 그 말씀을 토대로 삼아 순서에 따라 점차적으로 나아간다면 성인이 될 수 있고 현인도 될 수 있습니다. 이는 이치상 필연적인 것이며, 그러한 노력에도 불구하고 현인이나 성인이 될 수 없다는 것은 있을 수 없는 일입니다. 그런데 이를 믿지 않는 사람들은 성현들의 말에 대하여 '그것은 사람을 꾀기 위한 말뿐'이라 하여, 단지 문자나 음미할 뿐 몸소 실천하지를 않습니다. 이 때문에 읽는 것은 성현들의 글이지만 행동은 세속적입니다.

둘째에 이른바 모르기 때문이라는 것은 다음과 같은 뜻입니다. 즉 사람이 태어날 때 타고난 기품은 각양각색이지만 배움과 실천에 노력한다면 성공하기는 마찬가지입니다. 맹자는 어려서 장례 지내는 놀이를 즐겨 했지만 마침내 성인에 버금가는 경지에 이르렀고, 정자(程子)는 젊어서 늘 저녁 늦게야 집에 들어가며 사냥을 즐겨 했지만 마침내 훌륭한 현인이 되었습니다. 이를 보면 어찌 반드시 나면서부터 아는 사람이어야만 덕(德)을 크게 성취할 수 있다고 말할 수 있겠습니까. 그러나 이를 알지 못하는 자들은 자신의 훌륭하지 못한 자질을 운명으로 알아 구태의연한 생활 속에서 조금도 노력을 해보려고 하지 않습니다. 그들은 성현이 되는 것이나 어리석은 자가 되는 것이 모두 자기가 하기에 달렸다는 것을 알지 못하고 있습니다. 이 때문에 읽는 것은 성현들의 글이지만 지키는 것은 기품에 얽매인 채 그대로입니다.

셋째에 이른바 용기가 없다는 것은 다음과 같은 뜻입니다. 즉, 사람들은 간혹 성현들이 자신을 속이고 있지 않으며 자신의 기질 또한 변화시킬 수 있다는 것을 조금은 알고 있습니다. 그러나 그들 역시 낡은 관습에 편안히 머물러 노력하지 않기 때문에, 어제의 행위를 오늘 고치기 어려워하고 오늘의 즐거운 생활을 고치려 하지 않습니다. 이와 같이 옛날 하던 그대로 유지하기만 하고 한 치를 나아가면 한 자씩 후퇴하고 맙니다. 이는 용감하지 못한 결과입니다. 이 때문에 그들이 읽는 것은 성현들의 글이지만 그들이 편안히 여기는 것은 낡은 관습입니다. 이와 같이 사람들에게 세 가지 폐단이 있기 때문에 세상에 군자가 없고 육경(六經 : 중국 춘추시대의 여섯 가지 경서(經書))이 빈말들이 되어 버리는 것입니다. 아, 어찌 탄식을 금할 수 있겠습니까. 만약 성현들의 말들을 깊이 믿고 좋지 못한 기질을 바로잡으며 실제로 백 가지 천 가지 노력을 기울여 끝내 후퇴하지 않는다면, 큰 길이 앞에 나타나 성역(聖域)을 곧장 가리킬 것이니 그에 이르지 못할 걱정이 무엇이겠습니까. 인간의 한 몸은 매우 작지만 하늘 그리고 땅과 함께 삼재(三才)*3 중 하나로 태어났으므로, 그는 학문의 노력을 극진히 하는 가운데 하늘과 땅이 저마다 제자리를 잡고 만물이 자라나도록 도와 주는 일을 임무로 갖고 있습니다. 이윤(伊尹)이 필부(匹夫)로서 임금의 신임을 얻어 정치를 이상적으로 폈지만, 그럼에도 백성들 중 어느 한 사람이라도 정치의 혜택을 받지 못하지나 않을까 하고 그가 근심했던 것은 이 점 때문입니다. 하물며 임금은 임금이자 스승으로서 백성들을 가르치고 기를 책임도 있어, 임금의 일거일동은 모든 사람들의 표준이 되지 않으면 안 됩니다. 그러니 그 책임이 얼마나 무겁겠습니까? 한번 생각을 잘못하면 정치에 해를 끼치기도 하고 한 마디 잘못된 말에 일을 망치기도 합니다. 도에 뜻을 두고 도를 행하여 이로써 한 세상을 태평성세로 만드는 것도 임금 자신에게 달려 있고, 욕망에 뜻을 두고 욕망을 좇아 이로써 세상을 말세로 만드는 것도 임금 자신에게 달려 있습니다. 그러므로 임금은 더욱 뜻이 향하는 곳을 조심하지 않으면 안 됩니다. 설문청(薛文淸)이 말했습니다. "나의 마음이 진실로 학문에 뜻을 둔다면 하늘도 나의 소원을 들어 주실 것이다." 또 말하였습니다. "학문이 향상되지 않는 것은 모두 옛날 하던 그대로 따라가기만 하기 때문이다." 엎드려 바라건대 전하께서는 이를 유념하십시오.

〈주〉
*1 생의 기운 속에서는 무슨 일이든 다 이룰 수 있다는 뜻.
*2 이 때 천명(天命)이란, 하늘이 임금에게 나라를 주면서 이를 잘 다스리도록 명한 것을 뜻하며, 임금이 나라를 잘 다스리면 하늘이 명을 거두어 다른 사람에게 주지 않고 그 임금의 지위를 길이 보장한다고 생각하는 것이 유학자들의 일반적인 사고이다.
*3 유학자들은 우주의 중요한 3대 요소로서 천(天)·지(地)·인(人)을 들고 있는데, 이를 삼재라고 한다.

마음을 단속함에 대하여〔收斂〕

신이 살피건대, 경(敬)은 성인이 되기 위한 학문의 처음이자 마지막입니다. 그러므로 주자가 말하였습니다. "경의 자세를 유지하는 것이야말로 진리 탐구의 근본이다. 아직 알지 못하는 사람은 경의 자세를 갖지 않으면 앎에 이를 도리가 없다." 정자는 말하였습니다. "도(道)를 알고 행하는 데에는 경만한 것이 없다. 앎을 극진히 한 사람치고 경의 자세를 갖지 않은 사람이 없다." 이것은 경이 학문의 시작임을 뜻하는 것들입니다. 또 주자가 말하였습니다. "이미 앎에 이른 자는 경이 아니면 그의 앎을 지킬 도리가 없다." 정자는 말하였습니다. "경과 의리가 서면 그는 덕(德)이 갖춰짐으로써 외롭지 않을 것이다"[1] 하였으니, 성인이라 하더라도 이와 같을 뿐이다." 이것은 경이 학문의 마지막임을 뜻하는 말입니다. 아래에서는 학문의 시작으로서의 경에 해당되는 내용들을 취하여 궁리장(窮理章) 앞에 놓고 수렴장이라 제목을 붙여 《소학》의 공부로 바꾸어 하겠습니다.

공자가 말하였다. "군자가 무게가 있지 않으면 위엄이 없을 것이니 그런 상태에서 학문을 해봐야 배우는 것이 든든하지 못할 것이다." 《논어》

주자가 말하였다. "밖으로 경박한 사람은 틀림없이 안으로 견고하지 못할 것이다. 그러므로 군자가 무게가 있지 않으면 위엄이 없고, 배우는 것도 견고하지 못할 것이다."

장자(張子)가 말하였다. "의리(義理)의 학문은 모름지기 겉으로 드러나지 않고 깊이 잠겨들어야만 그를 몸소 알게 된다. 그러므로 그것은 경박한 사람이 할 수 있는 것이 아니다."

군자의 몸가짐은 여유가 있고 침착해야 한다. 그리고 웃사람을 뵐 때에는 공손해야 하며 방종해서는 안 된다. 《예기》 아래도 같음

발걸음은 무게가 있어야 하고, 손놀림은 공손해야 하며, 눈매는 단정하고, 입매는 다물고 있으며, 목소리는 차분하고, 머리를 한쪽으로 기욺이 없이 똑바로 쳐들어야 하며, 호흡은 마치 숨쉬지 않는 것처럼 해야 하며, 서 있는 모양은 의젓하고 점잖게 어디에 기대지 말아야 하며, 얼굴빛은 씩씩하여야 한다.

어떤 사람이 물었다. "사람이 쉴 때에는 몸가짐은 소홀하더라도 마음만 풀어져 있지 않으면 괜찮습니까?" 그러자 정자가 대답하였다. "어찌 두 다

리 쭉 뻗고 있는 상태에서 마음이 풀어지지 않을 수 있겠는가. 전에 여여숙(呂與叔)이 6월에 후씨(緱氏)에게 와서 혼자 거처할 때에 내가 한번 그를 엿보니까 그는 의젓하고 점잖게 무릎을 꿇고 앉아 있었다. 참으로 몸가짐이 돈독한 사람이라고 할 수 있다. 이처럼 학자들은 모름지기 경건하지 않으면 안 된다. 다만 너무 얽매어서는 안 된다. 그렇게 되면 경건한 자세를 오래 유지하기 어렵기 때문이다."

요진경(寥晉卿)이 물었다. "어떤 글을 읽어야 할까요?" 주자가 이렇게 대답했다. "공(公)은 마음을 놓아버린 지 이미 오래되었으니 우선 정신을 수렴하여야 합니다. 《예기》〈옥조편(玉藻篇)〉에 군자가 취해야 할 아홉 가지 몸가짐에 관한 글을 자세히 읽고 성찰하여 그 의미를 깨닫는 것이 좋은 독서일 것입니다."

또 말하였다. "경(敬)에 대하여 말하는 사람들은 다만 마음을 잡아 두면 행동거지는 자연히 도리에 맞게 될 것이라 할 뿐 우리의 몸가짐과 말씨에 대해서는 전혀 노력을 기울이지 않는다. 그러나 설사 정말 그와 같이 마음을 잡아 둔다고 하더라도 이 또한 불교와 다를 것이 무엇이겠는가. 하물며 그 마음이란 몽롱한 상태의 것으로서 참으로 마음을 잡아 둔 것이 아닐 경우에는 더욱 그러하다."

절효 서공(節孝徐公)이 일찍이 안정호(安定胡) 선생으로부터 글을 배울 때 스스로 이렇게 말했다. "처음 선생님을 뵈었을 때 나의 머리 모양이 약간 기울어져 있었는데, 선생님이 갑자기 큰 소리로 말씀하셨다. '머리를 똑바로 꼿꼿하게 세워라.' 이 가르침을 계기로 혼자 생각해 보니, 머리만 똑바로 세울 것이 아니라 마음도 또한 곧게 가져야 할 것이다. 그로부터 감히 바르지 않은 간사한 마음을 품지 않았다."

주자가 말하였다. "이동(李侗) 선생님은 종일 두 무릎 꿇고 앉아 있어도 안색이 아주 깨끗하고 밝아 흐트러진 기색이 전혀 없었다. 옛 사람의 말에 '종일토록 빠른 말과 급한 기색이 없다' 하더니 선생이야말로 정말 그러하셨다. 보통 사람들은 가까운 곳에 갈 때는 천천히 걷지만 먼 곳에 출타할 때에는 행동이 조급해지는 데 반하여 선생께서는 가까운 곳이나 먼 곳이나 항상 여유가 있었다. 또 보통 사람들은 사람을 불러서 오지 않으면 언성이 반드시 높아지는 데 반하여, 선생께서는 그러한 경우에도 목소리가 처음과 마찬가지였다. 또 예컨대 보통 사람들은 앉아 있을 때 벽에 글자가 씌어 있으면 꼭 머리를 들어 한 번 쳐다보는데, 선생께서는 그렇지 아니하시어 앉아 계실 때는 바라보지 않으셨으며, 혹 그 글을 보고 싶으면 반드시 일어나서 벽 아래로 가서 그것을 보셨다. 선생께서는 대체로 이처럼 바깥 사물에 휩쓸리지 않으셨다."(연평 선생(延平先生)의 위와 같은 면모는 그의 심성(心性) 함양이 무르익은 결과이겠으나 초학자들도 이를 본받아야 할 것입니다.)

여기까지는 몸가짐을 거두어들이는 내용을 말한 것입니다.

《시경》에서 말하였다. "말을 할 때에는 조심하고 몸가짐을 삼가서 화평하고 아름다움을 지녀라. 흰 구슬의 티는 갈아내면 되지만, 입 밖에 낸 말의 잘못은 다시 어찌할 수 없는 일이니라. 경솔하게 말하지 말고 구차하게 말하지 말지어다. 나의 혀를 잡아 주는 사람이 없는지라 말 한 마디라도 함부로 해서는 안 되느니라."　　　　　　　　　　　　　《시경》〈대아·억〉

주자가 말하였다. "위의 시는 말을 삼가고 조심해야 함을 말한 것이다. 구슬의 흠집은 오히려 갈고 닦아서 깨끗하게 할 수 있지만, 말을 한 번 잘못하면 구제할 방법이 없다. 어느 누구도 나를 위하여 나의 혀를 잡아 주는 사람이 없기 때문에 말은 나에게서 말미암는 것이며 그것은 잘못 나오기 쉬운 것이다. 항상 조심해야 할 것이요 함부로 내뱉어서는 안 된다. 말을 조심하라는 훈계가 깊고 절실하다."

공자가 말하였다. "임금의 말이 실과 같더라도 그것이 나온 뒤에는 인끈〔綸: 실로 뽑은 끈〕처럼 커지고, 임금의 말이 인끈 같더라도 그것이 나온 뒤에는 밧줄처럼 커진다."　　　　　　　　　　　　　　　　　　　《예기》

신이 살피건대, 위의 글은 임금의 말이 비록 사소한 것일지라도 그 말이 가져오는 이로움과 해로움의 효과는 매우 크니 말을 조심하지 않으면 안 된다는 뜻입니다.

　군자(君子)가 방안에 있으면서 언어에 있어서 도리에 어긋나지 않으면 천 리 밖의 사람들까지 마음이 따라 움직이는 법이니 하물며 가까이 있는 사람들이야 말할 나위 있겠는가. 반면에 군자가 방안에 있으면서 말하는 생활에서 도리에 어긋나면 천 리 밖의 사람들도 그로부터 떠나는 법이니 하물며 가까이 있는 사람들은 오죽하겠는가? 말은 자기 몸에서 나와서 백성들에게 영향을 미치고, 행동은 가까운 데에서 일어나지만 먼 데에까지 그 효과가 나타난다. 말과 행동이야말로 군자에게 가장 중요한 요소인 것이다. 말과 행동을 어떻게 하느냐에 따라 영예와 치욕이 결정된다. 군자가 하늘과 땅을 움직일 수 있는 근거가 여기에 있으니, 어찌 말과 행동을 삼가지 않을 수 있겠는가.
《주역》〈계사전〉 공자의 말

　절재 채씨(節齋蔡氏)가 말하였다. "말이란 마음의 소리요, 행동이란 마음의 자취이다. 그러므로 말과 행동이야말로 마음이 움직이는 것의 근본이다. 선한 것이란 이치이다. 선하지 않으면 곧 이치에 어긋난다."(군자가 말과 행동에서 도리에 맞으면 화합하는 기운에 반응하고, 도리에 맞지 않으면 어긋난 기운이 그에 반응합니다. 화합하는 기운이 지극하면 하늘과 땅이 제자리를 잡으며 만물이 태어나고 쑥쑥 자랄 것이지만, 어긋난 기가 지극하면 하늘과 땅이 닫히고 현인(賢人)들이 문을 닫고 들어앉게 됩니다. 이 때문에 '하늘과 땅을 움직인다' 한 것입니다.)

　여기까지는 말의 거두어들임을 말한 것입니다.

　오만함을 길러서는 안 되고 욕망을 따라서는 안 되며, 뜻을 가득 채워서도 안 되고 즐거움을 다해서도 안 된다.　　　　　　　　　　《예기》

　응씨(應氏)가 말하였다. "오만함이란 경건의 반대이고 욕망이란 감정이 움직이는 것이다. 뜻은 차면 넘치고 즐거움이란 극도에 이르면 오히려 상하는 법이다."

신이 살피건대, 뜻이 찬다는 말은 조금만 얻어도 만족해서 거만하게 뻐기는 것을 말합니다.

맹자가 말하였다. "사람들은 자기네 닭이나 개를 잃어버리면 찾을 줄 알면서 마음을 잃어버리고서는 찾을 줄을 모른다. 학문의 길은 다른 것이 아니다. 잃어버린 마음을 찾아나서는 것일 뿐이다." 《맹자》

정자가 말하였다. "마음은 아주 중요한 것인 반면 닭이나 개는 아주 보잘 것 없는 것이다. 닭이나 개를 잃어버리면 찾을 줄 알면서 마음을 잃어버리면 찾을 줄 모르니, 어찌 보잘것없는 것은 아끼면서 중요한 것은 잊는단 말인가. 다 생각하지 않기 때문에 그러한 것이다."

주자가 말하였다. "우리가 배워야 할 것들이 한두 가지가 아니지만, 그것은 잃어버린 마음을 구하는 것일 뿐이다. 만약 이와 같이 하기만 한다면 우리의 의지와 기개는 맑고 밝아지며, 의리가 뚜렷이 드러나 학문이 높은 경지에 이를 수 있다. 그렇지 않으면 의리에 어둡고 마음이 방종해져서, 비록 배움을 일삼는다 하더라도 끝내 어떠한 참뜻도 밝혀 낼 수 없을 것이다. 그렇기 때문에 정자의 말씀에, '성현들의 천 마디 만 마디 말들은 사람들로 하여금 이미 잃어버린 자신의 마음을 거두어들여서 거듭 몸 안에 들어오게 하려는 데에 그 뜻이 있다. 그러므로 이를 잘 찾아 나아간다면 학문이 날로 발전된다' 하였다. 이는 맹자가 훈시한 절실하고도 중요한 말을 정자가 다시 뜻을 밝혀 철저하게 확인한 것이다. 그러므로 학자들은 마땅히 마음에 깊이 간직하여 잊지 말아야 한다."

또 말하였다. "맹자는 학문의 길이 잃어버린 마음을 구하는 데에 있다고 단정한다. 그러므로 학자들은 모름지기 먼저 이 잃어버린 마음을 찾아 거두어들여야 한다. 그렇지 않고 이 마음이 나간 상태에서는 널리 배우는 것도 소용이 없고, 자세히 따져 묻는 것도 소용 없게 될 것이다. 이렇게 되면 명백히 따지는 것이나 독실히 행하는 것을 어떻게 할 수 있겠는가? 몸이란 하나의 집이요 마음은 집주인과 같다. 집주인이 있어야만 그 집 문 앞에 물뿌리고 쓸 것이며 집안일을 정돈할 수 있다. 만일 집주인이 없다면 그 집은 황폐한 집이 되고 마는 이치와 같다."

또 말하였다. "이른바 마음을 잃어버린다는 것은 마음이 딴 곳으로 달아나버리는 것이 아니다. 눈 깜짝할 사이에도 마음을 잃을 수가 있으며 또 그것을 깨달은 순간 마음은 곧 눈앞에 나타난다. 그러므로 마음을 거두어들이는 것은 어려운 일이 아니다. 끌어당기면 곧 마음을 볼 수 있다. 마음을 거두어들이면서 모두 의리 위에서 잘 정돈하여 어지럽고 잡된 생각들을 하지 않고 오래되면, 저절로 물욕을 가볍게 여기게 될 것이요 의리에 역점이 주어지게 될 것이다."

여기까지는 마음의 수렴에 관하여 말한 것입니다.

마음을 간직하고 배양하려면 모름지기 경건해야 한다. 학문으로 나아가는 길은 곧 앎을 끝까지 추구하는 데 있다.　　《정씨유서》이천(伊川)의 말

정자가 말하였다. "근본은 먼저 북돋은 다음에 나아갈 방향을 세워야 한다. 방향이 바르면 성취하는 정도는 노력 여하에 달려 있다."(섭씨(葉氏)가 말하였다. "마음의 덕(德)을 함양하여 근본을 두텁게 다진 뒤라야 나아갈 방향을 세워도 틀림이 없을 것이요, 또 쉬지 않고 노력해야만 깊은 경지에 다다를 수 있다.")

또 말하였다. "학자들은 모름지기 경(敬)으로써 이 마음을 지켜야 할 것이요, 조급하게 다그쳐서는 안 된다. 근본을 두텁게 길러 마음을 가라앉히고 깊이 생각에 몰입해야만 도(道)의 터득이 가능한 것이지, 조급하게 다그쳐서 구한다면 그것은 개인적인 욕심에 불과할 뿐 끝내 도에는 이르지 못한다."

주자가 말하였다. "위에서 말한 함양을 옛날 사람들은 아마도 《소학》에서부터 성취했던 것 같다. 그래서 《대학》 공부가 사물의 이치를 탐구하는 것에

서부터 출발하는 것이다. 그런데 요즈음 사람들은 기본적으로 《소학》 공부는 하지 않은 채 단지 《대학》을 보면서 사물의 이치를 탐구함을 위주로 한다. 그리하여 이들은 생각이나 지식으로만 탐구할 뿐 마음을 거두어 잡는 일에는 더 이상 힘쓰지 않는다. 그러므로 이들이 가령 무엇을 충분히 알았다 하더라도 실질적인 근거를 갖지 못하는 것이다. 무릇 경은 위로도 통하고 아래로도 통한다. 사물의 이치를 탐구하여 앎을 극진히 하는 것은 그 사이에서 순서를 밟아 나아가는 것이다."

또 말하였다. "요즈음 사람들은 모두들 근본부터 이해하려 하지 않는다. 예컨대, 경에 대하여 그들은 말로만 떠들뿐 실행하려고 하지는 않는다. 근본이 서지 않기 때문에 그 밖에 세세한 공부들이 귀착할 곳이 없게 되는 것이다. 명도(明道)와 연평(延平)이 모두 사람들에게 정좌(靜坐)를 가르쳤다. 이런 것을 보더라도 정좌를 하지 않으면 안 된다."

또 말하였다. "마음이라는 것은 텅 비어 있고 매우 영묘하여 그 신묘함을 헤아릴 수 없다. 마음은 항상 우리 몸의 중심으로서 만사를 이끌어 가는 근본이기 때문에 잠시도 버려 두어서는 안 된다. 만약 한 번이라도 깨닫지 못하는 사이에 이리저리 밖으로 내달려 물욕에 빠진다면, 한 몸의 중심은 없어지고 모든 일에는 기강이 사라져서 비록 아주 잠깐 동안이라도 이미 자기의 몸이 어디에 있는지를 알지 못한다. 하물며 성현들의 말씀을 반복하여 읽고 사물들을 참고하여 이로써 의리의 지당한 귀결처를 구하는 일은 도저히 불가능하다. 이에 반하여 참으로 엄숙하고 공손하며, 삼가고 두려워 하여 항상 마음을 잡아 종일토록 의연하고 점잖게 물욕에 의해 혼란되지 않도록 한다면, 독서를 하든 사물의 이치를 살피든 또 사물에 접촉하든 다 통하지 않음이 없으며, 정당하지 않음도 없다. 이것이 경으로써 마음을 잡아야 할 이유이며, 독서에 있어서 경이 근본이 되는 이유이다."

설씨(薛氏)가 말하였다. "고요한 가운데 끝없이 오묘한 이치가 모두 드러난다."

여기까지는 경(敬)의 자세가 진리 탐구의 근본이 됨을 논한 것이며, 따라서 다음 장의 서론이 됩니다.

신이 살피건대, 남당 진백(南塘陳柏)이 지은 〈숙흥야매잠(夙興夜寐箴)〉은 배우는 사람들이 매우 진지하게 받아들여야 할 것입니다. 그러므로 삼가 아래에 그를 소개합니다. 이는 몸과 마음을 다잡을 때에 가장 효과적인 경구(警句)입니다.

닭의 울음에 잠에서 깨어나 생각이 점점 흩어지니 이 때 어찌 마음속 생각들을 조용히 정돈하지 않겠는가. 지난 허물을 반성하기도 하고 이미 배운 내용을 풀어 새로운 것을 깨우치기도 하여 차례대로 조리있게 순서와 맥락을 분명히 이해하라(이는 아침 일찍 잠에서 깨어날 것을 말한 것입니다). 생각들이 정리되었거든 동트기 전에 일어나 세수하고 머리 빗고 옷 입고 관(冠) 쓰고 단정히 무릎꿇고 앉아 몸가짐을 바로하고 마음을 돌이켜 점검하여 아침 햇살처럼 청명(淸明)하게. 하여, 엄숙하고 가지런하고 질서있게 할 것이며 텅 비워 밝게 하고 담담히 욕심 없게 하라(이는 새벽에 일어날 것을 말한 것입니다). 그런 다음에는 책을 펼쳐 성현들을 대할 것이니 공자가 앞에 앉아 계신 듯이, 안연과 증자가 좌우에 앉아 있는 듯이 경건히 책을 읽어 성현들의 말씀을 간절히 경청하고, 제자들이 묻고 변론한 것을 거듭 자세히 음미하라(이는 독서에 대하여 말한 것입니다). 일이 생기면 그에 응하여 그 동안 배운 것으로 증험(證驗)하고 하늘로부터 부여받은 밝은 덕(德)이 사물에 의하여 가려지지 않도록 항상 성찰해야 한다. 일이 다 끝났을 때는 이전과 같이 마음을 밝은 거울처럼 간직하며, 정신을 모으고 생각을 그치라(이는 사물의 반응에 대하여 말한 것입니다). 움직였다 고요해졌다 하며 무단히 순환하는 것이 마음이요, 이야말로 우리 한 몸의 중심이므로, 고요한 중에는 마음을 함양하고 활동할 때에는 그 움직임을 잘 살펴, 마음을 오직 한 곳으로 하여 두 갈래 세 갈래 흩어지지 않게 하라. 독서를 하는 틈틈이 마음을 한가롭게 하여 정신을 누그러뜨리고 성정(性情)을 휴양하라(이는 낮에 쉬임없이 노력할 것을 말한 것입니다). 날이 지면 사람이 피곤해져서 기운이 쉬이 침체되는 법이니, 이 때일수록 몸과 마음을 정숙하게 가다듬어 맑고 밝은 덕을 극진히 하라. 밤이 깊거든 자리에 누워 손과 발을 가지런히 모으고 생각을 멈추며 정신을 안정하라(이는 저녁 때 조심하는 마음을 가질 것을 말한 것입니다). 야기(夜氣)*2로써 마음을 함양하면 양심(良心)이 드러날 것이니, 항상 이를 생각하여 밤낮으로 부지런히 힘쓰라(이는 새벽과 밤을 겸해서 한 말입니다).

신이 살피건대, 잃어버린 마음을 거두는 것이야말로 학문의 바탕입니다. 옛날 사람들은 어려서 밥먹고 말할 줄 알 때부터 교육을 시켰습니다. 그리하여 행동이나 생각이 법도에 어긋남이 없도록 하였습니다. 양심을 기르고 덕성을 높이는 방법은 어느 때 어느 일이나 다 해당하지 않는 것이 없습니다. 그러므로 사물의 이치를 탐구하면서 앎을 극진히 하기 위한 공부가 이에 근거하여 귀착할 곳을 가졌던 것입니다. 그런데 요즈음에는 어려서부터 이러한 공부는 하지 않고 곧장 진리 탐구와 자기 수양만 일삼으려 합니다. 그 때문에, 마음은 혼란스럽고 행동은 법도에 어긋나며, 공부를 하는 듯 마는 듯 하여 결코 학문을 성취하질 못합니다. 그러므로 선현(先賢)들이 사람들에게 정좌(靜坐 : 마음을 가라앉히고 고요히 앉아 있음)를 가르치고 또 아홉 가지 행동지침으로 자신을 다스려 나가도록 했습니다. 그러므로 이야말로 학자들이 제일 먼저 힘써야 할 내용입니다. 그런데 이른바 정좌라는 것은 아무 일이 없을 때를 두고 한 말이므로 일에 접했을 때에는 정좌를 고집해서는 안 된다. 하물며 임금의 한 몸에는 온갖 정무(政務)가 집중해 있기 때문에, 만일 임금이 일이 없을 때를 기다려서 정좌한 뒤에 학문을 하겠다고 하면 아마도 그럴 겨를이 없을 것입니다. 그러므로 일이 있을 때나 없을 때를 막론하고 이 마음을 잊지 말고 꼭 잡아 지켜야 합니다. 허노재(許魯齋)가 말한 것처럼 천만 사람 가운데에 있다 하더라도 항상 자기가 있음을 알아서, 일이 없을 때에는 마음을 텅 비워 고요하게 하여 그 근본을 함양하고, 일이 있을 때에는 마음의 움직임을 면밀히 성찰하여 그 말씀을 바르게 하여야 합니다. 성학(聖學)의 근본은 여기에서 확립됩니다. 성현들의 말씀은 분명하여서 사람을 속이지 않습니다. 전하는 이 점을 분명히 유념하시기 바랍니다.

〈주〉
*1 《주역》의 글

*2 야기(夜氣)란 밤에 모든 일을 마치고 쉬는 가운데 회복하는 맑은 정신과 기운을 뜻한다.

이치를 연구하는 학문에 대하여〔窮理〕

신이 살피건대, 몸과 마음을 거두어들인 다음에는 사물의 이치를 탐구하여 앎을 극진히 하지 않으면 안 됩니다. 사물의 이치를 연구하는 궁리(窮理)의 문제를 아래에서 다루는 것은 이 때문입니다. 정자가 말했습니다. "무릇 한 가지 사물에는 한 가지 이치가 있으니 모름지기 그 이치를 탐구하여 앎을 철저히 하지 않으면 안 된다." 그런데 사물의 이치를 탐구하는 방법은 매우 다양합니다. 때로는 책을 읽어서 의리를 밝히기도 하고, 때로는 고금(古今)의 인물을 논하여 잘잘못을 가리기도 하며, 또 때로는 사물에 접해서 그 옳고 그름에 따라 처리하는 것 등이 모두 사물의 이치를 탐구하는 일에 해당됩니다. 궁리 공부의 요점은 이러하며, 자세한 것은 아래와 같습니다.

자하(子夏)가 말하였다. "널리 배우고 뜻을 알차게 지키며, 철저히 묻고 가까운 데에서부터 생각해 나간다면 인(仁)이 그 가운데 있다."
《논어》 아래도 같음

주자가 말하였다. "위의 네 가지는 학문과 사물의 옳고 그름을 가려내는 일일 뿐, 힘써 실천하여 인을 행하는 데까지는 이르지 못한 것이다. 이 네 가지에 종사하면 마음이 밖으로 달아나지 않고 마음 속에 있는 것이 저절로 익을 것이기 때문에 '인이 그 가운데 있다'고 한 것이다."

정자가 말하였다. "가까운 데에서부터 생각한다는 것은 비슷한 것을 가지고 다른 사물을 미루어 추측해 나아가는 것을 뜻한다."

소씨(蘇氏)가 말하였다. "널리 배우되 뜻이 알차지 않으면, 아는 것은 많겠지만 이루는 것이 없을 것이요, 엉성하게 묻고 원대한 것만 생각하면 수고에 그칠 뿐 어떠한 효과도 얻지 못한다."

공자가 말하였다. "배우기만 했지 생각하지 않으면 얻는 것이 없고, 생각만 할 뿐 배우지 않으면 위태하다."

주자가 말하였다. "배운 것을 마음으로 깊이 이해하여 실천하려 하지 않기 때문에 사리에 어두워져 얻는 것이 없고, 생각한 것을 실행하지 않기 때문에 위태하게 되며 불안하다. '배운다'는 말은 실행의 뜻을 겸하고 있다. 예컨대, 의리를 강론하여 밝히는 것도 배움인 것과 같다. 그러므로 배우는 일에 힘을 쏟는다면 거기에 이미 실행의 뜻이 있는 것이다."

주자가 정윤부(程允夫)에게 회답하였다. "내가 자네와 강론할 때마다 느낀 것이 있네. 즉, 자네가 명석해서 글을 볼 때 힘들이지 않고 쉽고 분명하게 그 의미와 이치를 안다는 것이네. 다만 자네에게는 내용을 깊이 음미하고 실천하는 공부가 부족할 뿐이지. 그러면 자신의 몸과 마음에는 아무런 관련이 없게 되어 맛이 오래 가지 못하고 지나고 나면 그것으로 끝나고 만다네. 이는 우둔한 사람들이 많은 노력 속에서 도리를 깊이 이해하여 실천함으로써 오히려 그 맛을 오래 간직하는 것만도 못하다네. 자네의 이와 같은 폐단은 근본적인 것으로서 이는 어느 한 마디 말이나 어느 한 가지 뜻의 잘못이 아니네. 지난번 고사(高沙) 땅에 있을 적에 자네가 말하기를, '이처럼 강론하는 것은 도무지 결말에 이르는 것이 없다'고 하기에, 그 때 내가 회답하기를, '강론을 마치고 바로 실천에 옮기면 곧 귀착되는 곳이 있을 것'이라 했었네. 이 말이 의미가 있는 것 같아 자네에게 다시 충고하니 생각해 보길 바라네."

선(善)을 분명히 알지 못하면 성실(誠實)할 수가 없다.
《중용》 공자의 말

주자가 말하였다. "선(善)을 분명히 알지 못한다는 것은, 사물을 대하였을 때 이치를 탐구하지 못하여 선의 소재를 참으로 알지 못함을 뜻한다."

유씨(游氏)가 말하였다. "뜻을 성실히 하려면 먼저 앎을 극진히 하지 않으면 안 된다.*¹ 선을 분명히 알지 못하면 성실할 수가 없다."

신이 살피건대, 사물의 이치를 탐구하여 앎을 확연히 하는 것*²에 관한 논설은 《대학》의 본문에 자세히 언급되어 있지 않습니다. 선현(先賢)들이 많이들 말하였습니다만, 그 중 정자(程子)·주자(朱子)·이연평 등 세 선생의 논설이 가장 명백하고 확실하기 때문에 삼가 그 대략을 아래에 소개합니다.

어떤 사람이 물었다. "학문에 뜻은 있지만 아는 것이 없고 역량이 모자랄 때 어떻게 하면 되겠습니까?" 정자가 대답하였다. "앎을 확실하게 하면 된다. 아는 것이 분명하면 능력은 저절로 발휘된다."

어떤 사람이 물었다. "성실성과 신의는 노력을 통해 가능하지만 앎을 깊이 하기가 어렵습니다. 어떻게 하면 좋겠습니까?" 정자가 대답하였다. "성(誠)과 경(敬)은 노력하지 않으면 안 된다. 그러나 천하의 모든 이치를 먼저 알지 않으면 힘써 실행할 수 없다. 그러므로 《대학》에서 공부의 순서에 대하여, '먼저 앎을 깊이 한 다음에 뜻을 성실히 한다'고 했던 것이다. 그러니 그 순서를 뛰어넘을 수 없는 점이 있다. 만약 누가 성인처럼 총명하지도 않고 밝은 지혜도 없으면서 한갓 성인들의 행위를 겉으로만 애써 본뜨려 한다면, 그의 행동거지와 몸가짐, 나아가고 물러남이 어찌 성인들처럼 언제나 예(禮)에 들어맞을 수 있겠는가. 성인만이 사물의 이치를 밝게 알기 때문에 그는 노력하지 않고도 스스로 즐겨 도리를 행하는 것이다. 대개 사람의 본성이 본디 선하지 않음이 없다. 그러므로 사람이 도리에 따라 행동하는 것이 당연히 어려울 것이 없다. 다만 제대로 알지 못하면서 도리를 억지로 실행하려 하기 때문에 어렵다 하고 고통스러워하며, 그로부터 주어지는 즐거움을 모르는 것일 뿐이다. 만일 제대로 알기만 한다면, 그는 도리에 따르는 것을 즐거워할 것이고 그렇게 하지 않는 것을 괴로워할 것이다. 그럼에도 그가 무엇때문에 고통스러워하고 도리에 따르지 않으면서 자신의 즐거움을 해치겠는가. 만일 불선(不善)을 행해서는 안 된다는 것을 알면서도 때때로 불선을 행한다고 하면, 그것은 참된 앎이 아니기 때문에 그러한 것일 뿐이다."

또 물었다. "사물의 이치를 탐구한다는 것은 모든 사물들의 이치들을 하나하나 다 탐구해야 한다는 뜻입니까, 아니면 한 사물의 이치만 탐구해도 만 가지의 이치를 다 알 수 있다는 뜻입니까?" 대답하였다. "한 사물의 이치만 탐구하면 만 가지 이치를 알 수 있다는 것은, 안자(顔子)와 같이 명석한 사람도 그 경지에 이르지 못했다. 다만 오늘 한 사물의 이치를 탐구하고 내일 또 한 사물의 이치를 탐구하여 나날이 자꾸 쌓아나간 다음에라야 툭 트여서 하나로 통하게 되는 그 무엇을 발견하게 된다."

또 말하였다. "한 몸에서부터 만물의 이치에 이르기까지 많이 알게 되면 저절로 크게 깨달아지게 된다."

또 말하였다. "어느 한 사물의 이치를 극진히 탐구하면 다른 것들은 유추해 나갈 수 있다. 만일 한 사물의 이치를 알 수 없거든 우선 다른 사물의 이치를 탐구하여 때로 쉬운 것을 먼저 하기도 하고, 때로 어려운 것을 먼저 하기도 하여 공부하는 사람 각자의 수준에 따라야 한다. 비유컨대, 천만 갈래의 길이 모두 서울로 나 있다고 할 때, 하나의 길을 잡아 서울에 당도하면 나머지는 그를 유추해서 통할 수 있는 것과 같다. 만물은 저마다 하나의 이치를 갖고 있지만, 모두 한 근원에서 나오는 것이므로 유추해 보면 모두 통할 수 있는 근거가 여기에 있다."

또 말하였다. "모든 사물에는 저마다 이치가 있으므로 그 모두를 탐구하지 않으면 안 된다. 예컨대, 왜 하늘은 높고 땅은 깊은가. 귀신은 어째서 저승과 이승을 오가는가 하는 따위의 문제가 그것이다. 만일 누가 이에 대해서, '하늘이 높은 줄만 알면 되고 땅이 깊은 줄만 알면 되며, 또 귀신이 그러한 줄만 알면 된다'고 한다면, 그것은 겉으로만 보이는 현상일 뿐이며 거기에서는 어떤 이치도 찾을 수 없을 것이다."

또 말하였다. "예컨대 효도를 하려고 한다면 당연히 효도하는 방법을 알아야 한다. 무엇 때문에 효를 행해야 하는가, 즉 효의 근거를 알아 어떻게 하면 잘 봉양하며 또 어떻게 하면 예절에 맞게 공경할 것인가 하는 것을 다 탐구해야만 효도를 잘 할 수 있는 것이지, 효도라고 하는 말만 지킨다고 해서 효도할 수 있는 것은 아니다."

어떤 사람이 물었다. "만물의 이치를 알아내고 나를 살핀다는 말은, 만물의 이치를 돌이켜 자신에게서 찾는다는 뜻입니까?" 대답하였다. "반드시 그런 것은 아니다. 만물이나 나 이치는 하나이다. 한 쪽을 밝히면 곧 다른 쪽을 알게 될 것이다. 그러므로 그것은 안팎을 합한 도(道)이다." 그러자 또 물었다. "그렇다면 사단(四端 : 사람의 본성에서 나오는 네 가지 마음씨. 《맹자》에서 유래했다. 측은지심, 수오지심, 사양지심, 시비지심.)을 먼저 탐구하는 것이 옳겠습니까?" 대답했다. "인간의 감정과 본성을 탐구하는 것이야말로 절실한 일임에 틀림이 없으나, 다만 풀 한 포기, 나무 한 그루에도 저마다 이치가 있으므로 살피지 않으면 안 된다."

또 말하였다. "앎을 철저하게 하는 공부에 있어서 요점은 지선(至善)의 소재를 아는 것이다. 예를 들어, 어버이는 사랑이 있고 자식은 효도하는 마음이 있는 것과 같은 식이다. 만일 이를 힘쓰지 않고 한갓 건성으로 만물의 이치만을 탐구하려 한다면, 이는 마치 대군(大軍)이 말타고 놀다가 너무 멀리 나감으로써 돌아올 길을 잃어버리는 것과 같다."

또 말하였다. "사물의 이치 탐구는 내 한 몸 살피는 것만 한 것이 없다. 내 한 몸의 이치를 터득하는 것이야말로 더욱 절실하다."(정자는 이미, '만물의 이치를 다 탐구할 필요는 없다' 했는데 다시, '모든 사물에는 저마다 이치가 있으므로 모두 탐구하여야 한다' 하는 상반된 말을 했습니다. 또 이미 '풀 한 포기 나무 한 그루의 이치도 탐구하지 않으면 안 된다' 하면서, 다시 '내 한 몸의 이치를 터득하는 것이야말로 더욱 절실하다' 하는 상반된 말을 하고 있습니다. 그러나 이들은 모두 서로 보충하면서 각기 그 뜻을 다 드러내고 있으니, 이들을 한꺼번에 일관되게 이해하여야 합니다.)

연평 이씨(延平李氏)가 말하였다. "학문을 할 때에는 우선 항상 자기의 마음을 보존하여 바깥 사물에 마음을 빼앗겨서는 안 된다. 그리고 어떤 일을 접했을 때에는 이를 숙고하여 그 이치를 탐구, 그것이 확연히 풀린 다음에 순서에 따라 조금씩 나아가 다른 일을 탐구하여야 할 것이다. 이렇게 오랫동안 사물의 이치를 알아가다보면 마음 속이 저절로 상쾌하고 시원해질 것이다. 이것은 글이나 말로는 도달하지 못하는 것이다."

주자가 말하였다. "천도(天道)가 유행하여 만물이 생겨나고 자라나는데, 무릇 하늘과 땅 사이에서 말소리와 얼굴빛과 형상을 가진 것은 모두 사물〔物〕이다. 어떤 사물이 있으면 그 사물로 하여금 그 사물이 되게 하는 당연한 법칙이 있는 것이다. 이는 모두 하늘로부터 부여받은 것으로서 사람이 어떻게 할 수 있는 것이 아니다. 이제 우리에게 아주 절실하고 가까운 것으로 예를 들어 보자. 마음이라는 것은 실로 몸의 중심으로서 그의 본체로는 인의예지(仁義禮智)의 성(性)이 있고, 그의 작용으로는 측은(惻隱)·수오(羞惡)·공경(恭敬)·시비(是非)의 정(情)이 있다. 위의 네 가지 본성은 우리의 마음 속에 순수하게 있다가 사물과의 접촉 속에서 정으로써 반응한다. 이 때 정은 저마다 본성에 위주하는 바가 있어 어지럽힐 수 없다.

다음으로 우리의 몸의 경우에는 입·코·귀·눈·팔·다리 등의 작용이 있고, 나아가 인간 관계에 있어서 우리는 군신(君臣)과 부자(父子)와 부부(夫婦)와 장유(長幼)와 붕우(朋友)의 떳떳한 법칙을 항상 갖고 있다. 이것은 모두 당연한 법칙이어서 스스로 그만둘 수 없는 것이니 이른바 이치이다. 더 나아가 타인의 이치가 나의 이치와 다르지 않으며, 사물의 이치가 사람의 이치와 다르지 않다. 극단적으로 크게는 하늘과 땅의 운행과 옛날부터 오늘에 이르기까지의 변화도 이를 벗어나지 않으며, 작게는 티끌 하나의 미세함과 숨 한 번 쉴 사이의 순간도 이를 벗어나지 않는다.

이것은 이른바 하느님이 내려준 덕(德)이며 만민들이 본래부터 갖고 있는 성(性)이다. 유자(劉子)의 이른바 '하늘과 땅의 중심', 공자의 이른바 '성과 천도(天道)', 자사(子思)의 이른바 '하늘이 명한 성', 맹자의 이른바 '인의(仁義)의 마음', 정자의 이른바 '선천적으로 타고난 중(中)', 장자(張子)의 이른바 '만물의 동일한 근원', 소자(邵子)의 이른바 '도(道)의 형체' 등은 다 이를 두고 한 말이다. 다만 타고난 기질에 따라 맑은 것과 흐린 것, 치우친 것과 바른 것의 다름이 있고 물질적 욕구의 많고 적음의 차이가 있기 때문에 사람이 동물과, 현자가 어리석은 자와 사이가 이토록 떨어져 있어 서로 같아질 수 없는 것이다.

이(理)가 같기 때문에 한 사람의 마음으로서도 온 세상 만물의 이에 대하여 알 수 있고, 기질이 다르기 때문에 이에 대하여 때로 탐구하지 못하는 수가 있다. 이를 탐구하지 못하기 때문에 앎이 지극하지 못하고, 앎이 지극하지 못하면 마음이 발동하는 것이 반드시 의리(義理)에 순전하지 못하여 사사로운 물욕(物欲)에 뒤섞이게 될 것이다. 뜻이 성실하지 못하고 마음이 바르지 못하며, 몸이 닦여지지 못하고 나아가 온 세상을 다스리지 못하게 된다. 옛날 성인들은 이 점을 우려하여 학생들에게 처음 소학(小學)을 만들어 성(誠)과 경(敬)에 익숙케 하였기 때문에, 그들이 잃어버린 마음을 되찾고 덕성(德性)을 기르고 닦았던 것이 이미 지극했던 것이다. 나아가 대학에서는 또 그들로 하여금 그들이 알고 있는 이치를 토대로 그를 미루어 사물들의 이치를 탐구하게 하여 앎을 극진히 하도록 하였다. 여기에서 학자들의 앎 또한 두루 갖추어지고 정밀해져서 극진해지지 않음이 없을 것이다.

한편 이치를 탐구하는 방법으로는, 때로는 드러난 일이나 행위에서 이치를 찾기도 하고, 때로는 미세한 생각 속에서 그를 살피기도 하며, 때로는 글 속에서 그를 구하기도 하고, 또 때로는 강론(講論)할 때에 실마리나 방법을 찾기도 한다. 이렇게 하여 사람들로 하여금 심신성정(心身性情)의 덕(德)과 일상의 윤리와 나아가 천지귀신(天地鬼神)의 변화와 새와 짐승, 풀과 나무의 이치에 이르기까지 그 사물의 거역할 수 없는 당연한 법칙과 바꿀 수 없는 필연적인 법칙을 알게 하였다. 그리하여 사물들의 겉과 속, 정밀한 것과 거친 것의 이치*3들을 확실히 알고 그 위에 더하여 다른 사물들을 유추해 나가, 어느 날 모든 것을 뛰어넘어 하나로 꿰뚫어보는 경지에 이를 경우, 온 세상의 만물에 대하여 그 의리의 지극히 정밀한 점까지 알게 될 것이요, 자신의 총명 예지도 마음의 본체를 극대화함으로써 확연해질 것이다."

또 말하였다. "도리(道理)는 형상이 없다. 오직 사물이나 언어를 통해서만 알 수 있다. 그러므로 옳고 그름에 대하여 아주 자세하게 이해하면 도리에 극히 정밀해질 것이다."

또 말하였다. "요즈음 사람들은 선하지 않은 일을 행해서는 안 된다는 것을 알면서도 일에 임해서는 선하지 않은 일을 한다. 그러나 이는 앎이 극진하지 못하기 때문일 뿐이다. 사람이 오훼(烏喙)라는 독초(毒草)를 먹으면 죽기 때문에 그것을 먹어서는 안 된다는 것을 안다면 누구든 결단코 끝내 먹지 않을 것이다. 이것이 참된 앎〔眞知〕이다. 그러므로 그릇된 일을 행해서는 안 된다는 것을 알면서도 때로 그릇된 일을 저지른다면 그것은 참된 앎이 못된다."

어떤 사람이 물었다. "일이 없을 때에는 그러한 줄을 알지만, 일에 임해서 잘못을 저지르니 어떻게 하면 좋습니까?" 대답하였다. "그것은 일의 처리가 불분명한 경우에 해당된다. 사물의 이치를 탐구하는 일은 한가할 때 해야 하지, 일에 닥쳐서 이해해서는 안 된다. 한가할 때 도리를 이해하는 것이 분명하면 일이 닥쳤을 때 그 일의 처리가 저절로 분명해질 것이다."

공자가 말하였다. "군자에게는 마음쓰는 일이 아홉 가지가 있다. 보는 것은 명백하고자 하고 듣는 것은 분명하고자 하며, 얼굴색은 온화하고자 하고 용모는 공손하고자 하며, 말은 진실하고자 하고 일은 전념하고자 하며, 의심은 묻고자 하고 화가 날 때에는 뒷날 화를 생각하며, 이득을 보았을 때에는 의리를 생각한다." 《논어》

주자가 말하였다. "보는 데 가리는 것이 없으면 명백하여 무엇이든 다 볼 수 있으며, 듣는 데 막힌 것이 없으면 귀가 밝아져서 무엇이든 다 들을 수 있다.[4] 의심스러운 일은 묻고자 하면 의심이 쌓이지 않게 되고, 뒷날 화를 생각하면 화가 틀림없이 다스려질 것이요, 의리를 생각하면 재물과 이익을 얻음이 그리 구차하지 않게 된다."

어떤 사람이 물었다. "일에 따라서 생각해야지, 그렇지 않고 일도 없는데 생각하면 그것은 헛된 생각이 아닙니까?" 주자가 대답하였다. "만약 한가할 때 생각하지 않고 일을 당해서 생각한다면 그런 생각에 미칠 수가 없다. 그러므로 모든 일들을 먼저 생각하지 않으면 안 된다."(만 가지 일과 만 가지 사물을 모두 생각해야 하지만, 자기 한 몸부터 생각하는 것이 더욱 절실하기 때문에 공자의 말씀을 인용하여 내놓습니다.)

의리에 의심이 있으면 자신이 평소 갖고 있던 생각을 씻어 버리고서 새로운 뜻을 기다려야 한다. 《횡거문집(橫渠文集)》

섭씨(葉氏)가 말하였다. "마음에 의문이 있는데 묵은 생각에 가로막히면, 편견에 사로잡히게 되니 새로운 뜻이 어디에서 나오겠는가?"

장자(張子)가 말하였다. "의심을 모르는 것은 실제로 공부를 해 보지 않기 때문이다. 그렇지 않고 실제로 공부해 보았다면 틀림없이 의심이 생겨서 뜻대로 되지 않는 점이 있었을 것이다. 바로 이것이 의심이다."

주자가 말하였다. "의리를 깊이 생각함에 있어서 혼란스럽고 막히는 곳에 이르면 마음 속의 모든 것을 털어버리고 텅 비게 해야 한다. 그런 뒤에 다시 문득 마음을 돌려 한번 생각해 보라. 그러면 저절로 깨달아 귀결되는 곳이 있을 것이다. 지난번에 이(李) 선생께서 말씀하시는 것을 들었는데, 오늘 그 말씀이 빈말이 아님을 알겠다."

또 말하였다. "연평 선생(延平先生)께서 일찍이 말씀하셨다. '낮에 도리를 탐구하고 밤에 고요한 가운데 앉아 이를 깊이 생각해야 비로소 얻어지는 것이 있을 것이다.' 내가 이 말씀을 따라 해보았더니 정말 전과는 다르더라." (마음이 고요하면 나아갈 길이 분명히 드러나기 때문입니다.)

앎을 철저히 하기 위해서는 지혜를 길러야 하고, 지혜를 기르기 위해서는 욕심을 적게 갖는 것이 좋다. 《정씨외서(程氏外書)》 이천의 말

섭씨가 말하였다. "밖으로 물욕(物欲)에 흔들리지 않으면 마음이 맑아질 것이요, 안으로 평소 덕성을 함양하면 밝은 지혜가 생긴다."

주자가 말하였다. "학자들이 해야 할 공부는 오직 덕성의 함양과 사물의 이치를 연구함에 있다. 그런데 이 두 가지 공부는 상호 보완적이어서, 사물의 이치를 탐구하면 몸과 마음을 성실 경건하게 하는 공부가 하루하루 더욱

진보할 것이요, 몸과 마음을 성실 경건하게 하면 사물의 이치를 탐구하는 공부가 날마다 더욱 치밀해진다."

또 말하였다. "학문을 닦고 연구하는 데만 힘쓰는 사람은 실천에 아주 소홀하고, 실천만을 위주로 하는 사람은 또 학문을 갈고 닦는 것을 쓸데없다고 여긴다. 그러나 이들은 다음과 같은 점을 잘 알지 못한다. 즉 실행을 통해 학문 연구에 공부를 철저히 하여 그의 앎을 더욱 깊게 함으로써 그가 도리를 지키는 것이 날로 굳세어진다는 점이다. 그러므로 저 입으로만 떠드는 사람들과 함께 말할 것은 없다."

여기까지는 진리를 탐구하고 공부 방법을 말한 것입니다(사리(事理)의 탐구와 실천이 두 가지의 공부이기는 하지만 양쪽 모두 모름지기 함께 진행해야 합니다. 위에서 사리의 탐구가 주제이면서도 실천의 문제를 겸해서 말한 것은 이 점 때문입니다).

《주역》에서 말하였다. "하늘이 산(山) 속에 있는 것이 대축괘(大畜卦)이다. 군자는 길흉을 나타내는 이 상(象)을 보고 옛 성현들의 언행을 마음에 새기며 덕을 쌓는다." 《주역》〈대축괘(大畜卦)의 상사(象辭)〉

정자가 말하였다. "하늘은 지극히 큰 것인데 산 속에 있으니 이는 지대함을 쌓아가는 상(象)이다. 군자는 이 상을 보고서 쌓아감을 크게 한다. 그런데 이는 학문을 통해서 이루어질 수 있는 것이므로 군자는 옛 성현들의 말과 행동을 보아, 행동에서는 그들의 처세 방법을 살피고 말에서는 그들의 마음을 엿보아 이를 마음에 새기며 덕을 쌓는다. 이것이 대축괘의 뜻이다."

본심(本心)이 오랫동안 타락하면 의리의 마음이 드러나지 못하므로, 독서와 동시에 끊임없이 사물의 이치를 연구해야만 물욕(物欲)이 움직이지 못하고 본심의 의리가 흔들림 없이 강해질 것이다. 《주자대전(朱子大全)》

주자가 말하였다. "온 세상의 이치는 미묘하고 정밀하여 저마다 그에 합당한 무엇이 있다. 그러므로 그 이치들은 예나 지금이나 바꿀 수 없는 것이다. 오직 옛 성인들만이 그 이치들을 다 밝혔기 때문에 그들의 말이나 행동은 이 세상에서 길이길이 변하지 않는 법도가 되지 않을 수 없었다. 그 나머지 이치를 순순히 따르는 사람은 군자로서 길(吉)할 것이고, 반면에 이치를 저버린 사람들은 소인으로서 흉(凶)하게 되었다. 그리하여 크게 길할 경우 그는 천하를 보전하여 사람들의 법도가 될 수 있고, 반면에 크게 흉할 경우 그는 자기 한 몸조차 보전하지 못하여 사람들이 경계해야 할 대상이 되었다. 이의 뚜렷한 역사적 예나 필연적인 결과는 성현들의 책이나 사서(史書)에다 기록되어 있다. 그러므로 온 세상의 이치들을 탐구하고자 하면서도 책 속에서 그것을 찾지 못한다면, 이는 마치 담벼락에 가까이 마주서 있는 것이나 마찬가지이다. 이것이, 사물의 이치를 탐구하기 위해서는 반드시 독서를 해야 하는 까닭이다."

또 말하였다. "사람이 학문을 하는 이유는 자신의 마음이 성인(聖人)의 마음과 같지 않기 때문이다. 나의 마음이 성인의 마음과 같지 않기 때문에 사물의 이치를 밝히는 것이 분명하지 못하여 나의 행동이 기준으로 삼을 것이 없게 된다. 그리하여 자기 좋은 대로만 따름으로써 뛰어난 사람은 너무 지나치고 어리석은 사람은 모자라게 행동한다. 그러고서도 그들은 자신들의 행동이 그러함을 스스로 알지 못한다. 따라서 반드시 선현(先賢)들의 말을 통하여 성인의 마음을 알고, 성인의 마음을 통해서 하늘과 땅의 이치를 깨닫지 않으면 안 된다. 이 때 이치의 탐구는 얕은 데에서 깊은 데로, 가까운 곳에서 먼 곳으로 순서에 따라 차츰차츰 나아가야 할 것이요, 조급히 서두르거나 절박한 마음으로 구해서는 아니 된다."

또 말하였다. "독서를 좋아하지 않는 사람은 책 읽는 데 게으르고 또 중단하는 일이 많아서 성취하지 못한다. 한편 독서를 좋아하는 사람은 많이 읽으려고 탐하고 널리 읽으려고 힘쓴다. 그러므로 아직 실마리를 잡지도 못했는데 급히 그 끝을 찾으려 하고, 한 곳을 깨닫지도 못했으면서 다른 곳에 뜻을 둔다. 이 때문에 그가 비록 종일토록 쉼없이 책을 읽는다 하더라도 그의 마음이 몹시 급하여 항상 어디를 달려가거나 무엇을 좇듯 하여 그는 편안히 독서에 잠겨드는 즐거움을 누리지 못한다. 그러니 그가 어떻게 성현들의 말과 행동을 깊이 믿고 스스로 이를 터득하여 오랫동안 즐길 수 있겠는가. 결국 그는 독서를 좋아하지 않는 사람과 다를 바가 없다. 이런 사람들은 공자의, 빨리 이루려고 하면 도리어 이루지 못한다는 말이나, 맹자의, 나아가는 것이 빠르면 물러서는 것도 빠르다는 말은 바로 이를 두고 한 말들이다. 이를 거울삼아 자신을 돌이켜본다면, 마음이 이리저리 떠돌지 않고 한 곳에 가라앉아 그가 읽는 책의 글뜻이 연결되고 줄거리가 잡혀 자연히 마음 속 깊이 스며들게 될 것이다. 그리하여 마음으로 이치를 깨달아 선(善)을 크게 권하고 격려하여 힘쓰게 되고 악(惡)은 깊이 경계하게 된다. 이렇게 차례를 따라 자세하게 읽는 것이 독서의 방법이다."

또 말하였다. "글을 읽으면서 의심할 줄 모르는 것은 처음 배우는 사람들의 일반적인 문제이다. 이것은 그들이 평소 많이 읽고 뜻을 터득하는 데에만 힘써 자세히 볼 여유를 갖지 못한 채, 쫓기듯 바삐 책을 많이 읽는 데에만 버릇이 들어 있기 때문이다. 그러므로 이제 이 점을 경계하여 위와 같은 버릇을 깨끗이 씻어 버리고 별도로 독서의 체계를 세워 자신에게 적합한 책 중에서 더욱 절실하고도 긴요한 것을 택해야 한다. 또한 책을 볼 때에는 자기의 능력에 따라 하루에 우선 한두 단락을 보고 그 부분의 이해가 끝나면 다른 단락으로 나아가야 한다. 이렇게 해서 책 한 권이 다 끝나거든 다른 책으로 바꾸어야 한다. 이때 무엇보다 먼저 요청되는 것은, 마음을 텅 비우고 기운을 고르게 하여 숙독(熟讀)·숙고(熟考)해서 한 글자 한 구절까지 다 확실히 이해하여야 한다. 또 여러 학자들의 주석(註釋)을 하나하나 독파한 다음, 그들의 옳고 그름을 비교하여 성현들이 말씀하신 본뜻을 찾아야 한다. 그리고 그 뜻을 이미 이해했다 하더라도 또다시 반복 음미하여 그 의미와 이치를 몸으로 체득해야만 그것을 배웠다고 말할 수 있다. 윤화정(尹和靖)의 문인들이 자기 스승을 칭찬하기를 '대단하시다. 성현들의 말씀과 육경(六經)의 내용을 환히 이해하고 마음 깊이 터득하시어 마치 자신의 말을 하는 것같이 하시는구나' 하였다. 이러한 경지에 이르러야 글읽는 사람이라고 말할 수 있다."

또 말하였다. "처음 글을 읽을 때는 전혀 의심이 없었는데 두 번째 읽으면서 의심이 생기기 시작하여 나중에 가서는 구절마다 의심스러워진다. 이러한 과정을 한 번 거쳐야만 의심이 점차 풀리게 된다. 이렇게 해서 나아가 전체적으로 일관되게 이해하여 전혀 의심없는 경지에 이르러야 비로소 공부했다고 할 수 있다."

정자가 말하였다. "무릇 글을 볼 때에는 먼저 글 뜻을 이해해야만 그 의미를 알 수 있다. 글 뜻이 이해되지도 않은 채 그 의미를 안다는 것은 있을 수 없다."(여기까지의 글은 독서를 할 때 모름지기 정밀을 기할 것을 말한 것입니다.)

구산 양씨(龜山楊氏)가 말하였다. "독서 방법은 몸으로 체득하고 마음으로 검증하며, 한가하고 고요한 가운데 묵묵히 깨달아 말 이외의 뜻을 스스로 터득해야 할 것이다. 나의 독서 방법은 이러했다."

주자가 말하였다. "독서할 때에는 모름지기 몸가짐을 바로하고 반듯하게 앉아 느긋이 책을 보며 조용히 소리내어 읽어야 한다. 그리고 마음을 텅 비워 숙독하고 음미하여 자신을 절실하게 성찰하여야 한다. 한 구절을 읽었으면 이 구절을 장차 어디에다가 쓸 것인가 하는 것을 세심하게 살펴야 한다."

어떤 사람이 물었다. "평소 글을 읽을 때에는 무언가 깨달은 것이 있는 것 같은데 책을 놓고 나면 평소 그대로입니다. 문제의 근원이 어디에 있는지를 모르겠습니다." 주자가 대답하였다. "그것은 도(道)를 자신의 몸에서 찾지 않고 책에서만 찾기 때문에 그렇게 되는 것이다. 도대체 나의 생활 전부가 도 아닌 것이 없으며, 책이란 도를 우리에게 전달해 주는 수단에 불과하다. 그러므로 반드시 도를 자신의 몸에서 찾은 다음에 책에서 찾아야 할 것이다. 그래야만 독서가 참다운 맛이 있게 된다."

정자가 말하였다. "무릇 글을 읽을 때에, 예컨대 공자가 백성들을 가르치거나 또는 정치의 효과를 말하면서 7년, 30년, 100년 따위의 정치 기한(政治期限)을 두었는데, 독자들은 그것이 어떻게 가능한지를 스스로 생각해 보아야 유익할 것이다."

동래 여씨(東萊呂氏)가 말하였다. "요즈음 사람들은 글을 읽으면서도 그것을 전혀 쓸모없는 것으로 생각한다. 그러므로 예컨대 2, 30년간 성현들의 글을 읽은 사람이, 실제 일을 할 때에는 하루아침에 길거리 예사 사람들과 다름없어지는 것은 독서를 쓸모있는 것으로 보지 않기 때문이다."(이 내용은 독서가 실제로 쓰여지기 위한 것임을 밝힌 것입니다.)

여기까지는 독서의 방법에 대하여 일반적으로 말한 것입니다.

주자의 《소학》은 일의 근본이 되는 큰 줄거리가 매우 좋아 일상생활에 가장 절실한 책이다. 그러므로 《대학》을 읽는 사람이라 해도 여기에서 벗어나서는 안 된다. 《소학집설(小學集說)》 진순(陳淳)의 말

과재 이씨(果齋李氏)가 말하였다. "선생께서 나이 58세에 《소학》을 편집하였다. 이 책으로 어리석은 사람들을 가르쳐서 그들로 하여금 인의예지(仁義禮智)의 본성을 함양하게 하고 효(孝)·경(敬)·충(忠)·신(信) 등의 도리를 확충하게 하였다. 내편(內篇)은 입교(立敎)·명륜(明倫)·경신(敬身)·계고(稽古)[*5] 등으로 구성되어 있고, 외편(外篇)은 고금의 훌륭한 말들을 모아 내편의 뜻을 넓히고 또 역시 고금의 훌륭한 행적들을 모아 내편의 뜻을 실증하였다. 그러므로 《대학》 책에 이미 나아간 사람이라 하더라도 《소학》의 내용으로 《대학》의 뜻을 보충할 필요가 있다. 수신(修身)의 큰 법도가 여기에 대략 갖추어져 있다."

주자가 말하였다. "옛 사람들은 《소학》에서 심성(心性)에 관한 함양 공부가 이미 무르익어, 근본이 깊고 두터웠기 때문에 《대학》에 가서는 그 위에서 종래의 것을 더욱 새롭게 하여 정교하게 꾸며낸 것이다."

어떤 사람이 물었다. "저는 어려서 이미 《소학》을 공부할 기회를 잃고 말았습니다. 청컨대 《대학》을 가르쳐 주셨으면 합니다. 어떠할까요?" 주자가 말하였다. "《대학》을 배우기 전에 먼저 《소학》을 보지 않으면 안 된다. 그것은 대략 달포 정도 공부하면 된다."

노재 허씨(魯齋許氏)가 말하였다. "《소학》을 신령처럼 믿고 부모처럼 공경한다."

여기까지는 《소학》을 읽는 법을 말한 것입니다.

처음 배우는 사람으로서 덕(德)에 입문하는 데에는 《대학》만한 책이 없다.
《정씨유서(程氏遺書)》 이천의 말

주자가 말하였다. "《논어》와 《맹자》는 단편적인 문답 형식이기 때문에 요점을 파악하기가 어렵다. 그러나 《대학》은 옛 사람들의 학문의 요지에 관해 공자가 말한 것을 증자가 기록한 것과, 증자의 문인들이 또 증자의 말을 기록한 것으로 이루어져 있다. 그래서 앞뒤가 서로 이어지고, 체계가 모두 갖추어져 있다. 그러므로 이 책을 잘 읽어 옛 사람들이 학문을 했던 방향을 알고 나서 《논어》와 《맹자》를 읽으면 그 책들을 읽어 나아가기가 쉬울 것이다. 이후의 공부 사항이 많지만 《대학》에서 그 큰 체계는 이미 세워졌다."

또 말하였다. "《대학》을 읽는 것은 그 책에 적힌 글자를 보는 데에 의의가 있는 것이 아니다. 그것은 바로 마음에서 그 말씀이 어떠한지 검증하는 데에 있다. 예컨대 《대학》에서 '미인을 좋아하듯이 선(善)을 좋아하고, 악취를 싫어하듯이 악을 싫어하라'는 말씀을 보았다면 자신이 선을 좋아하고 악을 미워하기를 과연 이와 같이 하는가. 또는 '소인(小人)들은 혼자 있을 때에는 불선(不善)을 마음대로 저지른다'는 말씀을 보았다면, 자신에게는 과연 이러한 점이 없는가 하는 것을 마음 속에서 시험하여 조금이라도 부족한 점이 있으면 쉼없이 용맹 정진을 해야만 커다란 진보가 있을 것이다. 만약 이렇게 하지 않는다면 책은 책이고 나는 내가 될 것이니 무슨 유익함이 있겠는가?" (진씨(陳氏)가 말하였다. "무릇 모든 독서는 이렇게 해야 한다. 그것은 《대학》에만 한하는 것은 아니다.")

또 말하였다. "《대학》에는 경문(經文)과 장구(章句 : 글의 장과 구를 아울러 이르는 말)와 혹문(或問 : 어떤 사람의 물음에 답한다는 식으로 기술하는 방법)이 있다. 이들을 보아 나가다가 혹문은 보지 않고 장구만 보면 될 것이요, 또 오랜 숙독(熟讀)을 한 뒤에는 경문만 보아도 될 것이며, 또 나중에 가서는 경문도 볼 필요가 없게 된다. 《대학》의 내용들이 저절로 가슴 속에 있을 것이기 때문이다. 그러나 나만큼 많이 공부하지 않으면 내가 본 것을 볼 수 없으며, 성현만큼 많이 공부를 하지 않으면 성현이 본 것을 볼 수 없다."

《논어》를 보면 그 말씀은 평범하지만 뜻은 깊다. 말씀은 한계가 있지만 뜻은 무궁한 것이므로 한계있는 것은 주석(註釋)에서 보충해야 할 것이요, 무궁한 뜻은 깊은 사색 속에서 이해해야 한다.

《논어집주(論語集註)》 정자의 말

연평 이씨(延平李氏)가 말하였다. "사람들은 몸가짐에 있어서 공자를 모범으로 하여야 할 것이다. 지금 공자와의 시간적 거리가 천여 년 되기 때문에 그를 직접 만날 수는 없고, 우리가 접할 수 있는 것은 다만 《논어》뿐이다. 《논어》에 기록된 것은 공자의 언행(言行)이니 그것을 읽을 때마다 음미하고 사색하여 실천한다면, 비록 성현은 될 수 없다 하더라도 선비 또는 군자라는 이름은 잃지 않을 것이다."

정자가 말하였다. "《논어》를 읽는 사람은, 공자의 제자들이 선생께 묻는 것을 자신이 질문한 것으로 생각하고 공자가 이에 대답한 것을 그로부터 직접 듣는 것처럼 생각한다면, 저절로 얻는 것이 있을 것이다. 만일 《논어》와 《맹자》의 내용을 깊이 탐구하고 음미하여 그로써 자신의 심성을 함양하면 뛰어난 재질을 이룰 것이다."

또 말하였다. "《논어》를 읽지 않았을 때에도 그러한 사람이요, 그것을 읽은 후에도 읽기 전이나 똑같은 사람이라면, 이는 읽지 않은 것과 마찬가지이다."

성인의 도(道)를 보고자 하는 사람은 반드시 《맹자》에서 시작해야 한다.

《창려문집(昌黎文集)》

정자가 말하였다. "안자가 죽은 뒤 마침내 성인의 도를 터득한 사람은 증자요, 증자의 학문은 자사와 맹자에게 전수되었다."

또 말하였다. "맹자가 성인의 도에 세운 공은 이루 다 말할 수 없다. 공자는 인(仁) 하나만을 말했는데 맹자는 입을 열었다 하면 인과 의(義)를 말하였고, 공자는 지(志) 하나만을 말했는데 맹자는 수없이 호연지기(浩然之氣: 하늘과 땅 사이에 가득 찬 넓고 큰 원기)를 기를 것을 말하였다. 이 두 가지만도 지대한 공적이다."

《논어》와 《맹자》를 읽고서도 도를 알지 못하면, 이른바 많이 읽는다 한들 무슨 소용이 있겠는가. 　　　　　　　　《정씨유서》이천의 말

주자가 말하였다. "《논어》에는 모든 것들이 다 포함되어 있지만 특히 사람들에게 마음을 바르게 지키고 함양하는 요점을 담고 있다. 한편 《맹자》 7편의 뜻은 지극하지 않음이 없지만 특히 사람들에게 체험하고 확충하는 일[*6]을 대체로 많이 보여 준다."

정자가 말하였다. "학자들은 마땅히 《논어》와 《맹자》를 근본으로 삼아야 할 것이다. 《논어》와 《맹자》를 제대로 공부하면 육경(六經)은 읽지 않고도 그 의미를 저절로 알게 될 것이다. 글을 읽는 사람은 성인들이 책을 쓴 의도와 그들의 마음 씀씀이와 그들이 성인의 경지에 이르기까지의 과정을 살피고, 한편 자신이 성인에 이르지 못하는 이유와 도를 터득하지 못하는 이유를 구절구절마다에서 찾아야 한다. 그리고 낮에는 글을 읽으며 음미하고, 밤에는 사색함으로써 마음을 안정시키고 기운을 평온하게 하여 의심을 없애야 성인이 글쓴 뜻을 이해할 수 있게 될 것이다."

또 말하였다. "사람이 이 두 책을 잘 읽기만 한다면, 자신에게 절실한 가르침이 평생토록 아주 많을 것이다."

《중용》은 그 공부가 은밀하고 규모가 크다. 　　　　　　　　《주자대전》

주자가 말하였다. "중(中)이란 어느 한쪽으로 치우치지 않고 기울지 않으며(이는 희노애락이 발동하지 않은 상태의 중(中)을 뜻합니다.) 지나침도 모자람도 없는(이는 희노애락이 발동된 후의 중을 뜻합니다.) 것을 두고 한 말이요, 용(庸)이란 평범함을 뜻한다."

정자가 말하였다. "치우치지 않은 것을 중이라 하고, 바뀌지 않는 것을 용이라 한다. 중은 온 세상의 바른 도리요, 용은 온 세상의 움직일 수 없는 이치이다. 이 책은 공자의 문하(門下)에서 전수된 마음 공부의 방법을 기록해 놓은 것이다. 오래되면 저 전수된 내용이 차질을 빚을까 염려하여 자사가 글로 써서 맹자에게 전수했다. 이 책은 첫머리에서 하나의 이치를 말하였고 중간에서는 이치의 변용으로서 허다하게 많은 일들을 말하였으며, 마지막에 가서는 다시 하나의 이치로 요약하였다. 그리하여 그 이치를 풀어헤치면 우주(六合)에 가득 차고, 한편 거두어들이면 은밀한 마음속에 감추어져서 그 맛이 무궁하여 모두 우리의 몸에 절실한 학문이다. 독자들이 이 책을 잘 음미하고 탐색하여 터득한 것이 있다면 죽을 때까지 이 이치를 이용하여도 다하지 못할 것이다."

주자가 말하였다. "《중용》을 읽는 사람은 그 내용의 고상한 경지에 이르거나 알려고 해서는 안 되며, 역시 그 내용의 기묘한 점을 이상하게 생각해서도 안 된다. 반드시 글과 글 사이에 깊이 잠겨서 그의 뜻하는 바를 알아야 하며, 남들이 보지 못하고 듣지 못하는 곳에서도 삼가고 조심하여 도리를 실천하지 않으면 안 된다. 이렇게 해서 천천히 충분히 그 뜻을 음미하면서 오랜 기간 참된 도리를 쌓아 가면 넓고 두터우며, 높고 밝으며, 아득히 멀고 오랫동안 지속되는 경지에 자기도 모르게 이르를 것이다."

여기까지는 사서(四書)의 독서 방법을 말한 것입니다.

주자가 말하였다. "먼저 《대학》을 읽어서 규모를 잡고, 다음에 《논어》를 읽어 근본을 세우며, 다음에 《맹자》를 읽어 성인의 뛰어난 기상을 보고, 다음에 《중용》을 읽어 옛사람들의 미묘한 도리를 구해야 할 것이다. 그리고

《대학》을 처음부터 끝까지 속속들이 이해하여 의문점이 전혀 없게 된 뒤에 《논어》와 《맹자》를 읽어야 할 것이요, 또 《논어》와 《맹자》도 의문점이 없어진 뒤에 《중용》을 읽어야 할 것이다."

공자가 말하였다. "너희들은 어찌 시(詩)를 배우지 않느냐? 시는 우리의 뜻과 정서를 불러일으키기도 하고, 우리의 행위의 옳고 그름을 살피게도 해 주며, 남들과도 의좋게 지내게 되고, 남의 의견에 따라 움직이지 않으며, 남을 원망하되 분노하게 하지 않는다. 《논어》 아래도 같음

주자가 말하였다. "시는 사람의 성정(性情)에 근본을 둔 것으로서, 그에는 그른 것도 있고 바른 것도 있다. 그리고 시의 언어들은 이해하기 쉬운 데다가 시를 읊는 데 억양과 반복이 있어서, 사람들을 쉽게 감동시킨다. 그러므로 학자들이 선(善)을 좋아하고 악을 미워하는 마음을 그만두지 못하는 것을 시에서 배우지 않으면 안 된다."

시를 통하여 가까이는 부모 섬기는 도리를 알게 되고, 멀리는 임금 섬기는 도리를 알게 된다.

주자가 말하였다. "시에는 인륜(人倫)의 도리가 다 갖추어져 있다. 위의 두 가지는 중요한 것만을 들어서 말한 것일 뿐이다."

새와 짐승, 나무와 풀들의 이름을 많이 알려 준다.

주자가 말하였다. "시는 그 외에도 우리의 지식을 넓히는 데 도움이 된다. 이 장에서는 시를 공부하는 방법을 자세히 말하고 있으니, 《시경》을 읽는 사람은 마땅히 온 마음을 다해야 할 것이다."

시를 배우지 않으면 말을 잘 할 수 없을 것이다.

주자가 말하였다. "시는 인정(人情)에 근본을 두고 사물들의 이치들을 다

갖추고 있어서 풍속의 성쇠(盛衰)와 정치의 득실을 알게 해준다. 그리하여, 사리(事理)에 통달하고 심기(心氣)가 화평해지므로 시를 배우면 말을 잘 할 수 있다."

정자가 말하였다. "요즈음 사람들은 글을 읽을 줄 모른다. 예컨대 공자의 말씀에, '시 3백 편을 읽고서도 정치계에 나가 정치를 잘 하지 못한다든지, 다른 나라에 사신(使臣)으로 나가 사람들의 질문에 유창하게 답변하지 못한 다든지 하면, 비록 시를 많이 외우고 있다 한들 무슨 소용이 있겠는가' 하셨다. 시를 읽지 않았을 때에는 정치를 잘 못하고 답변을 유창하게 할 수 없었다 하더라도, 이미 시를 읽은 뒤에는 곧바로 정치에 통달하고 다른 나라에 사신으로 나가 유창하게 답변할 줄 알아야만 시를 읽은 사람이라고 할 수 있다. 또 역시 공자의 말씀에, '주남편(周南篇)과 소남편(召南篇)*7을 읽지 않으면 마치 담장을 마주 보고 있는 것이나 다름 없다' 하셨다. 시를 읽지 않았을 때에는 그럴 수밖에 없다 하더라도, 시를 읽은 뒤에는 그러하지 않아야만 효험이 있는 것이다. 무릇 독서는 바로 이런 방법으로 해야 한다."

공자가 말하였다. "예(禮)를 배우지 않으면 자기의 생각이 설 수 없을 것이다."
《논어》

주자가 말하였다. "예는 공경과 사양을 근본으로 하며 이에는 절차와 형식·법도 등의 상세한 규정이 있어서 사람의 살과 살갗, 힘줄과 뼈를 단단하게 해준다. 그러므로 학자들은 사물들 위에 우뚝서서 사물들에 의해 흔들리거나 상실되지 않는 자세를 예에서 깨닫지 않으면 안 된다."

또 말하였다. "예는 행위의 차제(次第)와 절도를 자세하고 분명하게 해주며 그들의 덕성을 확고히 해주기 때문에, 예를 배우면 자기의 생각을 세울 수 있다."

영가 주씨(永嘉周氏)가 말하였다. "경례(經禮) 300가지와 위의(威儀) 3000가지*8는 모두 사람의 본성에 토대를 둔 것이요, 몸가짐이나 감정을 거짓 꾸민 것이 아니다. 하늘은 높고 땅은 낮으니 이에 준거하여 예가 확립되고, 동류(同類)끼리 모이고 유(類)에 따라 분별되니, 이에 따라 예가 확실히 행해진다. 사람은 하늘과 땅 사이에 있고 만물의 위에 서 있어서, 높은 사람과 낮은 사람의 분류가 자연히 나타난다. 성인은 이것을 좇아서 관혼상제(冠婚喪祭)와 조빙향사(朝聘鄕射)의 예(禮)*9를 만들어 군주와 신하, 부모와 자식, 형제, 부부, 벗들 사이의 도의가 이루어지도록 하였다. 예의 유형적인 것으로 말하면 의식주(衣食住)의 생활 속에 나타나 있고, 그의 무형적인 것으로 말하면 소리도 없고 냄새도 없는 미묘한 데에까지 이른다. 보통 사람들은 이를 노력하고 현인(賢人)들은 이를 의식적으로 행하며, 성인은 이를 노력과 의식 없이 자연스럽게 행한다. 그러므로, 예가 행해지면 한 개인이나 집안·나라·천하가 잘 다스려질 것이요, 예가 어지러워지면 저들도 어지러워질 것이다. 예가 있으면 저들도 존재할 것이요, 예가 없으면 저들도 망할 것이다. 진시황제(秦始皇帝)가 책들을 불살라 없애 버림으로써 하(夏)·은(殷)·주(周) 삼대(三代)의 예문(禮文)들이 대부분 없어졌으나, 한나라에 이르러 책들을 구하자 《예기》 49편이 여러 선비들의 전해 내려오는 기록 속에서 일시적으로 나왔다. 다만 그것만으로는 성인의 뜻을 다 알기 어려워서 그 책의 글뜻을 파악하는 데에 때때로 모순되는 것도 있지만, 내용이 방대하고 뜻이 넓기 때문에 학자들이 이를 널리 벗어나지 않을 것이다. 책의 내용을 보면 겉으로는 남들과 응대(應對)하며 나아가고 물러나는 일에 관한 것이 있고, 정밀하게 보면 도덕과 성명(性命 : 인성과 천명을 아우르는 말)의 요점이 있다. 그것은 어린아이들의 생활 습관에서 시작하여 성인에 이르는 데서 끝난다. 그러므로 옛 도를 통달해야만 그 말뜻을 알 수 있고, 말뜻을 알아야만 예를 거뜬히 행할 수 있다. 따라서 예가 예가 된 까닭으로써 그 법칙이 우리에게서 멀리 떨어져 있지 않다."

  덕(德)은 본성(本性)의 실마리요 음악(音樂)은 덕의 꽃이요, 쇠·돌·실·대나무로 만든 악기는 음악의 도구이다. 시(詩)는 마음의 뜻을 말로 표현한 것이요, 노래는 시의 소리를 가락으로 읊은 것이며, 춤은 용모를 움직임으로 나타낸 것이다. 이 세 가지는 모두 마음에 근본하며 그러한 뒤에 악기(樂器)가 따라 울리는 것이다. 그러므로 마음의 정(情)이 깊으면 음악의 체계가 분명해지고, 기운이 왕성하면 음악의 감화력이 신묘(神妙)해진다. 이렇듯 조화롭고 순한 덕이 마음 속에 쌓여 꽃다운 음악이 밖으로 나타난다. 그러므로 음악만큼은 거짓으로 꾸밀 수 없다. 《예기》

유씨(劉氏)가 말하였다. "마음의 뜻은 실마리가 처음 표현된 것을 말하고 (덕은 마음에 있고 본성은 덕의 근본이기 때문에 '덕은 본성의 실마리'라 한 것입니다. 뜻이란 마음이 지향하는 바를 말하므로 '마음의 뜻은 실마리가 처음 표현된 것'이라 한 것입니다), 소리와 용모는 활짝 핀 꽃과 같다. 뜻이 움직여 시가 되고 시가 이루어짐에 그 시구를 노래로 읊고, 노래로 읊는 것도 마음에 차지 않으면 자기도 모르게 손과 다리를 들고 용모를 움직인다. 이 세 가지는 모두 마음이 바깥 사물에 감동함을 기본으로 하고, 그러한 뒤에 여덟 가지 소리의 악기*10를 타며, 나아가 방패와 도끼, 꿩깃과 쇠꼬리를 가지고 춤을 춘다. 마음 속에 정감이 깊으면 음악의 형식으로 표현되는 것이 분명해진다. 이는 마치 하늘과 땅의 기운이 내적으로 왕성하면 만물에 미치는 생성(生成) 조화가 신통하고 묘해 미리 추측할 수 없는 것과 같다. 그러기 때문에 '순수한 덕이 마음 속에 쌓여 꽃다운 음악이 밖으로 나타난다'고 했다. 이렇게 볼 때 음악의 내용을 과연 가식으로 꾸밀 수 있겠는가?"

주자가 말하였다. "음악에는 5성(五聲)과 12율(十二律)*11이 있어서 이들을 번갈아 부르며 화음(和音)을 이루어, 이로써 노래와 춤·8음(八音)의 절차를 삼는다. 이로써 음악은 사람들의 성정(性情)을 함양하고 마음 속 더러운 것들을 씻어내며 찌꺼기들을 없앨 수 있다. 그러므로 학자들은, 의리에 정밀하고 인(仁)이 무르익으며, 도덕의 순수한 경지에 이르는 길을 여기에서 터득하지 않으면 안 된다."

또 말하였다. "옛날의 음악은 이미 없어져서 다시 배울 수가 없다. 단지 학문을 강론하고 실행하는 가운데에 남아 있는 의미만을 이해할 수 있을 뿐이다."

임천 오씨(臨川吳氏)가 말하였다. "《예경(禮經)》 중에 지금 남아 있는 것은 겨우 《의례(儀禮)》 17편에 불과하고 《악경(樂經)》은 없어졌다. 아마도 《악경》은 그 내용상 소리와 음악, 그리고 춤의 절차를 많이 담고 있는 것 같고, 읽어 외며 기억할 만한 어구(語句)는 적은 것 같다. 이 때문에 진(秦)나라 때 책이 불타버린 이래로 전해 오는 것이 없으며, 학자들은 겨우 음악의 뜻을 말하는 데에 그치고 있다."

진씨(眞氏)가 말하였다. "주(周)나라가 쇠퇴하면서부터 예(禮)와 음악이 붕괴되었다. 다만 예에 관한 글들은 아직도 남아 있는 것들이 있어서 문물제도(文物制度)와 행위들을 살필 수가 있지만, 음악에 관한 글은 모두 없어져 남아 있지 않다. 이 때문에 훗날 예를 행하는 사람들도 이미 선왕(先王)의 제도와 맞지는 않지만, 음악의 경우는 더욱 심하다. 요즈음 세상에 통용되는 것은 정(鄭)나라와 위(衛)나라의 음란한 음악에 오랑캐들의 노래가 뒤섞인 것일 뿐이다. 이들은 사람들의 마음을 방탕하게 하고 풍속을 무너뜨리기에 충분하니 유익할 것이 무엇 있겠느냐? 다만 예와 음악의 제도는 비록 사라졌지만 그 이치는 남아 있으니 엄숙과 공경은 예의 근본이요, 평화의 즐거움은 음악의 근본이다. 학자들이 엄숙과 공경으로써 자신의 행위를 다스리고 평화의 즐거움으로써 자신의 마음을 기른다면, 예와 음악의 근본에 다다를 수 있을 것이요, 또한 충분히 도(道)를 행하며 덕(德)을 이룰 수 있을 것이다."

《서경》을 볼 때에는 반드시 2제 3왕(二帝三王)*12의 도를 살피지 않으면 안 된다.
　　　　　　　　　　　　　　　　　　　《정씨유서》 명도(明道)의 말

주자가 말하였다. "《서경》을 보아서는 역대의 세상이 변화해온 것을 알기가 어려우므로 차라리 성인의 마음을 구하는 것이 낫다. 예컨대, 요(堯)임금의 경우에는 그가 백성들을 어떻게 다스렸는가 하는 것을 살피고, 순(舜)임금의 경우에는 그가 요임금을 어떻게 섬겼는가 하는 것을 살피는 것이다. 또 예컨대, 탕(湯)임금이 맹세하기를 '내가 하느님을 두려워하여 감히 바로잡지 않을 수 없다' 하였는데, 이를 숙독한다면 어찌 탕임금의 마음을 보지 못하겠는가."

또 말하였다. "《서경》을 처음 읽을 때에는 그 글이 너무 어려워서 나와 아무런 관계가 없는 것처럼 보이지만, 계속해서 숙독하면 요(堯)·순(舜)·우(禹)·탕(湯)·문(文)·무(武)왕의 일들이 모두 자신에게 딱 들어맞고 꼭 필요한 것임을 알 것이다."

무이 채씨(武夷蔡氏)가 말하였다. "2제(요임금·순임금)와 3왕(우왕·탕왕·문왕과 무왕)이 천하를 다스렸던 커다란 원리 원칙이 모두 이 책에 실려 있지만, 수천 년 뒤에 태어나서 수천 년 전의 것을 논하여 밝히고자 한다는 것은 이미 어려운 일이다. 다만 2제·3왕의 정치는 도에 근본을 두고, 2제·3왕의 도는 마음에 근본을 두기 때문에, 그 마음을 깨달으면 도와 정치를 정말 말할 수 있다. 왜냐하면 정일집중(精一執中)[13]은 요·순·우 임금이 서로 전수한 심성(心性) 함양의 방법이요, 건중건극(建中建極)[14]은 은(殷)의 탕임금과 주(周)의 무왕이 각기 전한 심성 함양의 방법이다. 그리고 그 책에 덕(德)이라느니, 인(仁)이라느니, 경(敬)이라느니, 성(誠)이라느니 하여 말들을 달리하고 있지만 이치는 하나로서, 모두 미묘한 마음을 밝히는 근거이다. 후세에 2제 3왕의 정치에 뜻을 두는 임금이 있다면 그는 그들의 도(道)를 구하지 않으면 안 될 것이요, 그들의 도에 뜻이 있다면 그들의 마음을 구하지 않으면 안 될 것이다. 그 마음을 구하는 요점을 이 책을 버려두고 달리 어디에서 찾겠는가."

공자가 말하였다. "역(易)[15]이란 무엇을 위해 만들어진 것인가. 그것은 점을 쳐서 일을 완성하게 하고, 세상의 모든 일과 사물의 이치를 담고 있다. 그것은 바로 이와 같을 뿐이다. 그러므로 성인은 그것을 써서 사람들의 뜻을 이루어 주고 그들의 사업을 성취시켜 주며, 모든 의심스러운 일을 판단하여 결정토록 한다." 《주역》〈계사전〉

주자가 말하였다. "점을 쳐서 일을 완수하게 한다는 것은, 사람들로 하여금 점을 치게 하여 그로써 운이 좋고 나쁨을 알아 사업을 완성하게 함을 뜻한다. 만사 만물의 이치를 담고 있다는 말은, 만사 만물의 이치가 모두 그려진 괘(卦)와 효(爻)[16] 가운데 있음을 뜻한다."

정자가 말하였다. "역(易)이란 변역(變易)의 뜻으로서, 때에 따라 변하고 바뀌어서 도를 따르는 것이다. 《주역》의 글은 온 세상의 이치를 다 갖추고 있음으로써, 온갖 성명(性命)의 이치에 순응하고, 귀신과 인간의 온갖 것의 까닭에 통하고, 사물의 실정(實情)을 다 깨우치게 하여, 점을 쳐서 일을 성취하는 방법을 보여 준다. 그러므로 성인들의 후세에 대한 근심이 지극하다 할 만하다. 대단히 미묘한 것은 이치요 밝게 드러나 있는 것은 현상이니, 두 가지 모두 근원이 같으며 드러난 것과 미묘한 것 사이에는 틈이 없다. 이들을 통찰하여 예(禮)를 행하도록 하는*17 내용이 《주역》에 다 갖추어져 있다. 그러므로 잘 배우는 사람은 그 말뜻을 반드시 가까운 데에서부터 찾아야 할 것이다. 일상적인 것에 소홀히 하는 사람은 그 말뜻을 모를 것이다. 내가 전하는 것은 말일 뿐이니, 그 말을 통하여 그 뜻을 깨우치는 것은 사람들이 할 바에 달려 있다."

때를 알고 형세를 파악하는 것이야말로 《주역》을 공부하는 최상의 방법이다. 정자의 《역전(易傳)》

섭씨가 말하였다. "때에는 성하고 쇠퇴함이 있고 형세에는 강약(强弱)이 있으니, 《주역》을 배우는 사람들은 마땅히 시세(時勢)에 따라 나아가고 물러섬을 따라야 한다. 이야말로 도(道)에 따르는 자세이다."

맹자가 말하였다. "인의(仁義)로 하던 정치가 자취를 감추면서 시가 없어지고, 시가 없어진 뒤에 《춘추》를 지었다." 《맹자》 아래도 같음

주자가 말하였다. "인의로 하던 정치가 자취를 감추었다는 말은 주(周)나라 평왕(平王)이 동쪽으로 도읍을 옮기면서부터 정치와 교화·명령이 온 세상에 미치지 않았음을 뜻한다. 시가 없어졌다는 말은, 《시경》 서리(黍離)편이 국풍(國風)으로 격이 떨어지고 대아(大雅: 《시경》 육시(六詩)의 하나)와 소아(小雅: 작은 정사(政事)에 관한 일을 노래한 정악(正樂)으로, 《시경》 305편 중 72편을 말함)가 없어진 것을 뜻한다.*18 《춘추》는 노(魯)나라 역사책의 이름인데, 공자가 원래 기록을 바탕으로 삼아서 필삭(筆削)하여 노나라 은공(隱公)의 즉위 초부터 시작한 책이다. 이 때 은공의 즉위 연도는 주나라 평

왕 49년에 해당된다."

《춘추》의 내용은 제(齊)나라 환공(桓公)·진(晉)나라 문공(文公) 등에 관한 일이며, 그 문장은 사관(史官)이 기록한 역사 기록의 문체이다. 공자가 말하였다. "각국의 역사 기록상에서 행한 포폄(褒貶 : 옳고 그름이나 악함을 판단하여 결정함)의 의리는 내가 스스로 결정한 것이다."

주자가 말하였다. "춘추의 시대에 다섯 패자〔五霸〕*19가 서로 번갈아 가면서 일어났는데, 그 중 제나라 환공과 진나라 문공의 세력이 제일 강성했다. '스스로 결정했다'는 말에는 겸손의 뜻이 들어 있다. 공양전(公羊傳)*20에 의하면, '그 글에 대해서는 나에게 책임이 있다' 했으니, 이 또한 같은 뜻이다. 이는 결정을 자신의 판단 속에서 행한 것임을 뜻한다. 이른바 공자가 덧붙이거나 삭제를 할 때, 학문에 뛰어난 제자인 자유(子游)와 자하(子夏)가 이에 대해 한 마디도 거들 수 없었다는 것을 말한다."

윤씨가 말하였다. "위의 글은 공자가 《춘추》를 저술할 때에 역사 기록의 문체로 당시의 일들을 기술했지만, 그 위에서 행한 포폄의 의리는 천하의 옳고 그름을 정립시켜 후세에 모든 임금들의 정치 원리가 되었음을 말해 주고 있다."

정자가 말하였다. "하늘이 사람을 낳으니 그 중에는 반드시 출중한 인재가 나오게 마련이다. 그리하여 그가 백성들의 임금이요 어른이 되어 백성들을 다스리면 빼앗고 다투는 일이 그치고, 그가 백성들을 인도하면 살림살이가 순조로워지며, 그가 백성들을 가르치게 되면 백성들의 윤리가 밝아질 것이다. 이렇게 되면 사람의 도리가 바로 서고 하늘의 도리가 이루어지며 땅의 도리가 고르게 될 것이다. 요·순 두 임금 이전에는 성현들이 대대로 나와 시대에 따라 정사(政事)를 베풀어 풍속에 맞게 적절히 따랐으며, 시대에 동떨어져서 사람들을 인도하지 않고 각기 시대에 맞추어 정치를 행하였다. 하(夏)의 우(禹), 은(殷)의 탕(湯), 주(周)의 문무(文武)왕이 번갈아 흥성함에 이르자, 각기 제도가 이미 잘 갖추어져 있어서 자(子)·축(丑)·인(寅)을 정월(正月)에 세우고 충(忠)·질(質)·문(文)을 숭상함으로써*21 사람의 도리가 확립되었고 자연의 운행이 순조롭게 되었다. 그러나 성왕(聖王)이 나오지 않게 되면서 온 세상을 소유한 자들이 옛날의 저와 같은 행적들을 흉내내고자 했지만, 이 또한 그들의 사사로운 의도 속에서 헛되이 행해졌을 뿐이다. 예컨대 일이 잘못된 것으로 말하면, 진(秦)나라에 이르러서는 해월(亥月)*22을 정월(正月)로 하여 책력을 시작하였고, 도리가 어긋난 것으로 말하면 한(漢)나라는 오직 지혜와 힘으로만 정치를 하였다. 이런 판국에 어찌 선왕의 도를 알 수 있겠는가? 공자는 주(周) 말엽에 이르러 성스러운 제왕이 다시 일어나지 않고, 하늘과 시대에 순응하는 정치가 더 이상 없음을 보고는 《춘추》를 저술하여 후세 모든 임금들의 불변의 정치 원리를 제시하였다. 그것은 이른바 그 의리(義理)를 3왕(三王)에게서 고증해 보아도 틀리지 않고, 하늘과 땅 사이에 내놓아도 천지의 도(道)와 어긋나지 않으며, 귀신에게 따져 보아도 의심스러울 것이 없고, 뒷날 성인이 다시 나온다고 하더라도 부정하지 못할 그러한 것이었다. 《춘추》의 큰 의리는 여러 가지이다. (섭씨가 말하였다. "《춘추》의 큰 의리란 예컨대, 임금을 높이고 신하를 낮추며, 인의(仁義)를 귀히 여기고 거짓과 폭력을 천하게 여기며, 중국(中國)*23을 감싸고 오랑캐들을 배척하는 등의 의리를 말한다.") 그 의리가 비록 크지만, 마치 대낮의 해와도 같고 밤의 별과도 같이 밝아서 알아 보기가 쉽다. 다만 미묘한 말이나 은밀한 뜻을 파악하고, 때에 따라 그에 알맞게 대처하기란 쉽지 않다. 그 내용을 혹시 눌러 주고 혹은 놓아 주며, 허락하고 부정하며, 올려 주고 물리치며, 혹은 숨기고 혹은 드러내지만 그 모두 떳떳한 의리에 맞으며, 형식과 내용에 있어서 잘 어우러지며, 관대할 때는 관대하고 엄할 때는 엄하며, 옳고 그름을 공정하게 판단하였다. 그러므로 일을 행하는 데 있어서는 저울이요, 도를 깨우침에 있어서는 교본이다. 후세의 임금들 중에 《춘추》의 의리를 아는 사람이 있다면, 그의 덕이 비록 우임금과 탕임금과 같지는 않다 하더라도 삼대(三代)의 정치를 따라 할 수 있을 것이니, 그 의리를 알고 그에 따라 정치를 한다면 삼대와 같은 이상사회를 다시 본받을 수 있다."

여기까지는 육경(六經)의 독서 방법을 말한 것입니다.

장자(張子)가 말하였다. "육경을 서로 일정한 관계로써 이해하여야만 의미가 무궁하게 드러날 것이다. 자신이 진보 속에서 한 단계 성장하게 되면 그 다음에 보고 깨닫는 것이 또 달라지는 것이다."

역사서를 읽을 때에는 치란(治亂 : 잘 다스려진 세상과 어지러운 세상)의 근본과 현인(賢人)·군자들의 행동거지를 살피지 않으면 안 된다. 이것이 곧 사물의 이치를 탐구하는 한 방법이다. 《정씨유서》이천의 말

정자가 말하였다. "무릇 역사서를 읽을 때에는 한갓 사실들만 기억하려 해서는 안 된다. 한 사회의 치란, 편안함과 위태함, 흥망 성쇠의 이치를 알아야 한다. 예컨대, 한(漢)나라 고제(高帝)에 관한 역사 기록을 읽을 때에는, 모름지기 한나라가 400년 간 어떻게 일어나서 다스려지고 어지러워지고 망했는가를 알아야 하는 것과 같다. 이것이 또한 배움이다."

또 말하였다. "나는 역사서를 볼 때마다 조금 나아가다가는 책을 덮고서 역사의 성패(成敗)를 생각해 보았다. 그리고 나서 다시 책을 보다가 내 생각과 맞지 않는 점이 있으면 다시 자세하게 생각해 보았다. 그 중에는 실패했어야 함에도 요행히 성공한 것도 있었고, 반면에 성공했어야 함에도 불행히 실패로 끝난 것도 있었다. 그런데 요즈음 사람들은 성공한 것은 옳은 것으로 여기고 실패한 것은 옳지 못한 것으로 여겨, 도리어 성공한 것에 크게 옳지 못한 점이 있고 실패한 것에 크게 옳은 점이 있음을 알지 못한다."

동래 여씨(東萊呂氏)가 말하였다. "무릇 역사서를 볼 때, 잘 다스려져 화평한 세상을 보면 곧 그러한 것으로 생각하고, 어지럽고 살기 힘든 세상을 보면 또 곧 그러한 것으로 생각하며, 한 가지 사실(史實)을 보고는 그 사실을 아는 것으로 그치고 만다면, 역사서를 보고서 무엇을 얻겠는가? 모름지기 마치 자신이 그 역사 현장 속에 있는 것처럼, 일의 이해와 시대의 화란(禍亂)에 대하여 책을 덮고서, 자기가 이러한 일을 당한다면 자신은 어떻게 대처해야 할까 하고 생각해 보아야 할 것이다. 역사서를 이러한 자세로 읽으면 학문도 진보하고 지식도 높아져서 유익함이 있을 것이다."

허씨(許氏)가 말하였다. "역사서를 볼 때에는 반드시 먼저 그 역사 속 인물의 대체적인 점을 보고 나서 그의 세세한 품행을 살펴야 한다. 그러고서 그가 선하면 그를 본받고 그가 악하면 경계하여 내가 몸소 실천하는 데 도움이 되도록 해야 한다. 한갓 사실(史實)이나 기억하고 그 글이나 외는 것은 이른바 학문이 아니다."

여기까지는 역사서를 읽는 방법에 대해 말한 것입니다.

신이 살피건대, 독서(讀書)는 사물의 이치를 탐구하는 일 가운데 한 가지로서 독서에도 차례가 있습니다. 그러므로 삼가 성현들의 독서에 대한 논설들을 신중하게 가려모아서 위와 같이 엮었습니다. 다만 사서(四書)와 육경(六經) 이외에 송(宋)나라 때에 훌륭한 학자들, 즉 주자(周子)·정자(程子)·장자(張子)·주자(朱子)[24] 들의 글 중에서 성리(性理)에 관한 논설들이 모두 성학(聖學)에 절실한 것들이므로 세밀히 살피고 깊이 탐구하지 않으면 안 됩니다. 가만히 생각해 보면, 경전(經傳)들이 생긴 이래로 선비들이 어느 누군들 글을 읽지 않았겠습니까마는 그럼에도 훌륭한 선비가 드물고, 임금들이 어느 누군들 글을 읽지 않았겠습니까마는 그럼에도 훌륭한 정치를 보기 어려우니 그 까닭은 무엇입니까? 바로 그들의 독서가 단지 귀로 들어와서 입으로 나가는 재료에 불과하여 쓸모있는 도구가 되지 못했기 때문입니다.

여능(廬陵)의 나대경(羅大經)이 말하였습니다. "요즘 선비들은 요·순·주공(周公)[25]·공자가 아니면 이야기를 않고, 《논어》·《맹자》·《중용》·《대학》이 아니면 보지 않으며, 말했다 하면 주자(周子)·정자·장자·주자(朱子)요, 배웠다 하면 격물치지(格物致知)[26]이니 이는 삼대(三代) 이후로는 없었던 일로서 정말 대단한 일이다. 그러나 호걸다운 선비는 나오지 않고, 예절과 의리가 성행하는 풍속은 이루어지지 않아 선비들의 기풍은 날로 비루해지고, 인재는 해마다 쇠잔해지니 한탄스러운 일"이라 했습니다. 이 말은, 병든 요즈음의 현실을 잘 지적해 주고 있습니다. 아! 요즈음 선비들이 글을 읽는 것은 장차 부귀 영달을 구하려는 데에만 뜻을 두기 때문에 그 문제가 생긴 것입니다. 임금의 경우 지극하므로 그가 힘써야 할 일은 사물의 이치를 탐구하고 마음을 바르게 하는 것이요, 그가 구해야 할 일은 하늘에 빌어 나라의 명맥을 길이 보전하는 일입니다. 이것 말고는 달리 바랄 것이 없을 텐데도, 오히려 이 글 저 글 널리 찾으면서 아름다운 글이나 지으려 할 뿐 독서를 실천을 위한 덕목으로 삼지 않으니, 이 어찌 크게 잘못 생각하고 있는 일이 아니겠습니까. 엎드려 바라건대, 전하께서는 이와 같은 폐단을 깊이 다스리시고 성리(性理)의 공부를 힘써 정밀히 하시며 이를 몸소 실천에 옮기시어, 경전(經傳)들을 빈말이 되지 않게 하신다면 이는 나라의 커다란 복(福)이 되겠습니다.

역(易)에 태극(太極)이 있는데, 이것이 양의(兩儀: 양(陽)과 음(陰), 또는 하늘과 땅)를 낳고 양의는 사상(四象)을 낳고 사상은 팔괘(八卦)를 낳는다.

《주역》〈계사전〉 아래도 같음

주자가 말하였다. "하나가 매번 둘을 낳는 것은 자연의 이치이다. 역(易)이란 음양(陰陽)의 변화를 뜻하고, 태극은 그 이치를 말한다. 양의(兩儀)란 처음 한 번 금을 그어 음양으로 나누어진 것을 말하고, 사상(四象)이란 두 번째 금을 그어 태양(太陽)·소음(少陰)·소양(少陽)·태음(太陰)으로 나누어진 것을 말하며, 팔괘란 세 번째 금을 그어 천(天)·지(地)·인(人)의 상(象)이 비로소 갖추어진 것을 말한다.*27 위의 몇 마디 말은 참으로 성인이 《주역》을 지을 때 자연스러운 차례에 따라 만든 것이지 털끝만큼도 인위적인 지혜를 빌려서 이루어진 것이 아님을 말한다."

한 번 음(陰)이 되었다가 한 번 양(陽)이 되었다가 하는 것을 도(道)라 한다.

주자가 말하였다. "음과 양이 번갈아 운동하는 것은 기(氣)요 그 운동의 이치를 도라 한다. 음과 양은 기일 뿐 도가 아니다. 음이 되고 양이 되게 하는 까닭이 도이다."

이 도를 계승하는 것이 선(善)이요, 도를 이룬 것이 본성(本性)이다.

정자가 말하였다. "끊임없이 낳고 낳는 것을 역(易)이라 하니, 하늘이 도가 되는 이유가 여기에 있다. 하늘은 다만 낳는 것으로만 도를 삼으며 이 낳음의 이치를 계승하는 것이 곧 선이다. 선은 곧 으뜸이라는 뜻을 갖는데, 으뜸이란 여러 선들의 우두머리로서 만물들에게 있는 봄의 생성되는 뜻과 같은 것이며 이를 계승하는 것만 곧 선이다. 이룬다는 것은 만물이 스스로 자신의 본성을 이룸으로써 얻게 된 것이다."

주자가 말하였다. "도는 음(陰)에서 갖추어지고 양(陽)에서 행해지는데, 위에서 '계승한다'는 말은 도가 드러남을 뜻한다. 선은 조화(造化)와 발육(發育)의 일을 뜻하며 그것은 양의 일이다. '이룬 것'이라는 말은 도가 갖추어졌음을 뜻하고 성(性)이란 만물이 받은 것을 말하는데, 사람〔人〕·사물〔物〕이 태어나면 곧 성이 있어서 저마다 이 도를 갖추고 있음을 뜻한다. 그것은 음의 일이다."

인자(仁者)는 도를 보고서 인(仁)이라 하고, 지자(知者)는 도를 보고서 지(知)라 하며, 백성들은 일상적으로 도를 행하면서도 그것을 모른다. 그러므로 군자의 도는 드물다.

건안 구씨(建安丘氏)가 말하였다. "위의 글은, 본성이 이루어지고 나서 양의 동적(動的)인 성질을 타고난 사람은 어진 사람이 되고, 음의 정적(靜的)인 성질을 타고난 사람은 지혜로운 사람이 된다는 뜻이다. 이렇듯 사람이 타고난 것이 저마다 다르기 때문에 각자 바라보는 것이 한쪽으로 치우치게 되어서, 인자(仁者)는 인(仁)만을 알 뿐 지(知)를 알지 못한다. 그래서 그에게는 도가 인에 그치고 만다 한 것이다. 또 지자(知者)는 지만을 알 뿐 인을 알지 못한다. 그래서 그는 도가 지에 그치고 만다 한 것이다. 나아가 백성들의 경우 밥 먹고 물 마시는 것 등 일상생활이 이 도 가운데에 있는데도 그들은 이 도가 있음을 알지 못한다. 군자의 도가 드문 이유가 여기에 있다."

맹자가 말하였다. "무슨 일을 행하면서도 그 도리를 알지 못하고, 이미 일에 익숙하면서도 세밀하게 살피지 못하기 때문에, 죽을 때까지 도 가운데에서 지내면서도 그것을 알지 못하는 사람이 참으로 많다."(주자가 말하였다. "위에서 안다는 말은 일에서 마땅히 행해야 할 도리를 분명히 아는 것을 뜻하고, 살핀다는 말은 일이 그렇게 된 까닭〔所以然〕을 정밀히 아는 것을 뜻한다.")

그러므로 형이상(形而上)을 도라 하고, 형이하(形而下)를 기(器)라 하며, 성인이 자연의 조화에 의해 일을 다듬어 낸 것을 변(變)이라 하고, 이를 미루어 행하는 것을 통(通)이라 하며, 이를 온 세상 백성들에게 베푸는 것을 사업(事業)이라 한다.

주자가 말하였다. "음양은 모두 형이하(形而下)의 것이요 그 이치가 곧 도이다. 자연의 조화에 의해 다듬어진 것이 변의 뜻이다."

북계 진씨(北溪陳氏)가 말하였다. "도란 사물을 떠나서 있는 공허한 그 무엇이 아니다. 실제로 도는 사물에서 벗어나 있지 않다. 만약 벗어나 있다면 그것은 이른바 도가 아니다. 예컨대, 군주와 신하 사이에는 의리가 있다 할 때 의(義)로운 것이 도이고, 군주와 신하는 기이다. 또 부모와 자식 사이에는 친(親)함이 있다 할 때 친한 것이 도이고, 부모와 자식은 기이다. 나아가 부부의 경우 부부의 도는 분별하는 데에 있고, 어른과 아랫사람의 경우 그 도는 차례가 있는 데에 있고, 친구 간의 경우 그 도는 믿는 데에 있다."

신이 살피건대, 사물〔物〕에는 반드시 이치가 있는 법이므로 모두 탐구하지 않으면 안 됩니다. 위에 인용한 공자의 《주역》 계사(繫辭)의 글은 이학(理學)[28]의 본원입니다. 이제 아래에서는 경전들의 여러 논설들을 인용, 사물 및 사람의 이치를 밝혀 이치 탐구의 실마리를 찾는 자료로 삼겠습니다. 만약 그 내용을 토대로 하여 거기에 언급되지 않은 것들을 유추해 나간다면 앎을 극진히 하기 위한 공부가 아마도 성과를 거둘 것입니다.

무극(無極)이면서도 태극(太極)이다.　　　　주자의 〈태극도설〉 아래도 같음

주자가 말하였다. "하늘의 일이란 소리도 없고 냄새도 없으나 실로 조화(造化)의 중추(中樞)요 만물의 근본이다. 그러므로 무극이면서 태극인 것이니, 태극의 밖에 다시 무극이 있는 것이 아니다."

또 말하였다. "태극은 음양(陰陽) 속에 있을 뿐이다. 요즈음 사람들은 음양의 위에 음양과는 달리 형상이 없는 하나의 무엇을 태극이라고들 하는데, 그것은 옳지 못하다."

면재 황씨(勉齋黃氏)가 말하였다. "무극이면서도 태극이라는 말은, 형상이 없으면서도 지극히 형상이 있고, 방위가 없지만 크게 방위가 있다고 말하는 것과 같다."

태극이 움직이면서 양(陽)을 낳고 움직임이 끝에 다다르면 고요해진다. 태극이 고요해지면서 음을 낳고 고요함이 끝에 다다르면 다시 움직인다. 움직임과 고요함은 서로 뿌리가 되어 음과 양이 나누어지고 이렇게 해서 양의(兩儀)가 성립된다.

주자가 말하였다. "태극에 움직임과 고요함이 있다는 것은 천명(天命)이 유행한다는 말과 뜻이 같다. 태극은 본연의 미묘한 이치〔妙理〕요, 움직임과 고요함은 태극이 실리는 기틀이다. 태극은 형이상(形而上)의 도(道)요 음양은 형이하(形而下)의 기이다. 그리므로 현상에 드러난 것으로 보자면, 움직임과 고요함이 때를 달리하고 음(陰)과 양(陽)이 자리를 달리하지만, 태극은 그 어디에나 있다. 한편 본원상 미묘한 것으로 말하자면, 텅 비고 고요하여 아무런 조짐도 없지만, 거기에는 이미 움직임과 고요함과 음양의 이치가 모두 갖추어져 있다. 그러하긴 하지만, 이것을 앞으로 미루어 보아도 태극과 음양 두 가지가 합쳐지는 것을 볼 수 없으며, 뒤로 끌고 가 보아도 두 가지가 끝내 서로 떨어져 있는 것을 볼 수 없을 것이다. 그러므로 정자는, '움직임과 고요함에 실마리가 없고 음양에 처음이 없다' 하니, 도를 아는 사람이 아니면 어느 누가 이것을 알겠는가."

신이 살피건대, 움직이고 고요해짐의 기틀은 무엇이 그것을 시켜서 있는 것이 아니요, 이(理)와 기(氣) 또한 어느 것이 앞이고 뒤인지를 말할 수 있는 것이 아닙니다. 다만 기의 움직임과 고요함이 이의 근본이 되기 때문에, "태극이 움직이면서 양을 낳고 고요해지면서 음을 낳는다"고 한 것입니다. 만일 이 말에 집착하여, "태극이 음양 이전에 독립해 있어서 음양이 무(無)로부터 나온다"고 생각하면 그것은 이른바, "음양에 처음이 없다"는 말뜻에 어긋납니다. 그러므로 잘 활용해서 보고 깊이 생각하여야 합니다.

양이 변하고 음이 그에 합하여 수(水)·화(火)·목(木)·금(金)·토(土)를 낳고, 이 오행(五行)의 기(氣)가 조화롭게 펼쳐져 네 계절이 돌아간다.

주자가 말하였다. "태극이 한 번 움직이고 한 번 고요해져서 양의(兩儀)로 나누어지고, 음양이 한 번 변하고 한 번 합하여 오행(五行)이 갖추어진다. 그러나 오행은 질(質)이 땅에서 갖추어지고 기가 하늘에서 작용하는 것이다.*29 질로써 그의 생성의 순서를 말한다면 수·화·목·금·토인데, 이 때 수와 목은 양(陽)이요, 화·금은 음(陰)이다. 기(氣)로써 그의 유행의 순서를 말한다면 목·화·토·금·수인데, 이때 목·화는 양이요, 금·수는 음이다." 어떤 사람이 물었다. "어째서 양은 변한다고 말하고 음은 합한다고 말한 것입니까?" 대답하였다. "양이 움직이면 음이 그에 따르기 때문에 변하고 합한다 한 것이다."

오행(五行)은 하나의 음양이요, 음양은 하나의 태극이며, 태극은 본래 무극이다.

주자가 말하였다. "오행이 갖추어지면 만물들의 조화와 발육의 재료가 다 갖추어진다. 그러므로 또 오행으로부터 근원으로 거슬러 올라가 오행과 음양과 태극이 혼연일체요, 또 그것은 다 무극의 묘리(妙理)임과, 무극의 묘리 또한 한 사물 중에 각각 갖추어져 있음을 밝힌 것이다."

오행이 생겨나면 그것은 저마다 하나의 특성을 가진다.

장남헌(張南軒)이 말하였다. "오행이 낳은 질(質)은 다 다르지만, 태극의 이치는 어디에든 존재한다. 오행이 저마다 하나의 특성을 갖는다는 말은, 인의예지신(仁義禮智信)의 이치가 되어 각기 하나씩을 소유함을 뜻한다."

무극(無極)의 참[眞]과 이기(二氣)*30·오행(五行)의 정(精)이 오묘하게 결합하여 엉기는데, 하늘의 도(道)는 남성을 이루고 땅의 도는 여성을 이룬다. 이 두 기(氣)가 서로 섞이고 감응하여 만물이 만들어지고 생겨난다. 만물이 끊임없이 생겨나며 그 변화가 끝이 없다.

주자가 말하였다. "참이란 이(理)를 말한 것이니 진실하여 거짓이 없음을 뜻한다. 정(精)은 기를 말한 것이니 순전(純全)함을 뜻한다. 오묘하게 합했다는 말은 태극과 이기(二氣)·오행이 본래 혼연일체임을 뜻한다(이와 기는 원래 서로 떨어질 수 없는 것이니 어찌 합하겠습니까? 이들이 혼연일체를 이루기 때문에 '오묘하게 합했다' 한 것일 뿐이니 이 또한 살려보아야 할 것입니다). 모였다는 말은 기가 모여 형질(形質)을 이룬다. 무릇 성(性)이 근본이 되고, 음양과 오행이 그 위에 서로 짜이고 뒤섞이며, 또 저마다 종류에 따라 엉기고 모여서 형질을 이룬다. 양으로써 강건한 것은 남성을 이루니 그것은 부(父)의 도이고, 음으로써 유순한 것은 여성을 이루니 그것은 모(母)의 도이다. 이는 사람과 만물의 시초에 기로써 이루어진 상태를 말한다. 기가 모여 형질을 이루면 형질들이 서로 반응하고 기가 감응하고, 드디어는 형질의 조화 속에서 사람과 만물이 끊임없이 만들어지며 끝없이 변화한다. 남녀로부터 본다면 남녀가 저마다 자기의 성(性)을 갖지만 남녀는 하나의 태극이요, 만물로부터 본다면 만물이 저마다 성을 하나씩 갖지만 만물은 하나의 태극이다. 나누어 말한다면 한 사물마다 하나의 태극을 갖고 있는 것이다."

오직 사람만이 빼어난 기질을 얻었고 만물 중에서 가장 영묘하다. 육체가 이미 주어지고 정신이 의식을 발동한다. 인의예지신(仁義禮智信)의 오성(五性)이 자극에 따라 반응하여 선과 악이 나뉘고, 온갖 일들이 전개된다.

주자가 말하였다. "위의 글은 사람은 누구나 움직임과 고요함의 이치를 갖고 있건만 사람들은 항상 움직이는 데에서 이치를 잃는다는 것을 말해 준다. 무릇 사람과 사물이 생겨나면 반드시 태극의 도가 있다. 그러나 음양과 오행의 기질이 작용함에 있어서 사람만이 그 빼어난 것을 타고 났다. 그러므로 그의 마음이 가장 영묘하여 이로써 본성 전체를 잃지 않는다. 그러므로 사람의 마음은 이른바 하늘과 땅의 마음이며, 사람의 핵심이다. 그러나 육체는 음(陰)에서 나고 정신은 양(陽)에서 발동하므로, 오성(五性)이 바깥 사물에 자극을 받아 움직일 때 양의 선과 음의 악이 또한 나뉘어 오성(五性)으로부터 모든 일이 여러가지 모양으로 전개된다. 이기(二氣)와 오행이 만물을 만들고 생성하는 것처럼 그것은 사람에게 있어서도 마찬가지이다."

성인이 삶을 중(中)·정(正)·인(仁)·의(義)로써 질서잡으며, 거기에 고요함을 위주로 하여 사람의 행위 기준을 세웠다. 그러므로 성인은 천지와 같은 덕(德)을 가지고 있고, 그의 총명함을 해·달의 광명과 같이 하며, 그의 행위 질서를 사계절의 자연 질서에 맞추며, 귀신과 같이 길흉을 판단한다.

주자가 말하였다. "위의 글은, 성인은 움직임과 고요함의 덕을 온전히 갖고 있으나 그 중에서도 항상 고요함을 본위로 함을 말해 준다. 무릇 모든 사람이 음양과 오행의 빼어난 기를 받아서 났지만, 성인은 그 빼어남 중에서도 더욱 빼어나게 태어난 사람이다. 그리하여 성인의 행위는 어느 한쪽으로 치우치지 않고[中], 올바름[正]을 보이며, 항상 사랑[仁]의 마음을 드러내며, 의리[義]에 이르러 일의 옳고 그름을 결정한다. 그러므로 그의 일동 일정(一動一靜)이 태극의 도(道)를 취함으로써 그에는 조금도 잘못된 점이 없다. 여기에서 욕망이 움직이고 감정이 이겨서 이해가 서로 다투는 일이 없어진다. 그러나 고요함이란 성(誠)의 수렴이요 성(性)의 고수(固守)를 뜻한다. (움직임은 성(誠)의 발양(發揚)이요 천도(天道)의 원형(元亨)이며, 고요함은 성의 수렴이요 천도의 이정(利貞)입니다.)*31 만일 이 마음이 아무런 욕심 없이 정하지 않으면, 무엇으로 사물의 변화에 맞추어 따르며 모든 움직임에 한결같이 처할 수 있겠는가. 그러므로 성인은 동정 간에 중(中)·정(正)·인(仁)·의(義)가 두루 작용하지만, 그의 움직임은 반드시 고요함을 토대로 삼는다. 그가 하늘과 땅 한가운데에 자리잡고서 하늘과 땅, 해와 달, 사계절, 귀신도 어긋날 수 없는 이유가 여기에 있다. 반드시 근본이 먼저 선 뒤라야 다른 것들의 발생이 원만해지는 법이다. 정자는 건곤동정(乾坤動靜 : 하늘과 땅의 움직임과 고요함)을 말하면서 설명하기를, '마음이 한결같지 않으면 그런 작용들이 곧게 이루어지지 못하고, 마음을 거두어 모으지 않으면 그 발용(發用)이 순조롭지 못할 것'이라 했다. 이는 이런 뜻을 말하는 것이다."

군자는 덕(德)을 닦기 때문에 길(吉)하고, 소인은 이것을 거스르기 때문에 흉(凶)하다.

주자가 말하였다. "성인은 태극의 도를 온전히 행하기 때문에 그의 움직임과 고요함은 무슨 일에 있어서든 알맞고 올바르며 어질고 의롭지 않음이 없다. 그의 이러한 면모는 노력 속에서 이루어지는 것이 아니며, 자연 그대로이다. 성인에 이르지 못하였으나 덕을 닦는 사람은 군자이며 이 때문에 그는 길하고, 성인을 알지도 못하고 덕에 거스르는 짓을 하는 사람은 소인이며 이 때문에 그는 흉하다. 이때 덕을 닦느냐 덕에 거스르느냐 하는 것은, 마음을 거두어 잡느냐 아니면 방자하게 갖느냐의 여하에 달려 있을 뿐이다. 마음을 거두어 잡으면 욕망이 적어지고 도리가 밝아진다. 욕망을 더욱 적게 하여 무욕(無欲)의 경지에 이르면 고요할 때에는 마음이 텅 비어 밝고, 움직일 때에는 마음이 곧아서 성인을 배울 수 있다."

그러므로《주역》에 이르렀다. "하늘의 도(道)를 세워 음(陰)과 양(陽)이라 하고, 땅의 도를 세워 부드러움〔柔〕과 굳셈〔剛〕이라 하며, 사람의 도를 세워 인(仁)과 의(義)라 하였다." 또 이르기를, "사물들의 처음을 거슬러 올라가면 그들의 끝을 돌이켜 알 수 있다. 그리하여 죽음과 삶의 모든 말들을 이해할 수 있다." 위대하도다! 《주역》이여, 최고의 저술이로다.

주자가 말하였다. "음양의 현상 속에서 하늘의 도가 서는 까닭을 알 수 있고, 굳셈과 부드러움의 형질 속에서 땅의 도가 서는 까닭을 알 수 있으며, 인의의 덕 속에서 사람의 도가 서는 까닭을 알 수 있다. 도는 하나일 뿐이지만 사물에 따라 달리 드러나기 때문에 하늘·땅·사람에 따른 구별이 있다.

또 그 가운데에는 저마다 본체(本體)와 작용(作用)*32의 차이도 있다. 그러나 실상은 모두 하나의 태극이다. 양과 굳셈, 인은 사물의 시작이고, 음과 부드러움, 의는 사물의 끝이다. 한 사물의 처음으로 거슬러 올라가 그것이 생긴 까닭을 안다면 그의 끝을 돌이켜 그것이 죽는 까닭을 알 수 있다. 이는 하늘과 땅 사이 모든 도리나 법의 조화이며 예나 지금이나 두루 작용하는 것으로서 말로 표현할 수 없이 오묘한 것이다. 성인들이 《주역》을 지은 큰 뜻도 여기에서 벗어나지 않는다. 그래서 주자가 위의 말들을 인용하여 자신의 견해를 입증한 것이다."

장자(張子)가 말하였다. "기는 태허(太虛)*33 속에서 날아오르고 내리며, 한시도 멈추지 않는다. 이것이 허(虛)와 실(實), 동(動)과 정(靜)의 기틀이고 음과 양, 강(剛)과 유(柔)의 시초이다. 떠오르는 것은 청명한 양이요 가라앉는 것은 혼탁한 음이다. 이 음과 양이 서로 자극하고 모여 맺어져서 바람과 구름도 되고 서리와 눈도 된다. 그러므로 온갖 사물과 현상이나 산과 시내뿐만 아니라 아무리 하잘것없는 티끌에 이르기까지 모두 의미를 가지고 우리를 가르쳐 준다."(섭씨가 말하였다. "온갖 변화가 무궁한 것이 다 도의 본체가 유행하는 현상이기 때문에 '우리를 가르쳐 준다'고 한 것이다.")

또 말하였다. "떠다니는 기(氣)가 뒤섞여 결합하여 형질을 이룬 것이 사람과 만물의 수많은 양상을 낳았으며, 음과 양의 두 단서가 그치지 않고 순환하는 것이 하늘과 땅의 대의(大義)를 세웠다."

원(元)·형(亨)·이(利)·정(貞)은 변하지 않는 자연 질서의 덕(德)이요, 인(仁)·의(義)·예(禮)·지(智)는 인간 본성의 근본이다.　　주자의 《소학제사》

정자가 말하였다. "원(元)은 만물의 시작이요, 형(亨)은 만물의 자라남이며, 이(利)는 만물이 결실을 맺는 것이요, 정(貞)은 만물의 완성을 뜻한다. 건곤(乾坤)은 이 네 가지 덕(德)을 갖고 있다."(건곤이란 하늘과 땅을 성정(性情)의 면에서 한 말입니다.)

주자가 말하였다. "인(仁)은 마음의 덕이요 사랑의 이치이다. 의(義)는 마음의 법도이고, 사물의 이치상 마땅함이다. (의는 마땅함의 원리입니다.) 예는 하늘의 이치를 절도에 맞춰 꾸며낸 것이요, 사람이 하는 일의 법도이다."

또 말하였다. "성(性)이란 하늘의 이치가 인간에게 내재해 있는 것을 두고 한 말이다. 인은 온화함과 사랑의 도리요, 의는 결단과 절제의 도리요, 예는 공경과 절도의 도리요, 지는 분별과 시비의 도리이다. 이 네 가지는 사람의 마음에 갖추어진 것으로서 바로 성의 본체이다."

오씨(吳氏)가 말하였다. "원·형·이·정은 만물의 시초요, 만물이 자라는 것이며, 만물이 결실을 맺고, 완성되는 것으로 영원히 변치 않는 원리이기 때문에 그것을 '불변의 덕'이라 한 것이다. 인·의·예·지는 모든 선(善)을 통할하며 어느 하나의 선도 빠뜨리지 않기 때문에 그것을 '근본'이라 한 것이다."

신이 살피건대, 태극이 하늘에서는 도(道)라 불리고, (도는 천명(天命)이 유행(流行)하는 것을 일컫는 도를 두고 한 말이고, 성에 따르는 것을 일컫는 도는 사람이나 사물이 마땅히 행해야 할 도리를 두고 한 말입니다.) 사람에게 있어서는 성(性)이라 불립니다. 원·형·이·정은 도가 유행하는 것이요, 인·의·예·지는 성이 지니고 있는 것입니다. 원(元)은 시기로 말하면 봄에 해당되고 사람에게 있어서는 인입니다. 형은 시기로 말하면 여름이고 사람에게 있어서는 예입니다. 이는 시기로 말하면 가을이고 사람에게 있어서는 의입니다. 정은 시기로 말하면 겨울이고 사람에게 있어서는 지입니다. (원·형·이·정은 도가 유행하는 순서에 따라 배열한 것이고, 인·의·예·지는 상대적 관점에서 배열한 것입니다.)

만물의 동일한 근원으로 보면 이(理)는 같고 기(氣)는 다르다. 만물을 저마다 다른 모습으로 보면 기는 오히려 가까우나 이는 절대로 같지 않다. 기의 다른 것은 순수하거나 섞인 것이 같지 아니한 것이요, 이의 다른 것은 치우치고, 온전한 것도 있다는 것이다. 《주자대전》

주자가 말하였다. "바야흐로 만물이 생겨난 처음에는 천명(天命)이 유행하는 것이 똑같을 뿐이므로 이(理)는 같으며, 음양·오행*34의 기(氣)는 맑고 탁한 것, 순수하고 섞인 것이 있기 때문에 기는 다르다. 그러나 만물이 이미 얻은 뒤에는 비록 맑고 탁한 것, 순수하고 섞인 것의 다름은 있으나 음양·오행의 기는 같으므로 기는 서로 가까운 것이요, 어둡고 밝은 것과 열리고 막힌 것이 매우 멀기 때문에 이는 절대로 같지 않다. 기가 서로 가깝다는 것은 추위와 더위를 알고, 배고프고 배부른 것을 느끼며, 사는 것을 좋아하고 죽는 것을 싫어하며, 이익을 따르고 손해를 피하는 것은 사람이나 물건이 모두 같다. 이가 같지 않다는 것은, 벌과 개미의 군신(君臣) 관계가 다만 의리에만 밝으며, 범과 이리의 부자(父子) 관계는 다만 인에만 밝아서 그 밖의 것은 미루어 나갈 수 없는 것이다."

정자가 말하였다. "천지 음양의 변화는 마치 맷돌 두 짝과 같다. 오르고 내리고, 차고 이지러지고, 굳세고 부드러운 움직임이 처음부터 멈춘 일이 없어, 양은 항상 넘치고 음은 항상 줄어들게 되므로 곧 고르지 않다. 비유하면, 마찰은 이미 행해졌으나 맷돌의 이가 모두 고르지 않음과 같다. 이미 고르지 않으니 만 가지 변화가 생겨난다. 그러므로, 사물이 고르지 않음은 사물의 실정이다."

귀신(鬼神)이라는 것은 음과 양의 양능(良能)*35이다. 장자의 〈정몽(正蒙)〉

주자가 말하였다. "기를 둘로써 말하면, 귀(鬼)는 음의 신령스럽고 기묘한 작용이요, 신(神)은 양의 기묘한 것이다. 기를 하나로써 말하면, 이르러서 펴는 것은 신이 되고, 반대로 돌아오는 것은 귀가 되는 것이지만, 사실은 한가지이다. 양능(良能)*36이란 오고 가는 것과 구부리고 펴는 것으로서, 곧 이치가 저절로 그러한 것이지, 억지로 안배하여 조치(措置)하는 것이 아니라는 것을 말한 것이다. 두 기(氣)는 곧 음양이요, 양능(陽能)은 음양의 신령스럽고 기묘함이다."

정자가 말하였다. "귀신이란 하늘과 땅의 작용이요, 조화의 자취이다."(주자가 말하였다. "공용이란 다만 드러나 나타난 것을 말한 것으로서 추위가 오면 더위가 가고, 해가 지면 달이 뜨고, 봄에 나고 여름에 자라나는 것 같은 것이 모두 이것이다. 조화의 미묘함은 볼 수 없는 것이요, 다만 그 기가 오고 가며, 구부리고 펴는 것에서 볼 수 있는 것이니, 귀신이 아니면 조화의 자취가 없게 될 것이다.")

장자가 말하였다. "사물이 처음 생길 때는 기가 날로 이르러 번성해지고, 사물이 생겨나 이미 가득 차면 기가 날로 돌이켜서 흩어진다. 이르는 것을 신(神)이라 하는 것은, 그것이 펴지기(伸) 때문이요, 돌이키는 것을 귀(鬼)라고 하는 것은 그것이 돌아가기(歸) 때문이다."

주자가 말하였다. "하늘과 땅 사이에서 사라지는 것은 귀이고 자라나는 것은 신이며, 태어나는 것은 신이고 죽는 것은 귀이다. 사계절에서 봄과 여름은 신이며, 가을과 겨울은 귀이다. 사람에서는 혼(魂)은 곧 신이요, 백(魄)은 곧 귀이며, 말하는 것은 신이고 침묵하는 것은 귀이며, 움직이는 것은 신이고 고요한 것은 귀이며, 숨을 내쉬는 것은 신이고 들이마시는 것은 귀이다."

이상은 하늘과 땅, 사람과 사물의 이치를 통틀어 말한 것이며, 아래는 사람에게 있는 이치만을 오로지 말한 것입니다.

사람이라는 것은 하늘과 땅의 덕이고 음과 양이 합한 것이며, 귀신이 모인 것이고 오행 가운데 빼어난 기운이다. 그러므로 사람이란 천지의 마음인 것이다. 《예기》

장자가 말하였다. "하늘과 땅의 덕이란 사람의 덕성이 하늘과 땅의 본성과 같다는 것을 말한 것이다. 사람이 귀한 것도 이 때문이다. 또 오행(五行)의 기를 타고나서 만물 가운데 가장 영묘하게 태어났으니, 이것이 빼어났다는 것이다. 무릇 태어난다는 것은 곧바로 펴는 것이며, 마친다는 것은 곧 돌아오는 것이니, 한 물체가 처음과 끝을 겸한 것이 바로 귀신이 모인 것이다. 음과 양이 합치는 것과, 귀신이 모이는 것과 오행의 기는 사물이 생겨날 때

다 그러한 것이지만, 사람만이 이것을 다 갖추고 있다."

주자가 말하였다. "가르쳐서 변화시키는 일은 다 사람이 한다. 그래서 사람이란 하늘과 땅의 마음이라는 것이다."

용천 섭씨(龍泉葉氏)는 말하였다. "하늘과 땅의 인정과 성질은 사람이 아니면 몸소 체험하여 참여하지 못하며, 하늘과 땅의 공용(功用)은 사람이 아니면 살펴서 본받지 못한다. 하늘과 땅이 쉬지 않는 까닭은, 사람의 도리로 말미암은 후에야 볼 수 있기 때문에 사람이 하늘과 땅의 마음이 된다는 것이다."

여기까지는 사람이 만물보다 귀하다는 것을 말한 것입니다.

거룩하신 하느님께서 충심(衷心)을 백성에게 내리시어 순종하여 한결같은 성품을 갖게 하였다.　　　　　　　　《상서(尙書)》〈탕고(湯誥)〉

채씨(蔡氏)가 말하였다. "황(皇)은 큰 것이고, 충(衷)은 중용이며, 약(若)은 순종이다. 하늘이 명을 내려 인·의·예·지·신의 이치를 갖추어 치우치거나 기울지 않는 것을 충(衷)이라 한다. 사람이 명을 받아 인·의·예·지·신의 이치를 얻어 마음과 더불어 생겨난 것을 성(性)이라 한다."

유강공(劉康公)이 말하였다. "백성이 하늘과 땅의 중심〔中〕을 받아 생겨난 것을 명(命)이라 한다."

신이 살피건대, 하늘로서 말하면 명(命)이라 하고 사람으로서 말하면 성(性)이라 하는데, 사실은 한가지입니다.

맹자가 말하였다. "사람은 모두 남에게 차마 하지 못하는 마음을 가지고 있다.　　　　　　　　　　　　　　　　《맹자》아래도 같음

주자가 말하였다. "하늘과 땅은 사물을 낳는 것으로써 마음을 삼고, 생겨난 사물은 저마다 하늘과 땅이 사물을 낳는 마음을 얻어 마음으로 삼으니, 그 때문에 사람은 모두 남에게 차마 하지 못하는 마음을 갖게 된다."

사람이 모두 남에게 차마 하지 못하는 마음을 가졌다고 말할 수 있는 까닭은, 지금 어떤 사람이 갑자기 어린아이가 우물에 빠지려는 것을 보면, 모두가 깜짝 놀라며 측은한 마음을 갖게 된다. 이것은 어린아이의 부모와 미리 교제를 맺어 둔 것도 아니요, 마을 사람들이나 친구들에게 칭찬을 들으려는 것도 아니며, 그 비난하는 소리가 싫어서 그런 것도 아니기 때문이다.

주자가 말하였다. "사(乍)는 '갑자기'와 같은 말이며, 출척(怵惕)은 놀라 움직이는 모양이다. 측(惻)은 근심하는 바가 간절한 것이요, 은(隱)은 아픈 바가 심한 것이니, 이것이 곧 차마 하지 못하는 마음이라는 것이다. 납(內)은 맺는다는 것이고, 요(要)는 구한다는 것이며, 성(聲)은 나쁜 평판이다(명은 사람을 구원하지 않았다는 것으로 나쁜 이름을 얻는 것입니다). 갑자기 보았을 때 문득 이 마음이 보는 것을 따라 일어난 것이요, 이 세 가지로 말미암아 나오는 것은 아니라는 말이다."

정자는 말하였다. "몸 속에 가득 찬 것이 이 측은한 마음이다." (주자는 말했습니다. "강자(腔子)는 몸이라는 말과 같다.")

이로 미루어볼 때 측은한 마음이 없으면 사람이 아니고, 부끄러워하거나 미워하는 마음이 없으면 사람이 아니며, 사양하는 마음이 없으면 사람이 아니고, 옳고 그름을 가리는 마음이 없으면 사람이 아니다.

주자가 말하였다. "수(羞)는 자기의 착하지 못함을 부끄러워하는 것이고, 오(惡)는 남의 착하지 못함을 미워하는 것이다. 사(辭)는 풀어서 몸에서 떠나게 하는 것이고, 양(讓)은 미루어 남에게 주는 것이다. 시(是)는 착한 것을 알아 옳다고 여기는 것이며, 비(非)는 악한 것을 알아 그르다고 여기는 것이다. 사람의 마음은 이 네 가지에서 벗어나지 않는다. 그러므로 측은한 마음을 논한 것으로 말미암아 모두 들어 말한 것이다. 사람에게 만일 이러한 것이 없다면 사람이라고 할 수 없다고 말하여, 그것이 반드시 있음을 밝힌 것이다."

측은히 여기는 마음은 인의 실마리이고, 부끄러워하고 미워하는 마음은 의의 실마리이며, 사양하는 마음은 예의 실마리이고, 옳고 그름을 가리는 마음은 지의 실마리이다.

주자가 말하였다. "측은해하거나, 부끄러워하고 미워하거나, 사양하거나, 옳고 그름을 가리는 것은 정(情)이요, 인·의·예·지는 성(性)이다. 단(端)이란 실마리이다. 감정이 드러남으로 인하여 본성의 실체를 볼 수 있는 것이니, 이것은 사물이 가운데에 있으면 실마리가 밖으로 드러나는 것과 같다."

사람에게 이 사단(四端)이 있음은 마치 팔다리를 가지고 있는 것과 같다. 이 사단이 있는데도 스스로 '할 수 없다'라고 말하는 사람은 스스로를 해치는 사람이요, 그 임금을 가리켜 '할 수 없다'고 하는 사람은 그 임금을 해치는 사람이다.

주자가 말하였다. "사체는 사지(四肢)이니 사람이 반드시 가지고 있는 것이다. 스스로 '할 수 없다'고 하는 것은 물욕(物欲)이 이를 가렸기 때문이다."

사단이 나에게 있다는 것을 알아 모두 넓혀서 채울 줄 알면 마치 불이 처음 타기 시작하는 것과 같고, 샘물이 처음 솟아나기 시작하는 것과 같다. 진실로 채울 수만 있다면, 충분히 사해(四海)*37를 보전할 것이며, 진실로 채우지 못하면 부모도 섬기지 못할 것이다.

주자가 말하였다. "확(擴)은 미루어 넓힌다는 뜻이다. 충(充)은 가득한 것이다. 사단(四端)은 나한테서 곳에 따라 나타나는 것이니, 이에 나아가 미루어 넓혀서 그 본연의 양(量)을 가득 채울 줄 알면, 날로 새로워져서 스스로 그만둘 수 없게 될 것이다. 이로 말미암아 그것을 채워 나가면 사해가 비록 멀더라도 내 역량 안에 있어서 어렵잖게 보전할 수 있다. 채우지 못하면 비록 일상적인 일이라도 할 수 없을 것이다. 이 장에서 논한 사람의 성정(性情)과 마음의 본체와 작용이 이와 같이 본래 완전히 갖추어져서 저마다 조리가 있으니, 배우는 사람은 여기에서 돌이켜 구하고 묵묵히 깨달아 그것을 채우면 하늘이 나에게 준 것을 모두 실현할 수 있을 것이다."

정자는 말하였다. "사단에서 신(信)을 말하지 않은 것은, 이미 성실한 마음이 있어서 사단이 되었으니, 신은 그 가운데에 있는 것이다."(주자가 말하였다. "사단의 신은 오행(五行)에서의 토(土)와 같다. 정해진 위치도 없고, 이루어진 이름도 없으며, 전담하는 기(氣)도 없으나, 수·화·목·금이 이를 기다려 생(生)하지 않음이 없기 때문에, 토는 사행(四行) 어디에나 들어 있으며, 사계절에서는 각 계절에 기탁하여 왕생(旺生)하는 것과 같으니, 그 이치가 또한 이와 같다.")

또 말하였다. "마음이란 삶의 도(道)이다. 사람이 이 마음이 있으면 곧 이 형체를 갖추어 태어나게 된다. 측은한 마음은 사람이 살아가는 도이니 비록 걸(桀)*38과 척(蹠)*39 같은 악인이라도 이 마음 없이는 살 수 없다. 다만 그들은 이 마음을 해쳐서 하늘의 이치를 없앴을 뿐이다. 처음에는 사물을 사랑할 줄 모르다가 조금 있으면 서슴없이 나쁜 짓을 하는 데 이르고, 나아가서는 죽이는 것을 예사로이 여기는 데까지 이르니, 이것이 채워지면 죽이는 것을 좋아하는 데까지 이르지만, 이것이 어찌 사람의 도리이겠는가?"

《시경(詩經)》에 이르기를, "하늘이 뭇 백성을 낳으니, 사물이 있으면 법칙이 있도다. 백성들이 타고난 한결같은 성품은 아름다운 덕을 좋아한다" 하니, 이에 공자가 말하였다. "이 시를 지은 사람은 도를 아는구나. 그러므로 사물이 있으면 반드시 법칙이 있으니, 백성이 타고난 떳떳한 성품은 아름다운 덕을 좋아한다."

주자가 말하였다. "시는 〈대아(大雅) 증민편(烝民篇)〉이다. 증(烝)은 많다는 말이며 물(物)은 일이다. 측(則)은 법칙이요, 이(彛)는 한결같은 것이요, 의(懿)는 아름다운 것이다. 사물이 있으면 반드시 법칙이 있다는 것은, 귀와 눈이 있으면 밝게 보고 듣는 덕(德)이 있고, 부자(父子)가 있으면 사랑하고 효도하는 마음이 있는 것과 같다. 이것이 백성이 타고난 한결같은 본성(本性)이다. 그런 까닭에 인지상정으로 누구나 이 아름다운 덕을 좋아하므로 사람의 본성이 선하다는 것을 알 수 있다."

만물이 모두 나에게 갖추어져 있다.

주자가 말하였다. "크게는 군주와 신하, 부모와 자식, 작게는 사물의 미세한 부분에 이르기까지 그 당연한 이치가 타고난 성질 속에 한결같이 갖추어지지 않은 것이 없다."

또 말하였다. "성(性)은 태극의 혼연한 본체(本體)이니, 본래 이름이나 문자로 말할 수 없다. 다만 그 가운데 온갖 이치를 다 갖추고 있으나 벼리〔綱〕가 되는 큰 이치가 네 가지가 있다. 그것을 이름지어 인·의·예·지라고 한 것이다. 공자 때에는 성선(性善)의 이치가 본래 밝았으므로, 비록 그 조목을 자세히 드러내지 않아도 그 말이 스스로 갖추어졌지만, 맹자 때에 이르러서는 이단(異端)의 학설이 많이 일어나서, 가끔 인간의 본성은 불선(不善)한 것이라 여겼다. 맹자는 이 이치가 어둡게 될까 두려워하여 그것을 밝히려고 생각한 것이다. 그러나 다만 혼연한 전체라고 말하면, 눈금 없는 저울이나 치수 없는 자와 같아서 마침내 온 세상 사람들을 깨우칠 수 없으므로 넷으로 구분하여 사단(四端)의 학설이 성립되었다. 무릇 사단이 드러나기 전에는 비록 고요하여 움직이지 않으나 그 가운데 스스로 조리가 있고 짜임새가 있어서, 흐리멍덩하여 아무것도 없는 것은 아니다. 그러므로 외부로부터 자극을 받으면 중간에서 곧 반응한다. 사단이 드러남은 저마다 모습은 다르지만 구별이 없는 전체 가운데 뚜렷한 조리가 있음이 이와 같으니, 본성의 선(善)함을 알 수 있다."

진씨(眞氏)가 말하였다. "사람이 사람이 되는 까닭은 하늘, 땅과 나란히 서서 삼(三)이 되었기 때문이다.[40] 이는 대개 형체에는 크고 작은 차이가 있으나 이치에는 크고 작은 차이가 없는 까닭이다. 이란 무엇인가. 인·의·예·지이다. 하늘이 낸 도리는 원(元)·형(亨)·이(利)·정(貞)[*41]이라고 하나 사실은 하나일 뿐이다. 사람과 천지는 본래 하나요 둘이 아닌데, 그것이 다르게 되는 까닭은 하늘과 땅은 무심하지만 사람은 욕심이 있기 때문이다. 하늘과 땅의 오묘한 명(命)은, 예부터 항상 새로워서 시작하면 형통하고, 형통하면 이롭고, 이로우면 곧고, 곧으면 또 다시 시작된다. 한 번 통하면 한 번 반복하여 끊임없이 순환한다. 사람은 태어날 때 모든 이치를 다 갖추었으나, 오직 그 형체에 얽매어 물욕의 사사로움이 없을 수 없다. 그러므로 그 측은한 마음이 겉으로 드러날 때에 흔들림이 있으면 인(仁)을 채울 수 없게 되고, 그 부끄러워하고 미워하는 마음이 드러날 때 그것을 빼앗는 것이 있으면 의를 채울 수 없게 된다. 공경(사양을 공경이라고도 함)하는 마음과 옳고 그른 것을 가리는 마음이 드러나는 경우도 역시 마찬가지이다. 이것이 맹자가 간절하게 '채우라'는 한 마디를 하는 까닭이다. 무릇 선의 실마리가 드러나는 것은 그 처음은 매우 미미하여, 음양의 기(氣)가 동지(冬至)와 하지(夏至)에서 시작되나 처음에는 모두 아득하게 드러나지 않는 것과 같다. 그러나 양(陽)이 점점 자라나서 정월에 이르면 하늘과 땅의 기가 조화하여 만물이 모두 발달한다. 음(陰)이 점점 자라나서 7월에 이르면 하늘과 땅의 기가 엄숙하여 만물이 모두 받아들인다. 하늘과 땅이 만물을 생성하는 이치는 모두 미미한 곳으로부터 드러나는 데로 이르르니, 한 해도 그렇지 않은 때가 없는 것이다. 사람이 하늘과 땅의 마음을 체득하여 그 마음으로 삼고, 선의 실마리가 드러남으로 말미암아 보존하고 길러 잘 유지하며, 그것을 해치는 것을 없앤다면, 마치 불이 타는 것을 부채질하는 것과 같고, 샘물이 흐르는 것을 터놓는 것과 같게 되어, 곧 측은한 마음 하나가 만백성을 윤택하게 하고, 부끄러워하고 미워하는 마음 하나가 만백성을 바르게 할 수 있을 것이다. 요(堯)·순(舜)의 인(仁)과 탕(湯)·무(武)의 의(義)가 하늘과 땅만큼 컸던 까닭은 그것을 채울 수 있었기 때문이다."

여기까지는 본연(本然)의 성(性)을 말한 것입니다.

신(臣)이 살피건대, 사람의 한 마음에는 온갖 이치가 다 갖추어져 있어서

요·순의 인과 탕·무의 의와 공(孔)·맹(孟)의 도(道)는 모두 타고난 성질을 바탕으로 한 것입니다. 다만 앞으로는 기품에 얽매이고 뒤로는 물욕에 빠져, 밝음이 어둡게 되고 바른 것이 요사스럽고 간사하게 되므로 마침내 정신이 혼란스럽고 어리석은 무리의 사람이 되어서 실로 새나 짐승과 다름이 없게 됩니다. 그러나 본래부터 갖추어져 있는 이치는 그대로 밝고 바르게 되어 있습니다. 그것은 다만 가리워질 뿐 끝내 없어지게 되는 이치는 없으므로, 진실로 어두운 것을 없애고 요사스럽고 간사함을 끊어 버리면, 밖으로부터 다른 것을 빌리지 않더라도 요·순·탕왕·무왕·공자·맹자와 같은 성인이 될 수 있습니다. 비유하면, 어떤 사람이 자기 집에 무진장한 보물을 으슥한 곳에 묻어 놓고도 스스로 알지 못하여 빈한하게 구걸하면서 사방을 떠돌다가, 만일 선각자(先覺者)를 만나 보물이 묻힌 곳을 알려주게 되면 의심 없이 그 묻힌 곳을 파내어 무진장한 보물이 모두 자기의 소유가 되는 것과 같습니다. 이런 이치는 매우 명백하나 사람들이 자각하지 못하니 슬픈 일입니다. 단지 마음이 이치를 갖추고 있다는 것만 알 뿐이요, 다시 힘써 그 가려진 것을 없애지 않는다면, 실로 보물이 묻혀 있는 곳을 알지도 못하면서 나는 보물을 가지고 있다고 막연하게 말하는 것일 뿐이니, 무슨 이익이 있겠습니까? 유념하시기 바랍니다.

형체가 있는 다음에 기질의 성(性)이 있으니, 이를 잘 돌이켜보면 천지의 성이 존재함을 알 수 있다. 그러므로 군자는 기질의 성을 본성으로 여기지 않는다.
장자의 〈정몽〉

주자(朱子)가 말하였다. "천지의 성이란 오로지 이(理)를 가리켜 말한 것이요, 기질의 성이란 이에 기(氣)가 섞인 것을 말한다. 다만 이 성(性: 본연의 성)이 기질 가운데 있기 때문에 기질을 따라 그 자체가 성(性: 기질의 성)이 된 것이다. 성을 물에 비유하면 본래는 다 맑은 것이어서, 깨끗한 그릇에 담으면 맑고 더러운 그릇에 담으면 혼탁해지니, 맑게 다스리기만 하면 원래의 맑음이 그대로 유지된다."

섭씨(葉氏)는 말하였다. "기가 모여서 형체를 이루면 성은 기질에 얽매어 순수한 것과 잡스러운 것, 치우친 것과 올바른 것의 차이가 있게 되니 이것을 기질의 성이라고 한다. 사람이 능히 선(善)한 도리로써 스스로 돌이킬 수만 있으면 천지의 성이 다시 완전해질 것이다. 그러므로 기질의 성을 군자는 본성으로 여기지 않는 것이니, 대개 기질의 치우침을 따르지 않고 반드시 그 본연의 선을 회복하려는 것이다."

정자는 말하였다. "성은 하늘에서 나오고, 재(才)는 기질에서 나오니, 기가 맑으면 재도 맑고, 기가 흐리면 재도 흐려진다. 재에는 선(善)한 것도 있고 불선(不善)한 것도 있으나 성은 선하지 않음이 없다."

또 말하였다. "성(性)을 논하고 기(氣)를 논하지 않으면 갖추어지지 않고, 기를 논하고 성을 논하지 않으면 밝지 못하다. 그러나 성과 기를 둘로 하여도 옳지 않다."(섭씨(葉氏)가 말하였다. "성이 선한 것만을 논하고 그 기품이 같지 않은 것을 미루어보지를 않는다면 어찌 지혜롭고 어리석음이 있겠는가. 그러므로 갖추어지지 못했다고 하는 것이다. 기품의 다름을 논하고 그 성이 모두 선한 근본을 추구하지 않는다면 그 근본에 이르지 못한다. 그러므로 밝지 못하다고 말하는 것이다. 성이란 기의 이(理)이며, 기란 성의 바탕이므로 본디 서로 떨어질 수 없는 것이니 나누어 둘로 하면 또한 잘못이다.")

이는 기질의 성을 말한 것입니다.

신이 살피건대, 본연의 성과 기질의 성은 두 개의 성이 아닙니다. 기질에 나아가 단순히 그 이(理)만을 가리켜 본연의 성이라 하고, 이와 기질을 합하여 기질의 성이라고 부르는 것입니다.

사람이 태어나 고요한 것은 하늘의 성이요, 사물에 자극을 받아 움직이는 것은 성의 욕(欲)이니, 사물이 이르러 지(知)를 안[知] 뒤에 좋아하고 미워하는 것이 나타난다.　　　　　　　　　　《예기》 아래도 같음

유씨(劉氏)가 말하였다. "사람이 태어나 고요한 것은 희(喜)·노(怒)·애

(哀)·락(樂)이 드러나기 전의 중(中)이요, 하늘이 명한 본성(本性)이다. 사물에 반응하여 움직이는 것은 본성이 드러나 감정이 되는 것이다."

주자는 말하였다. "앞의 지자(知字)는 체(體)이고, 뒤의 지자는 작용이다."

무엇을 사람의 감정이라고 하는가. 희(喜)·노(怒)·애(哀)·구(懼)·애(愛)·오(惡)·욕(欲)의 일곱 가지를 말하며, 배우지 않아도 표현할 수 있는 것이다.

정자가 말하였다. "천지의 정기가 쌓인 가운데에서 오행(五行)의 빼어난 것을 얻은 것이 사람이 되니, 그 근본은 참되고 고요한 것이다. 그것이 드러나지 않았을 때에 오성(五性)이 갖추어져 있으니, 인·의·예·지·신이라고 한다. 형체가 이미 생기면 외부의 사물이 그 몸을 자극하여 중(中)을 움직이게 하고, 그 중이 움직여서 칠정(七情)이 나오게 되니, 이를 희·노·애·구·애·오·욕이라 한다. 칠정이 이미 치열해져서 더욱 방탕하게 되면 그 본성이 깎이게 된다. 이 때문에 깨달은 사람은 그 감정을 절제하여 중심에 합하고 마음을 바르게 하여 그 본성을 기른다. 어리석은 사람은 절제할 줄 몰라, 그 정을 제멋대로 하여 간사하고 방종한 데까지 이르러 그 본성을 속박하여 없애버린다."

어떤 사람이 물었다. "사랑과 욕망을 어떻게 구별합니까?" 주자가 말하였다. "사랑은 모든 것을 널리 사랑하는 것이요, 욕망은 반드시 얻으려는 데 뜻을 둔 것이다."

순임금이 말하였다. "인심(人心)은 위태롭고 도심(道心)은 은미하니, 오직 정성스럽고 오직 한결같아야 진실로 그 중심을 잡을 수 있다."
〈우서(虞書)·대우모(大禹謨)〉 순임금이 우임금에게 명한 말

주자가 말하였다. "잡념 없이 영묘한 마음의 지각 능력은 하나일 뿐이다. 그러나 인심과 도심의 다른 까닭은, 그것이 혹은 형체와 기질의 사사로움에

서 생기며, 또는 본성의 명령에 근원하여 깨닫게 되는 것이 같지 않기 때문이다. 이 때문에 혹 위태하여 불안하고, 혹은 미묘하여 보기 어려운 것이다. 그러나 사람은 형체를 갖고 있지 않음이 없으므로, 아주 지혜로운 이라도 인심이 없을 수 없으며, 또한 이 성(性)을 갖고 있지 않음이 없으므로, 아주 어리석은 이라도 도심이 없을 수 없다. 이 두 가지는 마음 가운데 섞여 있으니, 다스릴 줄 모른다면 위태로운 것은 더욱 위태로워지고, 미묘한 것은 더욱 미묘해져서, 공평한 천리(天理)가 끝내 인욕(人慾)의 사사로움을 이길 수 없을 것이다. 아주 정교하여 치밀하면 이 두 가지의 사이를 살펴 섞이지 않을 것이요, 한결같으면 그 본심의 바름을 지켜 벗어나지 않을 것이다. 여기에 일삼아서 조금이라도 그침이 없어, 반드시 도심으로 하여금 항상 한 몸의 주재가 되고 인심이 항상 그 명령을 듣게 한다면, 위태로운 것은 편안하게 될 것이요, 미묘한 것은 드러나게 되어 움직이고, 움직임과 고요함, 말과 행동이 저절로 지나치거나 모자라는 잘못이 없을 것이다."

오봉 호씨(五峯胡氏)가 말하였다. "천리와 인욕은 형태는 같지만 실정은 다른 것이다."(주자는 말하였다. "단지 한 사람의 마음이 도리에 합한 것이 천리이며, 정욕(情欲)에 따르는 것이 인욕이다. 마땅히 그 나누어진 곳에서 이해하여야 한다." 잠실 진씨(潛室陳氏)는 말하였다. "이 말은 깊이 음미하여야 한다. 예를 들어, 음식과 남녀의 욕망은 요(堯)·순(舜)도 걸(桀)·주(紂)[42]와 같다. 다만 이치에 맞고 절도에 맞으면 곧 하늘의 이치요, 이치에 어긋나고 절도에 어긋나면 곧 인욕인 것이다." 어떤 사람이 물었다. "음식 가운데 어느 것이 천리이고, 어느 것이 인욕입니까?" 주자가 말하였다. "먹고 마시는 것은 천리요, 맛있는 것을 구하는 것은 인욕이다.")

면재 황씨(勉齋黃氏)는 말하였다. "요·순은 성인이면서 제왕의 높은 자리에 있었지만 이처럼 스스로 그 마음을 다스렸다. 그런데 세상에서 배우는 자가 이 마음이 소중한 것을 알지 못하고, 정에 맡기고 욕심에 따라 교만하고 방탕하여, 생각하고 헤아릴 때에 혹은 높이 올라 하늘을 날기도 하고, 혹은 내려가 깊은 물에 빠지기도 하며, 혹은 뜨거워서 불에 타고, 혹은 차가워서 얼음이 어니, 어찌 깊이 근심하지 않겠는가. 성현의 가르침이 환하고 명백하니 배우는 사람이 어찌 깊이 생각하여 음미하지 않겠는가?"

서산 진씨(西山眞氏)는 말하였다. "인심유위(人心惟危 : 인심은 오직 위태롭다) 이하의 16자(字)는 곧 요·순·우(禹)가 전해준 핵심적인 법칙이요, 만세(萬世) 성학(聖學)의 연원이다. 선대의 유학자들의 해석이 비록 많으나 오직 주자의 설이 가장 정밀하고 확실하다. 좋은 음악을 듣고 미인을 좋아하며 좋은 냄새와 맛을 추구하는 욕망은 이른바 인심이요, 인·의·예·지의 이(理)는 이른바 도심이다. 인심이 발로하는 것은 날카로운 무기나 사나운 말과 같아서 쉽게 제어하지 못하므로 위태롭다 하고, 도심이 드러나는 것은 불이 처음 타거나 샘물이 처음 솟는 것과 같아서 쉽게 채우고 넓히기가 어려우므로 미묘하다고 한다(의리는 정미(精微)하여 보기 어렵기 때문에 은미하다고 한 것이지, 쉽게 채우고 넓히기가 어려워 그렇게 이름붙인 것은 아닙니다. 다만 서산(西山)의 설도 뜻이 통하여 별도로 일설(一說)이 될 수 있기 때문에 취한 것입니다). 오직 평소에 스스로 장중하고 경건한 몸가짐을 지니고, 한 생각이 일어나는 곳을 살펴서 그것이 음악·미인·냄새·맛의 욕망 때문에 드러난 것이라는 것을 알았으면 곧 힘써 다스려 그것이 자라나지 않게 하고, 그것이 인·의·예·지로 인하여 드러났다는 것을 알았으면 한 마음으로 지켜서 바뀌지 못하게 해야 한다. 대개 이와 같이 하면 이와 의는 항상 간직되고, 물욕(物欲)은 물러나게 되어, 이것으로 만 가지의 변화에 대응하면 어디 가나 중심이 아닌 것이 없을 것이다."(주자의 만년정론(晩年定論)에는 인심을 인욕이라고 생각하지는 않았습니다. 무릇 인심은 다만 형기(形氣)에서 생겨난 것이니 비록 성인이라도 역시 갖고 있는 것이요, 인심이 주(主)가 되어 도심의 명령을 듣지 않은 뒤에 곧 인욕이 됩니다. 진씨(眞氏)의 설이 비록 인심을 바르게 해석하지는 못했으나, 천리와 인욕을 논한 것이 분명하여 배우는 사람에게 유익하므로 아울러 취하였습니다.)

　마음은 본성과 감정을 통괄하는 것이다.　　　　《횡거어록(橫渠語錄)》

　주자가 말하였다. "통(統)은 주재한다는 뜻이다. 본성이란 마음의 이치요, 감정이란 마음의 작용이다. 마음이란 본성과 감정의 주재자이니, 곧 이 이치를 갖추어 이 감정을 표현하는 것이다. 지혜로써 말하면, 옳고 그른 이치를 아는 것은 본성이요, 옳고 그른 것을 알아 옳게 여기고 그르게 여기는 것은 감정이다. 이 이치를 갖추어 그 옳고 그른 것을 깨닫는 것은 마음이다.

이 분별은 다만 매우 작은 차이가 있기 때문에 정밀하게 살펴야만 볼 수 있다."

또 말하였다. "마음의 전체가 잠잠히 텅 비고 밝아서 온갖 이치가 다 갖추어져 있으며, 그 유행(流行)이 움직임과 고요함을 다 관통한다. 그것이 드러나기 전의 전체로써 말하면 본성이요, 그 드러난 다음의 신묘한 작용으로써 말하면 감정이다. 그러나 다만 하나로 뒤섞여 있는 가운데 나아가 이미 드러난 것과 아직 드러나지 않은 것을 가리켜 말한 것일 뿐, 본성도 따로 하나이고, 마음과 감정도 따로 하나인 것처럼 따로 떨어져 있는 것은 아니다."

소자(邵子)는 말하였다. "본성이란 도의 형체요, 마음이란 본성의 성곽이며 몸이란 마음의 집이요, 사물이란 몸을 싣는 배나 수레이다."

맹자가 말하였다. "사람이 짐승과 다른 까닭은 아주 적다. 서민은 그 다른 점을 버리고 군자는 그것을 간직한다." 《맹자》 아래도 같음

주자가 말하였다. "기희(幾希)는 적다는 뜻이다. 사람과 만물이 태어나면서부터 다 같이 하늘과 땅의 이치를 얻어서 본성이 되고, 다 같이 하늘과 땅의 기(氣)를 얻어서 형체를 이룬다. 다른 점은 오직 사람만이 그 사이에서 형기의 바름을 얻어 본성을 온전하게 할 수 있는 것이 조금 다를 뿐이다. 비록 조금 다르다고 하나, 사람과 만물이 나누어지는 까닭이 참으로 여기에 있다. 보통 사람들은 이것을 알지 못하여 버리니, 이름은 비록 사람이지만 사실은 짐승과 다를 것이 없다. 군자가 이것을 알아 보존한다. 이 때문에 조심하고 두려워하여 마침내 그 받은 바 바른 것을 온전하게 할 수 있다."

또 말하였다. "사람과 만물이 같은 것은 이치이고(천지의 성은 인(人)·물(物)이 같습니다), 같지 않은 것은 마음이다(기에는 치우치고, 바르고, 통하고, 막힌 것이 있으므로 마음은 같지 않습니다). 사람의 마음은 허령(虛靈 : 잡된 생각이 없이 마음이 신령함)하여 밝지 않은 것이 없으나 짐승은 어두워서 다만 한두 가지의 밝은 것만 있다. 어미와 새끼가 서로 사랑한다거나, 암컷과 수컷이 서로 구별이 있는 것과 같

은 것이다. 사람의 허령함은 다 미루어 나아갈 수 있으나, 짐승은 미루어 나아가지 못한다. 사람이 만약 사사로운 욕심으로써 이 허령함을 가린다면 곧 짐승과 같다. 사람과 짐승은 단지 이 조그마한 것에서 나누어지기 때문에 기희라고 한 것이다."

범씨(이름은 준(浚)입니다)는 〈심잠(心箴)〉에서 이렇게 말했다. "망망한 하늘과 땅은 굽어보고 우러러보아도 끝이 없다. 사람이 그 사이에서 조그마한 몸을 갖고 있으니, 이 몸의 작음은 커다란 창고 속의 쌀알과 같다. 그러나 하늘, 땅과 함께 삼재(三才)가 된 것은 오직 마음이 있기 때문이다. 옛날부터 지금까지 누가 이 마음이 없었겠는가? 마음이 몸에 끌리면 곧 짐승이 된다. 오직 입과 귀와 눈, 그리고 손발의 움직임이 그 사이에 끼어들고 틈을 만들어 마음의 병이 되는 것이다. 은미한 마음을 뭇 욕심이 흔들어대니 더불어 보존됨이 거의 드물도다. 군자가 성(誠)을 보존하여 잘 생각하고 잘 공경하면 마음이 태연해져서 온몸이 명령을 따르게 될 것이다."

마음을 다하는 이는 본성을 알게 되고, 본성을 알게 되면 곧 하늘을 알게 된다.

주자가 말하였다. "마음이란 사람의 신명(神明)[43]으로서 뭇 이치를 갖추어 모든 일에 응하는 것이다. 본성이란 마음이 갖추고 있는 이치요, 하늘은 또 이치가 말미암아 나오는 곳이다(하늘이 곧 이치니 여기에서의 이치는 본성을 가리켜 말한 것입니다). 하늘은 넓어서 그 끝이 없는데 본성이 그 온전한 것을 받았기 때문에 사람의 본마음은 그 본체가 드넓고 또한 한계가 없다. 다만 형기의 사사로움에 구속되고 조그마한 견문(見聞)에 막혀 가리워져 다하지 못함이 있는 것이다. 사람이 사물에 나아가 그 이를 연구하여, 어느 날 전부 송두리째 꿰뚫어 남긴 것이 없는 데에 이르면 그 본연의 본체를 온전하게 할 수 있다. 그러므로 마음의 전체를 극진히 하여 다하지 않음이 없는 자는 반드시 이치를 연구할 수 있어서 모르는 것이 없는 자이다. 이미 그 이치를 알면 그것이 말미암아 나오는 것도 또한 여기에서 크게 벗어나지 않는다. 이를 《대학》의 차례로써 말하면, 본성을 아는 것은 곧 사물의 이치를 말함이요,

마음을 다하는 것은 앎을 깨닫는 경지에 이르름을 말함이다."*44

이는 심(心)·성(性)·정(情)을 통틀어 말한 것입니다.

신이 살피건대, 사물에 있거나 몸에 있는 이치는 모두 마땅히 연구해야 할 것이지만, 사물에 있는 것은 크고 넓기 때문에 대략 말하였고, 몸에 있는 것은 중요하고 절실하기 때문에 좀더 자세히 논하였습니다. 그러나 몸에 있는 것은 상세하여야 하고, 사물에 있는 것은 간략하여야 한다는 말은 아닙니다. 가까운 것에서 생각하고 끝까지 다 유추하면 물(物)의 조그마한 것이나 일의 은미함도 그 이치가 환히 밝을 것인데, 하물며 하늘과 땅의 광대하고 귀신의 오묘함인들 상세하지 않음이 있겠습니까?

신이 삼가 아뢰건대, 선대 유학자들의 심·성·정의 학설은 자세히 갖추어져 있습니다. 그러나 저마다 주장하는 점이 있어 말이 혹 일치하지 않으니 그 때문에 후대 사람들이 말에 얽매여 뜻을 잃어버리는 경우가 많습니다. 본성이 드러나서 정이 되고, 마음이 드러나서 의(意)가 된다고 말한 것은 뜻이 저마다 있는 것이요, 심과 정을 두 가지 작용으로 나눈 것이 아닌데, 뒷사람들이 드디어 정과 의(義)를 두 갈래로 생각하게 되었습니다(성이 발하여 정이 되니 마음이 없는 것이 아니요, 마음이 발하여 의(意)가 되니 성이 없는 것이 아닙니다. 다만 마음은 성을 다 발휘할 수 있지만 성은 마음을 단속할 수 없고, 의는 정을 움직일 수 있으나, 정은 의를 움직일 수 없습니다. 그러므로 정을 주로 하여 말하면 성에 속하고, 의를 주로 하여 말하면 마음에 속하나, 사실 성은 마음이 아직 발하지 않은 것이요, 정과 의는 마음이 이미 발한 것입니다).

사단(四端)은 오로지 이(理)만을 말한 것이고 칠정(七情)은 이와 기를 합하여 말한 것이니, 두 가지의 정이 있는 것이 아닌데 후대 사람이 드디어 이와 기가 둘 다 발한다고 하였습니다. *45(사단은 성을 말할 때 본연의 성을 말하는 것과 같고, 칠정은 성을 말할 때 이·기를 합하여 말하는 것과 같습니다. 기질의 성이란 사실 본연의 성이 기질에 있는 것이지 두 개의 성이 아닙니다. 그러므로 칠정은 사실 사단을 포함하는 것이니 두 개의 정이 아닙니다. 모름지기 두 개의 성이 있어야만 두 개의 정이 있을 수 있습니다.)

정과 의(意)가 두 갈래이고 이(理)와 기가 모두 드러난다는 설은 분별하지 않을 수 없습니다. 무릇 마음의 본체는 성이요, 마음의 작용은 정이니, 성과 정 이외에 다른 마음이 없습니다. 그러므로 주자가 말하였습니다. "마음이 움직이는 것이 정이다."(주자의 말은 여기까지입니다.) 정은 사물에 감응하여 처음 드러난 것이요, 의는 정으로 인하여 헤아리는 것입니다. 정이 아니면 의가 나올 곳이 없으므로 주자가 말하였습니다. "의는 정으로 말미암아 작용한다." 그러므로 마음이 아주 고요하여 움직이지 아니한 것을 성이라 이르며, 마음이 반응하여 움직이게 된 것을 정이라고 하며, 마음이 반응한 것으로 말미암아 계속하여 생각하는 것을 의라고 합니다. 그렇다면 심과 성에 과연 두 개의 작용이 있으며, 정과 의가 과연 두 갈래가 있는 것입니까? (어떤 사람이 물었습니다. "의는 본래 정(情)으로 인해 헤아리는 것이다. 다만 사람이 외물(外物)과 접촉하기 전에, 감응한 것이 없을 때에도 사려가 일어나니, 어찌 반드시 정에 말미암는다고 하겠는가?" 답하여 말하였습니다. "이것도 역시 전날 드러난 것에 계속되는 정이다. 그 당시에는 비록 외물과 접촉하지 않았더라도 실은 전날 반응한 사물을 생각하는 것이니 이것이 어찌 정에 말미암는 것이 아니겠는가?")

오성(五性) 외에 다른 성(性)이 없고 칠정 외에 다른 정이 없습니다. 맹자가 칠정 가운데서 선(善)한 정만을 골라 지목하여 사단이라고 한 것이지 칠정 외에 따로 사단이 있는 것은 아닙니다. 정(情)의 선과 악이 어느 것인들 성(性)으로부터 나온 것이 아니겠습니까? 악한 감정은 본래 악한 것이 아닙니다. 다만 형기에 가려 지나치고 미치지 못해서 악이 된 것입니다. 그러므로 정자가 말하였습니다. "선악(善惡)이 모두 천리이다." 주자는 말하였습니다. "천리로 말미암아 인욕이 있다." 그렇다면 과연 사단과 칠정이 두 개의 정이며, 이(理)·기(氣)가 과연 모두 발할 수 있겠습니까? (정자와 주자의 설은 얼핏 보면 매우 놀랍습니다. 그러나 깊이 생각하면 의심이 없을 것입니다. 사람의 희(喜)·노(怒)·애(哀)·락(樂)은 성인이나 미치광이나 함께 가지고 있는 것이지만, 희·노·애·락의 감정이 일어나게끔 하는 이(理)는 성(性)이요, 희·노·애·락할 수 있음을 아는 것은 마음이요, 일을 만나 희·노·애·락하는 것은 정입니다. 마땅히 기뻐할 데는 기뻐하고, 마땅히 노해야 할 데는 노하는 것은 정의 선(善)한 측면이고, 기뻐할 것이 아닌데 기뻐하고, 노할 것이 아닌데 노하는 것은 정의 불선(不善)한 측면입니다. 정의 선한 측면은 청명한 기운을 타고 천리를 따라 곧바로 나온 것으로서, 인·의·예·지의 실마리를 볼 수 있으므로 사단이라고 하였고, 정의 선하지 못한 측면은, 비록 역시 이에 근본하였으나 이미 더러운 기운에 가리운 바 되어 이를 도리어 해쳐서 인·의·예·지의 실마리를 볼 수 없으므로 사단이라고 할 수 없는 것뿐입니다. 성에 근본하지 않아서 따로 두 개의 근본이 있는 것은 아닙니다. 이것이 이른바 '선악이 모두 천리이며, 천리로 말미암아 인욕이 있다'라는 것입니다. 비록 그러하나 마침내 인욕을 천리라고 한다면, 도둑을 아들로 인정하는 것입니다. 비유하면, 여름날 젓갈이 변하여 구더기가 생기는 것과 같습니다. 구더기는 본래 젓갈에서 생겼지만, 마침내 구더기를 젓갈이라고 한다면 옳지 못할 것입니다. 구더기가 젓갈에서 생겼으나 도리어 젓갈을 해치게 됨은, 인욕이 천리로 말미암아 생겼으나 도리어 천리를 해치는 것과 같은 이치입니다.)

저 심(心)과 성(性)을 두 가지 용(用)이라고 하고 사단과 칠정을 두 가지 정(情)이라 하는 사람은 모두 이기(理氣)에 밝지 못한 까닭입니다. 무릇 정이 드러남에 드러나는 것은 기(氣)요, 드러나게끔 하는 것은 이(理)입니다. 기가 아니면 드러나게 할 수 없고, 이가 아니면 드러나게 하는 것이 없으니, 이와 기는 하나로 녹아 있어서 원래 서로 떨어질 수 없습니다. 만일 떨어지고 합(合)하는 것이 있다면 움직임과 고요함에 실마리가 있고, 음양(陰陽)에 저마다 시작이 있을 것입니다. 이라는 것은 태극(太極)이요, 기라는 것은 음양입니다. 지금 태극과 음양이 서로 움직인다고 말한다면 말이 되지 않습니다. 태극과 음양이 서로 움직인다고 할 수 없다면, 이와 기가 모두 드러난다고 말하는 것이 어찌 오류가 아니겠습니까?

전에 아직 드러나기 전의 심성의 차별에 대해 물은 사람이 있었습니다. 주자가 말하였습니다. "마음에는 체(體)와 용(用)이 있으니, 아직 드러나지 않음은 마음의 본체(體)이고 이미 드러남은 마음의 작용(用)이다. 어떻게 따로 지정하여 말할 수 있겠는가?" 이렇게 본다면 심(心)과 성(性)은 두 개의 작용이 없다는 것을 알 수 있습니다. 심과 성에 두 개의 작용이 없다면 사단과 칠정이 어찌 두 가지 정(情)이겠습니까?

어떤 사람이 물었습니다. "주자는 '정에는 선도 있고 악도 있지만, 성(性)은 완전히 선한 것이다' 하니, 그렇다면 기질의 성(性)도 선하지 않음이 없는 것인가?" 신(臣)이 이렇게 대답하였습니다. "기질의 성은 본래 선악의 다름이 있다. 다만 여기에서 말한 바의 성은 오로지 아직 드러나지 않음을 지적하여 말한 것이다. 비록 지극히 악한 자라도 아직 드러나지 않은 때에는 본래 선(善)하지 않음이 없으나 드러나자마자 곧 선악이 있게 되니, 악한 것은 기품(氣稟)과 물욕에 구속되고 가리워짐으로 말미암은 것이지 성의 본체(本體)가 아니다. 그러므로 성은 완전히 선한 것이라 한다."

어떤 사람이 또 물었습니다. "인심(人心)과 도심(道心)이 이미 두 가지 마음이라면, 사단과 칠정을 어찌 두 가지 정(情)이라 할 수 없겠는가?" 신이 답하였습니다. "이것 또한 말에 얽매여 뜻이 혼란된 경우이다. 마음은 하나인데 어찌 둘이 있겠는가? 다만 어느 것을 위주로 해서 드러난 것이냐에 따라 두 가지 이름이 있을 뿐이다. 그러므로 주자가 말하였다. '위태롭다는 것은 인욕의 싹틈이요, 은미하다는 것은 천리의 오묘함이다. 마음은 곧 하나이나 바르고 바르지 못함으로 인하여 그 이름이 달라진 것일 뿐이지, 도심이 따로 하나 있고, 인심이 따로 하나 있는 것은 아니다.' 이 말을 살펴보면 마음이 둘이 아니라는 것을 알 수 있습니다."

어떤 사람이 천리로 말미암아 인욕이 있다는 말을 잘 모르겠다 하기에, 신이 설명하였습니다. "천리와 인욕은 처음부터 두 가지 근본이 있는 것은 아니다. 성 가운데에는 다만 인·의·예·지의 네 가지가 있을 뿐이니, 인욕이 어찌 일찍이 뿌리를 내릴 수 있었겠는가? 오직 기에는 맑고 흐림이 있어서 닦아 다스려진 것과 혼란한 것의 다름이 있는 까닭에 성(性)이 드러나 정(情)으로 될 때 지나치거나 모자람이 있다. 인(仁)의 잘못은 아끼는 것이 넘쳐서 탐욕스럽게 되는 것이며, 의(義)의 잘못은 단호함이 넘쳐서 잔인함이 되는 것이다. 예(禮)의 잘못은 공손함이 넘쳐서 아첨이 되는 것이며, 지(智)의 잘못은 지혜로움이 넘쳐서 속임수가 되는 것이다. 이로 미루어 보면 그 나머지도 본래 모두 천리이나 넘쳐서 인욕이 된 것이라는 것을 알 수 있다. 그러므로 그 근본을 탐구해 보면 천성(天性)의 선함을 알 수 있을 것이요, 그 끝을 검속하고 살피면 인욕으로 흐르는 것을 막을 수 있을 것이다. 주자가 배우는 사람에게 밝게 보여 준 것이 그 또한 간절하다."

어떤 사람이 물었습니다. "마음은 하나인데 정(情)이라고도 하고, 지(志)라고도 하며, 의(意)라고도 하고, 염(念)이라고도 하고, 여(慮)라고도 하고, 사(思)라고도 한다. 왜 그 이름이 여러 가지이며 같지 않은가?" 신이 대답하였습니다. "정이란 마음이 반응하여 움직이는 것이다. 움직이자마자 이것이 곧 정이니 정이란 마음대로 할 수 있는 것이 아니다. 평소 기르고 살피는 노력이 지극하면 정의 드러남이 자연히 이치에 맞고 절도에 맞으나, 만일 마음을 다스리는 노력이 없다면 끊어버리지 못함이 많을 것이다. 지라는 것은 마음이 가는 곳이 있는 것이므로, 정이 이미 드러난 뒤에 그 나아가는 방향이 정해진 것이다. 선으로 가고 악으로 가는 것은 모두 지이다. 의란 마음이 헤아리고 비교하는 것을 말하므로 정이 이미 피어난 다음에 헤아리고 운용하는 것이다. 그러므로 주자는 말하기를, '정은 배나 수레와 같고, 의는 마치 사람이 이 배나 수레를 부리는 것과 같다'라고 한 것이다. 염과 여와 사, 이 세 가지는 모두 의의 다른 이름으로서, 사는 비교적 중요하고 염과 여는 비교적 가벼운 것이다. 의는 인위적으로 할 수 있지만 정은 인위적으로 할 수 없다. 그러므로 '뜻을 성실하게 한다'라는 말은 있어도 '정을 성실하게 한다'는 말은 없다."

또 물었습니다. "지(志)와 의(意)는 어느 것이 먼저이고 어느 것이 나중인가?" 이렇게 대답하였습니다. "지는 의가 정해진 것이요, 의는 지가 아직 정해지지 않은 것이니, 아마도 지가 의의 뒤에 있는 것 같다. 그러나 때로는 지가 먼저 세워지고 의가 그에 따라 생각하는 경우도 있고, 때로는 의가 먼저 경영되고 지가 따라서 정해지는 경우도 있으니 일률적으로 논할 수는 없다. 정·지·의는 모두 한 마음의 작용이나 주도적인 것에 따라 저마다 이름이 정해지는 것이지, 여러 개의 다른 마음이 있는 것은 아니다."

"인심과 도심은 정(情)인가 의(意)인가?" 하고 묻기에 대답하였습니다. "정과 의를 합하여 말한 것이다. 드러남의 그대로가 정이고, 헤아리는 것이 의이다. 사단은 도심만을 가리킨 것이요, 칠정은 인심과 도심을 총칭한 것이다."

어떤 사람이 신(臣)에게 물었습니다. "이(理)·기(氣)는 하나인가 둘인가?" 신이 대답하였습니다. "옛 사람의 가르침을 고찰해 보면 하나이면서 둘이고, 둘이면서 하나이다. 이·기는 구별이 없이 원만하여 원래 서로 떨어질 수 없는 것이니 두 개의 물건이라고 할 수 없다. 그러므로 정자는 말하였다. '기(器)*46가 역시 도(道)이고, 도가 역시 기이다.' 비록 서로 떨어질 수 없으나 그런 가운데 실제로는 서로 섞이지 않으므로 하나의 물건이라고 할 수도 없다. 그러므로 주자는 말하였다. '이(理)는 스스로 이이고, 기(氣)는 스스로 기이어서 서로 뒤섞일 수 없다.' 두 말을 합하여 깊이 탐색하면 이기

(理氣)의 묘함을 거의 볼 수 있을 것이다. 그 대강을 논해 보면, 이는 형체가 없고 기는 형체가 있으므로 이는 통(通)하고 기는 국한된다. (이가 통한다는 것은 하늘과 땅의 온갖 만물이 한 가지 이치를 같이 가지고 있는 것이며, 기가 국한된다는 것은 천지 만물이 저마다 기를 하나씩 가진 것입니다. 이른바 이는 하나인데 여럿으로 나뉜다(理一分殊)는 것은, 이는 본래 하나이지만 기가 고르지 않기 때문에 부여된 데에 따라 저마다 하나의 이치가 된 것입니다. 이가 본래 같지 않은 것은 아닙니다.) 이는 무위(無爲)하고 기는 유위(有爲)한 까닭에 기가 드러나고 이가 탄다는 것이다. (음과 양이 움직였다 그쳤다 하는 운동을 하는데 태극이 그것에 타니 발동하는 것은 기요, 기틀(機)을 타는 것은 이입니다. 그러므로 인심은 지각이 있으나 도의 본체(道體)는 무위한 것입니다. 공자가 말하였습니다. "사람이 도를 넓히는 것이지 도가 사람을 넓히는 것은 아니다.") 형체가 없고 작위가 없으면서[無形無爲] 형체가 있고 작위가 있는 것[有形有爲]의 주(主)가 되는 것은 이요, 형체가 있고 작위가 있으면서 형체가 없고 작위가 없는 것의 도구가 되는 것은 기이다. 이것이 이와 기를 연구하는 큰 실마리이다."

또 물었습니다. "이(理)에는 본체도 있고 작용(用)도 있는데 어떻게 분별해야 하는가?" 신(臣)이 답하였습니다. "《중용》에 이르기를, '군자의 도는 넓고도 은미하다' 하니 주자가 그것을 해석하기를, '비(費)는 작용이 넓은 것이고, 은(隱)은 본체가 은미한 것이다' 하였다. 이가 사물에 흩어져 있으니 그 당연한 것으로서는, 아비가 되어서는 자애롭고 자식이 되어서는 효도하며, 임금이 되어서는 의리가 있고, 신하가 되어서는 충성하는 것이 이른바 넓다는 것이고 작용이 되는 것이다. 필연적인 까닭에는 지극히 은미한 것이 있으니 이것이 본체이다. 이는 사물에 있는 것으로써 말한 것이고, 도(道)는 유행으로써 말한 것이니, 사실은 하나일 뿐이다."

맹자가 말하였다. "힘으로써 인(仁)을 가장하는 자는 패자[霸]인데, 패자는 반드시 큰 나라를 가져야 한다. 덕(德)으로써 인을 행하는 자는 왕(王)인데, 왕은 큰 나라를 기대하지 않는다. 탕(湯)임금은 70리(里)로써 나라를 일으켰고, 문왕(文王)은 백리(百里)로써 나라를 일으켰다."《맹자》아래도 같음

주자는 말하였다. "힘이란 토지와 군대의 힘이다. 인(仁)을 가장하는 자

는 본래 이 마음이 없으나 일을 빌려서 공(功)으로 삼는 자이다. 패자란 제나라 환공(桓公)과 진(晉)나라 문공(文公) 같은 이를 말한다. 덕으로써 인을 행하면, 나의 마음에 얻은 것으로부터 미루어 나가는 것이니, 어디를 가거나 인 아님이 없다."

정자는 말하였다. "비록 온 세상의 일을 공평하게 처리하더라도 만일 개인의 의견만으로 한다면 바로 이것이 사사로운 것이다."

힘으로써 남을 복종시키는 것은 마음으로부터 복종시키는 것이 아니라 힘이 부족하기 때문에 복종하는 것이다. 덕으로써 남을 복종시키는 것은 마음속으로부터 기뻐서 진심으로 복종하는 것이니, 70제자가 공자에게 복종한 것과 같은 것이다. 《시경》에 이르기를, "서로부터, 동으로부터, 남으로부터, 북으로부터 복종하지 않는 사람이 없네" 한 것은 이를 두고 한 말이다.

주자가 말하였다. "섬(贍)이란 넉넉하다는 뜻이다. 시(詩)는 대아(大雅) '문왕유성(文王有聲)'편이다. 왕자(王者)와 패자(霸者)의 마음은 참과 거짓이 같지 않기 때문에 사람들이 응하는 것이 다름도 역시 이와 같다."

진씨(眞氏)는 말하였다. "공자는 필부로서 지위를 얻지 못하였어도 70제자가 죽을 때까지 그를 따랐다. 이것은 무엇 때문에 그렇게 했겠는가. 이것은 기쁜 마음으로 복종한 것이다. 왕자가 사람을 복종하게 하는 것도 대개 이와 같다."

추씨(鄒氏)는 말하였다. "힘으로써 남을 복종시키는 사람은, 그 뜻이 남을 복종시키는 데 있으므로 사람이 감히 굴복하지 않을 수 없다. 덕(德)으로써 남을 복종시키는 사람은 그 뜻이 남을 복종시키는 데 있지 아니하나, 사람이 복종하지 않을 수 없다. 옛날부터 왕자와 패자를 논한 사람이 많지만, 이 장(章)처럼 깊고 간절하며 그 뜻이 밝게 드러난 것은 없다."

어진 사람은 의리를 바로잡되 그 이익됨을 도모하지 않으며, 도리만을 밝히되 그 성과를 헤아리지 않는다. 이 때문에 공자의 문하에는 5척(尺)의 동자(童子)라도 5패(霸)*47에 대해 말하는 것을 부끄러워했으니, 그것은 속임수와 힘을 앞세우고 어짊과 의(義)는 뒤로 했기 때문이다.

《전한서(前漢書)》〈동중서전(董仲舒傳)〉

진씨는 말하였다. "맹자 이후에 5패(霸)를 깊이 배척할 수 있었던 사람은 오직 동중서(董仲舒)였다. 무릇 어진 사람이란 의를 바로잡는 것만을 알 뿐이요 이익이 있고 없음은 논하지 않으며, 도(道)를 밝히는 것만 알 뿐이요 성공하고 실패하는 것은 헤아리지 않는다. 의라는 것은 마땅함에 들어맞는 이치요, 도라는 것은 두루 통행하는 길이니, 사실은 동일하다. 패자는 오직 이익만을 도모하여 의를 돌아볼 겨를이 없고 오직 성과만을 헤아려서 도를 살필 겨를이 없으니, 이것이 공자의 문하에서 내침을 당하게 된 까닭이다."

정자가 신종(神宗)에게 말하였다. "올바른 천리를 얻어 인륜(人倫)의 지극함을 다한 것은 요순(堯舜)의 도(道)입니다. 그 사심을 발휘하여 인의(忍義)를 치우치게 적용하는 것은 패자의 일입니다. 왕도(王道)는 숫돌처럼 평평하여 인정에 바탕하여 예의(禮義)에서 나온 것이니, 마치 큰길을 가는 것처럼 다시 돌거나 구부러지는 일이 없습니다. 패자는 바르지 못한 오솔길에서 머뭇거리고 망설이다가 끝내 요순의 도에 함께 들어갈 수 없습니다. 그러므로 성심(誠心)으로써 왕도를 행하면 왕자이고 거짓으로서 패도(霸道)를 행하면 패자인 것입니다. 두 가지는 그 길이 같지 않으니, 구별하는 방법은 처음을 살피는 데 있을 뿐입니다. 《주역》에서는 '털끝만한 차이가 천리를 어긋나게 한다' 하였으니, 처음을 살피지 않을 수 없습니다. 바라건대 폐하께서는, 지나간 성인들의 말씀을 깊이 생각하시고, 인사(人事)의 이치를 살펴, 요순의 도가 나에게 다 갖추어져 있음을 알아 스스로 반성하여 성실하게 하고, 그것을 미루어 사해(四海)에까지 미치게 하면 만세에 큰 다행이겠습니다."

이는 왕도와 패도의 대략(大略)을 변론한 것입니다.

공자가 말하였다. "이단(異端)을 연구하는 것은 해로울 뿐이다." 《논어》

범씨(范氏)가 말하였다. "공(攻)이란 오로지 다스린다는 말이다. 그러므로 나무나 돌·쇠·옥을 다스리는 기술을 공이라고 한다. 이단은 성인의 도가 아니고, 따로 한 가지를 만든 것이니 양주(楊朱)나 묵자(墨子)의 설과 같은 것이다. 그들은 온 세상 사람들을 이끌어 아비도 없고 임금도 없는 지경에까지 이르게 했으니, 그들을 오로지 연구하여 자세히 밝힐수록 해가 심하다."

주자가 말하였다. "그 학설을 오로지 연구하는 것만은 옳지 않을 뿐 아니라, 그것을 대충 이해하는 것도 좋지 않다. 그러나 만일 자기의 학문이 확고해진 다음에 그 학설의 문제점을 보는 것은 해로울 것이 없다."

맹자가 말하였다. "양주는 자신의 이익만을 주장하니 이것은 임금이 없는 것이요, 묵자는 사랑을 보편화했으니 이것은 가족 윤리를 무시한 것이다. 아비도 없고 임금도 없으면 이것은 짐승이다." 《맹자》 아래도 같음

주자가 말하였다. "양주는 다만 그 몸을 아낄 줄만 알았지 다시 자기 몸을 바치는 의(義)가 있다는 것을 알지 못했다. 그러므로 임금이 없는 것이다. 묵자는, 사랑에는 차별이 있을 수 없으므로 그 부모조차도 보통 사람과 다를 게 없다고 보았다. 그러므로 아비가 없는 것이다. 아비도 없고 임금도 없으면 사람의 도리가 끊어진 것이니 이 또한 짐승일 뿐이다."

양주와 묵자의 주장을 배척할 수 있는 사람은 성인의 무리이다.

주자는 말하였다. "진실로 양주와 묵자의 주장을 배척할 수 있는 자는 그 지향하는 것이 바를 것이니, 비록 반드시 도를 알지는 못했더라도 이 또한 성인(聖人)의 무리라는 말이다. 무릇 거짓 학설이 바른 것을 해치니 사람마다 그것을 공격할 수 있는 것이요, 굳이 성현(聖賢)이라야 되는 것은 아니다. 마치 춘추(春秋)의 법에, 난리를 일으키는 신하 도적은*48 누구라도 벌할 수 있는 것이지 굳이 사법관이라야 되는 것이 아님과 같다."

노자(老子)를 배우는 사람은 유학(儒學)을 배격하고, 유학을 배우는 사람도 역시 노자를 배격하니, 도가 같지 않으면 서로 꾀하지 않는 것이다.
《사기》

진씨가 말하였다. "노자의 말은 함축한 것이 많으니, 무위·무욕(無欲)은 이치에 가까운 말이므로 비록 군자라도 거기에서 취할 것이 있지만 양생(養生)의 말은 방사(方士)*49들이 숭상하는 것이요, 장차 빼앗으려고 하면 반드시 먼저 주라는 것은 음모의 말이니 병가(兵家)가 숭상하는 것이다. 사물을 조잡한 흔적으로 여기고, 공허를 오묘한 작용이라고 생각하는 것은 담론(淸淡)*50을 하는 이가 본받았다. 이치에 가까운 것으로부터 말하면 진실로 취할 만한 것이 있다. 그러나 이것도 모두 우리 성인들이 소유한 것이요, 그 이하의 한쪽으로 치우치고 왜곡된 학문은 폐단을 이루 다 말할 수 없다. 양생의 설은 신선가(神仙家)의 방약술(方藥述)*51이 말미암아 나오게 된 것이요, 음모술은 신불해(申不害)·상앙(商鞅)·한비자(韓非子)*52가 근본한 것이요, 고상한 담론의 재앙은 왕필(王弼)*53과 하안(何晏)*54에 이르러 극에 달하니, 모두 세상의 임금을 미혹하게 하여 어지럽히고, 백성을 해쳤다. 비록 노장(老莊)의 학문이라도 처음에는 여기에까지 이르지는 않았으나, 본바탕이 한번 어그러지면 그 폐단이 더욱 심한 것이다. 이로써 말한다면 어찌 아무런 폐단이 없는 요·순·주공(周公)·공자의 도로 말미암은 것만 하겠는가?"

도기법(導氣法)*55을 말하는 자가 정자에게 물었다. "그대도 역시 술(術)이 있는가?" 정자가 대답하였다. "나는 여름에는 칡베옷을 입고, 겨울에는 털옷을 입으며, 배고프면 먹고, 목마르면 마시며, 즐기는 것과 욕구를 절제하여 심기(心氣)를 안정되게 할 뿐이다."

어떤 사람이 물었다. "신선(神仙)의 설이 있는가?" 대답하였다. "만약 대낮에 날아 하늘로 오른다고 말한다면 그런 것은 없다. 그러나 만약에 산림 속에 살면서 몸을 보존하고, 기(氣)를 단련하여 수명을 연장할 수 있다고 한다면 그런 것은 있다. 비유하면 화롯불을 바람이 잘 통하는 데 두면 쉽게 타고, 꼭 닫힌 방에 놓아두면 잘 타지 않는 이치와 같다." 또 물었다. "성인도 이러한 일을 할 수 있는가?" 이에 다음과 같이 대답하였다. "이것은 하늘과 땅 사이에서 도적이 하는 일이다. 만약에 조화(造化)의 기밀을 훔치지 않는다면 어떻게 수명을 연장할 수 있겠는가? 만약 성인이 기꺼이 그런 일을 했다면, 주공(周公)이나 공자도 그런 일을 했을 것이다."

불교는 오랑캐의 학문이다. 《창려문집》

물헌 웅씨(勿軒熊氏)가 말하였다. "불교는 후한 때 중국에 들어와서, 처음에는 인연설(因緣說)과 업보설(業報說)을 논하여 어리석은 백성을 유혹하는데 불과했다. 그러나, 나중에는 심(心)과 성(性)을 설하여 총명한 선비도 빠져들었으니, 배우는 사람은 힘써 살펴 밝게 분별하지 않으면 안 될 것이다."

부처의 말은 양주나 묵자에 비하면 더욱 이치에 가까우므로 그 폐해가 더욱 심하다. 배우는 사람은 마땅히 음란한 소리나 아름다운 여색(女色)처럼 멀리해야 할 것이다. 그렇지 않으면 자기도 모르는 사이에 점점 그 가운데로 들어가게 될 것이다. 《정씨유서》 명도 선생의 말씀임

주자가 말하였다. "양주와 묵자의 학설은 천박하여 사람을 현혹시킬 수 없지만, 부처는 가장 정미하여 상대를 움직이는 곳이 있으니, 그의 설을 깊이 따를수록 피해가 더욱 심해진다."

정자는 말하였다. "석가의 설에 대해서 만약 탐구하여 쓸 것은 쓰고 버릴 것은 버리려고 하면, 그 학설을 다 파고들지도 못하여 진실로 이미 변화해서 불자(佛者)가 될 것이다. 그러므로 우선 자취에서 고찰해 보아야 한다. 그 설교가 이와 같다면 그 마음은 과연 어떻겠는가? 진실로 그 마음은 취하고 그 자취를 취하지 않기는 어렵다. 마음이 있으면 곧 자취도 있게 마련이기 때문이다. 왕통(王通)이 '마음과 자취는 분명히 다르다'고 한 것은 말이 안 된다. 우선 자취에서 단정해 보면, 성인과 더불어 합치되지 않는다. 그 말이 합한 곳이 있으면 우리 도*56에도 이미 있는 것이고, 합치되지 않는 것은 진

실로 취할 것이 아니다. 이렇게 표준을 세우면 간략하고 쉬울 것이다."(섭씨(葉氏)는 말하였다. "이 말은 비록 마음을 세우지 못한 초학자를 위한 것이나, 맹자가 양주·묵자를 배척한 것도 역시 그 자취를 고찰하여 그 마음을 미루어서 아비도 없고 임금이 없는 데까지 추구한 것에 지나지 않는다. 이는 참으로 이단을 변별(辨別)하는 요령이다.")

왕씨(汪氏)가 말하였다. "정자·주자 당시에는 유학도 선(禪)으로 흐르는 것이 많았다. 그런데 지금 배우는 사람들이 이에 대해 일절 말을 하지 않게 되었으니 정주의 공이 크다."

신이 살피건대, 부처의 설에는 정교한 것도 있고 조잡한 것도 있습니다. 조잡한 것은 윤회응보(輪廻應報)의 설입니다. 이것은, 죄와 복에 대한 이야기를 확장시켜 우매한 백성들을 유혹하고 위협하여 분주히 공양을 받들게 하는 데 지나지 않습니다. 정미한 것에 있어서는 마음과 성(性)을 아주 자세히 논하였는데, 이(理)를 마음으로 인정하여 마음이 모든 존재의 근본이 된다 하고, 마음을 성으로 인정하여 성을 보고 듣는 작용이라 하며, 적멸(寂滅)을 종지(宗旨)로 삼아 천지 만물을 덧없고 허망한 것이라 하고, 속세를 떠나는 것[出世]을 도(道)로 하여 인류 도덕을 질곡(桎梏)이라 하였습니다. 공부의 요점은 문자로써 가르침을 세우지 않고, 바로 사람의 마음을 가리켜서 본성(本性)을 보아 부처를 이룬다는 것입니다. *57 문득 깨달은 뒤에 비로소 닦아나가야 하나, 만약 불교의 진리를 잘 이해하는 사람이면 혹은 돈오돈수(頓悟頓修)할 수 있습니다. 양(梁)나라 무제(武帝) 때 달마(達磨)가 중국으로 들어와서 처음 그 도를 전하였습니다. 선학(禪學)이 바로 이것입니다. 당대(唐代)에 이르러 선학이 크게 번성하였습니다. 그들은 눈썹을 찌푸리고 눈을 부라리며[揚眉瞬目]*58, 몽둥이로 때리고 느닷없이 큰 소리로 고함을 지르며 크게 웃음[棒喝大笑]*59으로써 서로를 인증(印證)하였습니다.

그 대개는 무의(無意 : 의지가 없음)로써 도를 얻은 것이라 생각하여 선악을 논하지 않았으며, 만약 생각하고 헤아림으로써 도를 얻으면 모두 망령된 견해요, 반드시 정(情)에 맡겨 내키는 대로 행하고 생각과 헤아림을 사용하지 않아야만 곧 진실한 견해가 된다고 합니다. 이런 경지에 이르지 못한 자는 반드시 한두 구절의 무의미한 화두(話頭)*60('개에는 불성(佛性)이 없다'라든지 '뜰 앞의 잣나무'와 같은 종류)로써 무한한 묘리를 파악하는 근거로 삼아 드디어 크게 의심을 일으켜, 전심으로 연구하여 끊임없이 노력을 쌓아 가다가 고요히 좌정한 즈음에 이르러서 마음과 성의 그림자가 흐릿하고 어렴풋하게 상상되며, 얼핏 그것을 활연히 크게 깨달았다고 생각하여 미친 듯이 건방지게 행동하면서 이르기를 사리를 깨달았다고 합니다. 송나라 초기까지도 그 무리들이 아직 기세를 떨치고 있었는데, 정자와 주자가 그 폐단을 떨어 버리고 깨끗하게 한 뒤로 세력이 쇠퇴하기 시작하여, 지금은 선학이라는 것이 거의 끊어졌습니다.

또 육상산(陸象山)이 주자와 같은 시대에 태어나 앎에 이르는 공부를 배척하였는데, 지리하고 번잡하여 진리를 잃는다고 여겨 오로지 본심에만 노력을 기울이니, 이것이 함양에 도움이 되지 않는 것은 아닙니다. 다만 배우는 사람은 앎과 행함이 함께 나아가야 하니, 만약 도리를 알지 못하고, 옳고 그름을 분별하지 못한다면 마음을 보존한다는 것이 어디에 근거하겠습니까? 만약 고요히 앉아 있기만 해도 만 가지 이치가 스스로 밝아진다면 공자가 어찌하여 '문(文)에 박학하라'고 했겠으며, 자사(子思)가 어찌하여 '묻고 배우는 데 말미암는다'라고 했겠습니까? 이것이 어찌 선학이 한쪽으로 치우치고 방탕하여 간사하고 회피하는[詖淫邪遁]*61 주장에 가깝지 않겠습니까? 상산(象山)은 이미 죽었으나 그 학설은 끊어지지 않아 지금까지 주자의 정학(正學)과 병립하며 대항하니, 힘들게 노력하는 것을 싫어하고, 간편한 것을 즐기는 무리들은 서로 심오하고 교활한 설을 만들어 그들과 부합합니다. 아! 이 또한 우리의 도[斯道]*62의 불행이 아니겠습니까?

선학이 비록 사람을 혼미하게 하나 그 가르침은 유학이 아니며, 그 행위는 윤리를 절멸하게 하니 세상에서 병이(秉彝)*63가 있음을 조금이라도 아는 자는 진실로 이미 의심하게 되었습니다. 게다가 정주의 배척을 겪었으니 그 자취가 말끔히 사라진 것도 당연한 일입니다. 그러나 육상산의 학문은 그렇지 않으니, 말을 하면 반드시 공자와 맹자를 일컫고, 행실은 반드시 효(孝)와 제(悌)에 근본하면서도, 그 마음씀의 정미한 곳에서는 곧 선학과 같습니다. 이를 물리치기가 어찌 불교보다 열 배나 더 힘들지 않겠습니까?

불교의 폐해가 외구(外寇)의 침략과 같다면 육상산의 폐해는 간신이 나라를 그르치는 것과 같습니다. 이것을 몰라서는 안 되기 때문에 아울러 썼습니다.

이는 이단의 폐해를 변별한 것입니다.

신이 살피건대, 연구할 수 있는 사물을 다 기록할 수는 없습니다. 오로지 왕도와 패도에 대한 요점과 이단의 폐해에 대한 것은 가장 변론하지 않을 수 없는 것이므로 간략하게 서술하였으니, 다른 것은 능히 미루어 알 수 있을 것입니다.

신이 삼가 살피건대, 성현의 궁리설(窮理說)의 큰 줄거리는 이 장에서 인용한 것에서 벗어나지 않습니다. 진실로 그 말에 따라 실제로 공부하여 순서를 좇아 차츰 나아가신다면 꿰뚫어 통하는 효과는 기약하지 않더라도 저절로 이르게 될 것입니다.

무릇 만사와 만물은 이치가 없는 것이 없는데 사람의 한마음은 온갖 이치를 포괄하니, 이 때문에 연구하지 못할 이치는 없는 것입니다. 다만 열리고 닫힌 것이 동일하지 않고, 밝고 어두움이 때가 있어서, 궁리하고 격물(格物)*64할 때에 때로는 한 번 생각하여 바로 이해하여 실천하는 자도 있고, 때로는 자세히 생각하여 비로소 깨닫는 자도 있으며, 때로는 애써 생각하여도 통달하지 못하는 자도 있습니다. 생각함에 얻음이 있어 스스로 확신이 서고, 속시원히 기뻐하며 깨끗하여 말로써 형용할 수 없는 것이 있게 되면, 곧 진실로 체득한 것이 있는 것입니다. 비록 무언가를 얻은 것 같으나 믿는 가운데 의심이 있으며, 위태롭고 편안하지 못하여 얼음이 녹듯 석연한 경지에 이르지 못하였다면, 이것은 억지로 추측한 것일 뿐이요, 진실로 얻은 것이 아닙니다.

지금 일을 만나 이해하고 성현의 말씀까지 살펴서, 마치 마음이 깨끗이 빛나는 듯하여 한 번 보면 곧 깨달아 마음에 조금의 의심도 없게 되면, 이것은 한 번 생각하여 곧 얻어진 것입니다. 만약 다시 의심이 생긴다면 도리어 진실된 견해를 어둡게 하는 것입니다. 마치 명도(明道)가 일찍이 창고 가운데에서 긴 행랑채의 기둥을 보고 마음 속으로 헤아렸는데, 여러 번 헤아릴수록 더욱 어긋나게 되어, 드디어 다른 사람을 시켜 기둥을 두드려 가며 헤아리게 하니 곧 처음에 마음 속으로 헤아린 것과 일치했다는 이야기와 같습니다.

만약 생각하여도 얻지 못했으면 전심으로 치지(致知)*65하여 죽을 때까지 싸워, 침식을 잊어버리는 지경에까지 이르면 바야흐로 깨닫는 바가 있을 것입니다. 마치 연평(延平)선생이 말하기를, "'하나이므로 신(神)이고, 둘이므로 화(化)한다'라는 말을 이해하지 못하여 밤새도록 의자에 앉아 생각하면서, 몸소 그 속에 파고들어 몸으로 깨닫고 나서야 평온하게 되었다. 관중(管仲)이 말하기를, '생각하고 또 생각하면 귀신이 통해 줄 것이다' 하더니, 이는 귀신의 힘이 아니라 정신의 극치이다"라 한 것이 바로 이것을 말한 것입니다.

또 때로는 오랫동안 힘들게 생각하여도 마침내 시원하게 풀리지 않고, 마음이 막히고 어지러우면 모름지기 일체를 쓸어 버려서 가슴 속을 한 물건도 없이 비워놓은 다음에 다시 정밀하게 생각해야 합니다. 그래도 오히려 환히 터득하지 못하면 우선 그 일은 놔두고 다시 다른 일을 궁리해야 합니다. 궁리하고 또 궁리하여 차츰 마음이 밝아지면 전날에 통하지 못한 것이 홀연히 스스로 깨닫게 되는 때가 있을 것입니다. 주자가 말하기를, "여기에서 이해가 되지 않는데도 만약 그것만 붙들고 있으면 점점 더 어두워질 것이다. 모름지기 별도로 다른 일을 궁리한다면 혹 이것으로 인하여 저것이 밝아질 수도 있다" 하였습니다. 바로 이것을 말한 것입니다.

이 세 조항은 서로 의미를 드러낸 것으로서 궁리의 방법[要法]입니다. 여기에 종사하여 조금도 게으름이 없고, 마음을 깨끗이 하여 고요하게 길러서 그 근본을 북돋우고, 학문에 의해 묻고 변별하는 것으로 물어, 변별하는 것으로 그 나아갈 바를 밝힙니다. 그리하여 오랫동안 노력을 쌓아 하루아침에 환하게 꿰뚫어 사물을 깊게 연구하지 않음이 없고, 마음이 다하지 않음이 없는 데까지 이르르면, 나의 지식과 견문이 성현과 부합하여 좋아하고 즐기려는 욕심[嗜欲]의 유혹이나 공리(功利)의 설과 이단의 폐해가 나의 마음[靈臺]*66을 더럽힐 수 없게 될 것입니다. 그렇게 되면 큰길이 확 트여서 먼길을 가는 데도 의심이 없게 될 것입니다. 이로써 뜻을 성실하게 하고 마음을 바르게 하는 데 이르게 되어, 큰 일을 처리하고 대업(大業)을 결정하면 마치 강물을 터 놓은 듯하여 아무도 막을 수가 없을 것입니다. 학문을 하고서 이러한 경지에 도달하지 못한다면 배워서 무엇 하겠습니까?

또 다시 생각하건대, 임금의 직위는 보통 사람과 같지 않습니다. 보통 사람이라면 반드시 몸을 닦아서 때를 기다리며, 임금을 만나서 도를 행하는 것이므로 학문이 진실로 부족하면 감히 곧바로 나아갈 수 없습니다. 임금은 그렇지 않습니다. 이미 신민(臣民)의 주인이 되어 가르치고 길러야 할 책임을 이미 지고 있습니다. 만약에 "나는 지금 몸을 닦고 있으므로, 남을 다스릴 겨를이 없다"고 한다면 천공(天工)*67이 폐하게 됩니다. 그러므로 자신을 수양하고 남을 다스리는 도를 함께 이해하지 않을 수 없습니다.

하루 동안에 세상의 온갖 일[萬機]을 접하고 있으니, 한 가지 일을 만날 때마다 반드시 지극히 당연한 이치를 추구하여 그른 것을 버리고 옳은 것을 행하며, 유신(儒臣)들을 가까이 하여 의리를 연구하여 밝히고 간쟁을 받아들여서 오직 선(善)만을 위주로 해야 할 것입니다. 이것들이 모두 임금이 궁리해야 하는 일들입니다. 만일 문장이나 뒤지고 글귀만을 끄집어내어 문장에 나타난 말이나 채취하여 말만을 내세울 뿐이고, 수기치인(修己治人)의 실공(實功)*68을 베풀지 않는다면, 안목이 아무리 높고 의론이 아무리 정밀하다 하더라도 끝내 학문에 힘쓰고 몸을 성실하게 하는 효과를 보지 못할 것이니 무슨 이익이 있겠습니까?

자계 황씨(慈溪黃氏)는 말했습니다. "물을 긷는 사람은 반드시 샘을 쳐야 한다. 샘을 치는 것은 물을 퍼 쓰기 위함인데, 그 물을 버려 두고 퍼 쓰지 않음은 무슨 뜻인가? 열매를 먹으려는 사람은 반드시 뿌리에 물을 주는 법이다. 뿌리에 물을 주는 것은 열매를 먹기 위함인데, 그 열매를 버려 두고 먹지 않는 것은 무슨 생각인가? 몸가짐과 행동을 바르게 하려는 사람은 반드시 성리(性理)를 밝힌다. 성리를 밝히는 것은 몸가짐과 행동을 바르게 하기 위함인데, 몸가짐과 행동에 대해서는 버려두고 묻지 않는 것은 무엇 때문인가?" 이 말은 매우 중요하니 전하께서는 유념하시기 바랍니다.

〈주〉
*1 《대학》의 글.
*2 《대학》의 격물치지론(格物致知論).
*3 표(表)와 조(粗)는 사물상에 드러난 이치요, 이(裏)와 정(精)은 사물의 소이연(所以然)을 뜻한다.

*4 여기에서 가리운 것이란 음란한 여색(女色)이요, 막힌 것이란 간인(姦人)의 말을 뜻한다.
*5 입교(立敎)는 교육의 내용과 방법을 제시한 것이요, 명륜(明倫)은 윤리를 설명한 것이다. 경신(敬身)은 몸가짐과 마음가짐에 대하여 기록한 것이요, 계고(稽古)는 과거 성현들의 행적을 소개한 것이다.
*6 인의예지(仁義禮智) 또는 사단(四端)(惻隱之心·羞惡之心·恭敬之心·是非之心)의 체험과 확충을 뜻함.
*7 《시경》의 두 편명.
*8 경례(經禮)는 예(禮)의 대강(大綱)을 말하고 위의(威儀)는 예의 세목(細目)을 말한다.
*9 조(朝)는 제후가 천자에게 조회(朝會)하는 것, 빙(聘)은 타국(他國)에 사신가는 것, 향사(鄕射)는 지방에서 활쏘는 모임을 뜻한다.
*10 여덟 가지 소리의 악기란 쇠·돌·실·대나무·박(匏)·흙·가죽·나무로 만들어진 여덟 종류의 악기를 말한다.
*11 오성(五聲)이란 관(官)·상(商)·각(角)·징(徵)·우(羽)를 말하고 십이율(十二律)이란 열두 가지의 음률을 일컫는다. 즉, 육률(六律)과 육려(六呂).
*12 2제(二帝)는 요(堯)·순(舜)을 말하고, 3왕(三王)은 하(夏)의 우(禹), 은(殷)의 탕(湯), 주(周)의 문무(文武)를 말한다.
*13 마음이 처음 발동될 때 그것이 도덕적인 것인가, 감각적인 것으로 치닫는가를 잘 살펴 도덕적인 마음을 고수, 정치에 있어서 중도(中道)를 행해야 한다는 뜻.
*14 임금은 먼저 자신이 중정(中正)한 도(道)를 확립하고 의리를 행하여 그로써 백성들을 교화해야 한다는 뜻.
*15 이 때 역(易)이란 《주역》의 이치를 뜻한다.
*16 《주역》은 64괘 384효로 이루어져 있다.
*17 원래 본문대로 해석하면 "회(會)와 통(通)을 살펴서 전례(典禮)를 행한다"가 되며, 그 밑에는 "주자가 말하기를, 회는 이치가 모인 것을 두고 한 말이며, 통은 일의 마땅히 해야 할 바를 두고 한 말이다. 뭇 이치가 모인 곳에는 어려워 막히는 곳이 아주 많기 때문에 반드시 그 가운데에서 통할 곳을 알아야만 실행할 수 있다. 전례란, 영원한 도리를 말한다"라는 각주(脚註)가 덧붙여 있다. 그러나 이를 본문에 그대로 놓기에는 너무 난삽한 감이 있어 무리가 있지만 위와 같이 의역(意譯)하였음을 덧붙인다.
*18 서리(黍離)는 《시경》왕풍(王風)의 편명(篇名)으로 그 내용은 주(周)나라 왕실이 동쪽으로 도읍을 옮긴 뒤, 대부(大夫)가 옛 도읍에 갔다가 종묘(宗廟)와 관실(官室)이 모두 폐허가 된 것을 보고 슬퍼한 노래이다. 국풍(國風)은 《시경》중 제후국(諸侯國)

들 내에서 생긴 민간(民間)의 노래를 말한다. 대아(大雅)·소아(小雅)는 역시 《시경》 중 관중(官中)에서 연주되던 아악(雅樂)(이 때 아(雅)는 정(正)의 뜻을 가짐)을 일컫는다.

*19 당시 제후들의 맹주(盟主)로서 패업(霸業)을 이룩한 다섯 사람, 곧 제(齊)의 환공(桓公), 진(晉)의 문공(文公), 진(秦)의 목공(穆公), 송(宋)의 양공(襄公), 초(楚)의 장왕(莊王)을 말한다.

*20 《춘추》에는 좌씨전(左氏傳)·공양전(公羊傳)·곡량전(穀梁傳) 등 세 전(傳)이 있다.

*21 자(子)·축(丑)·인(寅)을 정월(正月)에 세웠다는 말은 당시의 책력에 관한 것이다. 곧 하(夏)나라 때에는 자월(子月 : 음력 11월)을 정월로 하여 책력을 시작하고, 은(殷)나라 때에는 축월(丑月 : 음력 12월)을 정월로 하여 책력을 시작하였으며, 주(周)나라 때에는(그 이래로 지금까지) 인월(寅月 : 음력 1월)을 정월로 하여 책력을 시작하였다. 유학자들에 의하면 이로써 천(天)·지(地)·인(人)의 근본이 섰다고 한다 (자월은 하늘이 열리는 달이고, 축월은 땅이 열리는 달이며, 인월은 하늘과 땅 사이에 인물이 태어나는 달이라 함). 충(忠)·질(質)·문(文)의 숭상이란 하나라에서는 충을 숭상하였고, 은나라는 충의 폐단을 고쳐 질박함을 숭상하였으며, 주나라는 질(質)의 폐단을 고쳐 문(文 : 형식, 禮)을 숭상했다는 뜻이다.

*22 해월(亥月)은 음력 10월.

*23 위의 중국이란 요즈음과 같은 고유국명(固有國名)이 아니라, 중화(中華)의 나라라는 자존적(自尊的)인 보통명사이다.

*24 주돈이(周敦頤)·정호(程顥)·정이(程頤)·장재(張載)·주희(朱熹) 등 다섯 사람을 일컫는다.

*25 주나라 문왕(文王)의 아들이요 무왕(武王)의 아우로서 이름은 단(旦). 제도나 예악을 정비하여 문화 발전에 공이 크다.

*26 '사물의 이치를 탐구하여 앎을 극진히 한다'는 《대학》의 말.

*27 독자들의 이해를 돕기 위해 아래에 팔괘도(八卦圖)를 그려 놓는다.

```
坤艮坎巽 震離兌乾 八卦
太陰少陽 少陰太陽 四象
   陰       陽    兩儀
```

위에서 팔괘란 乾(☰)·兌(☱)·離(☲)·震(☳)·巽(☴)·坎(☵)·艮(☶)·坤(☷)을 말한다.

*28 성리(性理)를 탐구하는 학문, 즉 성리학(性理學).

*29 여기에서 질(質)은 형상을 가진 질료(質料)요, 기(氣)는 하나의 세력(勢力)을 뜻한다고 볼 수 있다. 전자는 matter요, 후자는 energy 정도가 될 것이다.

*30 이기(二氣)란 음기(陰氣)와 양기(陽氣)를 말한다.

*31 원형(元亨)이란 천도(天道)의 적극적 전개를 뜻하고(봄·여름에 만물이 생동하고 성

장하는 기상을 생각할 것), 이정(利貞)이란 천도의 수렴·고수(固守)를 뜻한다(가을에 만물의 수확과 겨울에 생명의 인고(忍苦)를 생각할 것).

*32 통설 제1의 *1을 참조할 것.
*33 태허(太虛)란 밖이 없을 정도로 끝없이 넓은 공간의 의미를 일차적으로 갖는다. 그러므로 여기에서 태허란 우주의 의미로 이해하여도 좋을 것이다.
*34 5기(氣), 즉, 수(水)·화(火)·목(木)·금(金)·토(土)의 다섯 가지 기운.
*35 곧 음(陰)과 양(陽).
*36 태어날 때부터 저절로 갖추어져 있는 재능.
*37 온 천하를 가리킴.
*38 하(夏)나라의 마지막 임금. 폭군으로 유명함.
*39 고대 중국에서의 큰 도적의 이름. 현자 유하혜(柳下惠)의 아우이다.
*40 사람을 하늘과 땅과 더불어 동등한 가치를 지닌 존재로 파악하는 삼재(參才) 사상은 유가(儒家)의 기본적인 태도이다.
*41 천도의 네 가지 덕.
*42 은(殷)나라의 마지막 천자. 잔인포악하여 천하를 잃었으므로 폭군의 대명사로도 쓰인다.
*43 마음을 가리킴.
*44 주자(朱子)의 주(註)에 따르면, 물격(物格)이란 물리(物理)의 지극한 곳에 도달하지 않음이 없는 것이고, 지지(知至)란 내 마음 속으로 아는 바를 다한다는 뜻이다.
*45 이 뒤의 문장은 퇴계(退溪)의 호발설(互發說)에 대하여 율곡이 비판한 것이다.
*46 기(氣)와 통함.
*47 오패(五霸)는 춘추 시대 제후의 맹주 다섯 사람. 곧 제환공(齊桓公), 진문공(晉文公), 진목공(秦穆公), 송양공(宋襄公), 초장왕(楚莊王).
*48 나라를 어지럽게 하는 신하와 군부(君父)를 죽이는 사람. 즉 인륜의 대법을 어긴 악인.
*49 신선의 술법을 닦는 사람, 도사(道士).
*50 위진(魏晉)시대에 노장학파에 속하던 선비들이 담론하던 청정무위(淸淨無爲)의 이야기. 죽림칠현(竹林七賢)의 청담(淸談)이 가장 유명하다.
*51 신선가(神仙家)에서 불로장생(不老長生)을 위해 약을 만들던 기술.
*52 법가의 대표적인 인물들. 신불해는 특히 술(術)을 강조했고, 상앙은 법을 강조했으며, 한비자는 그 때까지의 이론을 종합하여 법가를 대성한 사람이다.
*53 위(魏)나라 사람. 노자주(老子註)와 주역주(周易註)가 유명하다. 24세로 죽음.
*54 왕필과 같은 시대 사람. 《논어집해》가 남아 있다.
*55 도가의 양생법으로서 호흡을 조절하여 기(氣)를 마음대로 움직이는 일.
*56 즉 유학.

*57 이것은 바로 선학의 기본적인 입장이다.
*58 눈썹을 치뜨거나 눈을 껌벅거리는 일.
*59 선가(禪家)의 문답에서 깨닫지 못한 사람을 위해 사용하던 방법으로 몽둥이로 때리거나 크게 고함을 치거나 큰 소리로 웃음으로써 깨달음으로 인도하려던 일.
*60 참선할 때 정신을 통일하기 위하여 드는 무의미한 어구(語句). 공안(公案)이라고도 한다.
*61 피(詖)는 치우친 것이요, 음(淫)은 방탕한 것이며, 사(邪)는 마음이 비뚤어지고 한쪽으로 치우쳐 있는 것이요, 둔(遁)은 도피하는 것이다.
*62 오도(吾道)와 같은 말. 유학을 가리킴.
*63 사람이 타고난 떳떳한 도리.
*64 《대학》의 8조목의 하나. 사물의 이치를 연구함.
*65 《대학》의 8조목의 하나. 나의 지식을 추극하여 그 아는 것을 다하지 않음이 없게 하려는 것.
*66 마음.
*67 하늘이 백성을 다스리는 기능.
*68 실제적인 공효.

성실함에 대하여〔誠實〕

신이 살피건대, 궁리(窮理)한 뒤라야 몸소 실천할 수 있으며, 반드시 참된 마음이 있어야만 곧 참 공(功)을 거둘 수 있습니다. 그러므로 성실은 몸소 실행함의 근본이 됩니다.

공자가 말하였다. "충실〔忠〕과 믿음〔信〕을 위주로 하라."
《논어》 아래도 같음

주자가 말하였다. "자기의 마음을 다하는 것〔盡己〕을 충(忠)이라 하고, 성실하게 행하는 것을 신(信)이라 하니, 충은 참된 마음이고 신은 실제 일로 나타난 것이다. 사람이 충실함과 믿음이 없으면 모든 일에 결과가 없을 것이다. 악(惡)을 저지르기는 쉽고 선(善)을 실천하기는 어렵기 때문에 배우는 사람은 반드시 이것으로써 으뜸을 삼아야 한다."

자장(子張)이 행(行)에 대해 물으니, 공자가 말하였다. "말에는 충실함과 믿음이 있고, 행동에 도타움과 공경이 있으면 비록 오랑캐[蠻貊]의 나라에 가더라도 행할 수 있지만, 말에 충실함과 믿음이 없고 행동에 도타움과 공경이 없다면 비록 자기 고향 마을이라 해도 행할 수 있겠는가?"

주자가 말하였다. "자장의 뜻은 밖으로 행동하는 것에 있다. 그런 까닭에 공자[夫子]께서 자기 몸을 돌이켜 보도록 말한 것이다. 독(篤)은 도탑다는 뜻이다."

남헌 장씨(南軒張氏)가 말하였다. "독경(篤敬)함이란 말과 행실이 도탑고 공손한 것이다."

"서 있을 때는 충신독경(忠信篤敬)이 눈앞에 나란히 있는 것을 보며, 수레에 있을 때에는 충신독경이 멍에에 의지하고 있는 것을 보아라. 이렇게 한 뒤에라야 행할 수 있다." 자장은 이 말을 잊지 않으려고 큰 띠[紳]에 이 말을 써 두었다.

주자가 말하였다. "기(其)라는 것은 충신독경을 가리켜 말한 것이다. 참(參)은 '무왕참언(毋往參焉)의 참과 같은 뜻이니《곡례(曲禮)》에 보입니다. 두 사람이 나란히 앉았거나 나란히 서 있는데 내가 가서 끼어서 셋이 되지 말라는 것입니다), 내가 끼어서 셋이 된다는 것을 말한 것이다. 형(衡)은 멍에[軛]이다. 충신독경을 항상 마음속에 새기고 새겨서 잊지 않고 때와 장소에 따라 항시 보이는 듯이 하여 (주자가 말하였다. "말은 반드시 충실하고 믿음이 있게 하고, 행실은 반드시 독경하게 하려고 하여 항상 잊지 않고 마치 마음과 눈 사이에 나타나는 것처럼 함을 말한다.") 비록 잠시라도 거기서 떠나려 해도 할 수 없게 되어야만 말 한 마디 행동 하나까지 저절로 충신독경에서 떠나지 않아서, 비록 오랑캐 땅에 가더라도 행할 수 있을 것이다. 신(紳)은 큰 띠에다 드리운 것이다. 띠에 썼다는 것은 그것을 잊지 않으려는 것이다."

정자가 말하였다. "큰 임무를 맡으려면 모름지기 독실해야 된다."

공자가 말하였다. "옛날 학자들은 자기를 위해 공부를 하더니 지금의 배우는 사람들은 남을 위해서 공부한다."　　　　　　　　　　　《논어》

정자가 말하였다. "자기를 위한다는 것은 자신이 몸소 겪어 깨닫고자 함이요, 남을 위한다는 것은 다른 사람에게 알려지려는 것이다. 옛날 학자들은 자기를 위했으나 끝내는 상대를 이루어 주는 데까지 이르렀고, 오늘날 학자들은 다른 사람을 위하다가 끝내는 자기를 잃게 되는 데까지 이른다."

또 말하였다. "이름을 얻고자 하는 데 뜻을 두면 큰 근본은 이미 잃은 것이니, 다시 무엇을 배울 수 있겠는가? 명예를 좋아하는 것과 이익을 좋아하는 것은 맑고 탁한 차이가 있기는 하지만 그 이익을 추구하는 마음은 같다."

경원 보씨(慶源輔氏)가 말하였다. "자기를 위한 배움과 남을 위한 배움은 털끝만한 차이밖에 없다. 오직 자신이 그것을 몸소 겪어 깨닫고자 하면 다른 사람에게 알려질 필요가 없고, 조금이라도 다른 사람에게 알려지고자 하면 반드시 자신이 그것을 몸소 겪어 깨닫게 할 수 없다. 자신이 그것을 몸소 겪어 깨닫고자 하는 사람은 거두어들이고 독실(篤實)하며, 자신이 다른 사람에게 알려지고자 하는 사람은 가볍고 들떠서 천박하다."

주자가 말하였다. "성현이 학자의 마음 씀씀이에 대한 득실을 논할 때에 그 의견이 매우 많다. 그러나 이 말처럼 간절하고 요긴한 것은 없었으니, 여기에서 분명하게 가려서 날마다 그것을 성찰해 나가면 아마도 장차 자신이 나아갈 길이 어둡지 않게 될 것이다."

뜻을 성실하게 하는 사람은 스스로를 속이지 않는다. 악취를 싫어하는 것과 호색(好色)을 즐기는 것같이 하면, 이것을 일러 스스로 만족하는 것〔自謙〕이라 한다. 그러므로 군자는 반드시 홀로 있을 때 삼간다.　　《대학》

주자가 말하였다. "그 뜻을 성실하게 한다는 것은 자신을 수양하는 시초가 된다. 무(毋)는 금지한다는 뜻이다. 스스로를 속인다고 말하는 것은, 선을 행하고 악을 제거해야 한다는 것을 알면서도, 마음에서 우러나오는 것이 성실하지 못함을 뜻하는 것이다. 겸(謙)은 유쾌하고〔快〕 만족스러운〔足〕 것이다. 독(獨)이란 다른 사람은 알지 못하나 자신만 아는 것이다. 이는, 스스로를 수양하려는 사람이 선을 행하고 악을 제거해야 될 것을 알았으면, 마땅히 실제로 그 힘을 써서 스스로를 속이는 것을 금하여야 한다. 악을 미워하는 것을 악취를 미워하듯 하고, 선을 좋아하는 것을 호색을 즐기듯 하여 악은 결단코 없애고 선을 반드시 얻어, 그것으로써 스스로 자기에게 만족하게 해야지 다만 구차하게 밖을 좇아 남에게 알려지려고 하면 안 된다. 그러나 성실하거나 성실하지 않은 것은 다른 사람은 알지 못하고 나만 홀로 아는 것이다. 그러므로 반드시 여기에서 삼가 그 낌새를 살펴야 한다."

또 말하였다. "만약 오훼(烏喙)*1는 먹을 수 없고 물과 불은 밟을 수 없다는 것을 알면 저절로 먹지 않고 밟지 않게 된다. 또 추우면 옷입고자 하고 배고프면 먹고자 하는 것 따위는 스스로 그만둘 수 없다. 사람이 과연 선(善)을 보기를 마치 배고플 때 먹으려 하는 것과 추울 때 옷을 입으려는 것 같이 하며, 악(惡)을 보기를 오훼를 먹을 수 없고 물과 불을 밟을 수 없는 것처럼 한다면 이 뜻이 저절로 성실해진다."

이어 말하였다. "스스로를 속인다는 것은, 반은 알고 반은 모르는 것이다. 선은 내가 마땅히 해야 될 것이라는 것을 알면서도 충분히 선을 실행하지 못하고, 악은 행하면 안 된다는 것을 알면서도 도리어 자신이 그것을 버리지 못하면 바로 '스스로를 속인다'는 것이다."

다시 말하였다. "9분(九分)의 의리(義理)에 1분(一分)의 개인적인 뜻이 섞이면, 이는 곧 스스로를 속이는 것이다."

또 말하였다. "10분(十分)의 선을 행함에 1분이라도 좋지 않은 뜻이 그 사이에 몰래 일어난다면 문득 나쁜 것이 자라나게 될 것이다. 그렇게 되면 앞서의 선의(善意)는 헛된 것이 되어 버린다."

정자가 말하였다. "학문은 어두운 방에서도 속이지 않는 것에서 시작된다."

유충정공(劉忠定公)이 온공(溫公)에게 물었다. "마음을 다하고 몸소 행하는 요지로서 죽을 때까지 이행할 만한 것이 무엇입니까?" 온공이 대답하였다. "성(誠)이다." 또 물었다. "무엇부터 먼저 행해야 합니까?" 온공이 말했다. "망령된 말을 하지 않는 것으로부터 시작하는 것이다." 유충정공은 처음에 그것을 매우 쉽게 여겼다. 그런데 돌아와 스스로 그것으로써 자신을 바로잡아 보았더니, 날마다 행하는 것과 말하는 것들이 서로 잡아끌며 모순되는 것이 많아 7년을 힘써 행한 뒤에야 그러한 경지에 이르게 되었다. 이때부터 언행이 일치하고 겉과 속이 서로 맞았으며, 만나는 일마다 평탄해서 항상 여유가 있었다.

사마온공(司馬溫公)이 일찍이 말하였다. "내가 다른 사람보다 뛰어난 것은 없다. 다만 평생에 남에게 털어놓지 못할 일을 하지 않았을 따름이다."

주자가 말하였다. "경(經)에 이르기를, '그 뜻을 성실하게 하려면 먼저 앎을 극진히 하라' 하고, 또 이르기를, '앎이 극진해진 뒤에야 뜻이 성실해진다' 하였으니, 무릇 마음의 본체가 조금이라도 밝지 못한 점이 있으면 그것이 드러남에 반드시 그 힘을 충실히 쓸 수가 없어 구차하게 스스로를 속이는 것이다. 그러나 혹시 마음과 몸이 이미 밝더라도 여기에서 삼가지 않으면 그 밝은 것도 자기 것이 되지 않아 덕으로 나아가는 터전이 될 수 없으니, 그 차례를 바꿀 수 없고 노력을 빠뜨릴 수 없다."

성실이란 사물의 끝이며 처음이니, 성실하지 않으면 사물이 없다. 이런 까닭에 군자는 성실을 귀하게 여기는 것이다. 《중용》

주자가 말하였다. "성실하지 않으면 사물이 없다는 것은 사람을 위주로 말한 것이다. 이 성실이 없으면 사물이 없다는 것은, 만약 보는 것이 밝지 않으면 사물을 볼 수가 없고, 듣는 것이 또렷하지 않으면 사물을 들을 수 없고, 효도를 하면서도 성실하지 않으면 효가 없는 것이요, 공손하면서도 성실하지 않으면 공손함이 없다는 것을 말한 것이다. 이런 것들로 미루어 구하면 그 뜻을 알 수 있다."

정자가 말하였다. "배우는 사람은 성실하지 않을 수 없으니, 성실하지 않으면 선을 행할 수 없고, 성실하지 않으면 군자가 될 수 없다. 학문을 닦을 때에 성실하게 하지 않으면 학문이 순수하지 못하고, 일을 할 때에 성실히 하지 않으면 일을 그르치게 된다. 스스로 어떤 일을 이루려 할 때에 성실히 하지 않으면 이것은 그 마음을 속이는 것으로서 스스로 충실함을 포기하는 것이며, 남과 어울릴 때에 성실히 하지 않으면 이는 그 덕을 잃는 것으로서, 다른 사람의 원망만 사게 된다. 지금 자질구레한 도나 정통이 아닌 도에서도 반드시 성실해야만 가능하거늘, 하물며 군자가 되려고 함에 있어서랴! 그러므로 말하기를, '배우는 사람은 성실하지 않을 수 없다' 하였다. 그러나 성실이란 도(道)의 근본을 알아 그것에 성실하려는 것일 뿐이다."

맹자가 말하였다. "성실한 것〔誠〕은 하늘의 길〔道〕이고 성실하려고 생각하는 것〔思誠〕은 사람의 길이다." 《맹자》

주자가 말하였다. "성(誠)이란 이(理)가 나에게 있는 것으로 모두 참되고 거짓됨이 없으니 천도의 본연이다. 사성(思誠)이란 이 이가 나에게 있으면서 모두 참되어 거짓됨이 없고자 하는 것이니, 마땅히 그리해야 할 사람의 길이다."

어떤 사람이 말했다. "하늘에는 본래 진실한 이치가 있으며 사람에겐 마땅히 진실한 노력이 있어야 합니다. 성인은 생각하지 않고 힘쓰지 않아도 조용히 도에 들어맞아 실리(實理)가 널리 퍼지므로 성인은 하늘과 하나가 되므로 곧 하늘의 길입니다. 성인의 영역에 이르지 못하였으면 반드시 선을 택한 뒤에야 선(善)을 밝힐 수 있고, 반드시 고집한 뒤에야 선을 실천할 수 있으니 이것은 사람의 일로서 당연한 일이요, 곧 사람의 길입니다." 이에 주자가 말하였다. "옳은 말이다."

신이 살피건대, 하늘에 실리가 있는 까닭에 기화(氣化)가 쉬지 않고 일어나며, 사람에게는 참된 마음이 있는 까닭에 배움이 계속되어 쉼이 없는 것입니다. 사람에게 참된 마음이 없으면 하늘의 도리에 어그러지게 되는 것이니, 어버이가 있는 사람은 마땅히 효도를 해야 한다는 것을 모르는 사람은 아무도 없지만 효도를 하는 사람이 드물고, 형이 있는 사람은 마땅히 공손해야 한다는 것을 모르는 사람은 아무도 없지만 공손한 사람이 적으며, 입으로는 부부가 서로 공경해야 한다고 말하면서도 서로 공경하여 집안을 다스리는 성과를 거두었다는 말을 들은 적이 없습니다. 어른과 아이, 친구의 관계에서도 그렇지 않음이 없습니다. 어진 이를 보면 마땅히 그를 좋아해야 하는 줄은 알지만 어느새 마음은 호색으로 옮아가고, 간사한 사람을 보면 마땅히 미워해야 하는 것을 알면서도 사사로이 그 아첨을 좋아하며, 관직에 있는 사람이 청렴과 의리를 말하면서도 일을 할 때는 청렴하지도 의롭지도 않으며, 백성을 다스리는 사람은 기르고 가르친다고 말하면서도 기르지 않고 가르치지 않으며, 또 혹은 억지로 어짐과 의로움을 행하여 밖으로는 마치 볼 만한 것이 있는 듯하나 정작 마음속으로 좋아하는 것은 어짐과 의로움에 있지 않습니다. 속여서 꾸민 것은 오래가기 어렵습니다. 처음에는 열심히 시작했으나 마침내 게으르게 되는 것들까지도 모두 참된 마음이 없는 까닭입니다. 마음 하나가 성실하지 못하면 만사가 모두 거짓된 것이니 어디 간들 행할 수 있으며, 마음 하나가 진실로 성실하다면 만사가 모두 참된 것이니 무슨 일을 한들 이루어지지 않겠습니까? 그런 까닭에 주염계가 말하기를, '성실이란 성인의 근본이다' 하였으니 바라건대 이 점을 유념하십시오.

신이 또 살피건대, 성실은 자신을 수양하고 남을 다스리는 근본입니다. 지금 비록 따로 한 장을 만들어 그 대략을 설명하였으나 그것을 성실하게 하는 뜻은, 실로 위와 아래의 여러 장에 일관됩니다. 만약 성실함이 없다면 뜻을 세울 수 없고 이치에 성실함이 없다면 깨달을 수 없으며, 성실함이 없다면 기질을 변화시킬 수 없음을 미루어 알 수 있습니다.

〈주〉

*1 오훼(烏喙)는 오두(烏頭)의 별칭. 오두는 바곳의 뿌리를 말하며, 독이 있어서 마취제로 쓴다.

기질 바로잡음에 대하여〔矯氣質〕

신이 살피건대, 이미 학문을 하는 데 성실하였으면 반드시 치우친 기질을 바로잡고 다스려서 본디의 본성을 회복하여야 합니다. 그러므로 장자가 말하였습니다. "학문하는 데에 크게 도움이 되는 것은 기질을 변화시키는 데 있다." 이것이 교기질(矯氣質)의 장을 성실(誠實)의 장 다음에 둔 이유입니다.

굳센 선〔剛善〕은 의롭고 곧고 결단력이 있고 엄하고 굳세고 줄기차고 단단한 것이요, 굳센 악은 사납고 좁고 완고하게 기력을 쓰는 것이다. 부드러운 선〔柔善〕은 자애롭고 순하고 부드러운 것이요, 부드러운 악은 나약하고 결단이 없고 간사하고 아첨하는 것이다. 　　　주자(周子)《통서》아래도 같음

주자가 말하였다. "기품의 굳셈과 부드러움은 진실로 음과 양으로 크게 나뉘는데, 그 가운데에 또 각각 선악으로 나뉜다. 악한 사람은 분명히 바르지 못하지만 선한 사람도 반드시 모두 중도를 얻는 것은 아니다."

또 말하였다. "목(木)의 기운을 많이 타고 나면 굳세고 강한 것이 적고, 금(金)의 기운을 많이 타고 나면 자애롭고 상서로운 것이 적다. 이것으로 미루어보면 모두 그러하다."

오직 중도를 지키는 것만이 성인의 일이다.

주자가 말하였다. "이것은 바른 성품을 얻은 것으로써 말한 것이다."

그런 까닭에 성인은 가르침의 표준을 세워서 사람으로 하여금 스스로 그 악을 바꾸고 스스로 중도에 이르게 한 다음 그친다.

주자가 말하였다. "악을 바꾸면 굳센 측면과 부드러운 측면의 악이 모두 선하게 되어서 엄하고 굳세고 자애롭고 순한 덕(德)이 있게 되고, 완고하게 기력을 쓰고 나약한 병이 없게 된다. 중도에 이르게 되면 혹 엄격하고 굳세

거나 자애롭고 순했던 것들도 모두 절도에 맞아서 지나치거나 미치지 못하는 치우침이 없을 것이다."

정자가 말하였다. "강하고 사나운 사람은 마땅히 그것을 억누르고, 두려워서 움츠리는 사람은 마땅히 그것을 확충하고 길러야 한다. 옛 사람이 가죽과 활을 차고*1 경계한 것은 바로 이것을 위한 것일 뿐이다. 그러나 굳센 사람은 쉽게 눌려지니, 자로(子路) 같은 사람은, 처음에는 비록 성인이라도 업신여겼으나 나중에 학문을 알게 되자 바로 굳센 성품을 고쳐 극복하기가 무척 쉬웠다. 두려워서 움츠리는 사람은 기(氣)가 본래 유약하기 때문에 모름지기 힘써 노력해야 한다."

세 가지 덕[三德]은, 첫째 바르고 곧음[正直]이요, 둘째 굳게 다스림[剛克]이요, 셋째 부드럽게 다스림[柔克]이다. 평화로운[平康] 사람은 바름으로써 곧게 하고, 가라앉고 숨는[沈潛] 사람은 강하고 굳게 다스리고, 높고 밝은[高明] 사람은 부드럽게 다스린다.　　《서경》〈주서(周書)·홍범(洪範)〉

채씨가 말하였다. "겉으로 드러나지 않는 사람은 깊이 가라앉아서 중도에 미치지 못하는 사람이요, 고명한 사람은 높고 밝아 중도에서 지나친 사람이다. 평강한 사람이 바름으로 곧게 한다는 것은, 바로잡고 버릴 것이 없다는 뜻이요, 침잠한 사람이 강하고 굳게 한다는 것은 강함으로써 부드러움을 다스린다는 뜻이요, 높고 밝은 사람이 부드럽게 한다는 것은 부드러움으로써 강함을 다스린다는 뜻이다."

주자가 말하였다. "극(克)은 다스린다는 뜻이다. 자질이 침잠한 사람은 마땅히 강건한 것으로써 다스려야 하고, 자질이 고명한 사람은 마땅히 부드러움으로써 다스려야 한다."

황씨(黃氏)가 말하였다. "학문을 하는 데는 반드시 기질에 따라야 하는 것이니, 그 치우친 것과 이르지 못한 것을 살펴 가장 절실한 것을 택하여 나의 힘을 기울여야 할 것이다. 비유하면 약을 쓰는 것과 같아서, 옛 사람의 약방문에는 그 대략적인 방법만을 말했을 뿐이요, 병의 증세는 여러 갈래이니 반드시 증세에 대응하여 신중하게 택해야 한다."

공자가 말하였다. "성품은 서로 비슷하지만, 습관은 서로 먼 것이다."
《논어》

주자가 말하였다. "기질(氣質)의 성(性)은 진실로 아름답거나 악한 차이가 있다. 그러나 그 처음으로 말한다면 서로 아주 멀지 않다. 다만 착한 데에 습관을 들이면 착하게 되고, 악한 데에 습관을 들이면 악하게 되어 비로소 서로 멀어질 뿐이다."

이상은 기질이 같지 않으므로 그것을 고치는데 저마다 다른 방법이 있음을 말한 것입니다.

안연이 인(仁)에 대해 물으니, 공자께서 말씀하셨다. "자기의 사사로움을 극복하고 예(禮)로 돌아가는 것이 인이다. 하루라도 자기의 사사로움을 극복하고 예로 돌아가면 온 세상이 인으로 돌아올 것이다. 인을 행하는 것은 자기에게 달린 것이지 어찌 남에게 달린 것이겠는가?" 《논어》 아래도 같음

주자가 말하였다. "인이란 본심이 온전한 덕이다. (경원보씨(慶源輔氏)가 말하였다. "인, 의, 예, 지는 모두 마음의 덕이지만, 인은 의, 예, 지를 포괄하기 때문에 본심의 온전한 덕이라 한다.") 극(克)은 이긴다는 뜻이다. 기(己)는 자신의 사사로운 욕구를 말한다. 복(復)은 돌아간다는 뜻이다. 예는 천리에 절도를 세우고 꾸며낸 것이다. 인을 한다는 것은 마음의 덕을 온전하게 하기 위함이다. 무릇 마음의 온전한 덕은 천리가 아님이 없으나, 또한 인욕에 의해 무너지지 않을 수 없기 때문에 인을 행하는 사람은 반드시 사욕을 이겨 예로 되돌아갈 수 있어야만 모든 일이 천리에 맞게 되며 본심의 덕이 다시 나에게 온전히 갖춰진다. 귀(歸)는 돌아와 함께한다는 뜻이다."

이어 말하였다. "하루라도 자기의 사사로움을 극복하여 예로 되돌아오면,

온 세상 사람들이 모두 그 인과 함께 한다는 것은 인의 효과가 아주 빠르고 매우 크다는 것을 극단적으로 말한 것이다."

또 말하였다. "인을 행하는 것은 나에게 달려 있는 것이지 남이 줄 수 있는 것이 아니라고 했으니, 그 동기가 나에게 있어 어려움이 없다는 것을 보여준다. 날마다 그것을 극복하여 어렵지 않게 된다면 사욕이 깨끗이 다 없어지고 천리가 유행하게 되어 인을 다 쓸 수 없게끔 될 것이다."

정자가 말하였다. "예(禮)가 아닌 것은 곧 사사로운 뜻이니, 이미 사사로운 뜻이 있다면 어떻게 인(仁)을 얻을 수 있겠는가? 모름지기 자기의 사사로움을 다 이겨 모두 예로 되돌아가야 비로소 인이다."

사씨(謝氏)가 말하였다. "극기는 반드시 성품이 치우쳐서 이기기 어려운 곳으로부터 나아가야 한다."(이는 사람이 색욕(色欲)이 지나치면 먼저 그 색을 절제하고, 이욕(利欲)이 지나치면 먼저 그 이를 끊어 버리는 것을 말한 것입니다. 이것이 바로 용맹하게 자신을 극복하는 요법입니다.)

주자가 말하였다. "자기의 사사로움에 세 가지가 있으니, 첫째 성질의 편벽됨이요, 둘째 이목구비의 욕망이요, 셋째 남과 나 사이에 시기하고 이기려는 욕망이다. 자세히 몸으로 깨달아서 조금이라도 자기에게 사사로운 뜻이 있음을 느끼면 곧 그것을 이겨야 한다."(설씨(薛氏)가 말하였다. "사사로움에는 크고 작은 것이 없으니 깨달으면 곧 극복해야 한다.")

또 말하였다. "예는 자신에게 본래 있는 것이므로 되돌아간다고 말하며, 이긴다고 말하지 않는다. 자신이 바야흐로 예로 되돌아가서 한 푼의 인욕을 극복하면 곧 한 푼의 천리(天理)가 회복되는 것이다."

물었다. "보통 일에는 이것이 천리이고 저것이 인욕(人慾)인 것을 알지만, 실제로 행동을 할 때에는 인욕이 이끌어 가는 대로 따라 가게 되어, 일이 끝난 뒤에 도리어 후회하게 되는 것은 무슨 까닭입니까?" 대답하였다.

"이는 바로 나의 사욕을 이기는 공부가 없기 때문이다. 이런 곳에서는 극진하게 따져 보아야만 비로소 알 수 있다. 예를 들면, 한 가닥 큰 길이 있고 또 한 가닥 작은 길이 있을 때 큰 길을 따라가야 한다는 것을 분명히 알고는 있다. 그러나 작은 길 앞에 자기를 끌어당기는 물건이 있으면 저도 모르는 사이에 작은 길을 따라가다가 우거진 가시덤불을 만나 후회한다. 이것이 곧 천리와 인욕이 서로 다투는 기틀이다. 모름지기 일을 만났을 때 곧 이겨 나가야지 구차하게 지나쳐서는 안 된다."

안연이 물었다. "그 극기복례(克己復禮)의 조목을 묻고자 합니다." 공자가 말하였다. "예가 아니면 보지 말고, 예가 아니면 듣지 말고, 예가 아니면 말하지 말고, 예가 아니면 움직이지 말라." 안연이 이 말을 듣고 말했다. "제가 비록 빠르지는 못하오나 이 말을 받들겠습니다."

주자가 말하였다. "목(目)은 조건을 말한다. 안연은 공자의 말을 듣고 천리와 인욕의 나누임을 이미 분명하게 깨달았다. 그래서 다시 의심하여 묻는 것 없이 곧바로 그 조목을 물은 것이다. 예가 아니라는 것은 자기의 사사로움을 말하는 것이요, 물(勿)이라는 것은 금지하는 말이다. 이것은 인심의 주(主)가 되는 것이며 사사로움을 이기고 예로 되돌아가는 기미가 되는 것이다. 사사로움을 극복하면 모든 행동이 예에 맞지 않는 것이 없고 일상생활에 천리가 작용하지 않는 것이 없다. 안연이 묵묵히 그 이치를 알아차리고 또 자기의 능력이 그것을 해낼 수 있다는 것을 스스로 알았기 때문에 곧바로 그것을 자기의 임무로 삼아 의심하지 않은 것이다."

또 말하였다. "예가 아니면 보지도 듣지도 말라는 것은, 밖으로부터 들어와 안에서 작용하는 것을 막는 것이요, 예가 아니면 말하지도 말고 움직이지도 말라는 것은 안으로부터 나와 외부와 접촉하는 것을 삼가는 것이니, 안과 밖을 함께 닦아 나아가야 인을 행하는 데 남김없이 힘을 쓸 수 있다. 성인의 말씀을 깊이 음미하여 안자(顔子)가 힘쓴 곳을 탐구하니, 다만 예가 아니면 그만두는 것과 그만두지 않는 것 사이에 있을 뿐이다. 이로부터 되돌이켜 구하면 천리가 되고, 이로부터 내버려두면 인욕이 되며, 이로부터 잘 생각하면 성인이 되고, 이로부터 생각하지 않으면 광인(狂人)이 되는 것이니 다만 털 끝만한 차이일 뿐이다. 학자가 그 몸가짐을 삼가지 않을 수 있겠는가?"

어떤 사람이 물었다. "보아서는 안 된다는 것을 분명히 알고 있지만 저절로 눈을 돌리게 되고, 들어서는 안 된다는 것을 분명히 알고 있지만 저절로 귀를 기울이게 되면 어떻게 해야 합니까?" 주자가 말하였다. "예가 아닌 것이 비록 눈앞을 지나간다 하더라도 그것을 보면 안 된다는 마음이 나에게 있어야 하며, 예가 아닌 소리가 비록 귀를 스쳐간다 하더라도 그것을 들으면 안 된다는 마음이 나에게 있어야 한다."

정자가 말하였다. "보고, 듣고, 말하고, 움직이는 이 네 가지는 몸의 작용으로서 마음으로부터 나와 밖으로 대응하는 것이니, 밖을 다스리는 것은 마음을 기르기 위한 것이다. 안연이 이 말을 받들겠다고 했으니, 이것이 바로 성인의 경지에 나아갈 수 있었던 까닭이다. 후대에 성인을 배우고자 하는 사람은 마땅히 이 가르침을 명심하고 잃어버리지 말아야 한다." 그래서 잠(箴)을 지어 스스로 경계하였으니, 《시잠(視箴)》은 이렇다. "마음은 본래 텅 빈 것이어서 사물과 응하여도 자취가 없다. 마음을 잡는 데 요령이 있으니, 보는 것이 그 법칙이다. 물욕이 눈앞을 가리면 중심이 옮겨가니 밖의 것을 다스려서 안을 안정되게 해야 한다. 자신의 사사로운 욕구를 이겨 예로 되돌아가 오래되면 성실하게 될 것이다."(섭씨(葉氏)가 말하였다. "눈은 한 몸의 밝은 거울이요, 오행의 정화(精華)가 모인 것이니 마음에서 가장 높고 절실한 것이다. 눈이 움직이면 마음이 반드시 따르고, 마음이 움직이면 눈이 반드시 쏠린다. 텅 비고 신령한 마음은 온갖 변화와 조화를 이루는데 그것을 단속하려면 먼저 보는 것으로써 준칙(準則)을 삼아야 한다.")

《청잠(聽箴)》은 이렇다. '사람에게는 떳떳한 인륜〔秉彛 : 도리를 굳게 잡아 지킴〕이 있으니, 이는 천성에 근본을 둔 것이다. 그런데 지각이 사물에 유혹되게 되면 드디어 그 올바름을 잃어버린다. 뛰어난 저 선각자들은 그칠 데를 알아서 안정됨이 있었다. 요사스럽고 간사함을 막고 성실을 보존하여 예가 아니면 듣지 않았다.'(지각이 사물에 유혹된다는 것은 마음이 사물에 이끌려서 변화하게 되는 것입니다. 마음의 본체는 본래 바른 것이나 사물에 유혹되어 버림으로써 드디어 그 바름을 잃게 되는 것입니다.)

《언잠(言箴)》은 이렇다. '마음의 움직임은 말로써 드러난다. 조급하게 함부로 말하지 않는다면 마음은 고요하고 오롯해지네. 하물며 말이란 싸움도 일으키고 좋은 것도 낼 수 있으므로 길하고 흉하고 영예롭고 욕된 것은 오직 말이 불러들이는 것이다. 지나치게 쉽게 하면 허탄하게 되고, 지나치게 번거롭게 하면 지루하게 된다〔支〕. 내가 함부로 말하면 상대편이 거슬리게 되고, 내가 도(道)에 어긋난 말을 하면 어긋난 결과가 따르게 된다. 법도가 아니면 말하지 말 것이니 이 가르침을 공경하여 잘 받들라.'(진씨가 말하였다. "지(支)는 나뭇가지와 같은 것으로 몸체의 옆부분에서 뻗어난 것이니, 곧 마음을 번거롭게 함으로써 생기는 실수이다.")

《동잠(動箴)》은 이렇다. '철인(哲人)은 낌새를 알아차려 생각을 성실히 하고, 지사(志士)는 행실을 가다듬어 실천으로 지켜간다. 이치에 따르면 느긋하고 욕망에 따르면 위태롭다. 잠깐 사이라도 잘 생각하여 전전긍긍하여 자신을 지켜라. 습관이 천성처럼 이루어지면 성현과 같게 될 것이다.'(주자는 말하였다. "생각이란 움직임의 기미이고, 행위는 움직임의 나타남이다. 생각은 안에서 움직이는 것이고, 행위는 밖에서 움직이는 것이다." 신이 살피건대, 습관이 성품대로 이루어진다는 것은 습관이 오래 되면 마치 천성에서 우러나는 것처럼 된다는 것이니, 이른바 어려서부터 형성된 것〔小成〕은 천성과 같고, 습관은 저절로 된 것이다. 천성이란 맨 처음 타고난 기질을 일컫는 것이지 본연의 성을 말하는 것은 아닙니다.)

주자가 말하였다. "이 장의 문답은 곧 핵심적인 법〔心法〕을 전수하는 데 절실하고 긴요한 말이므로 지극히 밝지 않고서는 그 기미를 살필 수 없으며 지극히 굳세지 않고서는 그 결단에 이를 수 없다. 정자의 잠(箴)은 친절하게 밝혀 드러내었으니 배우는 사람들은 더욱 깊이 음미해야 할 것이다."(극기는 자기에게 절실한 공부이며 기질을 변화시키는 요법이기 때문에 정주와 주자의 말이 이와 같습니다.)

역(易)에서 말했다. "산 아래 못이 있는 것이 손괘(損卦)이다. 군자는 이것으로써 분노를 경계하고 욕심을 막는다." 《주역》〈손괘·상전(象傳)〉

정자가 말하였다. "자기 수양의 과정에서 마땅히 제거해야 될 것은 오직 분노와 욕심이므로 그 분노를 경계하고 욕심을 막는 것이다."

또 말하였다. "사람의 감정에서 드러나기는 쉬우나 다스리기 어려운 것은 오직 분노와 욕심이다. 다만 노하였을 때에 문득 그 노함을 잊고 이치의 옳고 그름을 볼 수만 있다면 또한 바깥으로부터의 유혹은 미워할 만한 것이 못 된다는 것을 알 수 있으며, 도(道)의 경지에 있어서 반은 넘어섰다고 생각할 수 있다."

또 말하였다. "분노를 다스리는 것은 어렵지만 두려움을 다스리는 것도 어려우니, 극기만이 분노를 다스릴 수 있고 이치를 밝히는 것만이 두려움을 다스릴 수 있다."

또 말하였다. "《논어》에 '신정(申棖)은 욕심이 많으니 어찌 굳세다 할 수 있겠는가?' 하였으니,[*2] 심하도다, 욕심이 사람을 해침이여. 사람이 선을 행하지 않음은 욕심이 유혹하기 때문이다. 욕심이 유혹을 해도 그것을 알지 못하면 천리를 다 없애 버리고도 되돌아올 줄을 모르는 데까지 이르게 된다. 그러므로 눈이 아름다운 색을 보기를 원하고, 귀는 좋은 소리를 듣기 원하며, 코는 향기로운 냄새를, 입은 맛있는 음식을, 팔다리는 편안한 것을 원하는 데 이르기까지 모두 그러한 것이다. 이것은 모두 욕심이 그렇게 시키는 것이다. 그렇다면 무엇으로써 욕심을 막을 수 있겠는가? 오직 깊은 생각만이 욕심을 막아 낼 수 있는 것이다. 증자(曾子)가 하루에 세 가지로 자신을 반성한 것은[*3] 욕심을 막는 방법이다."

주자가 말하였다. "산의 모습을 보고 분노를 경계하고 연못의 모습을 보고 욕심을 막아 낸다. 그러므로 구덩이를 메우듯 욕심을 막고 산을 무너뜨리듯 분노를 가라앉힌다."

이상은 기질을 바로잡는 방법은 극기에 있다는 것을 말한 것입니다(사사로움 가운데 이기기 어려운 것은 오직 분노와 욕심이며 이를 드러낸 것입니다).

널리 배우고, 자세히 묻고, 신중히 생각하고, 분명하게 가름하여, 독실하게 실천하여야 할 것이다. 《중용》 아래도 같음

정자가 말하였다. "이 다섯 가지에서 한 가지라도 그만두면 학문이 아니다."

주자가 말하였다. "학문이란 곧 기질을 변화시킬 수 있는 것이다. 만일 책을 읽고 이치를 연구하며 경(敬)을 주로 하여 본심을 보존하지 않고, 헛되이 어제의 잘못과 오늘의 바름만을 헤아려 비교만 한다면 아마도 수고만 하고 아무 도움이 없을 것이다."

배우지 않으면 몰라도 이왕 배울 바에는 능숙하게 되기 전에는 그만두지 말아야 하며, 아예 묻지 않으면 몰라도 이왕 물을 바에는 환히 알게 될 때까지는 그만두지 말아야 하며, 생각하지 않으면 몰라도 이왕 생각할 바에는 터득할 때까지는 그만두지 말아야 하며, 아예 변별하지 않으면 몰라도 이왕 변별할 바에는 분명할 때까지는 그만두지 말아야 하며, 행하지 않으면 몰라도 이왕 행할 바에는 독실하게 될 때까지는 그만두지 말아야 하는 것이다. 다른 사람이 한 번 만에 할 수 있다면 나는 그것을 백 번 하고, 다른 사람이 열 번 만에 할 수 있다면 나는 천 번을 할 것이다.

주자가 말하였다. "군자의 학문은, 하지 않는다면 그만이지만 할 바에야 반드시 그것이 이루어져야 한다. 그러므로 항상 남보다 백 배의 노력을 기울여야 한다."

동씨(董氏)가 말하였다. "학문에 힘쓰면 견문이 넓어지고 지식은 더욱 밝아집니다. 도를 행하는 데 힘쓰면 덕이 날로 일어나 큰 결실을 얻습니다." 증자가 말했다. "들은 것을 존중하면 고상하고 현명해지고 안 것을 실천하

면 광대해진다. 고상하고 현명해지고 광대해지는 것은 다른 데 있는 것이 아니라 뜻을 두는 데 있을 따름이다."

과연 이 도(道)를 행할 수 있다면 비록 어리석은 사람이라도 반드시 명석하게 될 것이요, 비록 유약한 사람이라도 반드시 강하게 될 것이다.

여씨(呂氏)가 말하였다. "군자가 학문을 하는 까닭은 기질을 변화시키기 위해서이다. 덕(德)이 기질을 이기면 어리석은 사람도 명석한 데로 나아갈 수 있고, 유약한 자도 강한 데로 나아갈 수 있다. 덕이 기질을 이길 수 없으면 비록 학문에 뜻이 있다 하더라도 어리석은 사람은 명석해질 수 없고, 유약한 사람은 그 뜻을 세울 수 없을 것이다. 무릇 두루 선하여 악이 없는 것은 본성이므로 사람마다 같은 것이요, 어둡고 밝고 강하고 약한 기품이 같지 않는 것은 재질(才質)이므로 사람마다 다른 것이다. 성실하게 하는 것은 같은 것으로 되돌아가 다른 것을 변화시킬 수 있다. 아름답지 못한 재질로써 그것을 변화시켜 아름답게 되기를 바란다면 그 노력을 백 배로 하지 않고서는 될 수 없다. 지금 노망멸렬(鹵莽滅裂)한 학문(노망은 마음을 쓰지 않는 것이요, 멸렬은 경박한 것입니다)으로써 혹은 하다가 혹은 말다가 하면서 그 아름답지 못한 재질을 변화시키려 하다가 변화시킬 수 없게 되면 곧 말하기를, '타고난 재질이 아름답지 못하여 학문으로 변화시킬 수 없는 것이다' 한다. 이것은 성급하게 스스로를 포기하는 것이니 매우 어질지 못한 짓이다."

오씨(吳氏)가 말하였다. "학문이 기질을 변화시킬 수 없다면 학문은 해서 무엇하겠는가? 세상에는 뜻을 따라 공(功)을 세우고 업적을 이루는 자도 있으나, 또한 감정이 이끄는 대로 따라가 나라를 망치고 백성을 죽게 하는 자도 있다. 그런 사람은 굳세거나, 유약하거나, 선하거나, 악하거나 간에 그 기질의 상태에 그대로 맡겨 다시 바로잡거나 다스려서 사람다운 사람이 되지 못한다. 배우는 사람은 이와 같지 않으니, 혼미(昏迷)한 것을 변화시켜 명석하게 할 수 있고, 유약한 것을 변화시켜 강하게 할 수 있으며, 탐욕한 것을 변화시켜 청렴하게 할 수 있고, 모진 것을 변화시켜 자애롭게 할 수도 있으니 학문의 효용이란 이처럼 큰 것이다. 무릇 기질이 아름답지 못한 자도 모두 변화시켜 아름답게 할 수 있는 것이니, 하물며 태어나면서부터 아름다운 사람이겠는가?"

주자가 말하였다. "얼마 전 여백공(呂伯恭)을 만났더니 말하기를, 그가 젊었을 때에는 성품과 기질이 거칠고 사나워서 음식이 마땅치 않으면 곧 그릇을 때려 부쉈다고 한다. 나중에 오랜 병을 앓으면서 다만 《논어》 한 권을 가지고 아침저녁으로 읽다가 '자기 자신을 꾸짖는 것은 무겁게 하고 남을 꾸짖는 것은 가볍게 한다'*4는 구절에 이르러 홀연히 깨달은 것이 있어서 마음이 한순간에 평온해져 드디어 죽는 날까지 사납게 노하는 일이 없었다 하였다. 이것은 기질을 변화시키는 법이 될 수 있다."

이는 기질을 바로잡는 성과는, 힘써 실천하는 데 달려 있음을 말한 것입니다.

신이 살피건대, 한 기운[一氣]의 근원은 맑고 깨끗하며 텅 비어 있으나 오직 그 양이 움직이고 음이 고요하여, 오르락내리락하면서 어지럽게 날아다니다가 합하여 질(質)을 이루게 되면 드디어 고르지 못하게 되는 것입니다. 사물이 치우치고 막힌 것은 다시 변화시킬 수 있는 방법이 없으나 오직 사람은 비록 맑고 흐리며, 순수하고 뒤섞인 기질적 차이가 있다 하더라도 마음이 텅 비고 밝아 변화시킬 수 있습니다. 그러므로 맹자가 "사람마다 다 요순같이 될 수 있다" 하였으니, 이것이 어찌 헛소리이겠습니까? 기(氣)가 맑고 질이 순수한 사람은 아는 것과 행하는 것에 힘쓰지 않아도 잘 하므로 더 이상 보탤 것이 없습니다. 그러나 기가 맑고 질이 뒤섞인 사람이라면 알 수는 있으나 행할 수는 없습니다. 그러므로 만약 몸소 실행에 힘써 반드시 성실하고 돈독하게 한다면 행(行)이 설 수 있어서 유약한 사람이라도 강하게 될 수 있습니다. 질 순수하나 기가 흐린 사람은 실천할 수는 있으나 알 수는 없습니다.

그러므로, 만약 학문에 힘써서 반드시 성실하고 정밀하게 한다면 앎이 통달할 수 있어서 어리석은 사람이라도 명석하여질 수 있습니다. 또한 세상의 모든 기예(技藝)는 누가 나면서부터 그것을 알고 있겠습니까? 시험삼아 악기를 익히는 일을 예로 들어 말해 보겠습니다. 어린 사내아이나 계집아이가 처음 거문고와 비파를 배우기 시작하여 손가락을 놀려 소리를 낼 때에는 사람들이 귀를 막고 듣지 않으려 하지만, 노력을 쉬지 않으면 점점 음률을 이루게 되어, 그 지극한 경지에 이르면 그 소리는 맑고 깨끗하며 원만한 흐름을 이루어 그 정묘함은 말로 표현 할 수가 없게 될 것입니다. 저 사내아이나 계집아이가 어찌 나면서부터 음악을 잘할 수 있었겠습니까? 오로지 노력을 다하여 학습이 쌓여서 익숙해졌을 뿐입니다. 온갖 기예가 모두 그러한 것이니, 학문이 기질을 변화시킬 수 있는 것도 이것과 무엇이 다르겠습니까?

아! 온갖 기예에는 세상에 절묘한 자가 있는데도 학문을 하는 사람으로서 그 기질을 변화시킨 자를 보지 못한 것은, 다만 해박한 지식과 언론의 독실에만 의지했기 때문입니다. 그리하여 굳센 사람은 끝내 부드러운 선을 갖지 못하고, 유약한 자는 끝내 굳센 선을 갖지 못하여 탐욕스러운 자가 청렴해지는 것을 아직 볼 수 없고, 모진 사람이 자애롭게 되는 것을 아직 볼 수 없으며, 경박한 사람이 침착하고 정중하고 점잖게 되는 것을 아직 보지 못하였습니다. 그렇다면 사람들이 실제로 노력하는 것은 다만 온갖 기예에만 있을 뿐이요, 학문에는 있지 않다는 것이니 탄식하지 않을 수 있겠습니까. 이 점에 유념하시기 바랍니다.

〈주〉
*1 《한비자(韓非子)》〈관행편(觀行篇)〉에 나오는 고사. 패위(佩韋)는 성질이 급한 것을 늦추려 부드러운 가죽을 차고 스스로를 경계했다는 서문표(西門豹)의 이야기이며, 패현(佩弦)은 성질이 느슨한 것을 고치려 팽팽한 활을 차고 스스로를 경계했다는 동안우(董安于)의 이야기에서 나온 것이다.
*2 《논어》 '공야장(公冶長)'. 공자가 말하기를, "나는 일찍이 뜻이 굳센 사람을 보지 못하였다" 하니, 어떤 사람이 대답하기를 "신정(申棖)이 굳센 사람입니다" 하였다. 위의 말은 이 대답에 대한 공자의 비평이다.
*3 《논어》 '학이(學而)'의 승자(僧子)의 말.
*4 《논어》 '위영공(衛靈公)'

기운을 기름에 대하여 〔養氣〕

신이 살피건대, 기질을 바로잡아 다스리는 것은 마땅히 극진하여야 하며,

보존하고 기르는 것은 치밀하지 않을 수 없는 것입니다. 무릇 바른 기운을 보존하고 기르는 것이 곧 객기(客氣)를 바로잡아 다스리는 것입니다. 사실 두 가지의 일은 아니지만, 저마다 주(主)되는 것이 있기 때문에 나누어 두 장으로 만들었습니다.

 맹자가 말하였다. "본마음을 기르는 데는 욕심을 적게 하는 것보다 더 좋은 방법이 없다. 그 사람됨이 욕심이 적다면 비록 마음을 보존하지 못했다 하더라도 그럴 일이 적을 것이요, 그 사람됨이 욕심이 많으면 비록 마음을 보존했다 하더라도 그럴 일이 적을 것이다." 《맹자》 아래도 같음

 주자가 말하였다. "욕심이란 입, 코, 귀, 눈이나 팔다리의 욕심과 같은 것이다. 사람에게 비록 이것이 없을 수 없다 하더라도, 욕심을 많이 내어 절제하지 않는다면 그 본심을 잃게 될 것이다. 배우는 사람은 마땅히 깊이 경계하여야 할 것이다."

 정자가 말하였다. "욕심을 부린다는 것은 반드시 깊이 빠져드는 것만을 가리키는 것이 아니라, 단지 뜻이 향하는 것만으로도 곧 욕심이다."

 〈악기(樂記)〉[1]에서 말했다. "군자는 도(道)를 얻음을 즐기고, 소인은 욕심을 이루는 것을 즐긴다. 도로써 욕심을 다스리면 즐거워도 어지럽지 않으며, 욕심 때문에 도를 잊게 되면 미혹되어 즐거울 수 없다."

 정자가 말하였다. "사람으로서 천리(天理)에 어두운 자는 기호의 욕망이 그를 어지럽혔기 때문이다. 장자는 말했다. '기호의 욕망이 깊은 자는 천기(天氣)가 얕다.' 이는 아주 좋은 말이다."

 《서경(西經)》의 〈오자지가(五子之歌)〉에서 말했다. "안으로 여색에 빠지거나, 밖으로 사냥하는 데 미치거나, 술을 좋아하고 음악을 즐기거나, 집을 높이 짓고 담장을 꾸미는 것 가운데 하나라도 빠지는 데가 있으면 망하지 않을 수 없다."

정자가 말하였다. "모든 놀이나 취미는 모두 뜻을 빼앗아버린다. 심지어 글씨는 학자들에게 가장 친근한 것이지만 한결같이 좋아하여 집착하는 것은 스스로 뜻을 잃어버리는 것이다. 예로서 왕희지(王羲之), 우세남(虞世南), 안진경(顔眞卿), 유공권(柳公權) 같은 무리들은 진실로 좋은 사람이라고 할 수 있지만, 글씨를 잘 쓰는 사람으로서 도를 아는 사람을 본 적이 있는가? 평생의 정력을 글씨 쓰는 데만 쏟았으니 시간만 헛되이 보냈을 뿐 아니라 도에는 방해된 점이 있었으니, 그것이 뜻을 잃어버리게 하는 것임을 충분히 알 수 있다."

신이 살피건대, 앞장에서는 극기로써 말하였으므로 욕심을 막는다고 했고, 이 장은 양심으로써 말하였으므로 욕구를 적게 한다 하였습니다. 욕심을 막는다고 할 때의 욕(欲)은 개인의 욕심을 지적하여 말한 것이요, 과욕의 욕은 마음이 욕심내는 것을 다 가리켜 말한 것입니다. 그러므로 사람에게 없을 수 없다고 한 것입니다. 다만 욕구도 많아서 절제하지 못하면 곧 개인적인 욕심이 됩니다.

우산(牛山)에는 나무들이 우거져 있었다. 그러나 큰 나라 도성의 교외에 있었으므로 사람들이 도끼로 마구 잘라내고 말았으니 더 우거질 수 있겠는가? 이것이 밤 사이에 자라나며 비와 이슬을 맞으면 새싹이 자라나지 않는 것은 아니지만, 소와 양을 또 몰고 가서 마구 먹이니 저와 같이 민둥산이 되고 만 것이다. 사람들이 그 벌거벗은 모습을 보고 그 곳에 일찍이 나무가 없었다고 말하니, 이것이 어찌 산의 본래 모습이겠는가.

주자가 말하였다. "밤낮으로 자란다는 것은 기(氣)가 유행하여 일찍이 그침이 없음을 말함이다. 그 때문에 밤낮으로 만물이 모두 생장할 수 있는 것이다."

사람의 본성에도 어찌 어질고 의로운 마음이 없겠는가? 사람이 양심을 잃어버린 것도 나무와 도끼의 관계와 같은 것이다. 날마다 베어낸다면 아름다울 수 있겠는가? 밤 사이에 자라는 양심과 새벽의 맑은 기운에도, 좋아하고 미워하는 마음이 보통 사람과 비슷한 점이 드물다면, 낮에 한 행동이 양심을 속박하여 없어지게 했기 때문이다. 양심의 속박이 반복되면 밤의 맑은 기운〔夜氣〕을 보존하지 못하고, 밤의 맑은 기운을 충분히 보존할 수 없으면 짐승과 비슷하게 된다. 사람들이 그 짐승과 같은 자를 보고 본래 재질이 없는 사람이라 생각하는데, 이것이 어찌 사람의 실정이겠는가? 그러므로 진실로 그것을 잘 기를 수 있으면 자라지 않는 것이 없고, 진실로 잘 기르지 못하면 소멸되지 않는 것이 없다.

주자가 말하였다. "양심이란 본연의 선한 마음이니, 곧 어질고 의로운 마음이다. 이른 새벽의 기운이란 사물과 접촉하기 전의 청명(淸明)한 기운을 일컫는다. 좋아하고 싫어하는 것이 남과 비슷하다는 것은 인심이 모두 그런 것을 말한다. 곡(梏)은 형틀이요, 반복(反復)은 되풀이한다는 뜻이다. 비록 사람이 양심을 잃더라도, 밤 사이에 반드시 자라는 것이므로, 새벽에 사물과 접촉하기 전의 그 기가 청명한 때에는 오히려 양심이 발견될 수 있다. 다만 그것의 발견이 지극히 미약한데다 낮의 착하지 못한 행동이 뒤따라 그것을 속박하니, 이는 산의 나무를 베어버려도 새싹이 돋아나기는 하나 소와 양이 뜯어먹는 것과 같다. 낮의 행동이 이미 밤 사이에 자라나는 기를 해치고, 밤 사이에 양심이 또한 낮의 행동을 이겨낼 수 없기 때문에 전전하면서 서로를 해쳐 야기의 생장이 날로 엷어지는 데 이르면, 인의의 양심을 보존할 수 없게 되니 새벽의 기운도 맑아질 수 없어서 좋아하고 미워하는 것도 드디어 사람들과 다르게 된다는 것을 말한 것이다. 산의 나무나 사람의 마음이나 그 이치는 같다."

나는 나의 호연지기(浩然之氣)를 잘 기른다. 그 기운은 지극히 크고 굳세어서 올바른 도리로써 길러 해치지 않는다면 하늘과 땅의 사이에 가득차게 된다.

주자가 말하였다. "호연(浩然)이란 성대(盛大)하게 유행하는 모습이다. 지극히 큰 것은 본래 한량이 없는 것이며, 지극히 굳센 것은 굽히거나 꺾을 수 없는 것이다. 무릇 호연지기란 하늘과 땅의 정기이며 사람이 타고난 것이니, 그 사람을 이루고 있는 기운의 모습(體段)은 본래 이와 같으나, 오직 스스로 반성하여 곧아야만 그것을 기를 수 있고, 거기에다 인위적인 행위로써 그것을 해치지 않아야만 모습이 이지러지지 않고 하늘과 땅 사이에 가득하게 될 것이다."

그 기(氣)는 의(義)와 도(道)에 배합하는데[配] 의와 도가 없으면 쪼그라든다.

주자가 말하였다. "배(配)는 합하여 도움이 된다는 뜻이다. 의란 사람의 마음을 제재(制裁)하는 것이며, 도란 천리가 스스로 그러한 것이다. 위축된다는 것은 주리고 결핍하여 기가 본체에 충만하지 못한 것이다. 이는 사람이 이 기를 기를 수 있으면 그 기가 도의에 배합하여 그것을 행하는 데 도움이 되어, 그 행위로 하여금 용기있고 결단이 있어 의심하고 꺼리는 바가 없게 한다. 그러나 만약 기가 없으면 한때의 행위가 비록 도의를 벗어나지 않았다 하더라도, 그 본체에 충만하지 않은 바가 있으면 또한 의심하고 두려워함을 면할 수 없어 아무런 행위도 할 수 없게 된다는 것을 말한다."

이 기운은 의를 모음으로써 생기는 것이지 의가 엄습(掩襲)하여 취할 수 있는 것은 아니다. 행동하여 양심에 만족하지 않으면 기는 위축되고 만다.

주자가 말하였다. "의를 모은다는 것은 선(善)을 쌓는다는 말과 같으니 곧 일마다 의에 합하기를 바라는 것이다. 습(襲)은 엄습하여 취하는 것이다. 이 말에는 다음과 같은 뜻이 있다. 기운은 비록 도의와 배합되는 것이긴 하지만 기운을 기르는 일이 모두 의에 합하여 스스로 돌이켜 늘 곧았기 때문에 부끄러울 바가 없어 이 기운이 저절로 그 가운데서 발생하는 것이지, 다만 한 가지 일이 우연히 의에 합당하게 됨으로써 문득 바깥으로부터 엄습하여 얻어지는 것은 아니다. 행동이 하나라도 의에 합당하지 않아서 스스로 돌이켜서 곧지 않은 게 있다면 마음에 만족하지 못하여 그 본체가 충만하게 될 수 없다는 것을 말한 것이다."

정자가 말하였다. "그 뜻을 굳게 지키고 그 기운을 난폭하게 함이 없어야 안과 밖이 서로 길러지게 된다."(섭씨가 말했습니다. "그 뜻을 지킨다는 것은 마음속에 지키는 바가 있다는 것이고, 그 기운이 난폭함이 없다는 것은 밖으로 방종함이 없다는 것이다. 그러나 마음속에 지키는 바가 있으면 기가 스스로 완전해지고, 밖으로 방종함이 없으면 의지가 더욱 견고해진다. 그러므로 '서로 길러 준다'라고 하는 것이다.")

여기에서는 의지와 기운을 기르는 것만을 말한 것입니다.

공자가 말하였다. "군자에게는 경계할 것이 세 가지 있다. 젊었을 때는 혈기(血氣)가 아직 안정되지 않았으니 여색을 경계하여야 하고, 장년이 되어서는 혈기가 바야흐로 굳세니 싸움을 경계하여야 하며, 늙어서는 혈기가 이미 쇠약해졌으니 탐욕을 경계해야 한다." 《논어》

주자가 말하였다. "혈기는 몸이 살아가는 데 필요한 것으로서, 혈(血)은 음(陰)이요, 기(氣)는 양(陽)이다. 득(得)은 얻으려고 탐하는 것이다. 때에 따라 경계할 줄 알아서 이치로써 이겨내면 혈기에 의해 동요되지 않을 것이다."

범씨가 말하였다. "군자는 그 뜻과 기운을 기르는 까닭에 혈기에 의해 움직이지 않는다. 그러므로 나이가 많아질수록 덕(德)도 더욱 높아진다."

《역(易)》에서 말했다. "말을 삼가고 음식을 절제하라." 〈이괘(頤卦)·상사〉

정자가 말하였다. "말을 삼가서 덕을 기르고, 음식을 절제하여 몸을 기른다. 지극히 일상적이지만 지극히 큰 결과를 낳는 것으로 말과 음식만한 것이 없다."

또 말하였다. "진원(眞元 : 사람 몸의 원기)의 기(氣)는 외기(外氣)와 서로 섞이는 것은 아니고, 단지 외기로 함양할 따름이다. 이는 마치 물고기가 물 속에 살지만, 물고기의 생명을 물이 만든 것은 아니다. 그래도 반드시 물 속에서 길러야 물고기가 살 수 있는 것과 같다. 사람이 천지의 기운 가운데에서 살아

감은 물고기가 물 속에서 살아가는 것과 같다. 음식으로써 살아가는 것이 모두 외기로 함양하는 방법이다."

또 말하였다. "움직임과 휴식을 조절해 생명을 기르고, 음식과 의복으로써 몸을 기른다. 위엄과 법도를 지키고 의로운 일을 하여서 덕을 기르며, 추기급물(推己及物)*2로써 사람을 기른다."

형서(邢恕)가 말하였다. "우리들은 항상 정력을 기르고 아껴야 한다. 정력이 조금만 부족하면 권태로워져서 일을 할 때 억지로 하게 되고 성의가 없게 된다. 이런 예는 손님을 접대하면서 말하는 데서도 알 수 있으니, 하물며 큰일을 만나서는 어떻겠는가?"

공자께서 삼가시던 것은 재계(齋)할 때와 전쟁이 일어났을 때, 그리고 질병에 걸렸을 때였다. 《논어》

주자가 말하였다. "재(齋)라는 말은 가다듬는 것이다. 장차 제사를 지내려 할 때 어수선한 생각을 가다듬어 신명과 만나는 것이다. 정성이 지극한지 아닌지, 신이 제사를 흠향하는지 아닌지가 모두 여기에 달렸다. 전쟁이란 백성의 생사와 나라의 존망이 달려 있는 것이다. 질병이란 또 나 자신의 죽고 사는 문제이니 조심하지 않으면 안 된다."

또 말하였다. "병에 걸렸을 때에는 생각을 깊이 해서는 안 된다. 모든 일을 일체 놓아두고 오로지 마음을 보존하고 기를 기르는 것을 힘써야 한다."

정자가 장사숙(張思叔)에게 말하였다. "내가 타고 난 기질은 매우 약하고 여린데 30세가 되어서야 차츰차츰 성해졌고, 4, 50세가 지난 후에야 완성되었다. 내 나이 지금 72세이나 힘줄과 뼈가 젊은 사람에 견주어도 손색이 없다." 사숙(思叔)이 물었다. "선생님은 어떻게 해서 박약한 기질을 타고 났으면서도 오래 사실 수 있습니까?" 정자가 잠자코 있다가 말했다. "나는 삶을 돌보지 않고 욕망을 쫓는 것을 아주 부끄럽게 여긴다."(장남헌(張南軒)이 말했습니다. "다른 사람의 양생(養生)은 건강하고 튼튼하기를 구하는 것이다. 이는 다만 이익을 추구하는 데 지나지 않으나 이천(伊川)이 말하는 것은 순수한 천리이다.") 또 정자가 부주(涪州)로부터 돌아왔는데, 그때 그의 기색이나 용모나 수염이 모두 전날보다 나아졌기 때문에 문인이 물었다. "어떻게 하여 이와 같이 건강하실 수 있습니까?" 그러자 대답하였다. "학문의 힘이다."

이는 혈기를 기르는 것을 겸하여 말한 것입니다.

신이 살피건대, 어질고 의로운 마음은 사람마다 똑같이 받았으나 타고난 기질에 트인〔開〕 사람이 있고 막힌〔蔽〕 사람이 있습니다. 진원의 기는 사람마다 똑같이 가지고 있으나 혈기는 허(虛)한 사람이 있고 튼튼한 사람도 있습니다. 어질고 의로운 마음을 잘 기르면 막힌 것을 터놓을 수 있어 천부(天賦)의 본심을 온전히 할 수 있으며, 진원의 기를 잘 기르면 허한 사람도 튼튼하게 할 수 있어서 타고난 명(命)을 보존할 수 있습니다. 그 기르는 방법은 밖에서 다른 사물의 도움을 받는 것이 아니라, 다만 흔들리거나 손상되지 않게 할 따름입니다. 하늘과 땅 사이에서 기의 작용은 다함이 없이 만물을 낳고 낳으며 잠깐 동안이라도 정지하는 일이 없으며, 사람의 기는 천지와 더불어 통하기에 양심과 참 기운도 천지와 더불어 자라납니다. 오직 그것을 해치는 것이 여러 갈래이므로 생장(生長)이 소멸(消滅)을 이겨 내지 못하여 이리저리 굴러서 없어져 버리게 되는 것입니다. 그 때문에 마음은 짐승같이 되고 기는 아주 일찍 시들어 버리니, 어찌 두려워하지 않을 수 있겠습니까? 양심을 해치는 것은 이목구비와 팔다리의 욕망이요, 참 기운을 해치는 것도 이 욕망 아닌 것이 없습니다. 무릇 귀가 듣기 좋은 음악만 좋아하고 눈이 미인만을 좋아하는 것은 진실로 마음에 해로운 것이니, 입을 유쾌하게 하는 음식은 반드시 오장(五臟)을 상하게 하는 것이요, 즐겁고 편안한 생활은 근육과 맥(脈)을 해이하게 하여 드디어 행동과 휴식이 법도에서 어긋나고, 기쁨과 노여움이 중용을 잃어 마음은 날로 방자해지고, 기는 날로 방탕해져서 마침내 하나의 기가 관통하는 것이 끊어지고 온몸에 있는 모든 뼈의 연결이 풀어지게 될 것이니, 장차 무엇으로써 하늘에서 받은 명대로 오래 살 수 있겠습니까? 그러므로 마음을 기르는 것과 기를 기르는 것은 실로 한 가지 일입니다. 양심이 날로 생장하면서 해를 입는 것이 없어 마침내 그 막힌 것을 다 제거하게 되면 호연(浩然)의 기운이 성대하게 활동하여 장차 천지와 함께 한몸이 될 것입니다. 살고 죽는 것, 오래 살고 일찍 죽는 것이 비록 정해진 운수라고 하더라도 나에게 있는 도(道)는 이것을 다 할 수 있으니, 어찌 스스로 만족스럽지 않겠습니까? 이것도 유념하시기 바랍니다.

〈주〉
＊1 《예기》〈악기(樂記)편〉
＊2 자기를 미루어 다른 사물에까지 미침.

마음 바르게 함에 대하여〔正心〕

신이 살피건대, 앞서의 두 장의 공부는 모두 정심(正心) 아닌 것이 없지만 저마다 주장하는 것이 있으므로 선현의 가르침 가운데 정심을 주로 한 것을 따로 모아 함양과 성찰의 뜻을 상세히 논하였습니다. 주자는 말하였습니다. "경(敬)이란 성인의 가르침 가운데 제일가는 가르침이니, 철두철미하게 하여야지 사이가 끊어져서는 안 된다." 그러므로 이 장의 대요(大要)는 경으로써 주를 삼았습니다. (제3장의 수렴(收斂)은 경의 시작이요, 이 장은 경의 끝입니다.)

맹자가 말하였다. "마음을 보존하고 본성을 기르는 것이 하늘을 섬기는 방법이다." 《맹자》

주자가 말하였다. "존(存)이란 잡아서 놓지 않는 것을 말함이고, 양(養)이란 그대로 따라서 해치지 않는다는 것을 말함이며, 사(事)는 받들고 이어서 어기지 않는 것이다. 마음과 본성은 모두 하늘이 나에게 준 것인데, 이것을 보존하고 기르지 못하여 속박되어 없어지게 한다면 하늘을 섬기는 것이 못된다."

정자는 말하였다. "사람에게는 다만 하나의 천리가 있을 뿐이니, 만일 그것을 보존할 수 없다면 다시 무슨 사람이 되겠는가?"

또 말하였다. "만일 실제로 보존하고 기르지〔存養〕 못한다면 그것은 다만 빈말일 뿐이다."

신이 살피건대, 맹자가 말한 '존양'이란 움직임과 고요함을 관통하여 말한 것이니 곧 뜻을 성실하게 하고 마음을 바르게 말한 것입니다. 다만 선현들이 고요〔靜〕한 때의 공부를 논할 때에는 흔히 존양과 함양으로써 말하므로, 절실하고 중요한 말을 가려 내어 다음과 같이 기록합니다.

정자가 말하였다. "함양하면 곧 맑고 드높은 경지에까지 이르게 된다."

어떤 사람이 물었다. "희로애락이 일어나기 전에는 움직인다고 해야 합니까, 고요하다고 해야 합니까?" 대답하였다. "고요하다고 하는 것이 옳다. 그러나 고요함 중에도 물(物)이 있어야 비로소 옳은 것이다. 이 경지가 가장 어려운 곳이니 배우는 사람은 우선 경을 이해해야 한다. 경할 수 있으면 저절로 그것을 알게 될 것이다."

어떤 사람이 물었다. "정좌(靜坐)하고 있을 때 무엇이 앞을 지나가면 보입니까, 안 보입니까?" 대답하였다. "일이 어떤가에 달렸다. 가령 제사와 같은 큰일을 예로 들어 보자. 이 때는 앞에 드리운 술로 눈을 가리우고 귀막이 솜으로 귀를 막았다면 눈앞을 지나가는 모든 물건이 보이지도 들리지도 않을 것이다. 만일 일이 없을 때라면 눈에 보이고 귀에 들리게 될 것이다."

소병(蘇昞)이 물었다. "희로애락이 일어나기 전에 중용(中庸)을 구할 수 있습니까?" 대답하였다. "안 된다. 이미 희로애락이 일어나기 전에 그것을 구한다고 하면 바로 이것은 생각한 것이니, 이미 생각한 것은 곧 이미 표현된 것이다. 일어나자마자 그것은 화(和)라고 하는 것이요, 중용이라 할 수 없는 것이다. 희로애락이 드러나기 전에 존양을 말하는 것은 옳으나, 희로애락이 드러나기 전에 중용을 구한다고 말하는 것은 옳지 않다."(주자가 말하였다. "정자가 '생각하자마자 곧 이미 표현된 것'이라고 한 이 한 마디는 자사의 말 밖에 숨은 뜻을 밝혀 드러낸 것이니, 무릇 희로애락이 발하기를 기다리지 않고도 다만 생각하는 바가 있으면 곧 이것이 이미 표현된 것을 말한 것이다. 이 뜻은 지극히 정밀하고 심오하며 일어나지 않은 경지를 남김없이 다 말한 것이니 여기서 더 보탤 것이 없다.")

주자가 말하였다. "보이지도 않고, 들리지도 않을 때가 곧 희로애락이 일어나지 않은 곳이니, 항상 이 마음을 이 속에서 일으켜서 미리 막아야 한다."

또 말하였다. "경계하고 삼가고 무서워하고 두려워하는〔戒愼恐懼〕 것을 너무 심각하게 설명할 것이 아니다. 다만 마음을 수습해서 그 속에 있게 하는 것뿐이니, 이천(伊川)이 말한 바의 '경(敬)'이 이것이다."

서산 진씨(西山眞氏)가 말하였다. "경계하고 삼가며 무서워하고 두려워하는 것은 다만 사물이 형체를 갖추기 전에 항상 경건을 유지하여 어둡지 않게 하는 것일 뿐이다. 사려가 뚜렷하게 드러나기 전에도 지각 능력은 어둡지 않아 성(性)의 본래 모습에는 저절로 가릴 수 없는 것이 있다. 이것이 정자가 말한 바 '고요함 가운데 사물이 있다'는 것이니, 배우는 사람들이 깊이 음미하여 실험해 보면 마땅히 스스로 볼 수 있을 것이다. 오로지 말로만 구해서는 안 된다."

신이 살피건대, 일어나지 않았을 때에는 이 마음이 고요하여 진실로 털끝만한 생각도 없지만, 다만 고요한 가운데서도 지각 작용은 어둡지 않습니다. 마치 아득히 아무 흔적도 없으나 모든 만물이 이미 빽빽하게 갖추어져 있는 것과 같습니다. 이 경지는 지극히 이해하기 어렵지만 다만 이 마음을 경으로써 지키어 함양함이 오래 쌓이면 마땅히 스스로 힘을 얻게 될 것이니, 이른바 경으로써 함양한다는 것은 다른 방법이 아니라, 다만 고요하여 생각이 일어나지 않게 하고 또렷또렷하게 하여 조금도 어둡지 않게 할 뿐입니다.

어떤 사람이 물었습니다. "아직 감정이 드러나지 않았는데도 보고 듣는 것이 있는가?" 신(臣)이 답하였습니다. "만일 사물을 보고 소리를 듣는데 여기에 생각이 따라서 일어나면 이는 진실로 이발에 속할 것이요, 만일 사물이 눈앞을 지나가는 것을 보기만 할 뿐 그것을 보는 마음이 일어나지 않으며, 귓가를 지나가는 것을 듣기만 할 뿐 그것을 듣는 마음을 일으키지 않아서, 비록 보고 듣는 것이 있다 하더라도 생각하는 것이 없었다면, 그것을 아직 드러나지 않은 것이라고 해서 잘못될 게 없다. 그러므로 정자는 '눈은 모름지기 보고, 귀는 모름지기 듣는다' 하였고, 주자는 '만일 반드시 보고 듣지 않은 것을 표현되지 않은 것이라고 한다면, 이는 다만 일종의 의식이 어두운 상태이니, 사람이 잠을 충분히 자지 못했을 때에 다른 사람에 의해 깜짝 놀라 깨어나 아주 잠시 동안 주위와 때를 인식하지 못하여 이와 같은 상태가 되기도 한다. 그러나 성현의 마음은 침착해서 깊은 못처럼 고요하며 보고 듣는 것을 환히 깨달으니 결코 이와 같지 않다' 하였으니, 이로 미루어 보면 표현되지 않았을 때도 보고 듣는 것이 있다."

또 물었습니다. "보통 사람의 마음도 진실로 드러나지 않을 때가 있는데, 그 중심의 본체도 성현의 표현되지 않음과 차이가 없는가?" 신이 대답하였습니다. "보통 사람들은 함양과 성찰의 공부가 없다. 그러므로 그 마음이 어둡지 않으면 어지러워 중심의 본체가 서지 않지만, 다행히 잠깐 동안이라도 어둡고 어지럽지 않으면 그 표현되지 않음의 중심은 성현과 다름이 없다. 다만 얼마 되지 않아 혹은 방자해지기도 하고 혹은 어지러워져서 금방 본체를 잃어버리는데 잠깐 동안 중심을 잡은 것으로 어찌 온종일 혼란을 불러 큰 근본을 세울 수 있겠는가?"

또 물었습니다. "연평(延平)선생은 '고요한 가운데에서 희로애락이 표현되지 않은 중심을 본다' 하였는데, 표현되지 않음이란 어떤 상태입니까 하자, 주자가 말하기를 '이선생(李先生)은 고요한 가운데에서 큰 근본을 몸으로 터득하였다' 하였으니, 이 설은 어떤가?" 이에 신이 답하였습니다. "생각하는 것이 있으면 곧 이것은 이미 표현된 것이다. 이미 몸으로 터득하였다고 말했으면 이는 성찰의 공부요, 표현되지 않았을 때의 상태는 아니다. 그러므로 주자의 만년정론(晚年定論)에는 '몸으로 터득한다'라는 글자를 중하게 여겼으니, 이를 살피지 않을 수 없다. 다만 배우는 사람이 정좌하고 있을 때 이 공부를 하여 조심조심 표현되지 않았을 때의 기상을 비추어 보면 학문의 진보와 마음을 기르는 것에 반드시 도움이 있을 것이다. 이 또한 하나의 방법이다."

주자가 말하였다. "아직 표현되기 전의 감정은 찾을 수가 없고, 이미 깨달은 뒤에는 손을 댈 수 없다. 다만 평소 장중하고 경건하게 함양하는 공부가 지극하여 인욕의 사사로움으로 그것을 어지럽히는 일이 없다면, 아직 표현하지 않았을 때는 맑은 거울이나 잔잔한 물과 같아서 그것이 표현되어도 모두 절도에 맞을 것이다. 이것이 날마다 행하는 근본적인 공부이니, 일에 따라 성찰하고 사물에 나아가 미루어 밝히는 데에 이르러서도 또한 반드시 이것이 근본이 된다. 지금까지의 강론과 사색은, 다만 마음을 이미 표현된 상태로만 여겨 일상생활의 공부도 처음과 끝을 살펴서 깨우치는, 최초로 착수할 곳으로 삼았다. 그 때문에 평소 함양하는 공부가 결여되어 사람의 가슴 속을 어지럽게 하고 깊이 잠기어 한결같이 순수한 맛이 없게 하며, 말하고 행동할 때에도 급하고 가볍고 노골적이어서 다시는 화락하고 깊고 묵직한 기품이 없게 된다. 소견이 한 번 어긋나면 그 해로움이 여기까지 이르게 되므로 살피지 않을 수 없다."

이는 함양을 말한 것입니다.

성실함〔誠〕은 인위로 하는 것이 없고〔無爲〕, 기미〔幾〕에는 선과 악이 있다.   주자의 《통서(通書)》

주자가 말하였다. "실제의 도리〔實理〕는 스스로 그러한 것이니 무슨 인위적인 행함이 있겠느냐? (이것은 아직 마음이 겉으로 드러나지 않았을 때입니다) 기미〔幾〕는 움직임의 미미한 것이니, 선과 악이 그로 인해서 나누어지는 것이다."

조치도(趙致道)가 말하였다. "이것은 사람의 마음이 아직 표현되기 전의 본체를 밝혀 이미 표현된 것의 발단을 가리킨 것이다. 무릇 배우는 사람으로 하여금 싹이 움직일 때의 은미함에서 자세히 살펴 판단해 가려서, 버리고 취할 것을 알아 본심의 체(體)를 잃지 않게 하려는 것일 뿐이다. 선악은 비록 서로 대립하는 것이지만 마땅히 손님과 주인을 갈라야 하며, 천리와 인욕이 비록 갈래가 나뉘지만 마땅히 본 줄기〔宗〕와 곁가지〔孼〕를 살펴야 한다. 성실로부터 움직여서 선(善)으로 나아가면 마치 나무가 뿌리로부터 줄기로, 줄기로부터 잎으로 통하여 상하가 서로 통달하는 것처럼 천리가 흘러 작용하게 된다. 이는 마음의 근본이며 성의 올바른 줄기이다. 혹시 기생하는 것처럼 곁가지가 더 화려하게 꽃이 피고 옆에서 싹이 자란다면 이것은 비록 성실이 움직인 것이지만, 개인적 욕망이 흘러 작용한 것이므로 이것은 이른바 악(惡)인 것이다. 이는 마음에 고유한 것이 아니니 손님으로서 의탁하는 것이요 성실의 본줄기가 아닌 것이니 곁가지라 할 수 있다. 진실로 일찍이 변별하지 않거나 세밀하게 가리지 않는다면, 나그네가 혹 주인을 올라타거나 곁가지가 혹 본줄기를 대신할지 모른다. 배우는 사람은 싹이 움직이는 것과 낌새의 사이에서 그 발생됨의 움직임을 살필 수 있어야 한다. 곧게 나아가는 것은 천리이고 옆으로 나아가는 것은 인욕이 되므로, 곧게 나아가는 것을 잘 인도하고 옆으로 나아가는 것은 막아 끊어서, 노력을 끝까지 기울이면 마음의 표현이 저절로 한길에서 나와 하늘의 명령을 보존할 수 있다."

범양 장씨(范陽張氏)가 말하였다. "한 생각이 선하면 하늘의 신(神), 땅의 신, 상서로운 바람, 화평한 기운이 모두 여기에 있고, 한 생각이 악하면 요망한 별, 전염병 등이 모두 여기에 있다. 이 때문에 군자는 홀로 있을 때 삼가야 한다."

아무리 성인이라도 생각하지 않으면 미친 놈이 되고, 아무리 미친 놈이라도 잘 생각하면 성인이 된다.　　　　　　　《서경》〈주서·다방(多方)〉

채씨가 말하였다. "성인은 실로 쉽게 되는 것은 아니지만 미친 놈도 생각을 잘 할 수만 있다면 성인의 공을 이루어 그 향할 바를 알 수 있게 된다. 성인은 실로 생각하지 않음이 없으나 조금이라도 어긋난 생각이 있으면 비록 미친 놈에는 이르지 않더라도 미친 놈이 되는 이치가 또한 여기에 있다."

공자가 말하였다. "잡아 두면 보존되고 버려 두면 없어지며, 들어가는 때가 없어서 그 향할 곳을 알지 못하는 것은 오직 마음을 두고 하는 말이다."

《맹자》

주자가 말하였다. "마음은 그것을 잡아 두면 여기에 있고 버려 두면 떠나 버려, 그 출입이 정한 때가 없으며 또 정해진 곳도 없다. 움직임이 위태로워 안정되기 어려운 것이 이와 같다."

또 말하였다. "출(出)과 입(入)의 두 글자에는 선도 있고 악도 있어서 모두가 버려 두면 없어지는 것의 소치라 할 수 없다. 이는 다만 마음의 본체와 작용을 곧바로 지적하여 마음이 두루 흘러 변화하며 신명하여서 헤아릴 수 없이 오묘함을 가리켜 말한 것이다."

어떤 사람이 물었다. "불교에는 마음을 본다는 말이 있는데 그럴 수 있습니까?" 대답하였다. "마음이란 몸의 주(主)가 되는 것이니 하나요 둘이 아니다. 지금 다시 또 다른 물건이 있어 마음을 되돌려 본다고 하면 이는 이 마음 외에 다시 한 마음이 있어 이 마음을 주관할 수 있다는 것이므로 그 말은 잘못된 것이다."

또 물었다. "'아직 표현되기 전에는 다만 경(敬)함으로써 마음을 지니고 길러야 하며, 이미 표현된 뒤에는 마땅히 경함으로써 살펴야 하는 것이나, 이미 표현된 정(情)은 마음의 작용이므로 여기에서 자세하게 살핀다는 것은 마음으로써 마음을 보는 병통을 면치 못한다' 하니 어떻습니까?" 답하였다. "이미 표현된 곳에서 마음의 본체로써 그 마음이 표현된 것을 살피면 아마 가벼움과 무거움, 길고 짧음의 차이가 있을 뿐이겠지만, 만일 표현된 마음을 가지고 따로 마음의 본체를 구한다면 그런 이치는 있을 수도 없다. 무릇 잡아서 보존한다고 말하는 것은 그것으로써 이것을 잡아 있게 한다는 말은 아니다. 버려 두면 없어진다는 것은 그것으로써 이것을 버려 두어 없어지게 한다는 말이 아니다. 마음을 스스로 잡으면 없던 것도 보존되고, 버려 두고 잡지 않으면 있던 것도 없어질 뿐이다."

정자가 말하였다. "사람은 꿈꾸는 사이에도 자기자 배운 바의 얕고 깊음을 점칠 수 있다. 따라서 꿈자리가 뒤숭숭한 것은 심지(心志)가 정해져 있지 않거나 잡아 보존하는 것이 굳건하지 못하기 때문이다."

물었다. "마음속에 걸려 있는 일이 진실로 선한 일이라면 꿈에 그것을 보아도 좋은가?" 대답하였다. "착한 일이라 하더라도 마음은 역시 움직이는 것이니, 모든 일이 어떤 조짐으로써 꿈에 나타나는 것은 해로울 것이 없지만, 그 외에는 모두 분별없는 움직임이다."

장자가 말하였다. "마음은 맑은 때가 적고 어지러운 때가 많다. 마음이 맑은 때는 보는 것이 밝고 듣는 것이 총명하여 온몸을 얽어매어 억지로 구속하지 않아도 저절로 공손하게 삼가게 되나, 마음이 어지러울 때는 이와 반대이다. 왜 그런가 하면, 마음 씀씀이가 미숙하여 쓸데없는 생각은 많으나 한결같은 마음이 적기 때문이요, 세속에 물든 마음을 없애지 않아 진심이 완전해지지 못했기 때문이다."

주자가 임금께 올린 차자(箚子)에서 말했다. "사대부로서 의견을 제출하는 자들이 폐하의 입장에 근본을 두지 못하고 지엽적으로 이익을 추구하는 데만 급급하니, 정치가 나오는 근본의 실마리가 되지 못하고 사물에 응하는 근원을 맑게 하지 못하며, 폐하의 올바르고 원대하신 의도를 도와 온 세상의 일을 다 폐하가 바라시는 대로 하기에 부족하지 않을까 염려됩니다. 신이 바라옵건대, 폐하께서는 한 생각이 싹틀 때 반드시 이것이 천리냐 인욕이냐를 자세히 살펴서, 만일 천리라면 경건〔敬〕함으로써 확충하여 조금이라도 막히지 않게 하시고, 만일 인욕이라면 경건함으로써 그것을 이겨 조금도 막히고 걸림이 없게 하십시오. 그리하여 사람을 쓰고 일을 처리하는 데 이르기까지 그렇게 판단하고 처리하여 그것이 옳다는 것을 알았으면, 행하시는 데 오직 힘을 쓰지 않는 것을 두렵게 여기시고, 그것이 그르다는 것을 알았으면 버리는 데 과감하지 못한 것을 두려워하시기 바랍니다. 이렇게 하신다면 성심(聖心)이 환하게 트여 안과 밖이 서로 투철하여 털끝만한 사욕도 그 사이에 끼일 수 없고, 온 세상의 일은 폐하께서 바라시는 대로 되지 않는 것이 없을 것입니다."

마음속에 화내고 노여워하는 것이 있으면 바르게 되지 못하고, 무서워하고 두려워하는 것이 있으면 바르게 되지 못한다. 또 좋아하고 즐거워하는 것이 있으면 바르게 되지 못하고, 근심하고 걱정하는 것이 있으면 바르게 되지 못한다. 《대학》아래도 같음

정자가 말하였다. "'몸에 있다'고 할 때의 '몸'은 마땅히 '마음'으로 써야 한다."

주자가 말하였다. "분치〔忿懥〕는 노한다는 뜻이다. 이 네 가지는 모두 마음의 작용으로서 사람에게는 없을 수가 없는 것이다. 그러나 하나라도 그것이 있을 때에 살피지 못하면, 욕심이 움직이고 감정이 앞서서 마음의 작용이 바름을 잃지 않을 수 없다."

또 말하였다. "이 네 가지는 아무런 의도가 없이 나와야지, 마음 속에 먼저 그런 생각을 가지고 있으면 안 된다. 예를 들면, 성내는 것이 어떤 사람의 죄로 인한 것일 때, 매를 때리는 것이 끝나면 곧 마음이 평정하게 되어야만 아무런 의도가 없었던 것이다. 만일 마음이 평정되지 않으면 곧 어떤 의도가 있었던 것이다."

또 말하였다. "마음이 사물〔物〕에 얽매이면 곧 움직이게 되니, 사물에 얽매이게 되는 까닭에는 세 가지가 있다. 첫째, 미래에 대해 먼저 기대하는 마음을 갖는 것이요, 둘째, 일이 이미 끝났는데도 아직 마음에 두고 잊지 못하는 것이며, 셋째, 바로 일에 응할 때 치우치는 마음이 있는 것이다. 이것은 모두 사물에 얽매이고 구속되었기 때문이다. 그래서 다른 일이 눈앞에 나타나면 그것에 반응하여 곧바로 잘못되니 어떻게 마음이 바르게 되겠는가? 성인의 마음은 맑고 텅비고 밝아서 사물을 보면 크나 작으나 사방팔면으로 사물에 따라 응하지 않음이 없다. 이 마음에는 본디 그런 일들이 있어 본 적이 없는 것이다."

정자가 단주(澶州)에 있을 때 다리를 수리하다가 긴 들보 하나가 모자라

널리 민가에서 구하였다. 이 때문에 나중에 나들이를 하다가 좋은 나무만 보면 반드시 재어 보고 싶은 마음이 일어났기 때문에, 배우는 사람들에게 경계하여 말하였다. "마음에 한 가지 일이라도 두어서는 안 된다."

또 말하였다. "자신을 죄책(罪責)하는 일은 없을 수 없으나, 가슴 속에 오래 두고 뉘우치는 것은 부당하다."

마음이 거기에 있지 않으면 보아도 보이지 않고, 들어도 들리지 않으며, 먹어도 그 맛을 알지 못한다.

주자가 말하였다. "만일 마음이 있지 않다면 곧 주재(主宰)하는 것이 없어서 몸을 검속(檢束)할 수 없다."

또 말하였다. "이 마음의 신령스러움은 한 몸의 주(主)가 된다. 진실로 마음이 바르게 되어 늘 바른 상태를 유지하면, 이목구비와 팔다리와 온 몸이 그 명령을 들어 그 일을 반드시 받게 된다. 따라서 움직임과 고요함·말하고 침묵함, 들어오고 나감, 앉고 일어섬이 오로지 내가 시키는 대로 되어 이치에 모두 합당하게 되는 것이다. 만일 그렇지 않으면 몸은 여기에 있어도 마음은 저기로 달아나 피와 살로 된 몸을 다스리고 단속하는 것이 없어, 얼굴을 들어 새를 바라보다가 고개를 돌려 딴소리하지 않는 일이 드물다."

또 말하였다. "요즈음 배우는 사람들이 크게 진보하지 못하는 것은 다만 마음이 떠나 있기 때문이다. 기억하건대, 내가 소년 시절 동안(同安)에 살고 있을 때의 일이다. 밤에 종소리가 울리는 것을 들었는데 한 번 소리가 끊어지기도 전에 마음은 이미 달리기 시작했다. 이로 인하여 경계하고 반성하여, 학문을 하는 것은 모름지기 사물의 도리를 깨달음에 있다는 것을 알았다."

정자가 말하였다. "마음은 반드시 내 몸[腔子] 속에 있어야 한다."(강자(腔子)는 구각(軀殼, 몸의 껍질)과 같은 말입니다.)

남헌 장씨(南軒張氏)가 말하였다. "마음이 있는 것을 경(敬)이라 한다."
(교봉방씨(蛟峯方氏)는 말했습니다. "위에서는 유심(有心)의 병을 말한 것이요, 여기서는 무심(無心)의 병을 말한 것이다." 신이 살피건대, 이는 비록 유심과 무심의 구별이 있지만 사실은 마음에 편벽되고 속박되는 것이 있으므로 주재를 세울 수 없어 마음이 있지 않은 것이 되는 것입니다. 그러므로 유심과 무심은 두 병이 아닙니다.)

이는 성찰(省察)을 말한 것입니다.

이윤(伊尹)이 말하였다. "이 하늘의 밝은 명령을 돌아본다."
《서경》〈상서(商書) 태갑(太甲)〉

주자가 말하였다. "돌아본다〔顧〕는 것은 항상 눈을 거기에 두는 것을 말한 것이요, 시(諟)는 이것〔此〕과 같다는 말이다. 하늘의 밝은 명령이란 곧 하늘이 나에게 준 것이며 내가 그것으로써 덕으로 삼은 것이다. 항상 눈을 그 곳에 두게 되면 밝지 않은 때가 없을 것이다."

또 말하였다. "다만 도리가 항상 눈앞에 있어서 사물에 의해 가리지 않음을 볼 수 있다는 것이지, 한 물체가 있어서 그 형상을 볼 수 있다고 할 수는 없다."

쌍봉 요씨(雙奉饒氏)가 말하였다. "고요할 때 보존하고 움직일 때 살피는 것이 모두 돌아보는 것이다. 고요할 때는 보이지 않는 곳에서 삼가고, 들리지 않는 데서도 두려워해야 하며, 움직일 때는 사물에 나아가 이치를 보고 일에 따라 마땅한 것을 헤아릴 것이니, 이것은 항상 눈을 거기에 둔다고 하는 것이다."

호계수(胡季隨)는 말하였다. "아직 표현되기 전에는 모름지기 함양할 것이요, 표현되자마자 곧 성찰의 공부를 해야 할 것이니 함양이 더욱 익을수록 성찰은 더욱 정미(精微)해진다."

불경(不敬)스럽게 하지 말고, 엄밀하게 생각하듯이 하며, 말을 안정되게 하면 백성이 편안해질 것이다. 《예기》

진씨가 말하였다. "무(毋)는 금지하는 말이다."

범씨가 말하였다. "경례(敬禮) 300가지와 곡례(曲禮) 3,000가지를 한 마디로 요약하면 '불경스럽게 하지 않는다'는 것이다."

정자가 말하였다. "불경스러움이 없어야 하느님을 마주할 수 있다."

또 말하였다. "마음이 안정된 사람은 말이 편안하고 부드러우며, 안정되지 못한 사람은 말이 가볍고 빠르다."(이상의 네 가지는 경(經)의 뜻을 해석한 것입니다.)

또 말하였다. "마음이 하나로 집중되는 것을 경(敬)이라 하며, 다른 데로 가지 않는 것을 일(一)이라 한다."(주일무적(主一無適)을 물으니 주자가 말하였다. "다만 달려가지 않는 것이니, 예를 들면 요즈음 사람들이 한 가지 일을 끝내기도 전에 또 다른 일을 하려고 하여 마음이 천 갈래 만 갈래로 갈라지는 것과 같은 것이다. 학문은 오직 한 곳에 집중해야 한다." 설씨(薛氏)는 말했습니다. "첫걸음을 걸으면 마음은 첫걸음 위에 있고, 두 번째 걸음을 걸으면 마음은 두 번째 걸음 위에 있는 것을 경(敬)이라 한다. 만일 첫걸음을 걸을 때 마음이 두 번째, 세 번째 걸음 바깥에 있고, 두 번째 걸음을 걸을 때 마음이 다섯, 여섯 번째 걸음 바깥에 있다면 곧 경이 아니다. 글씨를 쓴다든가 일을 할 때도 마찬가지이다. 첫 글자를 쓰면 마음은 첫 글자 위에 있고, 첫 일을 할 때면 마음도 첫 일 위에 있어서 날마다 한 곳에 집중하면 이것이 바로 경이다.")

각헌 채씨(覺軒蔡氏)가 말하였다. "정신을 한 곳에 집중하는 것은 움직임과 고요함을 다 겸하는 것이니, 일이 없을 때 마음이 조용하여 항상 보존되어 있으면 이것은 고요하면서 한 곳에 집중하는 것이요, 일이 있을 때 마음이 일에 응하여 다시 다른 일에 섞이지 않으면 이것은 움직이면서 한 곳에 집중하는 것이다."

주자가 말하였다. "일이 없을 때에는 경(敬)이 속에 있고(마음 가운데를 이르는 것입니다), 일이 있을 때에는 경이 일에 있어서, 일이 있든 없든 나의 경은 중단된 적이 없었다. 그러므로 정자는, '배움이란 한 가지로 되었을 때라야 바야흐로 좋다' 하였으니, 무릇 한 곳에 집중하면 일이 있든지 없든지 모두 이와 같다."

정자가 말하였다. "단정하고 가지런하며 엄숙하면〔整齊嚴肅〕 마음은 스스로 하나가 되며, 하나가 되면 그르거나 치우친 것의 방해를 받지 않는다. 엄격하고 위엄이 있는 것이나 근엄하고 삼가는 것이 경의 도(道)는 아니지만, 경에 이르려면 반드시 이로부터 들어가야 한다."(주자가 말하였다. "이천의 '단정하고 가지런하고 엄숙한 것'이라는 한 구절은 간절하고 지극한 공부를 사람에게 말해 준 것입니다.")

상채 사씨(上蔡謝氏)는 말하였다. "경이란 항상 또렷또렷하게 깨어 있는 법이다."(주자가 말하였다. "또렷또렷하다는 것은 곧 마음이 어둡고 어리석지 않은 것을 말한다. 경을 정제 엄숙함으로 말하는 것은 진실로 그럴 듯하지만, 만약 마음이 어둡고 어리석어 이치를 밝게 비추어 보지 못한다면 경을 얻을 수 있겠는가?")

화정 윤씨(和靖尹氏)가 말하였다. "경이란 마음을 수렴하여 한 물건도 용납하지 않는 것을 말한다."(윤씨가 말하였다. "경에 무슨 형체와 그림자가 있으랴? 심신을 수렴하기만 하면 곧 정신을 한 곳에 집중하는 것이다. 예컨대 사람이 신을 모신 사당에 가서 경배를 드릴 때, 마음을 가다듬어 다시 털끝만한 잡념도 없게 한다면 이것이 정신을 집중하는 것이 아니고 무엇인가?")

어떤 사람이 물었다. "세 분 선생(정자, 사씨, 윤씨입니다)의 경에 대한 말씀이 다릅니다." 주자가 말하였다. "비유하면 이 방으로 사방에서 다 들어올 수 있으나, 만약 한쪽을 통해 여기에 이르렀다면 나머지 세 방향에서 들어오는 곳도 모두 그 가운데 있는 것이다."

요자회(廖子晦)가 말하였다. "정자는 '주관(主)이 있으면 실(實)하여진

다' 하였고(정자는 말했습니다. "주관이 있으면 실하게 되어 외부의 근심이 들어올 수 없다.") 또 말하기를, '주관이 있으면 허(虛)하게 된다' 하였는데(정자는 말했습니다. "주관이 있으면 허하게 되어 삿된 것이 들어올 수 없다."), 허와 실의 두 설이 비록 같지는 않지만 모두 경을 주로 한 말입니다." 주자가 말하였다. "자회(子晦)의 말이 참으로 옳다. 경하면 내부의 욕심이 싹트지 않고 외부의 유혹이 들어오지 못하는 것이다. 내부의 욕심이 싹트지 못하는 것으로 말하면 허라 하고, 외부의 유혹이 들어오지 못하는 것으로 말하면 실이라 하니, 두 가지는 모두 동시적인 일이다."(이상의 8조는 경자(敬字)의 뜻을 논한 것입니다.)

정자는 〈표기(表記)〉[*1]의 '군자가 장중하고 공경하면 날로 강해지고, 편안하고 방자하면 날로 구차하게 된다'는 말을 매우 좋아하였다. 보통 사람이 조금만 나태해지면 날로 거리낌없이 멋대로 하게 되고 스스로를 엄중하게 단속하면 날로 법도에 맞게 되는 것이다.

정자가 말하였다. "경은 모든 간사함을 이긴다."

주자가 말하였다. "경은 사람을 붙들어 주고 격려하는 도리이다. 사람이 나태해지고 게으를 때에 경하게 되면 곧 이 마음을 붙들어 주고 격려하게 된다. 항상 이와 같이 하면 간사하고 사치스러운 생각이 조금 있더라도 스스로 물러나게 된다."

또 말하였다. "경은 인욕과 맞서는 수단이다. 사람이 항상 경하면 천리가 자명하여 인욕이 올라오지 못하게 된다."(이는 경이 인욕을 이기는 것을 논한 것입니다.)

주자가 말하였다. "고요한 가운데 사사로운 마음이 이리저리 생겨나는 것은 배우는 사람들의 공통된 근심거리이다. 마땅히 경(敬)을 중심으로 하여 사사로운 뜻의 싹틈이 어떤 일인지를 깊이 살펴 중대한 곳을 강력히 틀어막아야 한다. 이렇게 오래도록 하여 순전해지고 능숙해지면 스스로 그 효력을 볼 것이다."

또 말하였다. "사람에게 하나의 올바른 생각이 있다는 것은 본래 분명한 것이지만, 또다시 곁에서 하나의 부질없는 생각이 생겨나 그것이 점점 확대 되는 것이니, 살피지 않을 수 없다."

물었다. "보통 때 경을 지키는 것은 고요할 때가 가장 좋다. 그런데 일을 하게 되면 싫증나게 되거나, 또는 일에 대하여 노력을 기울이면 혼란을 깨닫 게 된다. 그렇지 않으면, 바로 경을 보존하려고 할 때 쉽사리 생각에 이끌리 게 된다. 이 세 가지를 장차 어떻게 이겨낼 수 있겠느냐?" 답하였다. "요즘 사람은 경을 별개의 한 가지 일로 생각하기 때문에 싫증이 나게 되고 생각에 이끌려 가게도 된다. 경이란 다만 자신의 한 마음을 항상 또렷또렷하게 깨어 있는 것이지 별도로 한 가지 일로 간주해서는 안 된다."

선생이 백우(伯羽)에게 물었다. "어떻게 공부하고 있느냐?" 답하였다. "우선 고요히 앉아 있는 것부터 배워서 생각을 강력히 억제하고 있습니다." 말하였다. "생각을 강력히 억제해서는 안 된다. 다만 물리치는 것[放退]이 옳다. (물리치는 것은 다만 생각에 이끌려 함께 가지 않게 하는 것입니다.) 또한 생각을 전적으로 없애려고 하지 말고 헛되고 못된 생각이 없게 할 뿐이다."

물었다. "한결같이 지켜 나가다 보니 곧 지치게 되는 것을 깨닫게 되었는 데 어찌해야 될지 모르겠습니다." 말하였다. "그런 것은 그렇게 지킬 것이 아니다. 만일 그런 식으로 지켜나간다면 또다시 하나의 마음을 첨가하게 된 다. 그대가 만일 그렇게 지켜나가는 것이 좋지 않다는 것을 알게 되어 바른 생각을 끌어 일으키게 되면 이것이 곧 경이다." 말하였다. "오랫동안 고요히 앉아있다 보면 한 생각이 발동하는 것을 면치 못하니 어떻게 해야 됩니까?" 대답하였다. "모름지기 그 한 생각이 어떤 일인가를 살펴야 된다. 만일 좋은 일이라면 마땅히 그대로 파고들어야 하며, 혹 이 일에 대한 생각이 투철하지 않거든 모름지기 생각하여서 깨닫도록 해야 한다. 만일 좋지 않은 일이라면 파고들 필요가 없으니, 자신이 그러한 것을 깨닫게 되면 경은 바로 이 가운 데 있는 것이다."

또 말하였다. "마음에 경하지 않음이 없으면 온몸이 저절로 수렴되어 의식적으로 조절하기를 기다리지 않더라도 온몸이 저절로 안정되지만, 의식적으로 조절한다면 오래 지속하기도 어렵고 따라서 병이 생기게 된다."

또 말하였다. "정돈수렴(整頓收斂)하면 의식적인 노력으로 들어가고, 조용히 되어가는 대로 내맡겨두면 한가하고 느릿한 데로 떨어지게 된다. 이것이 바로 배우는 사람들의 공통된 병이다. 그러나 정자가 일찍이 말하기를, '모름지기 우선 이로부터 공부해 나가다가 덕(德)이 성(盛)하게 되면 저절로 좌우에서 근원을 만나게 된다' 했으니, 지금도 마땅히 우선 정돈수렴한 곳에서 힘써야 한다. 다만 의식적으로 조절하여 기다려서는 안 될 것이니 그렇게 하면 병이 될 것이다."(이는 병통을 살펴서 다스리는 것을 말한 것입니다.)

장자가 말하였다. "마음을 바로잡기 시작할 때에 마땅히 자신의 마음을 근엄한 스승으로 삼아 모든 행동에 두려워할 바를 알아야 한다. 이렇게 한두 해 간 변함없이 지켜 간다면 저절로 마음이 바르게 된다."

주자가 말하였다. "경이란 오싹할 만큼 두려워함이 있다는 뜻이다. 만일 항상 두려워함이 있으면 감히 스스로를 속이지 못하고, 성실로 나아가게 될 것이다."

면재 황씨(勉齋黃氏)가 말하였다. "경이란 한곳에 집중하여 마음이 다른 곳으로 흩어지지 않는 것을 말하며, 이는 정자의 말이다. 그러나 선생님은 또 '경건은 오직 두려워함이라는 것에 가깝다. 경이란 마음이 엄숙하여 두려움이 있는 것을 말한다. 두려움이 있으면 마음이 하나로 집중될 것이다. 마치 종묘(宗廟)에 들어가거나 임금을 뵐 적에는 저절로 잡념이 없어지지만, 한가하게 거처하여 마음이 느긋해졌을 때는 생각이 어지럽게 일어나서 하나로 집중될 수 없다' 하였다. 그러니 두 말이 서로 겉과 안이 되어서 배우는 사람이 그것을 체득하면 그 뜻을 알 수 있을 것이다."

각헌채씨(覺軒蔡氏)가 말하였다. "사람 마음의 텅 비고 신령스런 지각 작용은 항상 숙연하여 어지럽지 않고 환하여 어둡지 않으며, 고요해서 이(理)의 본체가 있지 않음이 없고 감동하여 이의 응용이 행해지지 않음이 없다. 그렇지만 오직 텅 비고 신령스런 지각 작용이 욕심에 의해 움직이게 되면, 이 마음의 본체와 작용도 따라서 어두워지고 어지럽게 될 것이니, 이것이 바로 경(敬)하지 않을 수 없는 까닭이다. 진실로 두려워 떨고 소름끼쳐 항상 귀신과 부모, 스승이 그 위에 임하고, 깊은 못과 엷은 얼음이 그 아래에 있는 듯이 여기면 텅 비고 신령스런 지각 작용에 저절로 어둡고 어지러운 것이 용납될 수 없다. 이것이 바로 경건의 뜻이 오직 두려워하는 것과 가까운 것이 되는 까닭이다."(이는 두려움으로써 경건이라는 글자의 뜻을 풀이한 것입니다.)

남헌 장씨가 말하였다. "이계수(李季修)가 묻기를, '이른바 경에 대한 말은 마땅히 힘을 써서 진실로 게으르게 해서는 안 되겠지만, 밤이 되어 쉴 때에도 역시 때에 따라 힘써야 합니까?' 하므로, 나는 '밤에 쉬는 것도 곧 경이니 밤에 쉬는 것이 게으름이 되지 않는다는 것을 알아야 경의 이치를 논할 수 있다'고 했다."(이는 경은 어느 때이고 있지 않은 때가 없다는 것을 말한 것입니다. 무릇 낮과 밤, 움직임과 고요함에도 반드시 끊어짐이 없는 것이니, 만약 밤에 쉬는 것을 경이 아니라고 한다면 경을 알지 못한 것입니다.)

설씨가 말하였다. "옛말에 이르기를 '경은 덕이 모인 것이다' 하니, 이 말을 깊이 체득해야 한다. 무릇 도(道)의 미묘함은 헤아릴 수 없어서 고정할 수가 없으니, 오직 경이라야 엉기고 모인 이 이치가 늘 있게 된다. 가령 마음이 경하면 그 덕이 마음에 있고, 태도가 경하면 그 덕이 태도에 있음과 같다. 곧 귀·눈·입·코에 이르기까지 그렇지 않은 것이 없다. 혹시라도 경하지 않으면 마음이 제멋대로 흩어져 온몸이 해이해질 것이니, 비록 사람의 모습을 가지고 있다 하더라도 실상은 한 덩어리의 혈기이므로 물체와 더불어 다를 것이 없다. 이것이 경의 한 글자는 곧 덕이 모이는 근본으로서 천형(踐形)[2]과 본성의 핵심이 된다는 것이다."(이것은 경함으로써 덕을 모으는 것을 말한 것입니다.)

군자는 경건으로써 안을 곧게 하고, 의(義)를 지킴으로써 밖을 반듯하게 하는 것이다. 경과 의가 서게 되면 덕이 고립되지 않는다.

《주역》〈곤괘(坤卦)·문언(文言)〉

정자가 말하였다. "군자는 경을 주로 하여 안을 곧게 하고, 의를 지켜 밖을 반듯하게 한다. 경이 서면 안이 곧게 되고, 의가 나타나면 밖이 반듯하게 되는 것이다. 의가 밖에 나타난다는 것은 밖에 있다는 것이 아니다. 경과 의가 이미 서게 되면 덕(德)이 성하게 되니 덕은 고립되지 않는 것이다."

주자가 말하였다. "근본적인 것은 마땅히 경을 주로 하고 다시 집의(集義)의 성과를 얻어 사사로운 이익을 가리어 물리치면 경에 더욱 도움이 된다. 단지 한결같이 경을 환기시켜 경계하고 격려해서 동정을 통관해야 하는 것이다. 일이 없을 때에는 한결같이 경건을 유지하여 길러야 하고, 일이 있을 때에는 곧 옳고 그름을 가리며 취하고 버려야 하기 때문에, 안을 곧게 하고 밖을 반듯하게 하는 구별이 있는 것이다. 움직임과 고요함이 뚜렷하게 둘로 나뉘는 것은 아니다."

정자가 말하였다. "보존하고 기르는 것을 충분히 한 후 태연하게 행해 나가면 곧 진보하게 된다."

물었다. "사람이 경건으로써 안을 곧게 하는 데만 힘쓰고 밖을 반듯하게 하는 데는 힘쓰지 않는다면 어떻습니까?" 정자가 말하였다. "마음속에 있는 것은 반드시 밖으로 나타나게 되는 것이니, 오직 안이 곧지 못한 것을 두려워할 뿐이다. 안이 곧으면 밖은 반드시 반듯하게 된다."

오봉 호씨는 말하였다. "경건함을 지켜나가는 것은 의리를 정밀하게 하는 것이다."

물었다. "경건함으로써 안을 곧게 하고 의를 지킴으로써 밖을 반듯하게 한다는 것은 무엇입니까?" 주자가 말하였다. "다만 그렇게 말하지만 모름지기 스스로 공부해 나아가야 바야흐로 이와 같음을 알 수 있다. 경건으로써 안을 곧게 한다는 것은, 털끝만한 개인적인 욕심이 없이 가슴속이 환하게 아래위로 통하여 안과 밖이 하나같이 되는 것이고, 의를 지킴으로써 밖을 반듯하게 한다는 것은, 옳다는 것을 알았으면 반드시 그와 같이 하고 옳지 못하다는 것을 알았으면 반드시 그와 같이 하지 않아서 자른 듯이 반듯하게 하는 것이다. 그러니 모름지기 스스로 공부해 나아가야 한다. 성인의 문하에서 배우는 자가 질문한 한 구절과 성인이 답한 한 구절에 대해서 문득 깨달아 실천에 옮겨야 한다. 만약 지금처럼 말로만 할 것 같으면, 이것은 일찍이 몸소 실행한 것은 아니다. 만약 실제로 공부를 해나간다면 다만 이 경이직내(敬以直內), 의이방외(義以方外)의 8자는 한평생 쓰더라도 다함이 없을 것이다."

경건이 게으름을 이기는 사람은 길(吉)하고, 게으름이 경건을 이기는 사람은 멸망하며, 의리(義理)가 욕심을 이기는 사람은 천리에 따르게 되고, 욕심이 의리를 이기는 사람은 흉(凶)하게 된다.

《대대례(大戴禮)》〈무왕천조(武王踐阼)〉

주자가 말하였다. "경건하면 바로 설 수 있고, 게으르면 거꾸러지는 것이다. 이(理)로써 일에 따르는 것이 의(義)이며, 이로써 일에 따르지 않는 것이 욕심이다. 경건과 의리는 본체와 작용이다."

진씨(眞氏)가 말하였다. "경건하면 만 가지 선(善)이 함께 성립되고 게으르면 만 가지 선이 함께 없어진다. 의로우면 이치가 중심이 되고, 욕심에서는 사물이 중심이 된다. 길흉 존망이 이로 말미암아 나뉜다. 옛날 성인들은 이미 여기에서 조심하였다."(이 단락의 말은 《단서(丹書)》에서 나온 것입니다. 《단서》에는 황제(黃帝)와 전제(顓帝)의 도(道)가 실려 있으므로 옛 성인이라고 한 것입니다.)

정자가 말하였다. "경건과 의리를 겸비하여야 하니 위로 하늘의 덕〔天德〕에 통달하는 것도 이로부터이다."(주자가 말하였다. "제일 마지막 부분에 와서 협지(夾持)라는 두 글자를 얻은 것이 참으로 좋다. 경건은 안을 위주로 하고, 의리는 밖의 것을 막는 것이니, 두 가지가 서로 겸비해서 그 중 하나도 잠깐이라도 벗어남이 없게 해야 한다.

이와 같이 되면 아래로 물욕에 물들지 않고 위로 하늘의 덕에 이르게 된다.")

신이 살피건대, 경건은 본체요, 의리는 작용이니, 비록 안팎으로 나누었다 하더라도 실제로는 경건이 의리를 겸비하고 있는 것입니다. 안을 곧게 하는 경은 경건으로써 마음을 보존하는 것이요, 밖을 반듯하게 하는 의는 경건으로써 일에 응하는 것입니다. 주자의 〈경재잠(敬齋箴)〉에 친절하게 밝힌 것을 삼가 다음에 기록합니다.

잠(箴)에 말하였다. "옷과 갓을 바로잡고, 시선을 높게 들어보라. 마음을 고요하게 하여 상제(上帝)를 대한다. (이것은 고요할 때 어김이 없는 것을 말한 것입니다.) 발의 움직임은 무게있게 하고 손의 움직임은 공손하게 하며, 땅은 가려 밟고 개밋둑〔蟻封〕은 돌아가라. (개밋둑은 협소한 땅에서도 돌아갈 수 있어야 한다는 말입니다. 이는 움직일 때 어김이 없는 것을 뜻합니다.) 문을 나설 때는 손님을 맞는 듯이 하며 일할 때는 제사를 받들듯이 하라. 두려워하고 두려워하여 혹시라도 소홀하게 하지 말라. (이것은 외모(外貌)의 바른 것을 말한 것입니다.) 입을 지키는 것은 병마개를 막듯 하고, 뜻을 막는 것은 성(城)과 같이 하라. 조심하고 조심하여 감히 혹시라도 경솔히 하지 말라. (이것은 내면의 바른 것을 말한 것입니다.) 동으로 간다 하고 서로 가지 말고, 남으로 간다 하고 북으로 가지 말라. 일을 당하여서 마음을 보존하여 다른 데로 가지 말라. (이것은 마음의 바름이 일에 미치는 것을 말한 것입니다.) 두 가지 일이라 하여 마음을 둘로 나누지 말고, 세 가지 일이라 하여 마음을 셋으로 나누지 말 것이니, 오직 마음을 하나로 하여야 만 가지 변화를 볼 수 있을 것이다. (이것은 일에서 하나로 집중하되 마음에 근본하고 있음을 말한 것입니다.) 여기에 종사(從事)하는 것을 경(敬)을 지킨다고 하니 움직임과 고요함을 어기지 말고 겉과 속을 서로 바르게 하라. (이것은 윗글을 총결(摠結)한 것입니다.) 잠시〔須臾〕라도 틈이 있으면 사욕이 만 갈래로 일어나 불붙지 않아도 뜨거우며, 얼음이 얼지 않아도 차갑다. (수유(須臾)는 시간으로서 말한 것이니, 이것은 마음이 옮겨 가지 않을 수 없는 병폐를 말한 것입니다.) 조금이라도 어긋남이 있게 되면 하늘과 땅만큼 벌어지니, 삼강(三綱)이 이미 문란하게 되며 구법(九法)*3도 무너지게 될 것이다. (호리(毫釐)는 일로써 말한 것입니다. 이것은 일을 할 때 한 곳에 집중할 수 없는 병통을 말한 것입니다.) 아! 애들아! 깊이 생각하고 공경해야 할 것이다. 묵경(墨卿)*4에게 경계를 맡겨 감히 영대(靈臺)*5에 고하노라."(이것은 일편을 총결한 것입니다. 서산 진씨는 말하였다. "경의 뜻이 여기에 이르러 더 남은 것이 없으니, 성학(聖學)에 뜻을 둔 사람은 마땅히 익히고 반복해야 한다.")

주자의 집 양쪽에는 좁은 방이 있었다. 한가한 날은 그 안에 조용히 앉아서 독서를 하였다. 왼쪽 방은 '경재(敬齋)'라 이름 붙이고 오른쪽 방은 '의재(義齋)'라 이름 붙여놓고, 기록하기를 '《주역(周易)》을 읽고 이 두 가지 이름을 얻었다' 하였다. 말하기를, "경건〔敬〕함으로써 안을 곧게 하고 의리〔義〕를 지킴으로써 밖을 반듯하게 하는 것이 학문의 큰 요령으로서, 이것과 바꿀 만한 말이 없다고 여겼으나 힘을 쓸 수 있는 방법을 알지 못하였다. 그런데 《중용》을 읽고 수도(修道)의 가르침을 논한 것을 보고서야 반드시 계신공구(戒愼恐懼)로부터 시작한 다음에 지경(持敬)의 근본을 얻을 수 있었다. 또 《대학》을 읽고 명덕(明德)의 차례를 논한 것을 보고 반드시 격물치지(格物致知)로서 먼저 한 다음에야 명의(明義)의 단서를 얻을 수 있었다. 조금 있다가 그 두 가지 공부에서 움직임과 고요함이 서로 용(用)이 되고, 또 다시 주자의 태극론(太極論)에 부합한다는 것을 본 뒤에, 온 세상의 이치〔理〕가 어둡고 밝고 크고 작고 멀고 가깝고 얕고 깊은 것에 이르기까지 하나로 엮어진다는 것을 알았다. 뜻을 잘 음미하고 즐겨도 평생 싫지 않았으니 어느 겨를에 밖의 것을 사모할 수 있었겠는가?"

이는 함양과 성찰을 통론(通論)한 것입니다.

공자가 말하였다. "간사한 것을 막아서 성실함을 보존한다."
《주역》〈건괘(乾卦)·문언〉

정자가 말하였다. "간사한 것을 막으면 성실은 나오게 되니, 이는 마치 사람이 집의 담을 고치지 않아 도둑을 막을 수 없는 것과 같다. 동쪽으로 들어오는 도둑을 쫓아내면 다시 서쪽으로부터 들어오고, 한 도둑을 쫓아내면 다시 다른 도둑이 들어오는 것은 그 담을 고쳐서 도둑이 스스로 들어오지 못하게 하는 것만 못하므로 간사한 것을 막으려고 하는 것이다."

또 말하였다. "경은 간사한 것을 막는 방법이다. 간사한 것을 막는 것과 성(誠)을 보존하는 것은 단지 한가지 일이다. 선(善)을 버리면 곧 악이요, 악을 버리면 곧 선이니, 문에 비유하면, 나가지 않았으면 곧 문 안에 들어와 있는 것이다."

물었다. "생각이 비록 많더라도 바른 데서 나오기만 하면 해로울 것이 없지 않습니까?" 말하였다. "가령 종묘에서는 경을 주로 하고 조정에서는 장중함을 주로 하며 군대에서는 엄숙한 것을 주로 하는 것이라면 좋으나, 만일 때가 아닌 데도 발동하여 어지럽게 되어 법도가 없으면 비록 바른 데서 나온 것이라도 간사한 것이 된다."

주자가 말하였다. "이 선생이 말하기를, '사람의 마음 가운데 아주 악한 마음은 오히려 제압하기 쉬우나 크지도 않은 이해와 손해를 따지며 우왕좌왕하는 마음은(이것은 뜬구름 같은 생각(浮念)입니다) 가장 몰아 내기 어렵다' 하였는데, 지금 보니 정말 그렇다."

임천 오씨(臨川吳氏)는 말하였다. "보통 사람도 이것은 이(理)가 되고 선이 되며, 저것은 욕심이 되고 악이 된다는 것을 알지만 의지(志)가 기(氣)를 이기지 못하여 한가한 곳에서 홀로 있을 때에는 간사한 생각이 일어나게 된다. 그러니 하나라도 삿된 생각이 있으면 곧 막고 누르는 것이 스스로를 속이지 않는 성이다. 간사한 생각이 없어졌으면 생각하는 것이 모두 이치에 맞고 선하게 된다. 그러나 한 생각이 일어나자마자 또 다른 생각이 싹트거나, 한 생각이 그치지도 않았는데 여러 생각들이 서로 이어진다면 이것은 둘이요 잡된 것이 된다. 따라서 욕심도 아니고 악도 아니지만 역시 사악한 것이라고 한다. 반드시 먼저 사욕과 악념의 사악한 것을 끊어버린 뒤에야 둘이며 또 잡된 것의 사악함을 치료할 수 있다. 그러니 뜻을 성실하게 하고 마음을 바로잡는 차례를 어찌 뛰어넘을 수 있겠는가?"

《시경》의 시 300편을 한 마디로 요약하면 생각에 간사함이 없는 것이다 (思無邪). 《논어》

주자가 말하였다. "《시경》의 말에, 선한 것은 사람의 착한 마음을 자극시킬 수 있고, 악한 것은 사람의 방종한 뜻을 징계할 수 있다. 그러므로 그 쓰임이란 사람으로 하여금 올바른 감정과 본성으로 돌아가게 하는 작용이다. 그러나 그 말은 은미하고 완곡하며, 또 저마다 한 가지 일로 말미암아 드러난 것이어서 그 전체를 바로 가리키는 것을 구한다면, 이와 같이 명백하고도 그 뜻을 다한 것이 있지 않다. 공자께서 시 300편을 말하면서 오직 이 한 마디로써 충분히 그 뜻을 다 포괄했다고 하였으니, 공자께서 사람들에게 보여준 뜻이 깊고 절실하다."

신이 살피건대, 공자의 이 말은 시(詩)를 논하기 위하여 한 말입니다. 다만 '생각에 간사함이 없는 것'이 곧 성(誠)이므로 정심(正心)의 장에 실었습니다.

정자가 말하였다. "'생각에 간사함이 없다〔思無邪〕'와 '경건하지 않음이 없다〔毋不敬〕', 이 두 구절을 따라 행하면 어찌 어긋남이 있겠는가? 어긋남이 있는 것은 모두 경건하지 않고 바르지 않은 것에서 비롯되는 것이다."

소자(邵子)가 말하였다. "입으로 말하는 것은 몸으로 실천하는 것만 못하고, 몸으로 실천하는 것은 마음으로 다하는 것만 못하다. 입으로 말하는 것은 남이 들을 수 있고, 몸으로 실천하는 것은 남이 볼 수 있으며 마음으로 다하는 것은 신이 알 수 있다. 사람의 총명함도 속일 수가 없는데 하물며 신의 총명함이야 말할 것이 있겠는가? 그러므로 입에 부끄러움이 없는 것은 몸에 부끄러움이 없는 것만 못하고, 몸에 부끄러움이 없는 것은 마음에 부끄러움이 없는 것만 못하다. 입의 허물이 없는 것은 쉬우나 몸의 허물이 없는 것은 어려우며, 몸의 허물이 없는 것은 쉬우나 마음의 허물이 없는 것은 어렵다."

정자가 말하였다. "'생각에 간사스러움이 없는 것'이 곧 성실함이다."

주자가 말하였다. "생각은 말과 행동보다 앞선다. 생각에 간사함이 없으면 말하는 데나 행동하는 데에 다 간사함이 없는 것이다. 행동에 간사함이 없는 것은 아직 성실한 것이 되지 못하는 것이요, 생각에 간사함이 없어야 곧 성실한 것이 될 수 있는 것이니, 이것은 겉과 속이 모두 간사함이 없어 철저하게 털끝만한 부정도 없는 것이다."

신이 살피건대, 성실함이란 하늘의 참된 이치요 마음의 본체이니, 사람이 그 본심을 회복할 수 없는 것은 사사로움과 간사함이 있어 가려지기 때문입니다. 그러므로 경건을 주로 삼아 사사로움과 간사함을 다 없애면 본체는 곧 완전해집니다. 경건은 공부하는 요령이요, 성실은 공부가 이루어지는 바탕이니, 경건으로 말미암아 성실에 이르게 됩니다.

여기까지는 존성(存誠)을 말하고 반복하여 정심(正心)의 뜻을 다하였으며, 또한 함양과 성찰을 겸하여 말한 것입니다.

신이 살피건대, 마음의 본체는 담담하게 텅 비고 맑아서 거울의 텅 빈 것과 같고 저울의 평평한 것과 같은 것이나, 사물에 감응되어 움직이면 칠정(七情)이 응하는 것이니 이것은 마음의 작용입니다. 다만 기(氣)에 구속되고 욕심에 가리워져서 마음의 본체가 설 수 없는 까닭에 혹 올바르게 작용을 못할 수도 있으니, 그 병폐는 어둠과 어지러움에 있을 뿐입니다. 어둠의 병폐는 두 가지가 있습니다. 첫째는 지적인 어두움[智昏]이니, 궁리하지 못하여 시비에 어두운 것을 말하고, 둘째는 기질적인 어두움[氣昏]이니 게으르고 태만하여 언제나 잠잘 것만 생각하는 것을 말합니다.

어지러움의 병폐에도 두 가지가 있습니다. 첫째는 악념이니 사물에 유혹되어 사사로운 욕심을 헤아리는 것이요, 둘째는 뜬구름 같은 생각이 산란함을 일으켜서(掉擧, 도거는 생각이 일어나는 모습입니다) 끊임없이 계속되는 것입니다(이 생각은 선도 아니고 악도 아니므로 뜬구름 같은 생각[浮念]이라고 하는 것입니다). 보통 사람들은 이 두 가지 병폐에 시달려서, 아직 사물에 감응되기 전에는 어둡지 않으면 어지러워서 이미 표현되지 않은 중심을 잃어버리고, 사물에 감응되었을 때는 지나치지 않으면 미치지 못하니 어찌 그 표현과의 조화를 얻을 수 있겠습니까? 군자는 이것을 근심하는 까닭에 궁리하여 선을 밝히고, 뜻을 돈독히 하여 기(氣)를 거느립니다. 또 함양하여 성을 보존하고, 성찰하여 거짓을 버리며, 이로써 그 혼란을 다스린 뒤에 아직 감응하지 않았을 때는 지극히 텅 비고 지극히 고요하니 이른바 맑은 거울이나 평평한 저울과 같은 본체(體)로서 비록 귀신이라도 그 끝을 엿볼 수 없을 것입니다. 그것이 감응되었을 때에도 중절(中節)하지 않음이 없어 거울처럼 맑고 저울처럼 평평한 작용이 유행하여 걸림이 없으며, 올바르고 당당하고 광명(光明)한 것은 천지와 서참(舒慘)[6]을 함께 하는 것입니다. 배우는 사람이 힘을 들여도 가장 효과를 얻기 어려운 것은 뜬구름 같은 생각[浮念]에 있습니다. 대개 비록 나쁜 생각이 꽉 찼다 하더라도 진실로 성실하게 선(善)에 뜻을 둘 수만 있다면 그것을 다스리는 것도 쉽습니다. 다만 뜬구름 같은 생각이란 일이 없을 때에 갑자기 일어났다가 문득 사라져 자유를 얻을 수 없는 것입니다. 뜻을 성실하게 지녔던 사마 온공(溫公) 같은 이도 오히려 마음의 어지러운 것을 근심하였는데, 하물며 초학자는 어떻겠습니까? (정자가 말하였습니다. "군실(君實)[7]이 일찍이 생각의 어지러움을 근심하여 때로는 한밤중에 일어나 날이 새도록 잠들지 못하였으니, 참으로 스스로 고생한 것이라 할 수 있다." 다른 날 또 이렇게 말했습니다. "군실(사마광)이 요즘에는 그 병이 차츰차츰 줄어들었다." 신이 살피건대, 학문을 모르는 사람은 방심(放心)하여 그 생각하는 대로 맡기는 까닭에 그것이 뜬구름 같은 생각인 줄 모르는 것입니다. 배우는 사람이 정좌하여 마음을 수습한 뒤에야 비로소 지금까지 뜬구름 같은 생각에 이끌려 다닌 것을 알게 됩니다.) 배우는 사람은 모름지기 항상 경(敬)을 주로 하여 잠시라도 잊지 않아, 일을 만났을 때는 정신을 한 곳에 모아 마땅히 그쳐야 할 곳에서 각각 그쳐야 하며, 아무 일 없이 정좌하고 있을 때에 만일 생각이 고개를 들면 반드시 곧 생각한 것이 무슨 일인가를 살피고 깨달아, 만일 나쁜 생각이면 단호하게 끊어 버려 털끝만한 싹도 남지 않게 하고, 만일 좋은 생각이어서 마땅히 생각해야 될 일이라면 그것이 이(理)인가 아닌가를 생각해서 이 이치로 하여금 환히 밝아 이해의 생각에 관심이 없는 듯하여야 합니다.

혹은 비록 좋은 생각이라도 그때에 알맞은 것이 아니면, 이것은 바로 뜬구름 같은 생각입니다. 그런 생각이 일어날 때 싫어하고 미워하는 뜻이 있으면 더욱 요란하게 되니, 이 싫어하고 미워하는 마음도 역시 뜬구름 같은 생각인 것입니다. 이런 생각인 것을 깨달은 뒤에 다만 가볍게 물리쳐 이 마음을 끌어당기고 그것과 더불어 함께 가지 않게 하면, 그런 생각이 일어나자마자 다시 그치게 됩니다(염려가 어지럽게 일어날 때, 이 마음이 그것이 뜬구름 같은 생각인 줄을 알아서 함께 끌려가지 않도록 하면, 마땅히 점점 스스로 그치게 될 것입니다). 이와 같이 노력하여 아침저녁으로 부지런히 힘써서 빨리 이루어지기를 바라지 말고 게으른 생각을 하지 말아야 합니다. 만일 힘을 얻지 못하여 혹 우울하고 무료함이 있을 때라도, 모름지기 정신을 가다듬고 마음속을 깨끗이 하여 한 가지 생각도 없게 하면 기상이 맑고 조화롭게 됩니다. 또 오랫동안 순수하게 익혀서 엉기고 안정이 되면 항상 이 마음이 우뚝 서 있는 것을 깨달아 사물에 끌리지 않아, 본체의 밝음에 가려짐이 없어 예지(叡智 : 사물의 이치를 꿰뚫어 보는 지혜롭고 밝은 마음)가 밝게 비추어 권도가 어긋남이 없을 것입니다. (장자가 말하였습니다. "정(定)해진 뒤에 광명이 있는 것이니, 만일 항상 바뀌어 정해진 것이 없다면 어떻게 광명이 있겠느냐?") 가장 옳지 못한 것은, 하루아침에 금방 효과를 바라다가 효과가 없으면 곧 물러나고 실망하는 마음이 생기는 것입니다. 마음을 바로하는 것은 평생의 사업이니 그 요령은 방씨(方氏)가 말한 "가운데가 텅 비었으면서 주재자(主宰者)가 있다"라는 것입니다. 이점을 유념하시기 바랍니다.

〈주〉
*1 《예기》의 편명(篇名).
*2 예절에 맞게 하고 도리에 따라서 타고난 본성을 온전히 실현하는 것.
*3 구주(九疇). 주대(周代)에 대사마(大司馬)가 나라를 다스리는 데 준수하여야 할 아홉 가지 법칙.
*4 '먹'을 의인화 한 것.
*5 마음, 혹은 정신.
*6 서(舒)는 봄기운처럼 화평함을 말함이요, 참(慘)은 참담함이니, 음양(陰陽)의 굴신(屈伸)을 뜻한다.
*7 사마광(司馬光)의 자(字). 태사온국공(太師溫國公)을 증직(贈職)받았으므로 온공(溫公)이라 부른다.

자신의 몸 다스림에 대하여〔檢身〕

신이 살피건대, 마음을 바로잡는 것〔正心〕은 안을 다스리는 수단이요, 몸을 검속하는 것〔檢身〕은 밖을 다스리는 수단이니 이는 실로 동시의 일이지, 오늘은 마음을 바로잡고 내일 검신을 하는 것이 아닙니다. 다만 그 공부가 안팎으로 나뉘기 때문에 두 장으로 나누었습니다.

공자가 말하였다. "군자는 공경하지 않음이 없지만 자기의 몸을 공경하는 것이 가장 중요하다. 몸이라는 것은 어버이의 가지이니 감히 공경하지 않을 수 있겠는가? 그 몸을 공경하지 못하는 것은 그 어버이를 상하게 하는 것이다. 그 어버이를 상하게 하는 것은 그 근본을 상하게 하는 것이다. 그 근본이 상하면 가지도 따라 죽게 된다." 《예기》 아래도 같음

장락 유씨(長樂劉氏)가 말하였다. "몸은 비록 나에게 있으나 그 기(氣)는 어버이로부터 받았으며 선조로부터 전해진 것이니, 내가 소홀하게 생각하여 욕되게 할 수 없는 것이다."

군자는 간사한 소리와 어지러운 색을 총명(聰明)[*1]에 머무르게 하지 않고, 음란한 음악과 사특한 예절에 마음을 쓰지 않으며, 게으르고 편벽된 기운을 몸에 두지 않아서 귀와 눈과 코와 입과 마음의 지각 등 온몸의 움직임으로 하여금 모두 순하고 바르게 하여 그 의(義)를 행한다.

서산 진씨가 말하였다. "군자가 자신을 수양하는 것에는 다른 것이 없고 안팎으로 그 성과를 거두게 할 뿐이다."

예의와 음악은 잠시도 몸에서 떠날 수 없는 것이니, 마음이 잠시라도 화평하고 즐겁지 않으면 비루하고 간사한 마음이 들어오며, 겉모습이 잠시라도 장중하고 경건하지 않으면 소홀하고 태만한 마음이 들어오는 것이다.

주자가 말하였다. "들어온다는 입(入)자는 바로 바깥의 유혹으로부터 그

렇게 된다는 것이다. 곧 본심에 그런 악이 있지 않음을 보여주는 것이다. 이 악이 비록 본래부터 있는 것은 아니라 하더라도 이미 마음을 차지하여 주인이 되었다면 이것은 마음이 아니고 무엇이겠는가?"

사람은 예의가 있으면 편안하고 예의가 없으면 위태롭다.

공자가 말하였다. "예의가 없으면 손발을 둘 곳이 없고 귀와 눈을 돌릴 데가 없어서, 진퇴읍양(進退揖讓)*2에 법도가 없다. 이 때문에 예의가 없으면 일상생활에서 어른과 어린이가 분별을 잃으며, 집안에서는 삼족(三族)*3이 화목하지 못하며, 조정에서는 벼슬이 차례가 없어지고, 사냥과 전쟁에는 계책을 잃으며, 군려(軍旅)와 무공(武功)이 법도를 잃게 되고, 궁실(宮室)이 절도를 잃으며, 도량형(量鼎)은 원모습을 잃고, 맛이 때를 잃으며, 음악이 절도를 잃고, 수레는 법식(法式)을 잃으며, 귀신이 제사를 받지 못하고, 상사(喪事)에는 슬픔을 잃으며, 변론을 하며 연설을 해도 받아들이는 무리[黨]가 없으며, 벼슬이 체통을 잃고, 정사(政事)가 즉시 어긋나게 되어 모든 움직임이 마땅함을 잃는다."

관의(冠義)*4에서 말했다. "무릇 사람이 사람이 되는 까닭은 예의가 있기 때문이다. 예의의 시작은 몸가짐을 바르게 하고, 얼굴빛을 고르게 하며, 말씨를 순하게 함에 있다. 몸가짐이 바르고 얼굴빛이 고르며 말씨가 순해진 뒤에야 예의가 갖추어져서, 그것으로 군신 관계를 바르게 하고, 부자간에 친하게 하며, 어른과 어린이를 화목하게 한다. 군신의 관계가 바르고 부자가 친함이 있으며, 장유가 화목한 뒤에 예의가 확립되는 것이다."

장자는 말하였다. "배우는 사람이 예의를 버린다면 온종일 배불리 먹고도 생각하는 것이 없어 천한 백성들과 같아질 것이니, 하는 일이란 옷입고 밥먹는 일과 잔치를 벌이고 노는 즐거움에 지나지 못할 것이다."
어떤 사람이 정숙 선생(正叔先生)을 위로하여 이렇게 말했다. "선생께서 예의를 삼가기를 4,50년이나 하였으니 매우 힘들고 괴로우셨겠습니다." 선생이 말하였다. "나는 날마다 편안한 곳으로만 다니는데 무엇이 힘들고 괴롭겠는가. 다른 사람들은 날마다 위태로운 곳으로 다니니 그것이 힘들고 괴로운 일이지."

이는 몸을 공경하고 예의를 조심스럽게 지키는 효과를 말한 것입니다.

《시경》에서 말했다. "치밀하고 치밀한〔抑抑〕위엄과 거동은 덕(德)이 반듯한〔隅〕덕이요, 공경하는 위엄과 거동은 백성들이 지키는 법칙이로다."
〈대아·억(抑)〉

주자가 말하였다. "억억(抑抑)은 치밀한 것을 뜻하며, 우(隅)는 가장자리가 모난 것을 말한다."

정씨(鄭氏)는 말하였다. "사람으로서 위엄과 거동에 치밀하고 자세히 살피는 사람은 덕이 반드시 엄격하고 바르다. 그러므로 옛날 어진 사람은 도(道)를 행하면 마음이 편안해져서 밖을 보고도 안을 알 수 있었다. 예를 들어 집을 지을 때 안에다 먹줄을 곧게 하면 밖의 모서리에 모가 있게 되는 것과 같다."

증자가 말하였다. "군자가 귀중하게 여기는 도에 세 가지가 있으니, 몸가짐에는 사나움과 거만함을 멀리하고, 얼굴빛을 바르게 하되 믿음을 가까이 하며, 말을 하는 데는 비루하고 도리에 어긋난 것을 멀리한다. 이 밖에 제사지내는 일에는 맡은 사람이 따로 있다."
《논어》

주자가 말하였다. "귀(貴)는 소중하다는 말과 같다. 용모란 한 몸을 들어 말한 것이다. 포(暴)는 거칠고 사나운 것이요, 만(慢)은 멋대로 하는 것〔放肆〕이다. 믿음은 충실한 것이니, 안색을 바르게 하되 충실함에 가까이 한다면 외모만 장엄하게 꾸미는 것이 아니다. 사(辭)는 언어요, 기는 소리〔聲氣〕요, 누(鄙)는 평범하고 누추한 것이다. 배(倍)는 배(背)와 같은 말이니, 이치에 어긋남을 말하는 것이다. 변(邊)은 대그릇이요, 두(豆)는 나무그릇이다. 이 말은 다음과 같다. 도가 비록 없는 곳이 없으나 군자가 귀중하게 여기는 것은 이 세 가지뿐이라는 말이다. 이는 모두 수신(修身)의 요체이며 정치를 하는 근본이니, 배우는 사람은 마땅히 잘 보존하고 자세히 살펴 한순간의 어긋남도 있어서는 안 되는 것이다. 제기를 다루는 일은 그릇에 관한 자질구레한 일이니, 도의 전체에서 보면 비록 해당되지 않는 것이 없지만, 직분으로 보면 맡은 사람이 따로 있으니 군자가 귀중하게 여길 것은 아니다."

또 말하였다. "몸가짐과 말씨는 곧 덕의 표시이다."

여형공(呂滎公)은 항상 말하였다. "뒷날 공부하는 이들은 모름지기 기상(氣像)을 잘 알아야 하는 것이니, 기상이 좋을 때는 온갖 일이 잘 된다. 기상이라는 것은 말씨와 동작의 경솔하고 진중함과 빠르고 느린 것에서 충분히 볼 수 있는 것이니, 비단 군자와 소인이 여기에서 나누어질 뿐만 아니라 귀하고 천하며 오래 살고 일찍 죽는 것도 이로 말미암아 정해지는 것이다."

앉는 것은 시동(尸童)같이 하며, 서는 것은 재계(齋戒 : 몸과 마음을 깨끗이 하고 부정을 멀리하는 것)하는 것과 같이 해야 한다. 《예기》 아래도 같음

정씨가 말하였다. "시동(尸)이 신위(神位)에 앉을 때는 반드시 장엄하게 하니 앉는 법은 마땅히 시동이 앉아 있는 것처럼 해야 한다. 사람이 기대어 서면 거만하고 공손하지 못하니 비록 재계하지 않을 때라도 마땅히 제사지내기 전에 마음을 깨끗이 하고 부정을 멀리하듯 해야 할 것이다."

사씨가 말하였다. "명도(明道) 선생이 종일 단정히 앉아 있기를 마치 흙으로 빚은 사람같이 하였다. 그러나 사람을 대하게 되면 혼연히 한 덩어리의 온화한 기운이 흐르게 되니, 이른바 '바라보면 엄숙하나 다가가서 보면 온화하다'는 것이다."(정자가 배우는 사람들에게 말하였다. "그대들은 나를 이렇게 보지만 나는 공부에 매우 힘쓴다.")

무릇 시선이 얼굴 위로 올라가면 거만한 것이요, 허리띠 아래로 내려가면 근심하는 것이요, 곁눈질하면 간사한 것이다.

여씨가 말하였다. "시선이 얼굴 위로 올라가는 사람은 기운이 교만하니 다른 사람에게 낮출 수 없음을 알 수 있고, 허리띠 아래로 내려가는 사람은 정신을 빼앗긴 것이니 근심이 마음속에 있음을 알 수 있으며, 시선이 옆으로 흐르면 얼굴이 돌아가니 반드시 부정한 마음이 가슴속에 있는 것이다. 이는 군자가 삼가야 할 일이다."

반듯하게 썬 것이 아니면 먹지 않았으며, 자리가 바르지 않으면 앉지 않았다. 《논어》 공자의 일을 기록한 것임

주자가 말하였다. "잠시라도 바른 데에서 떠나지 않는다."

사씨가 말하였다. "성인의 마음은 바른 곳에서 편안해지므로 자리가 바르지 않으면 비록 잠시라도 앉지 않았다."

옛날 군자는 반드시 옥(玉)을 찼다. 오른쪽에는 치(徵)와 각(角)의 소리를 내는 옥을 차고, 왼쪽에는 궁(宮)과 우(羽)의 소리를 내는 옥을 찼다.
《예기》 아래도 같음

진씨가 말하였다. "치, 각, 궁, 우는 저마다 옥소리에 맞추어서 말한 것이다. 오음(五音) 가운데 치는 일에 해당되고 각은 백성에 해당되기 때문에 오른쪽에 있다. 오른쪽은 동작이 일어나는 쪽이다. 궁은 임금에 해당되고 우는 물건에 해당된다. 임금의 도리는 고요하여야 하고 물건의 도리는 쌓여야 하기 때문에 왼쪽에 있다. 왼쪽은 곧 일이 없는 쪽이다. 상(商)을 말하지 않는 것은 아마도 서쪽의 싸늘한 소리이기 때문에 버린 것인지도 모르겠다."

빠른 걸음으로 갈 때는 채자(采齋)의 시(詩)로 하고, 걸어갈 때는 사하(肆夏)의 시에 맞추어 걸어간다. 빙 도는 것은 그림쇠(規)[5]에 맞고, 꺾어져 도는 것은 직각자(矩)[6]에 맞으며, 앞으로 나아갈 때는 몸을 굽히고(揖), 뒤로 물러날 때는 날리는 듯한 후에야 옥소리가 절도있게 울리게 된다. 그러므로 군자는 수레에 있으면 방울 소리의 조화로움을 듣고, 걸어가면 패옥(佩

玉)이 울리니 이 때문에 그릇되고 치우친 마음이 들어갈 곳이 없다.

　진씨가 말하였다. "빠른 걸음으로 갈 때는 채자의 시를 노래하여 절도로 삼고, 걸어갈 때는 사하의 시를 노래하여 절도로 삼는다. 그림쇠〔規〕에 맞추면 원이 되고 직각자에 맞추면 모가 난다. 앞으로 나아가면 몸이 약간 굽으니 읍(揖)하는 것 같고, 뒤로 물러나면 몸이 약간 위로 올라가니 반듯이 펴진다고 말하는 것이다. 나아가고 물러가고 굽히고 펴는 것이 모두 절도에 맞으므로 패옥의 울림이 절도가 있어서 들을 만한 것이다."

　맹자가 말하였다. "몸가짐과 행동거지가 예에 들어맞는 것은 덕이 지극히 성대한 것이다."

　《시경(詩經)》에 일렀다. "착한 저 군자는 거동〔儀〕이 어긋나지〔忒〕 않도다. 거동이 어긋나지 않으니 사방을 바르게 하도다."〈조풍(曹風), 시구(鳲鳩)〉

　주자가 말하였다. "특(忒)은 어긋나는 것이다. 일정한 법도가 있고 그 마음이 한결같기 때문에 거동이 어긋나지 않으며, 거동이 어긋나지 않으면 충분히 사방을 바로잡을 수 있다."

　북궁 문자(北宮文字)가 말하였다. "위엄이 있어 두려워할 만한 것을 위(威)라 하고, 법도가 있어 본받을 만한 것을 의(儀)라 한다. 임금이 임금의 위의(威儀)가 있으면 신하가 두려워 사모하게 되고 법으로 삼아 본받기 때문에 능히 국가를 향유할 수 있어 좋은 평판이 오래도록 가는 것이다. 신하가 신하의 위의를 가지고 있으면 아랫사람들이 두려워하고 사모하게 되기 때문에 능히 관직을 지키고 집안을 보전하여 가정을 화목하게 하는 것이니, 이 아래도 모두 이와 같다. 이 때문에 위아래가 모두 굳건할 수 있는 것이다. 위(衛)나라의 시에 이렇게 말하였다. '위의가 훌륭하여 더 가릴 것이 없다.' 이는 군신, 상하, 부자, 형제, 내외, 대소가 모두 위의가 있다는 것을 말한 것이다. 주(周)나라 시에는 이렇게 말하였다. '벗들 사이에 도와 주는 것은 위의로써 한다.' 벗의 도리는 반드시 서로 위의로써 가르치고 훈계함을 말한 것이다. 그러므로 군자는 지위에 있을 때는 두렵고, 베풀 때에는 인자하며, 나아가고 물러가는 것은 규범이 될 만하다. 또 움직임은 법칙이 될 만하고, 몸가짐은 모범이 될 만하며, 일을 하는 것은 법이 될 만하고, 덕행은 본받을 만하며, 말씨에는 평안하고 즐거움이 있고, 동작에는 절도가 있고 언어에는 법도가 있어서 이로써 백성들을 대하니 이것을 위의가 있다고 한다."
(진씨가 말하였다. "예부터 위의를 논한 것에 문자(文子)가 논한 것처럼 잘 갖추어진 것은 없었다. 무릇 위(威)라는 것은 일을 엄숙하고 사납게 하는 것이 아니라, 옷차림은 바르게 하고 시선은 높게 하여 엄연히 사람들이 우러러보고 두려워하는 것이다. 의(儀)라는 것은 일을 꾸미는 것이 아니라, 몸가짐과 일처리가 예에 들어맞는 것을 말한다.")

이상은 위의(威儀)와 행동거지(容止)의 법칙을 말한 것입니다.

소공(召公)이 무왕(武王)에게 말하였다. "오호라, 밝으신 임금은 덕을 조심스럽게 하니, 덕이 성한 이는 남을 업신여기지 않습니다. 군자를 업신여기면 그들이 마음을 다하게 할 수 없고, 소인을 업신여기면 그들이 힘을 다하게 할 수 없을 것입니다." 《서경》〈주서·여오(旅獒)〉 아래도 같음

채씨가 말하였다. "덕이 성하면 몸가짐과 일처리가 모두 예에 들어맞게 되니, 그런 후에야 업신여기는 마음이 없게 된다." 이는 덕을 삼가기를 지극하게 하지 않을 수 없다는 말이다. 덕이 지극하지 않으면 업신여기는 마음이 없을 수 없으니, 군자를 업신여기면 군자는 안색을 보고 떠나게 되어 반드시 큰 발걸음으로 멀리 떠나 미련없이 가 버릴 것이므로, 어떻게 그 마음을 다 할 수 있겠는가? 소인을 업신여기면, 비록 미천하여 위엄을 두려워하며 부리기 쉽긴 하지만, 지극히 어리석으면서도 속일 수 없는 것이니 어찌 그 힘을 다 쓰겠는가?"

귀와 눈의 노예가 되지 말고 온갖 법도를 오직 올바르게 할 뿐이다.

채씨가 말하였다. "정(貞)은 올바름이다. 귀와 눈이 좋아하는 것에 노예가 되지 말고 온갖 법도를 오직 올바르게 할 뿐이다."

밤낮 조금도 게을리하지 말 것입니다. 작은 행실에 긍지(矜)를 갖지 않으면 끝내는 큰 덕에 누를 끼칩니다. 아홉 길이나 되는 산을 만듦에 한 삼태기의 흙이 모자라도 이루어지지 않습니다.

채씨가 말하였다. "혹(或)이란 만에 하나라는 말이다. 긍(矜)은 긍지(矜持)라는 뜻이다."

여씨가 말하였다. "이것은 바로 덕을 실천하는 공부이니, 혹이라는 한 자(字)에 가장 의미가 있다. 한 순간이라도 쉬게 되면 덕을 실천하는 것이 아닙니다."

채씨가 말하였다. "임금의 한 몸은 온갖 교화의 근원이다. 진실로 이치에 털끝만큼이라도 다하지 않음이 있다면 곧 백성들에게 끝없는 해독을 끼치게 될 것이다. 그러므로 조상들이 세우고 대대로 전해준 계통을 잇는 도(道)가 될 수 없다. 무왕 같은 성인에게도 소공이 경계한 것이 이와 같은데, 후세의 임금으로서야 깊이 살펴서 생각하지 않을 수 있겠는가?"

이상은 태만하지 않을 것을 경계한 말입니다.

신이 살피건대, 마음은 몸의 주인이고, 몸은 마음의 그릇입니다. 주인이 올바르면 그릇은 마땅히 바르게 됩니다. 다만 스스로 바르게 되도록 맡겨 놓고 단속하지 않을 수 없으므로, 《대학》의 차례에 몸을 수양하는 것이 정심(正心)의 뒤에 둔 것이요, 공부하는 방법에 있어서는 몸가짐과 행동을 한결같이 하늘의 법칙에 따르게 하는 데 지나지 않을 뿐입니다. 얼굴 모습과 몸매는 타고난 것입니다. 한 몸 가운데 움직임과 고요함 어느 것이 하늘의 법칙이 아닌 것이 있겠습니까? 격물치지(格物致知 : 대상 사물의 이치를 탐구하고 앎을 추구하는 것)는 이 법칙을 밝히는 것이고 성의, 정심, 수신은 이 법칙을 실천하는 것입니다. 이 두 가지가 갖추어진 뒤에야 타고난 자질을 실천하는 경지에 이를 수 있을 것입니다. 세상 사람 가운데는 몸가짐을 꾸미는 것은 아주 잘하면서도 안으로 마음을 잡아 보존하는 공부가 없는 사람은 진실로 좀도둑에 가까운 것이니 거론할 가치도 없습니다. 그러나 만일 타고난 바탕이 욕심이 적어서 사물의 유혹을 받지 않고 걸림 없이 스스로를 즐겨, 마땅히 안으로 그 마음을 바로잡아야지, 반드시 겉모습에 얽매일 필요가 없다고 여기는 사람도 역시 도에는 들어갈 수 없습니다. 마침내 세속 중의 호인(好人)이 될 뿐입니다. 더구나 겉모습도 장엄하지 못하고 마음도 느긋해서 방탕한 데로 흐르지 않는다는 것을 보장할 수 없는 사람에 있어서이겠습니까? 이것이 바로 이미 마음을 바로잡고서도 그 몸을 단속하지 않을 수 없다는 것입니다. 그러나 그 몸을 단속하지 못하는 사람은 마음이 반드시 바르지 않기 때문입니다. 진실로 마음을 바르게 할 수 있다면 모든 일에 올바름을 구하지 않음이 없을 것입니다. 그러니 어찌 그 자신이 올바르지 않은 것을 편안하게 여길 이치가 있겠습니까? 그렇다면 몸을 닦지 않는 것은 곧 마음이 바르지 않은 까닭입니다. 이 점을 유념하시기 바랍니다.

〈주〉
*1 귀와 눈을 말함.
*2 나아가고 물러가며 읍하여 겸손한 뜻을 표시하는 일 등의 일상의 동작을 뜻함.
*3 《예기》에서는 아버지, 아들, 손자를 가리킨다.
*4 《예기》의 편명(篇名).
*5 원형(圓形)을 그리는 기구.
*6 방형(方形)을 그리는 데 쓰는 자. 규(規)와 더불어 법도(法度)의 뜻으로 쓰임.

덕량을 넓힘에 대하여〔恢德量〕

신이 살피건대, 9장에서 이미 수기의 차례를 자세히 말하였지만 여기서는 다시 '회덕량(恢德量, 덕의 역량을 넓힘)', '보덕(輔德, 덕을 보좌함)', '돈독(敦篤, 돈독함)' 등 3장으로 그 남은 뜻을 거듭 말하였습니다. 덕의 역량이 넓지 못하면 조그마한 것에 만족하고 한 쪽으로 치우쳐서 높고 밝고 넓고 두터운 경지에 나아가지 못하는 까닭에 덕량을 넓히는 것이 '검신(檢身)' 다음에 오는 것입니다.

공자가 말하였다. "잘한 것은 남이 하였다 하고, 잘못한 것은 내가 하였다

하면 백성이 다투지 않는다. 그러므로 군자는 자신이 잘한다고 해서 남을 괴롭히지 않고, 남이 잘하지 못한다고 해서 그 사람을 부끄럽게 만들지 않는다."
《예기》

엄릉 방씨가 말하였다. "《서경》에서 이렇게 말했다. '너는 자랑하지 않지만 천하에 너와 더불어 능력을 다툴 사람이 없다. 너는 자랑하지 않지만 천하에 너와 더불어 공을 다툴 사람이 없다.'*1 잘한 것은 남이 하였다 하고, 잘못한 것은 자신이 하였다 하면 자랑하지 않고 자랑하지 않는다고 할 만하다. 그러므로 백성이 다투지 않는다."(임천 오씨는 말하였습니다. "백성이 교화되면 역시 잘한 것을 남에게 사양하여 남과 다투지 않는다." 사람을 부끄럽게 만든다는 것은 그 사람으로 하여금 부끄러움을 느끼게 한다는 것입니다.)

자기의 선(善)을 내세우면 그 선을 상실하고, 그 능력을 자랑하면 그 공을 상실한다.   《서경》〈상서·열명(說命)〉

채씨가 말하였다. "스스로 그 선을 내세우면 자신이 더 힘쓰지 않아서 덕이 이지러지며, 스스로 잘하는 것을 자랑하면 다른 사람이 힘을 다하지 않아서 공이 무너지게 된다."

동래 여씨(東萊呂氏)가 말하였다. "도리는 끝이 없으니 배우는 사람은 먼저 스스로 만족하는 마음을 갖지 않아야 한다."

《주역》에서 말했다. "땅의 형세는 곤(坤)이다. 군자는 그것을 본받아 후한 덕으로 만물을 포용한다."   〈곤괘·상사〉

정자가 말하였다. "군자는 땅의 두터운 형상을 보고 그것을 본받아 깊고 후한 덕으로 만물을 포용한다."

포용하고〔含〕 너그러우며〔弘〕 빛나고〔光〕 커서〔大〕 만물이 다 형통한다.
〈곤괘·단사(彖辭)〉

정자가 말하였다. "함(含), 홍(弘), 광(光), 대(大) 네 가지는 땅의 도를 형용한 것이다. 함은 포용하는 것이요, 홍은 너그러운 것이요, 광은 환히 밝은 것이요, 대는 넓고 두터운 것이다. 이 네 가지가 있기 때문에 하늘의 공을 이어받아 만사가 모두 뜻대로 잘 되는 것이다."

어떤 사람이 물었다. "사람들이 의논할 때 대부분 자기만 옳다 하고 받아들이려는 기색이 없다. 이것은 기(氣)가 고르지 못한〔不平〕 것이 아닌가?" 정자가 말하였다. "진실로 이것은 기가 고르지 못한 것이지만 또한 이것은 도량이 좁은 것이다. 사람의 도량이란 학식을 따라 자라지만, 또한 학식은 높으면서도 도량이 자라지 못하는 사람이 있다. 이것은 학식이 실제로 이르지 못한 것이다. 대개 다른 일은 모두 억지로 할 수도 있지만 학식이나 도량만은 억지로 할 수 없는 것이다. 지금 한 말이나 말가웃〔斗筲〕*2 되는 도량을 가진 사람도 있고, 엿 말 넉 되나 열 말〔釜斛〕*3 되는 도량을 가진 사람도 있다. 또 예순너 말들이나 큰 솥〔鐘鼎〕*4만한 도량을 가진 사람도 있고, 강이나 시내와 같은 도량을 가진 사람도 있으니, 강이나 시내만한 도량은 역시 큰 것이긴 하지만 한계가 있으며, 또한 때에 따라 가득 차기도 한다. 오직 하늘과 땅의 도량만이 가득 차는 일이 없기 때문에, 성인이란 하늘과 땅의 도량이라고 할 수 있다.

성인의 도량은 도를 말한다. 보통 사람으로서 도량이 있다는 것은 타고난 바탕이다. 타고난 바탕에 의해 갖춘 도량은 모름지기 한계가 있다. 여섯 자〔尺〕 되는 몸의 역량이 다만 이와 같으니 비록 가득 차지 않으려 해도 될 수 없는 것이다. 등애(鄧艾)*5는 삼공(三公)*6의 지위에 있으면서 나이 70세에 처신을 아주 잘했으나, 촉(蜀)나라를 항복받는 데에 공을 세우게 되자 문득 마음이 움직였다. 사안(謝安)*7은 손님과 바둑을 두다가 사현(謝玄)*8이 부견(符堅)*9의 군사를 격파했다는 소식을 듣고서도 기뻐하지 않다가, 돌아갈 때에 나막신 굽이 부러졌으니 끝내 억지로 하는 일은 끝까지 될 수 없다. 또 크게 취한 뒤에 더욱 공손하고 삼가는 자가 있기도 한데, 다만 더욱 공손하고 삼간다는 것은 곧 마음이 움직인 것이어서, 비록 함부로 행동하는 사람과는 같지 않지만 술에 의하여 움직여진 것은 같은 것이다. 또 어떤 귀공자는 지위가 높아질수록 더욱 자신을 낮추어 겸손해지는 사람이 있다. 자신을 낮추고 겸손해진다는 것은 마음이 움직인 것이어서 비록 교만한 사람과는 같지 않지만 그 지위로 인하여 움직여진 것은 같은 것이다. 오직 도를 아는 사람이라야 도량이 저절로 넓고 커져서 억지로 힘쓰지 않아도 이루어진다. 소견이 비천하고 보잘것없는 자가 있다. 이는 다른 까닭이 아니라 역시 학식과 도량이 부족하기 때문이다."

장자가 말하였다. "마음이 크면 온갖 물건이 모두 통하나, 마음이 작으면 온갖 물건이 모두 병들게 된다."

주자가 말하였다. "배우는 사람은 모름지기 수양을 해서 기우(氣宇)*10로 하여금 넓게 트이게 해야 한다."

설씨(薛氏)가 말하였다. "가장 중요한 핵심은 넓고 두터움과, 포용력과, 태연함과, 광대한 기상이다."(도량이 좁은 사람은 사물을 용납하지 못하니, 좁고 막힌 것으로부터 만 가지 병폐가 생기는 것입니다.)

이는 덕으로 나아가는 도량을 넓히는 것을 말합니다.

《주역》에서 말했다. "군자가 백성을 다스리는 것은 어둠을 써서 밝게 한다."
⟨명이(明夷)·상사⟩

정자가 말하였다. "밝은 것을 지나치게 쓰면 살피는 것에서 오히려 일을 해치게 된다. 지나치게 살피면 일을 끝까지 처리할 수 있지만, 너그럽게 포용하는 도량이 없기 때문에 군자는 밝게 살피는 것을 끝까지 하지 않고 어둠을 쓴다. 그런 뒤에야 사물[物]을 포용하고, 백성을 화목하게 하며, 백성이 친애하고 안정됨이 있도록 할 수 있다. 이것이 어둠을 쓰는 것이 곧 밝게 되는 까닭이다. 만일 그 밝은 것에 그대로 맡겨 살피지 않는 것이 없다면 너그럽고 두터우며 품고 받아들이는 덕이 없어, 인정이 어그러지고 의심하여 불안하게 될 것이다. 이는 백성을 다스리는 도를 잃어버리는 것이므로 바로 밝지 못함이 되는 것이다."

고집스럽고 사나운 사람에게 화내고 미워하지 말며, 한 사람이 모든 것을 다 갖추기를 바라지 말라. 《서경》〈주서·군진(君陳)〉 아래도 같음

채씨가 말하였다. "사람이 아직 교화되지 못하였음에 대해 화내고 미워하지 말며, 사람이 잘하지 못한다고 그것을 다 갖추기를 바라지 말아야 한다."
위개(衛玠)는 말하였다. "사람이 미치지 못함이 있으면 정(情)으로써 용서하고, 옳지 못한 의사로 서로 침범하면 도리로써 물리칠 수 있다. 그러므로 죽을 때까지 기뻐하고 성내는 얼굴을 보이지 않는다."

반드시 참아야 일이 이루어지며, 너그럽게 받아들이는 마음이 있어야 덕이 커진다.

채씨가 말하였다. "공자는 말하였다. '작은 것을 참지 못하면 큰 계획을 어지럽힌다.' 반드시 참는 것이 있은 후에야 일을 성취시킬 수 있다. 그러나 이것은 오히려 억지로 제어하고 힘써 기르는 의사가 있다. 만약 넓고 너그러우며 관대하여 여지가 충분히 있다면, 이것이야말로 큰 덕이다. 참는 것은 일을 말함이요, 받아들이는 것은 덕을 말함이다. 저마다 깊고 얕음으로써 말한 것이다."

이는 백성을 받아들이는 도량을 넓히는 것을 말합니다.

치우침도 없고 기울어짐도 없이 하여 왕(王)의 의(義)를 따르고, 치우치게 좋아하지 않음으로써 왕의 도(道)를 따르며, 치우치게 미워하지 않음으로써 왕의 길을 따르라. 치우침도 없고 무리를 짓지도 않으면, 왕도(王道)가 평탄〔蕩蕩〕해질 것이다. 불공평함도 없고 치우침도 없으면 왕도가 공평(平平)하며, 도리에 어긋남이 없고 올바르지 않음도 없으면 왕도가 바르고 곧게 될 것이다. 《서경》〈주서·홍범(洪範)〉

채씨가 말하였다. "편(偏)은 중도(中途)가 아닌 것이요, 피(陂)는 공평하지 않은 것이다. 좋아하고〔作好〕, 싫어하는〔作惡〕 것은 좋아하고 싫어하는

생각을 덧붙인다는 것이다. (장씨가 말하였다. "천하에 공정함이 있으면 좋아하고, 싫어하는 것을 치우치게 하지 못한다. 치우친다면 잘못된 것이다.") 당(黨)은 공평하지 않은 것이요, 반(反)은 상도(常道)에 어긋나는 것이며, 측(側)은 바르지 못한 것이다. 치우치고, 기울어지고, 좋아하고, 싫어하는 것은 자신의 사사로움이 마음속에서 생긴 것이요, 치우치고, 불공평하며, 도리에 어긋나고 올바르지 않은 것은 자신의 사사로움이 일에 나타난 것이다. 탕탕(蕩蕩)은 넓고 멀리까지 미치는 것이다. 평평(平平)은 공평하고 쉬운 것이며, 정직은 치우치고 간사하지 않은 것이다."

손씨(孫氏)가 말하였다. "큰길은 매우 평탄하지만 백성들은 지름길을 좋아한다. 왕의 도와 왕의 길이란 매우 평탄한 것을 말한다."

정자가 말하였다. "공평하면 하나이요, 사사로우면 만 가지로 다르다. 사람의 얼굴이 저마다 다르듯이 마음이 다른 것은 다만 사심(私心)이다."

장자가 말하였다. "안과 밖을 합하고 사물〔物〕과 나를 공평하게 하는 것이 도를 보는 큰 실마리이다."

주자가 말하였다. "이 마음이 텅 비어서 털끝만한 개인적인 의견도 없어야 바로 천지와 같은 도량을 갖는 것이다. 곧 천하가 한 집안이 되고, 중국(中國)이 한 사람으로 되는 뜻이 여기에 있다."

이는 공평(公平)의 도량 넓힘을 말한 것입니다.

신이 살피건대, 도량이 넓지 못한 것은 기질의 병으로부터 나오는 것입니다. 덕의 역량을 넓히는 데는 다른 공부가 없고, 다만 기질을 바로잡는 한 가지 일이 있을 뿐입니다. 그런데 따로 한 장을 만든 것은, 임금의 덕이란 도량을 더욱 크게 하는 것에 있는 것이므로 특별히 내세운 것입니다. 사람은 실로 천승(千乘)[*11]의 나라를 얻고서도 오히려 부족한 듯 스스로 겸손해하는 자가 있으며, 또한 말단 관직을 얻고도 거만하게 스스로를 대단하다고 여기는 자가 있습니다. 이는 도량이 크고 작은 데 까닭이 있는 것입니다. 도량이 작은 사람에게는 세 가지 병폐가 있습니다. 첫째 편벽되고 왜곡됨이요, 둘째 스스로 잘난 체하는 것이요, 셋째, 이기기를 좋아하는 것입니다. 마음이 편벽되고 왜곡된 자는 한 쪽이 막히어 두루 미치지 못하므로 마음을 공평하게 해서 이(理)를 살피지 못합니다. 스스로 잘난 체하는 자는 조그마한 것을 얻어도 만족하므로 뜻을 겸손하게 하여 덕(德)에 나아가지 못하며, 남을 이기기를 좋아하는 자는 그른 것을 꾸미기를 좋아하므로 자기를 비움으로써 선(善)을 따르지 못합니다. 이 세 가지는 모두 하나의 사사로움일 따름입니다.

오호라, 하늘과 사람은 본디 하나로서 다시 분별이 없지만, 오직 하늘과 땅은 사사로움이 없고 사람은 사사로움이 있는 까닭에 천지와 더불어 커지지 못하는 것입니다. 성인은 사사로움이 없는 까닭에 덕이 천지와 합하며, 군자는 사사로움을 제거하는 까닭에 행동이 성인에 합하는 것입니다. 배우는 사람은 마땅히 사사로움을 극복하고 도량을 넓히어, 군자와 성인에 이르도록 힘써야 할 것입니다.

사사로움을 다스리는 방법은 오직 학문하는 것뿐입니다. 학문이 진보하면 도량도 커지는 것이므로, 타고난 바탕의 좋고 나쁨은 거론할 것이 아닙니다. 끊임없이 힘쓰고 힘써서, 이 마음이 텅 비어 털끝만한 개인적인 의사도 그 사이에 간여할 수 없는 데에 이르면, 비록 순임금과 우임금이 천하를 소유하고서도 관여하지 않았으며, 문왕이 도(道)를 바라보면서도 아직 보지 못한 것같이 행동했던 것들도 여기에 지나지 않을 것입니다. 엎드려 바라건대, 전하께서는 유의하십시오.

〈주〉

*1 《서경》'대우모(大禹謨)'
*2 한 말들이 되와 한 말 두 되들이 죽기(竹器)를 가리킨다. 국량(局量)이 작음을 비유해서 쓴다.
*3 부(釜)는 엿 말 너 되들이의 그릇. 곡(斛)은 열 말의 분량을 잴 수 있는 그릇.
*4 종과 가마솥.
*5 삼국시대 위(魏)나라의 명장(名將). 자(字)는 사재(士載). 촉(蜀)을 멸하는 데 큰 공을 세웠다.
*6 가장 높은 세 가지의 벼슬. 곧 주(周)나라의 태사(太師), 태부(太傅), 태보(太保)를

가리킨다.
* 7 동진(東晉)의 명신(名臣). 자(字)는 안석(安石), 시호(諡號)는 문정(文靖). 벼슬이 태보(太保)에 이름.
* 8 동진(東進)의 명장(名將). 자(字)는 유도(幼度), 시호(諡號)는 헌무(獻武)이며 사안(謝安)의 조카이다. 무제(武帝) 때 전진(前秦) 부견(符堅)의 백만 대군을 물리침.
* 9 전진(前秦)의 임금.
* 10 도량(度量), 기국(器局).
* 11 승(乘)은 병거(兵車). 주대(周代)의 제도에 천자는 기내(畿內)의 땅 사방 천리(千里)를 소유하고 전시(戰時)에 수레 만승(萬乘)을 내놓으며, 큰 제후는 사방 백리의 땅을 소유하고 전시에 수레 천승을 내놓는다. 여기선 곧 큰 나라란 의미.

사람을 통하여 자신의 덕을 키움에 대하여〔輔德〕

　신이 살피건대, 천자로부터 보통 사람〔匹夫〕에 이르기까지 벗을 사귀어서 덕(德)을 이루지 않는 사람이 없습니다. 증자가 말한 '벗으로써 인(仁)을 돕는다'는 것은 이것입니다. 스스로를 다스리는 조목들은 앞에서 이미 갖추어 말하였으므로, 덕을 보좌함으로써 그 다음을 이어 바른 선비를 가까이 하고, 충고를 좇아 잘못을 고친다는 뜻을 논합니다.

　공자가 말하였다. "이로운 친구가 셋이고 해로운 친구가 셋이다. 곧은 친구와 성실한 친구와 견문이 많은 친구는 이롭고, 편벽된 친구와 아첨을 잘하는 친구와 말만 잘하는 친구는 해롭다."　　　　　　　　　　　《논어》

　주자가 말하였다. "친구가 곧으면 자기의 잘못을 듣게 되고, 친구가 신실하면 성실한 데로 나아가게 되며, 친구가 견문이 많으면 밝은 데로 나아가게 된다. 편(便)은 익숙한 것이며, 편벽(便辟)은 위의에는 익숙하나 곧지 못한 것이다. 잘 보이려는 것〔善柔〕은 아첨하는 데만 능숙하고 신실하지 못한 것이며, 말주변이 좋은 것〔便佞〕은 입으로 말하는 데만 익숙하고 실제적인 견문의 알맹이가 없는 것이니, 이 세 가지는 손해와 이익이 서로 반대되는 것이다."

신하가 바르면 임금이 바르게 된다. 신하가 아첨하면 임금은 스스로 성인인 줄로 여긴다. 임금의 덕도 오직 신하에게 달려 있는 것이고, 임금의 부덕도 오직 신하에게 달려 있는 것이다(목왕(穆王)이 백경(伯冏)에게 명하여 태복정(太僕正)으로 삼은 말입니다).　　　　　　　　　《서경》〈주서·경명(冏命)〉

채씨가 말하였다. "자성(自聖)은 스스로 성인이라 여기는 것이다."

여씨는 말하였다. "옛날부터 소인이 임금의 덕을 무너뜨려 어둡게 하고, 사납게 하고 사치하게 하고, 방종하게 한 것이 어찌 끝이 있으리오? 스스로를 성인이라고 여기는 데 이르러서는 마치 폐해가 적은 것 같으나, 목왕이 오직 이 한 말로써 결론 삼아 말한 까닭은 다음과 같다. 소인이 임금을 홀릴 때는 반드시 그로 하여금 헛된 것에 마음이 젖어 들어서 거만하게 스스로 성인이라 여기게 만드니, 그렇게 되면 다른 사람은 자기만 못하다 하고, 자기 말을 아무도 어기지 못하도록 하려고 한다. 그런 뒤에는 법도를 지키는 사람과 잘못된 일을 말하는 사람들을 날로 멀리하게 되고, 임금이 뜻을 만족시키고 감정을 마음대로 충족시키는 일을 하더라도 아무도 임금의 뜻을 어기려고 하지 않을 것이다. 이런 일은 스스로 성인이라 여기는 증거가 이미 나타난 것이다. 그리고 백 가지 병폐가 따르게 되니, 어두운 것과 사나운 것, 사치한 것과 방종한 것은 모두 부차적인 것으로 거론할 만한 것도 못 된다."

종축(宗祝)은 사당에 있고, 삼공은 조정(朝廷)에 있으며, 삼로(三老)*1는 학교에 있다. 왕의 앞에는 무당이 있고, 뒤에는 사관(史官)이 있으며, 점쟁이〔卜筮〕와 눈 먼 악사〔瞽侑〕가 모두 좌우에 있다. 왕은 중심에 있어 하는 것이 없이 지극히 바른 것을 지킨다.　　　　　　　　　　　　《예기》

진씨가 말하였다. "사당에는 종축이 있고, 조정에는 삼공이 있으며, 학교에는 삼로와 오경(五更)이 있어 예의와 교육〔禮敎〕을 밝혀 천하를 선하게 하지 않음이 없다. 왕이 가운데 자리잡고 있으니 이 마음이 무엇을 하겠는가. 다만 올바른 임금의 도리를 지킬 따름이다."

서산 진씨가 말하였다. "무당은 제사를 맡아서 귀신의 일로써 왕에게 고하며(무당은 제사를 맡아 본래 바르지 못한 것은 아니었는데, 나중에 잘못 전해져서 간사한 말로써 사람을 혹하게 하여 마침내 바르지 못하게 된 것입니다), 사관은 기록을 맡아서 삼황오제(三皇五帝)의 일로 왕께 고하며, 점치는 일을 맡은 사람은 길흉을 왕께 간하고, 고몽의 늙은이(즉 눈 먼 악사이니, 음악으로써 식사 때 반주하는 벼슬아치입니다)는 노래와 시로써 왕께 말한다. 한 사람의 몸인데 이렇듯 좌우 전후에서 끼고 도우니 비록 잠시나마 왕은 마음대로 하려 한들 될 수 있겠는가?"

초어(楚語)에서 말했다. "옛날 위(衛)나라 무공(武公)은 나이가 95세이지만 오히려 온 나라에 경계하여 말하였다. '경(卿) 이하 스승과 선비에 이르기까지 조정에 있는 사람이라면 나를 늙었다 하여 버리지 말고 아침저녁으로 공손하고 조심스럽게 서로 옳고 그름을 분간하라. 나는 수레에서는 여분(旅賁)의 법도(《주례(周禮)》에서 이렇게 말했습니다. "여분씨(旅賁氏)는 창과 방패를 잡고 수레를 호위하며, 수레가 멈추면 바퀴를 버티는 일을 맡았다.")가 있고, 임금의 자리에 앉아 있을 때는 관사(官師)의 법이 있으며, 안석에 기대어 있을 때는 송훈(誦訓)의 간함이 있고(관사는 중간급의 관리이며, 송훈이란 책을 외는 일을 맡은 관리입니다), 침실에 있으면 설어(褻御)의 잠(箴)이 있고(설어는 가까이에서 모시는 사람입니다), 일에 임하여서는 악관과 사관의 인도가 있으며, 편안히 거처할 때는 사공(師工)이 좋은 글을 외어주도록 하라(악관이나 사관은 천도를 아는 사람이요, 사공은 보통 악관(樂官)입니다). 사관은 기록을 잃어버리지 않고 소경 악사(矇)는 좋은 글을 외는 것을 잃어버리지 않아 그것으로써 나를 깨우치고 보필하라. 이에 아름다운 글을 지어 스스로 잘못을 저지르지 않도록 한다' 하였으니, 그가 세상을 떠나자 예성무공(睿聖武公)이라 시호하였다."

《시경(詩經)》에서 말했다. "의지할 것도 있고, 도움이 될 것도 있으며, 효도함이 있고, 덕이 있어서, 그것으로 인도하고 그것으로 도우면, 화락한 군자를 사방에서 법으로 삼으리라." 〈대아(大雅)·권아(卷阿)〉

주자가 말하였다. "빙(馮)은 의지가 될 수 있음을 말함이요, 익(翼)은 도움이 될 수 있는 것을 말한다. 효는 어버이를 섬길 수 있는 사람을 말하며, 덕은 자기에게 얻어진 것을 말한다. 인(引)은 앞에서 인도함이요, 익은 좌우에서 돕는 것이다. 화락한 군자라는 것은 왕을 가리킨다. 이것은 현자(賢者)를 얻어 스스로를 돕기를 이와 같이 한다면 날로 덕이 닦여서 사방에서 본받을 것이라는 말이다."

동래 여씨가 말하였다. "현자의 행실이 한두 가지가 아닌데, 반드시 효가 있고 덕이 있다고 한 것은 무엇 때문인가? 대개 임금은 항상 자상하고 독실한 사람과 함께 있으면 선(善)의 실마리를 일으키고 덕성을 함양하며, 조급한 것을 누르고 바르지 못한 것을 사라지게 하여, 날마다 고치고 달마다 변화해 가는 것이 말에만 달려 있는 것이 아니기 때문이다."

맹자가 말하였다. "사람은 잘못할 게 못 되고, 정사는 비난할 게 못 된다. 오직 큰 덕을 지닌 사람만이 임금의 마음이 잘못된 것을 바로잡을 수 있다. 임금이 어질면 어질지 않은 사람이 없고, 임금이 의로우면 의롭지 않은 사람이 없으며, 임금이 바르면 바르지 않은 사람이 없으니, 한 번 임금을 바로잡으면 나라가 안정된다." 《맹자》 아래도 같음

조씨(趙氏)가 말하였다. "적(適)은 잘못하는 것이요, 간(間)은 비난하는 것이요, 격(格)은 바로잡는 것이다."

주자가 말하였다. "임금이 사람을 잘못 쓰는 것은 잘못하여 비난할 것이 아니며, 행정의 실수도 비난할 것이 아니다. 오직 대인(大人)의 덕을 갖추고 있으면 임금의 바르지 못한 마음을 바르게 하여 바른 곳으로 돌아가게 할 수 있으니, 그렇게 되면 나라가 다스려지지 않음이 없을 것이다. 대인이란 큰 덕을 지닌 사람이니, 자기를 바르게 하여 남도 바르게 하는 사람이다."

정자가 말하였다. "온 세상이 다스려지고 어지러워지는 것은, 임금이 어질고 어질지 못함에 달려 있을 뿐이다. 마음이 그릇되면 곧 정사에 해가 되니, 그 마음이 바깥으로 드러나기를 기다릴 것도 없다. 옛날 맹자가 세 번이

나 제나라 임금을 만나고서도 천하의 일을 말하지 않았다. 이에 제자들이 의심하자 맹자가 말하였다. '나는 먼저 그 간사한 마음을 다스리려고 하였다.' 마음이 이미 바르게 된 다음에는 천하의 일이 따라서 다스려질 것이다. 대체로 정사의 실수와 사람 쓰는 것의 잘못에 대해서는 아는 사람이라야 고칠 수 있고, 곧은 자라야 말할 수 있다. 그러나 그릇된 마음이 남아 있으면 일마다 고치더라도 뒤에 또 다시 일이 생겨서 장차 다 고칠 수 없을 것이며, 사람마다 다 없애더라도 뒤에 또 다시 그런 사람을 쓰게 되어서 장차 다 없앨 수 없을 것이다. 그러므로 재상의 직책은 반드시 임금 마음의 그릇됨을 바로 하는 데 있으니, 그런 다음에야 모든 것이 바르게 된다. 그러나 임금의 마음이 그릇된 것을 바로잡고자 한다면 대인의 덕을 가지고 있지 않으면 아무도 할 수 없다."

왕이 지혜롭지 못한 것을 이상하게 여기지 말라. 비록 이 세상에서 가장 생명력이 강한 식물이라 하더라도, 하루를 따뜻하게 하고 열흘을 차게 하면 아무 것도 살 수 없다. 내가 왕을 뵙는 것도 드문데, 내가 물러나면 왕을 차갑게 하는 자가 올 것이다. 따라서 설사 왕에게 어진 마음의 싹이 돋아난다 하더라도 내가 어떻게 하겠는가?

주자가 말하였다. "혹(或)은 혹(惑)과 같은 뜻이다. 왕은 제나라 왕을 가리킨 것 같다. 포(暴)는 따뜻하게 하는 것이다. 내가 왕을 뵐 기회가 적다는 것은 하루 동안만 따뜻하게 하는 것과 같으며, 내가 물러나면 아첨하는 무리가 많으니 이것이 열흘 동안 차게 하는 것이다. 비록 어진 마음의 싹이 돋아난다 하더라도 나 또한 어찌할 수 있겠는가?"

지금 바둑 두는 기술이 작은 기술이지만 온 마음으로 뜻을 기울이지 않으면 잘 둘 수 없다. 혁추(奕秋)는 온 나라에서 가장 바둑을 잘 두는 사람이다. 혁추로 하여금 두 사람에게 바둑을 가르치게 하였다. 그런데 한 사람은 온 마음으로 뜻을 기울여 오직 혁추의 말만을 듣고 있고, 한 사람은 비록 그 말을 듣기는 하지만, 한편으로는 마음속으로 고니나 기러기가 날아오면 활을 당겨 주살로 쏘아 맞힐 것을 생각한다면, 비록 그와 더불어 같이 배운다

하더라도 똑같을 수는 없다. 두 사람의 실력이 다른 것을 그들의 지혜가 같지 않기 때문이라고 하겠는가? 그런 것은 아니다.

주자가 말하였다. "혁(奕)은 바둑이다. 바둑은 바둑돌로 에워싸서 이기는 놀이이다. 수(數)는 기술이며, 치(致)는 다하는 것이다. 혁추(奕秋)는 바둑을 잘 두는 사람으로서 이름이 추(秋)이다. 주살은 노끈을 화살에 매어 쏘는 것이다."

범씨가 말하였다. "임금의 마음은 오직 기르는 데 달려 있다. 군자가 선(善)으로써 기르면 지혜롭게 되고, 소인이 악(惡)으로써 기르면 어리석게 된다. 그러나 현인은 소원해지기 쉽고 소인은 가까워지기 쉽다. 이 때문에 적은 것이 많은 것을 이길 수 없어서 바른 것이 간사한 것을 이길 수 없게 된다. 옛날부터 나라가 다스려지는 날이 항상 적고, 어지러운 날이 항상 많은 것은 이 때문이다."

정자가 신종(神宗)에게 고하여 말하였다. "천하의 일 가운데 근심은 항상 적은 것을 소홀하게 여기는 데에서 생기는 것입니다. 그러므로 마음도 또한 점점 익숙해지는 것에서 경계하여야 합니다. 이런 까닭에 옛날 임금들은 비록 출입하거나 조용히 한가로운 때에도 반드시 옛글을 외어 가르치고 잠(箴)으로 옳고 그름을 알려주고 잘못을 말하는 신하를 두었습니다. 또한 전후좌우에 바로잡아 주는 사람이 있어야 그 덕업을 이루는 것입니다. 삼가 바라건대, 폐하께서는 예의를 갖추어 경험이 많고 현명한 학자들에게 명하시어, 반드시 맡은 일로써 수고롭게 하지 말고 날마다 편한 자리에 가까이 있도록 해서 도의를 강론하게 하여 성덕을 보필하게 하시고, 또 천하의 어질고 뛰어난 사람을 뽑아 가까이서 모시고 법으로 따르게 하며, 아침저녁으로 맞아들여 착한 도리를 개진(開陳)하게 하며, 다스림의 본체를 강론하고 연마하게 하여 보고 듣는 것을 넓히십시오. 이와 같이 한다면 폐하의 지혜는 더욱 밝아지고 왕의 계책은 참으로 튼튼하게 될 것입니다."

정자가 〈경연 차자(經筵箚子)〉를 논하여 말하였다. "옛날 주공(周公)이 성왕(成王)을 보필할 때, 어려서부터 좋은 습관을 들이도록 하였습니다. 반드시 올바른 일만 보게 하고, 반드시 올바른 말만 듣게 하며, 전후좌우에 모두 올바른 사람만 있게 한 까닭에, 습관이 지혜와 함께 자라고 교화(教化)가 마음과 함께 이루어졌습니다. 지금 사대부의 집안에서 자식을 잘 교육하려는 사람도 반드시 덕으로 이름나고 행실이 단정한 사람을 맞이하여 그와 함께 거처하게 하여 그로 하여금 훈염(薰染)*² 되어 덕성을 이루게 합니다. 어려서부터 형성된 것은 천성과 같고, 습관은 자연과 같다는 것입니다. 엎드려 생각건대, 폐하께서는 춘추(春秋)*³가 많으시며, 비록 슬기롭고 성스러운 자질을 하늘로부터 얻었다 하더라도, 그것을 돕고 기르는 도(道)에 있어서는 정성을 다하지 않을 수 없으니, 이는 함양 훈도(涵養薰陶)하는 데 있을 뿐입니다. 대략 하루 가운데 어진 사대부를 가까이 하는 시간이 많고 내시나 궁녀를 가까이 하는 시간이 적다면, 저절로 기질을 변화시켜 어질고 너그러운 도량을 지니게 될 것입니다. 바라건대, 조정에서 어질고 덕이 있는 선비를 신중히 선발하여 곁에 두고 학문을 강의하게 하십시오. 항상 두 사람으로 하여금 당번을 서게 하며, 밤에는 한 사람으로 숙직을 하게 하여 방문에 대비하게 하십시오. 때로는 내전으로 불러들여 조용히 한가롭게 말을 나누면, 도의를 차츰 닦을 수 있을 뿐만 아니라 인정의 모습이라든가 농사의 어려움도 오래 되면 저절로 통달하게 될 것이니, 항상 깊은 궁 안에만 있는 것과 비교할 때 유익함이 어찌 매우 크지 않겠습니까? 삼가 듣건대, 하루 걸러 한 번 경연을 열어 두어 서너 줄 강독하면서 뭇 신하들이 줄지어 모시다가 엄숙하게 물러갈 뿐 따스한 감정이 전혀 통하지 않는다고 하니, 이렇게 하고서야 보좌하고 길러주는 성과를 어찌 바랄 수 있겠습니까?"

이는 바른 선비를 가까이 할 것을 말한 것입니다.

《주역》에서 말했다. "산 위에 못이 있는 것이 함괘(咸卦)이다. 군자는 이것을 본받아 겸허함으로써 남을 받아들인다." 〈함괘·상사〉

정자가 말하였다. "군자는 산과 못의 기운이 통하는 모습을 보고 그 마음을 겸허하게 하여 남의 것을 받아들인다. 그 마음을 겸허하게 한다는 것은 나라는 생각이 없는 것이니, 마음에 사사로운 주장이 없으면 감동하여 서로 통하지 않음이 없다."

과감하게 실행함이니, 곧더라도〔貞〕 위태롭다.
《주역》〈이괘(履卦), 9・5효사〉

정자가 말하였다. "쾌(夬)는 강력하게 결단하는 것이다. 구오(九五)는 양이면서 굳셈으로써 지극히 존귀한 자리에 있으니(구오는 임금의 자리입니다), 그 강력한 결단성만 믿고 행하는 것이다. 이와 같으면 비록 바르게 될 수는 있지만 오히려 위태롭다. 옛날의 성인이 천하의 높은 위치에 있으면서 밝음은 천하를 다 비출 수 있고, 강함은 모든 일을 결단할 수 있으며, 지위와 권세로 모든 것을 마음대로 할 수 있었다. 그러나, 그러면서도 천하의 의논을 다 받아들이지 않은 적이 없었다. 그래서 비록 꼴을 베고 나무하는 미천한 사람의 말이라도 반드시 들어보았다. 이것이 곧 성인이 되게 된 까닭이었다. 만일 스스로 강하고 밝은 것만 믿고 과감하게 실행하여 남의 의견을 돌아보지 않는다면, 비록 바르게 된다 하더라도 오히려 위태로운 법인데, 하물며 강함과 밝음이 부족한 사람에게 있어서랴!"

이윤(伊尹)이 태갑(太甲)에게 훈계하였다. "오호라, 선왕은 잘못을 아뢰는 말을 좇고 거역하지 않았으며 선민(先民)들을 따르게 하였다."
〈상서・이훈(伊訓)〉

채씨가 말하였다. "불(咈)은 거역한다는 말이다. 선민(先民)은 선배나 덕망이 있는 늙은 신하들이다. 잘못을 아뢰는 말을 좇고 거역하지 않았으며 선민들을 이에 따르게 했던 것은, 선(善)을 좋아하는 사람이 아니고서는 할 수 없는 것이다."

어떤 말이 너의 마음에 거슬리거든 반드시 그 이유를 도(道)에서 구해 보고, 어떤 말이 너의 뜻에 맞거든 반드시 그 이유를 도가 아닌 것에서 구해 보라.
《서경》〈상서・태갑〉

채씨가 말하였다. "곧고 바른 말은 사람이 받아들이기 어려우며, 부드럽고 순종하는 말은 사람이 따르기 쉽다. 그 받아들이기 어려운 것은 반드시 그 이유를 도에서 구해 보아야지, 마음에 거슬린다고 하여 대뜸 거절해서는 안 되며, 그 따르기 쉬운 것은 반드시 그 이유를 도가 아닌 것에서 구해 보아야지, 뜻에 맞는다고 하여 대뜸 들어서는 안 된다. 이는 대체로 태갑으로 하여금 정(情)의 치우침을 바로잡게 하려는 것이다."

주자가 말하였다. "정치의 도리는 별다른 이론이 없다. 만일 임금으로 하여금 공손하고 검소하며 선을 좋아하게 하여, 어떤 말이 마음에 거슬리면 반드시 그 이유를 도에서 구해 보고, 어떤 말이 비위에 맞으면 그 이유를 도가 아닌 것에서 구해 보게 할 것 같으면 어찌 다스릴 수 없겠는가? 예부터 모든 치적이 나타난 것은 바로 이와 같은 것이었다."

고종(高宗)이 부열(傅說)에게 명하셨다. "너의 마음을 열어 나의 마음에 대어 달라." 《서경》〈상서·열명〉 아래도 같음

채씨가 말하였다. "계(啓)는 여는 것이요, 옥(沃)은 물을 대는 것이다. 너의 마음을 열라는 것은 마음을 열어 숨김이 없이 하라는 것이고, 나의 마음에 대어 달라는 것은 내 마음에 물을 대어 꽉 차게 하라는 것이다."

만일 약을 먹고 취하지 않으면 병이 낫지 않고, 맨발로 걷는 사람이 땅을 살펴보지 않으면 그 발이 상한다.

채씨가 말하였다. "방언(方言)에 이르기를, 약을 먹고 독한 기운이 있는 것을 해대(海岱) 지방에서는 취한다고 한다. 추(瘳)는 병이 낫는 것이다. 취하지 않는다는 것은 신하의 말이 입에 쓰지 않음을 비유한 것이고, 땅을 살펴보지 않는다는 것은 나의 행실이 나타남이 없음을 비유한 것이다."

부열이 다시 왕에게 말하였다. "나무도 오로지 먹줄을 따르면 반듯해지고, 임금은 간언을 따르면 성군(聖君)이 됩니다. 임금이 성군이 될 수 있으

면 신하들은 명령하지 않아도 뜻을 받들 것이니, 누가 감히 왕의 아름다운 명령을 따르지 않겠습니까?"

채씨가 말하였다. "나무에 먹줄을 댄다는 것은 임금이 간언(諫言)을 따르는 것을 비유한 것이다. 간언을 결단코 듣지 않으면 안 된다는 것을 밝힌 것이다. 그러나 고종은 마땅히 자신의 간언을 받아들이기에 힘쓸 것이요, 반드시 신하의 진언(進言)을 책망할 필요는 없다. 임금이 과연 간언을 따른다면, 신하들은 명령하지 않아도 오히려 임금의 뜻을 받들 것이다. 하물며 이렇게 명령한다면 누가 감히 그 아름다운 명령을 경건하게 따르지 않겠는가?"

공자가 말하였다. "법어(法語)를 따르지 않을 수 있겠는가! 그러나 잘못을 고치는 것이 중요하다. 부드럽게 일러 주는 말을 기뻐하지 않을 수 있겠는가! 그러나 그 말 뜻의 실마리를 찾아보는 것이 중요하다. 기뻐하면서 실마리를 찾지 않고, 말을 따르기는 하되 고치지 않는다면 나도 어찌할 수 없다."
《논어》

주자가 말하였다. "법어라는 것은 바르게 말하는 것이요, 손언(巽言)이라는 것은 부드럽게 이끌어주는 것이며, 역(繹)은 실마리를 찾는 것이다. 바른 말은 사람이 공경하고 두려워하는 것이므로 반드시 따른다. 그러나 그 말을 듣고도 잘못을 고치지 않는다면 앞에서만 따르는 것일 뿐이다. 부드럽게 일러 주는 말은 거슬리는 것이 없으므로 반드시 기뻐한다. 그러나 그 말뜻의 실마리를 찾지 않는다면 그 말의 숨은 뜻이 어디에 있는가를 알 수 없을 것이다."

또 말하였다. "한무제(漢武帝) 같은 이는 급암(汲黯)*4의 곧음을 보고 깊이 존경하고 두려워하여, 장막 안에서 그 아뢰는 말을 옳다고 하였으니 바른 말을 따랐다고 할 수 있다. 그러나 무제는 속으로는 욕심이 많으면서 겉으로만 인의를 베풀었으니 어찌 그 앞에서만 따르는 것이 아니겠는가? 맹자가 여색을 좋아하고 재물을 좋아하는 것에 관하여 논하였을 때 제나라 선왕(齊

宣王)이 어찌 기뻐하지 않았겠는가! 만일 그 말뜻의 실마리를 찾지 않았다면 옛사람이 이른바 여색을 좋아하였다는 것만을 알고, 그들이 안으로는 결혼을 못해서 원망하는 여자*5가 없게 하고, 밖으로는 고독한 남자*6가 없게 할 수 있었음을 알지 못했을 것이다. 옛 사람이 이른바 재물을 좋아하였다는 것만을 알며, 그들이 제 집에 살고 있는 자에게는 창고에 곡식을 쌓아두게 하고, 길손에게는 주머니에 휴대할 식량이 있게 할 수 있었음을 알지 못하였을 것이다."

양씨(楊氏)가 말하였다. "말을 해도 깨닫지 못하고, 그 말을 거부하고 받아들이지 않는 것은 그래도 괜찮다. 그것은 혹 잘 깨우쳐 주면 오히려 고칠 수도 있고, 실마리를 찾게 될 수도 있을 것이다. 그러나 그 말을 따르고 기뻐하는 듯하나 잘못을 고치지도 않고 말뜻의 실마리를 찾지도 않는다면, 이것은 끝내 고칠 수도 없고 실마리를 찾을 수도 없을 것이니, 비록 성인이라도 어찌할 수 있겠는가?"

《좌전(左傳)》에 이런 기록이 있다. 은공(隱公) 5년 봄, 공(公)이 당(棠)에 가서 고기잡이를 하려고 하니, 장희백(臧僖伯)이 간하였다. "어떤 것이 큰 일을 처리하기에 부족하고, 그 재목이 쓸모에 대비할 만하지 못하다면 임금은 그런 일을 거행하지 않는 법입니다. 산·숲·하천·못에 관한 일은 하인들이 할 일이요 관리들이 지킬 일이지, 임금이 관여하실 것이 못 됩니다." 공이 말하였다. "나는 장차 전국을 순시하려 한다." 그러고는 길을 떠났다. 희백은 병을 핑계하고 쫓아가지 않았다. 희백이 죽고 나서 공이 말하였다. "숙부는 나에게 유감이 있었다. 나는 감히 잊을 수가 없구나." 그리고 관등(官等)을 한 계급 높여서 장사를 지내 주었다." 호씨가 말하였다. "희백이 간하였으나 임금이 듣지 않았으므로 병을 핑계하고 쫓아가지 않은 것은 충신이라 할 만하다. 그리고 은공이 희백의 관등을 한 계급 높여서 장사지내 주었던 것도 타당하다고 할 수 있다. 그러나 은공은 감히 그의 충성을 잊지 못하면서 그의 간언은 들어 주지 않았으니, 곽공(郭公)이 어진 이를 어질게 여기면서도 등용하지 못하여 결국 나라를 망하게 한 것과 같다. 그에게 화가 미친 것은 당연하다."(화가 미쳤다는 것은 종무(鍾巫)에서 시해당한 것을 말합니다.

은공의 아우 환공(桓公)이 공을 종무에서 시해하였습니다. 임씨(林氏)가 말하였다. "곽공이 어진 이를 어질게 여기면서 등용하지 못하여 나라가 멸망하는 지경에 이르게 하였고, 은공은 충간(忠諫)을 착하게 여기면서도 쓰지 못하여 몸을 망치기에 이르렀다. 옛날부터 헛된 이름만 날리고 실행함이 없어서 패망에 이른 자가 많은데 살피지 않을 수 있겠는가?")

이는 간언을 따를 것을 말한 것입니다.

《주역》에서 말했다. "바람과 우레는 익괘(益卦)이다. 군자는 그것을 본받아 선(善)을 보면 실천하고, 잘못을 저지르면 고친다."　　〈익괘·상사〉

정자가 말하였다. "바람이 맹렬하면 우레가 빠르고, 우레가 격렬하면 바람이 노한다. 이 두 가지는 서로 보태 주는 것이다. 군자는 바람과 우레가 서로 보태는 모습을 보고 자기에게 보탬이 되는 것을 구한다. 선을 보고 옮겨 실천할 수 있다면 천하의 선을 다 가질 수 있고, 잘못이 있을지라도 능히 고칠 수 있으면 잘못이 없어지는 것이니, 사람에게 보탬이 되는 것으로 이보다 더 큰 것은 없다."

주자가 말하였다. "선을 옮겨 실천하는 것은 마땅히 바람처럼 빠르게 하고, 잘못을 고치는 일은 마땅히 우레처럼 세차게 해야 한다."

공자가 말하였다. "잘못이 있어도 고치지 않는 것, 이것이 잘못이다."
〈논어〉

주자가 말하였다. "잘못이 있으나 고칠 수 있으면 잘못이 없는 데로 돌아가지만, 고치지 않으면 그 잘못이 자라서 장차 고칠 수 없게 된다."

잘못을 부끄럽게 여긴 나머지 아닌 것처럼 조작하지 말라.
《서경》〈상서·열명〉

채씨가 말하였다. "잘못은 우연히 생기는 것이지만, 그것을 잘못이 아닌 것처럼 조작하는 것은 의도적인 것이다."

자공(子貢)이 말하였다. "군자의 잘못은 일식(日食)이나 월식(月食)과 같다. 잘못이 있을 때는 사람들이 다 볼 수 있고, 고치고 나면 사람들이 다 우러러본다." 《논어》 아래도 같음

면제 황씨(勉齊黃氏)가 말하였다. "잘못이 있으면 명백하게 드러나 덮어 가릴 수 없으므로 사람들이 다 볼 수 있으며, 잘못을 고치고 나면 맑고 투명하여 티나 흠이 없으므로 사람들이 다 우러러본다."

자하(子夏)가 말하였다. "소인(小人)은 잘못을 저지르면 반드시 꾸민다."

주자가 말하였다. "문(文)은 꾸민다는 뜻이다. 소인은 잘못을 고치는 것을 꺼리고 스스로를 속이는 것을 꺼리지 아니하므로 반드시 잘못을 잘못이 아닌 것처럼 꾸며서 그 잘못을 더욱 무겁게 만든다."

신안 진씨(新安陳氏)가 말하였다. "군자는 잘못을 숨기지 아니하기 때문에 잘못이 있으면 금방 사람들이 볼 수 있고, 잘못을 빨리 고치기 때문에 잘못이 없어져서 사람들이 우러러본다. 해와 달이 비록 일식과 월식을 면하지 못한다 하더라도 밝음으로 되돌아오면 본래의 밝음에 무슨 손상이 있겠는가? 소인은 잘못을 덮어 두고 고치지 않거나, 잘못을 고치기에 인색하여 더욱 그 잘못을 무겁게 하니, 더욱 어둡고 더욱 심해진다. 어찌 해와 달처럼 밝고 깨끗하며 투명한 기상이 있겠는가?"

자로(子路)는 남이 잘못을 말해 주면 기뻐하였다. 《맹자》

주자가 말하였다. "그에게 잘못이 있다는 말을 듣고 기뻐하여 그것을 고쳤으니, 스스로를 수양하는 데 용감함이 이와 같았다."

주자가 말하였다. "중유(仲由)는 자기에게 잘못이 있다는 말을 듣고 기뻐하여 아름다운 이름이 무궁하였다. 지금 사람들은 잘못이 있어도 남이 바로잡아 주는 것을 기뻐하지 아니한다. 이는 마치 병을 숨기고 의사를 꺼려 마침내 자기의 몸을 죽음에 이르게 하는 것과 같은데도 이를 깨닫지 못하니 슬픈 일이다."

정자가 말하였다. "자로 역시 영원한 스승이라 할 수 있다."

주자가 말하였다. "진실로 자기의 잘못을 듣기를 원한다면, 하나하나 받아들여야지 사실인지 아닌지 따져서는 안 된다. 따지지 않으면 일의 크고 작음이 없이 사람들이 모두 말하여 주기를 좋아하여 숨기는 사실이 없을 것이다. 만약 하나하나 따지고 비교하여 반드시 옳고 그름을 다툰다면, 아마도 '잘못이 있다고 일러 주면 기뻐한다'는 뜻이 아닐 것이다."

《주역》에서 말했다. "머지않아 회복되어 후회하는 데까지 이르지 않으니 크게 길하다." 〈복괘, 초·9 효사(爻辭)〉

정자가 말하였다. "잃은 뒤에라야 회복하는 것이 있으니, 잃어버리지 않았다면 무슨 회복할 것이 있겠는가? 다만 잃었으나 머지않아 회복하면 후회하는 데까지 이르지 않을 것이니, 크게 좋고 길하다. 학문을 하는 방법에는 다른 것이 없다. 다만 선하지 못함을 알면 빨리 고쳐서 선을 따르는 것일 뿐이다."

쌍봉요씨(雙峯饒氏)는 말하였다. "사람의 한 마음에는 선의 실마리가 끝없이 나와서 본래부터 서로 연속되어 있으므로, 생각하는 사이에 비록 어긋남이 있다 하더라도 그것이 마음에 걸리어 스스로 불안하게 여기는 뜻이 이미 마음속에 싹튼다. 이것이 곧 천지가 사물(物)을 낳는 마음이 드러나는 것이며, 맹자가 말한 '두려워하고 측은하게 여기는 마음'이다. 사람이 오로지 반성하고 살펴서 개인적인 욕망을 이기고 잘못을 다스리는 노력을 더하지 않기 때문에 비록 선을 행할 수 있는 기회가 생겨도 선으로 되돌아가는 효과를 볼 수 없다. 이 때문에 욕심을 좇아 망령되이 행하게 되어 그 후회함이 따라갈 수 없는 지경에까지 이른다. 올바르게 노력하는 자가 진실로 이 마음의 싹틈으로 인하여 재빨리 선으로 되돌아가 후회하는 데까지 이르지 않게 한다면 인욕은 사라지고 천리가 돌아올 것이다."

공자가 말하였다. "안씨(顏氏)의 아들은 거의 성인에 가깝구나. 선하지 못한 것이 있으면 알지 못한 적이 없었고, 알고 나면 다시 행한 적이 없었다." 《주역》〈계사전〉

정자가 말하였다. "안자(顏子)와 같은 지위에 있는 사람이 어찌 선하지 못함이 있겠는가? 이른바 선하지 못하다는 것은 단지 조금 어긋나고 실수가 있다는 것일 뿐이다. 약간의 어긋남이 있기만 하면 곧 그러함을 알 수 있고, 알기만 하면 다시는 싹트지 못하도록 한 것이다."

장자는 말하였다. "선하지 못한 것을 알고서 다시 하지 않았다는 것은 잘못을 두 번 거듭하지 않는 것이다."

주자가 말하였다. "지금 사람들은 다만 안자가 스스로 선하지 못함을 알고는 다시는 하지 아니한 것이 어렵다는 것을 안다. 그렇지만 선하지 못함이 있을 때, 일찍이 알지 못한 적이 없었다는 것이 어려운 것임을 알지 못한다. 요즘 사람 중에도 또한 이러한 도리를 안다고 말하는 사람이 있다. 그러나 일이 눈 앞에 닥치면 도리어 개인적인 욕심에 따라 끌려가서 앞서 알았던 것을 모두 잊어버리니, 이것은 처음부터 알지 못했던 것이다. 그러나 다만 안자는 타고난 바탕이 지극히 맑은 물과 같아 아무리 작은 티끌이라도 반드시 드러났던 것이다."

정자가 말하였다. "내 나이 16, 7세 되었을 때 사냥하기를 좋아하였다. 얼마 뒤 스스로 말하기를, '이제 이미 이것을 좋아하지 않게 되었다' 하였더니, 주무숙(周茂叔)*7이 이렇게 말했다. '무슨 말을 그렇게 쉽게 하는가? 다만 이 마음이 깊이 숨겨져 드러나지 않았을 뿐이니, 하루아침에 싹트게 되면 다시 처음과 같게 될 것이다.' 그 뒤 12년이 지난 연말에 시골에 돌아와 있으면서 사냥하는 사람을 보고 자신도 모르는 사이에 기뻐하는 마음이 있었으니, 이 때 비로소 그 마음이 아직 없어지지 않았음을 알았다."(섭씨가 말하였다. "주자(周子)는 공부에 힘쓰는 것이 깊었기 때문에 쉽게 말할 수 없다는 걸 알았으며, 정자는 마음을 다스리는 것이 치밀하였기 때문에 일에 따라 살필 수 있었다. 배우는 사람으로서는 경계하여 살피고, 극기하여 다스리는 노력에 더욱 힘쓰지 않을 수 없다.")

남헌 장씨(南軒張氏)가 말하였다. "무릇 익히는 일에 단절이 있는 것은 마음의 잘못이 해를 끼치기 때문이다. 마음의 잘못은 더욱 방지하기가 어려우니, 한번 마음속에 싹트면 비록 눈으로 보거나 귀로 들을 수는 없어도 내가 때로 익히는 공부는 이미 사이가 끊어져 버린다. 살피는 것을 느슨하게 하면, 마음의 잘못은 불어나고 자라난다. 오직 사람들은 옛것에 안주하여 항상 작은 것이라고 소홀하게 여기니, 어찌 이것을 익숙해지도록 해서야 되겠는가? 오늘 한 가지 잘못된 생각을 통렬하게 고치려고 하지 않는다면, 내일은 생각이 다시 생겨날 것이다. 이것이 쌓여 익숙해지면 때로 익히는 공부는 사라지므로 이 두 가지는 양립할 수 없다. 이 때문에 군자는 이를 두려워하는 것이다. 마음속에서 싹트면 반드시 깨닫고, 깨달으면 통렬하게 반성하여, 그것을 끊어 버리기를 오동잎 나누듯 하여 다시 이을 수 없게 해야 한다. 이와 같이 하면 잘못의 경지는 저절로 소멸되고, 때로 익히는 공부에 전념하게 되어 도(道)와 덕(德)이 이루어지니, 안자(顏子)가 같은 잘못을 두 번 저지르지 않았던 것은 단숨에 끊어버리고 다시는 생기지 않게 했기 때문이다. 그러므로 내 방을 이름지어 '불이(不貳)'라고 한다."

《주역》에서 말했다. "되돌아가는 데 어두움으로 인한 흉(凶)은 임금의 도에 어긋나는 것이다." 〈복괘(復卦), 상·6 상사〉

정자가 말하였다. "회복하면 도에 합하게 되나, 이미 돌아오는 데에 혼미했으니 도에 반대되는 것이므로 그 흉할 것을 알 수 있다. 임금이 윗자리에서 백성을 다스리려면 마땅히 온 세상의 선(善)에 따라야 할 것이나, 여기에 회복하는 데에 머뭇댄다면 임금의 도에 어긋나는 것이다."

이는 잘못을 고치는 것에 대해 말하는 것입니다.

신이 살피건대, 덕업을 도와 이루는 데는 바른 선비를 가까이하는 것보다 더 절실한 일은 없습니다. 그러나 반드시 간언을 따르는 것과 잘못을 고치는 것을 합하여 한 장으로 한 것은, 임금이 어진 이를 좋아하는 것은 단지 그 사람을 가까이할 뿐만 아니라, 그 선을 취하여 자기의 부족한 것을 보충하려는 것이므로, 충고의 말을 하면 반드시 고쳐야 하는 것입니다. 이것이 곧 덕으로 나아가고 업(業)을 닦는 바탕입니다. 만일 헛되이 그 이름만을 흠모하여 쓸데없이 가까이 두고, 충고를 해도 따르지 않고 잘못이 있어도 고치지 않는다면, 어진 선비가 어찌 헛된 예우(禮遇)에 얽매여서 자기가 지키는 바를 잃으려 하겠습니까? 반드시 기회를 엿보아 물러나 은거할 곳을 찾아서 즐기려 할 것입니다. 그러면 임금 가까이에 있는 사람은 아첨하여 총애를 얻으려는 무리에 지나지 않을 것이니, 이와 같이 하고서 나라가 위태롭거나 망하는 지경에 이르지 않는 일이 없었습니다. 만일 현인이라는 사람이 가만히 앉아서 영화와 총애(寵愛)를 받기만 하고, 충성스럽고 바른 말로 임금의 잘못을 바로잡아 주려는 유익함이 없다면 현자를 무엇에 쓰겠습니까? 그러므로 현명한 임금은 바른 선비를 신중하게 뽑아 날마다 함께 지내면서 심성을 함양하고, 훈도를 받아 사사로운 욕심을 이기고 선을 따르는 것입니다. 그러면 덕은 날로 높아지고 업적은 날로 넓어질 것입니다. 정자는 말하였습니다. "임금의 덕이 성취되는 책임이 경연(經筵)에 있다." 엎드려 바라건대 전하께서는 이 점을 유념하십시오.

〈주〉

*1 한 마을 중의 장로(長老). 연로(年老)하여 한 마을의 교화를 맡은 사람. 고대에 천자(天子)가 부형의 예로써 우대하였음.
*2 연기가 배어들 듯이 조금씩 젖어들어 감.
*3 어른의 나이를 높여 부르는 말. 여기서는 수명(壽命)이라는 뜻이다.
*4 한대(漢代)의 간신(諫臣). 자(字)는 장유(長孺).
*5 남편 없는 여자.
*6 아내 없는 남자.
*7 주돈이(周敦頤). 무숙(戊叔)은 그의 자(字)이다. 북송 오자(北宋五子) 중의 한 사람,

겸계(謙溪)선생으로 불림. 시호(諡號)는 원공(元公), 저서에 《태극도설(太極圖說)》, 《통서(通書)》 등이 있음. 이정(二程)은 그의 문하(門下)에서 공부했음.

처음과 끝이 돈독함에 대하여〔敦篤〕

신이 살피건대, 자기 수양하는 공부는 앞에서 자세하게 다 말하였으나 오히려 중도에서 그만두는 일이 있을까 염려하여 돈독장(敦篤章)을 그 다음에 두었습니다. 《시경》에서 이렇게 말했습니다. "누구나 시작은 있으나 끝을 보는 것은 드물다." 이른바 돈독이라는 것은 끝맺음을 돈독하게 하라는 것입니다.

증자(曾子)가 말하였다. "선비는 넓고 굳세지 않을 수 없으니, 책임은 무겁고 길은 멀기 때문이다."   《논어》 아래도 같음

주자(朱子)가 말하였다. "홍(弘)은 너그럽고 넓은 것이며, 의(毅)는 굳세고 참을성이 있는 것이다. (신안진씨가 말하였다. "너그러우면 용납하여 받아들이는 것이 많을 것이며, 넓으면 받들어 싣는 것이 클 것이다. 굳세면 잡아 지키는 것이 견고할 것이며, 참을성이 있으면 짐을 지는 것이 오래 갈 수 있을 것이다.") 넓지 않으면 그 무거움을 감당할 수 없고, 굳세지 않으면 멀리까지 갈 수 없다."

인(仁)을 자기의 책임으로 삼으니 무겁지 아니한가! 죽어야만 그칠 것이니 멀지 아니한가!

주자가 말하였다. "인이란 사람 마음에 있는 온전한 덕(德)으로서, 반드시 몸소 체득하여 힘써 실행하고자 하는 것이니 임무가 무겁다고 할 수 있다. 한 번 숨쉬는 사이에도 항상 이 뜻을 보존하여 조금이라도 게을리할 수가 없으니, 멀다고 말할 수 있다."

《주역》에서 말했다. "하늘의 운행이 씩씩하니 군자는 이것을 본받아 스스

로 노력하며 쉬지 않는다." 〈건괘·상사〉

　광평 유씨(廣平游氏)가 말하였다. "지극한 성(誠)이 쉼이 없다는 것은 하늘의 운행이 씩씩한 것이고, 쉼이 없을 수 없으므로 쉬지 않으려고 노력하는 것은 군자가 스스로 노력하는 것이다."
　주자가 말하였다. "항상 이 마음을 가지고 있으면 천리가 항상 운행하여 쉬지 않고 두루 흘러갈 것이다."

　군자가 하루종일 조심하고 저녁까지 두려워하면 위태로운 경우라도 잘못은 없으리라. 《주역》〈건괘, 9·3 효사〉

　정자가 말하였다. "밤낮으로 게을리하지 않고 조심하고 두려워한다면 비록 위험한 곳에 있을지라도 잘못이 없다."

　이윤이 말하였다. "선왕은 새벽같이 일어나 덕을 크게 밝히고, 앉아서 날이 새기를 기다렸다." 〈상서·태갑〉 이윤이 태갑에게 고한 말임

　채씨가 말하였다. "매(昧)는 어두운 것이요, 상(爽)은 밝은 것이다. 매상(昧爽)이라는 것은 날이 밝으려 하면서 아직 환하지 않을 때이다. 비(丕)는 크다는 뜻이요, 현(顯)은 역시 밝은 것이다. 선왕(선왕은 탕(湯) 임금입니다)은 어스름 새벽에 깨끗이 씻고 그 덕을 크게 밝혀, 앉아서 아침이 오기를 기다려 덕을 행하였다."

　이제 왕위를 이은 임금님[嗣王]은 새로 명(命)을 계승했으니, 오로지 그 덕을 새롭게 하여 처음부터 끝까지 한결같이 하여야만 날로 새로워질 것이다.

　채씨가 말하였다. "덕을 새롭게 하는 요점은 한결같이 하는 데 있을 뿐이다. 처음부터 끝까지 한결같아서 중간에 끊어지는 일이 없으면 이것이 곧 날로 새로워지는 것이다."

정자가 말하였다. "군자의 학문은 반드시 날로 새로워져야 하니, 날로 새로워진다는 것은 날로 진보하는 것이다. 날로 새로워지지 않는 것은 반드시 날로 퇴보하는 것이니, 전진하지 않으면서 퇴보하는 것이다. 오직 성인의 도만이 나아감도 물러남도 없으니, 그 도달한 것이 극치에 이르렀기 때문이다."

영가 정씨(永嘉鄭氏)가 말하였다. "거울을 보고 얼굴에 때가 묻었으면 반드시 씻을 것이며, 옷을 털다가 옷깃과 소매에 때가 있으면 반드시 세탁할 것이요, 거처하는 방의 책상이나 창이나 벽에 먼지가 있으면 반드시 털어낼 것이니, 이와 같이 하지 않으면 마음이 편안할 수 없다. 그런데도 마음속[方寸] 가운데 있는 신명(神明)의 집*1에 대해서는 더러워지고 때가 묻고 먼지가 쌓여도 씻거나 털어 버릴 줄 모른다면, 작은 것은 살피면서 큰 것은 버려두고 겉은 살피면서 속은 버려두는 것이니, 그 선(善)을 널리 넓히지 못함이 또한 심하지 아니한가?"

공자가 말하였다. "군자는 밥을 먹는 순간에도 인(仁)에서 떠나지 않으니, 아주 급한 때에도 반드시 인에 머물러 있고, 넘어지는 순간에도 반드시 인에 머물러 있다." 《논어》

주자가 말하였다. "종식(終食)은 밥 한 그릇을 먹는 동안이다. 조차(造次)는 급하고 구차한 때이며, 전패(顚沛)는 넘어지고 자빠져서 정신이 흩어지는 때이다. 군자는 이와 같이 인에서 떠날 수 없다. 어느 때, 어느 곳에서나 인하지 아니함이 없다."

또 말하였다. "인의 도(道)는 지극히 커서 완전히 체득하여 쉬지 않는 자가 아니면 거기에 이를 수 없다."(진씨가 말하였다. "전체라고 말한 것은 인의 전체를 가리켜서 말한 것이 아니라, 곧 그것을 완전히 체득하는 것을 말하는 것이다." 채씨가 말하였다. "전체란 천리(天理)가 가득 차서 털끝만큼도 다른 것이 섞이지 않음을 말한 것이요, 쉼이 없다는 것은 천리가 유행하여 한 순간도 틈이 없다는 것이다.")

정자가 말하였다. "알면 반드시 좋아하고, 좋아하면 반드시 구하며, 구하면 반드시 얻는다. 옛사람의 이러한 배움은 한평생의 일이었으므로, 과연 급하고 구차하며 넘어지고 자빠지는 때에도 반드시 이 인에서 떠나지 않을 수 있었으니, 어찌 도리를 터득하지 못하겠는가?"

섭씨가 말하였다. "빨리 이루어지기를 바라지 말며, 중도에서 폐지하는 일이 없이 부지런히 힘써서 죽은 뒤에라야 그치는 것이 옳다."

맹자가 말하였다. "오곡이란 씨앗 가운데서 좋은 것이지만, 진실로 잘 익지 않으면 가라지(밭에 난 강아지풀)나 피만도 못하다. 저 인이라는 것도 역시 성숙함에 있을 때 뿐이다."(윤씨(尹氏)가 말하였다. "날마다 새롭게 하여 그치지 않으면 성숙하게 될 것이다.")

말에는 가르침이 있고, 행동에는 법도가 있으며, 낮에는 하는 일이 있고, 밤에는 얻는 것이 있다. 숨 한 번 쉴 때에도 함양함이 있고, 눈 한 번 깜박하는 사이에도 마음을 보존함이 있다.   장자의 〈정몽〉

섭씨가 말하였다. "선왕의 법언이 아니면 감히 말을 하지 않으니, 말에는 가르침이 있다. 선왕의 덕행이 아니면 감히 행동하지 아니하니 행동에는 법도가 있다. 종일 부지런히 힘쓰니 낮에 하는 일이 있다. 야기(夜氣: 너그럽지 않은 깨끗한 마음)를 기르는 것이니 밤에는 얻는 것이 있다. 기(氣)가 나가고 들어오는 것을 식(息)이라 하니, 한 번 숨쉬는 동안에도 반드시 함양하는 바가 있으며, 눈이 한 번 깜박이는 것을 순(瞬)이라 하니 눈을 한 번 깜박이는 사이에도 반드시 마음을 보존함이 있다. 이것은 군자가 언제 어디서나 배우지 않는 것이 없다는 말이다."

이는 돈독의 효과를 바로 말한 것입니다.

공자가 말하였다. "싹은 자랐어도 꽃이 피지 못하는 것이 있고, 꽃이 피어도 열매를 맺지 못하는 것이 있다."   《논어》 아래도 같음

주자가 말하였다. "곡식이 처음 나는 것을 싹이라 하고, 꽃이 나오는 것을 이삭〔秀〕이라고 하며, 곡식으로 여무는 것을 열매〔實〕라고 한다. 무릇 배우고도 성취하는 데 이르지 못하는 것이 이와 같은 것이 있으니, 이 때문에 군자는 스스로 힘쓰는 것을 귀하게 여긴다."

남헌 장씨가 말하였다. "새싹을 키우는 사람은 김매고 북돋우는 때를 놓치지 않고 그 자라나는 이치를 거스르지 아니하며, 비와 이슬이 적셔 주고, 밤사이에 길러 줌이 처음과 끝까지 한결같아야 성숙할 수 있다. 혹은 버려둔 채 김매지 아니하거나, 혹은 뽑아올려 성장을 도우며, *2 하루는 따뜻하게 해주고 열흘은 춥게 하는 데까지 이르면, 싹은 자랐어도 꽃이 피지 못하고, 꽃이 피어도 열매가 익지 못하게 될 것이다. 배우는 일이 이것과 무엇이 다르겠는가? 바탕은 있으나 배우지 아니함은, 싹은 자랐으나 꽃이 피지 못하는 것과 같고, 배우고서도 몸에 지니지 못한다면, 꽃이 피긴 해도 열매를 맺지 못하는 것과 같다."

재여(宰予)가 낮잠을 자거늘, 공자가 말하였다. "썩은 나무는 새길 수 없으며, 더러운 흙담은 흙손질할 수도 없는 것이니, 재여를 꾸짖어 무엇하겠느냐!"

주자가 말하였다. "낮잠이란 낮에 자는 것을 말하며, 오(杇)는 흙손질하는 것이다. 이는 그의 의지와 기운이 혼미하고 나태하여 가르침을 베풀 수 없음을 말한다. 여(與)는 의미없는 어조사이며, 주(誅)는 꾸짖는 것이다. 꾸짖을 수도 없다고 말한 것은, 곧 깊이 꾸짖는 것이다."

호씨가 말하였다. "재여가 지(志)로써 기(氣)를 거느리지 못하고 안이하고 나태하니, 이것은 편히 즐기려는 기가 앞서고, 경계하는 뜻은 게을러졌기 때문이다. 옛 성현들은 게으르고 거칠고 편안한 것을 두려워하지 않은 이가 없어, 부지런히 노력하여 쉬지 않고 스스로 굳세게 하였으니, 이것이 공자가 재여를 깊이 꾸짖은 까닭이다."

이는 게으름의 폐단을 반대로 말한 것입니다.

　신이 살피건대, 군자의 학문은 성실하고 돈독해야 합니다. 책임은 무겁고 길은 멀며, 나아가지 않으면 퇴보하는 것이니, 만일 성실하고 돈독하지 않다면 어떻게 성취할 수 있겠습니까?
　공자가 말하였습니다. "먼저 어려움을 겪고 그 뒤에 얻는다." 공부가 지극하면 반드시 그 성과가 있는데 어찌 미리 기약할 수 있겠습니까? 지금 사람들의 병폐는 먼저 얻으려는 데 있습니다. 오직 미리 기약하여 놓고 노력은 하지 않으므로, 시작한 지 얼마 되지 않아서 싫증을 내고 게으른 마음이 생깁니다. 이것이 배우는 사람의 공통된 병통입니다.
　먼 곳에 가는 자는 한 걸음에 목적지까지 도달할 수 없으므로, 반드시 가까운 곳으로부터 점차로 나아가야 합니다. 높은 곳에 오르는 자는 단번에 뛰어오를 수는 없으므로, 반드시 낮은 곳으로부터 점차로 올라가야 할 것입니다. 만일 길을 잃지 않고, 부지런히 차례대로 나아가, 날마다 공부의 과정을 정해 두고 전진할 뿐 물러나지 않는다면, 아무리 멀어도 도달하지 못할 일이 없고, 아무리 높아도 오르지 못할 일이 없을 것입니다.
　사람의 마음에는 저마다 즐기는 것이 있는 법인데, 배움을 즐거움으로 여기지 못하는 사람은 반드시 가리워진 것이 있기 때문입니다. 그 가리워진 것을 알아 힘써 제거해야 합니다. 음악과 여자에 가리워진 자는 음악과 여자를 멀리하기에 힘쓸 것이며, 재화와 이익에 가리워진 자는 재물을 천하게 여기고 덕을 귀하게 여기기에 힘써야 합니다. 치우치고 사사로운 것에 가리워진 자는, 자기를 버리고 남을 따르기에 힘써야 합니다.
　모든 가리워져 있는 것은 그 근본을 끊도록 힘써야 합니다. 실제로 공부를 할 때는, 어려움과 쉬움을 헤아리지 말고 용기를 내어 힘써 나아가야 합니다. 괴로움을 힘써 참으면서 단연코 물러서지 않으면, 공부하는 상태가 처음에는 매우 험난하고 막히지만 나중에는 점차 통하여 밝아집니다. 처음에는 매우 혼란하지만 나중에는 점차 정리될 것이며, 처음에는 매우 어렵고 막히지만 나중에는 점차 통달하여 쉬워질 것입니다. 처음에는 매우 담박하나 나중에는 점차 맛이 있게 되어서, 반드시 마음이 원하는 바를 배우는 것을 즐거움으로 삼게 될 것입니다. 그렇게 되면 온 세상의 어떤 사물도 이 배움보다 더 낫지 않을 것이니, 어느 겨를에 바깥에 있는 것을 사모하여 배우는 일을 게을리하고 늦출 수 있겠습니까? 안자는 이 때문에 그만두려고 해도 그만둘 수 없었던 것입니다. 바라건대 이 점을 유념하십시오.

〈주〉
*1 마음을 가리킴.
*2 《맹자》는 공손축(公孫丑) 상(上)에 나오는 고사(故事). 호연지기(浩然之氣)를 기르는 것은 벼의 싹을 억지로 뽑아 올려 자라게 할 수 없는 것처럼, 갑자기 얻을 수 없다는 것이다.

수양 효과에 대하여〔修己功效〕

신이 살피건대, 지극히 노력하면 반드시 좋은 결과를 얻습니다. 그러므로 노력과 효과를 그 다음에 두어 아는 것과 행함〔知行〕을 겸비하고 겉과 속이 하나가 되어 성인의 경지에 들어갈 수 있는 상태를 모두 논하였습니다.

《주역》에서 말했다. "오직 군자만이 천하 사람들의 뜻에 통달할 수 있다."
〈동인괘(同人卦)·단사)〉

정자가 말하였다. "온 세상 사람들의 뜻은 천차만별이지만 이치는 하나이다. 군자는 이치에 밝기 때문에 온 세상 사람들의 뜻에 통달할 수 있다. 성인이 수많은 사람들의 마음을 한 마음같이 보는 것은 이치에 통달했기 때문이다."

머물 곳을 안 후에야 정(定)함이 있고, 정함이 있은 후에야 고요할 수 있으며, 고요한 후에야 편안해질 수 있고, 편안해진 후에야 생각할 수 있으며, 생각한 후에야 머물 곳을 얻을 수 있다. 《대학》

주자가 말하였다. "머문다는 것은 마땅히 머물러 있어야 할 곳을 뜻하는 것이다. 바로 지극한 선(至善)이 있는 곳이다. 그칠 곳을 알면 뜻의 방향이 정해진다(옳고 그른 것이 명백하여지면 반드시 선을 향하고 악을 등질 것입니다). 고요하다는 것은 마음이 망령되이 움직이지 않는 것을 말한다(옳고 그른 것이 정해지면 다른 옆길에 마음이 움직이는 일이 없어 마음이 항상 편안하고 고요할 것입니다). 편안하다는 것은 있는 곳에서 편안한 것이다(나의 권도(權度)*[1]를 바르게 하여 사물에 응할 수 있게 되면 때와 장소에 따라 태연하지 않은 것이 없습니다). 생각한다는 것은 일을 처리함에 정밀하고 상세한 것을 말한다(사물이 이르렀을 때 모름지기 기미(幾微)를 연구하고 결과를 살펴야 할 것입니다). 얻는다는 것은 머물 곳을 얻은 것을 말한다(행하여서 지극한 선에 그치게 될 수 있는 것입니다)."

또 말하였다. "정(定)과 정(靜)과 안(安)의 세 글자를 비록 차례로 나누었으나 서로의 거리는 멀지 않다. 다만 얕고 깊음이 있을 뿐이니, 실상 머물 곳을 안 뒤에 모두 쉽게 나아갈 수 있다. 편안해진 뒤라야 생각할 수 있고, 생각한 뒤에야 머물 곳을 얻을 수 있다. 이것이 가장 전진하기 어려운 곳이니, 많은 사람들이 편안한 곳까지 이르러서 머물러 버리는 것이다."

쌍봉 요씨가 말하였다. "저울에 비유하면, 머물 곳을 안다는 것은 저울 위의 눈금을 아는 것이요, 생각한다는 것은 장차 물건을 달려고 할 때 다시 한 번 자세히 보는 것이며, 머물 곳을 얻을 수 있다는 것은, 바야흐로 가볍고 무거운 것을 저울질해서 알아내는 것과 같다. 정(定), 정(靜), 안(安)은 일이 이르기 전에 있는 것이요, 생각한다는 것은 일이 바야흐로 이를 즈음이다. 이 네 가지는 곧 그칠 곳을 안다는 것에서 그칠 곳을 얻을 수 있다는 데 도달할 수 있는 맥락이다."

이는 앎으로 말미암아 실천에 도달하는 효험을 말한 것입니다.

맹자가 말하였다. "자신에게 되돌려 살펴보아 성실하다면 이보다 더 큰 즐거움이 없다."　《맹자》

주자가 말하였다. "임금과 신하 사이의 의리, 아버지와 자식 사이의 친애 같은 도리는 본래 우리 몸에 갖추어져 있는 것이니, 성실하다는 것은 실제로

이 이치를 갖추고 있는 것이다. 자신의 신상(身上)에서 점검해 보아 과연 결함이 없이 임금을 섬길 때에는 참되게 충성하고, 부모를 섬길 때엔 참되게 효도하여, 그 당연한 도리를 다하여 털끝만큼도 다하지 않음이 없다면, 위로는 하늘에 부끄럽지 않고, 아래로는 사람에게 부끄럽지 않아서 저절로 쾌활할 것이다. 그러나 자신을 반성하여 조금이라도 성실하지 않음이 있으면 마음이 부끄러워서 스스로 편안할 수 없을 것이니, 어찌 즐거울 수 있겠는가?"

또 말하였다. "자신을 반성하여 갖추어져 있는 이치가 모두 나쁜 냄새를 싫어하고 아름다운 여자를 좋아하는 것과 같이 충실하다면, 그 행동은 억지로 노력함을 기다리지 않더라도 이롭지 않음이 없는 것이니, 이보다 더 큰 즐거움이 어디 있겠는가?"

공자가 말하였다. "삼(參)아!, 나의 도는 하나로써 꿰뚫었다〔貫〕." 증자가 대답하였다. "예! 그렇습니다."　　　　　　　　　　　《논어》

주자가 말하였다. "'삼아'라고 한 것은 증자의 이름을 불러서 일러 준 것이다. 관(貫)은 관통한다는 뜻이다. '예'라고 한 것은, 대답하는 것이 빠르고 의심이 없다는 것이다. 성인의 마음은 완전히 한 가지 이치이나 널리 응용되고 적용하여 응용함이 저마다 같지 않으니, 비유하면 하늘과 땅의 지극한 정성〔誠〕은 쉼이 없어 만물이 저마다 마땅한 곳을 얻는 것과 같다. 증자가 도를 적용함에 있어서는 대개 일에 따라 자세히 살펴 힘써 행하였으나, 다만 그 본체가 하나라는 것을 알지 못하였다. 공자는 증자가 진실로 노력을 쌓고 힘씀이 오래여서 장차 얻을 바가 있을 것을 알았다. 이 때문에 불러서 일러준 것이다. 증자는 과연 묵묵히 그 뜻을 깨닫고 곧 재빨리 대답하여 의심함이 없었다."

또 말하였다. "하나란 한마음이며, 꿴다는 것은 모든 일이 다만 이 한마음의 이치로 여러 가지 이치를 다 관통한다는 것이다."

또 말하였다. "꿴다는 것은 흩어진 동전과 같고 하나라는 것은 노끈과 같다. 증자가 많은 낱낱의 동전을 세어 얻었으나, 다만 꿸 노끈 하나가 없었으므로 공자가 곧 이 노끈을 그에게 준 것이다. 지금 만약 한 닢의 동전도 없으면서 다만 한 가닥의 노끈만 사용한다면 또한 무엇을 꿰겠는가? 지금 하나를 이해하지 못함을 근심하지 말고, 다만 꿰는 것을 이해하지 못함을 근심해야 할 것이라 하나, 꿰는 것을 이해했더라도 하나를 체득하지 못하면, 타고난 바탕이 고매한 자도 불로(佛老)의 사상으로 흘러들어가 단지 하나의 흐리멍텅한 일을 이루게 된다."

연평 선생(延平先生)이 말하였다. "배우는 사람은 모름지기 항상 가슴 속을 환하게 터놓고 소탈하게 해야 한다." 주자는 말하였다. "매우 좋은 말이다. 무릇 이러한 경지는 견식(見識)이 분명하며 함양(涵養)이 순수하게 성숙된 효과로서, 진실하게 쌓고 노력해서 얻은 것이요, 하루아침에 억지로 힘써서 얻어지는 것은 아니다."

이는 실천으로부터 앎에 도달하는 효과를 말한 것입니다.

신이 살피건대, 앎과 실천을 비록 앞뒤로 나누었으나, 실제로는 동시에 함께 나아갑니다. 그러므로 혹은 앎으로부터 실천에 도달하고, 혹은 실천으로부터 앎에 도달하는 것이다.

군자는 안으로 살펴서 병됨이 없고 뜻에 부끄러움이 없다. 군자에 대해서 다른 사람이 미칠 수 없는 것은, 남으로서는 볼 수 없는 것이다. 《중용》

주자가 말하였다. "구(疚)는 병이란 뜻이다. '뜻에 꺼림칙함이 없다'는 것은 마음에 부끄러움이 없다는 말과 같다."

서산 진씨가 말하였다. "사람의 마음은 지극히 신령하여 털끝만큼의 작은 것이라도 스스로를 속이는 것이 있으면 반드시 마음이 만족할 수 없다. 이것이 이른바 병이 된다는 것이요, 이것이 이른바 꺼림칙하다는 것이다. 오직 그윽한 곳에 있으면서도 공개된 장소에서 하는 것처럼 행동하고, 홀로 바라보면서도 여러 사람이 보는 것처럼 하여서, 자신을 반성하여 병되거나 꺼림칙함이 없으니, 이것이 군자가 다른 사람들보다 크게 뛰어난 점이며, 다른 사람들이 미칠 수 없는 것이다."

부(富)는 집을 윤택하게 하고, 덕(德)은 몸을 윤택하게 하는 것이니, 마음이 넓어지고 몸이 편안하게 된다. 그러므로 군자는 반드시 뜻을 정성되게 한다. 《대학》

주자가 말하였다. "반(胖)이란 편안하고 느긋한 것이다. 마음에 부끄러움이 없으면 넓고, 크고, 관대하고, 평온하여 몸이 항상 느긋하고 편안하게 되는데, 이는 몸을 윤택하게 하는 덕이 그렇게 만든 것이다. 무릇 선(善)이 마음에 가득 차서 밖으로 드러남이 이와 같다."

정자가 말하였다. "옥루(玉漏)*² 에서도 부끄러움이 없으면 마음이 편안하고 몸은 느긋해진다."

맹자가 말하였다. "인(仁), 의(義), 예(禮), 지(智)가 마음에 뿌리를 두고서 나타날 때에는 깨끗〔睟然〕하게 얼굴에 드러나고, 등에 수북한 것처럼 넘쳐흘러서 온몸에서 표현된다. 그래서 온몸이 말하지 아니하여도 깨닫게 된다." 《맹자》

주자가 말하였다. "생(生)이란 나타난다는 뜻이다. 수연(睟然)은 맑고 온화하며 윤택한 모습이다. 앙(盎)이란 풍부하고 두터우며 차고 넘친다는 뜻이다. 온몸에서 베푼다는 것은 동작과 위의(威儀)의 사이에 드러나는 것을 말한다. 유(喩)라는 것은 깨닫는다는 말이다. 온몸이 말하지 아니하여도 깨닫게 된다는 뜻은, 온몸이 나의 말을 기다리지 않고도 스스로 나의 뜻을 깨달아 안다는 뜻이다. 무릇 물욕의 걸림이 없으면 본성의 4덕(德)*³은 마음에 뿌리를 내리며, 쌓인 것이 성하게 되면 표현되어 밖으로 드러나 보이는 것이 말을 하지 않아도 법도에 따르지 않음이 없게 된다."

악(樂)이라는 것은 안에서 움직이는 것이고, 예(禮)라는 것은 밖에서 움직이는 것이다. 악의 극치는 조화를 이루는 것이며 예의 극치는 순종[順]하는 것이니, 안으로 조화를 이루고 밖으로 순종하면 백성들이 그 얼굴빛만 바라보아도 다투지 아니하고, 그 모습만 바라보아도 쉽게 여기거나 업신여기는 생각을 하지 않는다. 그러므로 덕이 안에서 빛나 움직이면 백성들이 모두 받들어 듣게 되며, 이(理)가 밖으로 나타나면 백성들이 모두 받들어 따르게 된다. 그러므로 예악의 도를 지극하게 하여 그것을 적용하면 세상에 어려운 일이 없다. 《예기》

진씨가 말하였다. "안에서 움직이면 능히 마음을 다스릴 수 있고, 밖에서 움직이면 능히 몸을 다스릴 수 있다. 조화와 순종을 끊임없이 추구하면 잠깐 동안의 불화와 불순도 없는 것이다. 그러므로 사람과 사물을 감동시켜 그 효험을 얻을 수 있다."

이는 안으로부터 밖으로 도달하는 효험을 말한 것입니다.

맹자가 말하였다. "바람직한 이를 선한 사람이라고 한다."《맹자》 아래도 같음

주자가 말하였다. "천하의 이치에 착한 것은 반드시 실행할 만한 것이고 악한 것은 반드시 미워해야 할 것들이다. 사람됨이, 마음씀과 일을 처리함과 행동함과 사물을 접촉함에서 한결같이 모두 실행할 만한 것이요 미워해야 할 것이 아니라면 선한 사람이라고 할 수 있다."

선을 제 몸에 지니고 있는 것을 신(信)이라고 한다.

주자가 말하였다. "모든 선(善)이라고 하는 것을 실제로 가지고 있어, 마치 나쁜 냄새를 싫어하고 아름다운 여자를 좋아하는 것과 같이 한다면, 이와 같은 사람을 믿음직한 사람[信人]이라고 말할 수 있다. 선인이라는 것은 혹은 그 천부의 바탕이 아름답거나, 혹은 배워서 알아, 힘써 사모하여 도달한 사람도 있으나, 반드시 그렇게 되어서 과연 잃지 않을 수 있는 것이 아니다.

반드시 오랫동안 힘써서 진실로 이러한 선을 몸에 지녀 털끝만큼의 거짓도 없어야만 믿음직한 사람이라고 말할 수 있다."

충실한 것을 아름답다고 한다.

주자가 말하였다. "이미 믿게 되면 실천하는 데 반드시 힘을 쓸 것이요, 지키는 것은 반드시 견고할 것이다. 이와 같이 하여 그치지 않으면 지니고 있는 선은 몸에 충족하고 가득 차서, 비록 은밀하고 복잡한 사이에도 모두 맑고, 화락하고, 순수하고, 아름다워 불선한 것이 섞이지 않을 것이다. 이와 같은 사람을 이른바 미인(美人)이라고 한다."

충실하여 빛나는 것을 대인(大人)이라고 한다.

주자가 말하였다. "온순하고 순(順)한 것이 안에 쌓여서 꽃이 피듯 밖으로 드러나며, 미(美)가 그 가운데 있어 온몸에 가득 차서 발휘되면, 덕업이 지극히 성대하여져서 더할 수 없는 것이다."

또 말하였다. "미는 능히 안을 채워 줄 뿐이요, 반드시 밖으로 드러나는 것은 아니다. 그러나 이렇게 하여 그치지 아니하면 그 안에 채워진 선이 가득 넘쳐 막을 수 없게 된다. 그것이 몸에 있으면 아름다움이 얼굴을 맑고 온화하고 윤택하게 하며, 등을 풍성하고 두텁게 하여 온몸에 드러나고, 일에 있어서는, 덕이 성대하고 인(仁)이 성숙하여져서 천하가 문명(文明)하게 된다. 이와 같으면 대인이라 일컫는 것이다."

대인이 되어서 저절로 변화한 이를 성인이라 하고, 성인이 되어서 알 수 없는 이를 신(神)이라 한다.

주자가 말하였다. "대인이 되어서 변화할 수 있어, 그 위대한 점으로 인해 아득히 다시 볼 수 있는 자취가 없는 경지에 이르면, 생각하지 않고 힘쓰지 아니하여도 저절로 조용히 도에 들어맞게 되니, 이것은 사람의 힘으로 할 수 있는 것이 아니다."

또 말하였다. "성인이 되더라도 변화하지 아니하면 그 위대함이 몸과 형체의 자취 사이에서 벗어나지 못한 것이다. 반드시 그 덕이 성대한 자는 날로 성대함을 더하고, 인이 성숙한 자는 날로 성숙함을 더해야만 앞에서 말한, 위대한 것이 바야흐로 봄이 무르익어 얼음이 풀리듯 홀연히 자취도 없어져서 천지와 그 덕이 합치되고, 일월(日月)과 그 밝음이 합치되며, 사계절과 그 질서를 합하고 귀신과 그 길흉을 판단하게 된다. 이러한 사람을 성인이라 한다."

정자가 말하였다. "성인이 되어서 변화한다는 것은 단지 이(理)와 자기가 하나로 되는 것이다. 아직 변화하지 못한 자는 마치 사람이 자〔尺度〕를 들고 물건을 재는 것과 같지만, 변화하게 되면 자기가 곧 자가 된다."

장자가 말하였다. "대인은 될 수 있지만 변화하는 것은 할 수 없으니, 다만 성숙하는 데 있을 뿐이다."

주자가 말하였다. "성인에 이르면 도(道)에 나아가고, 덕(德)으로 돌아가는 공부가 지극하고 극진하여 더 보탤 수 없다. 이것은 성대한 덕과 지극한 선(善)의 극치이니, 소리도 없고 냄새도 없는 신묘함이 반드시 귀와 눈으로 다 듣고 볼 수 없으며, 마음의 생각으로도 능히 추측할 수 없는 점이 있다. 이런 이를 이른바 신(神)이라는 것이지 성인의 위에 다시 신이 있는 것은 아니다. 저 하고자 하는 것으로부터 성인에 이르는 것은 생각하고 힘씀으로써 도달할 수 있는 것이지만, 성스럽고 또 신묘한 것에 이르러서는 생각하고 힘쓰는 것으로써만 도달할 수 있는 것이 아니다. 그러나 끊임없이 생각하고 힘써서 그치지 아니해야만 도달할 수 있다."

이상은 지행(知行)과 표리를 합하여 얕은 데로부터 깊은 데에 이르는 것과, 성(聖)과 신의 극치에 대하여 말한 것입니다.

공자는 네 가지를 완전히 끊었으니, 사사로운 생각이 없고, 반드시 그렇게 하고자〔期必〕함이 없으며, 고집함이 없고, 자기 위주〔我執〕가 없었다.

《논어》 아래도 같음

주자가 말하였다. "끊었다는 것은 완전히 없앤 것이다. 무(毋)는 《사기(史記)》에는 무(無)로 썼다. 의(意)는 사사로운 생각이다. 필(必)은 반드시 그렇게 하겠다고 기약하는 것이며, 고(固)는 고집하여 꽉 막힌 것이다. 아(我)는 아집이다. 이 네 가지는 서로 처음과 끝이 되는 것이니, 사사로운 생각에서 일어나서 반드시 하겠다는 데에서 이루어지고, 고집하는 데에서 머물러 아집을 이루는 것이다. 무릇 사사로운 생각과 꼭 이루겠다고 하는 것은 항상 사전(事前)에 있고, 고집함과 아집은 항상 사후(事後)에 있다."

정자가 말하였다. "여기에서 무(毋)자는 금지하는 말이 아니다. 성인은 이 네 가지를 끊었으니 금지하는 말이 무슨 쓸모가 있겠는가? 성인의 마음은 하늘과 더불어 한몸인 것이다."

또 말하였다. "성인의 마음은 밝은 거울과 같고 고요한 물과 같다."

장자가 말하였다. "네 가지 중 하나라도 있으면 천지(天地)와 더불어 서로 같을 수 없다."(이 한 절은 성인의 마음을 말한 것입니다.)

선생께서는 따뜻하면서도 엄숙하고, 위엄이 있으면서도 사납지 않고, 공손하면서도 편안하였다.

주자가 말했다. "여(厲)는 엄숙한 것이다. 사람의 덕성은 본래 갖추지 않은 것이 없으나 부여받은 기질이 치우치지 않는 사람이 드물다. 오직 성인은 전체적으로 혼연하여 음양과 덕이 합하기 때문에 이와 같이 중화(中和)의 기가 용모에서 나타난다."(이 한 절은 성인의 용모를 말한 것입니다.)

군자는 움직이면 대대로 천하의 도(道)가 되며, 실천하면 대대로 천하의 법(法)이 되며, 말을 하면 대대로 천하의 준칙(準則)이 된다. 그가 멀리 있으면 우러러보고, 가까이 있으면 싫어하지 않는다. 《중용》 아래도 같음

주자가 말하였다. "움직인다는 것은 말하는 것과 행동하는 것을 겸하여 말한 것이요, 도라는 것은 법도와 준칙을 겸하여 말한 것이다. 법은 법도이고 칙(則)은 준칙이다."

진씨가 말하였다. "멀리 있는 사람은 그의 덕(德)을 입는 것을 기뻐하기 때문에 바라고 흠모하는 뜻이 있으며, 가까이 있는 사람은 그의 행동의 떳떳함에 익숙하기 때문에 싫어하는 생각이 없다."(이 한 절은 성인의 언행을 말한 것입니다.)

오직 온 세상의 지극한 정성이라야 본성을 다할 수 있으며, 본성을 다할 수 있으면 다른 사람의 본성을 다할 수 있다. 다른 사람의 본성을 다할 수 있으면 사물의 본성을 다할 수 있으며, 사물의 본성을 다할 수 있으면, 하늘과 땅의 조화와 생육을 도울 수 있다. 하늘과 땅의 조화와 생육을 도울 수 있으면 천지와 더불어 병립(並立)할 수 있다.

주자가 말하였다. "온 세상의 지극한 정성이란, 성인의 알찬 덕은 세상에서 어느 것도 덧붙일 것이 없다는 말이다. 그 본성(本性)을 다하는 사람은 덕이 알차지 않음이 없으므로 인욕의 사사로움이 없으며, 나에게 있는 천명을 살펴서 알아, 크고, 작고, 정밀하고, 조잡함에 있어 털끝만큼도 다하지 않음이 없는 것이다. 사람과 사물의 본성도 나의 본성과 같지만, 다만 부여받은 몸과 기질이 다르기 때문에 차이가 있을 뿐이다. 다할 수 있다는 것은, 밝게 알지 않음이 없고, 합당하게 처하지 않음이 없는 것이다. 찬(贊)은 돕는다는 말과 같다. 천지와 더불어 셋이 된다는 것은, 천지와 더불어 병립하여 셋이 되는 것이다."(이 한 절은 성인의 덕업을 말한 것입니다.)

이는 성(聖)과 신(神)의 설(說)을 이어 성인의 도를 자세히 논한 것입니다.

신이 살피건대, 성인의 덕은 천지와 더불어 하나가 되어, 신묘불측(神妙不測 : 신통하고 묘하여 미리 추측할 수 없음)하여 비록 도달할 수 없을 것 같지만, 진실로 공부를 쌓아 나가면 이르지 못함이 없을 것입니다. 사람은 하지 않는 것을 근심할 일이지, 할 수 없는 것을 근심할 필요는 없습니다. 요(堯), 순(舜), 주공(周公), 공자 같은 사람은 나면서부터 선을 알고 편안히 선을 행하였으므로, 점차 공부하여 나아간 일이 없었습니다. 탕왕과 무왕 이래로는 배워서 알았고 이로움이 있기 때문에 행하였으며, 이미 본성으로 돌이킨 공부가 있었습니다.

　사람들은 정명도(程明道)가 혼연히 자연처럼 이루어진 것을 즐김을 보고, 그가 실질적인 공부에 종사한 것을 알지 못하였으며, 주회암(朱晦菴)이 바다처럼 넓고 하늘처럼 높음을 즐기는 것만 보고, 적은 데서부터 쌓아 나가는 데 종사한 것을 알지 못하였습니다. 이런 까닭에 그 길을 따라 자취를 밟고, 울타리를 지나 방 안으로 들어갈 수 없고, 다만 옛 교훈만 가져다가 입으로 말할 뿐이니, 이것이 법도를 눈 앞에 두고도 올바른 학자가 세상에 나오지 못하는 까닭입니다. 공자가 말하였습니다. "성인을 내가 볼 수 없으면, 군자라도 볼 수 있었으면 좋겠다." 저 성인의 타고난 바탕의 아름다움이란 실로 보통 사람이 바랄 수 없지만, 군자라면 타고난 바탕의 아름답고 아름답지 못함을 막론하고 모두 배워서 미칠 수 있는 것입니다. 그런데도 성인을 볼 수 없음은 어째서입니까? 군자로서 그치지 않고 계속 나아간다면 어찌 성인의 경지에 이르지 못하겠습니까?

　하고자 할 만한 것이 선(善)이라는 것으로부터 시작하여, 마침내 천지와 병립하고, 천지의 조화와 생육을 돕는 데 이르기까지, 다만 앎과 실천을 쌓아서 인(仁)을 성숙하게 하는 데 있을 뿐입니다. 성현이 큰 도를 지시함이 명백하고 평탄하나, 능히 그 길을 따르는 사람이 드무니 한탄하지 않을 수 없습니다. 아! 보통 사람의 학문도 천지와 병립하고 천지의 조화와 생육을 돕는 것을 표적으로 삼는데, 더욱이 제왕에게 있어서이겠습니까!

　옛날 제왕이 반드시 나면서부터 스스로 선한 것은 아닙니다. 태갑(太甲) 같은 사람은 전형(典刑)을 뒤집어 엎었다가도 마침내는 훌륭한 덕을 이루었고, 성왕은 유언비어를 살피지 못했어도 마침내는 상벌을 적절하게 하였습니다. 후세의 제왕들은 모두 두 임금의 처음 실수를 경계해야 할 것을 알면서도 그 소행을 살펴볼 때 모두 두 임금에 미치지 못하는 것은 어째서입니까? 그 뜻을 공손하게 갖고 학문에 힘쓰지 못한 까닭입니다.

무릇 제왕의 자질은 반드시 보통 사람과 같지 않습니다. 게다가 정기(精氣)를 많이 쌓고 사물을 널리 활용하였으므로, 비록 망국(亡國)의 임금이라도 재기(才器)*4가 다른 사람보다 대단히 뛰어납니다. 오직 재주를 쓰지 않을 데에 썼다가 도리어 그 능력에 걸림을 당하여, 스스로 높게 여기고 곧은 선비를 두려워하지 않으며, 즐기고 편안함만을 좋아하여 위태로움을 생각지 않아, 자포자기하여 분발하지 못하고 날이 갈수록 저속해질 뿐입니다. 그리하여 적게는 자신이 죽고 나라가 망하게 되는 것이니, 어찌 크게 두려워하지 않겠습니까?

오호라! 만 가지 선은 본성 속에 모두 갖추어져 있으니 바깥에서 찾을 필요가 없습니다. 공을 쌓는 것도 자신에게 달려 있는 것이기에 남의 힘을 빌릴 필요가 없습니다. 세상을 구제하고 백성을 사랑하는 것도 자신에게 달려 있는 것으로서 감히 막을 수 없습니다. 그런데도 학문에 종사하여 환하고 넓은 곳으로 이르려 하지 않고 욕심만 일삼아서 더럽고 낮은 데로 내려가기를 구하니, 아, 또한 생각하지 않음이 심한 것입니다

바라옵건대, 전하께서는 마음을 돌이켜 찾으시고, 지나간 성인(聖人)들을 사모하십시오. 위로는 하느님과 조상께서 맡겨주신 책임을 생각하시고, 아래로는 신하와 백성들이 기대하는 소망에 따라 학문을 독실히 믿어 성실히 시작하여 차례에 따라 나아가십시오. 밤낮없이 노력하면 반드시 고명하고 넓고 두터운 경지에 이르실 것입니다. 자신을 수양하는 공부를 다해서 이 세상으로 하여금 요순과 같은 임금을 볼 수 있게 하고, 이 백성으로 하여금 요순의 혜택을 받을 수 있도록 하신다면, 대대로 더할 수 없는 다행이겠습니다.

〈주〉
*1 저울과 자. 곧 사물이 의거하여 따라야 할 법도.
*2 방의 서북쪽 모퉁이로 집 안에서 가장 깊숙하여 어두운 곳임. 곧 다른 사람이 보지 않는 곳.
*3 인(仁)·의(義)·예(禮)·지(智).
*4 재주와 국량(局量).

3편 집안을 바르게 하라〔正家〕

신이 살피건대, 맹자는 "자신이 몸소 도를 행하지 않는다면 아내와 자식에게도 도가 행해지지 않으며, 사람을 부리는 데 도로써 하지 아니하면 아내와 자식에게도 명령이 행해지지 않는다"라고 하였습니다.[*1] 대개 자기 몸을 닦고 난 다음에야 집안을 바르게 할 수 있기 때문에 '정가'편을 '수기'편의 다음 차례에 두었으니, 다음은 사람을 다스리는 도리에 관한 것입니다.

총론

신이 살피건대, 집안을 바르게 하는 데는 여러 가지 절차가 있으나 여기서는 그 대강만을 논하여 첫머리에 밝힙니다.

천하를 다스리는 데에 근본(根本)이 있다 함은 '자신을 다스림'을 말하는 것이요, 천하를 다스리는 데에 법도(法度)가 있다 함은 '집안을 다스림'을 말하는 것이다. 근본은 반드시 단정해야 하니, 근본을 단정하게 하는 것은 마음을 성실하게 하는 것뿐이다. 법도는 반드시 선(善)해야 하니, 법도를 선하게 하는 것은 친족을 화목하게 하는 데에 있을 뿐이다.   주자의 《통서》

주자(朱子)가 말하였다. "칙(則)이란 사물로서 그것을 보고 본보기로 삼을 수 있는 것이니, 속어에 칙례(則例 : 법칙이나 조례), 칙양(則樣 : 법도로 여김)과 같은 것이 이것이다. 마음이 성실하지 않으면 몸을 바르게 할 수 없고, 친족이 화목하지 않으면 그 집안을 다스릴 수가 없다."

자기 집안을 가르치지 못하면서 남을 가르칠 수는 없다. 그러므로 군자는 자기 집을 나가지 아니하고서도 나라에 가르침을 이룰 수 있는 것이다. 효도는 바로 임금을 섬기는 것이요, 공경이란 어른을 섬기는 것이요, 자애는 백성을 다스리는 것이다. 《대학》

주자가 말하였다. "효도와 공경과 자애는 자신을 수양하여 집안을 가르치는 원리이다. 그러나 국가에서 임금을 섬기고, 웃어른을 섬기며, 백성을 다스리는 도리도 여기에서 벗어나지 아니한다. 이것이 위에서 집안이 다스려지면 가르침은 아래에서 이루어진다는 것이다."

《주역》에서 말하였다. "부모가 부모답고 자식이 자식다우며, 형이 형답고, 동생은 동생다우며, 남편이 남편답고 아내가 아내다우면 집안의 도리가 바로 서고, 집안이 바르게 되면 천하가 안정된다." 〈가인괘(家人卦)·단사〉[2]

정자(程子)가 말하였다. "부모와 자식·형제·부부가 각기 그 도를 지킬 수 있으면 곧 그 집안의 도리가 바르게 되며, 한 집안의 도리를 미루어 나아가면 천하의 모든 일에 적용할 수 있다. 옛날부터 성왕(聖王)은 자기를 공손하게 하고 집안을 바르게 하는 것을 근본으로 삼지 아니한 이가 없다. 그러므로 집안의 도리가 지극하게 되면 근심하거나 수고롭지 않아도 천하가 다스려진다."

윤리를 바르게 하고 은혜와 의리를 두텁게 하는 것이 곧 가인(家人)의 도(道)이다. 정자의 《역전》

섭씨(葉氏)가 말하였다. "윤리를 바르게 하면 신분의 높고 낮음이 분명해지며, 은혜의 의리를 두텁게 하면 윗사람과 아랫사람의 감정이 서로 통하게 될 것이다. 이 두 가지 일이 아울러 실행된 후에라야 집안을 다스리는 도리가 두텁게 된다. 그러나 여기에서는 반드시 윤리를 바르게 하는 일을 먼저 해야만 하는 것이니, 윤리가 바르게 되지 않고서는 은혜의 의리가 두터워질 수 없다."

주자가 말하였다. "임금의 집안이 잘 다스려진다면 천하가 다스려지지 않음이 없고, 임금의 집안이 다스려지지 않고서는 그 천하가 결코 잘 다스려질 수 없다. 이 때문에 정치를 잘했던 현명하고 성스런 임금은 집안 다스리는 일을 근본으로 하지 않은 이가 없었다. 대개 남자는 밖에서 그 위치를 바르게 하고 여자는 안에서 그 위치를 바르게 하여 남편의 분별이 엄격하게 된 것은 바로 집안이 잘 다스려진 것이다. 정실부인은 위에서 몸을 바르게 하고, 첩(妾)은 아래에서 그 뜻을 이어받아 본처와 첩의 분별이 있는 것은 곧 집안이 다스려진 것이다. 덕 있는 사람을 분별하여 쓰고, 음악과 여색을 경계하며, 엄격하고 공경할 만한 사람을 가까이 하되 재주와 능력만을 앞세우는 사람을 멀리하는 것은 집안이 다스려진 것이다. 안에서 하는 말이 밖으로 새나가지 않고, 밖에서 생긴 일이 안으로 들어오지 않으며, 뇌물을 주고받지 아니하고 청탁을 하지 않는 것은 집안이 잘 다스려진 것이다. 그러나 가정 내에서는 은애(恩愛 : 부모 자식·부부 등 친족 간의 사랑)가 항상 의로움을 가리게 된다. 이 때문에 비록 영웅의 자질을 가지고 있다 하더라도 오히려 주색에 빠지고 인정과 사랑에 끌려 스스로를 이겨 내지 못하는 자가 있게 된다. 그러므로 진실로 마음을 바르게 하고 자신을 수양하며 예의에 맞게 행동하여, 그들로 하여금 나의 덕에 복종하게 하고 나의 위엄을 두려워하게 하지 않는다면, 또한 무엇으로써 그 집안을 바르게 하고 그 청탁을 막아 내며, 그 인척들을 단속하여 재앙과 난리가 싹트는 것을 막을 수 있겠는가?"

신이 살피건대, 집안을 바르게 다스리는 도리는 윤리를 바르게 하는 것과 은혜와 의리를 돈독하게 하는 이 두 가지의 일을 벗어나지 않으므로, 다음 글에서 이것을 미루어 설명하겠습니다.

〈주〉
*1 주자는 이렇게 말하였다. "자신이 도를 행하지 않는다는 것은 행동을 말한 것이요, 행해지지 않는다는 것은 아내와 자식이 도리를 행하지 않는다는 말이다. 사람을 부리되 도로써 하지 않는다는 것은 일을 말한 것이요, 행해지지 못한다는 것은 아내와 자식에게 명령이 행해지지 못한다는 말이다."
*2 단사(彖辭)는 역경(易經)의 각 괘(卦)의 뜻을 풀어놓은 총론. 주(周)의 문왕이 지었다 한다.

효도하고 공경함에 대하여〔孝敬〕

신이 살피건대, 효도(孝道)는 모든 행동의 으뜸이 되는 것입니다. 그러므로 집안을 바르게 다스리는 도는 효도와 공경(恭敬)이 첫째가 됩니다.

공자가 말하였다. "몸과 터럭과 살갗 등은 부모에게서 물려받은 것이니, 감히 훼손하거나 상하게 하지 않는 것이 효도의 처음이요, 입신하여 도를 실천하고 후세에까지 이름을 떨쳐서 그것으로써 부모의 이름을 드러나게 하는 것이 효도의 마지막이다. 대체로 효도는 부모 섬기는 일에서 시작하여 임금 섬기는 일이 중간이 되며, 입신(立身)하는 것이 마지막이 된다."

《효경》 아래도 같음

오씨(吳氏)가 말하였다. "자식의 몸은 부모가 물려준 것이니, 스스로 아껴서 감히 손상시키지 않는 것이 효도의 시작이다. 그리고 입신하여 도를 실천할 수 있다면, 자기의 이름이 후세에 떨쳐지고 부모의 이름까지도 함께 세상에 드러나게 되는 것이다. 이것이 효도의 마지막이 되는 까닭이다."

부모를 사랑하는 사람은 감히 다른 사람에게 악한 일을 하지 아니하며, 부모를 공경하는 사람은 감히 다른 사람에게 거만하게 하지 아니한다. 부모를 섬기는 데에 사랑하고 공경함을 다하면 덕과 교화가 백성에게 펼쳐지고 온 누리의 모범이 되니, 이것이 천자(天子 : 하늘을 대신하여 천하를 다스리는 사람. 황제)가 하는 효도이다.[*1]

진씨(眞氏)가 말하였다. "효도라는 것은 사랑하고 공경하는 것에 벗어나지 않을 뿐이다. 오직 부모를 사랑하는 마음을 미루어 다른 사람을 사랑하되 싫어하고 미워하는 마음을 갖지 않는다. 부모를 공경하는 마음을 미루어 다른 사람을 공경하되 업신여기거나, 업신여기는 마음을 갖지 않는다. 이렇게 하면 위에서 몸소 실천함에 따라 덕과 교화가 자연히 아랫사람에게 본보기가 되어 천하 사람들이 모두 그 부모를 사랑하고 공경하지 않는 이가 없게 될 것이다."

위에 있으면서 교만하지 아니하면 높은 지위에 있어도 위태롭지 아니하며, 예절로써 자신을 자제하고 법도를 잘 지키면 가득 차 있어도 넘치지 아니한다. 이렇게 한 뒤에야 그 사직을 잘 보존할 수가 있고, 그 백성들을 화목하게 할 수 있는 것이니, 이것이 제후의 효도이다.*²

진씨(陳氏)가 말하였다. "제절(制節)은 예절로써 자신을 제어하는 것이요, 근도(謹度)는 법도를 조심스럽고 정중하게 지키는 것이다."

선왕이 제정한 법복(法服)이 아니면 감히 입지 아니하고, 선왕의 법언(法言 : 법도가 될 만한 정당한 말)이 아니면 감히 말하지 아니하며, 선왕의 덕행이 아니면 감히 행동하지 아니한다. 이렇게 한 뒤에야 그 사당(종묘)을 보존할 수가 있는 것이니, 이것은 경대부(卿大夫)가 하는 효도이다.*³

진씨가 말하였다. "법(法)은 '법도'이다. 도(道)는 '말한다'는 뜻이다. 종(宗)이란, 사람이 여기에 모여 '제사지내는 것'이다. 경대부는 사당을 소유하므로 종묘를 보존한다고 말한 것이다."

효도로써 임금을 섬기면 충성이요, 공경으로써 어른을 섬기면 순종이 된다. 충성과 순종을 잃지 않고 그것으로써 윗사람을 섬긴 후에야 그 제사를 지켜 나갈 수 있으니, 이것이 선비가 하는 효도이다.*⁴

진씨가 말하였다. "부모에게 효도하는 마음으로 임금을 섬기면 충성이 된다. 부모에게 공경하는 마음으로 어른을 섬기면 순종이 된다. 윗사람이란 임금과 어른을 가리킨다. 선비는 봉록으로 받은 토지를 소유하고 있어 그것으로써 제사를 받들기 때문에 '제사를 지킨다'고 한 것이다."

하늘의 도를 따르고, 땅의 이익에 맞게 하며, 몸가짐을 조심하고, 쓰임새를 절약하여, 그것으로써 부모를 봉양하는 것이 일반 백성들이 하는 효도이다.

오씨가 말하였다. "하늘의 도리를 따른다는 것은 낳아 기르고 거두어 갈

무리하는 이치에 따라, 밭갈고 김매며 곡식을 거두어들이는 일을 각각 그 때에 알맞게 하는 것을 말한다. 땅의 이익에 맞게 한다는 것은 토지의 비옥하고 평탄함과 높고 낮은 데에 따라 벼와 조, 수수, 기장 등을 각각 토질에 맞게 심어 가꾸는 것을 말한다. 몸가짐을 조심한다는 것은 자신의 분수를 지켜서 함부로 행동하지 않는 것이다. 쓰임새를 절약한다는 것은 검소하게 쓰고 함부로 낭비하지 않는 것을 말한다. 사람이 능히 이와 같이 할 수만 있다면 몸이 편안해지고 힘이 넉넉하여 부모를 충분히 봉양할 수 있을 것이다."

그러므로 천자로부터 일반 백성에 이르기까지 처음부터 끝까지 효도를 다하지 못하면 재앙이 자신에게 미치지 않은 사람은 없었다.

진씨가 말하였다. "부모를 섬기면서 처음부터 끝까지 효도를 다하지 못하면 재앙이 자신에게 미칠 것은 필연적이다."

효자가 부모를 섬기는 일은, 그 부모가 살아 있을 때에는 공경을 다하고, 봉양할 때에는 즐거움을 다하며, 병이 들었을 때에는 근심함을 다하고, 돌아가시면 슬픔을 다하며, 제사를 받들 때에는 그 엄숙함을 다해야 한다. 이 다섯 가지가 갖추어진 후에야 부모를 섬길 수가 있는 것이다.

진씨가 말하였다. "치(致)는 끝까지 다한다는 뜻이다. 즐겁다는 것은 기뻐하는 표정과 상냥한 태도를 말한다. 사람의 자식으로서 부모를 섬기는 마음은 처음부터 끝까지 털끝만큼이라도 다하지 못한 것이 없어야 효도라고 말할 수 있다."

맹의자(孟懿子)가 효도에 대해 물으니 공자가 "어기지 말라" 하였다.
《논어》 아래도 같음

주자가 말하였다. "'어기지 말라'는 것은 이치에 어긋나지 아니함을 말하는 것이다."

번지(樊遲)가 공자를 모시고 수레를 몰고 갈 때에, 공자가 그에게 일러 말하였다. "맹손(孟孫)*5이 나에게 효도에 대해 묻기에, 내가 '어기지 말라'라고 대답하였다."

주자가 말하였다. "공자는 맹의자가 말뜻을 깨닫지 못하여 그 의미를 묻지 못하는 것이라 생각했다. 그래서 그 가리킨 뜻을 알지 못하고 부모의 명령에 따르는 것이 효도라고 여길까 염려하여 번지에게 말하여 깨우쳐 준 것이다."

번지가 말하였다. "무엇을 말하는 것입니까?" 공자가 말하였다. "살아서는 예(禮)로써 섬기고, 죽어서는 예로써 장사지내며, 예로써 제사지내는 것이다."

주자가 말하였다. "살아서는 섬기고, 죽어서는 장사지내고, 제사지낸다는 것은 부모를 섬기는 일의 처음과 끝이 다 갖추어진 것이다. 예란 곧 이치를 절도에 맞게 꾸민 것이다. 사람이 부모를 섬김에 처음부터 끝까지 한결같이 예에 맞게 하여 구차하지 않으면 부모를 높임이 지극한 것이다."

호씨(胡氏)가 말하였다. "사람이 그 부모에게 효도하고자 하는 마음은 비록 끝이 없지만 분수에는 한계가 있다. 할 수 있으면서도 하지 않는 것과 할 수 없는 데도 억지로 하는 것이 모두 불효한 것이다. 이른바 예로써 한다는 것은 할 수 있는 것을 하는 것일 뿐이다."

이는 부모를 섬기는 도리의 총론입니다.

무릇 사람의 자식으로서 부모에게 지켜야 할 예는, 겨울에는 따뜻하게 해 드리고, 여름에는 시원하게 해 드리며, 저녁에는 잠자리를 보살펴 드리고, 새벽엔 문안 인사를 드리며, 외출할 때는 반드시 여쭙고, 돌아오면 반드시 아뢰며, 노는 곳은 반드시 일정함이 있어야 하며, 배우는 것은 반드시 정해진 과정이 있어야 하며, 평소에 말할 때 '늙었다'는 말을 하지 않는 것이다.

《예기》 아래도 같음

진씨가 말하였다. "따뜻하게 하여 그 추위를 막아 드리며, 서늘하게 하여 시원하도록 하고, 이부자리를 펴드리고 안부를 살핀다. 외출할 때는 나간다고 여쭙고, 돌아오면 귀가했다고 아뢴다. '노는 곳에 일정함이 있어야 한다'는 것은 몸이 다른 곳으로 가지 않는다는 말이요, '배우는 것은 반드시 정해진 과정이 있다'는 것은 마음을 다른 데에 쓰지 않는 것을 말한다."

증자(曾子)가 말하였다. "효자가 그 부모를 봉양(奉養)함에 있어서는, 그 마음을 즐겁게 해 드리고 그 뜻을 어기지 아니하며, 보고 듣는 것을 즐겁게 해 드리고, 잠자는 곳을 편안하게 해 드리며, 좋아하는 음식을 정성을 다하여 봉양한다."[*6]

방씨(方氏)가 말하였다. "부모를 봉양하는 데에 물질로써 봉양한다면 다만 입과 몸을 봉양하는 데 그칠 뿐이지만, 정성으로써 봉양한다면 부모의 뜻을 충분히 받들 수 있다."

이런 까닭에 부모가 사랑하는 것을 역시 사랑하고, 부모가 공경하는 것을 역시 공경한다. 개나 말에 이르기까지 다 그러해야 하거늘 하물며 사람이겠는가. 증자의 말은 여기에서 그침

오씨가 말하였다. "효자가 사랑하고 공경하는 마음은 이르지 아니하는 곳이 없다. 그러므로 부모가 사랑하고 공경하는 것을 역시 자기도 사랑하고 공경하는 것이다."

효자로서 부모를 깊이 사랑하는 마음이 있는 자는 반드시 온화(溫和)한 기운이 있으며, 온화한 기운이 있는 자는 반드시 기뻐하는 안색이 있으며, 기뻐하는 안색이 있는 자는 반드시 상냥스런 모습을 지닌다. 효자가 부모를 섬기는 것은 옥[*7]을 잡듯이 하고, 가득 찬 그릇을 받드는 것같이 하며, 빈틈이 없고 거짓이 없어〔洞洞燭燭〕 감당하지〔勝〕 못할 듯이 하며, 장차 잃어버릴 듯이 한다. 엄숙하고 위엄이 있으며, 근엄하게 삼가는 것은 부모를 섬기는 바른 도리가 아니다.

진씨가 말하였다. "동동(洞洞)은 공경함이 겉과 속의 차이가 없음이요, 촉촉(燭燭)은 성실하고 거짓이 없는 것이요, 승(勝)은 감당해 낸다는 뜻이다."

진씨가 말하였다. "온화한 기운과 기뻐하는 안색과 상냥한 모습 등은 모두 사랑하는 마음의 표현인 것이다. 옥을 잡는 것 같고, 가득 찬 그릇을 받드는 것 같으며, 감당하지 못할 듯이, 장차 잃어버릴 듯이 하는 것은 모두 공경하는 마음을 보존하고 있는 것이다. 사랑과 공경이 함께 이르는 것이 바로 효자의 도리이다."

소리 없는 데에서 듣고, 모습이 없는 데에서 본다.*8

진씨가 말하였다. "부모의 뜻을 먼저 알고 받드는 것이다."

공씨(孔氏)가 말하였다. "항상 마음 속에서 상상하여 모습을 보고 음성을 듣는 것처럼 하는 것은 부모가 장차 자기에게 무언가를 시킬 일이 있을까 해서이다."

부모가 병환이 나면 성인*9은 머리에 빗질을 하지 않고, 걸을 때는 활개치고 걷지 않으며, 말을 함부로 하지 않고, 거문고나 비파를 타지 않는다. 고기를 먹더라도 물릴 정도에까지 이르지 아니하고, 술을 지나치게 마시지 않으며, 잇몸이 드러나도록 웃지 않고, 성이 나는 일이 있더라도 욕을 하지 아니한다. 병환이 나으면 다시 그 전대로 행동한다.

진씨가 말하였다. "이것은 부모의 병환을 봉양하는 예를 말한 것이다. 빗질을 하지 않는다는 것은 몸치장을 하지 않는 것이요, 활개를 치지 않는다는 것은 태도를 꾸미지 않는 것이며, 말을 함부로 하지 않는다는 것은 다른 일을 언급하지 않는 것이다. 고기를 먹더라도 실컷 먹어서 입맛이 변할 정도에 이르지 않게 하고, 술을 마시더라도 흠뻑 취하여 안색이 변할 정도에까지 이르지 않게 할 뿐이다. 잇몸을 신(矧)이라고 하니, 웃을 때 잇몸이 드러나면 이것은 크게 웃는 것이다. 성내어 욕하는 것을 꾸짖는다〔罵〕라고 하니, 성이 나서 꾸짖는 데까지 이르면 이것은 심하게 노한 것이다. 이는 모두 부모가 병환 중인데도 근심·걱정을 잊어버린 행위가 되므로 이것을 경계한 것이다."

공자가 말하였다. "부모를 섬기는 데는 은근히 간(諫)하여야 하는 것이니, 만약 부모가 따르지 않더라도 더욱 공경하여 그 뜻을 어기지 아니하며, 여러 번 간하는 수고를 끼치더라도 원망하지 아니한다." 《논어》

주자가 말하였다. "이 장은 《예기》〈내칙(內則)〉의 말과 서로 표리가 된다. 기(幾)는 은미한〔微〕 것이다. '은미하게 간한다'는 것은 이른바 '부모에게 허물이 있으면 흥분을 가라앉히고 안색을 부드럽게 하여 부드러운 음성으로 간한다'는 것이다. ('이른바' 이하는 모두 〈내칙〉. 이하도 같다) '따르지 않으려는 뜻(부모의 뜻)을 보이더라도 더욱 공경하여 어기지 않는다'는 것은 이른바 '간하여도 부모가 만약 그것을 받아들이지 않는다면 더욱 공경하고 더욱 효도하여 부모가 기뻐할 때 다시 간한다'는 것이다. '수고를 끼치더라도 원망하지 아니한다'는 것은 이른바 '부모가 향당주려(鄕黨州閭)*10에서 죄를 짓게 하기보다는 차라리 여러 번 간해야 한다'는 것이다. 그 때문에 부모가 성을 내고 기뻐하지 아니하고 종아리를 때려 피가 흐를지라도 감히 미워하거나 원망하지 아니하고 더욱 공경하고 효도하는 것이다."

공명의(公明儀)가 증자에게 물었다. "선생님만큼만 하면 가히 효도를 한다고 할 수 있습니까?" 증자가 말하였다. "그것이 무슨 말인가! 무슨 말을 그렇게 하는가. 군자가 말하는 효도라는 것은 부모의 뜻을 먼저 따르고 그 뜻을 이어 받아, 부모가 도를 깨닫도록 하는 것이다. 나는 다만 봉양할 뿐이니, 내가 어찌 효도한다고 할 수 있겠는가!" 《예기》 아래도 같음

진씨(眞氏)가 말하였다. "깨닫도록 한다는 것은 자세히 말씀을 드리고 비유를 들어 일깨우는 것이다. 사람의 자식된 자로서 평소에 이치로서 그 부모를 일깨워 주어 부모님이 허물이 없도록 하는 것은, 마치 신하가 임금을 섬김에 잘못된 마음을 바로잡아 도(道)에 합당하도록 이끄는 것과 같은 것이

다. 허물이 있고 난 다음에 간하려고 하면 노력이 백 배가 더 든다. 그러므로 군자는 오히려 그것을 어렵게 여기는 것이다."

신이 살피건대, 사람의 자식으로서 효도하는 것에는 핵심적인 것[精]과 피상적인 것[粗]이 있습니다. 겨울에는 따뜻하게 해 드리고, 여름에는 시원하게 해 드리며 저녁에는 잠자리를 보살펴 드리고, 아침에 문안 인사 드리는 것 따위는 효도 중에 피상적인 것입니다. 정성껏 봉양하고 사랑으로 공경하는 것이 효도의 핵심입니다. 안색을 기쁘게 하고 태도를 부드럽게 말하지 않아도 알아 듣고, 구체적으로 드러내지 않아도 미리 아는 것은 핵심 중의 핵심입니다. 그러나 이것은 평시에 봉양하는 것을 말한 것일 뿐입니다. 만약 부모가 질병에 걸리게 되면 마땅히 그 근심함을 다하여야 하며, 만약 부모가 잘못이나 나쁜 일을 저지르게 되면 마땅히 계속해서 간해야 합니다. 그리하여 부모의 뜻에 앞서 그 뜻을 이어받아서 부모를 도(道)로써 깨우쳐 드리는 데까지 이른 뒤에야 비로소 지극한 효도가 되는 것입니다. 피상적인 것에서 핵심적인 것으로 나아가는 순서는 이와 같습니다. 본래 핵심적인 것은 어렵고 피상적인 것은 쉽지만, 피상적인 것을 다해야 핵심적인 것에 이를 수 있는 것입니다. 피상적인 것이 쉽다고 해서 소홀히 할 수는 없으며, 핵심적인 것이 어렵다고 해서 스스로 그만두어서도 안 되는 것입니다. 아래에 문왕(文王), 무왕(武王), 순임금[舜]의 일을 인용하여 그것으로써 실제적인 근거를 밝히겠사오니, 바라건대 효도에 유념하시기 바랍니다.

문왕이 세자로 있을 때 왕계(王季)에게 하루에 세 번씩 문안을 드렸다. 첫닭이 울면 옷을 갖춰 입고 침실 문 앞에 이르러 안뜰에서 당직하고 있는 내수(內豎)에게 "오늘 안부가 어떠하신가?" 하고 물어, 내수가 "편안하십니다" 하면 문왕은 곧 기뻐하였다. 한낮에도 가서 역시 그렇게 하고, 저녁에도 가서 그렇게 하였다.*11

진씨가 말하였다. "내수는 안뜰[內庭]에서 일하는 신하[小臣]이다. 어(御)라는 것은 그날의 당직자를 말한다. 세자가 부모에게 문안드리는 것은 아침저녁으로 두 번 하는 것이 예이다. 지금 문왕은 하루 세 번 부모에게 문안하였으니, 다른 사람보다 뛰어난 행실이다."

왕계에게 편안하지 않은 일이 있으면 내수가 상황을 문왕에게 고한다. 그러면 문왕은 근심스러운 안색으로 발걸음도 제대로 걷지 못하고 허둥대며 달려간다. 왕계가 평소와 같이 음식을 먹게 된 뒤에야 문왕도 평상시와 같이 하였다. 음식을 올리면 반드시 그 차고 더운 것을 살펴보고〔在視〕, 음식을 물리면 반드시 얼마나 드셨는가를 물어 보고는 선재(膳宰)*12에게 명하였다. "남은 음식은 다시〔原〕 올리지 마라〔末〕." 선재가 "예, 알았습니다" 하고 대답한 뒤에야 비로소 물러갔다.

진씨가 말하였다. "재(在)는 살핀다는 뜻이요, 먹은 양을 묻는다는 것은 드신 양의 많고 적음을 물어 보는 것이다. 말(末)은 '하지 말라'는 뜻과 같고, 원(原)은 다시〔再〕와 같은 말이니, 일단 식사를 들고 남은 음식을 두 번 다시 올려서는 안 된다는 말이다."

무왕도 문왕을 따라 그대로 행하였는데 감히 여기에다 더 보탤 것이 없다. 문왕이 병환이 있으면 무왕은 갓과 띠를 벗지 아니하고 병을 간호하였다. 문왕이 밥 한 술을 들면 역시 한 술을 들고, 밥 두 술을 들면 역시 두 술을 들었다.

장씨(莊氏)가 말하였다. "천하의 이치란 그 지극함을 다하면 다시 더 보탤 것이 없다. 문왕이 부모를 섬기는 데 어찌 털끝만큼이라도 다하지 못함이 있었겠는가! 사람이 먹고 마시는 음식이란 혹은 끼니를 거를 때도 있고, 혹은 자주 먹을 때도 있으며, 때로는 배 고플 때도 있고 배 부를 때도 있다. 그러나 지금 무왕은 부모의 병환 때문에 음식에 뜻이 없다. 그러므로 한 술 두 술 오직 부모가 하는 것을 따를 뿐이요, 감히 평소와 같이 제 마음대로 하지 못하는 것이다."

순임금의 아버지는 성질이 고집스럽고 사나웠다. 어머니는 어리석었으며, 이복동생 상(象)은 오만하였다. 그러나 순임금은 효도로써 이들을 화목하게 하고, 점차 선(善)으로 나아가게 하여 간악함에 이르지 않게 하였다.

《서경》〈우서·요전(堯典)〉

채씨(蔡氏)가 말하였다. "순의 아버지를 고수(瞽叟)라고 부른다. 마음이 도덕과 의리의 법도를 본받지 않는 것을 완악하다고 한다. 어머니는 순의 계모이다. 입으로 정성스럽고 믿음직한 말을 하지 않는 것을 어리석다고 한다. 상은 순의 이복동생의 이름이다. 오(傲)는 교만하다는 말이요, 해(諧)는 화목한 것이요, 증(烝)은 나아간다는 뜻이다. 이것은 순이 불행히도 이러한 사람들을 만났으나, 능히 효도로써 화목하게 하고, 그들로 하여금 선으로써 스스로를 다스려 나아가게 하여 크게 간악한 데 이르지 않게 하였다."

맹자가 말하였다. "순이 부모 섬기는 도리를 다하니 고수가 기뻐하게 되었고, 고수가 기뻐하게 되니 온 천하가 이에 감화하였다. 고수 같이 완고한 사람이 기뻐하게 되니 온 세상의 부자(父子)의 도리가 안정되었다. 이것을 일러 큰 효도〔大孝〕라고 하는 것이다."

《맹자》

주자가 말하였다. "지(底)는 이른다는 뜻이요, 예(豫)는 기뻐하고 즐거워한다는 뜻이다. 고수는 매우 완악하여 일찍이 순을 죽이려 한 적이 있었다. 그러나 순이 효도를 다하자 기뻐하게 되었으니, 《서경》에 이른바 "간악한 데 이르지 아니하였고, 또 믿고 따랐다〔允若〕"는 것이 이것이다. (윤약(允若)이란 믿고 따르는 것) 순은 이러한 상황에서도 부모에게 순종했다. 이 때문에 천하의 자식된 자는 세상에 섬기지 못할 부모가 없다는 것을 알았고, 내가 부모를 섬기는 것이 순이 하는 것만 못하다는 것을 알고 반성하였다. 이에 힘써 효도하지 않는 사람이 없었고 그 부모도 역시 기뻐하는 데에 이르게 되니 곧 천하의 부모된 자도 자식을 사랑하지 않는 사람이 없게 되었다. 이것이 이른바 감화되었다는 것이다. 이른바 안정이라는 것은 자식은 효도하고 부모는 자애로워서 저마다 있을 곳에 있으면서 그 자리를 편안하게 여기지 않는 사람이 없다는 뜻이다. 그의 효도는 온 세상에 본보기가 되어서 후세에까지 전해져서 단지 내 한 몸이나 한 집안에 그치는 효도가 아니니, 이것이 대효도가 되는 까닭인 것이다."

이씨(李氏)가 말하였다. "순이 고수를 기뻐하게 할 수 있었던 것은 어버이 섬기는 도리를 다하여 공손히 자식된 직분을 다하고 부모의 잘못은 생각하지 않았기 때문이다. 옛날 나중소(羅仲素)가 '세상에는 옳지 않은 부모란 없다'라고 하니, 요옹(了翁)이 듣고 그 말이 옳다고 여겨 '오직 이와 같이 해야만 세상의 부자의 도리가 안정될 것이다' 하였다. 신하가 임금을 시해하거나 자식이 그 아버지를 시해하는 것은 항상 옳지 않은 것을 보는 데에서 비롯되는 것이다."

신이 살피건대, 문왕과 무왕은 그 정상적인 상황에서 처신한 것이며, 순은 변칙적인 상황에서 처신한 것입니다. 정상적인 상황에서 처신하는 것은 쉽고, 변칙적인 상황에서 처신하는 것은 어려운 일입니다. 변칙적인 상황에 처하여 그 도리를 극진히 한 후에야 그 대효도가 더욱 크게 드러나는 것입니다. 그러므로 순의 일로 끝을 맺습니다.

이는 살아 있을 때 섬기는 도리를 말한 것입니다.

공자가 말하였다. "자식은 나서 3년이 되어야만 부모의 품[懷]에서 벗어나는 것이니, 3년상을 지내는 것은 세상에 공통되는 상례(喪禮)이다."
《논어》

주자가 말하였다. "회(懷)는 품어 안음을 말한다."

맹자가 말하였다. "삼년상을 지낼 때에 아랫단을 꿰맨 거친 베옷[齋疏]을 입고 미음이나 죽[飦]을 먹는 것은, 천자로부터 일반 백성에 이르기까지 공통된 예이다."
《맹자》

주자가 말하였다. "재(齋)는 옷의 아랫단을 꿰맨 것이다. 아랫단 솔기를 꿰매지 않은 상복을 참최(斬衰)라고 하며, 꿰맨 것을 재최(齋衰)라고 한다. 소(疏)는 거칠다[麤]는 뜻이니, 올이 성글고 거친 베를 말한다. 전(飦)은 죽(粥)이다. 상례에 의하면 상을 당하고 사흘 만에 비로소 죽을 먹고, 장례를 마치고 난 다음에야 소식(疏食 : 소사 거친 밥)을 한다. 이것은 예로부터 지금까지 신분의 귀천을 가릴 것 없이 공통적으로 행해지는 예이다."

《예기》에서 말하였다. "상처〔創〕가 크면 아무는 데도 오래 걸리고, 아픔이 심하면 낫는 것도 더디다. 상을 3년으로 한 것은 정(情)을 헤아려서 예법으로 정한 것〔立文〕이다. 애통한 것이 아직 다하지 아니하고, 사모하는 정이 아직 잊혀지질 아니하였더라도 상복 입는 기간을 이것으로써 그만 끊은 것은 죽은 이를 보내는 일에는 한도가 있고 살아 있는 이가 다시 일상 생활로 되돌아가는 데 절도가 있기 때문이 아니겠는가. 무릇 하늘과 땅 사이의 생물 중에 혈기(血氣)를 가진 무리〔屬〕들은 반드시 지각이 있고, 지각이 있는 무리들은 같은 족속끼리 사랑함을 모르는 것이 없다. 가령 지금 큰 새나 짐승의 무리도 짝을 잃게 되면, 달이 지나고 시간이 흘러갔더라도 반드시 돌아와서 그 고향을 찾아와 빙빙 돌아 날고 울부짖으며, 주춤거리고 머뭇거린 뒤에야 떠나는 것이다. 작은 것으로는 제비와 참새에 이르기까지도 오히려 잠시 동안 지저귀면서 슬퍼하다가 떠나는 것이다. 그런데 본래 혈기를 가진 무리 중에서 사람보다 더 지각이 있는 것은 없다. 그러므로 사람으로서 그 부모에 대한 그리움은 죽음에 이르러도 끝이 없는 것이다. 그러나 간사하고 음란〔邪淫〕한 사람은 부모가 아침에 죽었더라도 저녁이면 잊어버리니, 이런 사람들의 행실을 그대로 따른다면 이것은 오히려 새나 짐승만도 못한 것이다. 이런 사람들이 무리를 이루고 산다면 어찌 예를 어지럽히지 않을 수 있겠는가. 몸을 닦고 예를 갖춘 군자에게는 3년상을 25개월에 마치는 것이 마치 사마(駟馬 : 네 필의 말이 끄는 수레)가 문틈으로 지나가는 듯 빠르게 여겨질 것이다. 그러나 이런 군자들의 애통한 마음을 그대로 따른다면 상복 입는 기간이 아무리 길어도 끝이 없을 것이다. 그러므로 선왕은 중도(中道)를 세워 절도를 제정해서, 누구에게나 한결같이 정을 다 표현하게〔文理〕 한 다음 상복을 벗도록 하였다."

자사(子思)가 말하였다. "죽은 지 사흘째 되는 날 염(殮 : 염습. 죽은 사람의 몸을 씻긴 뒤 옷을 입히고 염포로 묶는 일)을 하는데, 대개 시신에 갖추어야 할 것들은 반드시 정성스럽게 갖추고 진실되게 하여 후회가 없도록 해야 할 것이다. 석 달째 되는 날 장사를 지내는데,

관(棺)에 갖추어야 할 것들은 반드시 정성스럽게 하고 진실되게 하여 후회가 없도록 해야 할 것이다." 《예기》 아래도 같음. 자사의 말은 여기에서 그침

진씨가 말하였다. "시신에 갖출 것이란 염습에 필요한 겉옷과 이불 등을 말한다. 관에 갖출 것이란 함께 묻을 명기(明器)*13와 용기(用器) 등을 말한다."

금화 응씨(金華應氏)가 말하였다. "관에 갖출 것이란 그 무덤자리〔宅兆〕나 봉분〔丘封〕을 정하는 일과, 흙을 돋우고 나무를 심는〔壤樹〕일 같은 것이지 함께 묻는 비단 명기 등의 기물만을 의미하는 것은 아니다."

신이 살피건대, 천자는 이레 만에 염하고 일곱 달째 되는 날 장사지냅니다. 제후는 닷새 만에 염하고 다섯 달째 되는 날 장사지냅니다. 앞에서 말한 것은 곧 대부의 예법을 말한 것이니, 천자와 제후의 예법도 이것을 미루어 보면 알 수 있을 것입니다.

정자는 말하였다. "그 묏자리를 정한다는 것은 그 묘를 쓸 자리가 좋은가 나쁜가를 가려서 정하는 것이니, 자리가 좋으면 신령이 편안하고 자손이 번성하게 될 것이다. 그러면 무엇을 일러 자리가 좋은 것이라고 하는가. 흙의 빛깔이 윤택하고 초목이 무성한 것을 보면 알 수 있다. 그러나 지나치게 그것을 꺼리는 사람은 묏자리의 방위를 가리거나 길흉에 따라 날을 결정하기도 하는데, 심한 사람은 조상을 받들기 위해 묘를 잘 쓰는 것이 아니라 오로지 자손의 이익을 위해 염려하니, 이런 태도는 조상을 편안하게 모시려고 하는 효자의 마음씀이 아닌 것이다. 그렇지만 오로지 다섯 가지 염려 되는 것을 삼가지 않을 수 없으니, 모름지기 뒷날에 도로가 될 자리가 아닌가, 성곽이 될 자리가 아닌가, 도랑이나 연못이 될 자리가 아닌가, 지위 높고 세도 있는 자에게 빼앗길 자리가 아닌가, 농지로서 경작할 땅이 되지 않을까 하는 것을 살펴야 한다."

신이 살피건대, 명당(明堂)이란 오직 바람을 간직하고〔藏風〕 양지바르며

흙이 두터워서 물이 땅속 깊이 있는 것일 뿐이오. 방위나 수파(水破)*14 등의 풍수설(風水說)에 관계되어서는 안 됩니다. 오늘날 묏자리를 가리려는 자는 지세를 보는 책만을 믿고 널리 그것을 찾아다니다가 자리를 정하지 못하여 오랫동안 부모를 장사지내지 못하는 사람이 있으니, 이는 미혹됨이 심한 것입니다. 나라에서 임금의 현궁(玄宮)*15을 조성할 때 반드시 새로운 자리를 가려서 정한다면 역대 임금의 대수가 오래 이어갈수록 경기지역〔畿甸〕안의 땅은 장차 다 산림과 새와 짐승의 소굴이 될 것이니, 더욱 조상의 유업을 잇는 도가 아닐 것입니다. 중국에서는 역대 임금의 의관을 묻기 위하여 산 하나를 정해두고 대대로 전하게 하는데, 이것은 가히 본받을 만한 일입니다.

처음 부모가 돌아가셨을 때는 마음이 허둥지둥하여〔充充〕 마치 꽉 막힌 것〔窮〕같다. 염습하고 나면 놀라고 가슴 두근거려〔瞿瞿〕 마치 구하는 것을 얻지 못한 것 같다. 장사지내고 나면 허둥지둥 겨를이 없어〔皇皇〕 마치 바라보고도 이르지 못하는 것 같다. 연복(練服)*16을 갈아 입고 소상을 지내면 탄식이 나오고, 대상(大祥)*17을 마치고 나면 속이 텅 빈 것같이 허전해진다.

《소(疏)》에서 말하였다. "일을 다하고 그 이치가 막힌 것을 궁(窮)이라 한다. 부모가 세상을 떠나면 효자는 땅에 엎드려〔匍匐〕 통곡하는데, 마음이 답답하고 몸은 움츠러져 마치 급히 길을 가다가 길이 막혀 다시 더 갈 곳이 없는 궁박한 모습과 같다. 구구(瞿瞿)는 눈을 빨리 돌려 보는 모습이니, 마치 잃은 물건이 있어 찾아보았으나 찾을 수 없는 것과 같은 것이다. 황황(皇皇)은 마음이 불안하여 허둥지둥하는 모습이다. 부모가 세상을 떠나 풀과 흙으로 덮였으니 효자의 마음이 의탁할 곳이 없어, 마치 부모가 돌아오기를 바라고 있는 데도 오지 않는 것과 같은 것이다. 소상(小祥)에 이르면 다만 세월이 말 달리듯 빨리 지남을 탄식할 뿐이며, 대상이 되면 곧 감정과 생각이 텅빈 것처럼 허전하여 즐겁지 않을 뿐이다."

자로(子路)가 말하였다. "내가 선생님으로부터 들으니, '상례(喪禮)는 그 슬픔이 부족하고 예가 넉넉한 것보다는 오히려 예가 부족하더라도 슬픔이 충분히 표현되는 것이 낫다. 제례는 경건함이 부족하고 예법만 잘 갖추는 것보다는 오히려 예법이 부족하더라도 경건을 충분히 표현하는 것이 낫다'고 하였다."

진씨가 말하였다. "그 예법을 알면서도 재물이 없으면 예법이 부족할 수 있겠지만, 슬픔이나 경건함은 스스로 다 표현할 수 있는 것이다."*18

이는 부모가 세상을 떠난 뒤 장사지내는 도리를 말한 것입니다.

제사(祭祀)는 자주 지내려고 하지 말아야 한다. 자주 지내면 번거롭고, 번거로우면 경건하지 않게 된다. 그러나 마땅히 지내야 할 것을 거르게 되면 게으르게 되고, 게으르면 잊어버리게 된다. 이 때문에 군자는 자연의 질서(天道)에 맞추어 봄에는 체제(禘祭, 제사는 봄·여름·가을·겨울에 따라 약제(禴祭)·채제(禘祭)·상제(嘗祭)·증제(蒸祭)라 함 : 禘자는 禴자로 바꾸어야 합니다)를 지내고, 가을에는 상제(嘗祭)를 지낸다. 가을에 이슬과 서리가 내리면 군자는 그것을 밟고 나서 반드시 구슬픈 마음을 갖게 되는데 이는 그 차가움 때문이 아니며, 봄에 비나 이슬이 촉촉히 내리면 군자는 그것을 밟고 나서 반드시 두렵고 삼가는 마음을 갖게 되어 마치 부모를 보는 것같은 느낌이 든다. 《예기》 아래도 같음

보씨(輔氏)가 말하였다. "군자는 그 부모를 죽을 때까지 잊을 수 없다. 그러므로 계절이 바뀌어 보이는 것이 달라지면 곧 마음에 느끼는 것이 있다."

안으로는 치재(致齋 : 제관이 입제 날부터 파제 다음 날까지 사흘 동안 몸을 깨끗이 하고 삼감)를 하고, 밖으로는 산재(散齋 : 제사를 지내기 전에 목욕재계하는 일)를 하여 행동을 삼간다. 재계(齋戒)하는 날에는 부모가 거처하시던 일을 생각하고, 웃으며 이야기하던 것을 생각하며, 그 뜻을 생각하고, 그 좋아하던 것을 생각하며, 그 즐겨 드시던 것을 생각한다. 사흘 재계를 하면 마치 그 부모가 계시는 것을 보는 듯할 것이다.

진씨가 말하였다. "안으로 치재를 한다는 것을 마음 속에 구차스러운 생

각을 하지 않는 것이며, 밖으로 산재를 한다는 것은 술을 마시지 않고 훈채(葷菜 : 파·마늘 같은 냄새가 진한 채소)를 먹지 않는 것 등이다."

《소》에서 말하였다. "먼저 대략적인 것부터 생각하여 점차 자세한 것을 생각한다. 그러므로 거처하던 것을 먼저 생각하고, 좋아하고 즐겨드시던 것을 나중에 생각하는 것이다."

진씨가 말하였다. "그(其) 이하 다섯 글자와 그 아랫글의 '소위(所爲)'는 모두 부모를 가리켜 말한 것이다."

비릉 모용씨(毗陵慕容氏)가 말하였다. "마음의 기능은 생각하는 것인데, 생각이 지극하면 이르지 못할 것이 없다. 이런저런 생각을 하지 않고 한결같이 제사지내는 데에 온 마음을 다하는 것이니, 그 때문에 형체가 없는 가운데서도 보면 보이는 것이 있으며, 소리가 없는 가운데서도 들으면 들리는 것이 있는 것이니, 이것은 모두 생각함으로써 가능한 것이다. 부모가 거처하고, 웃으면서 이야기하고, 뜻하며 좋아하고 즐겨 드시던 것들은 다 가버려서 다시 돌아오지 않으니 실체가 있는 것은 아니다. 그러므로 어찌 형체로써 서로 접촉할 수 있겠는가? 지극하게 생각이 이르는 곳에 충분히 그것과 통할 수 있는 것이다. '사흘 재계하면 마치 부모가 계시는 것을 보는 듯할 것이다'라는 것은 생각이 지극하면 마치 계시는 것을 보는 듯하게 되는데, 이는 은미한 것이 드러나는 것으로서 정성을 가릴 수 없음이 이와 같은 것이다."*19

제삿날 방(室)에 들어서면 그 자리에 어렴풋이(優然) 계시는 모습이 보이는 듯하고, 두루 돌아보고 방문을 나서면 숙연(肅然)히 그 움직이는 소리(容聲)가 들리는 듯하며, 방 밖으로 나아가 들어보면 개연히 그 탄식하는 소리가 들리는 것 같다.

진씨가 말하였다. "방에 들어간다는 것은 사당의 재실(廟室)에 들어간다는 뜻이다. 애연(優然)은 비슷한 모습을 가리키는 것이요, 숙연은 경계하고 삼가는 모습이다. 용성(容聲)은 거동과 몸가짐의 소리이다."

이 때문에 선왕의 효도는 다음과 같다. 부모의 안색을 눈에서 잊지 아니하고, 그 음성을 귀에서 끊지 아니하며, 마음으로는 부모의 마음과 뜻하고 즐겨하고 바라던 바를 잊지 않는다. 사랑을 극진히 하면 그곳에 계시고〔存〕, 정성을 극진히 하면 곧 나타나 계시다〔著〕. 나타나고 계시는 것이 내 마음에서 지워지지 않으니 어찌 공경하지 않을 수 있겠는가?

엄릉 방씨(嚴陵方氏)가 말하였다. "그 안색을 눈에서 잊지 않는다는 것은 항상 직접 뵙고 모시는 것 같이 하는 것이요, 음성을 귀에서 끊지 않는다는 것은 항상 그 분부를 듣는 것같이 하는 것이다."

진씨가 말하였다. "정성을 다한다는 것은 그 성의를 극진하게 하는 것이다. 계시다는 것은 윗글의 세 가지를 잊지 않는 것을 말한 것이요, 나타난다는 것은 윗글에서 '그 자리에 계시는 모습이 보이는 듯하다.' 이하의 세 가지로서 말한 것이다."

《시경》에서 말하였다. "우리 돌아가신 조부〔皇祖〕께서 뜰에 오르내리던 모습을 생각하고, 어린 후손〔小子〕인 나는 밤낮으로 공경하노라."
《시경》〈주송(周頌)·민여소자편(閔予小子篇)〉

주자가 말하였다. "돌아가신 할아버지는 문왕이다. (이것은 성왕 때의 시입니다.) 이는 무왕의 효도를 말한 것으로, 문왕을 마음 속으로 생각하여 항상 그가 뜰에서 오르내리는 것을 보는 듯이 하였으니 마치 이른바 '담장에서도 요(堯)를 보고, 국〔羹〕에서도 요를 본다'라고 한 말과 같은 것이다."

또 말하였다. "탕 임금의 손자가 음악을 연주하여 죽은 조부 앞에 이르니〔假〕, 나를 편안하게〔綏〕하자 내가 간절히 생각하여 조부가 사람의 모습을 갖추었다."
《시경》〈상송(商頌)·나지편(那之篇)〉

주자가 말하였다. "수(綏)는 편안하다는 뜻이다. 사성(思成)이란, 정씨(鄭氏)는 '나를 편안하게 해서, 내가 간절히 생각하여 사람의 모습을 갖추었음이니 신명(神明)이 내려와 이른 것을 말한다' 하였다. 대개 재계하여 그 분을 생각하여 제사를 지낼 적에 마치 그 분을 보고 음성을 듣는 듯이 한다면 그 분을 형태를 갖춘 사람으로 여길 수 있다."

이는 제사지내는 도리를 말한 것입니다.

신이 살피건대, 제사는 먼저 정성[誠]과 공경[敬]을 주로 하며 번거롭게 자주 지내는 것을 예로 삼아서는 안 됩니다. 그러므로 주나라의 제도에 종묘제사는 월제(月祭 : 한 달에 한 번 제사지내는 것)에 그쳤고, 부열(傅說)은 번거롭게 자주 지내 제사를 모독하는 것[黷祭]*20은 공경하는 것이 아니라고 고종에게 경계하였습니다. 후세에 원묘(原廟)*21를 다시 설치하는 것은 이미 예의 뜻에서 벗어난 것입니다. 그리고 향사(享祀)*22는 날마다 제사지내는 번거로움에까지 이르게 되어 유사(有司)는 피로하고 싫증이 나서 정성과 공경이 모두 결여되었으니 가히 예법이 번거로워 어지럽게 되었다고 할 수 있을 것입니다. 그러니 반드시 성왕께서 깊이 효도를 깨달아 옛 예법을 힘써 회복하셔야만 제사지내는 법도를 바로잡을 수 있을 것입니다.

공자가 말하였다. "부모는 오직 자식이 병들까만 염려한다." 《논어》

주자가 말하였다. "부모가 자식 사랑하는 마음은 지극하지 않음이 없으나, 특히 자식이 병들지 않을까 두려워하여 항시 그것을 근심하는 것이다. 사람의 자식된 자는 이것을 깨달아 부모 마음을 자기의 마음으로 삼는다면 몸가짐 지키기를 스스로 삼가지 않을 수 없을 것이니, 어찌 효도하지 않을 수 있겠는가?"

부모를 섬기는 자는 위에 있어도 교만하지 아니하고, 아랫사람이 되어서도 질서를 어지럽히지 아니하며, 같은 무리들[醜]과는 다투지 아니한다. 위에 있으면서 교만하면 그 지위를 잃게 되고, 아랫사람이 되어서 질서를 어지럽히면 형벌을 받게 될 것이며, 같은 무리들과 다툰다면 다치게〔兵〕될 것이다. 이 세 가지를 제거하지 않는다면 비록 날마다 소·양·돼지의 세 가지 짐승의 고기(三牲 : 제사에 쓰거나 먹는 가축)로써 부모를 봉양한다 하더라도 오히려 불효가 되는 것이다. 《효경》

진씨가 말하였다. "추(醜)는 같은 무리를 의미한다. 병(兵)은 무기와 칼을 가지고 서로 찌르는 것을 말한다. 삼생(三牲)이란 소와 양과 돼지이다. 위의 세 가지를 제거하지 않는다면 재앙이 장차 부모에게 이르게 될 것이니, 그 불효됨이 큰 것이다. 음식으로 몸만 받든다면 어찌 그 큰 불효의 죄를 씻을 수 있겠는가?"

증자가 말하였다. "내 몸은 부모가 물려 주신 것〔遺體〕이다. 부모가 물려주신 몸을 받들어 행함에 감히 공경하지 않을 수 있겠는가. 일상생활에 예의 범절이 엄정하지 않으면 효가 아니며, 임금을 섬기는 데 충성스럽지 않으면 효가 아니며, 벼슬자리에 임하여 공경하지 않으면 효가 아니며, 벗들 사이에서 믿음이 없으면 효가 아니며, 전쟁터에 나아가서 용기가 없는 것도 효가 아니다. 이 다섯 가지를 수행하지 아니하면 재앙이 그 부모에게 미칠 것이니 감히 공경하지 않을 수 있겠는가." 《예기》 아래도 같음

오씨가 말하였다. "행(行)한다는 것은 받든다〔奉〕는 말과 같다. 어떤 사람이 의심하기를, 부모가 물려주신 몸을 잘 받들라고 하면서 '전쟁터에 나아가 용기가 없다'고 말하는 것은 무슨 까닭인가 한다. 대체로 살신성인(殺身成仁 : 옳은 일을 위해 목숨을 버림)하게 되면 효는 그 가운데에 있는 것이다."

나무는 적당한 때에 벌목하여야 하며, 새나 짐승〔禽獸〕도 적당한 때에 잡아야 한다. 공자는 말하였다. "나무 한 그루를 자르고 짐승 한 마리를 잡는 데도 적당한 때를 가려서 하지 않는다면 효가 아니다."

맹자가 말하였다. "군자는 그 부모를 친애함으로써 백성을 사랑하고, 백성을 사랑함으로써 만물을 아낀다."

증자가 병이 났다. 그는 제자들을 불러 말하였다. "내 발을 펼쳐 보고〔啓〕 내 손을 펼쳐 보아라. 《시경》에 이르기를, '조심하고 두려워하여 깊은 물가에 서 있는 듯하고 엷은 살얼음을 밟는 것같이 한다'고 하였는데, 이제야 내가 불효에서 벗어나게 된 것을 알겠다. 제자들아!" 《논어》〈태백(泰白)〉

주자가 말하였다. "계(啓)는 연다는 뜻이다. 증자는 평소에 신체는 부모로부터 받은 것이므로 감히 다치거나 상하게 할 수 없다고 생각하였다. 그러므로 여기에서 제자들로 하여금 그 이불을 들쳐 보게 하여 자기가 온전하게 몸을 잘 보존한 것을 문인(門人)에게 보인 것이다. 그리고 몸을 온전히 보존하는 것이 어렵다는 것을 말하여 장차 죽음에 이르러서 훼손에 대한 염려를 면할 수 있음을 알게 되었다고 말한 것이다."

범씨(范氏)가 말하였다. "몸도 훼손해서는 안 되거늘 하물며 그 행실을 잘못하여 그 부모를 욕되게 할 수가 있겠는가?"

악정 자춘(樂正子春)은 말하였다.*23 "하늘이 낳고 땅이 기른 것 중에서 오직〔惟〕 사람이 가장 위대한 것이다. 부모가 온전하게 낳아 주신 것을 자식이 온전하게 보존하여 돌아간다면 효도라고 말할 수 있다. 몸을 훼손하지 아니하고 그 자신을 욕되게 하지 않는다면 온전하다고 말할 수 있다. 그러므로 군자는 발걸음〔頃〕을 내디딜 때에도 감히 효를 잊지 않고, 한 발자국을 옮길 때에도 감히 부모를 잊지 않는 것이다. 이런 까닭에 큰길로 가되 지름길로 가지 아니하고, 배를 타되 헤엄치지 아니하여 감히 부모가 물려주신 몸으로 위태로운 행동을 하지 아니한다. 말 한 마디 함에 있어서도 감히 부모를 잊지 아니하므로 나쁜 말이 입 밖으로 나가지 아니하고, 화난 말이 내 몸에 돌아오게 하지 아니한다. 자신을 욕되게 하지 아니하고, 부모를 수치스럽게 하지 아니하면 효도라고 말할 수 있다."

이는 효도로써 몸을 지키는 것을 말한 것입니다.

이윤(伊尹)이 말하였다. "사랑을 세울〔立〕 곳은 오직 부모이고, 공경을 세울 곳은 오직 웃어른이다. 집안과 나라에서 시작하여 마침내 온 세상에까지 베푸는 것이다." 《서경》〈상서·이훈〉 이윤이 태갑에게 훈계한 말임

채씨(蔡氏)가 말하였다. "입(立)은 세우는 것이다. 여기에서 사랑하고 공경하는 마음을 세우면 저쪽에서 사랑하고 공경함이 드러난다. 내 부모를 사랑하여 남의 부모에게까지 미치고 우리 어른을 공경하여 남의 어른에게까지 미치는 것이니, 집안에서 시작하여 나라에 이르고 끝내는 온 세상에까지 베푸는 것이다."

공자가 말하였다. "사랑하는 것을 부모로부터 세워서 비로소 백성들을 화목하게 가르치는 것이요, 공경하는 것을 자기의 어른으로부터 세워서 비로소 백성들을 공손하도록 가르치는 것이다. 자애와 화목으로써 가르치면 백성들은 부모를 귀하게 여길 것이며, 어른을 공경하는 것으로써 가르치면 백성들은 명령 받들기를 소중하게 여길 것이다. 효도로써 부모를 섬기고 공손함으로써 명령을 따른다면 온 세상에 적용되어〔錯〕 행해지지 않는 것이 없다."

증자가 말하였다. "돌아가신 이를 조심해서 모시고〔愼終〕, 먼 조상을 추모하면〔追遠〕 백성의 덕이 두텁게 될 것이다." 《논어》〈학이(學而)〉

주자가 말하였다. "신종(愼終)이라는 것은 장사지낼 때 그 예를 극진하게 하는 것이요, 추원(追遠)이라는 것은 제사지낼 때 그 정성〔誠〕을 다하는 것이다. 죽은 사람은 소홀히 대하기 쉬우니 조심스럽게 모시고, 죽은 지 오래된 사람은 잊어버리기 쉬우나 추모할 수 있으니 덕을 두텁게 하는 방법이다. 그러므로 이것을 스스로 행하면 자기 덕이 두터워질 것이고, 아래로 백성들이 감화되면 백성의 덕이 역시 두터운 데로 돌아갈 것이다."

공자가 말하였다. "한 나라를 다스리는 자는 감히 홀아비와 과부도 업신여길 수 없다. 하물며 사민(士民 : 선비와 서민)에게 그렇게 할 수 있겠는가. 그러므로 백성의 환심을 사서 돌아가신 임금을 섬기는 것이다. 한 집안을 다스리는 자는 하인이나 첩에 대해서도 신망을 잃어서는 안 되는 것이다. 하물며 처와

자식에게 그렇게 할 수 있겠는가. 그러므로 남의 환심을 사서 부모를 섬기는 것이다. 그런 까닭에 살아 계시면 부모가 편안하고, 제사를 지내면 귀신이 흠향하니 재해가 생기지 아니하고 난리도 일어나지 아니한다."

《효경》〈효치학(孝治章)〉 아래도 같음

진씨(眞氏)가 말하였다. "사람이 화목하면 천지의 화기(和氣)가 또한 응하는 것이다. 처음에는 부모 사랑하는 마음을 미루어 남에게 미치고, 마지막엔 남을 사랑하여 복을 누려 부모에게 미치게 하는 것이 이른바 효로써 온 세상을 다스린다는 것이다. 후세의 임금은 대체로 그 백성에게 포학하여 원한을 맺고 재앙을 쌓아서 그 부모를 위태롭게 하고 종묘에까지 미치게 하는 것이다. 그런 뒤에야 성인의 말씀이 진실로 영원한 진리〔龜鑑〕인 것을 알게 된다."

옛날의 현명한 임금은 아버지 섬기기를 효도로써 하였기 때문에 하늘을 밝게〔明〕섬길 수 있었으며, 어머니 섬기기를 효도로써 하였기 때문에 땅을 잘 살펴서〔察〕섬길 수 있었다. 어른과 어린이 사이에 차례를 지켰기 때문에 상하의 질서가 다스려졌다. 하늘에 밝게 섬기고 땅을 잘 살펴서 섬기면 신명(神明)이 나타나는 것이다. 종묘에 경건을 다하는 것은 부모를 잊지 않는 것이요, 몸을 닦고 행동을 신중하게 하는 것은 그 조상을 욕되게 할까 두려워하는 것이다. 종묘에 경건을 다하면 귀신이 나타나고, 효제(孝悌: 효도와 공경)가 지극하면 신명에 통달하고 사해(四海: 온 세상)에 광명이 비치어 통하지 않는 데가 없다.*24

진씨(眞氏)가 말하였다. "하늘과 땅은 사람의 부모이다. 그러므로 아버지를 효도로써 섬기면 하늘을 섬기는 이치가 밝아지며, 어머니를 효도로써 섬기면 땅을 섬기는 이치가 환히 드러나게 될 것이다. 사물을 잘 살핀다는 것은 환하게 드러나서 마음 깊이 깨닫게 된다는 말이다. 부모를 섬기고 하늘과 땅을 섬기는 데에 어찌 두 길이 있을 수 있겠는가. 그러므로 맹자는 '그 마음을 보존하고 그 성품을 기르는 것이 하늘을 섬기는 방법이다'라고 하였다. 효도와 공경은 한마음이니 효도가 지극해지면 공경도 역시 지극하게 된다.

하늘과 사람은 한 가지 이치이니 신명에 통하면 또한 온 세상에 빛나게 되는 것이다. 이것은 효도와 공경의 궁극적인 효과를 미루어 말한 것이니 임금 된 자는 마땅히 깊이 체득해야 할 것이다."

이는 효도로써 천하에 미치게 하는 것을 말한 것입니다.

신이 살피건대, 자식의 몸은 부모가 낳았으니 피와 살[血肉]과 정신[性命]까지 모두 부모가 물려준 것입니다. 낳고 길러 주신 은혜는 높은 하늘처럼 끝이 없습니다. 그러므로 어린아이[孩提之童]라도 그 부모를 사랑할 줄 아는 것은 천성이 그러한 것입니다. 다만 물욕에 가려져 그 본심을 상실하였기 때문에 부모가 물려주신 몸을 자기의 소유라 생각하고 부모와 자식의 사이에도 곧 너[物]와 나[我]를 구별하여, 낳으시고 기른 수고를 생각하지 아니하며, 다만 한때의 은혜가 적은 것만 원망합니다. 그러므로 효도와 사랑의 뿌리는 심어지지 아니하고, 자기의 사사로운 욕망의 싹은 쉽게 자라서 흔히 자기를 먼저 내세우고 부모를 뒤로 하는 자가 많습니다. 이것은 특히 자신의 몸이 부모로부터 생겨났으며, 부모가 아니면 자신의 몸이 없었을 것이라는 것을 알지 못해서입니다. 몸은 나의 것이 아니요, 바로 부모의 것입니다. 물건을 물려주어도 고마워할 줄 아는데 하물며 몸을 물려준 것이겠습니까? 힘을 다하고 목숨을 다하여도 은혜를 다 갚을 수 없는 것이니, 사람의 자식된 자로써 이 이치를 알 수 있다면 사랑하고 공경하는 도를 반 이상은 터득했다고 할 수 있습니다. 세상 사람들이 효도라고 하는 것은 혹은 사랑할 줄은 알면서도 공경할 줄은 모르고, 혹은 사랑하고 공경할 줄은 알면서도 끝까지 다 할 줄 모르는 것입니다. 반드시 사랑은 그 인(仁)을 완전하게 실현하는 데 이르고, 공경은 그 의(義)를 완전하게 실현하는 데 이른 뒤에야 가히 낳아 주신 분을 욕되게 하지 않는다[無忝]고 할 수 있을 것입니다.

오호라, 사람의 정신[性命]은 부모에게서 받은 것이며, 그 정신 가운데 모든 이치가 다 구비되어 있는 것입니다. 한 가지 이치라도 알지 못하고 실천되지 못했다면 내가 부모로부터 받은 바의 본디의 몸[本體]에 결함이 있게 되는 것입니다. 다만 본래 모습대로 실천하여[踐形] 부족함이 없어야 본체가 온전하게 될 것입니다. 그렇다면 성인처럼 도리[人道]를 다한 이가 아니라면 충분히 효도를 다했다고 할 수 없을 것입니다. 그러나 사람이 오직 부모를 사랑하고 공경하는 마음이 없으므로 몸가짐을 삼가지 않게 되고, 왕왕 더러운 지경으로 이르게 되는 것입니다. 만약 이 마음이 항상 부모를 생각하고 있다면 조금만 잘못이 있어도 송연히 놀라고 두려워하여 마치 부모를 다치게 한 것처럼 여길 것입니다. 그렇게 되면 부모가 물려주신 몸이 항시 청명정대(淸明正大)한 경지에 서서, 위로는 규칙적으로 운행하는[行健] 하늘을 본받아 충분히 하늘을 섬길 수 있을 것이요, 아래로는 땅의 두터운 덕[厚德]을 본받아 충분히 땅을 섬길 수 있을 것입니다. 이를 미루어 천하에 적용시키면 어딜 가나 표준[準]이 되지 않음이 없을 것이니, (준(準)이란 사람이 이것으로써 표준을 삼는다는 것입니다) 사람의 자식으로서 어찌 마음이 유쾌하지 않겠습니까?

  또한 제왕의 효도는 보통 사람의 효와 차이가 있으며, 조상[先帝]의 뜻과 과업을 물려받아 발전시켜야 하기 때문에 더욱 정성을 다하여야 할 것입니다. 보통 사람이 자기 자손에게 십금(十金)의 재산을 물려주더라도 자손은 오히려 잘 간직하려고 하는 것인데, 하물며 오래 이어온[百年] 사직과 드넓은[千里] 영토[封疆]를 물려주신 것에 있어서이겠습니까? 만약 털끝만큼이라도 스스로 한가하고 편안해하려는 생각이 있다면 효도하는 생각에 결함이 있게 되고 선왕의 사업을 훼손함이 있게 될 것입니다. 하물며 감히 제멋대로 방탕하여 종묘[宗祧]를 위태롭게 하거나 조상[先君]을 욕되게 할 수 있겠습니까? 임금이 되면 흔히 모후(母后)를 섬기는 데 있어서도 궁중[宮壺]의 예의가 엄격하여 정이 막혔기 때문에 일반 사람들의 모자(母子)처럼 아침저녁으로 기뻐하며 따뜻하게[愉婉] 지내는 것 같지는 않습니다. 그러므로 거짓 충성하는 내시나 부녀자 무리들이 쉽게 참소와 이간질을 하여 현명한 임금의 효행을 손상시키고, 어질고 사리에 밝은 모후의 자애를 감소시킬 것입니다. 만약 효도와 공경이 본래 신실하여 신명을 감동시킬 만하지 못하다면 아름답게 꾸며서 참소하는 말은 역시 근심할 만한 것입니다. 이것이 옛날부터 오늘날까지 궁중의 공통된 우환이오니, 바라건대 전하께서는 깊이 살피시기 바라옵니다.

〈주〉

*1 《효경》〈천자장(天子章)〉
*2 《효경》〈제후장(諸侯章)〉
*3 《효경》〈경대부장(卿大夫章)〉
*4 《효경》〈사장(士章)〉
*5 위의 맹의자(孟懿子)를 가리키는 말.
*6 《예기》〈내칙(內則)〉
*7 여기서는 옥이란 규(圭)를 가리키는 말이니, 곧 제후가 조회(朝會)나 회동(會同)할 때 손에 쥐는 것으로 천자가 제후를 봉(封)할 때 신표(信表)로 주는 것이다.
*8 《예기》〈곡례(曲禮)·상〉
*9 고례(古禮)엔 남자가 20세가 되면 관례(冠禮)를 행하여 성인(成人)으로 인정하였다.
*10 행정 구획의 단위. 뜻이 바뀌어 향리(鄕里)의 뜻으로 쓰인다. 25가(家)를 여(閭), 2,500가를 당(黨), 1만 2,500가를 향이라 한다.
*11 《예기》〈문왕세자〉
*12 요리사의 장(長).
*13 장사지낼 때에 시신과 함께 묻은 여러 가지 기물(器物).
*14 풍수설에서 용(穴), 사신(四神), 내명당(內明堂)의 양측으로부터 흘러내리는 수류(水流)의 발원처를 득(得)이라 하고, 득이 청룡(靑龍)과 백호(白虎)가 공포(拱抱)하는, 즉 명당(明堂)의 바깥쪽으로 빠져 나가는 곳을 파(破), 또는 수구(水口)라고 한다.
*15 임금이 정사에 관하여 조용히 생각할 수 있는 깊은 곳에 있는 궁전.
*16 소상(小祥)을 지나고 나서부터 담제(禫祭) 전에 입는 상복.
*17 사람이 죽은 지 한 돌 만에 지내는 제사를 소상이라 하고, 두 돌만에 지내는 제사를 대상(大祥)이라 한다.
*18 《예기》〈단궁(檀弓)〉
*19 《중용》 16장
*20 제사지내어서는 안 될 신을 제사지내는 것.
*21 본래의 종묘 외에 거듭 지은 종묘를 가리킨다.
*22 곧 제사를 가리킴.
*23 《예기》〈제의(祭儀)〉
*24 《효경》〈응감장(應感章)〉

아내를 바르게 함에 대하여〔刑內〕

신이 살피건대, 집안을 다스리려면〔治家〕 반드시 먼저 아내를 바르게〔正內〕 하여야 합니다. 《시경》에서 이렇게 말했습니다.*1 "아내에게 본보기가 되어 형제에게 이르고, 그것으로써 집안과 나라를 다스린다." 그러므로 효도와 공경 다음에 아내에게 본보기가 되는 것을 우선으로 하였습니다.

《주역》에서 말하였다. "가인(家人 : 남에게 자기 아내를 이르는 말)은 여자의 곧음〔女貞〕이 이롭다."
《주역》〈가인괘·단사〉

정자가 말하였다. "가인의 도는 여자가 바른 것에 이로움이 있다. 여자가 바르게 되면 집안의 도가 바르다. 《주역》에서 여자의 곧은 것만을 말한 것은, 여자가 바르면 곧 남자도 바르다는 것을 알 수 있기 때문이다."

주자가 말하였다. "먼저 아내〔內〕를 바르게 해야 하는 것이니, 아내가 바르면 남편〔外〕도 바르지 않은 것이 없다."

여자는 안에서 바르게 자리를 지키고, 남자는 밖에서 바르게 자리를 지킨다. 남녀가 바른 것은 천지의 대의(大義)이다.
〈가인괘·단전〉

정자가 말하였다. "높고 낮음〔尊卑〕과 안과 밖의 도리가 바르게 되어야 천지음양(天地陰陽)의 대의에 부합한다."

《시경》에 말하였다. "다정하게 지저귀는〔關關〕 물수리〔雎鳩〕는 강가의 모래톱에 있도다. 요조숙녀(窈窕淑女)는 군자의 좋은 짝〔逑〕이로다."
《시경》〈주남(周南) 관저(關雎)〉

주자가 말하였다. "관관(關關)은 암컷과 수컷이 서로 응하여 화답하는 울음소리이다. 저구〔雎鳩〕는 물수리로 그 생김새는 오리나 갈매기와 비슷한데, 오늘날 장강과 회수〔淮水〕 사이에 살고 있다. 나면서부터 정해진 짝이 있어

서로 문란하지 아니하고, 그 짝이 항상 나란히 헤엄치고 놀면서도 서로 달라붙지 아니하니, 대체로 그 본성이 그러한 것이다. 요조(窈窕)는 얌전하고 정숙하다〔幽閒〕는 뜻이다. 군자는 문왕을 가리킨다. 구(逑)는 배필이다. 문왕은 나면서부터 성덕(聖德)이 있었으며, 또 성녀(聖女) 사씨(姒氏)를 배필로 삼았는데, 궁중 안의 사람들이 그녀가 처음 이르렀을 적에 그 얌전하고 정숙한(貞靜) 덕을 보았기 때문에 이 시를 지은 것이다."

광형(匡衡)이 말하였다. "배필(配匹)의 사이는 백성을 이루는 시초가 되며 만복의 근원이 된다. 그러므로 혼인의 예가 바르게 되어야만 만물〔品物〕이 이루어지고 천명이 온전하게 된다. 공자가 시를 논하면서 〈관저장(關雎章)〉을 첫머리로 삼은 것은, 태상(太上 : 임금을 말함)이란 백성의 부모이니 부인〔后夫人〕의 행실이 천지와 부합하지 않는다면 조상〔神靈〕의 계통을 받들어 만물의 마땅함을 다스릴 수가 없다는 것을 말한 것이다. 그러므로 《시경》에서 '요조숙녀는 군자의 좋은 짝이다'라고 하였다. 이 말은 능히 정숙하고 지조가 변치 아니하며, 정욕의 감정이 엄숙한 태도나 거동을 해치지 않고, 사사롭게 즐기려는 의도가 그 행동에 드러나지 않은 것을 말한 것이다. 대개 그렇게 한 후에야 왕〔至尊〕의 짝이 될 수 있으며 종묘를 받드는 주부〔主〕가 될 수 있다. 왕비의 정숙은 기강(綱紀)을 바로잡는 데 으뜸이며 임금이 교화를 펴는 실마리이다. 상고 시대 이래로 삼대의 흥망이 모두 이로부터 말미암았던 것이다."

송나라 범조우(范祖禹)가 선인 황후(宣仁皇后)에게 말했다. "황제가 황후를 맞아들이는 일은 국가의 대사이며, 나라가 영원히 이어질 근본이요, 나라의 복록이 걸려 있는 일이요, 풍속을 교화하는 데 앞장서는 것입니다. 그러므로 지금 마땅히 먼저 알아야 할 것에 네 가지가 있습니다. 첫째는 문벌〔族姓〕이요, 둘째는 여인의 덕행〔女德〕이며, 셋째는 예를 융숭하게 하는 것〔隆禮〕이요, 넷째는 널리 의논하는 것〔博議〕입니다.
이른바 황후가 될 사람의 문벌을 고려해야 할 까닭은 다음과 같습니다. 옛날의 제왕은 반드시 옛 성인의 자손이거나 공이 있고 어진이의 후예와 혼인하였고, 미천한 사람을 지존과 짝이 되게 하지 않았기 때문에 복이 성대하고 자손이 번창하였습니다. 그러므로 황후의 문벌은 귀하게 여기지 않을 수가 없습니다.

이른바 여인의 덕행을 고려해야 하는 까닭은 다음과 같습니다. 삼대가 일어날 적에는 모두 어진 왕비가 있었고, 망할 적에는 또한 모두 총애받는 부덕한 여자〔嬖女〕가 있었습니다. 하나라가 일어나게 된 것은 도산(塗山) 씨의 딸을 왕비로 맞아들였기 때문이요, 그것이 망하게 된 것은 말희(妺喜) 때문입니다. 상나라가 일어나게 된 것은 유융(有娀) 씨의 딸 때문이요, 망하게 된 것은 달기(妲己) 때문입니다. 주나라가 일어나게 된 것은 강원(姜嫄) 때문이요, 포사(褒姒) 때문에 망했습니다. 이것은 모두 성현들이 기록한 것이요, 《시경》과 《서경》에 실려 있는 것으로서 후세에까지 내려와 오래도록 거울로 삼는 것입니다. 그러니 정숙하고 얌전한 숙녀를 간택하는 것은 온 나라의 어머니로서 모범〔母儀〕을 삼고 6궁(六宮)*2의 본보기가 되는 것이니 덕 있는 이가 아니라면 누가 그것을 감당할 수 있겠습니까? 그러나 규방 안에 있는 여자의 덕은 겉으로 드러날 수 없으므로 반드시 그 문벌〔世族〕을 보고, 조상를 보며, 그 가풍을 살피고, 여러 일들을 참작하여야 알 수 있을 것입니다.

이른바 예를 융숭하게 할 것을 고려해야 하는 까닭은 다음과 같습니다. 천자와 왕후의 관계는, 하늘과 땅, 해와 달, 양과 음의 관계와 같아서 서로가 서로를 의지해야 이루어지는 것입니다. 애공(哀公)이 말하기를,*3 '면류관을 쓰고 신부를 친히 맞아들이는 것〔親迎禮〕은 너무 과하지 아니한가?' 하니, 공자가 정색하며〔愀然〕 대답하기를, '두 성씨가 아름답게 결합하여 선왕〔先聖〕의 뒤를 이어 천지와 종묘 사직의 주인이 되는 것인데, 임금께서는 어찌 너무 과하다고 하십니까?' 하였으니, 공자는 그 말을 심히 그르게 여긴 것입니다. 《예기》를 살피건대, 관례(冠禮)와 혼례(昏禮)에는 오직 사대부의 예만 있고 천자와 제후의 예는 없습니다. 그러므로 삼대 이래 오로지 사대부의 예를 미루어 그것을 높여서 천자와 제후의 예로 삼았습니다. 이는 대체로 사람의 부부 관계는 천자로부터 선비에 이르기까지 동일한 것이기 때문입니다. 천하에 어찌 홀로 존귀하여 배우자가 없는 사람이 있겠습니까? 그러므로 예는 융숭하게 하지 않을 수가 없는 것입니다.

이른바 널리 의논할 것을 고려해야 하는 까닭은 다음과 같습니다. 옛날에 천자가 왕후를 맞이할 때는 상공(上公)*4이 맞이하였고 제후가 그것을 주관하였으니, 나라에 대사(大事)가 있으면 대신들이 미리 알고 있지 않으면 안 되기 때문입니다. '이것은 폐하의 집안일이므로 바깥 사람이 관여할 바가 아닙니다'라고 말씀을 올리는 사람이 있겠지만, 옛날부터 임금을 그르친 것은 흔히 이런 말 때문이었습니다. 천자는 온 세상을 집으로 삼으니 안팎의 일은 어느 것이나 집안일이 아님이 없으며, 대신들이 미리 그것을 알아서는 안 될 까닭이 없는 것입니다. 또한 폐하께서 재상〔執政〕한 사람을 쓰거나 근신(近臣) 한 사람을 진급시키는 데도 반드시 천하의 바람에 부합하려 하거늘, 하물며 황후를 세워 나라의 어머니로 삼으려 함에 있어서이겠습니까? 이제 폐하께서 간택함에 있어서는 그 성씨를 들어서 널리 대신들에게 물어 보는 것보다 중요한 것이 없습니다. 만일 폐하의 뜻〔聖志〕이 이미 정해졌고 여러 사람의 의견이 모두 같다면, 점을 쳐도 합당하게 될 것이고 귀신도 그에 의지할 것이니 하늘과 사람의 뜻이 같지 않음이 없을 것입니다."

또 말하였다. "'닭이 울었습니다. 조정에 신하가 이미 다 모였습니다.', '닭 우는 소리가 아니라 쉬파리 소리라네'." 《시경》〈제풍(齊風)·계명(鷄鳴)〉

주자가 말하였다. "옛날 어진 왕비가 처소에서 임금을 모실 적에 새벽 무렵이면 반드시 임금에게 고하기를, '닭이 이미 울었습니다. 조정에 신하들이 이미 가득 모였습니다' 하였다. 임금으로 하여금 빨리 일어나 조회를 보도록 하기 위해서였다. 그러나 사실을 닭이 울었던 것이 아니라 쉬파리 나는 소리였던 것이다. 어진 왕비는 새벽 일찍, 일어날 무렵이 되면 마음이 항상 늦을까 걱정되어 그 비슷한 소리만 들어도 정말 닭 우는 소리로 여기게 되는 것이다. 이는 그 마음 속에 경계하고 두려워함이 있어 편안한 욕망에 빠져 있지 않은 자가 아니라면 어떻게 이렇게 할 수가 있겠는가. 그러므로 시인이 그 일을 서술하여 찬미한 것이다."

주나라 선왕(宣王)의 비 강후(姜后)*5는 현숙하고 덕이 있어, 예에 맞지 않는 일은 말하지 아니하였고, 예에 맞지 않은 행동은 하지 않았다. 선왕이 일찍 자고 아침에 늦게 일어난 일이 있었다. 이에 강후는 비녀와 귀고리를 벗어 버리고 영항(永巷)*6에서 처벌을 기다리면서 보모(傅母)를 시켜 왕에게 아뢰기를, "첩이 재덕(才德)이 없어 음심(淫心)이 드러났습니다. 그리하여 왕으로 하여금 예를 잃게 하고 조회에 늦게 하는 데까지 이르게 하여 군왕께서 여색을 즐겨 덕을 잊어버리고 있다는 것을 드러냈습니다. 대체로 여색을 즐겨하면 반드시 사치를 좋아하게 될 것이고, 사치를 좋아하면 반드시 향락을 추구하게 될 것이며, 향락을 끝까지 추구하는 데서 어지러워지는 것입니다. 어지러움이 일어나는 원인을 만든 사람은 첩이오니 첩에게 죄를 주시기를 청합니다" 하자, 왕이 말하기를, "과인이 덕이 없어 스스로 허물을 지었으니 부인의 죄가 아니오" 하고는, 드디어 강후를 복위시키고 정사에 힘을 써서 아침 일찍 조회를 하고 저녁 늦게 물러나와 문왕·무왕의 업적을 이어받아 주나라 왕실의 왕업(王業)을 부흥시켰다.

당나라 태종의 비인 문덕황후(文德皇后) 장손씨(長孫氏)*7는 그림으로 된 전기(傳記)를 즐기어, 고금의 선하고 악한 일들을 보고서 스스로의 거울로 삼아 엄숙히 예법을 받들고 효도로써 고조(高祖)를 섬기었다. 성품이 검소하여 입는 것과 부리는 것은 모자라지 않을 정도에 그치었다. 황제와 더불어 말하다가 혹 정치적인 문제[天下事]와 관련된 이야기가 나오면 사양해 말하기를, "암탉이 울면 집안이 망한다고 하는데, 그래도 좋겠습니까?" 하고는 황제가 굳이 요구해도 끝내 대답하지 않았다. 나중에 조정에서 죄를 뒤집어 쓴 자가 있어서 황제가 노하여 포박하여 다스리라고 명하였다. 황후는 황제의 마음이 풀릴 때를 기다려 천천히 사리를 펴서 설명하여 끝내 억울한 일이 없게 하였다. 친정 오빠인 장손 무기(長孫無忌)는 황제가 아직 제위에 오르기 전[布衣] 사귄 친구였다. 그는 황제가 권력을 잡는 데 도움 준[佐命] 일 등 공신이었기 때문에 황제는 그를 끌어들여서 정치를 맡기려 하자, 황후는 굳이 불가하다고 하였으며, 몰래 오빠에게도 끝까지 사양하게 하였으므로 황제가 할 수 없이 들어 주었더니 황후는 얼굴에까지 기쁨을 나타냈다. 황후의 병환이 위독하여 태자가 대사령(大赦令)을 내릴 것과, 널리[汎] 승려와 도인(道人)을 불러 재앙을 막을 것을 청하고자 하였다. 황후는 말하기를, "죽고 사는 것은 명(命)에 달려 있으니 인력(人力)으로 연장할 수 없는 것이다. 만약 복을 닦아서 목숨을 연장할 수 있다면 나는 악한 일을 하지 않았으니 문제 없을 것이고, 가령 선(善)한 일을 했는데도 효험이 없다면 거기에다 내가 무엇을 더 구하겠는가. 또한 사면령을 내리는 것은 국가의 중대한 일이요, 불교와 도교는 이단 종교일 뿐이니, 모두 황제께서 평소에 하지 않던 것인데, 어찌 나 때문에 천하의 법도를 어지럽게 할 수 있겠는가" 하였다. 그리고 황제에게 청하여 말하기를, "황제께서는 충신을 용납하고 간언을 받아들일 것이며, 참소하는 말을 받아들이지 마시고, 사냥이나 부역에 동원하는 것을 줄이신다면 죽어도 한이 없겠습니다" 하였다. 황후는 일찍이 옛 부인들의 일을 모아서 《여칙(女則)》 10편을 지었는데, 임종에 이르러 궁사(宮司)가 그것을 아뢰자, 황제는 그것을 보고 비통해하였다.

또 말하였다. "반짝이는〔嘒〕 저 작은 별은 드문드문〔三五〕 동쪽에 있네. 조심조심〔肅肅〕 밤길 가네. 첩들은 밤늦게 들어가 이른 새벽까지 님을 모시니 이는 처지가 부인과 같지 않기 때문이다." 《시경》〈소남(召南)·소성(小星)〉

주자가 말하였다. "혜(嘒)는 희미한 모습이다. 삼오(三五)는 별이 드문드문 빛나는 것을 말하는 것이니, 대개 초저녁이나 혹 새벽 동이 틀 무렵을 말하는 것이다. 숙숙(肅肅)은 조심스러운 모습이다. 남쪽 나라에서 온 부인들이 후비에게 감화되었다. 후비가 투기와 질투를 하지 아니하고 그 아랫사람에게 은혜를 베풀었으므로 여러 첩들이 그것을 찬미함이 이와 같았다. 대개 궁중의 여러 첩들은 나아가 임금을 모실 적에 감히 온 밤을 지새지 못하고, 별을 보고 나아가고 별을 보고 돌아오는 것이니, 이는 그 주어진 분수가 존귀한 분과는 같지 않음에 말미암은 것이다. 이 때문에 임금을 모실 수 있는 것은 부인의 깊은 은혜라고 여겨, 왕래하는 수고에 대해서 감히 원망할 수가 없었음을 말한 것이다."

한(漢)나라 현종(顯宗)의 명덕황후(明德皇后) 마씨(馬氏)는 13세 때에 태자궁으로 들어와 위로 음황후(陰皇后 : 광무제의 황후)를 잘 받들어 모시고 옆으로 같은 지위의 사람을 대할 때는 예절이 잘 갖추어졌으므로 아래위가 다 편안해졌다. 현종이 즉위하자 귀인(貴人)이 되었다. 이 때 황후의 전어머니〔前母〕의 딸 가씨(賈氏)도 역시 뽑혀 들어와 숙종(肅宗)을 낳았다. 황제는 마황후에게 자식이 없다하여 숙종을 양육하게 하고 이르기를, "사람이 반드시 자기 자식을 낳아야 하는 것은 아니다. 다만 사랑으로 기르는 것을 다하지 못할까 염려될 뿐이다" 하였다. 이에 황후는 마음을 다하여 사랑으로 길러, 수고하고 근심함이 친자식에게 하는 것보다 더하였다. 숙종의 효성스러운 성품은 순박하고 두터웠으며, 은혜로운 성품은 천성으로 지극해서 모자 간의 사랑은 시종 털끝만큼도 틈이 나지 아니하였다. 후는 항상 황제에게 자손이 많지 못함을 근심하고 탄식하여 좌우 여자들을 천거했는데, 마치 제대로 천거하지 못하는 게 아닌가 하고 두려워하는 것처럼 하였다. 후궁 가운데 황제에게 나아간 자가 있으면 매양 위로하며 받아들였으며, 만약 황제의 총애가 빈번하면 곧 더욱 융숭하게 대하였다. 유사(有司)가 장추궁(長秋宮: 황후궁 이름)에 황후를 세울 것을 아뢰자, 황제가 말하기도 전에 황태후가 말하기를, "마귀인은 덕이 후궁들 가운데 으뜸이니 바로 이 사람이 적당하다" 하였다. 마귀인이 황후가 되어 궁중의 위계 질서가 잡혔다. 황후는 더욱 스스로 겸손하고 조심하였다.

이는 선한 행동이 법도(法度)가 될 수 있다는 것을 말한 것입니다.

《시경》에서 말하였다. "똑똑한 남자〔哲夫〕는 성을 이룩하고〔成城〕, 똑똑한 부인〔哲婦〕은 성을 기울어지게 한다〔傾城〕. 아름답고〔懿〕 똑똑한 부인이여, 올빼미〔梟〕가 되고 부엉이〔鴟〕가 되도다.*[8] 부인의 수다스러움〔長舌〕은 재앙을 불러들이는 사다리〔階梯〕이다. 어지러움은 하늘에서 내리는 것이 아니라 여인에게서 생긴다네."   《시경》〈대아·첨앙(瞻卬)〉

주자가 말하였다. "철(哲)은 많이 아는 것〔知〕이요, 의(懿)는 아름다운 것이다. 남자는 밖에서 자리를 바르게 하면 나라의 주인이 되는 까닭에 아는 것이 많으면 능히 나라를 세울 수 있으나, 부인은 그른 것도 없고 본보기가 될 만한 것도 없어야 좋으니 총명하고 사리에 밝아야 함을 강조할 필요가 없다. 여자가 똑똑하면 다만 나라를 뒤엎을 뿐이다. 그러므로 이 아름답고 똑똑한 부인이 도리어 올빼미나 부엉이 같이 말을 많이 함으로써 재앙과 난리를 일으키는 사다리가 된다는 것을 말한 것이다. 만일 이와 같다면 어찌 변란이 정말 하늘로부터 내려오는 것이겠는가? 다만 이 부인으로 말미암아 일어날 따름인 것이다. 이 시는 유왕(幽王)이 포사(褒姒)를 총애하여 변란이 일어나게 만든 것을 풍자한 것이다."

포사는*9 어린 궁녀[童妾]가 낳은 딸이다. 유왕이 그를 총애하여 출입하는데 같이 어가(御駕)를 타고 다녔으며, 국사를 돌보지 않고 아무 때나 말을 몰아 사냥을 다니며 포사의 비위를 맞추었다. 그리고 술을 마시고 음란한 데 빠져서 광대와 기녀들이 밤낮으로 계속하여 그 앞에서 춤추고 노래하였다. 포사가 웃지 않으므로, 유왕은 그녀를 웃게 하려고 온갖 방법을 다하였으나 끝내 웃지 아니하였다. 유왕이 일찍이 제후들과 더불어 약속하기를, 외적이 침입하여 봉화를 올리면 군대를 소집하여 돕도록 하였다. 그런데 아무 까닭도 없이 봉화를 올려 보았다. 제후들이 모두 다 달려왔으나 외적의 침입은 없었다. 이에 포사가 깔깔대고 크게 웃었다. 이에 신후(申后)를 폐위하고 포사를 왕후로 삼았다. 그리고 그녀를 기쁘게 하려고 번번이 봉화를 올렸으며, 충간하는 자는 죽이고 오직 포사의 말만을 들었기 때문에 위아래가 서로 아첨만을 일삼았으며 백성들의 마음은 흩어지게 되었다. 신후(申侯)*10가 견융(犬戎)과 더불어 주나라에 쳐들어왔을 때, 유왕이 봉화를 올려 군대를 소집했으나 아무도 오지 아니하였다. 마침내 적은 여산(驪山) 아래에서 유왕을 죽이고 포사를 사로잡아 갔다.

목강(繆姜)*11은 노(魯)나라 선공(宣公)의 부인이며 성공(成公)의 어머니이다. 총명하고 슬기로웠으나 행실이 음란하여 숙손교여(叔孫喬如)와 간통하였다. 교여는 목강과 모의하여 계손(季孫)과 맹손(孟孫)을 제거하고 노나라를 마음대로 하려 하였다. 그러나 노나라 사람들은 교여를 따르지 아니하고 동맹하여 교여를 내쫓고 목강을 동궁(東宮)으로 내쳤다. 처음에 동궁으로 갈 적에 목강이 점쟁이를 시켜 점을 쳐 보았더니 '간지6(艮之六)'이 나왔다. 점쟁이가 말하기를, "이것은 간괘의 지괘가 수(隨)괘를 얻은 것인데, 수는 '나간다'는 뜻이므로 부인께서는 반드시 빨리 나가게 될 것입니다" 하였다. 목강이 말하기를, "그렇지 않다. 《주역》에 볼 것 같으면, '수는 원형이정(元亨利貞)의 덕이 있으면 허물이 없다'고 하였다. 원(元)은 선한 것의 으뜸이요, 형(亨)은 아름다운 것이 모인 것이며, 이(利)는 의(義)의 조화이며, 정(貞)은 일의 줄기이다. 이 때문에 비록 수가 나와 허물이 없다는 점괘가 나왔다 하지만, 지금 나는 부녀자로서 난(亂)에 참여하였고, 아랫자리에 있으면서 어질지 못하였으니, 가히 원이라고 이를 수가 없으며, 나라를 편안하게 하지 못하였으니 형이라고 할 수가 없으며, 난을 일으켜서 자신을 망쳤으니 가히 이라고 이를 수가 없으며, 지위를 져버리고 음란하였으니 가히 정이라고 이를 수가 없는 것이다. 네 가지의 덕을 가진 자는 수로서 허물이 없을 것이나, 나는 이 네 가지 덕 모두 갖추지 못하였으니 어찌 수의 괘에 해당할 수 있겠는가? 나는 악한 일만 취하였으니 허물이 없을 수 없다. 반드시 나는 나가지 못하고 이 곳에서 죽을 것이다" 하더니, 마침내 동궁에서 죽었다.

남자(南子)*12는 송(宋)나라 여자로서 위나라 영공[衛靈公]의 부인이다. 영공이 밤에 부인과 더불어 앉아 있다가, 수레 소리가 삐거덕삐거덕 들리다가 대궐 문 앞에 이르러 멈추더니 대궐을 지나면서 다시 소리가 들려 왔다. 영공이 부인에게 묻기를, "누구인지 알겠소?" 하니, 부인이 대답했다. "거백옥(蘧伯玉)일 것입니다." 영공이 말했다. "어떻게 그인 줄 알았소?" 부인이 대답했다. "첩이 듣건대, 예법에 이르기를 '대궐문[公門]을 지나갈 때는 수레에서 내리며, 임금의 말[路馬]을 보면 경의를 표하는 것은 공경을 넓히는 것이다'고 했습니다. 충신과 효자는 환히 밝다고 해서 절개를 보이지도 않고 어둡다고 해서 그 행실을 함부로 하지 않는 것입니다. 거백옥은 위나라의 어진 대부로서, 어질고 지혜가 있으며 공경함으로써 윗사람을 섬긴다고 하니, 그 사람 같으면 반드시 어둡다고 해서 예를 폐하지 않을 것입니다. 이 때문에 그 사람이라는 것을 알았습니다." 공이 사람을 시켜 알아보았더니 과연 거백옥이었다. 공이 되돌아와서 부인을 놀리느라 말하기를, "그 사람이 아니었소" 하였더니, 부인은 술잔을 올리고 두 번 절한 뒤 공에게 축하를 하였다. 공이 말하기를, "그대는 어찌하여 나를 축하하는 것이오?" 하니, 부인이 대답했다. "처음에 첩은 위나라에는 현자가 오직 거백옥뿐인 줄 알았습니다. 지금 위나라에 그와 맞먹는 사람이 또 있으니 이것은 임금께 두 신하가 있는 것입니다. 나라에 어진 신하가 많다는 것은 나라의 복입니다. 이 때문에 축하를 드리는 것입니다." 공이 감탄하며 말하기를, "참으로 훌륭하도다" 하고는 드디어 사실대로 얘기하였다. 공이 부인과 더불어 함께 수레를 타고, 공자로 하여금 다음 수레에 타게 하여 거들먹거리면서 시내를 지나가니, 공자가 그것을 부끄럽게 여겨 말하기를, "나는 덕을 좋아하기를 여색을 좋아하는 것만큼 하는 사람을 보지 못하였다" 하고는 송나라로 가 버렸다. 남자는 음행이 있어 송나라 공자 조(朝)와 간통하였다. 위나라 태자 괴외(蒯聵)가 이를 알고 남자를 미워하였다. 남자는 영공에게 "태자가 나를 죽이려 합니다" 하고 모함하였다. 공이 크게 화를 냈으므로 괴외는 송으로 달아났다. 영공이 죽자 괴외의 아들 첩(輒)을 왕으로 세웠으니 이 사람이 출공(出公)이다. 괴외가 송으로부터 돌아오자 출공은 노나라로 달아났다. 괴외가 임금이 되어 부인 남자를 죽였다.

신이 살피건대, 이 시(詩)는 본래 포사를 경계한 것입니다. 여자로 말미암아 생겨난 난(亂)은 동일한 전철을 따르고 있으므로 목강과 남자의 일을 아울러 실었습니다. 자고로 요염한 아내가 하나둘이 아닌데 오직 이 두 여자만을 인용한 것은 무슨 까닭인가 하면, 대체로 아름다운 얼굴이 음란함을 불러오는 것이지만 좋아할 만한 별다른 재주가 없는 여자는 단지 어리석고 용렬한 군주만을 홀릴 뿐이요, 영명한 군주라면 반드시 거기에 빠져들지 않는 것입니다. 오직 총명하고 재주 있으며 지혜로워 족히 남을 복종시킬 수 있는 여자가 가장 두려워할 만한 것입니다. 저 목강과 남자 두 여자는 지혜는 선악을 깨닫기에 충분하고 분별력은 의리를 밝히기에 충분하니, 그 말을 들어보면 태임(太任: 문왕의 어머니), 태사(太姒: 문왕의 왕비)도 따를 수 있지만, 그 행실을 살펴보면 포사나 달기와 다름이 없으며, 비록 현명하고 예지 있는 군주라도 혹 그 미모를 사랑하고 그 재주를 기뻐하여, 자기도 모르는 사이에 마음이 혹하여 덕을 잃게 됨을 면하지 못하는 것입니다. 이 때문에 드러내어 경계로 삼았습니다.

정자가 말하였다. "이구(李覯)가 말하기를 '만약 관중(管仲)으로 하여금 오랫동안 궁중에 있게 하였다면 여섯 사람*13이 있다 한들 무슨 문제가 되었겠는가?' 하였으니 이 말은 옳지 않다. 관중이 있을 때에는 환공(桓公)의 마음이 좀먹지 않았다. 만일 이미 마음이 좀먹었다면 비록 관중이라도 어찌할 수 있겠는가. 마음이 좀먹기 전이므로 오히려 관중을 쓸 수 있었던 것이요, 마음이 좀먹었더라면 관중을 쓸 리가 없다."

신이 살피건대, 안으로 미색(美色)을 좋아하고 밖으로 어진 신하를 등용하면 서로 방해가 되지 않을 것 같은데, 충신이나 어진 신하〔良弼〕들이 여자를 총애하는 것을 경계하는 데에 급급한 까닭은 어째서이겠습니까? 만약 임금이 덕을 좋아하는 정성이 색을 좋아하는 것만 못하다면 임금의 베갯머리에서 교태를 부리거나 아양을 떠는 해독이 날로 배어들고 달로 젖어들어 깊이 골수에까지 배어들 것이요, 법도를 지키는 선비들의 사욕을 막는 말은 날로 거슬리고 달로 어긋나서 이것을 들어도 돌아다보지도 않게 될 것입니다. 그렇게 되면 반드시 거기에 뜻을 잘 맞추고 악을 조장하는 신하는 틈을 엿보아 심복이 되어, 총애받는 미천한 여자를 근거로 삼아 안과 밖이 서로 얽혀 정령(政令)이 뒤엎어지고 위태로움과 멸망이 뒤따라 이르게 되기 때문입니다. 그러므로 비렴(飛廉)*14과 악래(惡來)는 달기를 근거로 삼아서 은(상)나라가 망했고, 이임보(李林甫)와 양국충(揚國忠)은 태진(太眞: 양귀비)을 근거로 삼아서 당나라가 어지러워졌으니, 정자의 이 말을 어찌 믿지 않을 수 있겠습니까?

이는 악(惡)을 경계할 것을 말한 것입니다.

신이 살피건대, 이 장의 이름은 '형내(刑內: 아내에게 본보기가 됨)'라고 하였으나, 다만 후비의 선악만을 논했을 뿐이고 형처(刑妻)의 도를 말하지 아니한 것은 어째서이겠습니까? 대개 아내에게 도리가 되는 도리는 다른 데 있는 것이 아니라 다만 자신을 수양하는 데 있을 뿐이기 때문입니다. 자기수양이 지극해지면 안으로 마음과 뜻이 하나로 되고 밖으로 용모가 장중하여 언어와 동작이 모두 예의에 맞게 됩니다. 그리고 부부간에 서로 공경하기를 마치 손님을 대하듯 하며, 침실에서도 너무 친하여 버릇 없는 실수가 없으며, 어두운 곳에서도 바르고 숙연한 모습을 유지할 수 있다면 후비도 역시 그것을 보고 감화되어 변화하게 될 것입니다. 비록 학문을 알지 못한다 하더라도 오히려 스스로 삼가고 예의를 실천할 수 있을 것인데, 하물며 타고난 자질이 순수하고 아름다워 본래부터 학문을 아는 사람이야 더 말할 것이 있겠습니까? 만일 먼저 자기를 수양하지 않아서 반성해 보았을 때 스스로 부끄러운 일이 많은 상태로서 오직 후비의 바름만을 요구하며, 예절바른 모습만 갖추는 데만 급급하고, 은미한 가운데서는 욕정을 함부로 하여 그 체통을 잃어버리게 된다면 이미 집안을 바르게 하는[正家] 근본을 상실한 것이니 어찌 한 집안의 모범이 되겠습니까? 하물며 이보다 더 못한 이로서 요염한 여색에 혹하여 그 바른 이치를 잃게 된다면, 후비가 비록 현명하더라도 버리고 돌아보지 아니할 것이며, 사사로이 총애하는 여자에게 빠져서 오직 그의 말만을 믿고 따르기 때문에 정사(政事)에 해를 끼치고 나라에 재앙을 빚게 될 것이니 거기에다가 무엇을 더 말하겠습니까? 전(傳)에 이르기를, "음식과 남녀의 사이에는 큰 욕구가 존재한다" 하였고, 공자는 말하기를, "나는 아직 여색을 좋아하는 것만큼 덕을 좋아하는 사람을 보지 못하였다" 하였습니다. 비록 영웅의 재주로써 그 기개가 한 시대를 뒤덮은 사람이라도 오히려 한 여자에게 마음이 흔들려 그 평생을 그르친 경우가 많습니다. 오직 도를 준수하고 천하를 올바르게 다스리기를 염원하는 임금으로서 그 뜻이 선한 데에 있어 다른 물욕(物欲)에 옮겨가지 아니하는 사람이라야만 바른 도리로써 스스로를 단속할 수 있고, 또한 바른 도리로써 집안에 본보기[形家]가 될 수 있는 것이니, 삼가 바라건대 전하께서는 유념하십시오.

〈주〉

＊1 《시경》 〈대아(大雅)・사제(思齊)〉
＊2 옛날 황후의 여섯 궁전으로, 정침(正寢)이 하나, 연침(燕寢)이 다섯이다.
＊3 《예기》 〈애공문(哀公問)〉
＊4 오등작(五等爵)의 첫째인 공작(公爵)의 존칭.
＊5 《고열여전(古列女典)》 〈현명전(賢明傳)〉
＊6 죄 있는 궁녀를 유폐하는 곳.
＊7 《신당서》 〈후비열전(后妃列傳)・상〉
＊8 올빼미와 부엉이는 악조(惡鳥)로서 간악한 사람을 가리키는 말로 흔히 쓰인다.
＊9 《고열여전》 〈얼폐전(孽嬖傳)・주유포사(周幽褒姒)〉
＊10 신황후(申皇后)의 친정아버지.

＊11 《고열여전》〈얼폐전·노선목강(魯宣繆姜)〉
＊12 《고열여전》〈인지전(仁智傳)·위령부인(衛靈夫人)〉
＊13 환공(桓公)의 총애를 받던 여섯 명의 여자들을 가리킨다. 장위희(長衛姬)는 무맹(武孟)을 낳고, 소위희(小衛姬)는 혜공(惠公)을 낳고, 정희(鄭姬)는 효공(孝公)을 낳고, 갈리생(葛嬴生)은 소공(昭公)을 낳고, 밀희(密姬)는 의공(懿公)을 낳고, 송화자(宋華子)는 자옹(子雍)을 낳았다.
＊14 은나라 주왕의 영신(佞臣). 아들 악래(惡來)와 함께 주왕을 모셨다. 무왕이 은나라를 물리치고는 그들을 바닷가로 몰아 죽였다.

자식을 바르게 가르침에 대하여〔敎子〕

신이 살피건대, 부부의 예가 바르게 되어야만 가르치는 법도가 행해질 수 있습니다. 그러므로 교자(敎子 : 자식교육)의 장을 다음에 두었습니다.

옛날에는 부인이 임신을 하면, 옆으로 누워〔側〕자지 아니하고, 비스듬히〔邊〕앉지 아니하였으며, 한 발로 서지〔躄〕아니하고, 이상한 맛이 나는 것〔邪味〕은 먹지 아니하였으며, 썬 것이 반듯하지 아니하면 먹지 않았으며, 자리가 바르지 아니하면 앉지 않았다. 《열녀전(列女傳)》 아래도 같음

오씨가 말하였다. "측(側)은 몸을 옆으로 비스듬히 누이는 것이요, 변(邊)은 그 몸을 비스듬히 치우치게 하는 것을 말한다. 비(躄)는 마땅히 피(跛)로 써야 한다. 한쪽 다리에만 치우치게 몸을 맡기는 것을 말한다. 사미(邪味)는 바르지 않은 맛을 말한다."

눈으로는 나쁜 색깔을 보지 아니하고, 귀로는 음란한 소리를 듣지 아니하며, 밤이면 장님〔瞽〕으로 하여금 시를 외게 하고 바른 일〔正事〕을 말하게〔道〕한다.

진씨(陳氏)가 말하였다. "도는 말한다는 뜻이요, 정사(正事)는 예에 합당한 것을 말한다. 장님에게 시를 외게 하는 것은 장님이야말로 소리에 정통해

있기 때문이다."

이와 같이 하여 자식을 낳으면 그 몸과 용모가 단정하고 재주가 남보다 뛰어날 것이다.

진씨가 말하였다. "부인이 임신하였을 때에는 잠자고, 먹고, 앉고, 서고, 보고, 듣고, 말하고, 행동하는 것들이 한결같이 바르게 되어야만 자식을 낳으면 몸과 용모가 단정하고 재주가 남보다 뛰어날 것이다."

이는 태교(胎敎)를 말한 것입니다.

무릇 자식을 낳으면 여러 어미〔諸母〕나 유능한 사람〔可者〕 가운데에서 적당한 사람을 가리는데 그때에는 반드시 너그럽고 인자하며, 슬기롭고 온화하며, 착하고 공손하며, 조심스럽고 말이 적은 이를 가려서 그로 하여금 자식의 스승으로 삼는다. 《예기》 아래도 같음

진씨가 말하였다. "제모(諸母)란 여러 첩들이다. 유능한 사람〔可者〕이란 여러 첩들이 아니더라도 가히 자식의 스승이 될 만한 사람들을 말한다." 사마온공(司馬溫公)이 말하였다. "유모가 선량하지 않으면 그 집안을 어지럽힐 뿐 아니라 아울러 맡아 기른 아이도 자기를 닮게 만든다."

자식이 밥을 먹을 수 있게〔食食〕 되면 오른손으로 밥을 먹도록 가르쳐야 한다. 능히 말을 할 수 있게 되면 사내아이는 빠른 말로 공손하게 대답하게〔唯〕 하고 계집아이는 부드러운 말로 천천히 대답하게〔兪〕 한다. 사내아이는 가죽〔革〕으로 된 주머니를 차게 하고〔鞶〕 계집아이는 비단으로 만든 주머니〔絲〕를 차게 한다.

오씨가 말하였다. "사〔食〕(아래에 있는 사〔食〕자입니다)는 밥〔飯〕이다. 사내아이나 계집아이나 모두 오른손으로 밥을 먹게 하는 것은 그 강함을 취한 것이다. 유(唯)는 빠르게 대답하는 것이고, 유(兪)는 천천히 대답하는 것이니

이는 강유(剛柔 : 굳셈과 부드러움)의 뜻을 보여 주는 것이다. 반(鞶)은 작은 주머니로서 수건을 담는 것이다. 사내아이는 가죽을 사용하고 계집아이는 비단천을 사용하는데, 역시 강유의 뜻을 보여 주는 것이다. 일설에는 반은 큰띠라고도 한다."

여섯 살이 되면 숫자(數)와 방위(方)를 가르친다. 일곱 살이 되면 사내아이와 계집아이를 한자리에 앉지 못하게 하며, 음식을 같이 먹지 못하게 한다. 여덟 살이 되면 출입할 때나 자리에 앉을 때나 음식을 먹을 때에 반드시 웃어른이 하고 난 다음에 하도록 하여 비로소 사양하는 것을 가르친다. 아홉 살이 되면 날짜 세는 법(數日)을 가르친다.

진씨가 말하였다. "수라는 것은 일, 십, 백, 천, 만 등의 수 단위를 말한다. 방위의 이름이라는 것은 동서남북을 말한다. 날짜를 센다는 것(數日)은 초하루와 보름(朔望)과 육십갑자(六甲)[1]를 아는 것이다."

열 살이 되면 어머니 품을 떠나 바깥의 스승(外傅)에게 나가 사랑방에서 거처하며 글씨(書)와 셈(計)을 배운다. 비단으로 만든 옷을 입지 아니하며, 예의 기초를 익히고(禮師初), 아침저녁으로 어린이의 범절(幼儀)을 배우되 간단하고(簡) 진실한 것(諒)을 익힌다(肄).

진씨가 말하였다. "글씨는 육서(六書)[2]를 말하고, 셈은 구구셈을 말한다. 아이에게 비단으로 만든 옷을 입히지 않는 것은 지나치게 따뜻하기 때문이다. 예의 기초를 익힌다는 것은 동작을 모두 처음 가르치는 방법에 따라 익히게 하는 것이다. 이(肄)는 익힌다는 뜻이요, 간(簡)은 간략하게 요약한다는 뜻이며, 양(諒)이란 믿는다는 것이다."(간단하여 알기 쉽고, 진실하여 믿을 수 있는 일을 익힌다는 것입니다.)

열세 살이 되면 음악을 배우고, 시를 외며, 작(勺)춤을 춘다. 열다섯 살이 지나면(成童)[3] 상(象)춤을 추며 활쏘기와 말 모는 것을 배운다.

오씨가 말하였다. "작(勺)은 〈주송(周頌)·작(酌)〉이다. 작(酌)을 노래하면서 절도 있게 문무(文舞)를 춤추는 것이다. 상(象)은 〈주송(周頌)·무(武)〉의 시인데, 상을 노래하면서 절도 있게 무무(武舞 : 궁중에서 아악을 연주할 때 악생들이 무(武)를 상징하는 옷을 차려입고 추는 춤)를 춤추는 것이다."

스무 살이 되면 관례를 행하고 비로소 예를 배우며〔始學禮〕갖옷과 비단옷을 입고 대하(大夏)춤을 추며, 효도와 우애〔孝悌〕를 돈독히 실행해 나간다. 널리 배우되 남을 가르치지는 아니하며〔博學不教〕, 안으로 간직하되 밖으로 드러내지 않는다〔內而不出〕.

진씨가 말하였다. "비로소 예를 배움으로써 성인의 도를 이루는 것이니 마땅히 제사 때의 길례(吉禮), 상을 당했을 때의 흉례(凶禮), 군에 들어갔을 때의 군례(軍禮), 손님 대할 때의 빈례(賓禮), 관례·혼례의 경사스러운 예의 가례(嘉禮) 등의 오례(五禮)를 아울러 익혀야 하는 것이다. 대하(大夏)는 우임금의 음악으로서 문(文)과 무(武)를 겸비한 것이다. 남을 가르치지 않는다는 것은, 배운 것이 아직 정밀하지 못할까 두려워하여 스승이 될 수 없다는 것이다. 안으로 지니되 드러내 보이지 않는다는 것은 안으로 덕을 쌓아서 아름답게 되었으나 스스로 그 능력을 밖으로 드러내 보이지 않는다는 것을 말한 것이다."

정자가 말하였다. "옛 사람들은 자식을 낳아 밥 먹고 말할 줄 알 때부터 《소학》을 가르쳤는데, 미리 가르치는 것을 우선시하였다. 사람이 어려서 아는 것과 생각하는 것에 아직 주관이 없을 때, 곧 마땅히 격언(格言)과 지당한 의론〔至論〕을 날마다 그 앞에서 말해 주어야 한다. 비록 잘 깨닫지 못한다 하더라도, 또한 마땅히 배우고 익히게 함으로써 귀에 차고 마음에 가득 차게 하여, 오래 되면 스스로 편안히 익혀져서 마치 그것이 본래부터 있는 것같이 되므로 비록 다른 말로써 현혹시킨다 하더라도 빠져들게 할 수 없는 것이다. 만일 미리 가르치지 아니하고 조금 장성한 뒤 가르치려 하면 사사로운 생각과 치우친 기호〔偏好〕가 마음 속에서 생겨나고 뭇 사람들의 여러 말들이 밖에서 좀먹어 들어와 순수하고 완전하게 되기를 바라더라도 될 수 없는 것이다."

또 말하였다. "자제가 재주는 있으나 경솔하고 발랄한 것이 염려되는 사람은 다만 경학(經學)으로써 책을 외우게〔念書〕가르칠 뿐이요, 글을 짓게 해서는 안 된다."

서른이 되면 아내를 얻어 비로소 남자로서 할 일을 처리하며, 스승을 한정하지 않고〔無方〕널리 학문을 닦고 친구와 사귀되〔孫友〕그 뜻을 살핀다.

진씨가 말하였다. "남자의 일이라는 것은 토지를 받아 경작하고 군역과 부역〔政役〕에 나가는 것 등이다. 방(方)은 한정된 것이라는 말과 같다. '손우(孫友)'라는 것은 친구들과 겸손하게 사귄다는 뜻이다. 뜻을 살핀다는 것은 그 뜻이 숭상하는 곳을 살펴본다는 뜻이다."

마흔이 되면 비로소 벼슬을 하여 일〔物〕에 대해〔方〕꾀를 짜내고 사려를 발휘하며, 도에 합치하면 복종하고 옳지 아니하면 그만두고 떠난다.

주자가 말하였다. "방은 대한다는 뜻〔對〕이요, 물〔物〕은 일〔事〕과 같으니, 일에 따라 생각하고 헤아리는 것이다."

쉰 살이 되면 명(命)을 받아 대부(大夫)가 되어 나라의 정무〔宮政〕를 맡아〔服〕돌본다. 일흔이 되면 벼슬에서 물러난다〔致仕〕.

진씨가 말하였다. "복(服)이란 맡는다(任)는 뜻과 같다. 벼슬자리에 나아가 정무를 맡아 돌본다는 것은 나라의 대사(大事)에 참여한다는 것이다. 치사(致仕)라는 것은 맡은 일〔職事〕을 임금에게 되돌려 주는 것을 말한다."

이는 가르침을 세우는〔立教〕차례를 말한 것입니다.

무릇 삼대의 성스러운 임금〔三王〕은 세자를 가르치는 것을 반드시 예와 음악으로 하였다. 음악은 내면을 닦는[修內] 것이요, 예는 외면을 닦는[修外] 것이다. 예와 음악이 안에서 교차하면 밖으로 그 형체가 드러난다. 그러므로 그것이 이루어짐에 있어 즐거움이 나타나고, 공손하고 경건하며 온화하게 된다. 《예기》아래도 같음

진씨가 말하였다. "내면을 닦는다는 것은 마음 속에 쌓인 사특한 것을 쓸어 없앤다는 것이요, 외면을 닦는다는 것은 그 공손하고 엄숙한 범절[儀]을 닦아 이루는 것이다."

진씨(眞氏)가 말하였다. "음악은 안에서 밖으로 드러나는 것이고, 예는 밖에서 안으로 들어가는 것이다. 이 두 가지는 독한 술에 취한 듯이 젖어들어 서로 틈이 없이 가득 찬다. 그러므로 그것이 이루어짐에 있어 다만 그 기뻐하는 것만을 볼 수 있을 뿐이요, 공손하고 경건하며 온화한 모습만을 볼 수 있을 뿐이다."

진씨(陳氏)는 말하였다. "이미 공손하고 경건한 참된 덕이 있고, 또 온화하고 윤택하며 우아한 기상이 있게 되면 예악(禮樂)이 지닌 교육 효과가 크게 된 것이다."

태부(太傅)·소부(小傅)를 두어 세자를 양육하는 것[養]은 부자와 군신의 도리를 알도록 하기 위해서이다. 태부는 부자·군신의 도리를 살펴서[審] 그것으로써 그에게 보여 주고(示), 소부는 세자를 보살펴서[奉] 태부의 덕행을 관찰하고 자세히 깨우치도록[審喩] 한다. 태부는 앞에 있고 소부는 뒤에 있으며, 안으로 들어오면 보(保)가 있고 나가면 사(師)가 있다. 이와 같이 세자를 가르치고 깨우쳐 덕을 이루는 것이다. 사란 일로써 가르치고 덕을 깨우치는 사람이고, 보란 몸가짐을 삼가 조심함으로써 그를 도와 인도하여 도에 돌아가게 하는 사람이다.

진씨(眞氏)가 말하였다. "양육한다[養]는 것은 조용하게 그 길을 열어 이끌어 줌으로써 그 본래부터 가지고 있는 착한 성품을 길러 주어 그로 하여금

자연히 스스로 깨닫게 하는 것이다. 살펴 보여 준다는 것〔審示〕은 자신이 덕을 닦음으로써 그에게 보여 주는 것이고, 자세히 깨우친다는 것은〔審喩〕 그 뜻을 설명함으로써 깨닫게 하는 것이다. 태부는 자신의 행동으로써 가르치고, 소부는 말로써 가르치는 것이니, 대개 서로 밝혀 주는 것이다. 사(師)라는 것은 일로써 가르쳐서 덕을 깨우치게 한다. 세자(世子)에게 어버이를 섬기는 일을 가르치면 곧 효도하는 덕을 알게 되고, 웃어른을 섬기는 일로써 그를 가르치면 곧 공경하는 덕을 알게 되므로 천하에는 일을 도외시할 덕은 없다는 것을 말한 것이다. 보라는 것은 곧 세자의 몸을 안전하게 보호하여, 그를 돕고 그를 인도하여 도로 돌아가게 하는 것이다. 귀와 눈·입·몸이 사사로운 욕구 때문에 움직이지 않게 하는 것이 이른바 도이니, 천하에는 몸을 떠난 도는 없는 것이다. 세자 한 사람에 네 사람이 붙들어 주고 도와 주니 가르침이 어찌 통달하지 않겠으며 덕이 어찌 이루어지지 않겠는가?"

남의 자식 노릇을 할 줄 알아야 남의 부모 노릇도 할 수가 있다. 남의 신하 노릇을 할 줄 알아야 남의 임금 노릇도 할 수가 있다. 남을 섬길 줄 알아야만 남을 부릴 수가 있다. 이 때문에 세자를 양육하는 일을 신중하게 하지 않을 수 없는 것이다.

엄릉 방씨(嚴陵方氏)가 말하였다. "임금이나 아버지의 지위에 있으면 부리고 명령하는 권한을 가지게 되는 것이니, 어찌 신하와 자식으로서 남을 섬기는 도를 모를 수 있겠는가?"

한 가지 일〔一物〕을 행하고 세 가지 선을 모두 얻을 수 있는 것은, 오직 세자(世子)가 태학(太學)에 입학하는 것을 일컫는 것이다. 그러므로 세자가 태학에 입학하면 나라 사람들이 그것을 보고 말하기를, "장차 우리 임금이 될 터인데 우리가 나이가 많다 하여 우리에게 양보하는 것은 무엇 때문인가?"라고 물을 것이다. 답하기를, "부모가 살아 계시면 예법이 그러하다" 한다면 일반 백성들도 부자간의 도리를 알게 될 것이다. 둘째로, "장차 우리의 임금이 될 터인데 우리가 나이가 많다 하여 우리에게 양보하는 것은 무엇 때문인가?" 할 것이니, 이에 또 답하기를, "임금이 계시면 예법이 그러하다" 한다면 일반 백성에게도 군신간의 의리가 밝게 드러날 것이다. 셋째로, 사람들이 "장차 우리의 왕이 될 터인데 우리가 나이가 많다 하여 우리에게 양보하는 것은 무엇 때문인가?" 할 것이니, 답하기를, "어른을 어른으로 대접하는 것이다" 한다면 일반 백성들도 어른과 어린이의 범절을 알게 될 것이다. 그러므로 부모가 계시면 자식의 도리로서 하게 되는 것이고, 임금이 계시면 신하라고 일컫는 것이니, 자식과 신하의 범절을 지키는 것은 임금을 존경하고 부모를 사랑하는 도리이다. 부자·군신·장유 간의 도를 얻으면 나라가 잘 다스려지는 것이다. 옛말〔古語〕에, "악정(樂正)은 학업을 주로 맡았고〔司業〕, 부사(父師)는 그 덕의 성취를 맡았다〔司成〕. 한 사람〔一有〕이 선량해지면〔元良〕 온 나라가 그 때문에 바르게〔貞〕 된다" 하였으니, 한 사람이란 세자를 일컬어 말한 것이다.

　진씨(陳氏)가 말하였다. "일물(一物)이란 한 가지 일〔一事〕을 말한다. 고어(古語)는 옛말이다. 악정은 세자에게 시서(詩書)를 가르치는 일을 주관한다. 부사(太師^{태사})는 그 덕을 성취시키는 일을 주관한다. 일유(一有)는 서경에는 일인(一人)이라고 씌어 있는데, 세자를 가리켜 말한 것이다. 세자가 매우 선량하면 온나라〔萬邦〕가 모두 바르게 된다."

　진씨(眞氏)가 말하였다. "세자의 몸으로서 임금을 존경하고 부모를 사랑하며 어른을 공경하는 도리를 천하를 위해 솔선수범한다면, 사람들이 어찌 혼연히 모여들어서 보고 본받지 않겠는가? 진(秦)·한(漢) 이래로 예와 음악이 모두 폐지되고 또 사(師)·보(保)의 가르침과 치주(齒冑)*4의 예가 없어졌으니, 세자는 태어나면서부터 귀하고 교만스러운 습관에 익숙하게 된다. 이것이 바로 세상이 옛날과 같이 다스려지지 않는 까닭이다."

　〈보부(保傅)〉편*5에서 말하였다. "사람의 본성은 그렇게 서로 차이가 있는 것도 아닌데, 어찌하여 삼대의 임금은 도를 지녀 왕조가 오래 지속되었고, 진나라는 무도하여 갑자기 망했는지 그 까닭을 알 수가 있다. 옛날의 왕은 태자가 태어나면 예로써 행실을 기르고 선비로 하여금 돌보게 하고, 유사(有司)에게 맡겨 몸가짐을 엄숙히 하게 하고 예복을 갖추어 남교(南郊)*6에서 뵙게 하는 것이니, 이것은 태자를 하늘에 보이는 것이다. 대궐 앞을 지날 적에는 수레에서 내리고, 종묘 앞을 지날 적에는 종종걸음〔趨蹌〕으로 지나게 하는데 이것은 효자의 도리이다. 그러므로 자연히 어린아이(赤) 때부터 가르침이 이미 행해진 것이다."

두세 살〔孩提〕*7)이 되어 사리를 인식할 수 있게 되면 삼공(三公 : 태사(太師)·태부(太傅)·태보(太保))·삼소(三小 : 소사(少師)·소부(少傅)·소보(少保))가 진실로 효(孝)·인(仁)·예(禮)·의(義)를 밝힘으로써 인도하여 가르치고, 간사한 사람을 물리쳐 나쁜 행실을 보지 못하게 하였다. 그리고 세상의 바른 선비 가운데서 효도하고 우애 있으며, 견문이 넓고, 도덕과 학문이 있는 자를 뽑아 보살피게 하고 돕도록 하여 태자와 함께 거처하고 출입하게 했다. 그러므로 태자는 태어나면서부터 바른 일을 보고, 바른 말을 듣고, 바른 길을 갈 수 있었던 것이니, 전후좌우에 모두 바른 사람만 있기 때문이다. 대개 바른 사람과 더불어 거처하면서 습관을 익히면 바르지 않을 수 없다. 마치 제(齊)나라에 태어나서 자란다면 제나라 말을 할 수밖에 없는 것과 같은 것이요, 바르지 않은 사람과 함께 거처하면서 습관을 익히면 바르게 될 수가 없는 것이다. 마치 초(楚)나라에 태어나서 자라면 초나라 말을 할 수밖에 없는 것과 같다.

공자는 '어려서 형성된 것은 마치 천성(天性)과 같고, 습관은 마치 저절로 그리 된 것과 같다'라고 하였다. 태자가 조금 자랐을 때에 태학에 들어가 스승을 받들어 도를 묻고, 물러나와 익혀서 태부에게 검사를 받는다. 태부는 태자의 법도에 어긋난 일〔不則〕을 벌하고, 그 미치지 못한 것을 바로잡으면, 태자는 덕과 지(智)가 자라나서 이치와 도리를 깨닫게 되는 것이다.

태자가 이미 관례(冠禮)를 행하고 성인이 되어 보부(保傅)의 엄격한 가르침에서 벗어난다면, 곧 허물을 기록하는 사관〔史〕이 있고, 천재지변에 반찬 가짓수를 줄이는 일〔徹膳〕을 맡아보는 관리〔宰〕가 있으며, 선을 본받도록 올리는〔進善〕 깃대〔旌〕가 있고, 잘못을 비판하는〔誹謗〕 나무가 있으며, 과감하게 잘못을 고하는 북〔鼓〕이 있다. 장님〔瞽史〕은 시를 외고, 악공(樂工)은 충고하는 잠언〔箴諫〕을 외며, 대부는 계책을 올리고, 사(士)*8는 백성의 말을 전한다. 이리하여 태자는 습관이 지혜와 함께 자라게 되므로, 충고가 뼈저린 것〔切〕이어도 부끄럽지 않은 것이요(간하는 것이 비록 뼈저린 것이라 하더라도 그것을 잘 받아들일 수가 있어서 부끄러움이나 한스러움이 없는 것입니다), 교화가 마음과 함께 이루어지기 때문에 마치 타고난 성품처럼 도리에 맞게 되는 것이다(도에 합치되는 바가 마치 성품이 스스로 그러한 것과 같은 것입니다). 삼대가 오래 지속될〔長久〕 수 있었던 까닭은 태자를 도와 이끄는 데 이와 같이 체계가 잘 갖추어져 있었기 때문이다.

그러나 진(秦)나라에 이르자 그렇지 못하여, 사양을 귀하게 여기던 풍속은 실로 없어지고 고자질하여 들추어 내는 것〔告訐〕을 숭상하며, 예의를 귀하게 여기던 풍속은 없어지고 형벌을 최상으로 여기게 되었다. 조고(趙高)를 호해(胡亥)*9의 사부(師傅)로 삼아 옥사(獄事)를 가르치니, 호해가 배운 것이라고는 사람의 목을 베거나〔斬〕 코를 베는 형벌〔劓〕이 아니면 삼족(三族)을 멸하는 것〔夷〕이었다. 그 때문에 호해는 제위(帝位)에 오르자 그 다음 날부터 사람을 활로 쏘아 죽이고, 충성으로 간하는 자를 가리켜 비방한다 하고, 깊이 계책을 세우는 말을 가리켜 요망한 말〔妖言〕이라 하였으며, 사람 죽이는 것을 마치 풀을 베는 것〔艾〕같이 여겼으니, 이것이 어찌 호해가 성품이 악하기 때문이라고만 할 수 있겠는가? 그것은 그를 이끈〔道〕 사람이 이치에 맞지 않았기 때문이다.

속담에 이르기를, "'앞에 가는 수레가 뒤집히면 뒤따르는 수레가 조심해야 한다' 하였는데, 진나라가 빨리 망하게 된 까닭은 지나간 바퀴자국처럼 분명하게 볼 수가 있다. 그런데도 이것을 피하지 않는다면 뒤따르는 수레가 또 뒤집혀지게 될 것이다. 천하의 운명은 태자에게 달려 있으며, 태자가 선하게 되는 것은 일찍부터 깨우치고 가르치거나 좌우에서 보좌하는 이를 잘 선택하는 데 달려 있는 것이다. 대개 가르침이 제대로 실행되고 좌우가 바르면 태자가 바르게 될 것이며, 태자가 바르게 되면 천하가 안정되는 것이다."(신씨(愼氏)가 말하였다. "〈보부〉편은 한나라의 가의(賈誼)가 지은 것이나, 대체로 옛 사람들이 남겨 놓은 말이다.")

주자가 말하였다. "근세에 이르러 제왕이 자식을 가르치는 법이 소홀하고 간략해져서, 대개 그 가르치는 내용은 기억하여 외거나 글 쓰고 편지 쓰는 공부에 지나지 않을 뿐이요, 일찍이 인(仁)·효(孝)·예(禮)·의(義)의 학습으로 열어준 적이 없다. 용모와 말씨, 의복과 일용의 기물(器物)들이 극도로 사치스러워도 이를 절제한 일이 없었다. 좌우에 보필하는 신하들은 그 인

원만 갖추었을 뿐 보(保)와 부(傅)의 엄격한 가르침이 없고, 경전을 강독하여 예는 갖추었으나 경계하여 바로잡는[箴規] 도움은 없었다. 그리고 아침저녁으로 드나들고 함께 거처하며 허물 없이 가까이 지내는 사람들이라고는 환관이나 가까이 모시는 신하[近習], 청소하고[掃除], 심부름하는[趨走] 사람에 지나지 않았다.

대개 제왕의 대를 물려줌에 있어서 마땅히 전해 주어야 될 근본으로, 위로는 종묘 사직의 막중함이 있고, 아래로는 천하 백성들의 생명이 있으며, 앞에는 조상[祖宗]이 창업하여 물려준 나라를 짊어지고, 뒤로는 자손이 오래도록 번영하게 해야 할 계책을 수립해야 할 책임이 있는 데도, 자식을 보좌하고 가르쳐야 할 교통 수단이 이와 같이 소홀하고 간략하니, 이는 마치 집안에 명월주(明月珠)와 야광벽(夜光璧)과 같은 가보가 있는데도 그것을 도적 떼가 우굴거리는 네 거리 옆에 두는 것과 같은 것이니 어찌 위태롭지 않겠는가?"

이는 세자를 가르치는 도리를 말한 것입니다.

신(臣)이 살피건대, 삼대에 세자를 교육시키던 방법이 《예기》와 〈보부〉편에 다 갖추어져 있었으나 근세에 이르러 그 전통을 잃어버렸습니다. 그러나 주자 역시 그것을 상세히 말하였습니다. 대체로 사람은 공경하는 바가 있으면 멋대로 하지 아니하고, 두려워하는 바가 있으면 함부로 행동하지 않습니다. 그런 뒤에야 마음을 단련하여 성정을 누르고 학문에 나아가 덕을 닦을 수가 있는 것입니다. 후세의 교육이 실로 매우 소홀하고 간략해져서 6·7세가 지나면 좌우에 부리는 신하들을 두어, 이미 임금이 되는 것만을 익혀서 공경하고 두려워하는 바가 없습니다. 나아가 강론[進講]하는 벼슬아치가 지나치게 높이고 받들어서 사도(師道)가 없어지고 끊어지니, 때로 접견하더라도 간하는[規諫] 말을 듣기 힘듭니다.

이 때문에 환관과 궁녀(宮妾)들이 날마다 가까이에서 친근하게 지내면서[親昵] 편안하게 즐기는 것으로써 인도하여 사치스러운 생활에만 습관이 되어, 늘 해오던 일과 오랜 관습[故事舊習]이 하나도 올바른 것이 없습니다. 이와 같이 하고서도 세자의 학문이 이루어지고 덕이 확립되어 영원히 신하와 백성들이 우러러 신뢰할 수 있는〔仰賴〕사람이 되기를 어찌 바라겠습니까? 반드시 도와 덕을 갖춘 선비를 선발하여 사부로 삼아서 세자로 하여금 공경을 극진히 하게 함으로써 스승의 도를 엄정하게 하여, 보고 느끼는 것에서 본받게 하며, 보좌하는 관리〔寮屬〕들도 모두 단정하고 방정하며 도에 뜻을 둔 선비들을 선발하여, 밤낮으로 함께 거처하게 하면서 좌우에서 끼고 돕게 하고 영향을 끼침〔薰習〕으로써 성품을 이루게 해야 합니다. 허물이 있으면 기록하고, 게으르면 경계하여 세자로 하여금 항상 근신토록 하여 스스로 안일한 여가를 없게 하여야만 학문이 날마다 진보하고 덕이 날마다 높아질 수 있을 것입니다. 비록 그러하나 임금은 또한 세자의 본보기가 되는 것입니다. 임금으로서 스스로 공경하고 두려워하는 바가 없거나, 위에서 방탕하고 방자스러울 것 같으면 세자는 실로 본보기로 취할 만한 것이 없게 됩니다. 그러면 저 현명한 사부와 요속들이 어질지라도 역시 조정에 있기가 불안해져서 돌아다보지도 않고 떠나가 버릴 것이니, 비록 도로써 가르치고 기르려〔敎養〕해도 어찌할 수 있겠습니까?

《시경》에 이르기를,*10 "후손에게 꾀〔智謨〕를 남겨 주어서 (조상을) 공경하는 아들을 편안하게 한다" 하였고, 《서경》에 이르기를,*11 "우리 후손을 도와서 인도하되, 모두 올바름으로써 하고 결함이 없다" 하였습니다. 전하께서는 이 점을 깊이 생각하십시오.

〈주〉

*1 육십갑자(六十甲子)의 준말. 천간(天干)의 갑(甲)·을(乙)·병(丙)·정(丁)·무(戊)·기(己)·경(庚)·신(辛)·임(壬)·계(癸)와 자(子)·축(丑)·인(寅)·묘(卯)·진(辰)·사(巳)·오(午)·미(未)·신(申)·유(酉)·술(戌)·해(亥)의 십이지(十二支)를 차례로 맞춘 것.

*2 한자의 여섯 가지 서체(書體), 곧 대전(大篆)·소전(小篆)·예서(隸書)·팔분(八分)·초서(草書)·행서(行書)를 말함.

*3 15세 이상의 소년, 혹은 8세 이상의 소년을 가리킨다.

*4 태자(太子)가 태학에 입학하는 데 연령순으로 차례를 정하는 일.

*5 《신서(新書)》〈보부〉

*6 주대(周代)의 예법에는 오직 천자만이 하늘과 땅에 제사지낼 수 있는데, 동지엔 남교(南郊)에서 하늘에 제사를 지내고, 하지엔 북교(北郊)에서 땅에 제사지냈다.

*7 두세 살 된 어린아이를 가리킨다.
*8 하급 관원. 주나라 관제(官制)에는 상사(上士), 중사(中士), 하사(下士)가 있었다.
*9 진시황의 아들.
*10 《시경》〈대아(大雅)·문왕유성(文王有聲)〉
*11 《시경》〈주서(周書)·군아(君牙)〉

친족과 친함에 대하여〔親親〕

신이 살피건대, 부모에 대한 효도와 자식에 대한 자애를 미루어 나가는 데는 친족을 친하게 대하는 것보다 앞서는 것이 없습니다. 그러므로 친친(親親 : 친족을 친하게 대함)을 다음에 두었습니다.

《시경》에서 말하였다. "아가위나무〔常棣〕꽃이여, 어찌 활짝〔韡〕피어 빛나지〔鄂〕않는가〔不〕? 지금 모든 사람들이 내 형제만한 이가 없더라."

《시경》〈소아(小雅)·상체(常棣)〉 아래도 같음

주자(朱子)가 말하였다. "악(鄂)은 활짝 피어〔鄂然〕밖으로 드러난〔外見〕모습이다. 불(不)은 '어찌…… 하지 않은가?'라는 뜻이다. 위위(韡韡)는 밝게 빛나는 모습이다. 이 시는 형제 간에 잔치하는 즐거움을 노래하는 것이다."

언덕에 할미새〔脊令〕가 파득거리네. 형제가 위급한 일을 당하고 있구나. 비록 좋은 친구가 있으나 길이 탄식만 하는구나.

주자가 말하였다. "할미새는 물가에 사는 새이다. 날 때에는 지저귀고 걸을 때에는 곧 몸을 파득거리며 흔드니, 마치 위급함을 알리는 것 같다. 그래서 할미새로 흥(興)을 일으켰다."

동래 여씨(東萊呂氏)가 말하였다. "가까이해야 될 사람에게 소홀히 대하고, 소홀히 대할 사람에게 가까이하니, 이것은 그 본심을 잃은 것이다. 그러므로 이 시에서는 친구〔朋友〕가 형제만 못하다는 것을 말한 것인데, 친하게 대해야 할 사람과 소홀히 대해도 될 사람의 분별을 보여 주어서 그로 하여금 그 근본에 따르도록 한 것이다. 본심이 이미 얻어지면 친한 사람부터 소홀한 사람까지 질서 있게 차례가 잡혀질 것이고, 형제 간의 우애가 돈독해지면 친구 사이의 의리도 돈독해질 것이니, 애초에 친구에게 대해서 박절하게 대하라는 것은 아니다. 진실로 무문별하게 베풀어서 차례가 없다면〔不孫, 손(孫)은 차례입니다〕 비록 친구에게 후하게 대한다 할지라도 이는 마치 근원이 없는 물이 아침에 가득 찼다가도 저녁에 말라 버리는 것과 같은 것이니 어찌 보존할 수가 있겠는가?"

아내와 자식들이 서로 사랑하고 화합해 마치 금(琴 : 거문고)과 슬(瑟 : 비파)을 타는 듯 어울리더라도 형제가 화합해야 즐거움이 오래 가리로다.

주자가 말하였다. "흡(翕)은 화합하는〔合〕 것이요, 담(湛)은 즐거움이 오래 지속된다는 뜻이다."

첩산 사씨(疊山謝氏)가 말하였다. "형제가 화목하지 않으면 가정의 분위기가 어그러지지 아니함이 없으니, 비록 처자의 화목한 즐거움이 있다 하더라도 역시 그 즐거움이 편안하지 못할 것이다. 오로지 형제가 화목하고 즐거워야만 온 집안의 정이 서로 화목하지 않음이 없어서, 처자의 즐거움도 역시 오래 갈 수 있다. 대개 천륜으로 결합 관계〔天合〕[1]가 조금이라도 어그러지고 반목하면〔乖睽〕 인륜으로 결합한 관계〔人合〕[2]도 따라서 편안할〔康寧〕 수 없게 된다."

요임금은 큰 덕〔俊德〕을 잘 밝혀〔明〕 그것으로써 구족(九族)과 친하게 지냈고, 구족이 화목하게〔睦〕 되자 백성을 공평하고 밝게〔平章〕 다스렸다. 그리하여 백성이 모두 스스로 그 덕을 밝힐 수 있게 되었다〔昭明〕.

《서경》〈우서 요전〉

채씨(蔡氏)가 말하였다. "명(明)은 밝힌다〔明之〕는 뜻이요, 준(俊)은 크다는 뜻이다. 구족(九族)이란 고조(高祖)로부터 현손(玄孫)에 이르는 친족으로, 가까운 친척은 물론 먼 친척까지 포함시키는 것인데, 오복친(五服親 : 복제에 따라 상복을 입는 가까운 친척)과 이성친(異姓親 : 어머니 쪽의 일가)까지도 포함한다. 목(睦)은 친하면서 화목한 것이요, 평(平)은 고르다는 뜻이며, 장(章)은 밝다는 뜻이다. 소명(昭明)은 모두 스스로 그 덕을 밝힌다는 뜻이다."

왕씨(王氏)가 말하였다. "친(親)이란 친근하게 하는 것이요, 목(睦)이란 서로 친함을 나누는 것이다."

공족(公族, 왕족)에게 죄가 있으면, 세 번 그 죄를 용서〔三宥〕해 준 다음에 형벌을 가한다. 《예기》

《예기》에서 말하였다.*³ "공족에게 죽을 죄가 있으면 전인(甸人)에게 넘겨 목을 매어〔罄〕 죽인다. (경(罄)은 목을 매달아 죽이는 것이다. 전인은 교외의 토지를 관장하는 벼슬아치이니, 저자거리에서 집행하지 않고 이들에게 넘기는 것은 공족의 형을 숨기기 위함이다) 그 죄를 벌하는 것도 역시 전인이 기소 이유를 낭독(告, 고(告)는 국문한다는 '국(鞫)'으로 읽는다)하도록 되어 있다. 공족에게는 궁형(宮刑 : 중국에서 행하던 오형(五刑) 가운데 하나)을 내리지 않는다. 옥사(獄事)가 이루어지면 유사(有司)가 '아무개의 죄는 사형에 해당합니다' 하면, 공이 '그 죄를 용서하라〔宥之〕'라고 한다. 유사가 또 '사형에 해당합니다' 하면 공이 '그 죄를 용서하라'라고 한다. 유사가 또 '사형에 해당합니다' 하여 세 번째 '용서하라'는 말이 나오면 그때는 대답하지 않고 달려 나가 전인에게 사형에 처하도록 한다. 공이 또 사람을 시켜 그를 뒤쫓아 가게 하여 '비록 그렇더라도 반드시 그 죄를 용서해 주라'고 한다. 유사가 '이미 늦었다' 하면 돌아가 공에게 그 처형한 일을 보고한다. 그러면 공은 소복을 입고 성찬(盛饌)을 들지 않고(不擧, 희생물을 잡아 성찬을 먹는 것을 거(擧)라 한다) 친히 통곡한다〔親哭〕" 하였다.

장락 진씨(長樂陳氏)가 말하였다. "사심(私心)을 둘 수 없다고 하여 법을 다 적용할 수 없으며, 의로움을 지키기 위해서 은혜를 가릴 수도 없는 까닭에 세 번 용서하라고 하고, 또 그를 뒤쫓아 갔으되 이미 어찌 할 수 없는 상황에 이른 뒤에야 소복을 입고, 성찬을 들지 아니하며 그를 위해 변례(變

例 : 澗(임시로 바꾼 법례))를 행한다."

  신이 살피건대, 친족을 친애하는 것은 집안(有家)을 다스리는 데에 있어 급한 일이기는 하지만, 친족을 친애하는 데도 한 가지 방법만 있는 것은 아닙니다. 종족 가운데에는 어진 사람도 있고 어리석은 사람도 있어 같을 수가 없으니, 돈독하고 화목한 은혜는 마땅히 공평해야 하지만, 취하고 버리는 의리는 마땅히 구별되어야 합니다. 후하게 기르고 부지런히 가르쳐서 그 재덕(才德)이 현저하게 드러난 자는 가려서 친히 등용하고, 재덕이 없어 등용할 수 없는 자는 녹(祿)이라도 먹게 한다면, 종족도 보전할 수 있고 나라를 다스리는 일도 문제가 없을 것입니다. 후세에는 그 중도(中道)를 지키지 못하여 만약 편벽되게 믿어 그 책임을 맡기면, 곧 왕명을 제멋대로 좌우하여도 그것을 제재하지 못하는 지경에 이르고, 또 만일 폐단을 바로잡으려 한다고 하여 억제하는 데 지나치게 되면 비록 현명하고 유능한 자가 충성을 바친다고 할지라도 그를 등용할 수 없습니다. 이것은 모두가 다 선왕이 친애하던 의리가 아닙니다. 직책을 주는 데에도 절도가 있고, 접견하는 것에도 때가 있으며, 따뜻하게 사랑하는 것으로 열어 주고, 그 배운 것을 시험하여 보아 그로 하여금 각각 자기가 쌓아 온 것을 전개하게 하여, 유능한 자는 권장하고 유능하지 못한 자는 경계한다면 정(情)과 예(禮)가 함께 행해지고 떨쳐 일어나 선을 행하게 될 것입니다. 후세에 이 중도를 지키지 못하여 만약 사사로움에 치우쳐서 지나치게 후하게 되면, 그 사람의 요구가 있을 때는 무엇이든 들어 주게 되고, 죄가 있더라도 다스리지 아니하여 정사에 해를 끼치게 되며, 또 만일 데면데면하게 대하여 친절하지 아니하면 마치 길 가는 사람을 보듯 소홀하게 될 것이니, 이것은 모두 다 선왕이 친족을 친애하던 은혜가 아닌 것입니다. 반드시 사사로운 은혜로써 공적인 의리를 해치지 말 것이며, 공적인 의리로써 사사로운 은혜를 끊어서도 안 됩니다. 은혜와 의리의 두 가지를 다한 후에야 친족을 친애하는 도를 얻게 됩니다. 엎드려 바라건대 전하께서는 이 점에 유의하십시오.

〈주〉
*1 부자, 형제와 같은 천륜(天倫)에 의한 결합.

*2 부부와 같은 인륜(人倫)에 의한 결합.
*3 《예기》〈문왕세자〉

근엄한 몸가짐에 대하여〔謹嚴〕

신이 살피건대, 윤리를 바로잡는 일과 은혜와 의리를 두텁게 하는 데 대한 설명은 위의 네 장에서 그 대강이 진술되었습니다. 그런데 이 두 가지는 근엄(謹嚴 : 삼가고 엄격함)을 위주로 하기 때문에 그 다음에 근엄장을 두었습니다.

예는 부부가 서로 삼가는 데서 시작되는 것이니, 집을 짓는 데 있어서 안과 밖을 분별하여 남자는 바깥채에서 거처하고 여자는 안채에서 거처한다. 내실〔深宮〕은 깊숙이 두어 문을 굳게 닫고 문지기〔閽侍〕가 지킨다. 남자는 안채로 들어가지 아니하고 여자는 바깥으로 나오지 아니한다.

《예기》 아래도 같음

진씨(陣氏)가 말하였다. "부부는 인륜의 시초가 되기 때문에 삼가지 아니하면 모든 인륜의 질서가 어지러워진다. 그러므로 예는 부부가 서로 삼가는 데서 시작된다고 하는 것이다."

남자는 안의 일에 관하여 말하지 아니하고, 여자는 바깥일에 관하여 말하지 아니한다. 제사지낼 때와 상(喪)을 당한 경우가 아니면 서로 그릇을 주고받지 아니한다. 서로 주고받아야 할 경우라면 여자는 대광주리〔篚〕로 받는다. 대광주리가 없을 때는 모두 꿇어 앉아서〔皆坐〕 그릇을 바닥에 놓은〔奠〕 다음에 가져간다.

진씨가 말하였다. "제사지내는 것은 엄숙한 일이요, 상을 당한 경우는 급한 때이므로 그릇을 주고받더라도 다른 혐의가 없다. 이 두 가지의 경우가 아니라면 여자는 반드시 대광주리를 들고, 그릇을 주는 사람이 광주리 안에 놓도록 해야 한다. 모두 앉는다〔皆坐〕고 한 것은 남자와 여자가 모두 꿇어앉는 것이다. 건네 주는 사람이 그릇을 바닥에 놓으면, 받는 사람 역시 꿇어앉아 그릇 놓인 곳으로 나아가 집어든다."

남자와 여자는 우물을 같이 사용하지 아니하고, 목욕간(湢浴)을 같이 사용하지 아니한다. 잠자리(寢席)를 같이 쓰지 아니하고, 옷을 서로 바꿔 입지 아니한다. 안의 말이 바깥으로 나가지 아니하고, 바깥 말이 안으로 들어오지 아니한다. 남자는 안에 들어갈 때 휘파람을 불거나 손가락질을 하지 아니한다. 밤에 길을 갈 때에는 촛불을 들고 가되, 촛불이 없으면 가지 않는다. 여자가 문 밖에 나갈 적에는 반드시 그 얼굴을 싸서 가리고, 밤에 길을 갈 적에는 촛불을 들고 가되 촛불이 없으면 가지 않는다. 길에서 남자는 오른쪽으로 다니고 여자는 왼쪽으로 다닌다.

진씨가 말하였다. "벽(湢)은 욕실(浴室)이다."

《주역》에서 말하였다. "집안을 법도에서 벗어나지 않게 막는다면(閑) 후회할 일이 없다."　　　　　　　　　　　　　　　〈가인괘, 초·9 효사〉

정자가 말하였다. "한(閑)은 하지 못하게 방지하고 막는 법도(防閑)를 가리키는 말이다. 집안을 다스리는 자가 진실로 법도로써 도리에 어긋난 것을 막지 못한다면 사람의 정은 방탕한 데로 흘러 반드시 후회하는 데까지 이르게 된다. 어른과 어린이 사이의 차례를 잃어버리고, 남녀의 분별이 어지러워져 은혜와 의리를 상하게 하고, 윤리를 해쳐 이르지 않는 곳이 없게 된다. 진실로 법도로써 도리에 어긋난 것을 막아 낼 수 있다면 이러한 것이 없을 것이다. 그러므로 후회할 일이 없다."

부녀와 아이들이 지나치게 히히덕거리고(嘻嘻) 웃는다면(嘻) 마침내 한을 남긴다.　　　　　　　　　　　　　　　　　　　　〈가인괘, 9·3 효사〉

정자가 말하였다. "희(嘻)는 웃고 즐기는 것이 절도가 없는 것이다. 사람이 한집안에서 살면서 피와 살을 나눈(骨肉) 부모와 자식 간에는 대개 정 때문에 예를 지키지 못하고 은혜 때문에 의리를 저버린다. 오직 굳게 뜻이 확립된 사람이라야 사사로운 사랑 때문에 그 올바른 이치를 잃지 않을 수 있다. 그러므로 뜻이 굳건한〔剛〕 것을 좋게 여기는 것이다. 근엄한 것이 지나치면 비록 인정(人情)에는 해가 됨이 있다 하더라도 진실로 법도 확립되고 윤리를 바르게 하면 곧 은혜와 의리가 존립할 수 있는 것이다. 만약 희희덕거리고 절도가 없으면 법도가 그 때문에 폐지되고 윤리가 그로 말미암아 문란하게 될 것이니, 어찌 그 집안을 보존할 수가 있겠는가? 끝내는 집안이 무너지는 데까지 이르고 말 것이니 부끄럽고 안타까운 일이다."

이는 안팎의 분별이 근엄해야 한다는 것을 말한 것입니다.

사람은 자기가 좋아하는 대상에 대하여〔之〕 치우치고〔辟〕, 자기가 천하게 여기고 싫어하는 대상에 치우치며, 자기가 두려워하거나 공경하는 대상에 치우치며, 자기가 슬퍼하거나 가엾게 여기는 대상에 치우치며, 자기가 오만〔敖〕하거나 나태〔惰〕한 대상에 대하여 치우치게 된다. 그러므로 좋아하면서도 그 나쁜 점을 알고, 미워하면서도 그 좋은 점을 알 수 있는 사람은 세상에서 드물다. 《대학》 아래도 같음

주자가 말하였다. "지(之)는 '~에게'를 뜻하는 어(於)와 같다. 벽(辟)은 치우침을 뜻하는 편(偏)과 같다. 위의 다섯 가지 치우침은 사람이 본래부터 가지고 있는 당연한 법칙이다. 보통 사람의 감정은 오직 향하는 대로 따를 뿐이고 전체를 살필 수가 없으므로 반드시 어느 한쪽으로 치우쳐 자신의 몸을 닦을 수가 없는 것이다."

북계 진씨(北溪陳氏)가 말하였다. "오(敖)는 단지 예를 지키는 데에 등한하다는 것이며, 타(惰)는 예를 지키는 데 게으르다는 것이다. 어떤 사람이 있는데 특별히 사랑할 만하지도 않고, 그렇게 공경할 만하지도 않고 다만 평범하기만 하다면, 그런 사람을 대할 때에는 사람들이 자연히 대수롭지 않게 여기고 건성으로 대하게 된다."

그러므로 속담〔諺〕에 "사람이란 자기 자식의 잘못은 알지 못하며, 자기 밭에 싹이 자란 것은 알지 못한다" 하였다.

주자가 말하였다. "언(諺)이란 속담〔俗語〕을 말한다. 사랑에 빠진 자는 (사리에) 밝지 못하고, 탐욕이 많은 자는 만족할 줄을 모른다. 이것이 곧 한쪽으로 치우친 것이 해가 되는 것이며, 집안이 다스려지지 못하는 까닭인 것이다."

공자가 말하였다. "오직 여자와 소인(小人)은 다루기가 어렵다. 가까이하면 공손하지〔遜〕 못하고, 멀리하면 원망한다." 《논어》

주자가 말하였다. "여기에서의 소인은 역시 부리는 종〔僕隸〕이나 하인을 말한 것이다. 군자가 신하와 첩에게 장중하게 대하고 자애로써 다룬다면 위와 같은 두 가지의 근심은 없을 것이다."

이는 사람을 가까이하거나 대할 때에 근엄해야 한다는 것을 말한 것입니다.

처(妻)가 없으면 첩(妾)이 남편을 모시더라도 그날 밤〔當夕〕 꼬박 모시지는 못한다. 《예기》

오씨가 말하였다. "옛날에는 처와 첩이 잠자리를 모시는 데 저마다 정해진 밤이 있었다. 당석(當夕)은 처가 모시는 날이다."

엄릉 방씨(嚴陵方氏)가 말하였다. "윗사람의 권한을 침해한다는〔上僭〕 혐의를 피하기 위해서이다."

《시경》에서 말하였다. "초록빛 옷이여, 초록빛 겉옷에 황색 속옷이로다. 내마음의 근심이여, 언제 그치려나(已)."

《시경》〈폐풍(邶風)·녹의(綠衣)〉

주자가 말하였다. "초록색〔綠〕은 푸른색〔蒼〕이 노란색〔黃〕보다 더 많이 섞인 중간색〔間色〕이다. 황색은 오행 가운데 중앙의 토(土)의 순수한 색〔正色〕이다. 중간색은 천한 색인데도 겉옷을 만들고, 정색은 귀한 색인데도 속옷을 만들었다는 것은 모두 제자리를 잃었다는 것을 말한다. 이(已)는 그친다〔止〕는 뜻이다. 장공(莊公)이 총애하던 첩에게 현혹되니 부인 장강(莊姜)은 현숙하였는데도 그 지위를 상실하였다. 그러므로 이 시를 지어 말하기를, '초록빛 겉옷에 황색 속옷을 입었다'고 하여 천한 첩이 높여져서 드러나게 된 반면에 정실 부인이 유폐되고 미미해진 것을 비유한〔比〕 것이다. 그래서 나로 하여금 근심스러운 마음을 스스로 그칠 수 없다는 것을 말한 것이다."

신유(辛有)*¹가 말하였다. "첩을 왕후와 동등하게 모시거나〔並后〕, 서자와 적자를 같이 대하거나〔匹嫡〕, 정사를 둘로 나누어 하거나〔兩政〕, 수도와 같은 대도시를 허용하는 것〔耦國〕은 혼란의 근본이다." 《춘추좌씨전》

진씨(眞氏)가 말하였다. "하늘에는 두 해가 있을 수 없고, 땅에는 두 임금이 있을 수 없으며, 높은 자리에는 두 어른이 있을 수 없다. 그러므로 첩은 왕후와 나란히 할 수가 없으며(병후(並后)란 첩이 왕후처럼 된 것을 말한다), 서자는 적자와 비중이 같을 수 없으며(필적(匹嫡)이란 서자가 적자와 같은 신분으로 되는 것을 말한다), 신하는 분수를 넘어 임금을 흉내내어 그 권위를 침탈할 수 없다. (양정(兩政)이란 신하가 임금의 명(命)을 제멋대로 주무르는 것을 말하며, 우국(耦國)이란 대부의 읍이 마치 나라의 수도와 같이 된 것을 말한다) 이것은 하늘과 땅의 불변하는 도리이며 고금의 대의인 것이다. 신유(주나라의 대부)*²는 이 네 가지를 아울러 말했는데, 병후(並后)를 맨 앞에 말하였으므로 여기에서 서술하였다."

한(漢)나라 문제(文帝)*³가 총애하던 신부인(愼夫人)은 궁궐 안에서 언제나 황후와 자리를 같이 해서 앉았다. 한번은 행차가 상림(上林)에 이르러 자리를 깔았을 때 원앙(袁盎)이 신부인의 자리〔坐〕를 끌어당겨 물리쳤다(좌(坐)는 석(席)과 같다). 이에 신부인이 노하고 황제도 노하니, 원앙이 앞에 나와 말하기를, "신이 듣건대, 높고 낮은 것이 차례가 있어야 위아래가 화목해진다고 합니다. 지금 이미 황후가 세워졌으므로 부인은 바로 첩입니다. 첩과 정실이 어찌 더불어 자리를 같이할 수 있겠습니까? 또한 폐하께서만 홀로 '척부인(戚夫人) 사건〔人彘〕*4을 보지 못했단 말입니까?" 하였다. 황제가 기뻐하며 부인을 이해시키고 원앙에게 황금 50근을 하사했다. (진씨(眞氏)가 말하였다. "문제가 원앙을 용서해 주었을 뿐만 아니라 또한 상을 주기까지 하였으니, 원앙의 곧음도 진실로 가상히 여길 만하겠지만 문제도 역시 현명한 임금이었다고 할 수 있다.")

이는 정실(正室)과 첩을 분별하는 데 근엄해야 함을 말한 것입니다.

환공(桓公) 6년 9월 정묘일(丁卯日)에 아들 동(同)이 태어났다.
《춘추》〈경문(經文)〉 아래도 같음

호씨(胡氏)가 말하였다. "경문(經文)에 동이 태어난 것을 기록한 것은 나라의 근본을 바로잡기 위한 것이요, 후세에 세자가 적자의 지위와 권한에 필적함으로써〔配嫡〕 정실 소생의 자리를 빼앗는〔奪正〕 일을 막기 위한 것이니, 후세에 전하는 교훈〔垂訓〕의 뜻이 큰 것이다. 이것은 세자에 대하여 말한 것인데, 세자라는 말을 쓰지 않은 것은 무슨 까닭인가? 천하에 나면서부터 귀한 사람은 없는 것이니, 천자에게 맹세한 후라야 세자가 되기 때문이다."

진씨는 말하였다. "가의(賈誼)의 글에서 이르기를, '형세〔勢〕가 분명하면 백성이 안정되고 권력이 한 길로 나오게 된다. 그러므로 사람들이 재상이 되기 위하여 다투기는 할지라도 세자가 되기 위하여 농간을 부리지는 않을 것이다. 이는 재상의 지위가 높고 세자의 지위가 낮아서가 아니라, 지모(智謨)로써 구할 수 없는 것이요, 힘으로써도 다툴 수 없기 때문이다' 하였다. (이는 가의의 말이다) 옛날에는 세자가 태어나면 곧 공표하여 그것을 널리 공표하여 백성들로 하여금 모두 다 알 수 있게 하였으니, 이것은 중망(衆望)을 묶어 놓기 위한 것이다. 이것은 나라의 근본이 정해지는 일이 바로 세자를 세우는〔建儲〕 날에 있는 것이 아니라, 그가 처음 태어날 때 정해지기 때문이니, 이것이 《춘추》에서는 아들 동이 태어났을 때 조심스럽게 기록한 이유인 것이다."

희공(僖公) 5년 여름에 공이 제나라 후작(齊侯), 송나라 공작(宋公), 진나라 후작(陳侯), 위나라 후작(衛侯), 정나라 백작(鄭伯), 허나라 남작(許男), 조나라 백작(曹伯)과 수지(首止)에서 왕세자와 만났다. 8월 가을에 제후가 맹약을 하였다.

임씨(林氏)가 말하였다. "혜왕(惠王)이 태자 정(鄭)을 폐위시키고 왕자 대(帶)를 세우려 하였다. 그 때문에 제나라 환공이 왕세자와 회합을 가져 그것으로 세자의 자리를 확정지은 것이다. 그것은 주(周)나라 왕실의 안정을 꾀하기 위한 방법이었다."

호씨가 말하였다. "왕이 장차 사랑하는 자식으로 세자의 자리를 바꾸려 하니, 환공이 그것을 걱정하여 큰 나라를 끌어당기고 작은 나라를 부축하여 수지에서 회합을 가져 세자의 지위를 안정시켰다. 태자가 왕위를 이어 임금의 자리에 오르게 되었으니, 이 사람이 곧 양왕(襄王)이다. 한 번의 거사로 부자와 군신의 도를 모두 다 이루었다. 그러므로 공자가 그것을 칭찬하여 말하기를, '관중이 환공을 도와서 천하를 한 번 사로잡았으니 백성들은 지금까지도 그 혜택을 입고 있다. 만일 관중이 아니었더라면 나는 머리를 풀고 옷섶을 왼쪽으로 여미고 살 뻔하였다' 하였다. 중국이 중국인 까닭은 바로 부자와 군신의 큰 윤리가 있기 때문이요, 그것을 상실하면 오랑캐가 되고 말 것이다. 그러므로 수지의 맹약은 매우 위대한 일이라고 찬미한 것이다."

한나라 문제 원년 정월에 유사가 진언하기를, "일찍 태자를 세우는 것은 종묘를 존중하는 일이므로 태자를 세울 것을 청합니다" 하니, 황제가 이르기를, "내가 이미 덕이 없어서 상제(上帝: 하느)의 신명이 아직 제사를 받아들이지 아니하고 천하의 백성들이 아직 만족스럽게 여기지 않고 있다. 가령 지금 천하에서 현성(賢聖)하고 유덕한 사람을 널리 구해서 그에게 왕위를 물려 주도록 하지는 못할망정 태자를 미리 세우라고 말하는 것은 나의 부덕을 더 가중시키는 것이니 내가 온 세상에 무어라고 하겠는가. 천천히(安) 처리하라."(안(安)은 천천히 하라는 뜻입니다) 유사가 이르기를, "태자를 미리 세우는 일은 종묘 사직을 중히 여기고 온 세상을 잊지 않는 까닭입니다. 후사를 세우는 것을 반드시 아들로써 한 것은 그 유래가 오래입니다. 아들 계(啓)(경제(景帝)의 이름입니다)는 나이도 가장 위이고, 순후하고 인자하니 청컨대 그를 태자로 삼으십시오" 하니, 이에 황제가 허락하였다.

제나라 경공(景公)의 적자(嫡子)는 죽고, 애첩인 예희(芮姬)가 아들 도(荼)를 낳았다. 도는 어린 데다 그 어미는 천박하고 행실이 바르지 않았다. 여러 대부들은 도가 후계자가 될까 두려워하여 진언하기를, "바라건대 여러 아들 가운데에서 나이가 위이고 어진 자를 택하여 태자로 삼으소서" 하였다. 경공은 늙었으나 후사를 세우는 일에 대해 말하는 것을 싫어하였고, 또 도의 어미를 사랑하여 도를 태자로 세우고 싶었으나 그 일을 입 밖에 내기를 꺼려 했다. 이에 여러 대부들에게 이르기를, "잘 될 것이다. 어찌 나라에 군주가 없을까 근심하겠는가?" 하였다. 경공이 병으로 눕게 되자 국혜자(國惠子), 고소자(高昭子)에게 명하여 어린 아들 도를 세워 태자로 삼고 다른 여러 공자들을 물리치게 하였다. 경공이 죽자 태자 도가 즉위하였으니 이 사람이 곧 안유자(晏孺子)이다. 여러 공자들은 죽임을 당할까 두려워하여 모두 망명하였다. 전걸(田乞 : 제나라 대부)이 고소자를 쳐서 그를 죽이고, 사람을 노나라에 보내어 공자 양생(陽生 : 경공의 아들)을 부르게 하고, 여러 대부들에게 양생을 세우기로 맹세할 것을 청하였는데, 이 사람이 도공(悼公)이다. 안유자는 귀양보내어 죽이고, 예자(芮子)를 쫓아냈다. 예자는 미천하였고, 유자(孺子)는 어렸기 때문에 권위가 없어 나라 사람들이 그들을 경멸하였다. (문제는 연장자를 태자로 세웠기 때문에 한나라가 흥하였고, 경공은 태자를 미리 세우지도 않은데다 작은아들을 태자로 세웠기 때문에 제나라가 어지러워졌습니다. 하나는 가히 본받을 만하고 하나는 가히 경계로 삼을 만합니다.)

이는 나라의 근본인 세자를 정함에 있어 신중하고 엄격해야 함을 말한 것입니다.

나라가 잘 다스려지거나 어지러워지는 것은 오로지 여러 관리에 달려 있다. 벼슬은 사사롭게 친밀한 자에게 주어서는 안 되고 오직 능력 있는 자를 등용하여야 하며, 작위(爵位)는 악덕한 자에게 주어서는 안 되고 오직 어진

자에게 주어져야 한다. 《서경》〈상서·열명〉

채씨(蔡氏)가 말하였다. "육경(六卿)과 여러 집사(執事)들을 벼슬아치라 하고, 공(公)·경(卿)·대부(大夫)·사(士) 등을 작위(爵)라 한다. 벼슬아치는 일을 처리하는 것을 위주로 하기 때문에 능력 있는 자라야 하며, 작위는 덕 있는 자에게 임명하는 것이므로 어진 자라야 한다. 오직 유능하고 어진 사람을 등용하는 것은 나라를 잘 다스리는 근본이 되는 것이요, 사사로이 친애하거나 악덕한 자를 등용하는 것은 나라가 어지러워지는 근본이 된다."

오씨가 말하였다. "벼슬자리와 작위를 개인적으로 친밀한 자나 악덕한 무리에게 주는 것은, 이는 사사로운 정에 가려진 것이요, 하늘의 총명을 본받는 것이 아니다."

한나라 문제 때 두후(竇后)의 오라비 장군(長君)과 아우 소군(小君)은 누이가 황후가 되었다는 소문을 듣고 글월을 올려 사정을 하소연하였다. 후가 황제에게 말하여 그들을 불러들여 물으니, 그 까닭을 모두 말하였다. 이에 두후가 그들의 손을 붙들고 눈물을 흘리니, 황제가 후하게 제물을 내려 장안(長安)에다 집을 마련해 주었다. 강후(絳侯 : 주발(周勃))와 관장군(灌將軍 : 영(嬰)) 등이 말하기를, "이 두 사람은 출신이 미천하므로 스승을 택하여 가르치지 않으면 안 된다. 또한 이들이 여씨(呂氏)를 본받는다면 큰일이다" 하였다. 이에 곧 덕망 있고 절도와 행실을 갖춘 자를 가려 뽑아 같이 거처하게 하였더니, 장군과 소군은 이로 말미암아 겸손한 군자가 되어서 부귀하다고 하여 남에게 교만을 떨지 않았다. 나중에 황제가 광국(廣國, 곧 소군의 이름입니다. 소군은 그의 자(字)입니다)이 현명하다 하여 재상으로 삼으려 하였으나, 온 세상 사람들이 사사롭게 여길까 두려워하여 오래도록 생각한 끝에 옳지 않다고 여겨 신도가(申屠嘉)를 재상으로 삼았다.

성제(成帝)는 건시(建始) 원년에 여러 외삼촌들을 모두 후(侯)로 삼았다. 그해 여름 4월에 누런 안개가 사방을 둘러쌌다. 황제는 큰외삼촌 대사마 왕봉(王鳳)에게 정사를 맡겼다. 이에 유향(劉向)은 왕씨의 권력과 지위가 너무 성대하고, 황제는 《시경》《서경》을 비롯 고문(古文) 등만을 좋아한다고 생각하여, 이에 《상서》〈홍범〉에 근거하여 상고 이래 춘추·전국시대(六國)를 거쳐 진(秦)·한(漢)에 이르기까지 상서로운 징조와 천재지변의 기록을 한데 모아 사건의 자취를 미루어 복은 복대로 재앙은 재앙대로 관련짓고, 점괘의 효험이 드러난 것을 같은 유에 따라 모아서 각각 조목을 세웠는데, 모두 11편이었다. 이 책을 《홍범오행전론(洪範五行傳論)》이라 이름붙여 천자께 올렸다. 천자는 마음 속으로는 유향이 충성된 마음으로 왕봉 형제 때문에 이 책을 지은 것을 알았으나, 끝내 왕씨의 권력을 빼앗지는 못하였다. 또 왕장(王章)은 왕봉이 권세를 마음대로 휘둘러 임금의 총명을 가리는 허물을 아뢰니, 황제는 느껴 깨달은 바가 있어 그 말을 받아들였다. 왕봉은 근심하고 두려워하여 상소를 올려 해골이나마 온전하게 선산에 묻을 수 있도록 해달라고 애걸하였는데, 그 글이 심히 애처로웠다. 태후는 그 말을 듣고 눈물을 흘리면서 음식을 들지 못하였다. 황제도 어려서부터 왕봉에게 친히 의탁하였기 때문에 차마 폐출시키지 못하였다. 이에 왕봉은 상서로 하여금 왕장을 탄핵하도록 하고, 옥리에게 맡겨 끝내 옥중에서 죽게 하였다. 이 일이 있은 뒤부터 공경들은 왕봉을 만나면 곁눈으로 흘겨 보았다. (진씨(眞氏)가 말하였다. "성제는 본래 왕장을 유도하여 간하도록 시켜 놓고는 이미 차마 왕봉을 물리치지는 못하게 되자, 이에 곧 상서로 하여금 왕장을 탄핵하게 하였으니, 이것은 사람을 유인하여 죄에 빠지도록 한 것이다. 어찌 권세를 마음대로 농락하는 신하에게는 차마 그렇게 하지 못하면서 나라를 위하여 충성된 말을 하는 선비에게는 함부로 그렇게 할 수 있는가? 충성된 말을 하는 선비가 누구를 위하여 계획한 일이길래 조금도 애석한 마음이 없는 것인가? 신(臣)이 살피건대, 성제는 깨달은 바는 있었으나 왕씨를 과감하게 물리칠 수 없었던 것이니, 이것은 나라가 위급한 것을 알면서도 그것에 대한 걱정을 하지 않은 것입니다. 임금의 마음이 이와 같다면 다시 그것을 구원할 길이 없는 것이니 슬픈 일입니다.") 왕봉이 병들자 왕음(王音)을 추천하여 자기를 대신하게 하였다. 왕봉이 죽자 왕음이 대사마가 되었다. 왕음이 죽자 왕상(王商)이 대사마가 되었으며, 왕상이 죽자 왕근(王根)이 대사마가 되었다. 왕근이 병으로 벼슬에서 물러나자 왕망(王莽)을 추천하여 자기를 대신하도록 하였다. 왕망은 마침내 한(漢)나라를 찬탈하는 데까지 이르렀으나, 후한(東漢)이 일어나자 주살당하였다.

신이 살피건대, 외척(外戚)의 화는 역사상에 끊임없이 기록되어 있으나 여기서는 두 사람만을 선택해서 기록하였습니다. 두씨(竇氏)의 현명함은 가히 법도로 삼을 만하고 왕씨(王氏)의 간악함은 가히 경계로 삼을 만합니다. 어떤 사람은 문제(文帝)가 광국(廣國)을 재상으로 삼지 않은 것은 내심으로 자질이 부족하다고 여기고 혐의를 피하기 위해서라고 하지만, 이는 문제를 잘 알지 못하고 말하는 것입니다. 그는 자손들을 위하여 생각함이 깊었던 것입니다. 광국과 같은 현명한 이도 국가의 권력을 잡지 못하였는데 하물며 현명하지 못한 사람이야 어떠하겠습니까? 이것으로써 방벽(坊壁)을 삼았으나 자손이 법도에 어두워 오히려 외가로 인해 나라를 망쳤으니, 하물며 평소에 자손을 위하여 남겨 준 계책도 없는 사람의 경우는 어떠하겠습니까? 대개 외척이 정사를 어지럽게 한 것은 모두 임금이 능히 현명한 사람을 좋아하지 않은데서 말미암은 것입니다. 오직 현명한 사람을 좋아하지 못하기 때문에 충성스러움과 간사함, 선과 악을 분명히 분별하지 못하고 관계가 뜸한 신하들을 모두 믿지 못할 사람으로 돌려 버렸으며, 다만 외척이나 일족(一族)만을 친하고 믿을 수 있다고 생각한 것입니다. 소인은 이익됨을 보면 의(義)를 잊어버린다는 것을 알지 못한 것입니다.

비록 부자지간이라도 오히려 틈이 없을 수가 없는데 하물며 외척에게 있어서는 오죽하겠습니까? 오직 의를 깨달은 군자라야만 비로소 임금을 부모처럼 사랑할 수 있어서 절개를 지키고 의로서 죽을 수 있는 것입니다. 그런데 어찌 친하고 뜸하며 가깝고 먼 구별이 있겠습니까? 이로써 말한다면 외척이나 일족이 되는 사람은 재덕(才德)이 겸비되고, 충성이 현저하게 드러나 당시 건전한 여론(淸論)의 종주(宗主)가 되는 사람이 아니라면 끝내 그에게 국정을 맡길 수가 없는 것입니다. 대개 은혜로써 그들을 어루만지고, 그 재주에 맞게 등용하여 그들로 하여금 그 녹을 잃지 않게 하는 것은 진실로 외척 권속들을 가르치는 좋은 계책입니다. 그리고 겸양하여 물러나서 스스로를 지키고, 중요한 자리를 차지하지 않으며, 가족을 보호하고 집안을 온전하게 하는 것도 역시 외척 권속이 스스로 처신하는 좋은 계책입니다.

훌륭하도다! 번굉(樊宏 : 한나라 광무제(光武帝)의 외삼촌)의 말이여! 그가 말하기를, "부귀가 가득 차서 넘쳐흘러도 그것을 끝까지 잘 보존할 수 있었던 사람은 아직까지 없다. 내가 영화와 권세를 좋아하지 않는 것은 아니나, 천도는 가득 차는 것을 싫어하고 겸손한 것을 좋아하는 것이니, 전세(前世)의 귀척(貴戚 : 임금의 친척)들이 모두 밝은 경계가 된다. 자신을 보존하여 온전히 지키는 일〔保身全己〕이 어찌 즐겁지 아니한가!" 하였습니다. 번굉은 겸손하고 부드러우며 두려워하고 조심하는 것으로써 스스로 처신하여 종족들이 그의 덕화에 물들어 법을 범한 적이 없었으며, 죽을 때까지 영화와 총애를 누렸으며 자손들도 번창하는 경사를 누렸습니다. 후세의 임금으로서 외가를 보존하게 하려는 사람은 마땅히 이것으로써 교훈을 삼아야 할 것입니다. 외척으로서 권력을 탐내고 세도를 부려 그칠 줄을 모르며, 나라를 위태롭게 하고 집안을 패망하게 하는 사람도 역시 이것을 본받아, 스스로 잘못을 뉘우쳐서 마음을 바르게 고치는 것이 옳을 것입니다.

이는 외척 권속을 깨우치는 데 신중하고 엄격해야 한다는 것을 말한 것입니다.

《시경》에서 말하였다. "교훈도, 깨우침도 되지 않는 말은 오직 부녀자〔婦〕와 환관〔侍〕의 말이다."　　　　　　　　　　　　　　〈대아·첨앙편〉

주자가 말하였다. "시(侍)는 내시이다. 말은 많지만 가르치거나 깨우치는 데 도움이 되지 않는 것은 오직 부인과 내시의 말뿐이니 어찌 가까이 할 수가 있겠는가? 대개 이 두 부류는 항상 서로 의지하여 간사한 짓을 하니 함께 경계하지 않을 수 없다. 구양공(歐陽公)이 일찍이 말하기를, '환관이 끼치는 화는 총애하는 여자보다 더 심하다' 하였으니, 그 말이 매우 적절한 것이다. 그러므로 나라를 다스리는 사람으로서 어찌 경계하지 않을 수 있겠는가?"

공씨(孔氏)가 말하였다. "내시는 임금을 가까이 모시는 자이다. 어리석은 임금은 어릴 적에 익힌 습관으로 인하여 밤낮으로 그들을 부리니, 찾아가 상의하는 데 대해 꺼리는 마음이 없으며, 그들을 총애하고 가까이하여 기쁜 얼굴로 대한다. 또한 내시들도 궁중 깊숙이 오랫동안 거처하여서 옛 제도에 자못 밝고, 임금의 뜻을 잘 알아차린다. 그래서 때로는 부드러운 안색과 따뜻한 모습 속에 간사한 술수를 숨기고 간교함을 품으며, 때로는 혹 민첩하게 대답하기도 하고 기민한 재주로 간교함을 꾸미며 사실을 어지럽혀서 보고 듣는 것을 혼란스럽게 하는데, 어리석은 임금은 이들을 믿고 일을 맡긴다. 이 때문에 나라가 멸망하는 경우가 허다했다."(공씨의 말은 내시들의 실정과 모습을 잘 밝힌 것입니다.)

장자소(張子韶)가 말하였다. "환관의 이름이 알려진다는 것은 나라에 상서롭지 못한 일이다. 요·순시대의 환관은 《서경》의 〈전(典)〉과 〈모(謨)〉에 전하지 않고, 삼왕시대의 환관은 《서경》의 〈서(誓)〉와 〈고(誥)〉[5]에 알려져 있지 않다. 수도(豎刀)가 제나라에서 알려졌기 때문에 제나라가 어지러워졌고, 이려(伊戾)가 송나라에서 알려졌기에 송나라가 위태로워졌다."

당나라 환관 구사량(仇士良)이 벼슬을 내놓고 물러나게 되자 그 무리들이 사가(私家)까지 전송하였다. 구사량이 그들에게 권세와 총애를 확고하게 할 수 있는 법을 가르쳐 말하기를, "천자는 잠시라도 한가롭게 두어서는 안 된다. 항상 사치로써 눈과 귀를 즐겁게 해 주어서, 날로 새롭게 하고 달로 성대하게 즐기도록 하여 다른 일에 관심을 가질 겨를이 없게 하여야 한다. 그런 뒤에야 뜻을 이룰 수 있을 것이다. 그리고 삼가 조심해서 황제가 책을 읽거나 유신(儒臣)들을 가까이하지 않도록 하여야 한다. 만약 황제가 전대의 흥망을 보고, 마음 속으로 근심하거나 두려워해야 할 것을 알게 되면 우리들을 멀리하고 쫓아낼 것이다" 하니, 그를 따르던 무리들이 절을 하고 물러갔다.

진씨(眞氏)가 말하였다. "사량이 이른바 '뜻을 이룰 수 있다' 한 것은 그렇지 않다. 대개 임금이 덕을 닦고 학문을 강론한다면 온 세상이 안정되어 곤충·초목도 살 곳을 얻을 수 있는데, 하물며 좌우에 있는 신하가 제자리를 얻지 못하겠는가? 임금이 덕을 닦지 않고 학문을 강론하지 않는다면 온 세상이 어지럽게 되어 곤충이나 초목조차 살 곳을 잃게 된다. 그런데 하물며 좌우에 있는 신하가 제자리를 얻을 수 있겠는가? 그러므로 진(秦)나라의 왕실이 위태롭자 이사(李斯)와 조고(趙高)가 죽임을 당하였고, 한(漢)나라 왕업이 무너지자 장양(張讓)과 조충(趙忠)도 죽임을 당하였다. 사량은 소인이기 때문에 단지 권세를 누리고 총애를 확고히 하는 것이 영화롭다는 것만을 알았을 뿐이요, 나라가 패망하고 집안이 멸망하면 권세나 총애도 자신을 보호해 주지 못한다는 이치를 알지 못한 것이다. 그러므로 사량은 5대조(朝)에 걸쳐 임금을 섬겨 권세를 누렸으나, 자신만은 비록 요행히 화를 면하였다 하더라도 그가 죽은 뒤 집안이 파멸하는 화가 미치게 되었던 것이다. 그러므로 어찌 마존량(馬存亮)같은 무리들이 권력을 탐내지 않고 총애를 넘치게 받지 않음으로써 자신을 보존할 수 있었던 것과 같겠는가? 그러나 사량의 이 말은 예로부터 간사한 신하들이 미처 말하지 못한 것이니, 임금이 된 사람이 마땅히 이 한 통의 글을 베껴서 자리 곁에 두고, 반드시 유생(儒生)을 가까이하며 반드시 경서(經書)와 사서(史書)를 좋아한다면, 사치로운 것이 임금을 현혹시킬 수 없을 것이며, 간사함과 아첨이 그 판단을 가릴 수 없을 것이다. 그렇게 하지 않으면 곧 사량 같은 무리에게 우롱당하지 않는 이가 없을 것이다."

신이 살피건대, 환관의 화는 예나 지금이나 반드시 있을 수 있는 일입니다. 이는 대개 그가 임금에게 친근히 하여 정이 가까워지고 비밀까지 알게 되어, 선(善)을 좋아하는 임금의 마음을 점점 녹여 없어지게 할 수 있기 때문입니다. 한나라에서는 그들에게 위엄과 권세를 빌려 주었고 당나라에서는 병권을 주었다가, 그들을 제재하고 싶어도 할 수 없었던 일이 역사에 밝혀져 있으니 거울삼아 경계할 만합니다. 우리 나라는 선왕의 가법이 엄숙하여서 200년을 내려오는 동안에 환관을 정치에 참여시킨 일은 없었으니, 이는 참으로 근대에서 드문 일입니다. 그러나 이를 믿고 소홀하게 생각할 수는 없으니, 날로 새롭게 점검하고 조심하여 궁중(宮中)과 부중(府中)[6]이 일체가 되어 환관의 무리들로 하여금 사대부를 엄하고 두려운 존재로 여기게 하여야만 선왕의 가법을 길이 지킬 수 있을 것입니다.

이는 환관을 대할 때 근엄하여야 함을 말한 것입니다.

신이 살피건대, 이 '근엄'을 다룬 이 장에 집안을 다스리는 도리가 다 갖추어져 있습니다. 대개 안팎을 분별하여 예법으로서 한정한다면 남녀가 각각 그 올바른 위치를 지킬 수 있을 것이며, 편벽되고 사사로운 마음을 물리치고 공명한 것으로써 임한다면 좋아하고 싫어하는 것이 모두 이치에 합당하게 될 것입니다. 정실 부인과 첩의 구별을 엄격하게 한다면 윗사람은 화락하게 되고 아랫사람은 공경하게 될 것이며, 나라의 근본을 정하는 것을 신중하게 한다면 계통이 일관성이 있게 되어 백성이 안정될 것입니다. 친척과 권속들을 겸양의 덕으로써 가르치면 의리가 바르게 되고 은혜는 융숭해집니다. 환관들을 법〔常道〕으로 규율한다면 양(陽)은 자라나고 음(陰)은 사라지게 될 것이니(환관은 음에 속하는 무리입니다) 그 근본은 예법으로써 한정하고 공정하게 임하는 것뿐입니다. 예법이 엄하지 않고 마음이 공정하지 못하다면 아름다운 말이나 선한 정치라도 모두 공허한 조문〔文具〕이 될 뿐입니다. 이른바 예법이 엄하다는 것은 궁중 기강이 잘 정돈되고 엄숙하며, 높은 사람과 낮은 사람, 어른과 어린이 사이에 가지런하게 질서가 잡혀 감히 분수를 넘지 않고, 친척·권속들이 삼가고 조심하여 감히 사사로이 통하거나 청탁하지 않는 것을 말하는 것입니다. 이른바 마음이 공정하다는 것은, 안팎을 한결같이 보아 조금도 치우치고 얽매이는 일이 없어서, 궁궐 안〔內庭〕에서 선한 일을 한 자나 악한 일을 한 자나, 친척들 가운데 충성된 일을 한 자나 죄를 범한 자들을 모두 유사(有司 : 단체의 사무를 맡아보는 직무)에 맡겨 그 형벌과 상을 논하게 하여 한결같이 정당하게 처리하는 것을 말하는 것입니다. 대개 이와 같이 하여 윤리가 바르게 되고 은혜와 의리가 돈독하게 되면, 곧 이것을 미루어 나라를 다스리고 천하를 다스리는 데에 적용하되 어느 경우라도 마땅함을 얻지 못함이 없을 것입니다. 엎드려 바라건대 전하께서는 유의하시기 바랍니다.

〈주〉

*1 《성학집요》에 신유로 되어 있으나 《춘추좌씨전》의 신백이 옳다. 주공이 장왕을 죽이고 왕의 아우 극(克)을 세우려 했으나, 대부 신백이 이를 알고 왕에게 알렸다. 주공은 죽고 극은 연나라를 도망쳤다. 이런 일이 있기 전에 신백이 주공에게 한 말이다.
*2 위와 같이 신백이 한 말이다.
*3 《자치통감(資治通鑑)》〈태종 효황제·상〉
*4 한(漢)나라의 고조(高祖)가 죽은 뒤에 그의 애첩이었던 척부인(戚夫人)을 고조의 황후인 여후(呂后)가 팔다리를 자르고, 눈알을 빼고, 귀를 지지고, 벙어리 되는 약을 먹여서 뒷간에 있게 하고 '인체(人彘, 사람돼지)'라고 불렀다고 한다.
*5 모두 《서경》의 편명이다. 즉, 요전(堯典), 순전(舜典), 대우모(大禹謨), 고도모(皐陶謨), 감서(甘誓), 양서, 강고(康誥), 중훼지고(仲虺之誥) 등.

*6 궁중은 환관과 여자들이 거처하는 곳을 가리키며, 부중(府中)은 대신(大臣)이나 재상(宰相)이 거처하는 곳을 가리킨다.

절약과 검소에 대하여〔節儉〕

신이 살피건대, 집안을 바르게 하는 법은 앞 장에 이미 살펴보았습니다. 그런데 절약과 검소는 임금의 가장 큰 미덕이 되는 것이므로 여기에 드러내어 밝힙니다.

공자가 말하였다. "우(禹)임금은 나로서는 조금도 흠잡을〔間〕 것이 없다. 먹는 음식은 소박했으나〔菲〕 귀신에게는 효도를 다했으며, 평소에 입는 옷은 거칠었으나 제례의 예복〔黻冕〕은 아름다움을 다하였으며, 궁실은 보잘것없었으나 봇도랑〔溝洫〕을 정비하는 데는 온 힘을 다하였으니, 우임금에 대해서는 나로서는 조금도 흠잡을 것이 없다." 《논어》

주자가 말하였다. "간(間)이란 벌어진 틈〔罅隙〕이니, 그 벌어진 틈을 가리켜 비난함을 말한다. 비(菲)는 소박한 것이다. 귀신에게 효도를 다했다는 것은 풍족하고 깨끗한 제물로 제사지냈다는 것이다. 의복이란 평상시에 입는 옷을 가리킨다. 불〔黻〕은 무릎을 덮는 것으로 그것은 가죽으로 만들었으며, 면(冕)이란 관(冠)이다. 불과 면은 모두 제복(祭服)이다. 구혁(溝洫)은 논밭 사이의 봇도랑으로, 그것으로써 전답의 경계를 바르게 하고 가뭄과 장마에 대비한다. 혹은 풍족하거나 검소하게 하는 것을 각기 상황에 따라 알맞게 하였으므로 비난할 틈이 없다. 그러므로 거듭 말하여 깊이 찬미하였다."

양씨(楊氏)가 말하였다. "자신의 의식주〔自奉〕에 대해서는 검소하였지만, 백성들을 위하는 일에는 부지런히 힘쓰고, 종묘와 조정의 예법에 있어서는 꾸밈을 다하였으니, 이것이 이른바 온 세상을 가지고서도 자기 것으로 여기지 않았다는 것이니, 어찌 흠잡을 만한 것이 있겠는가?"

주공(周公)이 말하였다. "문왕은 거친 옷〔卑服〕을 입고 백성을 편안히 하고〔康功〕, 백성을 먹여 살리는 일〔田功〕에 힘썼습니다."

《서경》〈주서・무일(無逸)〉

채씨가 말하였다. "여기서 말한 비복(卑服)이란 공자가 말한 거친 옷과 같은 것이다. 강공(康功)이란 백성을 편안히 살게 해 주는 공이요, 전공(田功)이란 백성을 먹여 살리는 일이다. 이것은, 문왕은 의복에는 본래 관심이 없고 오로지 백성들을 편안히 하고 기르는 데에만 뜻이 있었음을 말한 것이다. 거친 옷은 그와 같은 성품의 한 가지 일만을 들어서 말한 것이나, 옷이나 음식 등 자신에 대한 것은 모두 검소하였음을 알 수 있다."

한나라 문제는 즉위한 지 23년이나 되어도 거처하는 궁실이나, 새와 짐승을 기르는 동산〔苑囿〕이나, 마차와 말, 의복수레〔車騎服御〕[*1] 등을 조금도 증가시킨 것이 없다. 불편한 것이 있어도 번번이 늦추고 백성을 이롭게 하였다. 일찍이 황제가 노대(露臺)를 짓고자 하여 목수를 불러들여 설계하게 하였더니, 비용이 100금(金)이나 필요했다. 그러자 황제가 말하기를, "100금이면 중산층 열 집의 재산에 해당된다. 내가 선제(先帝)의 궁실을 받드는 데도 항상 그것을 두려워하고 부끄럽게 여기고 있는데 어찌 노대를 지을 수 있겠는가?" 하였다. 그의 몸에는 검은 빛깔의 명주〔弋綈〕로 옷을 해 입었으며, 황제에게 총애받는 신부인(愼夫人)도 땅에 끌리지 않는 옷을 입었다. 휘장과 장막〔帷帳〕에는 수놓은 무늬가 없어 돈독하고 순박한 것을 온 세상에 앞장서서 보여 주었다. (진씨(眞氏)가 말하였다. "문제의 이 말에는 선한 뜻이 두 가지가 있다. 첫째로 '100금이 중산층 열 집의 재산에 해당한다'고 한 것은 서민들이 생활해 나가는 어려움을 생각한 것이다. 둘째로, '내가 선제의 궁실을 받듦에도 항상 그것을 두려워하고 부끄럽게 여기고 있다'는 것은 조종(祖宗)이 창업한 것의 어려움을 생각한 것이다. 임금이 항상 이와 같은 마음을 보존하고 있다면 사치를 하도록 권하더라도 또한 하지 아니할 것이다. 무릇 대를 물려받은 임금 중에는 흔히 감각적 쾌락에 빠지는 자가 많은데, 이것은 극히 얼마 되지 않는〔錙銖〕 재물이라도 백성의 고혈(膏血)이 아님이 없으며, 자기가 누리는 것이 모두 선세(先世)에 대대로 쌓아내려온 공덕의 나머지라는 것을 알지 못한 까닭이다. 그러므로 '문제의 이 말에는 두 가지의 선한 뜻이 있다'고 한 것이니, 이 말은 후세에서 법도로 삼을 만한 것이다.")

　무제(武帝) 때에는 온 세상에 사치 풍조가 극(極)에 달해 있었다. 무제가 묻기를, "짐이 백성들을 교화시키고 싶은데 무슨 방법이 없겠는가?" 하자, 동방삭(東方朔)이 대답하였다. "요·순·우임금·탕왕·문왕·무왕·성왕·강왕 등 상고 시대의 일들은 그 지난 역사가 수천 년이나 되었기 때문에 말하기가 어렵습니다. 신이 바라옵건대, 가까이 효문 황제(孝文皇帝) 때의 덕이 높고 나이가 많은 이들이 모두 보고 들은 것들을 말하고자 합니다. 효문 황제는 천자의 존귀한 몸으로 부(富)는 천하[四海]를 가지고도 몸에는 검은 빛깔의 명주 옷을 입었고, 발에는 가죽신[革舃]을 신었으며, 가죽으로 칼띠로 삼았고, 골풀이나 부들로 짠 자리를 깔았으며, 병기는 나무토막처럼 날이 없었고, 의복은 낡은 솜으로 지었는데 무늬가 없었습니다. 글을 올리는 상서 주머니[上書囊]를 모아서 대궐의 휘장을 만들고, 도덕을 아름다운 것으로 여겼으며, 인의(仁義)를 준칙으로 삼았습니다. 이에 천하 사람들이 모두 그 모습을 우러러보고 아름다운 풍속을 이루어[望風成俗] 밝게 교화되었습니다. 지금 폐하께서는 토목으로 된 우상에 화려한 비단옷을 입히고, 마굿간의 말[廐馬]*2에다 아름다운 수를 놓은 융단[繢罽]을 씌우며, 궁녀들은 구슬과 보석[珠璣]을 드리우게 하고 화려하고 아름다운 장식으로 옷을 꾸미며, 진기하고 괴이한 것들을 수집하고 있습니다. 황제께서 이와 같이 방탕하고 사치스러우면서 백성들에게만 사치하지 못하게 하고 농사를 잘 지으라고 하니 이것은 어려운 일입니다. 폐하께서 진실로 신의 계책을 쓰실 수 있다면 온갖 진귀한 보배로 장식한 휘장[甲乙之帳]을 모두 거두어 네거리에서 불살라 버리고, 주마(走馬 : 잘 달리는 말)를 내쳐서 다시 쓰지 않겠다는 것을 보일 것 같으면 요·순 시대의 융성함에 마땅히 견줄 수 있을 만큼 다스릴 수 있을 것입니다."(진씨가 말하였다. "동방삭은 백성을 교화시키는 근본을 알고 있다고 말할 수 있다. 문제는 검소함이 저와 같았으니 풍속이 어찌 두텁지 않을 수 있겠는가? 무제의 사치가 이와 같았으니, 풍속이 어찌 경박해지지 않을 수 있겠는가? 동방삭이 가까이 효문 황제 때의 일을 진술한 것은 임금을 사랑하는 지극한 마음에서 나온 것으로, 다스림에 대한 확고한 의론을 말한 것이었다. 그러나 무제는 그것을 듣지 아니하고 끝내 사치로써 나라를 해쳤으니 애석하도다.")

이윤(伊尹)이 말하였다. "검소한 덕을 삼가서 오로지 영원한 계획을 생각하십시오."

《서경》〈상서·태갑〉 이윤이 태갑을 훈계한 말임

진씨가 말하였다. "태갑이 아형(阿衡 : 은의 재상 이윤을 말함)을 좋게 여기지 않았을 때였으므로, 이윤이 태갑을 이렇게 훈계한 것이다. 대개 검소하면 마음에 조심이 되어 멀리까지 생각할 수 있으며, 사치하면 마음이 커져서 계획하는 것이 소홀해지는 것이다. 이때에 태갑은 바야흐로 욕심으로 법도를 무너뜨리고 방종으로 예절을 무너뜨려, 마음이 이 두 가지에 가려진 바 되어서 마치 뜬 구름이 해와 달을 가린 것과 같았으므로 이 말이 충성스러운 것임을 알지 못하였다. 그런데 하루 아침에 인의를 체득하여 본심이 다시 밝아지고 난 뒤에야 병을 얻은 근원이 여기에 있다는 것을 알아서 유종의 미를 거둘 수 있었으며 역사 속에 밝게 빛나게 되었으니, 이윤이 훈계한 공로가 어찌 작은 것이겠는가?"

신이 살피건대, 검소하다는 것은 덕 가운데 공손한 것이며, 사치는 악(惡) 중에서 큰 것입니다. 대개 검소하면 마음이 항상 방탕하지 아니하고, 경우에 따라 마음껏 즐길 수 있으며, 사치스러우면 마음이 항상 바깥으로 치달려 날로 방자하여도 싫증나지 않는 것입니다. 지금 한 집안의 자손의 예를 들어서 말해 본다면, 선대의 조상이 부지런히 일해서 재산을 이룩한 것을 자손이 검소하고 절약함으로써 스스로 지킨 자는 여러 대에 전하여도 가업이 쇠하지 않으나, 한 번 사치하고 방종한 사람이 나오면 방자하게 향락을 일삼아 여러 해를 두고 쌓아 온 가산을 하루아침에 탕진해 버리는 것입니다.

한 집안의 흥망(成敗)은 여파가 작으나 나라(邦國)의 경우라면 선조(祖宗)가 쌓아올린 공은 한 집안을 일으키는 데에 비유할 수 없는 것이며, 창고(府庫)에 쌓여 있는 재물은 털끝만큼이라도 백성의 고혈이 아닌 것이 없는 것이니, 어찌 감히 망령되게 사치를 일삼아서 온 세상의 재물(天財)을 낭비하고 백성의 재력을 곤궁하게 하며, 선조가 이룩한 왕업을 패망시킬 수 있겠습니까? 우리 나라는 선왕들이 여러 대에 걸쳐서 절약과 검소함으로써 집안을 바로잡았고(繩家) 수입을 헤아려서 지출하였기 때문에 재물이 넉넉하게 여유가 있었습니다. 그러므로 창고에 쌓인 것이 가득하였으나, 연산군 이후부터는 궁중에서 쓰이는 용도가 날로 점점 늘어나고 사치스러워져서 선왕의 옛 기풍을 따르지 아니하였고, 그 뒤부터는 타성에 젖어 기강을 바로잡는 일을 보지 못하게 되었습니다. 그러므로 나라에서 쓰는 재정[國用]은 날로 위축되어, 지금은 궁중에서도 특별하게 호화롭고 사치한 풍습을 새롭게 만들어 내는 것도 없고, 국내에서도 별로 때아닌 토목 공사를 하는 일이 없는 데도, 한 해의 수입이 한 해의 지출을 지탱해 낼 수가 없어서 여러 대[累祖]에 걸쳐 쌓아온 재정은 앞으로 바닥이 드러나게 되었습니다. 만약 기근의 재해나 병화(兵禍)의 염려가 있게 된다면 어떻게 손발을 놀려야 좋을지도 알 수 없게 되었으니 어찌 크게 한심한 일이 아니겠습니까? 궁중에서 입는 의복도 이미 국초의 모습과 다르게 변하여 검소하고 절약하던 모습을 보일 수 없게 되었습니다. 그러므로 평민[閭巷]들 사이에서도 사치하는 풍조가 이루어져서 아름답고 화려한 의복을 입고, 진수성찬을 먹는 것을 서로 다투어 자랑하고, 어릿광대나 미천한 천민들도 비단이불을 덮으며, 위아래의 규율이 없고 낭비가 적지 아니하여, 인심은 날로 방탕해지고 백성들의 재력은 날로 곤궁해지니, 만약 성상(聖上)으로부터 이것을 변화시키지 않는다면 나라가 나라라고 할 수 없는 지경에까지 이르게 될 것입니다.

  그것을 변화시키는 방법은 일상적인 법규[常規]로서는 처리될 수가 없습니다. 반드시 임금님부터 띠풀로 지붕을 잇고 흙으로 계단을 만들었던 요임금과 같은 마음으로, 내전에서는 마후(馬后)가 몸소 거친 명주[大練]옷을 입은 것을 모범으로 삼아 궁중의 쓰임새를 절약하여야 합니다. 검약하는 법도는 궁중[掖庭]에서부터 시작하여 사대부의 가정에서 보고 느껴 본받게 하여 서민에게까지 도달되어야만 고질화된 관습을 바꿀 수 있으며, 온 세상의 재산이 유실되지 않고 백성의 재력도 점차 회복될 것입니다. 오거(伍擧)가 이르는 말에 "사욕이 커지고 사치스러워지면 덕과 의리가 적어지고, 덕과 의리가 행해지지 않으면, 가까운 자는 틈이 벌어지게 되고 멀리 있는 자는 더욱 크게 사이가 벌어지게 된다" 하였습니다. 엎드려 생각컨대 전하께서는 깊이 생각하십시오.

〈주〉

*1 《사기》〈효문본기〉에는 구마복어(狗馬服御)로 되어 있다.

*2 《성학집요》 원문에는 구마(廏馬)로 되어 있으나 《한서》 〈동방삭전〉과 《대학연의》에는 구마(狗馬)로 되어 있다.
*3 한 무제 때 만든 진귀한 보배로 장식한 휘장. 갑·을은 그 순서이다.

집안을 바로잡는 효과에 대하여〔正家功效〕

신이 살피건대, 임금이 집안을 바로잡으면 그 효과는 개인이 거처하는 침실에서부터 쌓이고 쌓여 나라 전체에 넘쳐흘러 호령을 하지 않더라도 스스로 풍속을 바꿀 수 있습니다. 그러므로 덕화(德化)가 백성에게서 이루어지는 것으로써 끝을 맺었습니다.

한 집안이 어질면 온 나라에 어진 풍조가 일어나고, 한 집안이 겸양하면 온 나라에 겸양하는 풍조가 일어난다.　　　　　《대학》 아래도 같음

주자가 말하였다. "이것은 교화가 온 나라 안에 이루어진 효과에 관해서 말한 것이다."

《시경》에 이르기를, "그 위엄과 엄숙한 태도가 어긋남이 없으므로 여러 나라를 바로잡을 것이로다"고 했으니, 그 부자·형제가 된 사람들이 충분히 본받을 만해야 백성이 본받는다.

주자가 말하였다. "시는 조풍(曹風) 시구(鳲鳩)편이다."

어떤 사람이 물었다. "부자·형제가 본받을 만해야 백성이 본받는다고 했습니다. 그러나 요·순은 그 아들을 교화시키지 못하였으며, 주공(周公)은 형과 아우를 화목하게 하지 못했으니, 이것은 어찌된 일입니까?" 그러자 주자가 말하기를, "성현은 보편적인 경우를 논한 것이며, 요·순·주공은 예외의 상황에 처했던 것이다. 만약 천하를 그 자식에게 주지 않고 어진 이에게 전했다면 이것은 예외의 상황에 잘 대처한 것이라 할 수 있다. 만약 주공이 관숙(管

叔)을 죽이지 않았더라면 주나라가 어찌 어지럽게 되지 않았겠는가? 이것은 부득이 하여 그렇게 했던 것이다. 그런데 지금 보편적인 것만 이해하고, 고수(瞽瞍)와 같은 아버지가 있고, 관숙·채숙(蔡叔) 같은 형제가 있었다는 것을 이해하지 못한다면(이런 사람과는) 예외적인 경우를 논할 수 없다."

《시경》에서 말하였다. "아름다운〔夭夭〕한 복숭아나무, 꽃이 만발〔灼灼〕하였네. 이 아이〔之子〕시집가면〔歸〕그 집안〔室家〕을 화목하게〔宜〕하리라."

〈주남·도요〉

주자가 말하였다. "요요(夭夭)는 어리고 아름다운 모습이며, 작작(灼灼)은 꽃이 활짝 피어난 모습이다. 지자(之子)는 '이 아이'라는 말이니, 시집가는 사람을 가리켜 말한 것이다. 여자가 시집가는 것을 귀(歸)라고 한다. 의(宜)라는 것은 화순하다는 뜻이다. 실(室)은 부부가 거처하는 곳을 말하며, 가(家)라는 것은 한 집안을 말하는 것이다. 문왕의 덕화가 집안으로부터 나라에까지 미쳐서, 남녀가 바르게 되고, 혼인을 때에 맞게 하였기 때문에 시인이 눈에 비치는 모습에 흥을 일으켜 그 여자의 현숙함을 감탄하였으며, 반드시 그 집안을 화목하게 할 수 있으리라는 것을 알겠다고 한 것이다."

또 말하였다. "남쪽에 큰나무〔喬木〕가 있으나 그늘이 없으니 그 아래서 쉴 수가 없고〔休息〕(〈한시(韓詩)〉에서는 식(息)이 사(思)로 쓰여져 있습니다), 한수(韓水)에 노니는 여자는 있으나 만날 수 없으니 사랑을 구할 수〔求思〕없네. 한수는 드넓어 헤엄칠 수도 없고, 강수(江水 : 양자)는 길어서 배(方)를 띄울 수도 없네."

〈주남·한광(漢廣)〉

주자가 말하였다. "사(思)는 어조사이다. 방(方)은 뗏목〔桴〕이다. 문왕의 덕화가 가까운 곳으로부터 멀리까지 미쳤는데, 먼저 양자강과 한수 사이에 미치게 되어 그 음란한 풍속을 변화시킬 수 있었다. 그 때문에 놀러 나온 여인을 멀리에서 바라보기에는, 단정하고 장엄하며 고요하고 순수하여 다시 지난날처럼 사랑을 구할 수 없다는 것을 알았던 것이다. 그 때문에 큰키나무로 흥을 일으키고, 양자강과 한수로 견주어〔比〕반복해서 영탄한 것이다."

또 말하였다. "촘촘한〔肅肅〕 토끼그물〔兎罝〕, 땅땅〔丁丁〕 말뚝 박는 소리, 늠름한〔赳赳〕 무사는 제후〔公侯〕의 방패와 성〔干城〕이로다."

〈주남·토저(兎罝)〉

주자가 말하였다. "숙숙(肅肅)은 질서 있게 정돈된 모습이다. 저(罝)는 그물이다. 정정(丁丁)은 말뚝 박는 소리이다. 규규(赳赳)는 용감한 무사의 모습이다. 간(干)은 방패〔盾〕(음은 순(盾)이며 상성(上聲)이다)이니, 방패와 성은 모두 외적을 막아 내고 나라를 지키는 것이다. 덕화가 행해져 풍속이 아름다워지고, 현명하고 재능 있는 이가 많아졌다. 비록 그물로써 토끼를 잡는 야인(野人)일지라도 그 재주가 가히 쓸 만하다. 그러므로 시인이 그가 하는 일을 가지고 흥을 일으키고 찬미하였으니, 문왕의 덕화가 성대하였다는 것을 가히 짐작해 볼 수가 있다."

신이 살피건대, 〈주남(周南)〉에 수록된 시는 집안을 바로잡는〔正家〕 것을 주제로 한 시입니다. 그래서 세 편의 시를 인용하여 집안을 바로잡는 효과를 밝혀 드러내었습니다. 대개 남녀간이 바르게 됨으로써 강수와 한수 유역의 음란하던 풍속을 변화시켰으며, 현명하고 재능 있는 이가 많아져서 야인이라도 나라의 방패와 성이 될 만한 자질을 갖추게 되었으니, 이는 덕화가 사람을 변화시킨 것입니다. 그 근본을 미루어 살펴보면, 이는 문왕이 뜻을 정성스럽게 하고 올바른 마음으로 노력했던 결과입니다. 그러므로 주자는 말했습니다. "뜻을 성실하게 하고 마음을 바르게 가다듬는 노력을 쉬지 않고 오랫동안 계속하게 된다면, 그것이 투철하게 배어들고 두루 스며들어 스스로 그만둘 수 없게 되니, 이것은 개인의 지력(智力)으로만 미칠 수 있는 것이 아닌 것이다." 오로지 그 뜻이 성실하지 않고 마음이 바르지 않은 까닭에 집안을 바르게 할 수 없는 것이고, 집안이 바르지 않은 까닭에 나라를 다스릴 수 없는 것입니다. 그러므로 진실로 뜻을 정성스럽게 하고 마음을 바르게 할 수 있다면, 집안이나 나라는 이 마음과 뜻을 들어 적용시키기만 하면 다스려질 것입니다.

옛날의 임금들 가운데에는 실로 집안을 바르게 하지 못하였으면서도 겨우 나라를 다스려 나간 사람이 있었습니다. 예를 들면, 제나라 환공(桓公)같은 이는 궁내에 여섯 명의 총애하는 여인을 두고서도 관중을 신임하여 제후들의 우두머리가 되었고, 당나라 태종은 궁중 안에서 추잡스런 행동을 많이 하였음에도 불구하고 위징(魏徵 : 중국 당나라 초기의 공신 학자. 현무문의 변란 이후, 태종을 모시고 간의대부가 됨)을 등용하여 천하를 다스렸던 것입니다. 그러나 비록 인의를 가탁하여 일시적인 안정을 얻을 수는 있었으나, 비유하면 근원이 없는 물과 같아서, 비록 넘쳐 흐를지라도 마르기 쉬운 것이며, 뿌리 없는 나무와 같아서 비록 무성하더라도 쉽게 말라 죽는 것과 같은 것입니다. 그래서 환공은 그 자신이 죽었을 때 장례를 지내지 못하여 시체에서 생긴 벌레가 문 밖에까지 기어 나왔으며, 제나라의 혼란은 여러 대가 지나도록 안정되지 못하였습니다. 태종은 자격 없는 사람에게 권력을 맡겼다가 죽은지 얼마 되지도 않아〔墓木未拱〕 아비와 자식이 한 여자와 관계하여〔鹿聚〕 천륜을 더럽혔고〔瀆倫〕*1 자손은 모조리 죽임을 당하였던 것입니다. 삼대의 성왕(聖王)들이 자신으로부터 집안에 미치고, 집안으로부터 나라에 미치며, 나라로부터 온 세상에 미치게 한 것처럼, 근원이 있고 근본이 있어서 물줄기가 멀면 물결이 크게 일어나며, 꽃이 아름다우면 열매가 많이 열리는 것과 어찌 같을 수 있겠습니까?

비단 임금만 이러할 뿐 아니라 신하로서 임금을 보좌하여 성군으로 만들고〔致君〕, 백성에게 혜택을 주려는〔澤民〕 사람도 마찬가지입니다. 그래서 혹 말뿐인 학문으로서, 느끼고 깨달은 것은 말 위에서만 구할 뿐이요, 한번도 자신을 반성하여 보지 않아 그 행동을 살펴보면 부끄러움을 면할 수 없고, 그 집안을 관찰해 보면 화목하고 정숙하지 아니하여 남자는 욕심에 끌리어 그 강직함을 잃고, 부녀자는 기쁜 일만 탐하여 순종을 잃은 사람이 많을 것이니, 이런 사람들이 어찌 진실로 임금을 성실로써 감동시키고 백성에게 은혜를 미치게 할 수 있겠습니까? 이 때문에 임금이 궁중을 바로잡지 못하고도 백성을 교화시키려 한다거나, 신하가 처자를 바르게 하지 못하고도 임금을 바로잡으려 하는 것은, 김을 매지 않고서 수확을 거두려고 하는 것과 같은 것입니다. 설사 인(仁)을 가장하는 데 능하여 잠시나마 한 시대를 구제한다 하더라도 그것이 어찌 장구하게 가리라고 믿을 수 있겠습니까? 삼가 바라건대, 전하께서는 먼저 국가의 근본을 바로잡으시고 힘껏 선한 법도의 도리를 힘써 행하여 부부의 유별을 노래한 '관저(關雎)'와 자손의 번성을 노래한 '인지(麟趾)'*2의 뜻으로써《서경》〈주관(周官)〉의 '예악' 제도를 행하십시오. 그러면 길이길이 큰 다행일 것입니다.

〈주〉

*1 이는 고종(高宗) 5년에 태종(太宗)의 애첩이었던 무씨(武氏)를 후궁으로 맞아들여 황후로 세운 일을 가리킨다. 원문의 우취(麀聚)는 보통 취우(聚麀)라고 하는데 부자간에 한 여자를 공동으로 취하는 것을 가리키는 말이다.

*2 관저(關雎)는 문왕(文王)과 후비(后妃)의 성덕(聖德)을 읊은 시로서, 주자(朱子)는 이를 평하여 성정(性情)의 바름을 얻은 것이라 하였고, 인지(麟趾)는 문왕과 후비가 스스로 덕을 닦았으므로 자손과 종족이 모두 감화되어 선하게 된 것을 찬미한 시라고 한다. 이것들은 모두 문왕이 수신제가한 효과를 드러내어 밝힌 것이다.

4편 정치를 바로 행하라〔爲政〕

신이 살피건대, 나라는 집안을 미루어 나아간 것입니다. 집안을 바로잡은 뒤라야 나라를 바로잡을 수 있습니다. 그러므로 위정(爲政 : 정치를 행함)을 정가(正家 : 집안을 바로잡음) 다음에 두었습니다.

총론

신이 살피건대, 정치를 행하는 데는 근본이 있고, 규모가 있으며, 절목(節目 : 차례)이 있다고 봅니다. 그래서 지금 이것들을 합하여 한 장을 만들어 첫머리에서 밝혔습니다.

오직 천지(天地)는 만물의 부모요, 사람은 만물의 영장이다. 그 중에서 진실로〔亶〕 총명한 이가 임금〔元后〕*1이 되고, 임금은 백성의 부모가 된다.
《서경》〈주남·태서(泰誓)〉

채씨(蔡氏)가 말하였다. "단(亶)이란 성실하여 망령됨이 없는 것을 말하는 것〔誠實無妄〕이다. 이는 선천적으로 총명한 성품을 타고난 것이다. 위대하도다! 하늘의 원리〔乾元〕여! 만물이 이것에 바탕하여 시작된다. 지극하도다! 땅의 원리〔坤元〕여, 만물이 이것에 바탕하여 생겨난다. 그러므로 천지라는 것은 만물의 부모인 것이다. 만물이 생겨남에 오직 사람은 그 빼어난 것을 타고나서 신령하여 사단(四端)을 갖추고 온갖 선〔萬善〕을 구비하여 지각 능력이 만물에 견주어 홀로 특이하다. 그리고 성인은 가장 빼어난 것을 얻어 가장 신령스러운 존재이다. 천성이 총명하여 억지로 힘쓰지 않아도 그 지각 능력이 남보다 앞서고, 그 깨달음이 남보다 앞서서 만물 가운데에서 가장 뛰어나다. 그러므로 만백성의 임금이 되어 지치고〔疲〕 고달프고〔癃〕 쇠약하고〔殘〕 병든〔疾〕 사람들을 살리고〔生〕, 홀아비〔鰥〕와 홀어미〔寡〕, 고아〔孤〕와 노인〔獨〕까지 보살핌〔保養〕을 받을 수 있다. 만 백성이 하나라도 안정을 누리지 못한 이가 없게 되는 것은 임금이 백성의 부모가 되어 이 모든 일을 돌보기 때문이다. 하늘과 땅이 만물을 낳음에 특히 사람에게 더 뛰어난 자질을 주었고, 하늘과 땅이 사람을 낳음에 특히 성인에게 더 뛰어난 자질을 주었으니, 오직 성인은 백성의 지도자〔君長〕가 되어 하늘과 땅이 백성의 부모가 되는 마음을 미루어 백성을 사랑해 주기를 바라기 때문이다. 하늘이 백성을 위하는 것이 이와 같으니, 임금의 책임을 맡은 이가 백성의 부모된 뜻을 몰라서야 되겠는가?"

《대학》에서 말하였다.*2 "《시경》에서 '즐거운 저 군자는 백성들의 부모로다' 하였다. 백성들이 좋아하는 것을 좋아하고 백성들이 싫어하는 것을 싫어하니, 이러한 것을 일러 백성의 부모라 하는 것이다."

신이 살피건대, 하늘과 땅은 만물의 부모요, 임금은 백성들의 부모라는 이 말은 매우 적절합니다. 장자(張子)의 〈서명(西銘)〉*3에서는 하늘과 땅을 부모로 삼고 임금〔大君〕을 종가의 맏아들〔宗子〕로 삼아, 그에 관해 더욱 자세히 설명하고 있어 삼가 다음에 기록합니다.

〈서명〉에 이르기를,*4 "하늘의 기운〔乾〕은 아버지이고, 땅의 기운〔坤〕은 어머니라 하니, 나는 이 조그마한 몸으로 혼연히 그 가운데에 처하였다. (주자가 말하였다. "조그마한 몸으로써 혼연히 뒤섞여 사이가 없이 그 가운데에 자리잡고 있다.") 그러므로 천지에 꽉 찬 기운을 받아서 내 몸이 되었고, 천지의 기운을 거느리는 것〔統帥〕이 내 본성이 되었다. (주자가 말하였다. "건은 양이고 곤은 음이니, 이는 천지의 기운이 천지 사이에 가득 차서, 사람과 만물이 그것을 바탕으로 몸을 이룬다. 건은 강건(康健)하고 곤은 유순(柔順)한 이치가 바로 천지의 뜻〔志〕이 되는 것이요 기의 통수자가 되는 것이니, 사람과 만물이 그것을 얻어 본성을 이룬다. 이 두 가지 측면을 깊이 살펴보면 건을 아버지로 하고 곤을 어머니로 하여 내가 혼연히 그 가운데에 자리잡고 있는 실상을 볼 수 있다.") 백성은 내 동포요, 만물은 내 편이며, 임금〔大君〕은 내 부모의 맏아들〔宗子〕이요, 그 신하〔大臣〕는 맏아들의 집사〔家相〕이다. 나이 많은 이를 존경하는 것은 집안의 어른을 어른으로 대접하는 것이요, 고독하고 유약한 사람을 사랑하는 것은 내 아이를 아이로 보살피는 근본이다. 성인(聖人)은 하늘과 땅과 덕이 합한 사람이요, 현인(賢人)은 그 자식 가운데 빼어난 사람이다. 온 세상의 지치고, 고달프며, 쇠약하고 병든 사람과 형제 없는 사람〔惸〕, 의지할 데 없는 노인〔獨〕, 홀아비, 홀어미는 모두 내 형제 가운데에서 위급한 경우에 처했으나 의지할 곳이 없는 사람들이다. 이에 하늘의 뜻을 지킨다라는 말은 하늘의 자식으로서 하늘을 공경한다는 것〔翼〕이요, 하늘의 명령을 즐거이 따르고 근심하지 않는 것은 하늘에 대한 순수한 효도이다. 하늘의 도리를 어기는 것을 패덕(悖德)하다 하고, 인을 해치는 것을 적(賊)이라 한다. 악을 행하여 조장시키는 것을 부재(不才)하다 하고, 사람이 타고난 도덕적인 본성을 실천하는 자는 오직 부모를 닮은〔肖〕 사람이다. 천지의 조화를 알면 부모인 하늘이 하는 일을 잘 이어받을 수 있고, 신묘한 이치를 탐구하면 하늘의 뜻〔志〕을 잘 계승할 수 있다. (주자가 말하였다. "변화하는 것은 기(氣)인데, 자취가 있어 볼 수 있는 것이므로 일〔事〕이 되고, 신적인 것은 이(理)인데 형체가 없기 때문에 뜻〔志〕이 된다.") 지붕이 새는 집〔屋漏〕에서도 부끄럽지 않도록 하는 것은 부모를 욕되게 하지 않는〔無忝〕 것이요, 마음을 보존하고 본성을 기르는 것은 부모를 섬기는 데 게으르지 않는 것〔匪懈〕이다. 맛좋은 술〔旨酒〕을 싫어함은 우(禹)임금이 부모가 길러 준 은혜를 되돌아보는 것〔顧養〕이요, 영재(英才)를 기르는 것은 영봉인(穎封人)*5과 같은 사람을 계승되게 함〔錫類〕이요, 괴로움을 무릅쓰고 부모를 기쁘게 하는 것은 순임금의 공덕이요, 도망할 곳이 없는 듯이 삶아 죽임〔烹〕을 기다리는 것은 신생(申生)의 공손함이다. 부모에게서 받은 몸을 온전하게 보존하여 돌아간 자는 증삼(曾參)이요, 부모의 명령에 따르는 데 용감하여 명령에 그대로 순종한 사람은 백기(伯奇)이다. 부귀와 복리와 혜택은 내 삶을 두터이해 줄 것이요, 가난하고 천하며 근심스럽고 슬픈 일들〔憂戚〕은 곧 너〔汝〕를 옥처럼 다듬어서 인격을 이루어지게 하는 것들이다. 살아서는 순종하여 부모를 섬기고, 죽어서는 편안하게 될 것이다."(정자가 말하였다. "〈정완(訂頑, 곧 서명)〉한 편은 뜻이 지극히 완비되어 있으니, 곧 인(仁)의 본체이다.")

　신이 살피건대, 〈서명〉은 학자들의 인을 실천하기 위한 공부요, 전적으로 임금의 일을 가리킨 것은 아닙니다. 그런데 이 장에 실은 까닭은, 임금이 하늘을 아버지로 섬기고, 땅을 어머니로 섬기며, 백성을 형제로 여기고, 만물을 동무〔儕輩〕로 삼아 어진 마음〔仁心〕을 확충하여야만 그 직분을 다 할 수 있기 때문입니다. 그러므로 이 편은 임금에게는 더욱 절실한 것입니다. 하늘과 땅은 만물을 낳아도 의도적으로 만들어 내지 않으며, 백성과 만물은 하늘의 명을 받았으나 자립할 수 없으니, 위로는 하늘 일〔天工〕*6을 대신하고 아래로는 만물을 다스려, 천지로 하여금 그 마땅한 위치를 얻게 하고, 만물로 하여금 그 처소〔所〕를 얻게 하는 것은 임금에게 달려 있는 것이 아니겠습니까?

우(禹)임금이 말하였다. "임금이 임금 노릇을 어렵게〔艱〕 여기며, 신하가 그 신하의 직분을 어렵게 여길 수 있어야만 정치로써 그나마〔乃〕 다스릴 수 있고〔乂〕, 백성을 빨리〔敏〕 덕으로 감화시킬 수 있다."
《서경》〈우서·대우모〉 아래도 같음

채씨가 말하였다. "간(艱)은 어렵다는 뜻이요, 내(乃)는 어렵게 여긴다는 말이다. 민(敏)은 빠르다는 뜻이다. 우임금이 말하기를, '임금은 그 임금된 도리를 감히 쉽게 여기지 않고, 신하는 그 신하된 직분을 감히 쉽게 여기지 아니하여, 밤낮으로 공경하고 두려워하여 그 마땅히 해야 할 일을 힘써 다한다면 그 정치가 잘 다스려질 수 있어서 사악한 것이 없어지며, 백성들이 자연히 보고 느껴서 선에 자신도 모르게 빨리 교화되지 않을 수 없게 될 것이다' 하였다."

순(舜)임금이 말하였다. "그렇다. 진실로 이와 같이 하면 아름다운 말〔嘉言〕이 숨겨져 묻히는 일〔攸〕도 없고, 어진 이가 초야에 묻혀 살지 않아도 되니 온 세상이 다 편안할 것이다. 임금된 자는 많은 사람에게 견주어 자기의 잘못된 점을 버리고 남의 바른 것을 따르며, 무고(無告)한 이를 학대하지 않고 곤궁한 이를 저버리지 않아야 하는 것이니, 오직 요(堯)임금이 이러한 것들을 할 수 있었다."

채씨가 말하였다. "가(嘉)는 좋은 것이요, 유(攸)는 소(所)와 같다. 순(舜)은 우(禹)의 말을 '그러하다' 하고, 이어서 진실로 이와 같이 할 수 있으면 반드시 널리 중론(衆論)을 받아들일 수 있고, 뭇 어진 이들을 다 불러들여 온 세상의 백성들은 모두 그 혜택을 받을 수 있다. 이러한 것은 사사로움을 잊고 이치에 따르며 백성을 사랑하고 선비를 좋아함을 지극히 하는 사람이 아니면 이런 경지에 이를 수 없는 것이며, 오직 요임금만이 이렇게 할 수 있었다고 하였다. 이것은 대개 순의 겸손하게 말하여 감히 스스로 반드시 할 수 있다고 말하지 않은 것이다. 순이 임금 노릇을 어렵게 여기는 것을 여기에서도 볼 수 있다."

정자가 말하였다. "자기〔己〕를 버리고 남을 따른다는 것은 가장 어려운 일이다. '자기'라는 것은 본래 내가 가지고 있는 것이다. 비록 모질게 버리더라도 오히려 자기 고집에 집착하고 남의 의견을 따르는 것에는 가벼이 여길까 두려운 것이다."

신이 살피건대, 사람의 정은 보통 할 수 없는 것을 하라고 책임을 맡기면 오히려 힘써 따를 수 있지만, 이미 잘하고 있는 것을 더 잘하라고 꾸짖으면 반드시 답답해하면서 잘 알지 못한다고 원망하는 것이 사람의 감정입니다. 대체로 임금된 도리의 요점은 아름다운 말이 숨어서 묻히지 않게 하며, 자기 생각을 버리고 남의 의견을 따르는 데 있는 것이니, 순이 성인이 되어 나라를 잘 다스린 까닭도 실로 이와 같은 것입니다. 지금 우가 순이 이미 잘하고 있다는 것을 모르는 것은 아니로되 오히려 감히 여유가 있다고 하지 않고 거듭 그것을 경계하였으며, 순도 역시 자기가 하지 못한다 하였으니, 이것은 순임금의 조정에서 군신이 서로 그 도리를 극진히 한 것이요, 성인이 더욱 성스러워진 까닭인 것입니다.

정공이 물었다. "한 마디 말로 '나라를 흥하게 할 수 있다' 하니 그럴 수가 있습니까?" 공자가 대답하였다. "말로써는 반드시 이와 같으리라고 기약할 수는〔幾〕 없습니다. 그러나 어떤 사람이 말하기를, '임금 노릇 하기도 어렵고, 신하 노릇 하는 것도 쉽지 않다' 하니, 만약에 임금 노릇 하기가 어렵다는 것을 안다면, 한 마디로 나라를 흥하게 한다는 것에 가깝지 않겠습니까?"

《논어》 아래도 같음

주자가 말하였다. "기(幾)는 기약한다는 뜻이다." 또 물었다. "한 마디로 나라를 망하게 할 수 있다 하니, 그럴 수가 있습니까?" 공자가 대답하였다. "말로써는 반드시 그렇게 되리라고 기약할 수는 없습니다. 그러나 어떤 사람이 말하기를, '내가 임금 노릇 하는 데 즐거움은 없으나, 다만 내가 말을 하면 아무도 내 말을 어기지 않은 것이 즐거움이다' 하니, 만약 좋은 말을 했는데 아무도 그 말을 어기지 않는다면 좋은 일이 아니겠습니까? 그러나 만약 좋지 않은 말인데도 아무도 그 말을 어기지 않는다면 한 마디 말로 나라가 망하는 것을 기약할 수 있지 않겠습니까?"

사씨(謝氏)가 말하였다. "임금된 도리의 어려움을 안다면 반드시 경건하고 근면하게 그것을 지킬 것이다. 내가 말을 할 때 아무도 내 말을 어기지 말라고 한다면 참소하고 아첨하는 무리들이 모이게 될 것이다. 나라는 반드시 갑자기 흥하고 망하는 것이 아니요, 그 흥하고 망하는 근원은 여기에서부터 갈라진다. 그러나 이것은 기미(幾微)를 아는 군자가 아니라면 어찌 이러한 것을 알 수 있겠는가?"

중훼(仲虺)가 고(誥)를 지어 아뢰었다. "덕이 날로 새로우면 온 세상이 오직 그를 사모하게 되고[懷], 자만하는 뜻이 있으면 모든 친척[九族]이 떠날 것이니, 임금께서는 힘써 대덕을 밝히어 백성에게 중도(中道)를 세우소서. 의로써 일을 다스리고 예로써 마음을 다스려야 후손에게 끼치는 덕이 넉넉할 것입니다. 듣건대, '스스로 스승을 얻는 사람은 왕이 되고, 아무도 자기만 못하다고 하는 사람은 망한다'고 하였으니, 묻기를 좋아하면 넉넉해지고 제 마음대로 하면 작아질 것입니다."
　　《서경》〈상서·중훼지고(仲虺之誥)〉이 단은 중훼가 성탕(成湯)에게 고한 말임

채씨가 말하였다. "중도란 온 세상 사람이 다 가지고 있는 것이다. 그러나 임금이 이것을 세우지 않는다면 백성들이 스스로 중도를 세울 수는 없다. 예의라는 것은 중도를 세우는 근본이다. 의는 마음을 다스리는 것이요, 예는 이치를 절도에 맞추어 꾸며내는 것[節文]이다. 의로써 일을 처리하면 일이 마땅함을 얻고, 예로써 마음을 다스리면 마음이 올바름을 얻어서 안팎의 덕

이 합하여 중도가 서게 된다. 이와 같이 하면 백성에게 중도를 세울 수 있을 뿐만 아니라 후세에 끼치는 덕이 여유가 있게 될 것이다. 그러나 이 도리는 반드시 배워야만 이르게 되는 것이므로, 또 옛 사람의 말을 들어 '스승을 높이고 묻기를 좋아하면 덕이 높아지고 업적이 넓어지며, 스스로 어질다 하며 제 마음대로 하는 자는 이와 반대이다'라고 하였다. 스스로 스승을 얻는다고 말한 것은, 진실로 자기가 부족하고 남이 넉넉하다는 것을 알아 허심탄회하게 듣고 순종하여 거부함이 없는 것을 말한다. 맹자는 말하기를, '탕은 이윤에게서 배운 뒤에 그를 신하로 삼았기 때문에 힘들이지 아니하고 왕자(王者)가 될 수 있었다' 하였으니, 그것이 바로 탕이 스스로 스승을 얻었다는 뜻일 것이다. 후세의 임금이 예전과 같지 못한 것은, 이는 세상의 도리가 타락한 것일 뿐만 아니라 또한 스승의 도리가 밝지 못하였기 때문이다. 중훼의 이론은 궁극적인 점을 요약하여 '스스로 스승을 얻을 수 있다'는 한 마디 말로 귀결시켰으니, 이것이 어찌 제왕의 대법(大法)이 될 수 있지 않겠는가?"

기자(箕子)가 말하였다. "임금(皇)은 중심(極)을 세우는 것입니다(建)."
《서경》〈주서·홍범〉

채씨가 말하였다. "황(皇)은 임금(君)이요, 건(建)은 세우는 것(立)이다. 극(極)은 북극의 극과 같으니 지극하다는 뜻이요 표준이라는 말이다. 표준이 가운데서 확립되면 세상이 그것에 의해 바로잡는다. 위의 말은 다음과 같은 뜻이다. 임금은 마땅히 인륜의 지극함을 다하여야 할 것이니, 부모와 자식 사이를 말하면, 그 친애함을 지극히 하여 온 세상의 부자가 되는 사람들이 여기에서 준칙을 취하게 하고, 부부 사이로 말하면 그 분별을 지극히 하여 천하에서 부부가 되는 자들이 여기에서 준칙을 취한다. 사소한 사물 하나하나에 접하는 것에서 사소한 언행 하나하나를 표현하는 데 이르기까지, 그 의리의 당연함을 끝까지 추구하여 털끝만큼이라도 넘치거나 미치지 못함이 없게 되어야만 표준이 서게 될 것이다."

공자가 말하였다. "정치를 함(爲政)에 덕으로써(以德) 하는 것은 비유하면 마치 북극성(北辰)이 제자리에 있고(居其所) 뭇 별들이 그것을 향하여(共)

도는 것과 같다."(공(共)은 또한 공(拱)으로도 씁니다.)　　　　　　　　　《논어》

　　주자가 말하였다. "정(政)이란 말은 바로잡는다는 말이다. 사람들의 바르지 못한 것을 바르게 하는 수단이다. 덕이라는 말은 얻는다〔得〕는 말이다. 곧 도(道)를 행하여 마음에 얻어짐이 있는 것이다. 북신(北辰)은 북극성이니, 북극성은 하늘의 중추〔樞〕이다. 제자리에 있다는 것은 움직이지 않는다는 뜻이요, 공은 향한다는 것이며, 뭇 별들이 사방에서 둘레를 돌면서 모두 북극성을 향한다는 말이다. 정치도 덕(德)으로써 하면 아무 하는 것이 없어도 천하 사람들이 귀의하는 모습이 마치 이와 같다."

　　물었다. "이는 덕으로써〔以德〕 정치를 한다는 말입니까?"
　　주자가 대답했다. "덕을 가지고 정치를 하려는 것은 아니다. '～로써(以)'라는 글자에 구애될 필요는 없으니, 다만 정치를 하는 데 덕이 있다는 말과 같은 것이다."

　　범씨(范氏)가 말하였다. "정치를 함에 덕으로써 하면 정치적인 행동을 하지 않아도 교화되고, 말하지 않아도 믿으며, 아무것도 하는 것이 없어도 이루어져서, 지키는 것이 지극히 간략하더라도 능히 번거로운 것을 처리할 수 있고, 처하는 것이 지극히 조용하여도 능히 움직이는 것을 제어할 수 있으며, 힘쓰는 것이 지극히 적어도 능히 뭇 사람을 복종시킬 수 있다."

　　계강자(季康子)가 공자에게 정치에 대하여 물으니,[*7] 공자가 대답하였다. "정치〔政〕라는 것은 바로잡는 것〔正〕이다. 그대가 올바른 것으로써 이끈다면 누가 감히 바르게 되지 않겠는가?" 계강자가 도적을 근심하여 이를 공자에게 물으니, 공자가 대답하였다. "진실로 그대에게 욕심이〔欲〕 없다면 (욕(欲)이란 탐욕입니다) 상을 주어 가며 도적질을 하라 하여도 그들은 도적질을 하지 않을 것이다."

　　《순자(荀子)》(순황(荀況)이 지은 것입니다)에서 이르기를,[*8] "몸을 닦는다(修身)는 말은 들었어도 나라를 닦는다〔修國〕는 말은 아직 듣지 못하였다. 임금은 쟁반(槃)과 같은 것이니, 쟁반이 둥글면 그 속에 담긴 물이 둥글게 될 것이요, 임금은 사발(盂)과 같은 것이니, 사발이 모나면 그 속에 담긴 물도 모나게 될 것이다. 임금은 원천이니, 원천이 맑으면 흐르는 물이 맑고, 원천이 흐리면 흐르는 물이 탁할 것이다"라고 하였다.

동씨(董氏)가 말하였다.*9 "임금된 사람은 마음을 바르게 하여 조정을 바로잡고, 조정을 바르게 하여 관리(百官)를 바로잡고, 관리를 바르게 하여 온 백성(萬民)을 바로잡고, 온 백성을 바르게 하여 사방을 바로 잡습니다. 사방이 바르면 먼 곳이나 가까운 곳이나 감히 하나같이 바르지 않음이 없어서 사악한 기운(邪氣)이 그사이에 침범(奸)하지 못할 것이다. 그러므로 음양이 조화를 이루어 비와 바람이 때에 알맞아서 뭇 생명이 조화롭게 되고 온 백성이 번성하게 될 것이다."

주자가 말하였다. "온 세상의 일은 변화가 무궁하여 그 시초가 끝이 없으되 어느 것 하나도 임금의 마음에 근본하지 아니한 것이 없으니, 이것은 자연의 이치이다. 그러므로 임금의 마음이 바르면 온 세상의 일이 바르지 않는 것이 없고, 임금의 마음이 바르지 않으면 온 세상의 일이 바른 것으로부터 나올 수가 없다. 이 때문에 임금이 조그마한 몸으로 깊은 궁중에 거처하여 마음의 간사함과 올바름(邪正)을 엿볼 수 없을 것 같지만, 밖으로 드러나는 징험(符驗)이 항상 열 눈으로 보는 것 같으며, 열 손가락이 가리키는 것 같아서 숨길 수 없는 것이다. 이 때문에 위대한 순임금은 오직 정성스럽고 오직 한결같이 하라(惟精惟一)는 훈계를 하였고, 공자도 자기를 극복하고 예로 돌아가라(克己復禮)고 말한 것이다. 이는 모두 나의 마음을 바르게 하는 것이 온 세상의 모든 일에 근본이 되는 까닭인 것이다. 이 마음이 바르게 되면 보고 듣는 것이 총명하며, 모든 행동이 예에 맞아서 몸이 바르지 않음이 없을 것이다. 이리하여 행하는 것에 지나치거나 모자람이 없이 그 중도를 잡을 수 있으면 비록 천하가 크다 하더라도 한 사람도 나의 인(仁)으로 돌아오지 않는 자가 없을 것이다.

그러나 간사함과 올바름(邪正)의 징험이 밖으로 드러나는 것은 가장 먼저 집안 사람(家人)에게서 드러나고, 그 다음에 가까이 모시는 신하(左右)에게서 드러난다. 그 뒤에 조정에서 드러나고, 온 세상에까지 미치는 것이다. 만약 궁중〔宮闈〕이 단정하고 엄숙하며, 왕후〔后妃〕에게는 관저의 덕〔關雎之德〕*10이 있고, 후궁들은 서로 시새움이 없이 분수를 지켜서 질서정연하며〔貫魚順序〕, 한 사람이라도 감히 사사로운 은총〔私恩〕을 믿어 법도〔典常〕를 어지럽히거나 뇌물〔賄賂〕을 받고 청탁을 들어주는 자가 없다면, 이것이 바로 집안이 바르게 된 것이다. 임금이 업무를 마친 뒤〔退朝〕 조용히 쉴 때에 임금의 친인척〔貴戚〕이나 가까이 모시는 신하〔近臣〕, 노복, 환관 들이 각각 그 직분을 신중히 지켜서 한 사람이라도 내외를 통하여 위세와 복록〔威福〕을 훔쳐서 권세를 부리거나, 총애를 빙자하여 조정을 어지럽히는 사람이 한 사람도 없으면, 이것은 곧 임금의 좌우가 바르게 된 것이다.

안으로 궁 안에서부터 밖으로는 조정에 이르기까지 털끝만큼도 사사로운 간사함〔私邪〕이 없어야만 명령을 내리면 듣는 이가 모두 의심하지 않을 것이며, 어진 이를 등용하고 간사한 자를 물리치면 뭇 사람들이 같은 뜻으로 복종할 것이다. 그렇게 되면 기강을 떨쳐 외적의 침범으로부터 어지러워지는 근심이 없고 정치가 정비되어 개인적인 감정으로 치우치는 실수가 없게 될 것이다. 그래서 조정 백관과 황제의 군대〔六軍〕는 물론 모든 백성*11이 다 감히 바른 길로 나가지 않을 수 없는 까닭이며, 다스림의 도〔治道〕는 여기에서 다 마치게 되는 것이다. 마음이 한 번 바르지 아니하면 위에서 말한 몇 가지가 진실로 바르게 될 방법이 없다. 이 몇 가지 중에 하나라도 바르지 못한 것이 있는데 '마음이 바르다'고 한다면 어찌 그런 이치가 있을 수 있겠는가?"

신이 살피건대, 임금이 덕을 닦는 것은 정치의 근본입니다. 먼저 임금의 직분이 백성들의 부모된 위치에 있다는 것을 알고 난 다음에 중도를 세우고〔建中〕 중심을 세워서〔建極〕 표준을 삼게 되면, 그 효과는 마치 뭇 별들이 북극성을 향하는 것과 같을 것이다. 순임금·우임금·공자·중훼의 말은 중도를 세우고 중심을 세우는 요령입니다. 그러므로 여기에 모두 실은 것입니다. 아! 자식을 사랑하는 부모는 많지만 백성에게 인을 행하는 임금은 적으니, 이것은 하늘과 땅이 부여한 책임을 조금도 생각하지 않은 것입니다.

이는 정치를 하는 근본을 말한 것입니다.

공자가 말하였다. "큰 제후국〔千乘之國〕을 다스리는〔道〕 데는 일을 신중하게 처리하여 믿음이 있어야 하고〔敬事而信〕, 씀씀이〔財用〕를 절약하고 백성을 사랑하며, 백성을 부리되 때에 맞게 할 것이다."　　《논어》아래도 같음

주자가 말하였다. "도는 다스린다는 뜻이다. '경사이신(敬事而信)'이란 일을 신중하게 처리하여 백성으로부터 신임을 얻는다는 뜻이다. 시(時)는 농한기〔農隙〕를 말한다."

정자가 말하였다. "이 말은 매우 평범한 말이다. 그러나 당시의 제후들이 과연 이와 같이 할 수 있었다면 자기 나라를 잘 다스릴 수 있었을 것이다. 성인의 말은 매우 평범한 것이더라도 위아래의 이치에 다 통하는 것이다. 만약 이 세 가지 말을 끝까지 미루어 보면 요·순의 정치도 역시 이 말을 넘어서지 못할 것이다. 그러나 보통 사람이 평범한 말을 했다면 그것은 다만 천박할 뿐이다."

양씨(楊氏)가 말하였다. "윗사람이 불경하면 아랫사람이 태만하고, 윗사람이 신용이 없으면 아랫사람이 의심을 한다. 아랫사람이 태만하고 의심하면 일이 제대로 이루어지지 않는 것이다. '경사이신'이란 위정자가 몸소 솔선수범하는 것이다. 씀씀이가 헤프면 재물이 손상되고, 재물이 손상하게 되면 반드시 백성을 해치게 되는 것이기 때문에, 백성을 사랑하는 것은 반드시 씀씀이를 절약하는 것으로부터 시작해야 한다. 그러나 백성을 부릴 때, 때에 맞게 하지 않는다면 농사짓는 이들이 농사에 전력하지 못할 것이니, 비록 백성을 사랑하는 마음이 있다고 하더라도 백성들이 혜택을 받지 못할 것이다. 그러나 여기에서는 다만 정치하는 사람의 마음가짐을 논하였을 뿐이요, 정치하는 것을 말한 것은 아니다. 진실로 이 마음이 없다면 아무리 정치에 힘을 기울이더라도 제대로 되지 않을 것이다."

호씨(胡氏)가 말하였다. "대개 여기에서 말한 이 몇 가지는 또한 모두 경건을 주로 삼은 것이다."

공자가 위(衛)나라로 갈 때 염유(冉有)가 수레를 몰았다〔僕〕. 공자가 말하였다. "백성이 많구나〔庶〕!"*12

주자가 말하였다. "복(僕)은 수레를 모는 것이요, 서(庶)는 많다는 뜻이다."

염유가 말하였다. "이미 백성이 많다면 다음에는 무엇에 더 힘써야 합니까?" 공자가 말하였다. "백성을 부유하게 해 주어야 한다(富)."

주자가 말하였다. "백성이 많으나 부유하지 못하다면 백성들의 생활이 제대로 이루어지지 않을 것이다. 그러므로 삶의 터전〔田里〕을 마련해 주고 세금〔賦斂〕을 적게 거두어 백성들을 부유하게 해 주어야 한다."

또 말하였다. "이미 부유해진 다음에 또 무엇에 더 힘써야 합니까?"
공자가 말하였다. "가르쳐야 한다."

주자가 말하였다. "부유하더라도 가르치지 아니하면 짐승에 가까워진다. 그러므로 반드시 학교를 세우고 예의를 밝혀 백성을 가르쳐야 하는 것이다."

호씨가 말하였다. "하늘이 백성을 생겨나게 하고 그들을 위해 통치자〔司牧〕를 세워, 세 가지 일〔三事〕*13을 맡겼다. 그러나 삼대 이후로부터 이 직분을 행한 이가 백에 한둘도 없었다. 한나라의 문제, 명제, 당나라의 태종은 또한 백성을 많게 하고 또 부유하게 했다고 하겠으나, 서경(西京)*14의 교육에 대해서는 들은 바가 없다. 명제는 사부를 존중하고, 태학〔雍〕에 나아가 삼로(三老)에게 배례하였으니 왕실의 친척〔宗戚〕 자제들도 공부하지 않는 이가 없었다. 당 태종은 이름난 유학자〔名儒〕들을 많이 불러들이고, 학생〔生員〕의 수를 크게 늘렸으니 당시의 교육은 잘 갖추어졌다고 할 수 있다. 그러나 그 교육하는 이유를 알지 못하였다. 삼대의 교육은 천자와 공경(公卿)이 몸소 위에서 실행하여 그 언행과 정치가 다 법도〔師法〕가 될 만하였다. 그런데 저 두 임금이야 어찌 그렇게 할 수 있었겠는가?"

자공(子貢)이 정치에 대해서 물었다. 공자가 말하였다. "생계 대책을 충분하게 해 주고〔足食〕, 방위 대책을 충분하게 갖추면〔足兵〕 백성들이 신임할 것〔民信之〕이다."

주자가 말하였다. "이것은 창고〔倉廩〕가 가득 차고, 방위 대책〔武備〕이 잘 갖추어져야만 교화가 행해져서 백성들이 지도자〔我〕를 신임하여 배반하지 않는다는 말이다."

자공이 말하였다. "부득이하여 버려야 한다면 이 세 가지 중에서 어느 것을 먼저 버려야 합니까?" 공자가 말하였다. "방위 대책을 버려야 한다."

주자가 말하였다. "생계 대책이 충분하고 백성들의 믿음이 있으면 방위 대책이 없더라도 굳건하게 지킬 수 있다는 것을 말한다."

자공이 말하였다. "또 부득이하여 버려야 한다면 이 두 가지 중에서 어느 것을 먼저 버려야 합니까?" 공자가 말하였다. "생계 대책을 버려야 한다. 옛날부터 사람들은 누구나 죽기 마련이지만, 백성들의 신뢰가 없다면 나라는 존립할 수 없다."

주자가 말하였다. "백성들은 먹을 것이 없으면 반드시 죽을 것이다. 그러나 죽음이란 사람들이 반드시 면하지 못하는 것이지만, 신뢰가 없으면 비록 산다 하더라도 자립할 수 없어서 죽어서 편안하게 되는 것만 못한 것이다. 그러므로 차라리 죽을지언정 백성들에게 신뢰를 잃어서는 안 되며, 백성들로 하여금 차라리 죽을지언정 지도자〔我〕에 대한 신뢰를 잃지 않도록 해야 한다."

정자가 말하였다. "공자 문하〔孔門〕의 제자들이 단도직입적으로 질문을 잘 하였으나 이 장과 같은 경우는 자공이 아니면 능히 묻지 못했을 것이요, 성인이 아니면 답할 수도 없었을 것이다."
주자가 말하였다. "인정으로써 말한다면 방위 대책과 생계 대책이 넉넉한 뒤에야 백성들이 지도자를 신뢰할 수 있을 것이요, 백성의 덕으로써 말한다면 신뢰〔信〕란 본래 사람에게 고유한 것이니, 방위 대책과 생계 대책이 이에 앞설 수 없는 것이다. 이 때문에 위정자는 마땅히 몸소 그 백성을 거느리고 죽음으로써 신뢰를 지킬 것이요〔死守〕, 위급하다 해서 버릴〔棄〕 수 없는 것이다."(지킨다는 것은 신뢰를 지키는 것이요, 버린다는 것은 신뢰를 버리는 것입니다.)

이는 정치의 구조를 말한 것입니다.

공자가 말하였다. "무릇 천하 국가를 다스리는 데 있어서는 아홉 가지 보편적인 원칙〔九經〕이 있다. 이것은 자신을 수양하고〔修身〕, 어진 이를 존경하고〔尊賢〕, 친족을 아끼고〔親親〕, 대신을 공경하고〔敬大臣〕, 뭇 신하를 내 몸과 같이 여기고〔體群臣〕, 백성을 자식처럼 사랑하고〔子庶民〕, 모든 공인을 불러들이고〔來百工〕, 먼 데서 온 사람을 편히 해 주고〔柔遠人〕, 제후를 회유하는〔懷諸侯〕 것이다. 《중용》 아래도 같음

주자가 말하였다. "경(經)은 보편적인 원칙이다. 체(體)는 몸소 그 처지에 처하여 그 마음을 살피는 것이다. 자(子)는 부모가 그 자식을 사랑하는 것처럼 사랑하는 것이다. 먼 데서 온 사람들을 편히 한다는 것은 손님과 나그네를 잊지 않는다는 뜻이다. (손님과 나그네란 사신이나 또는 상인으로서 먼 곳으로부터 온 사람을 말합니다) 이것은 구경(九經)의 조목을 열거해 놓은 것이다."

여씨(呂氏)가 말하였다. "천하 국가의 근본은 군주의 몸에 있다. 그러므로 '자신을 수양하는 것'이 구경의 근본이 된다. 그러나 반드시 스승을 가까이하고 벗을 얻은 후에야 수신의 도가 앞으로 나아가게 되므로 어진 이를 존경하는 것이 그 다음에 이어진다. 도가 행해짐은 그 집안보다 앞서는 것이 없으므로 친족을 친애하는 것이 그 다음에 이어진다. 그리고 집안에서부터 조정에 이르게 되는 까닭에 대신을 공경하는 것과, 뭇 신하를 내 몸과 같이 여김이 그 다음이다. 조정에서 나라에 미치게 되는 까닭에 백성을 자식처럼 사랑하는 것과, 모든 공인을 불러들이는 것이 그 다음이다. 나라로부터 온 세상에 미치게 되는 까닭에 먼 데서 온 사람들을 편히 해 주고, 제후를 회유

하는 것을 그 다음에 둔 것이니, 이것이 구경의 차례이다. 뭇 신하를 내 팔다리 보는 것과 같이 하고, 백성 보기를 내 자식 보는 것과 같이 하는 것은 곧 신하와 백성 보는 것을 구별한 것이다."

자신을 수양하면 도가 확립되고, 어진 이를 존경하면 의혹이 없게 된다. 친족을 친애하면 백부와 숙부(諸父), 형제들이 원망하지 않게 되고, 대신을 공경하면 현혹되지 않게 되며, 뭇 신하를 내 몸과 같이 여기면 선비들이 예로서 보답하고, 백성을 자식처럼 사랑하면 백성들이 격려를 받게 되고, 공인들을 오게 하면 재물이 풍족하게 되며, 먼 데서 온 사람을 편히 해 주면 사방에서 귀의해 오게 되고, 제후를 회유하면 온 세상이 그를 두려워하게 됩니다.

주자가 말하였다. "이것은 아홉 가지 보편적 원칙의 효과를 말한 것이다. 도가 확립된다는 것은, 도가 자기에게서 이루어져서 백성들의 표준이 될 수 있음을 말한 것이니, 이른바 '임금이 그 표준을 세운다'는 것이 바로 이것이다. 의혹이 없다는 것은 이치에 의심이 없게 된다는 말이요, 현혹되지 않는다는 말은 일에 미혹되지 않는다는 말이다. 대신을 공경하면 신임이 온전하여져서 소신들이 이간질할 수 없으므로 일에 임하여 현혹되지 않는 것이다. 모든 공인을 불러들이면 일을 융통성 있게 하여 기술이 잘 유통되어 농민과 상인이 서로 돕게 되므로 재물이 풍족하게 되는 것이다. 먼 데서 온 사람들을 편히 해 주면 온 세상의 나그네가 다 기뻐하며 그 나라의 길로 다니기를 바라기 때문에 사방이 모두 귀의해 오게 된다. 제후를 회유하면 덕을 베푸는 것이 넓어지고 위엄을 떨치는 것이 넓어지게 되므로 천하가 모두 그를 두려워하게 된다."

몸과 마음을 바르고 밝게 하고 옷차림을 단정하게 하며(齊明盛服), 예가 아니면 행하지 않는 것은 몸을 닦는 것이요, 참소를 물리치고 여색을 멀리하며(去讒遠色), 재물을 천하게 여기고 덕을 귀하게 여기는 것은 어진 이를 권장하는 방법이다. 그 지위를 높여주고 봉록을 후하게 해 주며, 좋아하고 싫어함을 함께하는 것은 친족을 친애하도록 권장하는 것이요, 관속을 많이 두어 충분히 부릴 수 있게 하는 것(官盛任使)은 대신을 권면하는 방법이다. 충심으로 믿고 봉록을 후하게 하는 것〔忠信重祿〕은 관리들을 권면하는 방법이다. 때에 맞게 부리고 세금을 가볍게 하는 것은 백성들을 권면하는 것이요, 날마다 살펴보고 달마다 시험하여 일의 성과에 맞게 녹을 지불하는 것〔旣廩稱事〕은 모든 공인을 권면하는 방법이다. 가는 이를 전송하고 오는 이를 환영하는 것〔送往迎來〕은 먼 데서 온 사람을 편안히 해 주는 방법이다. 끊어진 세대를 이어주고, 망한 나라를 일으켜 주며, 난을 다스려 주고 위급한 것을 구원해 주며〔治亂持危〕, 때에 맞게 사신을 맞이하고〔朝聘〕, 보내는 것은 후하게 하고〔厚往〕, 가져오는 것을 조금만 받아들이는 것〔薄來〕은 제후를 회유하는 방법이다.

주자가 말하였다. "이것은 아홉 가지 보편적인 원칙의 일을 말한 것이다. 관성임사(官盛任事)는 관청에 소속된 사람을 많이 두어 충분히 부릴 수 있게 한다는 것이다. 관속의 수가 많아 부리기에 충분하게 하는 것을 말한 것이다. 대개 대신이 사소한 일을 직접 할 수 없기 때문에 이와 같이 우대하는 것이다. 충신중록〔忠信重祿〕은 그를 정성껏 대우하고 봉록을 주는 것도 풍부하게 해 주는 것이니, 이것은 선비들이 윗사람에게 이처럼 의지한다는 것을 몸으로 체험하여 알아주는 것이다. 기(旣)자는 희(餼)자로 읽어야 하는데, 희름〔餼禀〕이란 녹봉〔稍食〕이다(초(稍)란 물건을 조금씩 내준다는 뜻이다). 칭사(稱事)란, 《주례》의 〈고인직(槀人職)〉에서 '활과 쇠뇌〔弓弩〕를 만드는 성과를 살펴서 녹봉(食)을 올리고 내린다'라고 한 것과 같은 것이다. 가는 사람을 전송하고 오는 사람을 환영한다는 것은, 갈 때는 부절(符節)을 주어서 전송하고, 오는 사람은 풍부하게 쌓아둔 것을 가지고 맞이하는 것이다. 조(朝)는 제후가 천자를 찾아뵙는 것이요, 빙(聘)은 제후가 대부를 시켜서 천자에게 공물을 바치는 것을 말한 것이다. 《예기》〈왕제(王制)〉에 '해마다 한 번씩 소빙(小聘)을 하고, 3년에 한 번씩 대빙(大聘)을 하며 5년 만에 한 번씩 조를 한다'고 하였다. 후왕박래(厚往薄來)란 잔치를 베풀고 선물을 내리는 것은 후덕하게 하고 공물을 받는 것은 가볍게 하는 것을 말한 것이다."

온 세상의 국가를 다스리는 데에는 아홉 가지 보편적인 원칙(九經)이 있으나 이것을 행하는 원리는 하나이다.

주자가 말하였다. "하나란 성실(誠)이니, 하나라도 성실하지 아니한 것이 있다면 이 아홉 가지는 모두 헛된 말[虛文]에 지나지 않게 된다. 이것이 구경의 실상이다."

맹자가 말하였다.*15 "어진 이를 존중하며 유능한 이에게 일을 맡기고, 재주와 덕망이 뛰어난 자가 벼슬자리에 있게 되면 온 세상의 선비들이 모두 기뻐하며 그 조정에 서기를 원할 것이다. 시장에서는 점포세만 징수하고[市廛] 물품세는 받지 않거나[不征] (전(廛)이란 시장의 점포이니 그 점포에만 세금을 부과하고 그 물품세는 받지 않는 것입니다), 시장의 불법만을 다스리고 점포세마저도 받지 않으면[不廛] (시관(市官)의 법에 따라 다스리고 점포에 세금을 부과하지 않는 것입니다) 온 세상의 상인들이 다 기뻐하여 그 나라의 시장에 물건을 두기를 바랄 것이다. 관문에서는 이상한 일이 없는가를 살피기만 할 뿐이요, 관세를 징수하지 않는다면(이상한 사람을 기찰하고 세금을 받지 않는 것입니다) 온 세상의 나그네들이 모두 기뻐하며 그 나라의 도로로 다니기를 원할 것이다. 농사짓는 사람에게는 공전(公田)을 경작하는 것만 돕게 하고 사전(私田)에 따로 세금을 거두지 않는다면(다만 그들로 하여금 힘을 내어 공전에 경작을 돕게 하고 그들의 사전에는 세금을 거두지 않는 것입니다) 온 세상의 농민들이 다 기뻐하면서 그 나라의 들에서 농사짓기를 원할 것이다. 거주지에 가옥세와 인두세[夫里之布]를 받지 않으면(《주례》에서 '집 주위에 상마(桑麻)를 심지 않는 자는 가옥세[里布]를 거두고, 일을 하지 않는 백성에게는 인두세[夫布]를 거둔다'고 하였습니다. 전국 시대에는 비록 평민이라도 누구나 이 두 가지를 거두었습니다) 온 세상의 백성들이 모두 기뻐하여 그 나라의 백성이 되기를 원할 것이다. 진실로 이 다섯 가지를 시행한다면 이웃 나라의 백성들이 그 나라의 임금을 마치 부모같이 우러러볼 것이다. 자제들을 이끌고 그 부모를 공격하는 것은 세상에 사람이 생겨난 이래로 성공한 적이 없다. 만약 이와 같이 된다면 천하에 대적할 사람이 없는 것이니, 온 세상에 대적할 사람이 없는 이는 하늘의 벼슬아치[天吏]이다. 그렇게 하고서도 왕노릇을 하지 못한 이는 지금까지 없었다."

또 말하였다.*16 "어질고 현명한 사람을 믿지 않으면 나라가 텅 비고[空虛](비록 백관(百官)과 유사(有司)가 있다 하더라도 그 직분을 제대로 수행하지 못하면 사람이 없는 것과 무엇이 다르겠는가? 마치 금나라 사람들이 하수(河水, 황하)를 건너 쳐들어가며 말하기를, '남송(南宋)에는 사람이 없다고 할 만하구나. 만약 1~2천 명으로 하수를 지켰다면 내가 어찌 건널 수 있었겠는가?'라고 하였는데 이것이 공허한 것의 예입니다), 예의가 없으면 상하가 문란하며, 정치가 없으면 재화가 부족해진다."

이는 정치의 구체적인 절차와 세목을 말하고, 그 근본을 미루어 말한 것입니다.

신이 살피건대, 정치의 대강은 이 장의 내용에서 크게 벗어나지 않습니다. 그러나 다음 글에서는 이를 더 부연하여 설명하였습니다. 중도를 세우고 표준을 세우는 것은 정치하는 근본이요, 백성이 많고 부유하게 된 뒤에 가르치는 것은 정치의 구조이며, 아홉 가지 보편적인 원칙의 일은 정치하는 절차와 세목입니다. 다만 구경은 근본과 말단을 말한 것이니, 이른바 '자신을 수양한다'는 것은 곧 중도를 세우고 표준을 세우는 것이요, 이른바 '하나'라는 것은 또 중도를 세우고 표준을 세우는 근본인 것입니다. 전하께서는 이것을 깊이 생각하십시오.

〈주〉

＊1 천자(天子), 제왕(帝王)을 가리킴.
＊2 《대학》 전(傳) 10장.
＊3 명(銘)이란 금석(金石)이나 그릇 등에 새겨 스스로 경계를 삼는 글을 말한다. '서명'은 송나라 때의 장횡거가 서재의 서쪽 창에 걸어놓은 명으로서 성리학적인 인설(仁說)의 대표적인 글이다. 본래의 이름은 정완(訂頑)이었다.
＊4 《장자전서(張子全書)》〈서명(西銘)〉
＊5 영숙(潁叔)을 가리킴.
＊6 하늘이 백성을 다스리는 기능.
＊7 《논어》〈안연(顏淵)〉
＊8 《순자》〈군도(君道)〉
＊9 《한서》〈동중서전(董仲舒傳)〉
＊10 전통적인 해석에 따르면, 《시경》〈주남(周南)〉의 맨 처음인 관저(關雎)는 문왕의 비인 사씨(姒氏)의 덕을 읊은 노래라고 한다. 그러므로 관저의 덕(德)이란 후비(后妃)가 갖추어야 할 덕을 가리킨다.

*11 주대(周代)의 군대 편제인 오(伍)·양(兩)·졸(卒)·여(旅)·사(師)·군(軍)을 일컫는다. 혹은 천자의 군대를 말한다. 일군(一軍) 1만 2,500명이므로 모두 7만 5,000명이 된다.
*12 《논어》〈자로(子路)〉
*13 위의 본문에서 말한 서(庶)·부(富)·교(敎)의 세 가지 일.
*14 전한(前漢)의 문제(文帝)는 장안(長安)에 도읍하였는데 이를 서경(西京)이라 하므로, 곧 서경에 도읍했던 문제를 가리킨다.
*15 《맹자》〈공손축·상〉
*16 《맹자》〈진심·하〉

어진 이를 등용함에 대하여〔用賢〕

신이 살피건대, 공자는 말하기를, "정치를 하는 것은 인재를 얻는 데 있는 것이니, 어진 이를 등용하지 않고 정치를 잘한 이는 없다"고 하였습니다. 임금과 신하가 서로 좋은 상대를 얻어야 정치를 잘할 수 있으므로, 임금의 직무는 오직 어진 이를 알아보고 그에게 일을 맡기는 것을 급선무로 삼아야 합니다. 그러므로 이 장의 내용을 앞에 놓고 이 장 가운데서 의론을 특히 상세하게 하였습니다.

공자가 말하였다. "오직 어진 사람이라야 사람을 좋아할 수 있고, 사람을 미워할 수 있다." 《논어》 아래도 같음

주자가 말하였다. "'오직'이란 말은 '홀로'라는 뜻이다. 대개 사심이 없어야만 좋아하고 미워하는 것이 이치에 합당하게 되는 것이니, 정자가 말한 바 '그 공정한 것을 얻는다'는 것이 이것이다."

유씨(游氏)가 말하였다. "선을 좋아하고 악을 미워하는 것은 천하 사람들에게 공동된 감정이다. 그러나 사람들이 늘 그 바른 것을 잃어버리는 것은 마음에 얽매인 것이 있는 것을 스스로 극복하지 못했기 때문이다. 오직 어진 사람이라야 사사로운 마음이 없기 때문에 공정하게 좋아하고 미워할 수 있

는 것이다."

그 사람의 말을 알지 못하면 그 사람을 알 수 없다.

경원 보씨(慶源輔氏)가 말하였다. "말이란 마음의 소리이다. 말의 옳고 그름을 앎으로써 그 사람의 옳고 그름을 알 수 있다. 오직 사물의 이치를 깊이 연구한 군자만이 이것을 할 수 있다."(이 두 절은 자신을 수양하여 마음이 공정하고 이치가 밝아진 후에라야 사람을 알 수 있음을 말한 것입니다.)

그가 하는 것을 보고,

주자가 말하였다. "이(以)는 '한다'는 뜻이다. 선한 일을 하는 이는 군자가 되고 악한 일을 하는 이는 소인이 된다."

그 이유가 되는 바를 살피며,

주자가 말하였다. "관(觀)은 본다(視)는 것에 비해 더 상세한 것이요, 유(由)는 말미암는 것이다. 일은 비록 선한 것이라도 동기가 선하지 못하다면 또한 군자가 될 수 없다."

신이 살피건대, 행동한 것이 비록 선하더라도 만약 명예를 좋아하고 벼슬을 좋아하는 생각이 마음 속에 있다면 동기가 선하지 못한 것입니다.

그가 즐기는 바를 살펴본다면,

주자가 말하였다. "찰(察)은 관(觀)보다 더욱 상세하게 본다는 뜻이다. 안(安)은 즐거워하는 것이다. 그 하는 일의 동기가 비록 선하다 하더라도, 마음이 즐겁지 않으면 또한 거짓일 뿐이다. 어찌 오래도록 변하지 않을 수 있겠는가?"(행동하는 것은 보기 쉽지만, 그 동기와 즐기는 것은 이치를 연구하고 말을 아는 이가 아니라면 분별하여 알 수가 없습니다.)

사람이 어찌 숨기겠는가, 사람이 어찌 숨기겠는가!

주자가 말하였다. "언(焉)이란 '어찌'라는 뜻이요, 수(廋)는 숨긴다는 뜻이다. 거듭 되풀이하여 말한 것은 그것을 숨길 수 없음을 깊이 밝힌 것이다."

정자가 말하였다. "나에게 있는 것이 말을 알고 이치를 궁리할 수 있으면 이것으로써 성인처럼 사람을 살필 수 있다."

남이 나를 속일 것이라고 미리 생각하지 말고, 남이 나를 믿지 못할 것이라고 미리 억측할 것도 아니다. 그러면서도 진실과 허위에 대해 미리 아는 자가 현명한 사람이 아니겠는가?

주자가 말하였다. "역(逆)은 아직 이르지 않았는데도 미리 맞이하는 것이요, 억(億)은 아직 나타나지 않았는데도 미리 억측하는 것이다. 사(詐)는 남이 자기를 속이는 것을 말하고, 불신(不信)은 남이 자기를 의심하는 것을 말하며, 억(抑)은 반어사(反語辭)이다. 이것은 비록 미리 남이 나를 속일까 의심하거나, 남이 나를 믿지 않을까 하고 억측하지 않더라도 남의 진실과 허위에 대해 자연히 먼저 알 수 있어야 곧 현명한 사람이 된다는 것을 말한 것이다."

양씨(楊氏)가 말하였다. "군자는 한결같이 성실할 뿐이다. 그러나 성실하면서도 밝지 못한 이가 없는 까닭에 비록 미리 속일 것을 생각하고, 불신할 것을 억측하지 않더라도 항상 먼저 깨닫는다. 만약에 미리 생각하고 미리 헤아리지 않아 끝내 소인의 간사함에 빠지지 않게 된다면, 이 또한 형편없는 사람에 불과할 뿐이다."

신안 진씨(新安陳氏)는 말하였다. "미리 생각하고 미리 억측한다는 것은 개인적인 견해가 어지러운 것이요, 먼저 깨닫는다는 것은 참된 견해가 환히 밝은 것이다. 진실로 일에 앞서서 소인이 간사한 행동을 할 것을 미리 헤아리지도 않고, 또한 일에 임하여 소인의 간계에 떨어지지도 않는 것이 성실하고 현명한 군자가 아니겠는가?”

뭇 사람들이 미워해도 반드시 살펴야 하며, 뭇 사람들이 좋아해도 반드시 살펴야 한다.

맹자가 말하였다. “좌우에 있는 사람들이 다 어질다고 하여도 아직 옳다고 여기지 않으며, 모든 대부(大夫)들이 다 어질다고 하여도 아직 옳다고 여기지 않으며, 온 나라 사람들이 다 어질다고 한 뒤에야 이를 살펴서 그 어진 것을 본 뒤에 그를 등용할 것이다. 좌우에서 다 옳지 않다 하여도 듣지 말고, 모든 대부들이 다 옳지 않다 하여도 듣지 말고, 온 나라 사람들이 모두 옳지 않다 한 뒤에야 이를 살펴서 그 옳지 않은 것을 본 뒤에 그를 물리칠 것이다.”

주자가 말하였다. “사람 중에는 세속 사람들과 함께 하여 대중에게 호감을 받는 사람도 있고, 또한 독특하게 행동하여 대중에게 미움을 받는 자도 있다. 그러므로 반드시 스스로 살펴서 그 어질고 어질지 못한 사실을 본 다음에 거기에 따라 등용하거나 버리거나 해야 하는 것이다. 이렇게 하면 어진 이에 대해서 아는 것이 깊고 신임함이 무거워서 재능 없는 자가 요행히 벼슬에 나아가는 일이 없게 될 것이다.”

이는 사람을 보는 방법을 말한 것입니다.

맹자가 말하였다. “사람은 하지 않는 것이 있어야만 할 수 있는 일이 있을 것이다. 《맹자》

정자가 말하였다. “하지 않는 것이 있다는 것은 가릴 줄을 안다는 것이니, 오직 하지 않는 것이 있기 때문에 할 수 있는 것이 있게 된다. 하지 않는 일이 없는 자가 어찌 할 수 있는 일이 있겠는가?”

장자(張子)는 말하였다. "어질지 않은 일을 하지 않으면 어진 일을 할 수가 있고, 옳지 않은 일을 하지 않으면 옳은 일을 할 수가 있다."

정자가 말하였다. "대개 선비가 깊이 도에 들어가기를 감히 바라지는 못한다 할지라도 다만 그 마음에 있는 것이 바르고 선악을 분별하며, 염치를 알 수만 있다면 이러한 사람들은 점점 좋아지게 될 것이다."

《주역》에서 말하였다. "군자는 같으면서도 다르다."
〈규(睽)괘·상사〉

정자가 말하였다. "성현의 처세는 인간 도리가 떳떳한 것에 있으니, 세속에서 함께 하는 사람과 대체로 같지 않은 것이 없다. 그런데 때로 홀로 달리하여 대체로 같을 수 없는 자는 상도(常道)를 어지럽히고 이치를 어기는 자이며, 홀로 다르게 하지 못하는 자는 세속에 따라 그른 것에 익숙해 있는 사람이다. 그러므로 그 요체는 같으면서도 다를 수 있는 데 있다."

신이 살피건대, 군자는 인륜을 실행하면서는 세속과 크게 같지만, 그 가운데에 다른 것이 있습니다. 어버이를 사랑하는 것은 같으나, 부모를 도리로 깨우쳐서 명령에 복종하는 것만을 효도로 생각하지 않는 것이 세속과 다르며, 임금을 공경하는 것은 같으나 임금을 도리에 맞게 인도하다가 뜻이 맞지 않으면 떠나가는 것이 세속과 다른 것입니다. 처와 화목한 것은 같으나 서로 손님처럼 공경하여 정욕에 빠지지 않는 것이 세속과 다르며, 형에게 순종하는 것은 같으나 화락한 마음으로 서로 힘써서 학문과 덕행을 연마하는 것이 세속과 다르며, 친구끼리 교유하는 것은 같지만 오래도록 존경하고 서로 살펴 선을 행하는 것이 세속과 다릅니다. 어버이를 사랑하지 않고, 임금을 공경하지 않으며, 부부가 반목하고, 형제끼리 불화하며, 친구끼리 서로 해치는 자는 실로 상도를 어지럽히고 풍속을 해치는 사람이니 말할 것도 못 됩니다. 그러나 세속에서 행실이 좋다는 사람들 가운데는 군자의 도를 알지 못하는 까닭에, 다만 육체만을 봉양하여 부모를 허물에 빠뜨리면서도 도리어 군자가 부모의 명령에 복종하지 않는 것을 의심하여 불효라고 생각합니다. 임금에게 신임을 얻지 못하면 조바심이 나서 나아가 그칠 줄을 모르면서, 도리어 군자가 나아가기를 어렵게 하고 물러서기를 쉽게 하는 것을 의심하여 불경(不敬)이라고 생각합니다. 정욕으로 예를 무너뜨리고 지나치게 친밀하여 버릇 없이 굴면서도 군자가 낮에는 내실에 있지 않는 것을 의심하여 비정하다고 생각합니다. 형제간에 서로 모여 즐기는 것이 술 마시고 잔치하는 것뿐이면서도 도리어 군자가 절차탁마(切磋琢磨 : 부지런히 학문과 덕행을 닦는 것)하여 학문에 힘쓰는 것을 의심하여 우애를 해치는 것이라 생각합니다.

친구끼리 덮어놓고 좋기만 하여 어깨를 치고 옷소매를 잡아 끌어 서로 희롱하면서 도리어 군자가 위의(威義)를 지키는 것을 의심하여 우정이 긴밀하지 못하다고 생각하니 속견(俗見)의 고질이 이미 오래되었습니다. 만일 윗자리에 있는 사람이 먼저 도리를 알아 밝게 볼 수 있는 자가 아니라면, 세속과 다른 것을 그르다고 하지 않을 사람이 드물 것입니다. 그러나 군자가 세속과 다른 까닭은 풍속이 옛날의 도를 회복하지 못하였기 때문입니다. 만일 덕화(德化)가 행하여져서 풍속이 아름다워지고 사도(斯道)[1]가 크게 밝아져서 크게 행해진다면 세속 사람들이 모두 군자가 될 것이니, 비록 혼자만 다르게 되려고 하여도 그것이 될 수 있겠습니까?

공자가 말하였다. "대신은 도(道)로써 임금을 섬기다가 되지 않으면 그만둔다. 《논어》

주자가 말하였다. "되지 않으면 그만둔다는 것은 뜻이 도에 합하지 않으면 그만두고 떠나는 것을 말한다. 도로써 임금을 섬긴다는 것은 임금의 욕심을 따르지 않는 것이요, 되지 않으면 그만둔다는 것은 반드시 자기의 뜻을 행하는 것이다."(이상은 주자의 본주(本註)임.)

공자가 말하였다. "군자는 임금을 섬기되 나아가서는 충성을 다할 것을 생각하며, 물러나와서는 임금의 허물을 보충할 것을 생각한다. 그 임금의 아름다운 것은 따르고, 그 악한 것은 바로잡기 때문에 상하가 서로 친할 수 있다." 진씨(眞氏)가 말하였다. "나아간다는 것은 들어가 그 임금을 뵙는 것을 말하며, 물러난다는 것은 나와서 자기 집(私室)으로 가는 것을 말하는 것이다."

맹자는 말하였다. "임금에게 하기 어려운 일을 권유하는 것을 공(恭)이라 하고, 선을 베풀고 간사함을 막는 것을 경(敬)이라 하며, '우리 임금은 할 수 없다'고 하는 것을 적(賊)이라 한다. 나는 요·순의 도가 아니면 감히 임금 앞에서 말해 보지 않았으니, 제나라 사람들은 나만큼 임금을 공경하는 이가 없다."(범씨(范氏)는 말하였다. "신하가 하기 어려운 일로써 그 임금에게 권유하여 그 임금을 요·순과 같은 임금이 되게 하는 것은 임금을 더없이 높이는 것이다. 착한 도를 개진(開陳)하여 임금의 사심을 막고 오직 그 임금이 혹시나 허물있는 지경에 빠지지 않을까 하고 두려워하는 것은 임금을 공경하는 것이 지극한 것이다. 그 임금은 선도(善道)를 행할 능력이 없다고 하면서 선도로써 고하지 않는 것은 그 임금을 해치는 것이 심한 것이다. 이상의 2조는 도로써 임금을 섬기는 것을 말한 것이다.")

또 말하였다. "벼슬을 하는 자가 그 직책을 다 할 수 없으면 떠나고, 언관(言官)으로서 소신껏 말할 수 없게 되면 떠난다."

송나라 신종(神宗)이 사마광(司馬光)을 쓰고자 하여 허주 자사(許州刺史)를 불러서 대궐을 지나 전각에 오르라 하고 조서를 내리려 할 때에, 임금이 정호(程顥)에게 말하기를, "짐이 사마광을 부르는데, 경의 생각에는 사마광이 오겠는가, 오지 않겠는가?" 하였다. 정호가 대답하기를, "폐하께서 그의 말을 받아들일 수 있다면 그는 반드시 올 것이요, 그의 말을 받아들일 수 없다면 그는 반드시 오지 않을 것입니다" 하였다. 임금이 말하기를, "그의 말을 받아들이든지 받아들이지 않든지를 논하기 전에, 사마광 같은 이가 항상 좌우에 있게 되면 임금에게 스스로 허물이 없어지지 않겠는가!" 하였는데, 사마광은 과연 소명을 사양하였다. (신종은 사마광이 어진 것을 알면서도 그의 말은 받아들이지 못하고 다만 소명으로 그를 오게만 하려고 하였으니, 어진 이를 좋아한다고 할 수 있겠습니까? 이는 불가하면 그만둔다는 것을 말한 것입니다.)

공자가 말하였다. "임금을 섬기되 나아가는 것은 어렵게 여기고 물러가는 것은 쉽게 여기면 직위에 질서가 있고(현자(賢者)는 나아가 등용되고 불초자(不肖者)는 현자에게 부림을 당한다면 관위에 질서가 있습니다), 나아가는 것은 쉽게 여기고 물러가는 것은 어렵게 여긴다면 직위가 어지럽게 된다. (어지럽다는 것은 현,

불초가 전도된 것을 말합니다.) 그러므로 군자는 세 번 읍하고는 나아가고, 한 번 사양하다가 물러나는 것은 난을 멀리하는 것이다."(여씨가 말하였다. "세 번 읍한다는 것은 세 번 사양한다는 뜻이다. 만약에 주인의 공경이 지극하지 않은데도 억지로 나아가거나, 주인의 마음이 이미 태만한데도 사양하지 않으면 빈주(賓主)의 분수가 문란한 것이다. 벼슬은 할 만하면 하고, 그만둘 만하면 그만두며, 만날 만하면 만나고, 사양할 만 하면 사양하는 것이 나아가고 물러나는 의리는 같은 것이다.")

여씨는 말하였다. "임금이 나를 믿어 스승으로 삼을 만하다고 하더라도, 나에게 배운 뒤에 나를 신하로 삼지 않는다면 나아가지 아니하며, 비록 나를 믿어 국정(國政)을 잡을 수 있게 되었다 하더라도 계손씨(季孫氏)와 맹손씨(孟孫氏)의 중간 정도로 대우한다면 역시 나아가지 아니한다. 공자는 마땅히 주어야 할 제사 지낸 고기를 주지 않으니 곧 가 버리고, 영공(靈公)이 진(陣)치는 것에 관해 물었는데도 곧 가 버리는 것은, 군자의 도는 임금을 바로잡는 데 있을 뿐이다. 자기 몸을 굽히는 자로서 남을 바르게 할 수 있는 자는 없기 때문이다."(이는 나아가고 물러남의 의리를 논한 것임.)

맹자가 말하였다. "선비는 궁해도 의를 잃지 아니하고, 영달하더라도 도를 떠나지 않는다. 궁해도 의를 잃지 아니하므로 선비는 자기를 잃지 않으며, 영달하더라도 도를 떠나지 아니하므로 백성들이 실망하지 아니한다."

《맹자》

주자가 말하였다. "자기 지조를 지킨다는 것은 자기를 잃지 않는 것이다(그 몸을 잃지 않는다고 말하는 것과 같음). 백성들이 실망하지 아니한다는 것은 사람들이 평소에 도를 일으키고 다스림을 이룰 것을 바랐는데, 지금 과연 바란 바와 같다는 것을 말한 것이다."

맹자가 말하였다. "옛날 사람들은 뜻을 얻으면 은택이 백성에게 미치게 되고, 뜻을 얻지 못하면 몸을 닦아 세상에 그 이름을 드러냈으니, 궁하면 홀로 그 몸을 선하게 보존하고, 출세하면 온 세상과 더불어 그 선을 함께 하는 것이다."

《주역》에서 말하였다. "임금을 섬기지 아니하고, 그 일을 높이 숭상한다."
〈고괘(蠱卦), 상·9효사〉

정자가 말하였다. "선비가 스스로를 높이 숭상하는 것은 한 가지 길만이 있는 것은 아니다. 도덕을 품고 있으나 때를 만나지 못하여 고결하게 스스로를 지키는 자도 있고(이윤과 태공망(太公望)같은 사람이 아직 세상에 나오지 않았을 때입니다), 만족하게 여겨 그칠 줄 아는 도를 알아서 물러가 스스로 몸을 보존하는 이도 있으며(장양(張良)과 소광(疏廣) 같은 무리입니다), 자기의 재능과 분수를 헤아려서 남이 자기를 알아 주기를 바라지 않는 것을 편안히 여기는 이도 있으며(서치(徐穉)와 신도번(申屠蟠)과 같은 무리입니다), 청렴한 절개로서 스스로를 지켜 온 세상의 일을 달갑게 여기지 아니하고 홀로 그몸을 깨끗하게 하는 자도 있으니(접여(接輿)와 하궤(荷蕢)의 무리입니다), 처신하는 것에 비록 득실과 대소의 차이는 있다 하더라도 모두 스스로 그 일을 높이 숭상하는 사람들이다."

신이 살피건대, 선비가 벼슬하지 않는 것은 본래 그 이유가 한 가지가 아니지만, 대개 정자가 논한 네 가지를 벗어나지 않습니다. 이른바 득(得)이라는 것은 위의 세 가지이고, 실(失)이라는 것은 아래의 한 가지이며, 대(大)라는 것은 위의 한 가지이고, 소(小)라는 것은 아래의 세 가지입니다. 대개 도덕을 가진 선비는 공경을 극진히 하고 예를 다하지 않는다면 만나볼 수가 없고, 간하는 것을 행하고 그의 말을 받아들이지 않는다면 신하로 삼을 수가 없습니다. 그러므로 임금은 마땅히 정성을 다하여 위임하여 시종 의심하지 말아야 할 것입니다.

그칠 줄을 알고 분수를 헤아릴 줄 아는 선비에도 두 종류가 있습니다. 만일 위기와 난리의 기미를 보고 먼저 물러가면 임금은 마땅히 느끼고 깨달아 자신의 허물을 고쳐서 화근을 끊어 없애며 정성을 다하여 받아들여야 할 것입니다. 만약 화의 기미를 보지는 않았으나 다만 편안하게 물러가기를 원한다면, 임금은 마땅히 그의 뜻을 뺏지 말고 그 절조(節操)를 가상히 여겨 염치를 장려하는 바탕으로 삼아야 할 것입니다. 홀로 그 몸을 깨끗이 하려는 자에게는 비록 중도를 지나치고 바름을 잃었다 하더라도 이욕(利慾)은 벗어난 사람이어서, 인성(人性)과 천명(天命)의 정을 끊어 버리고 부귀를 탐내는 사람에다 비교하면 맑고 흐린 차이가 확실하게 다른 것이니, 임금은 마땅히 포상하고 뜻을 보여 은일(隱逸 : 세상을 피해 숨은 사람)의 이름을 이루어 주는 것이 좋습니다. 후세의 임금들은 어진 이는 좋아할 만하다는 것은 알면서도 그 좋아하는 도를 알지 못하여 혹은 직위와 녹봉으로 붙잡아 놓기만 하고, 그의 말은 쓰지 아니하여 그로 하여금 진퇴를 곤란하게 하는 임금도 있으며(마치 《시경》에 이른바 "나를 구구(仇仇)하게 잡아놓으면서도 나를 써주기를 않는구나"라고 한 것과 같은 경우입니다), 혹은 단지 그 이름만 좋아하고 그 실속(實)은 구하지 아니하여, 강제로 그가 할 수 없는 일을 맡겨, 그로 하여금 일을 그르치고 자기를 잃어버리게 하는 임금도 있으니(마치 진(晉)나라가 은호(殷浩)를 등용한 것과 같은 종류입니다), 다 참으로 어진 이를 좋아하는 임금이 아닙니다. 반드시 사람을 아는 데는 그 총명을 다하여야 하고 사람을 기용하는 데는 그 재능에 적합하게 하여야 하며, 사람을 신임하는 데는 그 성을 극진히 하여야만 참으로 어진 이를 좋아한다고 할 수 있습니다.

이는 군자의 행실을 분별하는 것을 말한 것입니다.

공자가 말하였다. "비천한 사람〔鄙夫〕과 더불어 임금을 섬길 수 있겠는가!" 《논어》 아래도 같음

주자가 말하였다. "비천한 사람은 용렬하고 비열한 사람을 일컫는 말이다."

그런 사람은 벼슬을 얻지 못하였을 때는 얻으려 근심하고, 이미 얻었으면 그것을 잃을까를 근심한다.

하씨(河氏)가 말하였다. "얻으려고 근심한다는 것은 얻지 못할까 근심한다는 말이다."

신안 진씨가 말하였다. "얻는다는 것은 부귀와 권력과 이익을 얻는 것을

말한다."

 만일에 잃을 것만을 근심한다면 하지 못하는 일이 없을 것이다.

 주자가 말하였다. "작게는 등창에 난 부스럼을 빨고 치질을 핥는 것이나, 크게는 아비와 임금을 시해하는 것이 다 잃을까 근심하는 데서 나온 것이다."

 호씨가 말하였다. "허창(許昌)의 근재지(靳裁之)란 사람의 말에, '선비의 품격에는 대략 세 가지가 있다. 도덕에 뜻을 둔 사람은 공명이 그 마음을 얽어 맬 수 없고, 공명에 뜻을 둔 사람은 부귀가 그 마음을 얽어 맬 수 없다. 그러나 부귀에만 뜻을 둔 사람이라면 하지 못할 일이 없다'고 하였다. 부귀에 뜻을 두었다는 사람은 곧 공자가 말한 비천한 사람인 것이다."

 말을 교묘하게 잘하거나 외모를 잘 꾸미는 사람 가운데는 어진 사람이 드물다.

 주자가 말하였다. "교(巧)는 잘한다는 뜻이요, 영(令)은 좋게 꾸미는 것이다. 말을 잘하거나 낯빛을 좋게 하여 외모를 잘 꾸며서 남을 즐겁게 하는 데 힘쓴다면 사람의 욕심은 방자하여지고 본심의 덕은 없어지게 될 것이다. 성인은 말을 박절하게 하지 아니하므로, 단지 '드물다'고 말했으니 이는 곧 '절대로 없다'라는 뜻임을 알 수 있다. 배우는 사람은 마땅히 깊이 경계해야 할 것이다."

 또 말하였다. "용모와 말씨는 바로 배우는 사람이 기르고 힘써야 할 부분이다. 그러나 말을 교묘하게 하고 낯빛을 좋게 하여 사람들이 보고 듣는 것을 기쁘게 하려는 데 뜻이 있다면, 마음이 밖으로만 내달려 어진 사람이 드물게 된다. 만약 용모와 말씨를 잘 수양하여 말을 할 때는 조급하거나 망령되게 하지 아니하고, 행동할 때는 반드시 온화하고 공손하게 하여 다만 모름지기 스스로 내심을 곧게 하고 외면적인 행동을 방정하게 하는 실제적인 일을 실천하게 된다면, 이것이 곧 자신을 위하는〔爲己〕공부요, 인(仁)을 구하는 요점인 것이니 다시 무슨 병될 것이 있겠는가? 소인은 남의 결점을 들추어 내는 것으로써 곧은 체하고, 겉으로는 엄한 체하나 안으로는 연약하니 비록 말을 교묘하게 하거나 낯빛을 잘 꾸미는 자와는 같지 않다 하더라도 감정을 억지로 억눌러 거짓을 꾸미는 마음은 실상 교언영색(巧言令色 : 아첨하는 말과 알랑거리는 태도)하는 사람보다 더한 사람이다. 성인은 이들을 미워한다."

자주색이 빨간색을 침해하는 것을 미워하고, 정(鄭)나라 음악이 아악(雅樂)을 어지럽게 하는 것을 미워하며, 말을 교묘하게 잘 하는 입이 나라를 뒤엎는 것을 미워한다.

주자가 말하였다. "빨간색은 정색(正色)이요, 자주색은 간색(間色)이다. 아(雅)는 바른 것이요, 이구(利口)는 말을 썩 잘하여 막히지 않는 것이며, 복(覆)은 기울어지고 망하는 것이다."

범씨가 말하였다. "온 세상의 이치를 바르게 하여 이기는 사람이 항시 적고, 바르지 않게 하여 이기는 사람이 항시 많으니, 성인은 이것을 미워하는 것이다. 말을 잘 하는 사람은 옳은 것을 그르다 하고, 그른 것을 옳다고 하며, 어진 사람을 불초하다고 하고, 불초한 사람을 어질다고 하는데, 임금이 진실로 기뻐하여 그 말을 믿는다면 국가가 뒤집히는 것은 어렵지 않을 것이다."

향원(鄕原)은 덕의 적이다.

주자가 말하였다. "원(原)자는 성실하다는 원(愿)자와 그 뜻이 같으니 성실한 듯하게 보이는 사람을 일컫는 것이다. 공자는 그것이 마치 덕인 것 같으면서도 덕이 아닌 까닭에 덕의 적이라고 한 것이다."

만장(萬章)이 말하였다. "한 고을 사람들이 모두 신중한 사람(原人)이라고 일컫는다면 어딜 가더라도 원인이 아닐 수가 없을 것인데, 공자께서 덕의 적이라고 하신 것은 무엇 때문입니까?" 하자, 맹자가 말하기를, "그를 잘못이라고 하려 해도 이렇다 하고 드러낼 잘못이 없고, 그를 비난하려 해도 이렇다 할 비난거리가 없다. 세상 풍속에 동조하고 더러운 세상과 합류하여, 가만히 있을 때는 충직하고 신의가 있는 듯하며, 나아가 행동할 때는 청렴하고 결백한 듯해서 사람들이 모두 그를 좋아한다. 그리고 스스로도 옳다고 여기지만 그런 사람과 더불어 요·순의 도에 들어갈 수는 없다. 그러므로 덕의 적이라고 말한 것이다."

신이 살피건대, 탐욕스럽고 저속하며 아첨하는 것은 소인의 일상적인 모습입니다. 그러므로 진실로 어리석고 어두운 임금이 아니라면 이것을 분별하기가 어렵지는 않지만, 오직 사이비(似而非)한 자에 대해서는 비록 밝은 왕이라도 분별하지 못할 때가 있는 것입니다. 왜냐하면 대체로 군자는 낯빛을 바르게 하여 곧은 말을 하는데, 소인은 외모를 엄한 체하여 남의 결점을 들추어 내는 것이 마치 군자와 비슷하며, 군자는 행실이 완전하여 결점이 없는데, 소인은 삼가고 성실한 듯 보여 나무랄래야 나무랄 것이 없는 것이 마치 군자와 같으니, 이 때문에 성현이 깊이 경계한 것입니다. 저 향원(鄕原)은 자신을 숨기고 세상에 아첨하여 스스로를 옳다고 여기고 세속 사람들과 부화뇌동(附和雷同 : 줏대없이 남의 의견에 따라 움직임)하여, 고식적이고 비천한 경지를 편안히 여겨 도를 행하는 선비를 억압하고 학문하는 길을 두절시키니, 그것이 해가 되는 것은 이단(異端)이 세상을 현혹시키는 것보다 더욱 심합니다. 후세의 선비가 만약 향원으로 지목된다면 누가 부끄러워하고 또 노하지 않겠습니까? 그러나 그들의 소행을 가만히 생각해 보면, 앞뒤를 살펴보아 몸을 삼가서 벼슬을 보존하다가, 한번 복고(復古)의 설을 듣거나, 한번 도에 뜻을 둔 선비를 보게 되면 문득 현실에 맞지 않아서 실천하기 어려운 것이라 비웃고, 오직 옛 관습을 지키고 미봉하는 것에만 힘쓰니, 이것이 모두 향원을 본받는 사람들입니다. 맹자는 말하기를, "군자는 원칙으로 돌이킬 뿐이다. 원칙이 바르게 되면 서민이 흥기한다" 하였으니, 원칙으로 돌이키는 책임을 전하에게 깊이 바랍니다.

이는 소인(小人)의 간사한 꾀를 변별하는 것을 말한 것입니다.

공자가 말하였다. "언론이 독실한 사람이라고 하여 인정해 준다면 그는 군자다운 사람이겠는가? 겉만 엄숙하게 꾸미는 사람이겠는가?"

《논어》 아래도 같음

주자가 말하였다. "다만 그의 언론이 독실하다고 해서 그를 군자라고 인정해 준다면, 그가 군자인지 겉만 엄숙하게 꾸미는 사람인지 알 수 없다는 것을 말한 것이다. 말이나 외모로써 사람을 평가해서는 안 된다는 것을 말한 것이다."

덕이 있는 사람은 반드시 말을 잘 하지만, 말을 잘 하는 자가 반드시 덕이 있는 것은 아니다. 어진 사람은 반드시 용기가 있으나, 용감한 자가 반드시 어진 것은 아니다.

주자가 말하였다. "덕이 있는 사람은 온화함과 순박〔和順〕함이 마음 속에 쌓여 꽃봉오리처럼 밖으로 드러나지만, 말에 능한 사람은 번드르르하게 말만 잘 하는 것일 수도 있다. 어진 사람은 마음이 사사로운 것에 얽매인 것이 없어 의를 보면 반드시 행하지만, 용기가 있는 사람은 혹 혈기만 강한 것일 뿐일 수도 있다."

군자는 작은 것은 알 수 없어도 큰 것은 받을 수 있고, 소인은 큰 것은 받을 수 없으나 작은 것은 알 수 있다.

주자가 말하였다. "안다는 것은 내가 아는 것이요, 받는다는 것은 상대가 받는 것이다. 대체로 군자는 작은 일에서는 반드시 볼 만한 것이 없어도 재능과 덕망이 충만하므로 중임을 맡기에 충분하다. 소인은 비록 재능과 도량이 얕고 좁지만 한 가지의 취할 만한 장점이 하나도 없지는 않다."

군자는 의리에 밝고 소인은 이(利)에 밝다.

주자가 말하였다. "유(喩)는 효(曉)와 같은 뜻이다. 의(義)라는 것은 천리의 마땅한 것이며, 이라는 것은 인정(人情)이 하고자 하는 것이다."

정자가 말하였다. "군자의 의에 대한 태도는 소인의 이에 대한 태도와 같다. 오직 그것을 깊이 깨달았기 때문에 군자는 의를 독실하게 좋아하고 소인은 이를 독실하게 좋아하는 것이다."

양씨는 말하였다. "군자는 생명을 버리고 의를 취할 수 있는 사람이다. 이로써 말할 것 같으면, 사람이 바라는 것에 살려는 것보다 더 심한 것이 없으며, 사람이 싫어하는 것에 죽음보다 더한 것이 없으니, 누가 기꺼이 생명을 버리고 의를 취하려고 하겠는가? 군자는 오직 의에 밝을 뿐이요, 이가 이로움을 알지 못하기 때문이다. 그러나 소인은 이와 반대이다."

상산 육씨(象山陸氏)는 말하였다. "이 장은 의와 이로써 군자와 소인을 판별한 것인데 배우는 사람은 마땅히 여기에서 그 뜻을 분별해야 할 것이다. 사람이 밝게 깨닫는 것은 그 습관에 달린 것이요, 습관은 그 뜻하는 바에 달린 것이다. 뜻하는 바가 의에 있으면 익히는 것도 반드시 의에 있게 될 것이니, 이것이 의에 밝은 것이다. 뜻이 이익에 있으면 익히는 것도 반드시 이익에 있을 것이니 이것이 이익에 밝은 것이다."

남헌 장씨(南軒張氏)가 말하였다. "배우는 사람은 의리와 이익을 분별하는 것보다 먼저 해야 할 것이 없다. 의리라는 것은 인위적인 노력이 없이도 그렇게 되는 것이다. 무릇 인위적인 노력을 가지고 하는 것이 있어 그러한 것은 모두 사사로운 욕심이요 보편적 천리가 아니니, 이것이 의와 이익의 구분이다. (주자는 말하였다. "'의라는 것은 인위적인 노력이 없이도 그렇게 되는 것이다'라는 이 말은, 지나간 성인들이 발명하지 못한 의미를 확충한 것이라고 할 수 있다.") 대개 성인의 학문이 인위적인 노력이 없이도 그렇게 되는 것은 그만둘 수 없는 명령이고, 치우치지 않는 본성이며, 가르침이 무궁한 까닭이다. 스스로 의리와 이익에 엄청난 차이가 있음을 살펴 밤낮으로 쉬지 않고 생각을 가다듬고 힘써 행하지 않는다면 참으로 이렇게 될 수 있겠는가? 그 일이 비록 선하더라도 교제를 맺고자 하거나, 명예를 얻으려 하거나, 나쁜 평판을 듣기 싫어하는 생각이 혹시라도 마음 속에서 싹튼다면 이것 역시 이일 뿐이다."

군자는 조화를 이루면서 동화되지 아니하고, 소인은 동화하면서 조화를 이루지 아니한다.

주자가 말하였다. "조화라는 것은 어그러지고 비뚤어진 마음이 없는 것이다. 동화라는 것은 아부하는 뜻이 있는 것이다."

윤씨(尹氏)는 말하였다. "군자는 의리를 숭상하는 까닭에 동화되지 않음이 있고, 소인은 이익을 숭상하니 어찌 화합할 수 있겠는가?"

《춘추전(春秋傳)》에서 말하였다. "제경공(齊景公)이 사냥을 갔다가 돌아왔다. 안자(晏子)가 그를 모시고 있었는데 자유(子猶 : 양구거(梁丘據)의 자)가 달려오니, 공이 말하기를 '오직 거(據)가 나와 조화를 이루는구나' 하였다. 안자가 대답하기를, '거는 동화하는 것이지 어찌 조화하는 것이겠습니까?' 하였다. 공이 말하기를, '다릅니다. 조화는 국을 끓이는 것과 같습니다. 물, 불, 육장, 소금으로 어육을 삶을 적에 섶으로써 불을 때고, 재부(宰夫)가 맛을 조화시켜 그 지나친 것을 없게 하는데(그 맛이 지나친 것을 제거한다는 뜻), 군자는 이것을 먹고 그 마음을 화평하게 하는 것입니다. 임금과 신하도 역시 이러해야 하는 것이니, 임금이 옳다고 하는 것에 옳지 못한 것이 있으면, 신하는 그 옳지 못한 것을 말하여 그 옳은 것을 이루게 하고, 임금이 옳지 않다고 하는 것에 옳은 것이 있으면 신하는 그 옳은 것을 말하여 그 그른 것을 버리게 할 것입니다.' 하였다. 그러므로 《시경》에 이르기를, '조화가 잘된 국은 미리부터 정성들여 조미를 잘 한 것이다' 하였는데, 그러나 지금 양구거는 그렇지 않습니다. 임금이 옳다고 하면 거도 역시 옳다고 하고, 임금이 그르다고 하면 거도 역시 그르다고 하니, 만약 물에다 물을 탄다면 누가 그것을 먹을 수 있겠으며, 만약 거문고와 비파 소리가 한가지라면 누가 그것을 들을 수 있겠습니까? 동화가 옳지 못한 것이 이와 같습니다" 하였다.

군자는 두루 사귀되 편당을 짓지 아니하고, 소인은 편당을 짓되 두루 사귀지 아니한다.

주자가 말하였다. "주(周)는 두루 미치는 것이요 비(比)는 치우쳐 무리를 짓는 것이니, 모두 사람과 더불어 매우 가깝게 지낸다는 뜻이다. 다만 주는 공적인 것이고, 비는 사사로운 것일 뿐입니다."

주자가 승상 유정에게 편지를 보내어 말하였다. "붕당(朋黨)의 화(禍)는 진신(縉紳)*²에서만 그쳐야 하는 것인데, 옛날에 붕당을 미워하여 그것을 제거하고자 한 자가 이따금 그 나라를 망하게 하는 데까지 이른 일이 많습니다. 대개 현명함과 그렇지 않음, 충성스러움과 간사함을 살피지 않고 오로지 붕당만 없애려고 힘쓴다면, 저 소인 가운데 자신을 도모하는 데 약삭빠른 자는 반드시 그 흔적을 스스로 덮어 버릴 것입니다. 그러나 군자는 그 공정한 마음만 믿고 숨기는 것 없이 바로 말하여 이따금 도리어 소인에게 밀려서 한 당파에 치우친다고 지목받게 됩니다, 한(漢) (당고(黨錮)의 화), 당(唐) (청류(淸流)의 화), 송(宋)의 소성(紹聖) (원우당(元祐黨)의 화)의 일들이 지금 멀지가 않습니다.

승상께서는 붕당을 염려하지 않을 수 없겠지만, 나는 오히려 승상께서 혹시 온 세상의 현명하고 그렇지 않은 사람과, 충성스럽고 간사한 사람을 가리는 것을 자기의 책임으로 여기지 않을까를 두려워합니다. 대체로 문을 닫고 스스로를 지켜서 고립하여 붕당이 없는 것은 하나의 절개 있는 행동이요, 어질고 능한 이를 맞이해 들이고 간사하고 음흉한 자를 물리쳐서 천하 사람들의 뜻을 합하여 온 세상의 일을 구제하는 것은 재상의 직책입니다. 어찌 반드시 붕당이 없는 것을 옳다고 하고 붕당이 있는 것을 그르다고 하겠습니까? 대체로 승상이 오늘날 처신하는 것을 보면, 붕당이 없는 사람이라고 한다면 붕당이 없다고는 할 수 있습니다. 그러나 소인의 도는 날로 자라나고 군자의 도는 날로 사라져 온 세상의 걱정이 이루 다 말할 수 없는 정도가 된다면, 승상이 어찌 그 책임을 피할 수 있겠습니까? 나의 어리석은 생각으로는 근심을 이길 수 없습니다. 원컨대 승상께서는 먼저 현명함과 그렇지 않은 사람, 충성스러운 사람과 간사한 사람을 분별하는 것으로 자신의 임무를 삼아서, 과연 어질고 충성스러운 사람이면 드러내어 그를 등용하되 오직 그 붕당이 많지 않아 온 세상의 일을 함께 도모하지 못할까를 두려워할 것이고, 과연 간사하고 사특한 사람이면 곧 드러내어 그를 물리치되 오직 그들을 다 제거하지 못하여 내가 어진 이를 등용하는 성과를 해칠까 두려워할 것입니다. 비단 군자들이 붕당을 짓는 것을 미워하지 않을 뿐만 아니라, 자신이 붕당을 짓는 것도 꺼리지 말 것이요, 비단 자신이 붕당을 짓는 것을 꺼리지 않을 뿐만 아니라 또한 장차 임금을 인도하여 붕당을 짓게 하는 것도 꺼리지 말아야 할 것이니, 이와 같이 한다면 온 세상의 일이 거의 다스려질 것입니다."

　신이 살피건대, 신하의 악은 사당(私黨)보다 더 심한 것이 없고, 임금이 몹시 미워하는 것도 붕당보다 더 심한 것이 없습니다. 그러므로 소인이 군자를 모함하는 데는 반드시 이것으로써 효시로 삼습니다. 그러나 다만 근심스러운 것은 임금이 그것을 살피지 못하는 데 있을 뿐입니다. 진실로 이것을 살핀다면 공적인 것과 사적인 것, 충성스러운지 간사스러운지를 분별하는 데 무슨 어려움이 있겠습니까? 이른바 살핀다는 것은 단지 그 마음을 살피는 것일 뿐입니다. 그 마음이 임금을 바르게 하고 나라를 다스리게 하는 데 있는가, 자신을 영화롭게 하고 권세를 굳게 하는 데 있는가를 살피는 것입니다. 임금을 바르게 하고 나라를 다스려지게 하려는 선비가 도가 같은 이들로써 붕당을 삼아 한마음으로 임금을 사랑하고 한마음으로 순국한다면, 당이 성할수록 임금도 더욱 성인이 될 것이요, 나라도 더욱 편안해질 것입니다. 임금은 오히려 그러한 당이 적을까를 두려워할 것이지 어찌 무리지어 모여드는 것을 근심하겠습니까? 자신을 영화롭게 하고 권세를 굳게 하려는 선비는 이익을 함께 하는 이들로써 붕당을 삼아 사사로움을 도모하고 공적인 것을 멸시하여 임금을 뒤로 하고 부모를 버리니, 그러한 당은 비록 적더라도 충분히 임금을 어둡게 하고 나라를 망하게 할 것입니다. 그러므로 임금은 마땅히 불이 처음 붙기 시작할 때에 쳐서 끄듯이 해야 할 것이니, 어찌 그것이 번성하기를 기다리고 있겠습니까?
　그러나 소인의 마음은 다만 이익만을 구할 뿐이요 임금과 부모는 돌아보지도 않습니다. 그러므로 한때 맺어졌던 붕당도 이익이 없게 되면 교제가 뜸해지기도 하고, 형세가 궁핍하여지면 서로 도모하기도 합니다. 그 붕당이란 것도 역시 일시적으로 합해진 것일 뿐이요, 군자의 도의에 입각한 붕당과 같이 처음부터 끝까지 똑같지는 않습니다. 그러므로 구양수(歐陽修)는 말하기를, "소인은 붕당이 없고, 오직 군자만이 붕당이 있다" 하였으니, 이 말은 바로 이것을 말한 것입니다. 아! 상(商)나라 신하는 억만(億萬) 명이었으나 그 마음도 억만이었기에 당이 없어서 주(紂)는 망하였다고 할 수 있고, 주(周)나라의 신하는 3천이로되 그 마음은 오로지 하나였으니, 하나의 큰 당이 되어 무왕은 그것으로 임금이 되었다고 할 수 있습니다. 그러므로 단지 그 마음이 어떠한가에 달려 있을 따름입니다. 비록 그렇지만, 임금이 먼저 이치를 밝히지 않고 다만 억측으로서 살핀다면 공을 사적인 것이라 하고, 간사한 것을 충성스럽다고 하지 않을 자가 드물 것입니다. 이것이 바로 학문은 이(理)를 밝히는 것보다 먼저 해야 할 것이 없는 까닭입니다.

사람의 허물은 각기 그 유형에 따라 다른 것이어서, 그 사람의 허물을 살펴보면 그가 어진 사람인지 아닌지를 알게 된다.

주자가 말하였다. "당(黨)은 유(類)와 같은 말이다."

정자는 말하였다. "사람의 허물은 각각 그 유형에 따라 다른 것이다. 군자는 항상 그 과실이 후덕한 데에 있고, 소인은 항상 그 과실이 야박한 데에 있다. 군자는 사랑하는 데에서 지나치게 되는 것이고, 소인은 매정한 쪽으로 치우치게 되는 것이다."

주자가 말하였다. "군자는 청렴한 데에서 지나치고, 소인은 탐하는 데에서 지나치며, 군자는 절개를 지키는 데에서 지나치고, 소인은 두루 통하려는 데에서 지나친 것들이 모두 위에서 말한 것에 해당된다. 그러나 또한 여기에만 그치지 않는다. 다만 이런 것들에 나아가 보면 사람이 어질고 어질지 않은 것을 볼 수 있고, 어짊의 기상을 또한 알 수 있는 까닭에 다만 이로써 그 사람의 어짊을 알 수 있다고 말한 것이다. 이 말은 또한, 사람이 비록 과실이 있다 하더라도 이(利)에 있어 그 사람의 후덕함과 야박함을 알 수 있다는 것이지, 반드시 그러한 과실이 있기를 기다린 뒤에야 어질고 어질지 않음을 알 수 있다고 말한 것은 아니다."

　진씨(眞氏)는 말하였다. "임금이 된 자는 더욱 마땅히 신하의 허물을 놓고 그 마음을 살펴보아야 하는 것이다. 만약 임금을 사랑해서 극간(極諫 : 임금에게 잘못된 일이나 행동을 고치도록 온 힘을 다해 간함)을 하다 보면 그 말에 지나치게 잘못을 들추어 내는 잘못이 없지 않다 하더라도, 요컨대 그 마음씀은 어진 것이 아니겠는가! 그렇다면 그 어진 것은 취하고 그 허물은 용서해 주는 것이 옳을 것이다. 임금을 사랑하여 임금의 명령을 어기다 보면 지나치게 비위를 거스르는 허물이 없지는 않지만, 요컨대 그 마음씀은 어진 것이 아니겠는가! 그럴 경우 그 어짊은 취하고 그 허물은 덮어 주는 것이 옳을 것이다. 그러나 간사한 신하들은 덮어 가리는 것을 잘 하니, 반드시 지적할 만한 잘못이 있지는 않으나, 그 마음은 어떠한가? 대체로 이것은 다 사람을 관찰하는 한 가지 방법인데, 이것으로 미루어 보면 그렇지 않은 것이 없다."

　맹자가 말하였다. "임금을 섬기기에 제격인 사람이 있으니, 그가 그런 사람을 좋아하는 임금을 섬기게 되면, 임금에게 아첨하여 임금을 기쁘게 하는 사람이다."　　　　　　　　　　　　　　　　《맹자》 아래도 같음

　주자가 말하였다. "아첨하여 잘 보이려 하고 임금의 뜻에 맞추어서 즐겁게 하는 것은 야비한 사람의 일이요, 첩이 하는 방식이다."

　조정을 편하게 하는 신하가 있으니, 그는 조정을 편하게 하는 것으로 즐거움을 삼는 자이다.

　주자가 말하였다. "대신이 조정을 편하게 하려고 꾀하는 것은 마치 소인이 그 임금을 즐겁게 하려고 힘쓰는 것과 같아서, 여기에 항상 마음을 두어 잊지 않는 것이다."

　하늘이 낸 백성이라고 할 만한 사람이 있다. 그는 영달하여 온 세상에 도를 실행할 수 있어야만 나와서 활동하는 자이다.

주자가 말하였다. "백성이란 지위가 없는 사람을 말하는 것이다. 하늘의 도리를 온전히 다했기 때문에 하늘의 백성이 된다. 그러므로 천민이라고 한 것이다. 이런 사람은 반드시 그 도를 온 세상에 실행할 수 있어야만 행한다. 그렇지 않으면 차라리 죽을 때까지 남에게 알려지지 못해도 후회하지 아니 하며, 그 도를 조금 쓰기 위하여 남에게 따르기를 좋아하지 않는다."

장자가 말하였다. "반드시 그 업적이 이 백성들을 덮을 만한 후에야 나아 가는 것이다. 곧 이윤이나 여상(呂尙)과 같은 무리이다."

대인(大人)이라 할 만한 사람이 있다. 그는 자기를 바르게 하여 온 세상 의 만물을 바르게 되도록 하는 자이다.

주자가 말하였다. "대인은 덕이 성대하여 위아래가 다 감화되는 것이다. 이른바 '용이 밭에 있으니 온 세상이 문명화되었다'는 것이다. 사람의 인품 은 같지 아니하여 대략 네 등급이 있다. 아첨이나 하여 잘 보이려고 하는 영 신(佞臣)은 말할 것도 없고, 사직을 편하게 하는 사람은 충성스럽다고 할 수 있지만 그러나 일국의 선비에 지나지 않으며, 천민은 일국의 선비는 아니 지만 그러나 자기의 포부를 펴려고 하는 뜻이 있는 사람이다. 뜻하는 것도 없고 목표로 하는 것도 없으나 오직 그가 있는 곳에는 세상의 모든 것이 감 화되지 않음이 없는 것은 오직 성인이라야 할 수 있는 것이다."

신이 살피건대, 주자의 말에 "사람을 알기가 어려운 것은 요·순도 그것을 걱정하였으며, 공자도 또한 '그 사람의 말을 듣고 그 사람의 행실까지도 보 아야 한다'는 경계가 있다. 그러나 일찍이 생각해 보건대 이것은 특히 소인 을 위하여 한 말일 뿐이다. 만일 사람들이 모두 군자라면 무슨 어려움이 있 겠는가? 대개 하늘과 땅 사이에는 자연의 이치가 있으니, 모든 양은 반드시 강하며, 강하면 반드시 밝고, 밝으면 알기가 쉬우며, 모든 음은 반드시 부드 럽고 순하며, 부드럽고 순하면 반드시 어둡고, 어두우면 헤아리기 어려운 것 이다. 그러므로 성인이 '역(易)'을 지음에 드디어 양으로 군자를 삼고 음으 로 소인을 삼았으니, 그 밝고 어두운 일에 통하고 만물의 실정에 따라 분류한 근본은 비록 백세가 되더라도 바꿀 수 없는 것이다.

일찍이 역설을 미루어 온 세상의 사람들을 살펴보니, 대체로 광명정대하고 환하게 통달하여 청천백일과 같고, 높은 산이나 큰 냇물과 같으며, 우레와 번개의 위엄과 같고, 비와 이슬이 윤택하게 하는 것과 같으며, 용과 호랑이의 사나움과 기린이나 봉황의 상서로움과 같아서 도량이 넓고 깨끗하여 털끝만큼도 의심스러운 것이 없는 자는 반드시 군자요, 아부하고 더러우며, 머뭇거리고 숨어서 살피며, 서로 얽힌 것이 뱀이나 지렁이 같고, 좀스럽기는 서캐나 이 같으며, 귀신과 같고, 여우가 호리는 것 같으며, 도적과 같고, 방자하며 민첩하고 교활하여 어떤 것에도 비할 수 없는 자는 반드시 소인이다. 군자와 소인의 구별이 이미 마음 속에서 정해지면 그것이 밖으로 나타나는 것이 하찮은 말씨나 행동거지에서라도 드러나지 않을 수 없는데, 하물며 사업이나 문장에서는 더욱 찬연하게 드러나지 않겠는가? 저 소인을 알아내기가 비록 어렵다고 하더라도 이런 기준에서 어찌 피할 수 있겠는가?" 하였습니다.

신의 생각으로는, 주자의 이 말은 군자와 소인의 정상(情狀)을 잘 드러낸 것이니 임금이 이것으로 사람을 관찰한다면 쉽게 알 수 있을 것이라고 여겨집니다. 군자와 소인은 음양이나 주야와 같아서 매양 서로 반대되나, 대체로 임금을 사랑하는 사람은 군자요, 벼슬과 녹봉을 사랑하는 사람은 소인인 것입니다. 소인들은 임금이 명철하거나 어둡고 우매한 것은 헤아리지 아니하고 오직 벼슬과 녹봉에만 마음이 있기 때문에, 진실로 자신을 이롭게만 할 수 있다면 다른 것은 생각할 겨를이 없어서 임금을 속이고, 나라의 명맥을 해치게 한다 하더라도 돌아보지 아니합니다.

이 때문에 벼슬과 녹봉의 권한이 임금에게 있으면 임금에게 아첨하고, 그것의 권한이 권신(權臣)이나 행신(倖臣 : 총애받는 신하)에게 있으면 그 권신과 행신에게 붙습니다. 벼슬과 녹봉의 권한이 외척에게 있으면 외척과 결탁하고 심지어는 적국과도 몰래 내통하여 그 임금을 마치 개가 주인을 보고 짖고 물어뜯듯이 하기도 합니다. 이런 사람은 좋아하는 것이 벼슬과 녹봉이니 어느 겨를에 임금을 사랑하겠습니까? 군자는 그렇지 아니하여 조정에 마음을 두고 백성만 생각하기 때문에 진실로 임금을 바르게 할 수만 있다면 다른 것에는 애착이 없습니다. 그러므로 의가 직책을 지키는 데 있게 되면 임금의 명령이라도 복종하지 않는 것이 있고, 의가 말을 다하는 데 있게 되면 임금의 위엄도 피하지 않는 것이 있습니다. 의리를 밝히고 가려지고 미혹한 것을 막아 임금을 도에 합당하게 인도하여, 임금으로 하여금 과오가 없는 곳에 서도록 하는 데 힘쓰며, 만약 벼슬자리에 앉아 자기 직책을 다할 수 없고, 또 간언하는 책임을 다하지 못하면서 녹만 먹고 나라에 유익함이 되지 못한다면 몸을 받들어 물러가니, 이 또한 부득이한 데서 나오는 행동입니다. 그러나 물러나와 초야(草野)에 있으면서도 잠시라도 임금이 감동하고 깨닫기를 바라는 마음을 잊어버리지 않아 진퇴로써 마음을 달리하지 않습니다. 사랑하는 것이 임금이니 어느 겨를에 벼슬과 녹을 탐내겠습니까? 말세의 풍속이 도도히 흐르고 도학이 밝지 못하여, 신하는 이미 임금을 바르게 할 뜻이 없고, 임금 역시 사람들이 자기에게 순종하는 것만 좋아하니, 관직과 녹봉을 좋아하는 자를 임금을 사랑하는 자라고 여기고, 임금을 사랑하는 자를 임금을 원망하는 자라고 여기니, 아아! 탄식할 만한 일입니다.

이는 군자와 소인을 통론한 것입니다.

애공(哀公)이 물었다. "어떻게 하면 백성들이 복종하겠습니까?" 하자, 공자가 대답하기를, "곧은 사람 들어 쓰고, 모든 굽은 사람을 버리면 백성들이 복종하고, 굽은 사람을 들어 쓰고 모든 곧은 이들을 버리면 백성들이 복종하지 아니합니다." 하였다. 《논어》

주자가 말하였다. "조(錯)는 버려둔다는 뜻이요, 제(諸)는 무리라는 뜻이다."

정자는 말하였다. "들어 쓰고 버리는 것이 의에 맞게 시행되면 인심이 복종할 것이다."

사씨(謝氏)는 말하였다. "곧은 것을 좋아하고 굽은 것을 미워하는 것은 온 세상의 공통된 마음이니, 그것에 따르면 백성들이 복종하고, 그것을 거스르면 가버리는 것은 필연의 이치이다. 그러나 혹시 무도한 이가 그것을 적용한다면 곧은 것을 굽다 하고, 굽은 것을 곧다 하는 일이 많을 것이다. 이 때문에 군자는 경건함에 처하는 것을 중하게 여기고 궁리하는 것을 귀하게 여긴다."

어진 이를 보고도 들어 쓰지 못하고, 들어 쓰되 나보다 앞세우지 못하는 것은 태만한 것이요, 선하지 않은 이를 보고도 물리치지 못하고, 물리치되 멀리하지 못하는 것은 잘못이다. 《대학》

주자가 말하였다. "정씨는, '명(命)은 마땅히 태만하다고 해야 한다'고 하였다. 이러한 사람은 좋아하고 미워할 줄은 알지만 좋아하고 미워하는 도를 극진하게 하지 못한 사람이니, 대체로 군자이면서도 아직 어질지는 못한 사람이다."

호씨는 말하였다. "제나라 환공이 곽(郭)으로 가서 노인들에게 묻기를, '곽은 무슨 이유로 망하였는가?' 하니, 노인들이 말하기를, '착한 사람을 착하게 여기고 악한 사람을 미워했기 때문입니다' 하였다. 공이 말하기를, '그대들의 말과 같으면 곧 어진 임금인데 어찌 망하는 데까지 이르렀는가' 하니 말하기를, '곽의 임금은 착한 사람을 착하게 여겼으나 능히 등용하지는 못하였고, 악한 사람을 미워했으나 능히 제거하지 못하였습니다. 그래서 망한 것입니다' 하였다. 대개 착한 사람을 착하게 여기되 능히 쓸 수 없다면 그 착한 사람을 아는 것이 귀할 것이 없고, 악한 사람을 미워하되 능히 제거할 수 없다면 그 악한 사람을 아는 것이 귀할 것이 없다. 선악에 대해 알지 못하는 사람은 오히려 바라볼 여지가 있지만, 이미 그것을 알고도 그 아는 것을 행하지 못하기 때문에 군자는 세상을 피하여 멀리 숨어 버리고, 소인은 방자하게 행동하여 거리낌이 없게 되는 것이다. 그렇다면 곽나라를 망하게 할 수 있는 사람이 있었던 게 아니라 곽이 스스로 망한 것일 뿐이다."

신이 살피건대, 임금이 비록 군자는 좋아할 만하고 소인은 미워할 만하다는 것을 알고 있다 하더라도, 들어 쓰고 버릴 때에 그 좋아하고 미워하는 것을 실천으로 옮길 수 없다면 혼란을 다스리는 운수에 도움되는 것이 없습니다. 이 때문에 곧은 사람을 들어 쓰고 굽은 사람을 버리는 것이 마땅함을 얻은 것을 귀하게 여기는 것입니다. 비록 그러나 저 곧은 사람을 들어 쓰고 굽은 사람을 버리는 것에 의를 극진하게 할 수 없는 것은, 실로 좋아하고 미워하는 것의 바름을 얻지 못한 까닭입니다. 참으로 선을 좋아하기를 아름다운 색을 좋아하듯이 하고, 악을 미워하기를 악취를 싫어하듯이 한다면, 어찌 그런 사람을 들어 쓰면서 나보다 앞세우지 못하고, 그런 사람을 물리치면서 멀리하지 못하겠습니까? 다만 겉으로는 어진 사람을 좋아한다고 하면서 실은 좋아하지 않는 것이며, 겉으로는 악을 미워한다고 하면서 실은 미워하지 않는 것입니다. 그러므로 어진 사람과 불초한 사람이 뒤바뀌어 어지러워지고 망하게 되는 것입니다. 주자가 노한 '절개를 지키고 의를 위해 죽는다'는 것에 대한 설은, 말이 자못 격하고 절실하지만 임금이 알아야만 합니다. 그러므로 삼가 다음에 기록합니다.

주자가 봉사(封事)에서 말하였다.
"백성들 사이의 떠도는 말에, 폐하께서 일찍이 이르기를, '오늘날 온 세상에 다행히 변고가 없으니 비록 절의를 위해 죽는 선비가 있다 하더라도 무슨 소용이 있겠는가?'고 하였다 합니다. 이 말이 한번 전파되자 식자들이 크게 근심이 되었습니다. 그러나 신은 그것이 반드시 폐하의 말이 아닐 것이라는 것을 알 수 있었습니다. 대개 절개와 의리를 위해 죽는 선비는 평상시의 무사할 때에는 참으로 아무 소용이 없는 듯합니다. 그러나 옛날의 임금들이 반드시 급급하게 이러한 사람들을 구한 까닭은, 대체로 사람들이 환란(患難)을 당하여 살고 죽는 것을 도외시할 수 있다면 평화로운 세상에 있어서는 반드시 벼슬과 녹봉을 가벼이 여길 것이요, 환란에 임하여 충절을 다할 수 있다면 평화로운 세상에 있어서는 반드시 바른 길이 아니면 따르지 아니할 것입니다. 그러므로 평일의 무사한 때에 이런 사람을 얻어 쓰게 되면, 임금의 마음이 위에서 바르게 되고 풍속이 아래에서 아름다워져서, 즉이 간악한 싹을 미리 꺾고 화(禍)의 근원을 가만히 없앨 수 있어서 자연히 절개와 의리를 위하여 죽는 일에 이르지 않게 될 것입니다. 그러니, 반드시 후일에 변고가 있을 것을 알고 미리 이런 사람을 길러 두었다가 거기에 대비하려는 것은 아닙니다. 오직 평상시에 스스로 편안함을 믿고, 곧 이러한 인재는 반드시 쓸 데가 없다고 하여 다만 일종의 도리도 없고 학식도 없으면서 벼슬이나 녹봉은 중히 여기고 명예와 의리를 가벼이 여기는 사람을 등용하여 풍속을 바로잡고 백성을 격려하는 데 힘쓰지 아니하는데도 그를 높이고 총애합니다. 이 때문에 기강이 날로 무너지고 풍속이 날로 각박하여져서 비상한 재화(災禍)가 모르는 가운데 잠복하여 있다가 하루아침에 불의의 변고가 발생할 것입니다. 그러면 평소에 소용되던 사람은 서로 팔을 들어 항복하여 한 사람도 환란을 같이할 사람이 없게 될 것입니다. 그렇게 된 후에야 지난 날에 버림받고 영락(零落)하여 유랑하던 사람이 비로소 회복되어 불행히도 그 충의의 절개를 드러내게 되는 것입니다.

당나라 천보(天寶)의 난을 보건대, 그 장수들이나 재상, 가깝고 귀한 친척, 총애하던 신하들은 모두 적의 뜰〔賊庭〕에 나아가 이마를 조아리고 항복하였는데, 군사를 일으켜 적을 토벌하여 끝내 자신이 죽고 친족을 죽여도 후회하지 않는 사람이 있었으니, 예를 들면 장순(張巡), 허원(許遠), 안고경(安杲卿)과 같은 무리들로서, 이들은 멀리 조그마한 시골에서 살아 임금이 그 얼굴도 모르던 사람들입니다. 밝은 임금으로 하여금 일찍이 장순과 같은 사람들을 얻어서 등용하게 하였던들 어찌 우환이 싹트기 전에 방지할 수 없었겠으며, 장순과 같은 사람들이 일찍이 밝은 임금에게 등용되었던들 또 어찌 참으로 절의를 위하여 죽는 일에까지 이르게 되었겠습니까? '상나라의 귀감이 멀지 않다. 하후의 시대에 있다' 하였으니, 이것이 식자들이 어떤 사람의 말을 깊이 우려하는 까닭입니다. 비록 신은 폐하께서 성인의 학문이 고명하고 자식과 생각이 심원하시어 결단코 이런 말이 있지 않았으리라는 것을 알지만, 그러나 소인들이 감히 임금의 가르침을 평계삼아 그들의 간악함을 덮어 버려서 그 해가 충분히 온 세상의 충신 의사(義士)의 기개를 깊이 해칠 것을 생각할 때마다 또한 마음이 아프고 머리가 아프지 않을 수가 없습니다. 그러므로 감히 식자들의 우려가 지나친 걱정이라고는 못하겠습니다."

신이 살피건대, 주자의 주장은 명백하고 통쾌하여 단번에 거짓 이론을 씻어 버릴 수 있을 것입니다. 옛날 송나라 효종이 절개와 의리를 위하여 죽는 선비를 얻기 어렵다고 탄식하자, 장남헌(張南軒)이 말하기를 "절개와 의리를 위하여 죽는 선비는 마땅히 임금이 싫어하는 안색을 하는데도 감히 잘못을 아뢰는 사람 가운데서 구하셔야 합니다." 하였습니다. 이 말은 간략하고도 적절하니, 임금께서는 알아 두지 않을 수 없습니다.

이는 뽑아쓰고 버리는 합당한 방법에 대해 말한 것입니다.

《주역》에서 말하였다. "나는 용이 하늘에 있으니 대인을 만나는 것이 이롭다."
〈건괘, 9·5효사〉

정자가 말하였다. "성인이 이미 임금의 자리를 얻었으면 아래에 있는 큰 덕을 지닌 사람을 만나 보고서 그와 더불어 온 세상의 일을 이루는 것이 이롭다."

공자가 말하였다. "같은 소리는 서로 호응하고 같은 기운은 서로 구하는 것이니, 물은 젖은 데로 흐르고 불은 마른 데로 번져 가며, 구름은 용을 따르고, 바람은 범을 따른다."

또 말하였다. "기나무(杞) 잎으로 오이를 싼 격이니, 아름다움 속에 감추고 드러내지 않아야 하늘로부터 떨어지는 것이 있으리라."
〈구괘(姤卦), 9·5효사〉

정자가 말하였다. "기는 키가 큰 나무로서 잎이 넓다. 높게 자라면서 그 잎으로 물건을 쌀 수 있는 것은 기나무요, 아름다운 열매로서 아래에 있는 것은 오이이다. 아름다우면서 아래에 있는 것은 미천한 지위에 있는 현자의 모습이다. 임금이라는 높은 자리에 있으면서 아래로 어질고 재주 있는 사람을 구하는 것은 지극히 높은 것으로써 지극히 낮은 것을 구하는 것이다. 이는 마치 기나무의 잎으로써 오이를 싸는 것과 같다. 임금이 비록 자기 몸을 굽혀 어진 사람을 구한다 할지라도 만약 그 덕이 바르지 아니하면, 어진 사람은 달갑게 여기지 아니한다. 그러므로 반드시 아름다운 것을 함축하여 안으로 지성(至誠)을 쌓아야만 하늘로부터 내려오는 것이 있을 것이다. 하늘로부터 내려온다고 말한 것은, 반드시 얻을 것이라는 것을 말한 것이다. 옛날부터 임금이 지성으로 자기 몸을 굽혀 중정(中正)의 도로써 온 세상의 어진 사람을 구하는데 그런 사람을 만나지 못한 적은 없다. 고종(高宗)이 자다가 꿈에서 부열(傅說)을 보았고, 문왕이 낚시터에서 강태공을 만난 것은 모두 이 도로 말미암은 것이다."

또 말하였다. "천지가 서로 만나지 아니하면 물이 생성되지 아니하고, 군신(君臣)이 서로 만나지 아니하면 정치가 세력이 왕성해지지 못하며, 성현이 서로 만나지 아니하면 도덕이 형통하지 못하고, 사물이 서로 만나지 아니하면 공용(功用)이 이루어지지 아니한다."

중궁(仲弓)이 어진 사람을 불러 쓰는 방법을 물어 말하였다. "어떻게 어진 이를 다 알아 불러 쓰겠습니까?" 공자가 대답하였다. "네가 아는 사람만 다 불러 쓴다면 네가 알지 못하는 사람은 남들이 버려두겠는가?" 《논어》

정자가 말하였다. "사람이 각기 그 친애할 만한 사람을 친애한 후에는 그 친한 이만 친애하는 것이 아니다. 중궁이 말하기를, '어떻게 어진 이를 다 알아 불러 쓰겠습니까?' 하니, 공자가 말하기를, '네가 아는 사람만 다 불러 쓴다면 네가 알지 못하는 사람은 남들이 버려두겠는가?' 하였으니, 이것으로써 곧 중궁과 성인의 마음씀이 크고 작은 것을 알 수 있다. 이 뜻으로 미루어 보면 한번 마음먹기에 따라 나라를 일으킬 수도 있고, 한번 마음 먹기에 따라 나라를 망칠 수도 있다는 것을 알 수 있으니, 이것은 다만 공(公)과 사(私)의 사이에 있을 뿐이다."

정명도(程明道)가 신종(神宗)을 만나 인재를 논할 때에, 신종이 말하기를, "짐은 아직 인재를 보지 못하였다" 하였다. 정명도가 말하기를, "폐하께서는 어찌 온 세상의 선비를 경시하십니까?" 하자, 신종은 흠칫 놀라며 말하기를, "짐이 감히 그런 것은 아니다. 짐이 감히 그런 것은 아니다" 하였다.

정자가 말하였다. "하늘과 땅이 한 세상의 사람들을 낳았으니, 이들은 족히 한 세상의 일을 해 낼 수 있을 것이다. 다만 한스러운 것은 온 세상의 인재를 다 불러 쓰지 못하기 때문에 이 세상을 크게 다스리지 못하는 것이다."

맹자가 말하였다. "요(堯)임금은 순(舜)을 얻지 못하는 것으로 자기의 근심거리로 삼았고, 순임금은 우(禹)와 고요(皐陶)를 얻지 못하는 것으로 자기의 근심거리로 삼았다. 남에게 재물을 나누어 주는 것을 혜(惠)라고 하고, 남에게 선을 가르쳐 주는 것을 충이라 하며, 온 세상을 위하여 인재를 얻는 것을 인이라고 한다. 이 때문에 온 세상을 남에게 주는 것은 쉬워도, 온 세상을 위하여 인재를 얻는 것은 어렵다." 《맹자》아래도 같음

주자가 말하였다. "요·순이 백성을 위해 근심한 것은 일마다 그것을 근심한 것이 아니라, 먼저 해야 할 일을 급하게 한 것일 뿐이다. 사람들에게 재물을 나누어 주는 것은 조그마한 은혜일 뿐이요, 사람들에게 선(善)을 가르치는 것은, 비록 백성을 사랑하는 실(實)은 있지만 그 미치는 데가 또한 한계가 있어서 오래 가기 어렵다. 오직 요가 순을 얻은 것과, 순이 우와 고요를 얻은 것과 같이 하여야만 이른바 온 세상을 위해 인재를 얻은 것이어서, 그 은혜는 광대하고 교화가 무궁할 것이니, 이것이 바로 인(仁)이 되는 까닭이다."

옛날의 어진 임금들은 선을 좋아하며 권세는 의식하지 않았으니, 옛날의 어진 선비들만 유독 그렇지 않았겠는가? 자기의 도를 즐기고 남의 권세 따위는 의식하지 않았으니, 그 때문에 왕공(王公)이라도 공경함을 지극히 하고 예를 다하지 아니하면 자주 만날 수 없었다. 만나는 것도 오히려 자주 할 수 없었는데 하물며 그들을 얻어서 신하로 삼을 수 있었겠는가?

주자가 말하였다. "임금은 마땅히 자신을 낮추어 어진 사람에게 굽혀야 하지만, 선비는 도를 굽혀서 이익을 구하지 말아야 할 것이다. 이 두 가지는 형세가 서로 상반되는 것 같으나 실은 서로 이루어 주는 것이니, 대개 각기 자기의 도를 다하는 것일 뿐이다."

또 말하였다. "옛날의 임금으로서 온 세상을 다스리는 데 뜻이 있던 사람

은 온 세상의 어진 이를 받아들이는 일을 급선무로 삼았다. 어진 이를 구하는 것을 급선무로 삼은 까닭은 그들로 하여금 글을 짓게 하여 임금의 공덕을 자랑하게 해서 한때 보고 듣는 것을 아름답게 하려고 한 것만은 아니다. 대개 그 임금의 견문이 미치지 못하는 것과 생각이 이르지 못하는 것을 넓히고, 또 처신하고 사물을 대하는 사이에 혹시라도 선을 다하지 못하는 것이나 있을까 염려하여 그들로 하여금 그것을 바로잡을 수 있게 하기 위해서이다. 이 때문에 그 구하는 것을 넓게 하지 않을 수 없고, 그 예우를 후하게 하지 않을 수 없으며, 그 대우하는 것을 정성스럽게 하지 않을 수 없는 것이다. 반드시 온 세상의 어진 사람으로 하여금 아는 사람이건 모르는 사람이건 할 것 없이 스스로 내 앞에 이르러, 나의 허물을 보충해 주는 것을 즐거워하지 않음이 없게 한 뒤에야, 나의 덕업(德業)은 은미한 곳에서도 부끄럽지 않고 차츰차츰 광대하게 될 것이다.

그러나 저 어진 이들은 그 밝음이 이미 사리의 미묘한 곳까지 비출 수 있고, 그 지키는 것이 이미 성현의 자취를 따를 수 있다면, 그 스스로 하는 일이 반드시 고결하여 세상 풍속과 같이 하거나 더럽고 흐린 것과 합류하여 명예를 구하지는 않을 것이며, 스스로를 지키는 것이 두터워서 말을 떠벌이거나 꾸며서 자신의 영달을 도모하지 않을 것이요, 스스로의 믿음이 반드시 독실하여 총총걸음으로 뛰어다니며 남에게 순종하여 구차하게 잘 보이려고 하지 않을 것이다. 이 때문에 왕공과 대인(大人)이 비록 어진 이를 좋아하고 선을 즐기는 성의가 있다 하더라도 반드시 그 사람의 성명을 다 들을 수 없고, 그 사람의 얼굴을 다 알 수 없으며, 그 사람의 마음속에 품은 뜻을 다 알지 못할 것이다. 그런데 하물며 처음부터 그런 뜻도 없이 그 취하려는 것이 단순히 문자나 언어 사이에만 머문다면 어찌 어진 사람을 구할 수 있겠는가?"

그러므로 장차 온 세상을 크게 다스릴 수 있는 임금은 반드시 부르지 못할 신하가 있다. 모의를 하고자 하는 일이 있으면 반드시 그 사람에게 나아가니, 그 덕을 높이고 도를 즐기는 것을 이와 같이 하지 않는다면 큰일을 할 만한 사람이 될 수 없는 것이다.

주자가 말하였다. "크게 다스릴 수 있는 임금이란 크게 일을 할 수 있는 비상한 임금이란 뜻이다."

정자가 말하였다. "옛날 사람들이 반드시 임금이 공경을 지극하게 하고 예우를 다하기를 기다린 후에야 나아간 까닭은, 스스로를 존대하게 하려는 것이 아니라 위와 같은 이유 때문이었다."

선(善)을 좋아하면 온 세상을 다스리기에 넉넉하다. 진실로 선을 좋아하면 온 세상의 사람들이 모두 천리(天理)를 멀다고 여기지 않고 모여들어 선을 말해 주려고 할 것이다. 진실로 선을 좋아하지 아니하면 사람들이 장차 말하기를, "잘난 체하며 나는 벌써 알고 있다고 한다"라 할 것이다. 잘난 체하는 소리나 기색은 사람들을 천리 밖에서 막는 것이다. 선비들이 천리 밖에 머물러 있게 되면 참소하고 아첨하는 무리들이 가까이 보이게 된다. 참소하고 아첨하는 사람들과 함께 있게 된다면, 그런 상태에서 아무리 나라를 잘 다스릴 수 있겠는가?

주자가 말하였다. "우(優)란 넉넉하여 남음이 있다는 뜻이다. 비록 온 세상을 다스린다 해도 오히려 힘이 남아돈다는 말이다. 경(輕)은 쉽다는 뜻이니 천리나 되는 먼 길을 어렵게 여기지 않는다는 말이다. 이이는 스스로 그 지혜를 만족하게 여겨서 선한 말을 좋아하지 않는 모습이다. 군자와 소인은 한쪽이 길어지면 한쪽이 줄어드는〔消長〕 관계인데, 곧고 믿음직하고 아는 것이 많은 선비가 멀어지면 참소하고 아첨하는 사람이 모여들게 되는 것은, 이치와 형세가 그러한 것이다. 이것은, 정치란 한 사람의 장점을 쓰는 데 있지 아니하고 온 세상의 선을 다 오게 할 수 있는 것이 귀하다는 것을 말한 것이다."

이는 어진 이를 구하는 도를 말한 것입니다.

《주역》에서 말하였다. "성인은 어진 사람을 길러서 만민에게 미치게 한다." 〈이괘, 단사〉

정자가 말하였다. "성인은 어진 이를 길러서 그와 더불어 하늘이 명한 자리를 함께 하여, 그로 하여금 벼슬과 녹봉을 먹게 하고, 혜택을 천하에 베풀게 하니, 어진 이를 길러 만민에게 미치게 하는 것이다."

정자가 어진 이를 기르는 것을 논한 차자(箚子)에서 말하였다.
"신이 가만히 현실을 논하는 이들을 살펴보건대, 이들은 모두 어진 이를 얻으면 온 세상이 다스려진다는 것을 알고는 있으나, 어진 이를 오게 하는 도를 알지는 못합니다. 이것이 비록 중론(衆論)이 어지럽게 뒤섞여서 그 요체를 다하지 못했기 때문이라 하나, 조정에서도 행하기가 어렵다고 해서 실시하지 않기 때문입니다. 삼대에서 어진 이를 기른 것은 반드시 학문에 근본을 두었기 때문에 덕화(德化)가 행해지고 다스리는 도나 방법 등이 나오게 되었습니다. 우리 나라에서는 당나라의 옛 법을 이어받아서 관각(館閣)*3의 청선(淸選)*4도 말만의 직책에 그쳐서 이름과 실제가 바르지 아니하니, 어진 이를 부르고 인재를 길러 시국을 돕고 교화를 도우려 하지만 장차 무엇으로 말미암아 이것을 이룰 수 있겠습니까?

옛날의 명철한 임금은 겸허한 자세로 다스림을 구하였으니 어찌 일찍이 온 세상의 인재를 다하지 않고 자기의 덕을 이룰 수 있었겠습니까? 지금 신은 바라건대, 조정에 연영원(延英院)*5을 설치하시어 사방의 어진 이를 기다리고, 모든 공론으로 추천받은 자와 초야에 묻혀[巖穴] 있는 어진 이를 반드시 불러서 우대합니다. 그들의 자품을 보아 봉급을 주되 갑자기 관직을 주지는 말고 다만 임금의 명에 응하게 하여 이름만을 줍니다. 그랬다가 무릇 정사가 있으면 그들에게 맡겨서 상세히 계획을 정하게 하고, 전례(典禮)가 있으면 그들로 하여금 토론하게 하여 경륜과 계획을 상주할 수 있게 하고 치란을 강구할 수 있게 합니다. 또 그들로 하여금 여럿이 함께 거처하며 절차탁마하여 날로 그 재질을 다하게 합니다. 정부와 근신(近臣)으로 하여금 서로 접촉하게 하며 때로는 불러서 정치의 도리를 물어 본다면 그 재주와 식견과 기량과 능력을 알 수 있을 것입니다. 이렇게 하여 여러 해를 살펴보아 인품이 더욱 드러난 후에 어진 이는 마땅한 지위에 나아가게 하고 재능이 있는 이는 직책을 맡게 하되, 혹 군현(郡縣)도 맡기고 혹 선비의 사표(師表)도 되게 합니다. 그 덕업이 더욱 뛰어난 사람은 점점 나아가게 하여 지방 사령관[帥臣]이나 관청의 관원[職司] 책임을 맡게 하면 보필도 되고 공경도 될 수 있어서 어디에나 합당하지 않을 수가 없을 것입니다. 이와 같이 하면 자기 무리를 이끌고 같이 나오게 되어 초야에 남아 있는 선비가 없을 것이니, 폐하께서 어진 이를 높이고 선비를 대우하는 마음이 온 세상에 어긋나지 않는다고 할 수 있을 것입니다."

고종이 부열(傅說)에게 명하여 말하였다. "팔다리가 갖추어져야 사람이며, 어진 신하가 있어야 임금이 성스러워진다."　　　　《서경》〈상서·열명〉

채씨가 말하였다. "팔다리가 구비되어야 사람이 이루어지고, 어진 신하가 보필해야 임금이 성스러워진다."

옛날에 선대의 현인(先正)이었던 보형(保衡)이 우리 선왕을 분발시켰는데 보형이 말하기를 "내가 임금으로 하여금 요·순이 되게 하지 못하면 마음이 부끄러워 마치 저자에서 종아리를 맞는 것과 같으며, 한 사람이라도 살 자리를 얻지 못한다면 이것은 나의 허물이다"라고 하였다. 이처럼 우리 조상들을 도와서 하늘(皇天)에 다다르게 하였으니, 네가 나를 밝게 도와서 아형(阿衡)으로 하여금 상나라의 아름다움을 독차지하게 하지 말라.

채씨가 말하였다. "선정은 선대에 장관을 지낸 신하이다. 보(保)는 편하게 한다는 뜻이다. 보형은 아형이란 말과 같다. 작(作)은 분발시키는 것이요, 저자에서 종아리를 맞는다는 것은 매우 부끄러운 것이다. 얻지 못한다는 것은 제자리를 얻지 못한다는 말이다. 이것은 고종이 이윤의 말을 들어 이윤과 같이 해 달라고 부열에게 바라는 말이다."

"임금은 어진 사람이 아니면 다스리지 못하고 어진 사람은 임금이 아니면 먹지 못하는 것이니, 너는 능히 너의 임금이 선왕의 뜻을 이어받게 하여 길이 백성을 편하게 하라" 하니, 부열이 머리를 조아려 절하며 아뢰기를, "감히 천자의 아름다운 명을 그대로 선양하겠습니다" 하였다.

채씨가 말하였다. "이는 군신이 서로 만나기 어려운 것이 이와 같다는 것을 말한 것이니, 고종은 탕왕처럼 되려고 스스로 기약하고, 부열은 이윤처럼 되는 것을 자기 임무로 삼아서 군신이 서로 힘써 격려하는 것이다."

주자는 말하였다.
"임금은 재상을 불러 씀에 대해 의논하는 것을 직분으로 삼고, 재상은 임금을 바르게 하는 것을 직책으로 삼아, 양자가 저마다 그 직분을 다하여야만 체통이 바르게 되고 조정의 권위가 높아져, 온 세상의 정치는 반드시 한 군데에서만 나오게 되고, 여러 군데에서 나오는 폐단이 없게 될 것입니다. 진실로 재상을 의논하는 사람이 자기에게 적합한 사람만 구하고 그 자신을 바르게 해 주는 이를 구하지 않거나, 그가 사랑할 만한 사람만 취하고 그가 두려워할 만한 사람을 취하지 않는다면, 이는 임금이 그 직분을 잃은 것입니다. 마땅히 임금을 바르게 해야 할 사람이, 임금에게 옳은 말을 하여 그른 것을 바로잡도록 하는 것으로 일을 삼지 않고, 임금의 비위나 맞추는 것에만 능하며, 세상을 경영하고 일을 주재하는 것을 마음으로 삼지 아니하고 자기를 꾸며 총애만 굳게 하는 것을 계책으로 삼는다면, 재상이 그 직분을 잃은 것입니다. 양자가 모두 그 직분을 잃으면, 이 때문에 체통이 바르게 되지 아니하고 기강이 서지 아니하여 좌우의 근신들이 모두 권위를 사사로이 농락하게 되면, 국가의 통치 형태가 날로 어지럽게 될 것이고, 국가의 세력이 날로 줄어들 것입니다. 비록 비상한 재앙이 모르는 가운데 잠복해 있더라도, 위는 위대로 안일하게 여기고 아래는 아래대로 좋아 날뛰어 또한 이것을 염려할 줄을 모를 것입니다. 이것은 그 까닭을 살피지 못하기 때문입니다. 그런데 그 까닭은 살피지 못하면서 도리어 이미 등용한 사람을 도태시키고 또 앞으로 써야 할 사람을 살필 수 있겠습니까? 재상을 선발하는 데는 자기를 바르게 해 줄 수 있고 두려워할 만한 인격을 갖춘 사람을 가리어 써야 반드시 자신을 소중히 여기는 선비를 얻을 것입니다. 그러면 내가 그에게 책임지우는 것을 무겁게 하지 않을 수 없을 것입니다. 책임지우는 것이 이미 무거우면 그 사람은 임금에게 옳은 말을 하여 그른 것을 바로잡도록 하려는 뜻을 다할 수 있고, 세상을 경영하고 일을 주재하려는 마음을 실행할 수 있을 것입니다. 그리고 또 세상에서 곧고 믿음직하며 감히 어려운 말을 할 수 있는 선비를 뽑아서 대간(臺諫)과 급사(給舍)로 삼아, 그 의논에 참여하도록 해서 나의 마음가짐이나 보고 듣는 것을 항상 어진 사대부에 두고 뭇 소인들에게 두지 않도록 합니다. 또한 선악을 상주고 벌주고 하는 권리는 항상 조정에 두고 개인의 집안〔私門〕에서 나오지 않게 해야 할 것입니다. 이와 같이 하고서도 임금의 위엄이 서지 않거나, 국세가 강해지지 않거나, 나라의 법도가 시행되지 않거나, 형정(刑政)이 맑아지지 않거나, 민력이 넉넉해지지 않거나, 군정이 닦아지지 않는다는 것을 신은 믿을 수 없습니다."(주자의 봉사 가운데 있는 말이기 때문에 신이라고 일컬었습니다.)

맹자가 제나라 선왕을 만나 아뢰었다. "큰 궁궐〔巨室〕을 지으려고 한다면 반드시 대목〔工師〕을 시켜 큰 나무를 구해 오게 할 것이고, 대목이 큰 나무를 얻었다면 왕께서는 기뻐하여 그 임무를 감당할 수 있다고 생각할 것입니다. 그런데 장인(匠人)이 그 나무를 깎아서 작게 만들면 왕께서는 노하여 그 임무를 감당할 수 없다고 생각할 것입니다. 그런데 대체로 사람이 어려서 배우는 것은 장성한 다음에 그것을 행하려는 것인데 '네가 배운 것은 우선 버려두고 나를 따르라'고 한다면, 이것은 도대체 무슨 경우입니까?"

《맹자》 아래도 같음

주자가 말하였다. "거실은 큰 궁궐〔大宮〕이다. 공사(工師)는 장인의 우두머리이다. 장인은 여러 목수들이고, 고(姑)는 '우선'이라는 뜻이다. 이것은, 현인은 배운 것이 큰데 왕이 이를 적게 하려고 한다는 말이다."

지금 여기에 옥의 원석〔璞玉〕이 있다면 비록 그것이 만 일(萬鎰)이나 된다고 하더라도 반드시 옥공〔玉人〕을 시켜서 다듬게 할 것입니다. 그런데 국가를 다스리면서 "네가 배운 것은 잠시 접어두고 나를 따르라"고 한다면, 옥공으로 하여금 옥을 다듬게 하는 것과는 어찌 다르게 하십니까? *6

주자가 말하였다. "박(璞)이란 옥이 돌 속에 들어 있는 것이요, 일(鎰)은 스무 냥을 말한다(옥의 값이 황금 일만 일에 해당된다는 뜻). 옥인은 옥을 다듬는 공인이다. 옥을 감히 스스로 다듬지 못하고 잘 다듬는 이에게 맡기는 것은 그것을 심히 아끼는 까닭이다. 그러나 국가를 다스리는 데는 개인의 욕심에

만 따를 뿐 어진이에게 맡기지 아니하니, 이것은 국가를 아끼는 것이 옥을 아끼는 것만 못한 것이다."

범씨가 말하였다. "옛날의 어진 이는 항상 임금이 배운 대로 행하지 못할까봐 걱정하였고, 세상의 용렬한 임금은 또 항상 어진 이가 그 임금이 좋아하는 대로 따르지 못할까봐 걱정했다. 이 때문에 군신이 서로 만나는 것을 옛날부터 어렵게 여겼던 것이다. 공자와 맹자가 죽을 때까지 임금을 만나지 못한 것도 대체로 이 때문일 뿐이다."

그 사람의 지혜는 쓰되 그 거짓된 것은 버리며, 그 사람의 용기는 쓰되 성내는 것은 버리며, 그 사람의 어진 점은 쓰되 그 탐내는 것은 버릴 것이다.
《예기》

진씨(陳氏)가 말하였다. "임금이 사람을 쓸 때는 마땅히 장점은 취하고 단점은 버릴 것이다. 대개 보통 사람의 재능은 장점이 있으면 반드시 단점도 있다."

신이 살피건대, 이것은 여러 관리를 다 온전한 인재로 얻을 수는 없으므로 마땅히 그 장점만을 써야 한다는 것을 말한 것입니다. 대개 어진 재상을 신중히 선택하여 소신껏 일하도록 위임한다면, 모든 관리와 관원들이 반드시 한 사람에게 갖추어질 필요가 없습니다. 재상을 극진하게 가려서 쓰지 않는다면, 정권이 적당하지 못한 사람에게 주어져서 조정이 혼란하게 되겠지만, 관원들을 반드시 온전하게 갖추어진 인재만으로 구하려 한다면 사람을 취하는 길이 너무 좁아져서 여러 관직이 텅 비게 될 것입니다.

어떤 사람이 말하였다. "오늘날의 사대부 가운데에서 어진 사람을 보지 못하였다" 하자, 정자가 말하기를, "사대부 가운데 어진 사람이 없다고는 말할 수 없다. 다만 조정의 관리에 어진 사람을 쓰지 않았다는 것일 뿐이다."

또 말하였다. "온 세상의 선비 가운데 뜻이 조정에 있으나 재주가 부족한 사람도 있고, 재주는 쓸 만하나 성의가 부족한 사람도 있다. 오늘날은 모름지기 재주와 지극한 성의가 갖추어져야만 사업을 이룰 수 있다."

이는 임용의 도를 말한 것입니다.

정공(定公)이 물었다. "임금이 신하를 부리고 신하가 임금을 섬기는 데는 어떻게 하여야 합니까?" 공자가 대답하였다. "임금은 신하를 예(禮)로써 부리고, 신하는 임금을 충(忠)으로써 섬겨야 합니다." 《논어》

주자가 말하였다. "이 두 가지는 다 당연한 이치요, 각자가 스스로 다하려고 힘써야 할 것이다."

여씨(呂氏)는 말하였다. "임금이 신하를 부릴 때는 그가 불충할까를 걱정하지 말고 그에게 예를 지극하게 하지 못할까 걱정할 것이며, 신하가 임금을 섬길 때는 임금이 무례하게 대할까를 걱정하지 말고 나의 충성이 부족하지 않을까를 걱정할 것이다."

공자가 말하였다. "남의 윗사람이 되어서는 사람들이 바라보고 알 수 있을 정도의 사람이 되어야 하고, 남의 아랫사람이 되어서는 그 업적을 기록할 만한 정도의 사람이 되어야 할 것이다. 그렇게 되면 임금은 신하에 대해 의심을 갖지 않을 것이요, 신하는 임금에 대해 의혹을 갖지 않을 것이다. 그러므로 이 윤(尹)이 말하기를, '오직 내가 몸소 탕임금과 함께 순수하고 한결같은 덕을 지녔다'고 했다." 《예기》

진씨가 말하였다. "임금이 신하를 대우하는 것이 표리가 한결같은 까닭에 바라보기만 하면 알 수 있고, 신하가 임금을 섬기는 것이 한결같이 충성에 말미암기 때문에 그 직분과 공업을 다 칭찬하여 기록할 만한 것이다. 이것이 상하 사이에 의심도 없고, 의혹도 없게 되는 까닭이다."

두 사람이 마음을 같이하면 그 날카롭기가 금을 자를 수 있고, 두 마음을 같이하면 그 냄새가 난초의 향기와 같다. 《주역》〈계사편〉

주자가 말하였다. "이 말은 두 사람 사이에 다른 물건이 끼어들 수 없으며 그 말에 의미가 있다는 뜻이다."

성재 양씨(誠齋楊氏)가 말하였다. "쇠와 돌은 지극히 단단한 물건이지만, 그러나 사람의 마음보다 단단하지 않다. 그러므로 두 사람의 마음이 하나가 되면 돌도 깨뜨릴 수 있고, 금도 자를 수 있다(보통 사람이 마음을 같이 해도 쇠와 돌을 꿰뚫을 수 있는데, 하물며 임금과 신하가 마음을 같이 하면 무슨 일을 이룰 수 없겠습니까?). 향 풀〔薰〕과 누린내 풀〔蕕〕이 같은 그릇에 있으면 지나가는 동자라도 거뜬히 그 냄새를 분별할 수 있으니, 이것은 그 냄새가 같지 않기 때문이다. 남산의 난초와 북산의 난초를 섞으면 열 사람의 황제도 그 냄새를 분간할 수 없을 것이니, 이것은 그 냄새가 같기 때문이다."

《시경》에서 말하였다. "유유(呦呦)하며 우는 사슴의 울음소리여, 들에서 쑥을 뜯어먹는구나. 내게 아름다운 손님이 왔으니 비파를 퉁기고 생황(笙簧)을 부노라. 생황을 불면서 바구니를 받들어 폐백을 올리니, 손님은 나를 좋아하여 나에게 넓은 길을 보이는도다." 〈소아·녹명(鹿鳴)〉

주자가 말하였다. "유유는 화평한 것으로 서로 어울려 내는 소리이다. 승(承)은 받드는 것이요, 광〔筐〕은 폐백을 담는 그릇이다. 장(將)은 행한다는 것이니, 바구니를 받들어 폐백의 예를 행한다는 것이다. 마신다는 것은 손님에게 술을 권하여 술을 보내는 것이고, 먹는다는 것을 손님을 도와 배불리 먹도록 권하는 것이다. 주행(周行)은 넓은 길이다. 이것은 손님을 영접해 잔치를 베푸는 시이다(빈객은 본국의 신하일 때도 있고 제후의 사신일 때도 있습니다). 대개 군신의 관계는 엄한 것을 주로 하고, 조정의 예는 공경을 주로 한다. 그러나 한결같이 엄하고 공경하기만 하면 정이 혹시 통하지 못하여 그 충고하는 유익함을 다할 수 없기 때문에, 선왕이 모여서 먹고 마시는 것을 근본으로 하여 연회의 예를 만들어 상하의 정을 통하게 하였다. 그때 부르는 노래에 사슴이 우는 것으로써 흥을 일으키고 말하기를, 그 예의의 두터움이 이와 같으니 아마도 사람들이 나를 좋아하여 나에게 큰 길을 보일 것이라고 한 것이다. 《예기》에 이르기를 '사사로운 은혜는 덕이 될 수 없으므로 군자는 사사로운 은혜에 머물지 아니한다' 하였으니, 대개 임금이 여러 신하들과 손님에게 바라는 것은 오직 넓은 길로써 자기에게 보여 주는 것에 있는 것이요, 그렇다면 반드시 사사로운 은혜를 덕으로 삼지 않을 것이다. 이것은 화락하면서도 음란하지 않은 까닭이 아니겠는가?"

공자가 말하였다. "대신이 친애와 신임을 받지 못하고 백성이 편치 않은 것은, 충성과 공경이 부족하고 부귀가 지나친 것이다. 대신이 다스릴 수 없으면 근신은 편당을 지을 것이다. 그러므로 대신은 공경하지 않을 수 없으니, 이는 백성의 본보기가 되기 때문이요, 근신은 삼가지 않을 수가 없으니 이것은 백성의 길이 되기 때문이다." 《예기》

진씨가 말하였다. "대신이 친애와 신임을 받지 못하면 백성이 그 명령에 복종하지 않기 때문에 편안하지 못하다. 이것은 대체로 임금에 대한 신하의 충성이 부족하거나, 신하에 대한 임금의 공경이 부족하고 단지 부귀만 너무 지나쳐서 그러한 것이다. 이로 말미암아 가까운 신하들이 서로 편당을 지어 대신의 권리를 빼앗아 대신으로 하여금 그 일을 다스릴 수 없게 한다. 그러므로 대신을 공경하지 않을 수 없으니, 대신은 백성이 바라보는 본보기가 되기 때문이다. 근신은 삼가서 택하지 않으면 안 된다. 이것은 임금이 좋아하고 미워하는 것이 이들에게 달려 있어서 백성들이 그것에 따라 길로 삼기 때문이다."

어떤 사람이 말하였다. "대신을 믿고 맡겨서 그 사이에 다른 것이 끼어들 수 없으면 일에 임하여 현혹되지 않습니다. 만약 대신이 현명하다면 좋으나 혹 불행히도 조고(趙高), 주이(朱異), 우세기(虞世基), 이임보(李林甫) 같은 무리가 있다면 추양(鄒陽)이 말한 이른바, '한쪽 말만 듣는 데서 간사한 것이 생기고, 한 사람에게 맡기는 데서 난이 생겨난다'는 것이요, 범저(范雎)가 말한 이른바, '어진 이를 질투하고 능한 이를 미워하여 아래를 막고 위를 가려서 사사로운 짓을 하더라도 임금은 깨닫지 못한다'는 것이니, 이 또한 어찌 염려하지 않을 수 있겠습니까?" 주자가 말하였다. "그렇지 않다. 몸을 닦으면 보는 것이 밝고 듣는 것이 총명하여 현명치 못한 것으로 속일 수가 없고, 어진 이를 높이면 대신의 자리에 앉은 사람 중에 반드시 이와 같은 사람이 섞이지는 않을 것이다. 불행히도 혹시 실수가 있다면 또한 급히 마땅한 사람을 구해서 바꿀 뿐이다. 어찌 그가 간악한 짓을 하여 나라를 멸망시킬 줄을 알면서도 오히려 대신의 지위에 그대로 두어서 그에게 문서나 받들게 하는 직책을 맡게 하겠는가! 또한 낮은 자리의 신하들이 살펴서 그것을 막아 줄 것이라고 믿을 수 있겠는가? 대개 어진 이를 구하는 것은 힘들어도 그 사람을 얻으면 편안할 것이니, 맡긴다면 의심하지 말고 의심이 나면 맡기지 말 것이다. 이것이 옛날의 성군과 어진 재상들은 성실한 뜻을 서로 믿어 함께 그 도를 다하여 정대하고 광명한 업적을 이룬 까닭이다. 만약 그렇지 않고 위에서 꺼리고 두려워하여 방비하는 것이 더욱 치밀해질수록 그 현혹됨은 더욱 심할 것이오, 아래에서 속이고 가리는 것이 더욱 교묘해질수록 그 해악은 더욱 깊어질 것이다. 불행히도 신하의 간사함이 이루어지면 그 화는 이루 말로 다할 수 없을 것이다. 그러나 그 가운데에서 다행히 임금의 위엄이 이긴다면, 이른바 한쪽 말만 듣고 한 사람에게 맡기어 아래를 막고 위를 가리는 폐단이 대신 가운데에는 있지 않겠지만, 좌우의 근신에게는 있게 되어 나라에 재앙이 되는 것은 더욱 말로 다할 수 없을 것이다. 아! 위태로운 일이로다."

이는 예로 공경하고 친애하며 신임하는 도를 말한 것입니다.

《주역》에서 말하였다. "서리를 밟으면 단단한 얼음에 이른다."

〈곤괘 초·6효사〉

정자가 말하였다. "음(陰)이 처음 엉겨 서리가 되는데, 서리를 밟으면 마땅히 음이 점차 성하여 단단한 얼음에 이르게 된다는 것을 알아야 한다. 이것은 마치 소인이 처음에는 비록 심히 미약하다 할지라도 자라게 해서는 안 된다는 것과 같은 것이니, 그것은 소인이 자라게 되면 성하여지기 때문이다."

공자가 말하였다. "선(善)을 쌓은 집에는 반드시 경사(慶事)가 남게 될 것이요, 선을 쌓지 못한 집에는 반드시 재앙이 남아돌 것이니, 신하가 그 임금을 죽이고 자식이 그 아비를 죽이는 것은, 그 연고가 갑자기 비롯되는 것이 아니라 그 유래가 점차로 이루어져 내려온 것으로, 오직 그것을 일찍 분별하지 못했기 때문이다."

공자가 말하였다. "정(鄭)나라 음악을 내쫓고 아첨하는 사람〔佞人〕을 멀리해야 할 것이니, 정나라 음악은 음탕하고, 아첨하는 사람은 위태롭기 때문이다."
《논어》

주자가 말하였다. "내쫓는다는 것은 금절(禁絕)하는 것을 말하는 것이요, 영인(佞人)은 비굴하고 아첨하며 말만 잘하는 사람이며, 태(殆)는 위태롭다는 뜻이다."

장자가 말하였다. "정나라 음악과 아첨하는 사람은 사람들에게 지켜야 할 것을 잃어버리게 할 수 있는 까닭에 내쫓고 멀리하는 것이다."

범씨는 말하였다. "아첨하는 사람은 아첨하고 순종할 따름이다. 그들을 가까이 하면 위태롭다는 것은 무슨 뜻인가? 저 아첨하는 사람은 의가 있는 곳은 알지도 못하고 오로지 이익만 따르기 때문이다. 그들은 처음에는 교언영색(巧言令色)을 보이다가 반드시 도리에 어긋나고 순리를 거스리려는 마음은 없었으나 그 지위를 잃을까 두려워하는 데 이르러서는 무슨 짓이라도 저지르게 되어 마침내 임금을 죽이고 나라를 망치게 한다. 이들은 모두 처음에는 아첨하고 순종하던 자들이다."

장씨(張氏)가 말하였다. "소인들 가운데 국가에 재앙을 주는 사람으로는 부드럽게 악〔柔惡〕한 이가 더욱 두렵다. 굳세게 악한 이는 교활하고 우악스럽기 때문에 재주가 평범한 임금이라도 오히려 두려워하여 멀리하여 그 해가 됨이 오히려 적다. 그러나 오직 부드럽고 간사한 이는 아첨하고 잘 보이려고 하여 사람으로 하여금 기뻐하고 사랑하며 친밀하게 하니, 총명한 임금도 오히려 의혹되어 나라가 망하여도 끝내 깨닫지 못한다. 그러므로 공자가 아첨하는 사람을 들어 말한 것도 역시 소인 중에서도 심한 자를 들어 말한 것이다."

당 태종이 일찍이 대궐 안의 나무를 구경하다가 말하기를, "아름다운 나무로구나" 하니, 우위대장군(右衞大將軍)인 우문사급(宇文士及)도 곁에서 따라 찬탄하여 마지않았다. 태종이 정색하여 말하기를, "위징(魏徵)이 일찍이 나에게 아첨하는 사람을 멀리하라고 권고하였는데, 그 아첨하는 사람이 누군지 알지 못하였더니, 이제야 바로 알았구나" 하였다. 우문사급이 사죄하며 말하기를, "남아(南衙)의 여러 신하들은 폐하의 면전에서 폐하의 말을 반박하고, 직접 폐하의 잘못을 간하여 다투어서 폐하께서 꼼짝 할 수도 없었습니다. 지금 다행히도 신이 좌우에 있어서 조금이나마 폐하의 뜻에 순종하려고 하지 않는다면, 비록 천자의 귀한 몸이라도 무슨 즐거움이 있겠습니까?" 하였다. 그러자 마침내 임금의 뜻이 풀렸다고 한다.

사관이 이 말에 대하여 평하기를, "태종은 사급의 아첨을 알고도 또한 물리치지 못하였으니, 저 재주가 평범한 임금에게 아첨에 현혹되지 않기를 바란다는 것은 어려운 일이 아니겠는가?" 하였다. 진씨(眞氏)는 말하기를, "사급의 말은 깊이 임금에게는 짐독(鴆毒)*7이 되는 것이다. 대체로 크게 밝은 세상에서는 충성스럽고 곧은 말을 하는 사람이 조정에 가득 차서 임금의 언동이 조금이라도 어긋나면 즉시 경계하는 말을 따르게 된다. 따라서 천자의 귀한 몸으로 마땅히 즐거움이 없을 것 같으나 그 대신 매양 몸을 지극히 편안하고 영화스러운 곳에 두게 된다. 혼란스러운 세상에서는 아첨하는 말이 귀에 가득 차서, 사치를 다하고 욕심대로 하더라도 아랫사람으로서 감히 간하는 자가 없다. 그러면 천자의 귀한 몸으로 마땅히 뜻에 맞을 것 같지만 매양 몸을 지극히 위태롭고 어려운 가운데에 두게 되는 것이다. 그렇다면 임금으로서 어느 것을 택해야 하겠는가? 사급같은 이는 망한 수나라에서 남은 쓸모없는 인간이라 심하게 책망할 것도 없지만, 아까운 것은 태종이 그 아첨하는 것을 알고도 그를 제거할 줄 모른 것이다" 하였다.

신이 살피건대, 훈계하고 경계하는 말이 많은 것을 탐탁지 않게 생각하는 사람은, 특히 안으로는 욕심이 많으면서 밖으로만 인의를 베푸는 체하는 사람입니다. 만약 임금이 마음을 바르게 하고 몸을 닦아서, 좋아하는 것은 학문이요 즐기는 것은 선(善)에 있다면 훈계하고 경계하는 말이 귀를 기쁘게 하는 것은 마치 개고기나 돼지고기(芻豢)가 입을 즐겁게 하는 것과 같을 것입니다. 그러니 어찌 탐탁지 않음이 있겠습니까? 만약에 안으로는 자신을 닦은 실상이 없고 거짓으로 좋은 일을 하려는 체하는 자는 훈계하고 경계하는 말이 오면 억지로 따르는 체하지만 마음 속으로는 실로 즐거워하지 않을 것이니, 어찌 오래도록 변하지 않을 수 있겠습니까? 이것이 바로 당 현종이 한휴(韓休)를 써서 나라를 피폐하게 하여 마침내 천보(天寶)의 난이 일어나게 한 까닭입니다.

목왕(穆王)이 백경(伯囧)에게 명하여 말하였다. "너는 간사한 사람을 가까이 하여 시종(侍從)의 관직에 두거나, 선왕의 법이 아닌 것으로서 임금을 인도하지 말라."　　　　　　　　　　　　　　　《서경》〈주서·경명〉

채씨가 말하였다. "이것은 대개 목왕이 스스로 그 덕이 견고하지 못함을 알아 좌우의 사람들이 이단으로써 자기의 마음을 방탕하게 할까 두려워한 것이다. 그런데 이 마음을 이어가지 못하고 조보〔造父〕로 하여금 말을 몰게 하여 온 세상을 주유하였으니, 미리 경계할 것을 알아 근심함이 깊고 생각함이 길었으나 오히려 자신이 그런 일을 하는 것을 면하지 못한 것이다. 사람의 마음이란 잡으면 있고 놓으면 없어지는 것이 무상하니 두려워할 만하다."

자장(子張)이 '명철함〔明〕'에 대해 묻자, 공자가 말하였다. "차츰차츰 스며들어오는 참소〔譖〕와 절박한 하소연을 그대로 받아들여 주지 않는다면 명철하다고 할 수 있다. 차츰차츰 스며들어 오늘 참소와 절박한 하소연을 그대로 받아들여 주지 않는다면 보는 것이 규모가 크다고 할 수 있다."　　《논어》

주자가 말하였다. "침윤(浸潤)은 물이 차츰차츰 스며들어오는 것과 같으니, 점차로 젖어들어 갑작스럽지 않은 것이다. 참〔譖〕은 남의 행실을 헐뜯는 것이다. 부수(膚受)란 살갗이 받아들이는 것이니, 이해가 내 몸에 절실한 것을 말한다. 소〔愬〕는 자기의 원통함을 하소연하는 것이다. 남을 헐뜯는 사람의 참소가 갑자기 서두르지 않고 점차로 스며들어오면 듣는 이가 그 들어오는 것을 깨닫지 못하고 그것을 깊이 믿게 된다. 원통함을 하소연하는 사람이 급박하여 몸에 절실하게 하면, 듣는 사람은 미처 자세히 살피지 못하고 그것에 동정심이 폭발하게 된다. 이 두 가지는 그 마음이 명철하여 가까운 것에 가려지지 않았음을 알 수 있는 것이다."

《시경》에서 말하였다. "혼란이 처음 생겨나는 것은 불신의 실마리를 받아들일 때요, 혼란이 또 생겨나는 것은 군자가 참언을 믿을 때이다. 군자가 만약 참언을 듣고 화를 낸다면 혼란이 아마도 빨리 그칠〔沮〕 것이요, 군자가 어진 사람의 말에 기뻐하면〔祉〕 혼란이 빨리 그칠〔已〕 것이다."

〈소아·교언(巧言)〉

주자가 말하였다. "참언이 처음 생기는 것은 불신의 실마리이다. 함(涵)은 용납하여 받아들이는 것이며, 군자는 임금을 가리킨다. 천(遄)은 빠른 것이요, 저(沮)는 그치는 것이요, 지(祉)는 기뻐한다는 말과 같다. 이는 혼란이 생겨나는 까닭은, 참언하는 사람의 불신의 말이 비로소 들어감에 왕이 용납하여 받아들이고 그 진위를 살피지 않는 데에서 말미암는 것이요, 혼란이 또 생겨나는 것은 이미 그 참언을 믿고 그것을 받아들이기 때문이라는 것을 말한 것이다. 군자가 참언하는 자의 말을 듣고 만약 노하여 그를 책망한다면 혼란은 아마도 빨리 그치게 될 것이요, 어진 사람의 말을 듣고 만일 기뻐하여 받아들인다면 혼란은 역시 빨리 그치게 될 것이다. 그런데 지금 받아들이는 것을 끊지 못하여 참소하는 말과 진실한 말을 구분하지 못하니, 이 때문에 참소하는 자는 더욱 기승을 부리게 되고 군자는 더욱 쇠락하게 된다."

소씨(蘇氏)가 말하였다. "소인이 그 임금에게 참소할 때에는 반드시 그 말이 차츰차츰 스며들어가게 하는 것이다. 처음에는 나아가 짐짓 시험을 해보고 임금이 용납하여 거절하지 않는다면, 말을 꺼릴 것이 없다는 것을 알아 다시 나아가 자기의 의견을 말하게 된다. 이렇게 하여 임금이 이 말을 믿게 된 뒤에 혼란이 일어난다."

신이 살피건대, 임금이 진실로 어진 이를 쓰고자 한다면 반드시 소인을 멀리해야 합니다. 그런 뒤라야 군신 사이에 처음부터 끝까지 간격이 없어서 다스림의 도를 이룰 수 있습니다. 만일 악을 미워하되 엄하게 하지 아니하여 소인으로 하여금 참소하는 혓바닥〔讒舌〕을 놀릴 수 있게 한다면, 군자가 어찌 편안히 조정에 서겠습니까? 대개 참언을 하는 자는 윗사람의 거동을 잘 살피고, 백 갈래로 변화하여 윗 사람의 동정을 잘 살펴 겉으로는 돕는 체하고 속으로는 억누르기도 하며, 처음에는 칭찬을 하다가도 나중에는 깎아 내리며, 무죄한 사람을 모함하여 교묘하게 명목을 세우기도 합니다. 독실하게 행하는 이를 가리켜 위선이라 하고, 도를 지키는 자를 가리켜 거짓 학문을 한다고 하며, 은거하여 뜻을 숭상하는 사람을 일러 세상을 업신여긴다고도 합니다.

나아가기는 어렵게 하고 물러나기를 쉽게 하는 사람을 일러 임금을 협박한다고 하고, 조정에서 직접 임금의 잘못을 간하여 꺼리낌없이 곧은 말을 하는 사람을 일러 곧은 것을 판다고 하며, 국사에 마음을 다하는 사람을 일러 권력을 마음대로 휘두른다고 합니다. 어진 이를 천거하여 협력하는 사람을 붕당이라고 하며, 묵은 폐단을 바로잡고 개혁하는 사람을 가리켜 정치를 어지럽게 한다고 하니, 선량한 사람을 모함하는 술수를 이루 다 열거할 수 없습니다. 임금이 만약 깊이 미워하여 힘껏 끊어 버리지 않고 함께 거두어 같이 기르는 계책을 쓴다면, 알지도 못하는 사이에 점점 그 꾀에 빠져들어 마침내 뭇 간신들은 모여들고 군자는 멀리 내치게 되는 데까지 이르게 될 것입니다. 아! 어찌 두려워하지 않을 수 있겠습니까?

이는 소인(小人)을 멀리하는 도를 말한 것입니다.

이윤이 신야(莘野)에서 밭을 갈고 살면서 요·순의 도를 즐겨, 의가 아니고 도가 아니면 온 세상을 녹으로 다 준다 하더라도 돌아보지 않았고, 말 4천 마리〔千駟〕를 매어 놓고 기다린다 해도 쳐다보지도 않았다. 의가 아니고 도가 아니면 털끝만큼도 남에게 주지 않았고, 남에게서 취하지도 않았다. 탕왕이 사람을 시켜 폐백을 보내어 그를 초빙하니 무심하게 (효효(囂囂)는 자득하여 욕심이 없는 모습) 말하기를, "내가 어찌 탕임금의 초청하는 예물 따위를 바라겠는가? 그것이 어찌 내가 밭 가운데에 살면서 이대로 요·순의 도를 즐기는 것만 하겠는가?" 하였다. 탕왕이 세 번 사람을 시켜 초빙하러 가니, 그제서야 번연히 태도를 바꾸고 말하기를, "내가 밭 가운데에 살면서 이대로 요·순의 도를 즐기는 것보다 어찌 내가 이 임금으로 하여금 요·순과 같은 임금이 되게 하며, 이 백성으로 하여금 요·순의 백성으로 되게 하는 것만 하겠는가? 어찌 내가 그것을 몸소 직접 보는 것만 하겠는가? 하늘이 이 백성을 낳음에 선지자(先知者)로 하여금 후지자(後知者)를 일깨워 주게 하고, 선각자로 하여금 후각자(後覺者)를 일깨워 주게 하였다. 나는 천민의 선각자이다. 나는 장차 이 도로써 이 백성을 일깨워 주련다. 내가 그들을 일깨워 주지 않는다면 누가 하겠는가?" 하였다. 그는 온 세상의 백성들 중에 필부필부(匹夫匹婦)라도 요·순의 혜택을 입지 않은 자가 있으면, 마치 자기가 그들을 웅덩이 속으로 밀어넣은 것처럼 생각하였다. 그가 온 세상의 중책(重責)을 자임하는 것이 이와 같아서 탕왕을 도와 온 세상의 왕노릇을 하게 하였다. 탕왕이 죽자 태정(太丁 : 탕의 태자인데 임금이 되지 못하고 죽었음)은 즉위하지도 못했고, 외병은 2년을 왕위에 있었으며, 중임은 4년을 왕위에 있었다(외병과 중임은 다 태정의 동생). 태갑(太甲 : 태정의 아들인데 왕위를 이어 왕이 됨)은 탕왕의 법도(典刑)를 뒤집었으므로 이윤이 그를 동(桐)으로 추방하였다. 3년 만에 태갑은 자기의 잘못을 회개하여 스스로를 원망하고 스스로를 다스려서 인의를 깨닫고 변화하여 이윤의 교훈을 들었다. 그리하여 그가 다시 박(亳 : 상읍 도읍)으로 돌아오게 되자 이윤은 정권을 그 임금에게 돌려주고 나서, 벼슬을 그만두고 떠나가기로 하였다. 그에 앞서 태갑의 덕이 순일하지 못하여 적임자가 못 되는 사람을 임용할까 두려워하여 '함유일덕(咸有一德 : 〈서경〉의 편명임)'을 지어 훈계하였다.

낭야(琅邪)의 제갈량(諸葛亮)은 양양(襄陽)의 융중에 파묻혀 살면서 매양 스스로를 관중(管仲 : 제나라 정치가로 환공을 중원의 패자로 만들었음)과 악의(樂毅 : 연나라의 현인이자 무장, 강대국 제를 토벌함)에게 비교하니, 당시 사람들이 아무도 알아보지 못했다. 소열 황제(昭烈皇帝 : 유비(劉備)의 시호)가 형주에 있을 때 양양의 사마휘(司馬徽)에게 선비를 물으니, 사마휘가 말하기를, "유생(儒生)과 세속 선비가 어찌 시무를 알겠습니까? 시무를 아는 것은 준걸이라야 할 터인데 이 부근에 복룡(伏龍)과 봉추(鳳雛) 같은 사람이 있습니다" 하였다. 소열 황제가 묻기를, "그 사람이 누구인가?" 하자, 그가 대답하기를, "제갈공명(孔明 : 양(亮)의 자임)과 방사원(龐士元 : 사원은 통(統)의 자임)입니다" 하였다.

서서(徐庶)가 소열 황제에게 이르기를, "제갈공명은 와룡(臥龍)입니다. 장군께서는 한번 만나 보기를 원치 않으십니까?" 하자 소열이 말하기를, "그대와 더불어 같이 오도록 하오" 하였다. 서서가 말하기를, "이 사람은 나아가서 볼 수는 있으나 굽혀 오게 할 수는 없습니다. 장군이 마땅히 찾아가서 보아야 합니다" 하였다. 소열은 이에 제갈량을 찾아가기를 무려 세 번이나 한 뒤에 비로소 만나 보고서, 적을 토벌하고 나라를 부흥시키는 계책을 물었다. 이에 그 계책을 좋다고 여겼으므로 두 사람 사이의 정의는 날로 깊어졌다. 공명은 소열을 도와 익주(益州)를 취하여 다스렸고, 소열이 즉위하자 공명을 승상으로 삼았다. 소열이 임종할 때 공명에게 이르기를, "그대의 재능이 조비(曹丕:조조의 맏아들)의 열배가 되니 반드시 나라를 편안하게 하여 끝내 대사를 정할 수 있을 것이오. 내 뒤를 이을 아들 사자(嗣子)를 도울 만하거든 돕고, 만약 그가 임금 노릇을 할 만하지 않거든 그대가 스스로 임금자리에 오르도록 하오" 하였다. 공명이 눈물을 흘리며 말하기를, "신이 감히 고굉(股肱:다리와 팔. 곧 전신)의 힘을 아끼지 않고 충정의 절개를 본받아 죽음으로써 그 뜻을 이어받지 않을 수 있겠습니까?" 하였다.

공명이 후주(後主) 유선에게 출사표를 올려 말하기를, "신은 본래 서민으로서 몸소 남양에서 밭을 갈고 살면서 구차하게 난세에 생명을 보존하려고나 하였을 뿐, 제후에게 알려져 벼슬하기를 구하지 않았습니다. 그러나 선제께서 신을 비루하게 여기지 않으시고 외람되게도 스스로 몸을 굽혀, 신을 세 번이나 초가집에 방문하여 신에게 당세의 일을 물으셨습니다. 선제께서는 신이 근신하는 것을 아시고 임종 할 때에 이르러 대사를 맡기셨으므로, 명을 받은 이래로 밤낮으로 근심하고 두려워하며, 부탁하신 일을 실행하지 못하여 선제의 총명을 손상시킬 것을 걱정하였습니다. 이제 마땅히 삼군을 거느리고 북으로 중원(中原)을 평정하여 한나라의 왕실을 부흥시키고 옛 도읍으로 돌아와야 할 것입니다. 이것이 바로 신이 선제의 은혜에 보답하고 폐하께 충성하는 직분입니다. 신은 삼가 죽을 때까지 몸과 마음을 다할 뿐이요, 일의 성패와 군사의 영리함과 어리석음은 신이 미리 알 수는 없습니다" 하고는 군사를 내어 위나라를 치다가 군중에서 죽었다.

신이 살피건대, 현명한 사람은 국가의 그릇〔器用〕입니다. 나라가 다스려지기를 원하면서 현명한 사람을 구하지 않는 것은 배와 노를 버리고 하천을 건너기를 원하는 것과 같습니다. 지금 이윤과 제갈량에 대한 출처의 자취를 위에서 들어 밝혔는데, 이것으로 그 나머지도 알 수가 있을 것입니다.

이윤은 신야에 있을 때에 몸소 밭갈며 도를 즐겨 마치 현실의 일에는 뜻이 없는 것 같았고, 탕임금이 재차 초빙하였을 때도 뜻이 오히려 확고하였습니다. 그러나 더욱 간절하게 청하고 그 정성이 더욱 드러나게 되자 그제서야 선뜻 부르는 데 응하였습니다. 그래서 뜻을 같이하고 덕을 합하여 하늘까지 감동시켰습니다. 재상을 역임한 지 몇 대에 걸쳐 임금을 추방하기까지 하였으나 혐의를 받지 않았고, 진실한 덕〔允德〕을 다 발휘하여 벼슬을 그만두게 되어서도 오히려 간곡하게 훈계를 올렸으며 늙어 갈수록 더욱 독실하였습니다.

제갈량이 융중에 있을 때에는 무릎을 안고 길게 휘파람을 불면서 우주를 눈아래로 내려다보며 그 상태로 일생을 끝마치려는 것처럼 하였습니다. 소열이 두 번째 찾아갔을 때도 오히려 은둔할 생각이 견고하였으나, 마음속으로 그를 좋아하여 세 번씩이나 지성으로 찾아가니 그제서야 마음을 돌리고 몸을 바치기로 하였습니다. 그리하여 모책(謨策)이 서로 부합하여 재능을 다하고 정성을 극진히 함으로써 한(漢)의 회복하기를 기약하였습니다. 어린 후주(後主)를 보필하면서부터는 정책이 자기로부터 나왔는데도 이간하는 말이 없었습니다. 강대한 위나라도 두려워 떨었으며, 정치는 거의 예악으로 교화하는 것에 가까웠습니다. 이 두 사람이 비록 도에는 정밀하고 거친〔精粗〕차이가 있고, 덕에는 대소가 있다 하더라도 그 임금의 신임을 얻어 충성을 다한 것은 한가지였으니 후세에 미칠 바가 아닙니다. 이것이 어찌 비단 두 사람의 현명함 때문에 그렇게 되었겠습니까? 실은 임금으로 말미암아 그렇게 될 수 있었던 것입니다.

삼가 살펴보건대, 탕왕이 이윤을 칭찬하여 말하기를, "마침내 으뜸가는 성인〔元聖〕을 찾아서 그와 더불어 힘을 다했다" 하였으니, 그에게 감복함이 지극하였던 것입니다. 소열이 제갈량을 칭찬하여 말하기를, "나에게 공명이 있는 것은 물고기에게 물이 있는 것과 같다" 하였으니, 그 즐거워함이 깊었던 것입니다. 군신의 마음이 서로 이처럼 부합하였으니 두 사람의 독실한 관계는 그만둘래야 그만둘 수 없었던 것입니다. 후세의 임금 중에는, 어진 사람을 알아보는 것이 탕왕이나 소열 같은 이가 없었습니다. 따라서, 성현의 학문을 익힌 학자와 호걸스런 재사가 그대로 집에 주저앉아 늙어 버리게 되고, 시국을 엿보고 세력을 살펴서 구차하게 아부하여 한 자리 차지하기를 바라는 자는 도도하게 뜻을 얻게 되었으니 세상이 다스려지기를 원한들 그것이 가능하겠습니까? 그러므로 임금은 반드시 먼저 궁리하고, 말을 알아 명확하게 판단함에 어긋남이 없어야만*8 어진 사람을 알아볼 수 있으며, 아는 것이 심히 밝아서 폐와 간까지 환히 비추어 볼 수 있어야만 서로 믿을 수 있습니다. 믿음이 매우 도타워서 부절(符節 : 돌이나 대나무를 두 쪽으로 낸 신표)을 합한 것 같아야만 서로 기뻐할 수 있고, 기뻐하고 심히 가깝게 되어 은혜가 부모와 자식같이 되어야만 임무를 맡길 수 있고, 임무를 맡길 때에는 한 가지로 하여 이랬다 저랬다하지 않아야만 도를 행하고 다스림을 이룰 수 있어서 오직 뜻대로 한 시대를 잘 다스려 그 혜택을 오랜 세월동안 풍족하게 물려줄 수 있는 것입니다.

군신이 서로 만나는 것이 어찌 우연한 일이겠습니까? 오제(五帝)·삼왕(三王)도 모두 이 도에 말미암았으니 후세의 임금은 이것을 마땅히 본받아야 할 것입니다. 후세에 비록 소강 상태(小康狀態)*9를 유지한 임금이라 하더라도 사람을 쓰지 않고 혼자서 다스린 이는 없었습니다. 다만 임금은 선왕의 성덕에 미치지 못하고, 신하는 옛날의 현명한 사람만 못하기 때문에 공적〔功烈〕이 비루한 것을 면할 수 없을 뿐입니다. 그런데 만약 이와 반대인 사람이라면 이미 자기 수양의 노력이 없고, 또한 사람을 아는 통찰력이 어두워서, 혹은 헛된 이름만 있는 이를 취하기도 하고, 혹은 순종만 하는 이를 기뻐하며 좋아하더라도 끝까지 좋아하지 않고, 정사를 맡기면서도 의심을 합니다. 그래서 의론이 때로 어긋나더라도 오히려 벼슬과 급료로 얽어매고, 임금을 그릇되게 받들어도 오히려 충성스럽고 선량하다고 하며, 국사가 날로 잘못되어도 위아래가 모두 근심하지 않습니다. 이것을 징계하는 사람이 있으면 이를 더욱 의심하고 꺼리어 자기 혼자서 처리하고 남에게 맡기지 아니합니다. 총명이 넓지 못하여 까다롭고 좀스러워 신하가 직무를 다할 수 없으니 온 세상을 제대로 다스리지 못하고 여러 가지 업무가 이루어지지 않아 마침내 나라가 어지럽게 되고 망하는 데로 돌아가기는 마찬가지입니다. 이는 임금이 깊이 경계하여야 할 것입니다. 삼가 바라건대, 전하께서는 잘 살피십시오.

〈주〉
*1 유가(儒家)의 도(道)를 가리킴.
*2 진신(縉紳)이란 홀(笏)이란 큰 띠, 곧 신에 꽂는다는 말이다. 곧 공향(公鄕) 또는 널리 고관(高官)을 일컫는 말로 쓰인다.
*3 송대(宋代)부터의 한림원(翰林院)의 별칭. 관(館)은 소문관(昭文館), 사관(史館), 집현원(集賢院), 각(閣)은 비각(秘閣), 용도(龍圖), 천장(天章)의 제각(諸閣). 모두 경적이나 도서 등을 저장함.
*4 곧 청관(淸官). 지위가 낮고 급료가 많지 아니하나 뒷날에 높이 될 좋은 벼슬. 간관(諫官), 시강(侍講) 따위.
*5 대궐 안에 서적을 두고 임금이 신하들과 함께 의심나는 점을 밝혀 보던 곳.
*6 이 구절에 대한 해석은 우리 나라에서 크게 두 가지로 나누어진다. 율곡은 기호학파에 속하는 학자이므로 여기에서는 기호학파의 해석을 따랐다.
*7 짐새의 깃을 술에 담가 만든 독. 마시면 죽는다고 한다. 곧 해악이 심한 사람을 비유하는 말.
*8 권(權)은 저울을, 도(度)는 자를 뜻하는데, 저울로 물건을 달 듯 자로 물건을 재듯 모든 사물을 명확하게 판단하는 것.
*9 소강(小康)이란 《예기》〈예운편(禮運篇)〉에 나오는 말. 유가(儒家)의 정치 이상의 최고 단계인 대동(大同)의 전단계(前段階)로서 삼대(三代)의 정치가 여기에 해당된다고 한다.

좋은 것을 취함에 대하여〔取善〕

신이 살피건대, 군신이 이미 서로 만났으면 반드시 상대편의 좋은 점을 취하여 모든 정책을 하나도 빠짐없이 모두 시행하여야만 다스림을 이룰 수 있습니다. 따라서 취선(取善)의 장을 다음에 두었습니다.

이윤(伊尹)이 말하였다. "임금은 백성이 아니면 부리지 못하며, 백성은 임금이 아니면 섬기지 못하는 것이다. 임금께서는 스스로가 대단하다고 해서 남을 하찮게 여기지 마십시오. 필부 필부(匹夫匹婦)가 스스로 최선을 다

하지 않으면 임금은 그 공적을 이루지 못합니다."

《서경》〈상서·함유일덕(咸有一德)〉 아래도 같음. 이윤이 태갑에게 훈계한 말임

채씨(蔡氏)가 말하였다. "임금과 백성이 서로 필요로 하는 것이 이와 같다는 것을 말함으로써 태갑으로 하여금 감히 소홀하지 못하게 한 것이다. 무(無)는 무(毋)자와 같다. 이윤이 또 말하기를, '임금과 백성이 서로 부리고 섬기는 것은 비록 귀천이 같지 아니하지만, 사람의 착한 것을 취하는 데는 애초에 귀천의 구별이 없는 것이다' 하였다. 대개 하늘이 한 이치를 사람에게 부여하여 이것이 흩어져서 만 가지 선(善)으로 되는 것이다. 따라서 임금은 온 세상의 만 가지 선을 합한 후에 한 이치를 온전히 할 수 있을 것이다. 만약 스스로를 대단하다고 여기고 남을 하찮게 여기면 필부 필부가 임금에게 지극하게 다하지 못하는 것이 되므로, 만 가지 선 가운데 한 가지의 선도 이루지 못해 임금이 또한 공적을 이루지 못할 것이다."

덕(德)에는 고정불변의 법이 없습니다. 선을 위주로 하는 것이 법이 됩니다. 선은 항상 고정된 것이 아니고, 하나가 되는 것이 선에 합하는 덕이 됩니다."

채씨가 말하였다. "항상됨이 없다는 것은 집착하지 않는 것을 일컫는다. 사(師)는 법이요, 협(協)은 합한다는 말이다. 덕이란 선의 총칭이요, 선은 덕을 실천하는 것이며, 일(一)이란 그 본원이 통합된 것을 뜻한다. 덕이 여러 선을 겸하였더라도 선을 위주로 하지 않는다면, 일본만수(一本萬殊)[*1]의 오묘함을 얻을 수 없을 것이다. 선은 하나에 근본한 것이니, 하나가 되지 못한다면 만수일본의 오묘함에 통달할 수 없을 것이다. 여러 가지 선을 널리 구하고, 오로지 한 이치에 요약하여 모으는 것이 성학(聖學)에서의 시종(始終)의 차례이며, 공자가 말한 바 있는 일관(一貫)이라는 것과 같은 것이다."

기자(箕子)가 무왕에게 아뢰었다. "무릇 그 백성들 중에서 꾀를 가진 이나, 시행하는 이나, 준수하는 이가 있다면, 임금께서는 그것을 생각하여 비록 극(極)에 이르지 않더라도 허물에 걸릴 정도가 아니라면 그것을 받아들

이십시오. 그리고 부드럽고 겸허한 얼굴빛으로 내가 좋아하는 바는 덕이라고 하거든 임금께서는 복을 내려 주십시오." 《서경》〈주서·홍범〉

채씨가 말하였다. "꾀를 가졌다는 것은 도모하는 생각이 있다는 것이고, 시행한다는 것은 베풀어 펴는 것이 있다는 것이며, 준수한다는 것은 잡아서 지키는 것이 있다는 것이다. 이 세 가지는 임금이 마땅히 생각해야 할 것이다. 극에 합하지 않는다는 것은 선에 합하지 않는다는 것이요, 허물에 걸리지 않는다는 것은 악에 빠지지 않는다는 것이다. 이런 사람들은 이른바 중인(中人)이다. 받아들인다는 것은 거절하지 않는 것이다. 밖으로 드러난 것에 편안하고 화락한 빛이 있거나, 마음 속으로부터 발하여 덕을 좋아하는 말이 있으면 복을 내려 줄 것이다. 복(福)이란 벼슬과 급료를 말한다."

공자가 말하였다. "군자는 말을 잘한다고 해서 그 사람을 등용하지 않고, 사람이 미천하다고 해서 그 말까지 버리지는 않는다." 《논어》

남헌 장씨(南軒張氏)가 말하였다. "말을 잘한다고 해서 사람을 등용하면 실천이 따르지 않는 사람이 나오게 될 것이다. 이것은 진실로 불가하다. 그러나 비록 소인의 말이라도 그것이 착한 말이라면, 또한 그것이 착한 말이 되는 데는 해가 되지 않는다. 사람이 미천하다고 해서 그 말까지 버린다면 착한 말이 버려질 것이다."

순(舜)은 정말 큰 지혜를 가진 분이로구나! 순은 묻기를 좋아하였고 통속적인 말을 살피기를 좋아하였다. 남의 나쁜 점은 숨겨 주고 좋은 점은 드러냈으며, 그 양극단을 잡아 그 중도를 백성에게 베풀었다. 이것이 바로 순이 순이 되는 까닭이 아니겠는가! 《중용》 역시 공자의 말임

주자가 말하였다. "순이 큰 지혜의 사람이 될 수 있었던 것은 자신만을 옳다고 여기지 않고 남에게서 좋은 점을 취하였기 때문이다. 이언(俚言)이란 천박한 말인데도 오히려 반드시 살폈으니, 선을 버리는 것이 없음을 알 수 있다. 그러나 그 말이 선하지 못한 것은 숨겨서 드러내지 않았고, 그 선한

것은 널리 퍼뜨려서 숨기지 않았다. 그 넓고도 밝음이 또 이와 같았으니 누가 착한 것을 가지고 와서 말하기를 즐거워하지 않았겠는가? 그 양 끝은 중론이 같지 않음의 극치를 말한다. 대개 모든 사물은 다 양끝이 있게 마련이다. 예를 들면 크고 작고 두텁고 얇은 것들이다. 선 가운데서도 또 그 양 끝을 잡아 헤아려 중도를 취한 다음에야 그것을 쓴다면, 그것을 선택하는 것이 정밀하고 따라야 할 법도가 절실하여, 어긋남이 없는 것이 아니라면 어떻게 이와 같이 할 수 있겠는가?"

맹자는 말하였다. "대순(大舜)은 선을 남과 더불어 함께 하고, 자기를 버리고 남을 따랐으며, 남에게서 취하여 선을 행하기를 즐거워하였다. 농사짓고, 질그릇 굽고, 고기잡이하던 때부터 황제가 되기까지 남에게서 취하지 않는 것이 없었다." 《맹자》 아래도 같음

주자가 말하였다. "남과 더불어 선을 함께 한다는 것은 온 세상의 선을 공적(公的)인 것으로 여기고 사사로운 것으로 삼지 않는 것이다. 순은 미천할 때 역산(歷山)에서 농사를 지었고, 하빈(河濱)에서 질그릇을 구웠으며, 뇌택(雷澤)에서 고기잡이를 하였다."

남에게서 취하여 선을 행한다는 것은 곧 남이 선한 일을 하도록 돕는 것이다. 그러므로 군자에게는 남이 선한 일을 하도록 돕는 것보다 더 큰 것은 없다.

주자가 말하였다. "여(與)는 허락한다, 돕는다는 뜻이다. 그 사람의 좋은 점을 취하여 내가 그것을 실천한다면 곧 그에게 더욱 좋은 점을 권면하는 것이 된다. 이것이 바로 내가 그 사람이 선(善)을 행하도록 돕는 것이다. 능히 온 세상의 사람들로 하여금 모두 선을 행하도록 권면한다면, 군자의 선에 이보다도 더 큰 것이 어디에 있겠는가? 이것은, 좋은 일을 즐기는 성의가 애초에는 피차간에 차이가 없으므로, 남에게 있는 것이 나를 넉넉하게 할 수도 있고, 또한 나에게 있는 것이 남에게 미칠 수도 있는 것임을 말한 것이다."

《시경》에서 말하였다. "선민(先民)이 말하기를 추요(芻蕘)에게도 물어보라." 〈대아·판(板)〉

주자가 말하였다. "선민은 옛 현인이요, 추요는 나무꾼을 말한다."

풍성 주씨(豐城朱氏)가 말하였다. "천박한 말 가운데도 지극한 이치가 있으니 그 사람이 하찮다고 해서 소홀하게 여겨서는 안 된다."

《주역》에서 말하였다. "지혜로써 임하는 격이요, 대군(大君)이 마땅히 할 일이니, 길하다." 〈임괘(臨卦), 6·5효사〉

정자가 말하였다. "5는 임금의 자리에 있으면서, 아래로 강하고도 중정(中正)한 그의 신하인 2와 호응하고 있다(5는 임금의 자리이고, 2는 신하의 자리이니 5와 2는 상응하는 효입니다). 이것은 임금이 어진 신하에게 국정을 위임하여 힘들이지 않고도 나라가 다스려지는 것이니, 곧 지혜로써 아래에 임하는 것이다. 대개 한 사람의 몸으로 드넓은 온 세상의 일을 돌보면서 자질구레한 일까지 자신이 맡아서 한다면 어찌 모든 일을 두루 이룰 수 있겠는가? 그러므로 자신의 지혜를 스스로 믿는 자는 결국 지혜롭지 못한 것이다. 그 지혜의 큰 길이야말로 큰 것이요, 대군의 마땅한 태도이다. 따라서 이렇게 하는 것이 상서로운 것임을 알 수 있다."

신이 살피건대, 온 세상은 지극히 넓고 일의 기미는 지극히 번잡한 것입니다. 임금이 조그마한 몸으로 고요히 앉아 번거롭게 하지 않고서도 그것에 여유있게 대응하는 것은 다만 온 세상의 지혜를 모아서 온 세상의 일을 결단하기 때문일 뿐입니다. 사람은 각자 지혜가 있으므로 어리석은 사람이라도 한 가지의 지혜는 있게 마련입니다. 따라서 진실로 뭇 사람의 지혜를 다 모아서 하나의 지혜로 합할 수 있습니다. 나에게 있는 판단 능력이 정밀하고 밝아 중도를 얻을 수만 있다면, 온 세상이 비록 넓다고 하더라도 손바닥 위에서 물건을 움직이는 것과 같습니다. 일의 기미가 비록 번잡하더라도 이것을 결단하는 것은 지붕에서 물이 쏟아지듯 쉬운 일입니다. 무릇 온 세상의 눈으로써 나의 눈을 삼는다면 밝아서 보지 못하는 것이 없을 것이며, 온 세상의 귀로써 나의 귀로 삼는다면 밝아서 듣지 못하는 것이 없을 것이며, 온 세상의 마음으로써 내 마음을 삼는다면 슬기로워서 생각하지 못하는 것이 없을 것입니다. 이것이 바로 성제(聖帝)·명왕(明王)이 온 세상을 고무하면서도 마음을 수고롭게 하지 않는 까닭입니다.

이와 반대되는 사람은 스스로를 성인이라 여기는 데에 가리어지고 제멋대로 하는 것이 고질이 되어 있습니다. 그는 자기의 총명을 자랑하여 한 세대를 업신여기고, 온 세상의 사람들이 다 자기만 못하다고 생각합니다. 그러나 규방 안에서나 담장 안에서조차 오히려 견문이 미치지 못하는 것이 있으니, 하물며 천하처럼 드넓은 것에서는 어떻겠습니까? 아! 스스로를 성스럽고 지혜롭다 하지 않고 다른 사람으로부터 취하는 일에 힘을 쓰면, 마치 자기를 비하시키는 것 같지만 실로 이것이 바로 순임금이 실행한 것입니다. 순임금 같은 총명한 분이 어찌 남에게 미치지 못하는 것이 있어서 반드시 남에게서 취하여 선을 행했다고 말하니 이는 무엇 때문입니까?

진실로 도리는 무궁한 것이요, 성인의 마음은 광대하고 공명하여 한 가지 착한 말을 들으면, 선뜻 그것에 따르고 남과 자기의 사이에 간격을 두지 않았습니다. 따라서 온 세상의 선을 다 모아서 자기 한 몸의 용도로 삼았으니 이것이 순임금이 그 성(聖)을 지극하게 한 까닭입니다. 그런데 하필이면 스스로 성스러운 체하고 제멋대로 하여 순임금보다도 더 고상하고 현명해지려고 힘쓰다가 도리어 어둡고 막힌 길을 걸어가겠습니까?

어떤 사람이 묻기를, "임금이 비록 여러 계책을 모으려 하더라도, 명령에 응하는 어진 선비들이 없다면 어떻게 하겠는가?" 하므로 신이 대답하기를, "다만 임금이 선을 좋아하는 성의가 없는 것만을 근심할 뿐이다" 하였습니다. 진실로 선을 좋아하기를 성심껏 바란다면 선비들이 하늘의 도리를 가볍게 여기고 모여들어, 어진 이는 그 도를 행하려 할 것이고, 지혜로운 이는 그 계책을 다하려고 할 것이며, 곧은 이는 그 충성을 바치려고 할 것이고, 용맹스러운 이는 그 힘을 다하기를 생각할 것입니다. 어찌 선비가 명령에 응하지 않을까를 근심하겠습니까? 만약에 말로만 선을 좋아한다고 하고 실제로 선을 좋아함이 없다면, 여러 계책이 이미 모였더라도 판단 기준이 마땅함을 잃어서, 난초의 향기를 가리켜 악취가 난다 하고, 숯을 가리켜 희다고 하며, 막야(鏌鋣)*²를 가리켜 무디다고 하고, 납으로 만든 칼을 날카롭다고 하며, 또 혹 시비사정(是非邪正)에 대해 막연하여 버리고 취함이 없을 것입니다. 그리하여 발언은 조정에 가득하건만 하나라도 시행되는 것을 볼 수 없으며, 마치 아득히 깊은 우물 속에 빠진 것과 같다면 선비들은 뒤도 돌아보지 않고 떠나가 버릴 것입니다. 그 뒤에 비록 선한 말을 구하거나 어진 선비를 초빙한다 하더라도 누가 감히 그 명에 응하겠습니까? 이것은 모두 임금이 스스로 취한 것입니다. 얻는 것과 잃는 것이 이와 같으니 전하께서는 굽어 살피십시오.

〈주〉
*1 이일분수(理一分殊)와 같은 말. 송유(宋儒)들은(특히 程, 朱) 이(理)를 우주 만물의 기본 원리로 보고, 그것은 하나이며 자연 현상이나 인사현상(人事現象)은 그 일리(一理)가 분수(分殊)된 것으로 보았다.
*2 고대 오(吳)나라에서 만든 명검(名劍).

시급함을 앎에 대하여〔識時務〕

신이 살피건대, 지혜로운 이는 알지 못하는 것이 없지만 마땅히 급한 것에 먼저 힘써야 하는 것입니다. 여러 계책이 비록 모였다 하더라도 반드시 시급한 일에 절실한 것을 먼저 취하여야 할 것입니다. 그러므로 식시무(識時務)의 장을 다음에 두었습니다.

학문을 논할 때는 모름지기 이치를 밝혀야 하고, 정치를 논할 때는 모름지기 그 요체를 알아야 한다. 《이정유서(程氏遺書)》 명도선생의 말임

섭씨(葉氏)가 말하였다. "학문을 논하면서 이치에 밝지 못하면 한갓 시문(詩文)이나 외는 말단적인 것을 일삼을 뿐이어서 학문을 안다고 할 수 없다. 정치를 논하면서 그 요체를 알지 못하면 한갓 제도와 문물의 말단적인 것만을 강구할 뿐이니 정치를 안다고 할 수 없다."

생각이 선하면 그것으로써 움직이되, 움직이는 것을 때에 맞게 하라.
《서경》〈상서·열명〉

채씨가 말하였다. "선(善)이란 이치에 합당한 것이며, 시(時)는 때에 마땅한 것이다. 생각은 진실로 이치에 합당하고자 하였더라도 움직이는 것이 그 때가 아니면 오히려 무익한 것이다. 그러므로 성인이 이 세상에 대처하는 것도 또한 그 때에 마땅하게 할 뿐이다."

《주역》에서 말하였다. "하늘과 땅은 순리에 따라 움직이기 때문에 해와 달이 그 궤도를 벗어나지 아니하고, 사계절의 순서가 어긋나지 않는다. 성인도 순리에 따라 움직이므로 형벌이 공평하여 백성들이 복종하게 된다."

설씨(薛氏)는 말하였다. "큰일이 닥쳤을 때에는 그것을 아는 것이 우선 앞서고, 그것을 결단하는 것은 뒤따르는 것이다."

이는 시급한 일을 대할 때 마땅히 알아야 할 것을 보편적으로 말한 것입니다.

《주역》에서 말하였다. "구름과 우레가 합친 것이 둔(屯)이다. 군자는 이 원리를 적용하여 온 세상을 경륜한다." 〈둔괘(屯卦)·상사〉

정자가 말하였다. "구름은 비가 될 것이지만 아직은 되지 못한 것이다. 아직 비를 이루지 못하였으므로 둔이 되는 것이다. 군자는 이 둔괘의 상을 관찰해 보고 온 세상의 일을 경륜하여 온 세상을 어려움에서 구제한다. 경륜(經綸)이란 영위하는 것을 말한다."

주자가 말하였다. "어려운 세상이란 군자가 무엇인가 할 일이 있는 때를 말한다."

공자가 말하였다. "황제(黃帝)와 요·순이 일어나 그 변화를 통하게 하여 백성으로 하여금 게으르지 않게 하였으며, 신묘함으로 교화시켜 백성으로 하여금 올바르게 살도록 하였다. 역(易)은 궁(窮)하면 변하고, 변하면 통하고, 통하면 오래 가는 것이다. 따라서 하늘이 도와 주니 길하여 이롭지 않음이 없다." 《주역》〈계사전〉

정자가 말하였다. "변(變)을 알고 화(化)를 안다는 것은 어려운 것이다. 옛날과 지금은 기풍이 같지 않으므로 그 쓰임도 역시 다르다. 이 때문에 성인은 변화를 통하게 하여 백성으로 하여금 게으르지 않게 하였으니 각기 그 때에 따라 알맞게 한 것일 뿐이다."

맹자가 말하였다. "군자는 나라를 세워 왕통(王統)을 전하여서 계승할 수 있게 하는 것이다." 《맹자》 아래도 같음

주자가 말하였다. "군자는 앞에서 왕업(王業)의 터전을 만들고, 뒤로 후세에 황통을 전하여 그 바른 것을 잃지 않아 후세로 하여금 계속하여 행할 수 있도록 할 뿐이다."

한 가지의 의롭지 않은 일을 행하고, 한 사람의 죄없는 자를 죽여서 온 세상을 얻는다 하더라도 하지 않는다.

주자가 말하였다. "한 가지의 의롭지 않은 일을 행하고 한 사람의 죄없는 자를 죽임으로써 온 세상을 얻는다 하더라도, 이를 하지 않는 것은 마음이 바른 것이다."

이는 창업(創業)의 도리를 말한 것입니다.

부열(傅說)이 아뢰었다. "선왕(先王)이 이룬 법에 비추어 보아서 영원토록 잘못이 없게 하십시오." 《서경》〈상서·열명〉 부열이 고종(高宗)을 훈계한 말임

채씨가 말하였다. "헌(憲)은 법(法)이요, 건(愆)은 허물이다. 법을 반드

시 선왕의 법에 비추어 보라는 것은, 선왕이 이룬 법을 자손은 마땅히 지켜야 한다는 것을 말한 것이다."

《시경》에서 말하였다. "잘못을 저지르지도 않고 잊지도 않는 것은 옛법을 따르기 때문이다."　　　　　　　　　　　　　　　〈대아·가락(假樂)〉

주자가 말하였다. "건(愆)은 허물이요, 솔(率)은 따르는 것이며, 장(章)은 전법(典法)이다. 실행하면서 잘못을 저지르지도 않고 잊지도 않는 것은, 선왕의 전법을 따르기 때문이다.

한나라 찬후(鄼侯)인 소하(蕭何)가 죽고 조참(曹參)이 소하를 대신하여 정승이 되었을 때, 조참은 한결같이 소하의 약속에 따라 정치를 해 나갔다. 군국(郡國)의 관리를 선택한 경우는 문장에는 서툴러도 충직하고 온순한 장자(長者)이면 곧 불러 승상사(丞相史)에 제수하고, 관리가 형식만 내세우고 각박하게 하여 명성에만 힘쓰는 이는 곧 축출하였다. 또 사람에게 조그마한 허물이 있는 것을 보면 오로지 덮어서 가려 주었으므로, 승상부 안에는 아무런 일도 없었다. 황제는 상국(相國)이 국사를 다스리지 않는 것을 괴이하게 여겨 그 까닭을 물었다. 조참이 아뢰기를, '고제(高帝)께서 소하와 더불어 온 세상을 평정하여 법령이 이미 밝아졌으니 폐하께서는 팔짱을 끼고 가만히 계시고, 저희들은 직분을 지켜 소하의 법령을 준수하여 잃지 않기만 한다면 그것으로 충분하지 않겠습니까?' 그러자 문제(文帝)가 말하기를, '참으로 좋은 말이다' 하였다. 조참이 정승이 된 지 3년 만에 백성들이 노래하기를, '소하가 법을 만드니 한일자(一字)를 쓴 것처럼 간명하도다. 조참이 대를 이어 그의 법을 지켜 잃지 않으니, 정사는 청정하고 백성들은 편안하도다' 하였다."

이는 수성(守成 : 조상들이 이루어 놓은 일을 지키는 것)의 도리를 말한 것입니다.

《주역》에서 말하였다. "항(恒)은 형통하다. 가는 곳이 있으면 이롭다."
　　　　　　　　　　　　　　　　　　　　　　〈항괘(恒卦), 단사〉

정자가 말하였다. "항이란 오래 간다는 뜻이다. 항의 도는 형통할 수 있는 것이다. 한쪽만을 지켜 변통을 알지 못하는 것은 아니다. 그러므로 가는 곳이 있는 것이 이로운 것이다. 오직 그 가는 곳이 있기 때문에 오래 갈 수 있으며, 만약 하나로 정해져 있다면 오래 갈 수 없다. 때에 따라 변하고 바뀌는 것이 항구적인 도, 곧 상도(常道)인 것이다. 하늘과 땅이 오래 가는 도리와 온 세상이 오래 가는 이치는, 도를 아는 사람이 아니면 누가 능히 이것을 알겠는가?"

또 말하였다. "개혁하자는 말이 세 번 이루어지면 믿음이 있다."

〈혁괘(革卦), 9·3효사〉

정자가 말하였다. "바꾼다는 말은 마땅히 개혁하여야 한다는 주장이다. 취(就)는 이루는 것이요, 합하는 것이다. 마땅히 개혁하여야 한다는 말을 자세히 살펴보아 세 번이나 다 합당하게 되면 믿을 만한 것이다. 마땅히 개혁하여야 할 일을 만약 두려워하여 개혁하지 않는다면 때를 잃어서 해가 된다. 오직 끝까지 아주 신중하게 하며, 굳세고 분명하다고 해서 제멋대로 하지 말고, 공론(公論)을 살피고 상고하여 의론이 세 번까지 이른 후에 그것을 개혁하면 허물이 없을 것이다."

또 말하였다. "거친 것을 포용하며, 큰 강물을 능히 뛰어서 건너며, 먼데 것을 버리지 아니하며, 붕당을 없애면 중도를 실행하는 것과 부합할 수 있을 것이다."

〈태괘(泰卦), 9·2효사〉

정자가 말하였다. "거친 것을 포용하고, 큰 강물을 능히 뛰어서 건너며, 먼 데 것을 버리지 아니하며, 붕당을 없애는 것, 이 네 가지는 태평한 시대에 대처하는 도리이다. 인정(人情)이 편안해지면 정치가 느슨해지고 법도가 해이해져서 모든 일에 절도가 없게 된다. 이것을 다스리는 도는 반드시 거칠고 지저분한 것이라도 포용하는 아량이 있어야만 그 정치가 너그러워진다. 또한 상세해져서 폐단은 개혁되고 일이 다스려져 사람들이 편안해진다. 만약 널리 포용하는 도량은 없으면서 성내고 미워하는 마음만 있다면, 깊은 생각은 하지 않고 사납게 될 우려만 있어서 묵은 폐단을 제거하기도 전에 새로운 환란이 생겨날 것이다. 그러므로 태평한 시대에 대처하는 도리는 거친 것을 포용하는 데 있다. 강물을 뛰어서 건넌다는 것은, 태평하고 편안한 세상에는 인정이 오랫동안 안일한 데 익숙하여져서 굳게 지키는 것만을 편안히 여길 뿐 나태하고 고식적이며 변경하는 것을 꺼리니, 강물을 뛰어서 건널 용기가 없다면 남보다 이 때를 당하여 무언가를 할 수 없다. 강물을 뛰어서 건넌다는 것은 그 굳세고 과감함이 충분히 깊은 곳을 건너고, 험난한 곳을 넘어갈 수 있음을 말한다. 옛날부터 태평스러웠던 치세가 반드시 점점 쇠퇴해지는 것은 대개 안일에 젖어서 구습을 버리지 못하는 까닭이다. 강단이 있는 임금과 영민하고 충성스러운 신하가 아니라면 남보다 뛰어나게 분발하여 그 묵은 폐단을 개혁할 수 없다. 그러므로 강물을 뛰어서 건넌다고 한 것이다. 어떤 사람이 의심하기를, '위에서 말한 거친 것을 포용한다는 것은 포함하고 관용한다는 뜻이오, 여기에서 말한 강물을 뛰어서 건넌다는 것은 분발하여 개혁하는 것이니 마치 서로 상반되는 것 같다' 하였다. 이것은 서로를 아우르는 도량을 가지고 굳세고 과감한 행동을 취하는 것이 곧 성현이 하는 것임을 알지 못한 까닭이다.

먼데 것을 버리지 아니한다는 것은 무슨 말인가. 태평스럽고 편안한 시대에는 인심이 태평스러운 데 길들여져 구차하게 안일해지려 할 뿐이니, 어찌 다시 깊이 생각하고 멀리까지 헤아려서 아득히 먼 일에까지 미칠 수가 있겠는가? 저 태평스러운 시대를 다스리는 자는 마땅히 모든 일을 두루 살펴서 비록 먼 것이라도 버릴 수 없는 것이다. 저 은미한 일과 어질고 재주있는 이가 궁벽하고 누추한 곳에 있는 것이 모두 먼데 있는 것이다. 시절이 태평하면 실로 이런 것들을 잊어버리기 쉽다.

붕당을 없앤다는 것은 다음과 같은 말이다. 시절이 이미 태평스러우면 사람들이 안일한 데 익숙하여져서 마음이 게을러지고 절도를 잃어 버린다. 이것을 바르게 다잡으려면 그 붕당을 끊어버리지 않은 채 그와 더불어 사사로운 정을 유지하면서는 할 수 없는 것이다. 그러므로 붕당을 없애야 한다고 말한 것이다. 옛날부터 법을 만들고 일을 처리할 때 인정에 끌리다가 끝내 시행하지 못한 것이 많다. 만약 사치를 금하고자 하면 가까운 친척에게 해가 되고, 농지를 제한하고자 하면 귀족에게 방해가 된다. 이러한 것들을 공정한 태도〔大公〕으로써 결단하여 반드시 시행하지 못한다면, 이는 붕당에 끌리는 것이다. 태평 시대를 다스릴 때, 붕당을 없앨 수 없다면 나라를 다스리기가 어렵다. 태평한 시대를 다스리는 도리에 이 네 가지 방법을 쓸 수 있다면, 중도(中道)를 행하는 의에 부합할 수 있을 것이다. 상(尙)은 짝한다는 뜻이다."

또 말하였다. "나라를 다스리는 도리〔治道〕는 근본을 쫓아 말한 것도 있고, 일을 쫓아 말한 것도 있다. 근본을 쫓아 말한다면 오직 임금의 마음이 그른 것을 바로잡는 것으로부터 시작하여, 마음을 바르게 하여 조정을 바로잡고, 조정을 바르게 하여 백관을 올바르게 이끄는 것이다. 일을 쫓아 말한다면, 세상을 구제하지 않겠다면 그만이지만 만약 마땅히 세상을 구제하려 한다면 반드시 변혁을 꾀해야 할 것이다. 크게 변하면 크게 이롭고 작게 변하면 작게 이로울 것이다."

동씨(董氏)는 말하였다. "금슬(琴瑟)의 소리가 고르지 못하면 반드시 줄을 풀어서 바꾸어 다시 메워야만 연주를 할 수가 있다. 정치를 하는 데도 잘 다스려지지 아니하면 반드시 변혁하여 다시 바꾸어야만 다스려질 수가 있다. 옛 사람의 말에, '못에 이르러 고기를 부러워하는 것은 물러가서 그물을 만드는 것만 못하다' 하였다. 정치에 임하여 다스려지기를 원하는 것은 물러가 개혁하는 것만 못한 것이다. 개혁하면 잘 다스려질 수 있을 것이요, 잘 다스려지면 재해가 날로 없어지고 복록은 날로 일어나게 될 것이다."

주자가 말하였다. "옛날에 선양하여 제위를 물려주던 아름다움에는 요순의 선양보다 더 나은 것이 없다. 그러나 순이 요를 계승하여 왕위를 전해받은 지 28년 동안 예악(禮樂)·형정(刑政)에서 새롭게 바꾼 것이 많았다. 그 큰 일로는 16명의 정승을 기용한 것이다. 이것은 다 요가 기용하지 않았던 사람들이다. 또 흉악한 네 사람〔四凶〕을 제거하였으니 이것 또한 요가 제거하지 못했던 것이다. 그러나 순은 그것으로 혐의를 받지 않았고, 요는 그것으로써 죄를 삼지 않았으며, 온 세상의 사람들은 그것을 그르다고 하지 않았다. 옛 것에 의지하여 새롭게 개혁하면서 덜고 더함에 오직 의리가 어떠한가를 살펴서 행할 뿐이다."

이는 경장(更張 : 부패한 제도를 뜯어고침)의 도리를 말한 것입니다.

신이 살피건대, 시무(時務)는 한결같지 않아 각기 마땅한 것이 있게 마련입니다. 그 대요(大要)를 추려 보면 창업과 수성과 경장의 세 가지가 있을 뿐입니다. 창업의 도는 요·순·탕·무의 덕으로 개혁할 때를 만나 하늘의 도리에 응하고 인사(人事)에 따르지 않는다면 할 수 없기 때문에 이것은 더 의논할 것도 없습니다. 이른바 수성이라는 것은, 성군(聖君)과 어진 재상이 법을 창제하여 다스림에 필요한 것을 다 베풀고 예악을 융성하게 하면, 후세의 임금과 후세의 어진 사람은 다만 그 이루어진 법규만을 살펴 가만히 팔짱을 끼고 이것을 준수할 뿐인 것을 말하는 것입니다. 그러면 경장이라는 것은 무엇일까요. 나라의 왕성함이 지극해지면 중간이 쇠미해지고, 법이 오래 되면 폐해가 생기게 마련이니 안일함에 젖고 고루함에 빠지면 백 가지 제도가 해이하여져서 나날이 어긋나게 되어 장차 나라를 다스릴 수 없게 됩니다. 이렇게 되면 반드시 현명한 임금과 현철한 신하가 개연히 일어나서 법도와 기강을 붙들어 일으키고 혼탁하고 게으른 것을 불러 깨우치며, 구습을 깨끗이 씻어 묵은 폐단을 개혁하며, 선왕의 유지(遺志)를 잘 이어서 일대의 사회구조를 새롭게 하여야만 공업이 선열(先烈)에 빛나고 후손에게 끼쳐질 것입니다.

수성이라는 것은, 비록 평범한 임금과 자리만 채우는 신하라 할지라도 또한 잃지 않고 지킬 수 있으므로 수성은 쉬운 것입니다. 그러나 경장은 높은 식견〔高見〕을 가진 영재가 아니면 할 수 없는 것이므로 경장은 어려운 것입니다. 마땅히 수성할 때인데도 개혁에 힘쓴다면, 이것은 병도 없이 약을 먹는 것과 같아서 도리어 병을 만들게 될 것입니다. 그러나 경장해야 할 때인데도 준수하는 데만 힘을 쓴다면 이것은 병에 걸렸는데도 약을 물리치고 누워서 죽음을 기다리는 것과 같습니다.

어떤 사람이 물었습니다. "수성이란 크게 막된 세상이 아니라면 다 능히 옛 것을 지킬 수 있지만, 경장은 반드시 그것에 합당한 사람을 기다려야 합니다. 비록 경장을 하려고 하더라도 그것에 합당한 사람이 없다면 어떻게 할 것인가?" 신은 이렇게 답하였습니다. "그렇지 않다. 임금이 이 세상을 다스리는 데 뜻이 없다면 그만이겠으나, 만약 성심(誠心)으로 나라가 다스려지기를 원할 경우 현재 조정에 있는 사람은 밝게 드러내고 묻혀 있는 사람까지 기용한다면 어찌 그러한 사람이 없겠는가?" 옛날부터 임금께서 일찍이 도를 배우고 어진 이를 좋아하며, 백성을 구제할 뜻을 품고 어진 이를 구하였으나 만나지 못했기 때문에 끝내 정치를 할 수 없었던 일이 어찌 있었겠습니까? 오로지 그 배운 것이 도가 아니요, 좋아하는 것이 어진 사람이 아닌 까닭에 뜻이 비록 근면하더라도 도는 더욱 이탈되고 어진 사람은 더욱 멀어질 뿐입니다. 비유하면, 자손이 조상의 옛 집을 지키고 있는 것과 같습니다. 해가 묵고 재목이 오래되어 썩어서 장차 무너지려고 하는데 대목[工師]을 만나지 못하면 고칠 수가 없으므로 그 집의 주인되는 사람은 천리를 멀다 않고 가서 급히 대목을 구하겠습니까? 그렇지 않으면 대목을 얻지 못한다고 핑계하면서 앉아서 그 무너지는 것만 지켜보고 있겠습니까? 폐단이 많은 정치를 개혁하는 것도 어찌 이것과 다르겠습니까? 아! 인정은 옛 풍속을 편안히 여기고, 세상의 습속은 앞서 지나간 세대의 법규에 젖어서 마치 기러기발을 아교풀로 붙여 놓고 거문고를 타려고 하며,[1] 그루터기를 지키고 앉아 토끼가 걸려들기를 기다리는 것[2]과 같이, 구차하게 눈앞에 아무 일이 없는 것만을 다행으로 여겨서 의외의 화근을 빚어 내는 경우가 많습니다. 삼가 바라건대, 전하께서는 깊이 경계하십시오.

〈주〉

[1] 사람이 고지식하여 조금도 융통성이 없음을 말한다.
[2] 한비자(韓非子)의 오두편(五蠹篇)에 나오는 우화. 시대의 변화에 따른 사로 다른 통치 방법의 필요를 말하고자 한 것.

선왕을 본받음에 대하여[法先王]

신이 살피건대, 시무(時務)의 마땅함을 비록 환하게 통달했다 하더라도 선왕의 정치를 회복하지 못한다면 이것은 마치 그림쇠와 직각자[規矩]를 따르지 않고 손으로 원을 그리는 것과 같아서 끝내 세상의 도리를 회복하여 지치(至治)를 이룰 수가 없습니다. 그러므로 법선왕(法先王)의 장을 다음에 두었습니다.

맹자가 말하였다. "이루(離婁)같이 밝은 시력과 공수자(公輸子)같이 교묘한 기술로도 규구(規矩: 그림쇠와 직각자)를 쓰지 않으면 사각형과 원을 그리지 못하고, 사광(師曠)같이 밝은 청각(聽覺)을 가졌어도 6음률(律)을 쓰지 않고서는 5음(音)을 바르게 할 수가 없다. 요·순의 도라도 인정(仁政)을 베풀지 않는다면 온 세상을 다스릴 수 없다." 《맹자》아래도 같음

범씨(范氏)가 말하였다. "이것은, 온 세상을 다스리는 데는 법도가 없을 수가 없으며 인정이란 온 세상을 다스리는 법도라는 것을 말한 것이다."

지금 어진 마음을 가지고 있고, 어질다는 소문이 있으면서도 백성이 그 혜택을 입지 못하며 후세의 모범이 될 수 없는 것은 선왕의 도를 실천하지 않기 때문이다.

주자가 말하였다. "어진 마음이란 사람을 사랑하는 마음이요, 어질다는 소문이란 사람을 사랑한다는 소문이 남들에게 들리는 것이며, 선왕의 도라는 것은 인정을 말한 것이다."

범씨가 말하였다. "제나라 선왕(宣王)은 소 한 마리가 죽는 것도 차마 보지 못하여 소 대신 양으로 바꾸라고 했으니, 어진 마음이 있다고 할 수 있다. 양(梁)나라 무제(武帝)는 종일 나물밥 한 끼만을 먹고 종묘에는 밀가루로 제물을 만들어 썼으며, 사형을 시킬 때에는 반드시 그를 위해 눈물을 흘림으로써 온 세상이 그의 인자함을 알았으니, 어질다는 소문이 있다고 할 수 있다. 그러나 선왕 재위하는 기간에 제나라는 다스려지지 아니하였고, 무제의 말엽에는 강남 지방이 크게 어지러웠던 까닭은 무엇인가? 어진 마음과 어질다는 소문은 있으나 선왕(先王)의 도를 실천하지 않았기 때문이다."

그러므로 한갓 착하기만 한 것으로는 정치를 하기에 부족하고, 한갓 법도

만 갖춘 것으로는 스스로 행할 수 없는 것이다.

 주자가 말하였다. "한갓[徒]이란 공허하다[空]는 말과 같다. 어진 마음은 있으나 정치에 이것을 베풀지 않는 것을 한갓 착하기만 하다는 것이고, 그러한 정치의 법도는 갖추어져 있으나 어진 마음이 없는 것을 한갓 법도(法度)만 있다고 한다. 정자는 일찍이 말하기를 '정치를 하는 데는 모름지기 기강(紀綱)*1과 문장(文章)*2이 있어야 하고, 도량형(度量衡)을 삼가고 살펴야 하며, 독법(讀法)*3과 물가를 고르게 하는 것까지 하나도 빠뜨려서는 안 된다' 하였다. 또 말하기를 '반드시 관저(關雎 : 부부 사이에 도리를 지킴)와 인지(麟趾 : 덕을 지녀 자손이 번창함)의 뜻이 있어야만 주관(周官)의 법도를 행할 수 있다' 하였으니 바로 이것을 말한 것이다."

 높게 할 때에는 반드시 언덕에 의지하여야 하며, 낮게 할 때에는 반드시 개울이나 못에 의지하여야 한다. 정치를 하면서 선왕의 도에 근거하지 않는다면 지혜롭다고 할 수 있겠는가?

 주자가 말하였다. "언덕은 본래 높고 개울이나 못은 본래 낮은 것이니, 높게 하거나 낮게 하려는 사람이 여기에 의지한다면 힘은 적게 들고 공은 많아질 것이다."

 그림쇠와 직각자[規矩]는 사각형과 원의 극치요, 성인(聖人)은 인륜의 극치이다. 임금 노릇을 하려면 임금의 도리를 다하여야 하고, 신하 노릇을 하려면 신하의 도리를 다하여야 하는 것이다. 이 두 가지는 모두 요·순을 본받는 것일 뿐이다. 순이 요를 섬기던 방법으로써 임금을 섬기지 않는다면, 그 사람은 자기의 임금을 공경하지 않는 사람이요, 요가 백성을 다스리던 방법으로써 백성을 다스리지 않는다면 그 사람은 백성을 해치는 사람이다.

 주자가 말하였다. "요·순을 본받아 임금과 신하의 도리를 다하는 것은 그림쇠와 직각자를 사용하여 사각형과 원의 극치를 다하는 것과 같다."

부열이 말하였다. "식견(識見)이 많은 사람을 구하는 이유는 오직 일을 성취시키기 위한 것이니, 옛 가르침을 배워야만 일을 얻음이 있을 것이다. 일을 하는 데 옛 가르침을 스승으로 삼지 않고도 오래 갈 수 있다는 말을 나는 듣지 못하였다." 《서경》〈상서·열명〉

채씨가 말하였다. "옛 가르침이란 옛날 성왕(聖王)들의 가르침으로서, 몸을 닦고 온 세상을 다스리는 도를 기재한 이전(二典 : 《서경》의 堯典과 舜典), 삼모(三謨 : 《서경》의 大禹謨, 皐陶謨와 益稷) 등이 이것이다. 옛 가르침을 스승으로 삼지 않고도 세상이 길이 다스려지고 오랫동안 편안할 수 있다는 말을 나는 들어 보지 못하였다는 것은, 절대로 이러한 이치가 없다는 것을 말한 것이다."

정자가 말하였다. "선왕의 시대에는 도(道)로써 온 세상을 다스렸는데 후세에는 단지 법(法)으로써 온 세상을 유지해 갈 뿐이다."

또 말하였다. "삼대의 다스림을 후세에서도 결단코 회복할 수 있다. 그러나 삼대와 같이 다스리지 못하는 까닭은 결국 도를 구차하게 여기기 때문이다."

신이 살피건대, 후세의 임금이 삼대의 융성함을 사모하지 않는 것은 아니지만, 다만 예나 지금의 마땅함이 다르다고 하여 감히 그대로 시행하지 않습니다. 명도(明道) 선생은 차자(箚子 : 신하가 임금에게 올리던 간단한 서식의 상소문)에서 삼대를 회복할 수 있다고 강조하여 말하였는데, 그 말이 모두 시행할 수 있을 만한 것을 모은 것이기 때문에 삼가 다음에 기록합니다.

정자가 신종(神宗)에게 차자를 올려 말하였다. "신은 삼가 아룁니다. 성인이 법을 창제한 것은 모두 인정에 근본하고 사물의 이치를 끝까지 살펴서 한 것입니다. 그러므로 비록 이제(二帝)·삼왕(三王)이라고 하여도 때에 따라 개혁하고 일에 따라 더하고 줄이는 일이 없지 않았습니다. 그러나 정치의 큰 근원과 백성을 다스리는 기본적인 도는 이전의 성인[前聖]과 후세의 성인[後聖]이 어찌 다름이 있겠습니까? 대개 예나 지금, 다스려짐과 어지러움을 논할 것 없이 만약 백성을 다스리는 데에 궁한 것이 있다면 성왕의 법으로써 고칠 수 있는 것입니다(고금과 치란을 논할 것 없이 만약 생민을 다스리는 데 궁한 것이 있다면 오직 성왕의 법으로써 그 폐단을 고칠 수 있다는 것을 말한 것입니다). 후세에서도 능히 이 도리를 다할 수 있으면 크게 다스려지고, 혹시 그것을 한쪽으로 치우쳐 사용한다면 소강(小康) 상태가 될 것입니다. 이것은 역대를 내려오면서 밝게 드러난 효과인 것입니다. 만일 한갓 옛 것에 집착하기만 하고 오늘날에 그것을 시행하지 못하며, 다만 명분만 따르고자 하면서 드디어 그 실제적인 내용을 폐지해 버린다면 이것은 비루한 선비의 소견일 뿐입니다. 어찌 충분히 정치의 도리를 논할 수 있겠습니까? 그러나 혹시 오늘날의 인정이 모두 이미 옛날과 다르니 선왕의 자취를 오늘날 회복할 수는 없다고 하여 눈앞의 편리한 것에만 힘쓰고 원대한 것에는 힘쓰지 않는다면, 이것 또한 크게 무언가를 할 수 있는 의론이 아닐 것입니다. 따라서 오늘날 당면하고 있는 지극한 폐단을 구제할 수는 없을 것입니다. 의복, 음식, 궁실, 기용(器用)같은 것들이 진실로 오늘날 쓰기에 편리하면서 법도가 있는 것이라 한다면, 또한 어찌 갑작스럽게 개혁할 필요가 있겠습니까? 오직 그 천리는 바꿀 수 없는 것이어서 사람이 이에 의존하여 살아가는 것은 고금을 통하여 다름이 없습니다. 그러므로 성인이 반드시 하려고 했던 것은 실로 다 시행할 만한 것들입니다. 그러나 이것을 시행하는 데 순서가 있고, 활용하는 데 급한 것과 급하지 않은 것이 있습니다. 운용하기에 알맞게 계획하여 차질이 없게 주선하는 것은 오직 어떻게 실시할 것인가를 강구하는 데 달려 있을 뿐입니다.

옛날에는 천자로부터 서인(庶人)에 이르기까지 반드시 스승과 벗을 기다려 그 덕업(德業)을 성취하였습니다. 그러므로 순·우나 문왕·무왕 같은 성인도 또한 모두 추종하여 배운 대상이 있습니다. 그런데 지금은 스승(師傅)의 직책이 닦아지지 않고 신하를 벗으로 대하는 의리가 드러나지 않으니, 이것은 덕을 높이고 선을 즐기는 풍조가 천하에 성(盛)하지 못하기 때문입니다. 이는 옛날과 지금에 다름이 있어서 그런 것은 아닙니다. 하늘이 뭇 백성을 낳음에 임금을 세워 그로 하여금 다스리게 하였으니, 반드시 일정한 생업을 제도적으로 마련하여 그들로 하여금 생활을 풍족하게 하려면 토지의 경계를 바르게 하지 않을 수 없고, 토지의 분배를 균등하게 하지 않을 수가 없으니, 이것이 나라를 다스리는 큰 근본인 것입니다. 당나라에는 그래도 오히려 식구에 따라 전지(田地)를 나누어 주는 제도가 있었습니다. 그런데 지금은 아무런 법이 없어서 부자들은 주현(州縣)을 다 차지해도 막지 못하며, 가난한 자는 이리저리 떠돌아다니며 굶어죽어도 구제하지 않습니다. 행민(幸民)*4은 많으면서도 의식(衣食)은 날로 줄어들어 떠돌아다니다 죽는 자가 날로 많아질 것이니, 이것이 바로 치란(治亂)의 기틀입니다. 그러니 어찌 그것을 제재하는 대책을 도모하지 않을 수 있겠습니까? 이것 역시 고금을 통하여 다름이 있는 것이 아닙니다.

옛날에는 정치와 교화[政敎]가 향리에서 시작되었고, 법은 비(比)·여(閭)·족(族)·당(黨)·주(州)·향(鄕)·찬(酇)·수(遂)*5에서 일어나 그것으로써 서로 연속하여 통치하니, 백성들이 서로 편안하고 친목이 돈독해져서 형법을 범하는 이가 드물고 염치가 쉽게 행하여졌습니다. 이것 또한 인정(人情)의 자연적인 것이요, 이렇게 하면 효과가 있는 것도 또한 고금을 통하여 다름없습니다. 상서(庠序 : 고대의 지방 학교)의 교육은 선왕이 인륜을 밝혀 온 세상의 교화를 이루기 위한 것입니다. 그러나 지금은 스승의 가르침이 없어져서 도덕이 순수[純一]하지 못하고 향사(鄕射)의 예*6가 없어지니, 예의가 일어나지 못하며 공사(貢士)*7가 향리에 뿌리를 두고 있지 못하여서 행실이 닦아지지 아니하고, 뛰어난 선비가 학교에서 길러지지 아니하여 인재가 많이 없어지게 되었습니다. 이 분명환 사실도 예나 지금이나 다름이 없는 것입니다.

옛날에는 백성들이 반드시 9년 먹을 양식이 있어야 했습니다. 3년 먹을 양식도 없다는 것은 나라가 나라꼴이 아닌 것이라 여겼습니다. 신이 온 세상을 살펴보건대, 경작하는 사람은 적고 먹는 사람은 많으며, 지력은 다하지 못하고 사람들도 일에 힘쓰지 않기 때문입니다. 비록 부자나 세력 있는 집안이라도 축적해 둔 것이 드문데, 하물며 힘없고 가난한 사람이야 더 말할 것이 있겠습니까? 혹시 한 주나 한 현이 어떤 해에 흉년이 들어도 곧 도적이 횡행하고 주린 자가 길에 가득 하게 됩니다. 만약 불행히도 천 리에 걸쳐 재해를 입어 계속하여 흉년이 든다면 조정이 무슨 방법으로 이에 대처할지 알 수 없으니, 그 근심을 말로 다할 수가 없습니다. 어찌 옛날에는 이 지경에까지 이르지는 않았다 하여 지금도 그 요행을 믿을 수 있겠습니까? 진실로 마땅히 점점 옛 제도에 따라서 토지를 균등하게 나누어 주고, 농사에 힘쓰게 하여 공가(公家 : 조정이나 왕실)에서나 사가(私家)에서 서로 곡식을 저장하여 흉년에 대비하여야 할 것이니, 이것 또한 예나 지금이나 다름이 없습니다. 성인이 하늘을 받들고 사물을 다스리는 도리는 육부(六府)*8에 있으며, 육부에서 맡은 것은 오관(五官)*9에서 다스렸습니다. 산림을 맡은 관청이나 못을 맡은 관청에서는 각각 금하는 것이 있었으므로 만물이 풍부하고 재용(財用)이 부족하지 않았습니다. 지금은 오관이 닦아지지 아니하고 육부가 다스려지지 아니하여 쓰는 것이 절도가 없고 거두어들이는 것도 때가 없으니 어찌 만물만 그 본성을 잃을 뿐이겠습니까? 재목의 바탕이 되는 온 세상의 산이 모두 민둥산이 되었는데, 잘라 가고 산불을 내고 하여도 오히려 침범하는 것을 금하지 않습니다. 또 개울이나 못에서 고기잡고 사냥하는 것을 함부로 하여 자연 생물을 멸종시키고 있으니, 또한 그것이 다 없어지게 된다면 장차 이것을 어찌하겠습니까? 이것이 곧 지극히 빈궁해지고 궁핍해지는 것입니다. 오직 산과 못을 맡은 관리의 직책을 정비하여 그들로 하여금 이것을 잘 기르게 하면 변화를 일으키고 통하여 오래 갈 수 있는 여건이 갖추어지게 될 것입니다. 이 또한 예나 지금이나 다름이 없습니다.

　옛날에는 관혼상제의 예는 물론 수레나 의복, 그릇과 도구에 등급과 차이가 나뉘어 있어서 감히 이를 뛰어넘을 수 없었습니다. 그러므로 재용이 넉넉하여 백성들은 한결같은 마음으로 살았는데, 지금은 예제(禮制)가 닦여지지 아니하고 사치를 서로 숭상하여 경대부(卿大夫)의 집안에서도 능히 예에 맞게 할 수 없는가 하면, 장사치들은 혹 삼공(三公)의 예를 뛰어넘기도 하니, 예의와 법도가 사람의 감정을 충분히 헤아려 교화하지 못하고 관직과 품계가 귀천을 확실히 구분하지 못하고 있습니다. 이미 정해진 분수가 없어지면 간사하게 속이고 빼앗는 것을 사람마다 실컷 그 욕심대로 하고야 말 것이니 어찌 멈추는 일이 있겠습니까? 이것이 다툼이 일어나고 어지러워지는 길〔爭亂〕입니다. 그렇다면 어찌 선왕의 법을 강구하여 덜 것은 덜고 더할 것은 더하지 않을 수 있겠습니까? 이것도 또한 예나 지금이나 다름이 있는 것이 아닙니다. 여기에 예를 든 것은 특히 그 단서일 뿐이요, 신은 특히 그 큰 실마리만을 논하였습니다.

　생각건대, 삼대의 법은 반드시 시행할 만한 효험이 있으나, 큰 강령과 세부 조항을 베풀어 적용하는 것의 방법에 있어서는 잘 살펴 행하여, 반드시 경전과 해설〔經訓〕을 꼼꼼하게 검토해 보아 부합되고 인정에 베풀어서 마땅히 해야 할 것입니다. 이것은 분명히 정해진 이치이니 어찌 한갓 현실에 맞지 않고 물정에 어두운 쓸모없는 이야기이겠습니까? 오직 성상(聖上)께서는 밝게 헤아려 선택하십시오.

　신이 살피건대, 삼대의 도를 오늘날에도 결단코 시행할 수 있다는 것은 정자가 상세히 논했습니다. 다만 세상의 풍속에 가리어져서 끝내 행하지 못하여 문왕·주왕의 정치가 한갓 빈 말이 되어 버려, 위아래로 수천 년간의 긴 밤이 적막할 뿐이니 근심스러운 일입니다. 어진 정치를 반드시 행할 수 있다는 것은 성현의 말이요, 옛날의 도리를 회복할 수 없다는 것은 비속한 무리들의 말입니다. 당대의 군주인 세상의 주인〔世主〕이 성현의 말은 믿지 않고 비속한 무리들의 말만을 깊이 믿는 것은 그 까닭이 무엇입니까? 스스로 도를 향하려는 뜻이 없고, 또 어진 이를 좋아하는 정성이 없어서 그런 것이니, 구태의연한 방법을 따르고 떨쳐 일어나는 것은 당연한 일입니다. 다행히 임금이 옛날의 도리를 시행하고자 하여 유신(儒臣)을 가까이 하며, 조금이라도 무언가 하려는 것이 있으면 저속한 무리의 비방이 국 끓듯 하고 매미소리같이 시끄러워 반드시 그것을 저지시키고 실패하게 한 다음에야 그만두게 됩니다. 그러므로 임금이 도리를 믿음이 돈독하지 않고, 어진 이를 알아 주는 것이 깊지 않다면 어찌 처음 마음 먹은 것을 지켜 변하지 않을 수 있겠습니까?

　대개 세속의 고질은 갑자기 변하기 어렵기 때문에 하루아침에 옛날의 도리를 시행한다면 많은 사람들의 마음이 불안하여, 처음에는 사리에 맞지 않는 것으로 잘못 보는 것이 필연적인 것입니다. 이것에 구애되어 끝내 무언가 일을 할 수가 없다면 세도의 타락을 어느 때에 돌이킬 수 있겠습니까? 비유하면, 냉병(冷疾)에 걸린 사람과 같아서, 객열(客熱 : 밖에서 침입한 열)이 가슴에 있을 때 냉병을 다스리는 약을 조금 쓰면 번비(煩痞 : 답답하고 아픈 증상)가 더욱 심하게 되나, 만약 객열이 있을 때 항상 냉약(冷藥)을 마시면 뱃속에 냉기가 쌓여 치료할 수 없게 되어 마침내는 반드시 죽게 되는 것입니다.

　아! 후세의 선비라는 자들이 읽는 것은 전(典)과 모(謨)와 고(誥)와 훈(訓)*[10]이요, 그들이 사모하는 사람은 공자, 맹자, 정자, 주자이니 누가 감히 성인을 비난하는 말을 그 입으로 말하겠습니까. 그러나 처신하거나 정치하는 데 이르러서는 크게 그렇지 않음이 있습니다. 만일 성현의 가르침을 가지고 나라에 시행하려 하면 문득 모든 사람들이 깜짝 놀라 이리 배척하고 저리 억눌러서 예측할 수 없는 화(禍)가 눈앞에서 당장 일어날 듯이 여깁니다. 만약 일상적인 것을 편안히 여겨 옛 것을 그대로 지키려는 의론을 듣는다면, 이구동성 찬동하고 화답하여 포백(布帛 : 베와 비단)과 숙곡(菽粟 : 콩과 조)처럼 꼭 필요한 것이라 합니다. 과연 이와 같다면 성현이 헛말을 만들어 후세 사람을 속여 오훼(烏喙 : 독이 있는 약초 이름)를 맛있는 음식이라고 찬미하고 수화(水火)를 밟을 수 있다고 속인 것이 될 것입니다. 그리고 시골의 거칠고 더러운 말은 곧 공평하고 확실한 것이 되어 만세를 전하여도 폐단이 없는 것이 될 것입니다. 그렇다면 육경(六經)[11]을 어찌 읽을 필요가 있겠으며, 오교(五教)[12]를 어찌 베풀 필요가 있겠습니까?

슬프도다! 신하들〔人臣〕이 옛날의 도를 비난하고 헐뜯는 것은 저속한 사람들의 본심입니다. 한스러운 것은 임금이 이것을 깨닫지 못하는 것입니다. 무슨 까닭인가 하면, 저 저속한 사람들이 좋아하는 것은 관직과 녹봉이요 탐내는 것은 권세이며, 구하는 것은 뇌물이요, 즐기는 것은 사치와 음란함이며, 편하게 여기는 것은 안일입니다. 때를 엿보아 길을 얻고, 지기(志氣)가 가득 차고 넘쳐 구차하게 눈앞에서 화나 실패를 입지 않는 것만을 바랄 뿐이요, 나라의 앞날에 대한 근심이야 어찌 생각이나 하겠습니까?

진실로 임금이 삼대의 다스림을 회복하는 데 뜻을 두고 어진 신하를 구해서 정사를 맡긴다면, 그들은 관직과 녹봉을 보존할 수 없을 것이요, 임금이 국가의 기강을 모두 장악해 버린다면 그들은 권세를 굳게 할 수 없을 것이며, 조정이 청명하면 뇌물을 받을 수 없을 것이요, 예의로서 풍속을 독차지할 수 없을 것이며, 공적을 살펴 관직을 올려 주거나 내친다면 오랫동안 안일할 수 없을 것입니다. 이렇게 되면 임금이 옛날의 도를 시행하는 것은 곧 저속한 사람들에게는 짐독(鴆毒 : 짐새 것에 있는 맹렬한 독)이 되는 것이니 어찌 마음을 같이 하고 힘을 다하여 그것을 꺾으려 하지 않겠습니까?

간혹 어진 사대부가 있더라도, 사리를 분별하는 능력이 천박하고 짧으나 단지 안정만을 좋아하는 자들도 역시 그들을 따라 도와서 더욱 임금에게 신임을 얻을 수 있게 됩니다. 그러면 선비로서 재주를 품고 도를 가져 세상을 다스리고 도를 구제할 수 있는 사람은 또한 모두 재주를 깊이 감추어 두고 적당한 때를 기다려 감히 가볍게 나오지 않기 때문에, 스스로 임금에게 도달할 수 없게 됩니다. 그래서 만약 조정에서 옛날의 도를 말할 수 있는 사람이 있다면, 다만 뜻만 크고 일을 건성으로 하거나 소탈한 무리들뿐이니 어찌 치도의 본체를 밝히거나 뭇 사람들의 지껄임을 그치게 하여 임금의 마음을 그 쪽으로 기울어지게 할 수 있겠습니까? 이것이 끝내 옛날의 도를 회복할 수 없는 까닭입니다.

반드시 임금께서 조용하게 깊이 생각하고 패연히 결단하여, 반드시 학문이 밝고 행실이 고고하며 재주와 성의를 겸비한 선비를 얻어서 보좌하게 하여, 해마다 그만큼의 성과가 있게 하며, 속된 의론이 그 사이에 끼어들지 않게 하여야만 의심하고 비난하던 자들도 차츰 믿게 될 것이고, 비방하고 조소하던 자들도 차츰 복종하게 될 것이며, 시기하고 질투하던 자들도 차츰 항복하게 되어 옛날의 도를 거의 실행할 수 있게 될 것입니다. 삼가 생각건대, 전하께서는 잘 살펴 생각하십시오.

〈주〉
*1 국가의 대법(大法)과 사회의 도덕.
*2 예악(禮樂)·제도(制度) 등 한 나라의 문명을 형성하는 것.
*3 법률의 세부 조항.
*4 요행을 바라고 정업(正業)에 힘쓰지 않는 백성.
*5 주대(周代)의 행정 구획의 이름들.
*6 주나라 때 3년마다 선비를 뽑을 때 실시하던 사례.
*7 지방에서 선발하여 추천한 선비.
*8 수(水)·화(火)·금(金)·목(木)·토(土)·곡(穀).
*9 오행(五行)의 관(官), 즉 금·목·수·화·토의 관(官)을 가리킨다.
*10 《서경》의 편명(篇名)들이니, 여기서는 성인의 가르침이라는 뜻으로 쓰인다.
*11 유교의 여섯 경전. 곧 《주역》《시경》《서경》《춘추》《예기》《악경》.
*12 즉 오륜(五倫).

하늘이 내려 준 계율을 조심함에 대하여〔謹天戒〕

신이 살피건대, 임금이 하늘을 섬기는 것은 마치 자식이 부모를 섬기는 것과 같습니다. 항상 이에 대하여 생각하고 잊지 않아서 조금이라도 소홀히 해서는 아니되며, 인사가 이미 신중하게 닦여지면 하늘의 경계를 더욱 공경하고 두려워해야 합니다. 그러므로 근천계(謹天戒 : 하늘의 경계를 조심스럽게 지킴)의 장을 다음에 놓았습니다.

이윤이 말하였다. "아! 오직 하늘은 특별히 친애하는 이가 없고 하늘을 공경하는 사람만을 친애한다. 백성은 일정하게 그리워하는 이가 없고 어진 사람을 그리워하며, 귀신은 일정하게 제사를 받는 것이 없고 능히 정성스러운 사람의 제사만 받는다. 임금의 자리란 어려운 것이다." 《서경》〈상서·태갑〉

채씨가 말하였다. "경(敬)·인(仁)·성(誠)은 각기 그 주되는 대상에 따라서 말한 것이다. 천(天)에 대해서 경으로 말하는 것은, 하늘이란 이치가 있는 곳이므로 동정어묵(動靜語默 : 움직임과 정지, 말함과 침묵)에 털끝만큼의 소홀함도 있을 수 없기 때문이다. 백성에 대해서 인으로 말하는 것은, 백성은 임금이 아니면 공경할 사람이 없으며 환과고독(鰥寡孤獨 : 홀아비·홀어미·고아·홀몸노인)은 다 임금이 마땅히 긍휼히 여겨야 할 것이기 때문이다. 귀신에 대해서 성으로 말하는 것은, 정성스럽지 아니하면 사물과의 감응이 이루어질 수 없으므로, 정성이 여기에서 확립된 뒤라야 신이 저기에 이르게 되기 때문이다. 이 세 가지는 마땅히 다 해야 하는 것이다. 임금이 천자의 자리에 있으면서 이것을 소홀하게 할 수 있겠는가? 나누어 말하면 셋이지만 합하여 말하면 하나의 덕일 뿐이다."

덕이 한결같으면 움직이는 것마다 길(吉)하지 않음이 없고, 덕이 두셋으로 나뉘면 움직이는 것마다 흉하지 않은 것이 없다. 오직 길하고 흉한 것이 어긋남이 없는 것은 사람에게 달려 있으며, 오로지 하늘이 재앙과 복[祥瑞]을 내리는 것은 덕에 달린 것이다. 《서경》〈상서·함유일덕〉 역시 이윤의 말임

채씨가 말하였다. "한결같지 않으면 잡되게 될 것이다. 참(僭)이란 어긋난다는 뜻이다."

우(禹)가 말하였다. "도를 따르면 길하고, 역(逆)을 따르면 흉한 것이니,

그 반응은 그림자나 메아리와 같은 것이다." 《서경》〈우서·대우모〉

채씨가 말하였다. "혜(惠)는 따르는 것이고, 적(迪)은 도(道)를 뜻하며, 역은 도에 배반된다는 뜻이다. 도를 따르고 역을 따른다는 것은 선을 따르고 악을 따른다는 말과 같은 것이다. 곧, 하늘의 도는 두려워해야 할 것이니, 길흉이 선악에 응하는 것은 마치 그림자나 메아리가 형상과 소리에서 나오는 것과 같다는 것을 말한 것이다."

《시경》에서 말하였다. "오직 문왕은 공경하고 삼가며 삼가는 밝은 모습으로 하느님을 섬기어, 마침내 많은 복을 오게 하였도다. 그 덕이 사특(邪慝)하지 않아서 온 나라의 주인이 되었도다." 〈대아·대명〉

주자가 말하였다. "소심익익(小心翼翼)이란 공경심과 삼가고 삼가는 밝은 모습이니 곧 이른바 경건이요, 문왕의 덕은 여기에서 성대해졌다. 소(昭)는 밝은 것이고, 회(懷)는 오게 하는 것이며, 회(回)는 사특한 것이다. 방국(方國)은 사방에서 따르는 나라들이다."

성탕(成湯)이 고(誥)를 지어 일렀다. "하나라의 걸(桀)왕이 도덕을 없애고 위세를 부려서 만방의 백성들을 잔학한 정치〔虐政〕로 다스렸다. 하늘의 도는 선한 이에게 복을 주고 음탕한 이에게 화를 내리는 것이라, 하나라에 재앙을 내려서 그 죄를 밝힌 것이다." 《서경》〈상서·탕고〉

채씨가 말하였다. "걸이 이미 음탕하고 잔학했기 때문에 하늘이 재앙을 내려 그 죄를 밝힌 것이다. 생각건대 그 당시에 반드시 재앙으로 변고가 있었을 것이다." 《주어(周語)》에 이른바, "이수(伊水)와 낙수(洛水)가 마르니 하나라가 망하였다"는 것이 그런 유이다.(이것은 음탕과 잔학으로써 화를 받음을 말한 것입니다.)

이는 선한 사람에게는 복을 주고 음탕한 자에게는 재앙을 내리는 이치를 말한 것입니다.

윤후(胤侯)가 말하였다. "선왕이 능히 하늘의 경계를 삼갈 수 있었으니, 신하에게 떳떳한 법도가 있을 수 있었고, 백관들이 그 직무를 닦아서 임금을 보필하였으므로, 그 임금이 오직 밝고 밝게 되었습니다."

《서경》〈하서(夏書)·윤정(胤征)〉

채씨가 말하였다. "삼간다는 것은 두려워하고 반성하여 닦아서 재해나 변고를 없애는 것이다. 떳떳한 법도라는 것은 법을 받들고 직무를 닦아서 일을 다스리는 데 이바지하는 것이다. 임금이 위에서 능히 하늘의 경계를 삼갈 수 있으면, 신하는 아래에서 능히 떳떳한 법도를 세울 수 있는 것이니, 백관들이 각기 그 직무를 닦아 그것으로써 임금을 보필한다. 따라서 임금은 안으로 덕을 잃는 일이 없고, 밖으로 정사를 그르침이 없게 되는 것이다. 이것이 밝고 밝은 임금이 되는 까닭이다."

《시경》에서 말하였다. "하늘의 노여움을 잘 들어 감히 놀며 즐기지 말 것이다. 하늘의 변화를 공경하여 감히 네 욕심대로 치달리지 말라. 높은 하늘은 지극히 밝아서 네가 가는 곳은 어디나 다 살피며, 높은 하늘은 지극히 밝아서 네가 방종하게 노니는 곳은 다 살핀다." 〈대아·판〉

주자가 말하였다. "투(渝)는 변한다는 뜻이다. 왕(王)은 왕(往)과 통하는 것이니 나아가 가는 곳이 있음을 말한 것이다. 단(旦)도 또한 '밝다'는 뜻이며, 연(衍)도 또한 느슨하고 방종하다는 뜻이다. 이것은 하늘의 총명함이 미치지 않는 곳이 없으니 공경하지 않을 수 없음을 말한 것이다."

동씨가 말하였다. "사람의 행동의 좋고 나쁜 것은 곧 천지와 흘러 통하고 왕래하며 상응한다. 그러므로 하늘과 사람이 서로 어울리는 관계는 심히 두려워해야 할 것이다. 국가가 장차 도를 잃으려 하면 하늘이 이에 먼저 재해를 내려 꾸짖는 뜻을 알리고, 스스로 반성할 줄 모르면 또 괴이한 일을 일으켜서 놀라게 하고 또 두렵게 한다. 그러나 그래도 그 변괴(變怪)를 알아차리지 못하면 손상되고 망하는 것이 닥치게 되는 것이다. 이것으로써 천심이 임금을 사랑하여 그 난을 그치게 하려는 것을 볼 수 있다. 스스로 크게 막된 세상이 아니라면 하늘은 힘을 다하여 그것을 부지하여 편안하고 온전하게 하려 하니, 사람의 할 일은 힘써 노력하는 데 있을 뿐이다."

광형(匡衡)이 말하였다. "하늘과 사람 사이에 좋은 기운과 나쁜 기운이 서로 뒤섞일 수 있고, 선악(善惡)이 서로 옮겨 갈 수 있어서, 일이 아래에서 일어나면 형상은 위에서 움직이고, 음양(陰陽)의 이치가 각기 거기에 감응하는 것이다. 음이 변하면 고요하였던 것도 움직이고(지진 같은 것), 양이 가리어지면 밝은 것이 어두워지며(일식 같은 것), 홍수와 가뭄의 재해가 그 종류에 따라 닥치게 되는 것이다."

순임금이 말하였다. "넘치는 물(降水 : 강(洚)이라고도 씀)이 나를 경계토록 시켰도다."
《우서》순전(舜典)

진씨(眞氏)가 말하였다. "살피건대, 맹자는 말하기를 '물이 역행하는 것을 일러 홍수라 한다' 하였다. 홍수의 재난은 요임금 당시에 일어났으나 순이 군주의 자리를 대리〔攝位〕할 때까지도 오히려 그치지 않았다. 그러므로 순이 스스로 이르기를, '이것은 하늘이 그것으로써 나를 경계시키는 것이다' 하였으니, 성스럽고 현명한 임금이 하늘을 두려워하고 자기를 반성하는 유형이 이와 같았다. 그 뒤에 탕임금도 가뭄을 근심하여 여섯 가지 일을 가지고 자책하여 이렇게 말하기를, '정사가 법도에 맞지 아니하였던가? 백성들을 지나치게 부렸던가? 궁실이 너무 화려했던가? 여알(女謁)[1]이 성행했던가? 뇌물을 주고받았던가? 참소하는 사람들이 많았던가?' 하였다. 저 성탕과 같은 성왕에게 어찌 이와 같은 일이 있었겠는가마는, 오히려 자신을 반성하여 스스로 질책함이 이와 같이 지극하였으니, 탕임금의 마음은 곧 순임금의 마음이었다. 그런데 한나라 무제 때에 이르러 공손홍(公孫弘)이 이에 대하여 말하기를, '요임금이 홍수를 만나 우(禹)로 하여금 다스리게 하였으나 순임금이 수재(水災)를 당하였다는 말은 듣지 못하였습니다. 탕임금이 가뭄을 만난 것도 걸왕의 영향이 남아 있기 때문입니다' 하였다. 저 순임금은 수재를 가지고 스스로를 경계하였는데 공손홍은 이것을 요임금에게 돌렸고, 탕은 가뭄을 가지고 스스로를 경계하였는데 공손홍은 이것을 걸에게 돌렸다. 간사하고 아첨하는 마음이 그 임금을 미혹되고 그릇되게 하여 하늘의 경계를 소홀하게 여기고 업신여기게 하는 것이 모두 이와 같으므로 살피지 않을 수 없다."

주공이 말하였다. "은나라 왕인 중종(中宗)은 엄숙하고 공손하며 공경하고 두려워하여 스스로 하늘의 명령을 법도로 삼았다." 《서경》〈주서·무일〉

진씨가 말하였다. "공경하고 두려워하는 정성을 다할 수 있어 천명으로써 자기를 다스릴 것을 말한 것이다."

《사기(史記)》에서 말하였다. "태무(太戊)가 즉위하고 이척(伊陟)이 재상이 되었을 때, 뽕나무가 아침에 싹이 나 그 날 저녁에 크기가 한 아름이 되었다. 태무가 두려워하여 이척에게 물으니, 이척이 말하기를, "신이 듣건대, 요사함은 덕을 이기지 못한다 합니다. 임금께서 정사를 하는 데 무슨 부족한 점이 있는 것 같으니 임금께서는 덕을 닦으십시오" 하므로, 태무가 이를 따르니 상서롭지 못한 뽕나무가 말라죽고 은나라의 도가 부흥하였다. 그래서 태무를 불러 중종이라고 칭하였다."

한나라 선제(宣帝)가 조서에서 말하였다. "짐은 육예(六藝: 고대 중국 교육의 여섯 가지 과목. 예(禮), 악(樂), 사(射), 어(御), 서(書), 수(數)를 이른다)에 밝지 못하고 대도(大道: 사람이 마땅히 지켜야 할 도리)에 어둡다. 이 때문에 음양과 풍우(風雨)가 순조롭지 못하니, 그 관리나 백성〔吏民〕 가운데에서 그 몸을 바르게 닦고 문학과 경전에 통하여 선왕(先王)의 법에 밝은 자를 널리 천거하라." 《전한서》

진씨가 말하였다. "임금이 경(經)에 밝지 못하고 도를 알지 못하면 마음을 바로하고 몸을 닦을 수 없다. 그리고 한 생각이라도 불순함이 있거나 한 가지 움직임이라도 중도를 잃은 것이 있으면, 모두 음양의 조화를 범할 수 있는 것이다. 후세의 임금들 중에는 이것을 아는 이가 드물었다. 선제가 홀로 이것을 아니, 탁월한 견문이 있다고 말할 수 있다. 그러나 성왕의 통치술에 밝은 사람이 천거되었다는 소문은 전연 듣지 못했다. 대개 자신을 바르게 하고 도에 밝은 선비는 세상에 드문 것이다. 임금으로 하여금 과연 성의를 가지고 구한다면 어찌 한둘의 그럴 듯한 사람이 나와 임금을 위해 쓰이지 않겠는가? 공평하게 그 당시를 고찰해 볼 때, 오직 왕길(王吉) 한 사람만이 만세(萬歲)를 위한 장구한 계책을 세워 삼대가 융성할 때와 같이 밝은 임금으로 만들어 보려 하였으나, 선제는 이미 그것을 현실성이 없는 것으로 여겼던 것이다. 그러나 설령 자사(子思)와 맹자가 그 때에 살았다 하더라도 인의(仁義)에만 허둥지둥 애를 썼을 것이요 공리(功利)에는 급급하지 않았을 것이니 선제와는 서로 어긋나고 맞지 않음이 더욱 심하였을 것이다. 그렇다면, 자신의 몸가짐을 바르게 갖고 도에 밝은 선비가 이 뜻을 살펴보았다면 어찌 선제를 위하여 가볍게 나오려고 하였겠는가?"

이는 재난을 만나 자신을 수양하고 반성하는 도를 말한 것입니다.

성왕(成王)이 말하였다. "옛날 크게 온 세상을 다스리려고 꾀할 때는 아직 어지럽기 전에 바로잡아 다스리고, 위태롭기 전에 나라를 보존하였다."

《서경》〈주서·주관(周官)〉

공자가 말하였다. "위태롭다는 것은 그 위치를 편안하게 하는 근거가 된다. 망해 없어진다는 것은 그것을 보존시키는 근거가 된다. 어지럽다는 것은 다스림을 있게 하는 근거가 된다. 이 까닭으로 군자는 편안해도 위태로운 것을 잊지 아니하고, 존속하더라도 망해 없어지는 것을 잊지 아니하며, 다스려질 때라도 어지러운 것을 잊지 아니한다. 이 때문에 몸이 편안하고 국가가 보존될 수 있는 것이다."

정자가 말하였다. "성인은 바야흐로 성할 때 반드시 경계한다. 그러나 바야흐로 성할 때에 경계할 것을 알지 못하므로, 부유한 것에 익숙해지고 편안히 여기게 되면 교만하고 사치해지며, 한가하고 방자한 것을 즐기면 기강이 무너지게 되며, 재앙과 어지러움을 잊어버리면 재난과 해악이 싹트는 것이다. 이 때문에 점점 방탕하게 되어 어지러움이 찾아오는 것을 알지 못하는 것이다."

《시경》에서 말하였다. "하늘이 장맛비를 내리기 전에 뽕나무 뿌리를 캐어다가 들창문을 단단히 얽어매어 놓는다면, 이제 너희들 백성들이 감히 나를 업신여기겠는가?" 〈빈풍(豳風)·치효(鴟鴞)〉

주자가 말하였다. "태(迨)는 미친다는 뜻이요, 철(徹)은 취한다는 뜻이다. 상두(桑土)는 뽕나무 뿌리이다. 주무(綢繆)는 얽어맨다는 뜻이며, 유(牖)는 새집에서 공기를 통하게 하는 곳이고, 호(戶)는 그 출입하는 곳이다. 시인이 새의 입장이 되어 말하기를, '내가 하늘이 아직 장맛비를 내리기 전에 날아가서 뽕나무 뿌리를 가져다가 새둥지의 틈과 구멍을 얽어매어 그것을 견고하게 하여 장마의 환난에 대비한다면 저 백성들 누가 감히 나를 업신여기겠는가?'함으로써, 깊이 왕실을 사랑하여 그 환난을 예방한다는 뜻에다 비유하였다. 그러므로 공자가 이를 칭찬하여 말하기를, '이 시를 지은 자는 아마도 도를 아는 사람일 것이다. 능히 국가를 다스릴 수 있다면 누가 감히 그를 업신여기겠는가?' 하였다."

이는 환난(患難)을 예방하는 뜻을 말한 것입니다.

신이 살피건대, 사람이란 하늘과 땅의 중심입니다. 임금이 선(善)한 정치를 베풀어 환한 기운이 하늘에 감응되면 상서로움이 이르게 되고, 도리에 어긋나는 행동을 많이 저질러 너그러진 기운이 하늘에 감응되면 재앙이 일어나게 되는 것입니다. 그러나 하늘이 무슨 마음이 있겠습니까? 모두 사람이 부른 것일 뿐입니다. 다만 그 사이에 상도가 있고 변칙이 있는 것입니다. 선에는 상서로움이 이르고 악에는 재앙이 이르는 것은 이치의 상도요, 선에 상서로움이 나타나지 않거나 악에 재앙이 나타나지 않는 것은 기수(氣數)[*2]의 변칙입니다. 성현으로서의 임금이 재앙으로 말미암아 자기 몸을 수양하고 반성하면 재앙이 변하여 상서로움이 될 것이요, 용렬하고 어두운 임금이 재앙이 없는 데에 익숙하여져 소홀하게 되면 오히려 재앙을 초래하게 되는 것이니, 이것은 필연적인 일입니다.

대체로 하늘에 응하는 것은 진실로써 응하는 것이지 꾸밈으로써 응하는 것이 아닙니다. 진실한 마음으로 진실한 덕〔實德〕을 닦는다면 위태로운 것을 편안하게 할 수 있고, 어지러운 것을 다스려지게 할 수 있으며, 멸망하는 것을 보존케 할 수 있을 것이니, 어떤 재앙인들 그치게 할 수 없겠습니까? 오직 밖으로는 두려워하는 모습을 보이면서도 안으로 수양하고 반성하는 실상이 없기 때문에 하늘의 노여움을 돌이킬 수 없고, 나라 형세를 구할 수 없을 뿐입니다. 임금은 국가가 한가한 때를 만나서도 마땅히 미리 덕스러운 정치를 닦고 깊이 환난을 막아서 길이 다스리고 오래도록 편안할 계책으로 삼아야 할 것이니, 하물며 재앙이 있어서 경계를 발하는 때에 있어서이겠습니까?

　보통 사람의 마음은 근심거리가 눈앞에 나타나야 겨우 근심할 수 있지만, 뜻밖에 일어나는 환난은 대개 경계할 줄을 모르는 것입니다. 이 때문에 재난이 처음 일어날 때를 당하면 비록 평범한 임금이라도 놀라서 움직이지만, 재변이 자주 일어나더라도 당장의 반응을 보지 못하면 거기에 익숙하여져서 두려워하지 않게 되는 것입니다. 이것은 특히 요사스러운 기운이 반응하는 것이 혹은 늦기도 하고 혹은 빠르기도 하나, 빠르면 화가 적고 늦으면 화가 크다는 것을 알지 못한 것입니다. 환난이 이미 일어나 멸망의 모습이 드러난 뒤에는 비록 마음을 혁신하고 덕을 닦으려 하더라도 이미 미칠 수 없는 것입니다. 아주 오랜 옛날부터 앞 시대의 사람들이 실패한 자취가 서로 이어져 있으니 슬퍼해야 할 일입니다. 아! 성탕(成湯)은 스스로 꾸짖어 큰 비가 천 리에 내리었고, 태무는 선을 좇아서 상서롭지 못한 뽕나무가 말라 죽었습니다. 이것은 진실한 마음으로 진실한 덕을 닦은 효험입니다. 바라건대, 전하께서는 이것을 본받으십시오.

〈주〉
＊1 여자가 임금의 사랑을 믿고 권세를 부려 나라의 정치를 어지럽히는 일.
＊2 운명의 흐름과 같은 것을 의미한다.

기강을 세움에 대하여〔立紀綱〕

　신이 살피건대, 위의 장에서는 정치를 행함〔爲政〕의 근본과 위정의 도구를 갖추어 논하였습니다. 이 장 이하에서는 위정의 일에 대하여 논하려 하는데, 위정의 일은 기강을 세우는 것을 첫째로 삼습니다.

훌륭한 의사는 사람이 야위거나 살찐 것을 보지 않고 그 맥(脈)을 짚어 병이 있나 없나를 살피며, 온 세상을 잘 경영하는 자는 온 세상이 편안한가 위태로운가를 보지 않고 그 기강이 다스려졌는가 어지러운가를 살핀다.
《창려문집》

한씨(韓氏 : 韓愈)가 말하였다. "온 세상을 사람에 비유한다면, 편안함과 위태로움은 살찐 것과 야윈 것에 해당되고, 기강은 맥에 해당된다. 맥이 병들지 않았으면 비록 야위었더라도 해롭지 않고, 맥이 병들었다면 살찐 사람이라 하더라도 죽는다. 이 말의 의미를 깨달은 자는 온 세상을 다스릴 줄 알 것이다. 이 때문에 사지(四支)가 비록 아무 탈이 없더라도 믿을 것이 못 되니 오직 맥에 달려 있을 뿐이요, 사해(四海)가 비록 무사하더라도 자랑할 것이 못 되니 오직 기강에 달려 있을 뿐이다."

주자가 말하였다. "이른바 강(綱)이라는 것은 그물에 벼리가 있는 것과 같고, 기(紀)라는 것은 실에 실마리가 있는 것과 같다. 그물에 벼리가 없으면 스스로 펼 수가 없고, 신에 실마리가 없으면 스스로 풀 수가 없다. 그러므로 한 집안에는 한 집안의 기강이 있고, 한 나라에는 한 나라의 기강이 있다. 이것은 곧 향(鄕)은 현(縣)에 통솔되고, 현은 주에 통솔되고, 주는 노(路)[1]에 통솔되고, 노는 대성(臺省)에 통솔되고, 대성은 재상에 통솔되고, 재상은 뭇 직책을 겸하여 통솔하여 천자와 더불어 가부(可否)를 의논하여 정령(政令)을 내리는 것과 같으니, 이것이 곧 온 세상의 기강이다."

이는 기강을 마땅히 세워야 한다는 것을 전체적으로 논한 것입니다.

공자가 말하였다. "하늘은 사사로이 덮어주는 것이 없고, 땅은 사사로이 실어주는 것이 없으며, 해와 달은 사사로이 비추는 것이 없다. 이 세 가지를 받들어 세상을 다스리는 것을 일러 삼무사(三無私)라고 한다."   《예기》

주자가 말하였다. "기강은 스스로 설 수가 없는 것이다. 반드시 임금의 마음 씀씀이가 공평정대하여 당파를 짓거나 반측(反側)하는 사사로움이 없어야만 기강이 매이는 곳이 있어 서게 된다. 그리고 임금의 마음은 스스로 바르게 될 수 없는 것이니, 반드시 어진 신하와 친하고 소인을 멀리하여 의리의 귀추를 강명하고 사사롭고 삿된 길을 막아야만 바르게 될 수 있는 것이다."

또 상소를 올려 말하였다. "필부(匹夫)로써 말하면 한 집안의 사사로운 것을 가지고 그 고을에 통할 수 없고, 한 고을 사람으로 말하면 한 고을의 사사로운 것을 가지고 그 나라에 통할 수 없으며, 제후로써 말하면 한나라의 사사로운 것을 가지고 천하에 통할 수 없는 것입니다. 그러나 천자에 이르러서는 하늘이 덮고 있는 끝과 땅이 싣고 있는 끝까지 천자의 소유가 아님이 없어서 밖으로 통하지 못하는 것이 없습니다. 그러니 또한 여기에 어찌 사사로움이 있을 수 있겠습니까? 그러나 오늘날 한 생각의 사특함을 이길 수 없어 사사로운 마음을 갖는 데에 이르고, 그 집안 사람을 바르게 할 수 없어서 가까이하고 친숙하게 한 까닭에 가신(私人)을 두는 데까지 이르니, 사심으로서 가신을 쓰면 사비(私費)가 들지 않을 수 없게 됩니다. 이에 안으로는 경비가 들어오는 것을 줄이고, 밖으로는 남는 재산의 헌납을 받아들여 사재(私財)를 두게 되는 데까지 이르렀습니다. 만사의 폐단이 이로 말미암아 나오게 될 것이니 어찌 애석하지 않겠습니까? 폐하께서 근심하고 근면하여 나라가 잘 다스려지기를 지극히 원하는 것이 아니라면, 어찌 나라의 법도를 떨쳐버리고 풍속을 아름답게 하려고 하지 않으시겠습니까. 다만 한 생각의 사이에 사사(私邪)의 폐단을 능히 제거하지 못하기 때문에 조정에는 충성스러운 사람과 간사한 사람이 함께 섞여 나아가게 되고, 형벌과 포상이 분별되지 아니하여, 사대부 사이에는 의지와 취향이 비루해지고 염치가 무너져 없어지게 되어도, 오히려 사리(事理)의 당연함이라 여기고 힘써 떨쳐 일어나 개혁하려고 하지 않게 되는 것입니다. 대체로 안이 밝아져야만 밖을 가지런하게 할 수 있는 것이며, 자신에게 잘못이 없어야만 남을 비방할 수 있는 것입니다. 지금 궁궐 안의 관서와 임금이 계신 곳이 공정치 못한 길과 부정한 사람이 도리어 그 속에서 소굴을 만들어 뒤얽혀 있습니다. 그런데도 폐하께서는 눈으로 보고 귀로 듣는 것이 불공정과 부정한 일이 아닌 것이 없게 된다면, 그것이 폐하의 마음 속에 배어들어서 폐하로 하여금 선을 좋아하는 마음을 드러내지 못하게 하며, 악을 미워하는 뜻을 깊지 못하게 하니 그 해악은 이루 다 말할 수 없습니다. 이 때문에 기강이 꺾여 없어지게 되니 조정 안팎의 사람들은 이것을 듣고 마음 속으로 그르게 여기고 골목마다 모여 비방하며 모두 조정을 깔보고 업신여기는 마음을 갖게 됩니다.

폐하께서는 이 기강을 어떻게 해야 한다고 보십니까? 반성하여 내 몸에 구하지 않고 갑자기 진작시켜 바로잡을 수 있다고 여기십니까? 기강이 위에서 떨쳐 일어나지 아니한 까닭에 풍속이 아래에서 퇴폐해지며, 겉으로만 부드럽고 아름답게 보이려는 태도에 익숙하여져서 오직 구하여 얻는 것만 바라며 염치가 없습니다. 아버지가 아들을 가르치고 형이 아우를 힘쓰게 하는 데에도 한결같이 이 기술을 쓰고 있으니 다시는 충의와 명예와 절개가 귀하다는 것을 알지 못합니다. 굳세고 정직하며 도를 지키고 이치에 따르는 선비가 그 사이에서 나오게 되면, 많은 사람들이 비난하고 배척하여 일부러 정직한 체한다는 죄를 덧붙이니, 어찌 다시 차마 그 말을 할 수 있겠습니까?"

이는 사심이 없는 것이 기강을 세우는 근본이라는 것을 말한 것입니다.

고요(皐陶)가 말하였다. "하늘이 덕있는 이에게 명할 때에는 다섯 가지 등급의 복장으로 다섯 가지 종류를 나타내게 하며, 하늘이 죄있는 자를 토벌하면 다섯 가지 등급의 형벌로써 다섯 가지로 징계하니, 정사에 부지런히 힘쓰소서." 《서경》〈우서·고요모(皐陶謨)〉 고요가 순임금에게 고한 말임

채씨가 말하였다. "장(章)은 나타나게 한다는 뜻이다. 5복(五服)은 다섯 가지 등급의 복장이니 9장으로부터 1장에 이르기까지가 이것이다. 하늘이 유덕한 이에게 명하면 다섯 가지 등급의 복장으로 그것을 뚜렷하게 나타내며, 하늘이 죄있는 자를 토벌하면 다섯 가지 등급의 형벌로써 그것을 징계한다는 것을 말한 것이다. 대개 벼슬과 상, 형과 벌을 내리는 것은 임금의 일로서 임금은 이를 주관하고 신하는 이를 적용하는데, 마땅히 힘쓰고 힘써야지 태만히 해서는 안 되는 것이다."

정자가 말하였다. "만물은 다 하늘의 도리로 꿰어 있으니 사심이 어찌 여

기에 함께 관여하겠는가? 하늘이 죄있는 자를 칠 때에는 다섯 가지 등급의 형벌로써 그것을 징계하며, 하늘이 유덕(有德)한 자에게 임무를 맡길 때에는 다섯 가지 등급의 복장으로써 다섯 가지 등급을 나타낸다고 말한 것은, 하늘의 도리가 스스로 이와 같은 것이니 어찌 일찍이 희로(喜怒)의 마음을 그 사이에 용납되게 할 수 있겠는가? 순(舜)이 16명의 재상을 채용했는데, 요(堯)가 어찌 이것을 알지 못하였겠는가? 다만 그들의 선(善)이 드러나지 않았기 때문에 스스로 채용하지 못한 것이다. 순이 흉악범 넷을 처벌하였는데, 요가 어찌 이것을 살피지 못하였겠는가? 다만 그들의 악이 드러나지 않았으니 어찌 처벌할 수 있었겠는가? 채용하고 처벌하는 것에는 오직 하나의 의리가 있으니, 의에 따라서 할 뿐이다."

공자가 말하였다. "반드시 이름을 바르게 할 것이다. 이름이 바르지 아니하면 말이 순(順)하지 아니하고, 말이 순하지 아니하면 일이 이루어지지 아니하고, 일이 이루어지지 아니하면 예악이 일어나지 아니하고, 예악이 일어나지 아니하면 형벌이 적중하지 아니하고, 형벌이 적중하지 아니하면 백성들은 수족을 둘 곳이 없게 된다." 《논어》

양씨가 말하였다. "이름이 그 실상에 합당하지 아니하면 말이 순조롭지 아니하고, 말이 순조롭지 아니하면 실상을 살필 수 없어 일이 이루어지지 않는다."

범씨가 말하였다. "일이 그 차례에 맞는 것을 예(禮)라 하고, 사물이 조화를 이루는 것을 악(樂)이라 한다. 일이 이루어지지 않으면 차례가 없어지고 조화가 안 되는 까닭에 예악이 일어나지 않게 되며, 예악이 일어나지 않으면 정사(政事)를 베푸는 것이 모두 그 도를 잃는 까닭에 형벌이 적중하지 않게 되는 것이다."

정자가 말하였다. "이름과 실상은 서로가 서로를 필요로 하는 것이니, 한 가지 일이 구차하면 그 나머지도 모두 구차하게 된다."

정치가 행해지지 않고 교화가 이루어지지 않는 까닭은, 관직과 녹봉으로서도 권면할 수 없고 형벌로서도 부끄럽게 할 수 없기 때문이다. 그러므로 윗사람은 형벌을 소홀히 하거나 관직과 녹봉을 가벼이 할 수 없다.

《예기》 역시 공자의 말임

여씨가 말하였다. "정치가 행해지지 않는 것과 교화가 이루어지지 아니하는 것은 윗사람이 관직과 녹봉, 형벌을 합당하게 하지 못했기 때문이다. 관직과 녹봉이 그 사람에게 합당하지 아니하면 착한 사람을 권면할 수 없고, 형벌이 그 죄에 합당하지 아니하면 소인을 부끄럽게 할 수 없다. 이것을 일러 형벌을 소홀히 하고 관직과 녹봉을 가벼이 여긴다고 하는 것이다."

주자가 상소문을 올려 말하였다. "신이 듣건대, 세상은 지극히 넓고 백성은 지극히 많으나 사람들은 각기 바라는 바가 있어 그대로 행하려고 하니, 정치를 잘하는 사람은 곧 이것을 잘 통솔하여 가지런하게 할 수 있습니다. 그들로 하여금 각각의 이치를 따르도록 하고 내 뜻이 바라는 대로 하지 않을 수 없게 하는 것은, 먼저 위에서 기강을 유지하고 나중에 아래에서 풍속을 몰아가기 때문입니다. 무엇을 기강이라고 하는가 하면, 어질고 어질지 못한 이를 분별하여 상하의 구분을 정하고 공(功)과 죄(罪)를 잘 밝혀서 상벌의 시행을 공정하게 하는 것입니다. 또 무엇을 풍속이라고 하는가 하면, 사람들에게 착한 것은 사모할 만하다는 것을 알게 하여 반드시 행하게 하고, 착하지 못한 것은 부끄러워해야 한다는 것을 알게 하여 반드시 버리게 하는 것입니다.

그러나 기강을 떨치는 방법은 재상이 권한을 장악하여 그것을 지켜 잃어버리지 않으며, 대간(臺諫 : 검찰의 임무를 맡은 내관과 왕의 잘못됨을 고하는 일을 맡은 사관을 이르는 말)은 잘 살펴 사사로운 바가 없게 하고, 임금은 또 공명정대한 마음으로 위에서 몸을 공손히 하여 백성들에게 밝게 임하기 때문입니다. 이렇게 하면 현자는 반드시 위에 있고, 불초한 자는 반드시 아래에 있으며, 공이 있는 자는 반드시 상을 받고, 죄있는 자는 반드시 형벌을 받아서 만사를 통솔함에 결함이 없게 되는 것입니다. 기강이 이미 진작되었으면 세상 사람들이 앞으로 각기 스스로 분발하고, 또 서로 권면하여 악을 버리고 선을 따르게 되어 대체로 내쫓거나 올려씀과, 상벌이 일일이 그 몸에 가해지지 않더라도 예의와 염치의 풍속이 크게 변할 것입니다. 지극히 공정한 도가 위에서 행해지지 않기 때문에 재상과 대간이 될 사람을 얻지 못하고, 사람을 내쫓거나 올려씀과 상벌함이 개인의 생각에서 흔히 나와 온 세상의 풍속이 마침내 다 쓰러지게 되어, 명문과 절의를 지키고 행실과 몸가짐을 바로 하는 것이 귀한 것을 알지 못하고, 오직 아첨하고 아양을 떨어 서로 교제를 잘 하려고 다투어 경쟁하는 데 힘을 써서, 그 중에 한 사람이라도 말과 행동을 단정하게 하는 이가 있으면 무리들이 비난하고 배척하여 반드시 이 세상에서 용납될 곳이 없게 한 뒤에야 그만두게 됩니다. 이렇게 되면 나라의 형세는 마치 기울어져 가는 집이나 한가지입니다. 겉모습은 화려하여 비록 외부의 변화는 깨닫지 못하나 내부의 재목은 이미 모두 좀먹고 썩어서 다시 지탱할 수 없는 것과 같습니다. 임금께서는 진실로 뜻을 결단하시어 그 마음을 깨끗이 씻고, 크게 경계하고 조심하여 크고 작은 신하들로 하여금 각각 그 직분을 들어 내치고 맞이함을 밝게 하시고 상벌을 신실하게 하지 않는다면 어떻게 이미 무너진 기강을 진작시키고 이미 무너진 풍속을 가다듬을 수 있겠습니까?"

관자(管子)는 말하기를, "예(禮), 의(義), 염(廉), 치(恥)를 사유(四維)라 한다. 이 사유가 베풀어지지 않으면 나라가 장차 멸망하게 된다" 하였으며, 가의(賈誼)는 일찍이 한나라 문제를 위하여 이 말을 외어 말하기를, "만약 관자를 어리석은 사람이라고 한다면 그만이지만 조금이라도 다스림의 본체를 안다고 인정해 준다면, 현재의 상태가 어찌 한심한 일이 아니겠습니까?" 하였으니, 이 두 사람의 말은 명백하고 절실하여 조금도 빈말이 아니므로 임금께서 유의하신다면 온 세상에 심히 다행스러울 것입니다."(주자의 전후 상소문은 당시의 폐단을 진술한 것이나 오늘날의 병통에도 꼭 들어맞는 까닭에 상세하게 기록하였습니다.)

이는 상벌을 공정하게 하는 것이 기강을 세우는 방법이라는 것을 말한 것입니다.

신이 살피건대, 기강이란 것은 국가의 원기(元氣)입니다. 기강이 세워지지 않으면 만사가 무너지게 되고, 원기가 견고하지 않으면 온몸의 뼈〔百骸〕

가 풀려 느즈러지게 됩니다. 오늘날 세상 일을 논의하는 사람들이 입을 열기만 하면 곧 기강을 마땅히 확립하여야 한다고 말하지만, 아직 그 요령이 있다는 말은 듣지 못하였습니다. 정치를 하는 데 기강을 잘 세울 수 있다는 것은, 학자가 의를 모아서 호연지기(浩然之氣)를 낳게 하는 것과 같습니다. 어찌 한 가지의 명령이 바른 것을 얻고, 한 가지의 일이 합당하게 들어맞았다고 하여 갑자기 그 효과를 보겠습니까? 대체로 위에서는 반드시 다스려야겠다는 뜻이 없고, 아래에서는 벼슬자리를 유지하려는 마음만 품고 있어서, 착한 이를 보고도 마땅히 등용하지 못하고, 악한 이를 보고도 확실히 물리치지 못하며, 공이 있는 사람에게 반드시 상을 주지 아니하고, 죄가 있는 자에게 반드시 형벌을 주지 아니하니 도학(道學)이 무너지고 끊기며 교화가 뒤집히고 풍속이 사라지게 됩니다. 오로지 권세와 이익으로만 치달리면서 혀끝으로만 간절하게 도를 말하고 기강을 확고히 세울 것을 주장한다면, 이것은 고질병에 걸린 사람이 입으로만 양약(良藥)을 말하면서 실지로는 목구멍으로 넘기지 않는 것과 마찬가지 아닙니까. 반드시 임금의 뜻을 먼저 정하여 학문을 닦고 몸을 성실히 하여 호령을 내리며, 일을 거행할 때는 순수하지 않음이 없이 한결같이 공평함이 지정한 도로부터 나와야 합니다. 그렇게 해서 많은 신하들이 임금의 마음을 바라보기를 마치 푸른 하늘의 태양처럼 할 수 있어야 합니다. 바라보고 느끼면서 일어나는 것이 있게 한 다음, 어진 이를 높이고 능한 이를 부리며 간사한 이를 물리치고 사악한 이를 제거하여, 실적을 조사하고 심사하여 상과 벌을 분명히 해야 합니다. 또한 일을 시행하고 조처하는 것이 천리에 따르고 인심에 합하지 않음이 없어서 크게 일세를 복종시킨다면, 기강이 진작되고 영이 엄히 행해져서 세상의 일이 모두 뜻대로 되지 않음이 없을 것입니다. 이것이 이제(二帝)·삼왕(三王)이 인심을 기꺼이 복종시키고 세도를 유지하여, 수백 년을 전하여도 단단하고 튼튼하여 허물어지지 않았던 까닭입니다. 오늘날 법도가 행해지지 아니하고 다스림이 이루어지지 않는 것은, 모두 기강이 확립되지 않은 데 그 원인이 있는 것이니, 바라건대 전하께서는 기강을 확실히 떨쳐 일으키소서.

〈주〉

*1 송대(宋代)의 행정 구획의 이름. 지금의 성(省)에 해당된다.

백성을 평안케 함에 대하여〔安民〕

신이 살피건대, 기강이 이미 확립되고 많은 신하들이 직무를 받든 다음에 정치 제도가 펼쳐지게 되어 백성이 은택을 입게 될 것이므로, 안민(安民)의 장을 다음에 두었습니다.

부열이 말하였다. "현명한 임금이 천도(天道)를 받들어서 나라를 세우고 도읍을 설치하여 천자와 제후를 세우고 대부(大夫)와 관료의 우두머리로서 받들게 한 것은 편하게 살기 위한 것이 아니라 오직 백성을 다스리기 위함입니다." 《서경》〈상서·열명〉

채씨가 말하였다. "후왕은 천자이며 군공은 제후이다. 어지러움을 다스리는 것〔治亂〕을 난이라 한다."

순이 우에게 명하여 말하였다. "사랑해야 할 대상은 임금이 아니던가? 두려워해야 할 대상은 백성이 아니던가? 백성은 임금이 아니면 누구를 떠받들며, 임금은 백성이 아니면 함께 나라를 지킬 자가 누구인가. 조심하여 너의 직무 수행을 신중히 해서 삼가 바랄 만한 것을 닦도록 하라. 온 나라가 곤궁하면 녹이 영영 끊어지게 되리라." 《서경》〈우서·대우모〉

채씨가 말하였다. "바랄 만한 것이란 맹자가 말한 바 바람직한 것〔可欲〕이란 말과 같은 것이다. 바랄 만한 것은 모두 선한 것이다. 임금은 마땅히 자기가 차지하고 있는 위치를 삼가고, 그 바랄 만한 것을 닦아야 하는 것이다. 진실로 털끝만한 선하지 못한 것이 마음에서 생겨나 정치를 해치게 되면 백성 중에 안정을 누리지 못하는 사람이 많게 될 것이다. 온 나라의 백성이 곤궁한 지경에 이르게 되면 임금의 녹봉이 일체 끊어져서 다시 계속되지 못할 것이다. 어찌 깊이 두려워하지 않을 수 있겠는가? 이것은 안위와 존망에 대한 훈계를 극단적으로 말하여 깊이 그것을 경계한 것이다. 비록 그 공덕이 성대하여 반드시 여기에 이르지 않을 것을 알지만 그래도 오히려 전전긍긍하여 감히 안일하게 기뻐하지 않고, 털끝만한 사이에서도 그것을 삼가니, 이것이 바로 성인의 마음이 되는 까닭인 것이다."

오자지가(五子之歌)에 이르기를, "위대한 조상의 가르침이 있으니, 백성은 가까이할 수는 있어도 멀리 할 수는 없다. 백성은 나라의 근본이니 근본이 견고해야 나라가 편안하리라" 하였다. 《서경》〈하서·오자지가(五子之歌)〉

채씨가 말하였다. "이것은 우(禹)의 가르침이다. 임금과 백성은 그 세력으로 말한다면 높고 낮음의 분수가 하늘과 땅처럼 같지 않으며, 그 실정으로 말한다면 서로를 기다려서 편안해질 수 있는 것이, 마치 신체의 각 부분이 서로 도움으로써 살아가는 것과 같다. 그러므로 세력이 멀어지면 떨어지고, 정이 친밀하면 합쳐지는 것이니, 그것이 친한 까닭에 가깝다고 한 것이요, 그것이 소원한 까닭에 멀리 한다고 한 것이다. 백성은 친할 수는 있어도 멀리 할 수는 없다는 것을 말한 것이다. 백성이란 국가의 근본이다. 근본이 견고한 후에 국가가 안정되는 것이요, 근본이 견고하지 못하다면 비록 그 힘의 강대함이 진나라와 같고, 부유함이 수(隋)나라와 같다 하더라도 끝내는 역시 멸망할 뿐인 것이다."

이는 임금과 백성이 서로를 필요로 하는 도리를 말한 것입니다.

목왕(穆王)이 말하였다. "여름에 덥고 비가 올 때도 백성들은 원망하고, 겨울이 되어 매우 추울 때도 백성들은 원망하니, 어렵지 않은가? 그 어려움을 생각해서 살기 쉬운 것을 도모해야만 백성이 편안해질 수 있다."
《서경》〈주서·군아(君牙)〉 목왕이 군아를 대사도(大司徒)에 임명하면서 한 말임

채씨가 말하였다. "기(祁)는 크다는 뜻이다. 덥고 비가 오거나 큰 추위에 백성이 원망한다는 것은 그 생업이 어렵게 될 것을 상심한 것에서 나온 것이다. '그 어렵지 않은가'라는 것은 백성들을 대하기는 진실로 어렵다는 것을 탄식한 것이다. 그 어려움을 생각하여 그 쉬운 것을 도모하면 백성은 편안해질 것이다."

강고(康誥)에 이르기를, "어린아이를 보호하듯 하라" 하였으니(강고의 말은 여기에서 그침), 마음이 진실로 그것을 구한다면 비록 들어맞지 않는다 하더라도 멀지는 않을 것이다. 아직까지 자식을 기르는 법을 먼저 배우고 나서 시집가는 사람은 없다." 《대학》

삼산 진씨(三山陳氏)가 말하였다. "어린아이는 바라는 것은 있어도 스스로 말을 할 수가 없다. 자애로운 어머니만이 아기가 바라는 것을 알 수 있다. 비록 들어맞지 않더라도 그리 크게 어긋나지 않다는 것은, 사랑이 정성〔誠〕에서 나오면 상대와 자기의 간격이 없어지고 마음으로 그것을 구할 것이므로 배우기를 기다리지 않고도 능해질 것이다."

장자는 말하였다. "대개 임금과 재상은 온 세상의 부모의 자격으로 왕도(王道)를 행하면서 백성에게 부모의 마음을 미루어 나갈 수 없다면 왕도라 할 수 있겠는가? 이른바 부모의 마음이라는 것은 비단 말에만 드러날 뿐만 아니라 반드시 온 세상의 백성을 자기의 자식을 보듯 해야 하는 것이다. 그리고 설령 온 세상의 백성들을 모두 자기의 자식처럼 여긴다 하더라도 그들을 다스리는 방법은 반드시 진나라와 한나라처럼 은혜가 없어도 안 되며 오패〔五伯〕가 명분을 빌려서 하던 것처럼 해서도 안 되는 것이다."

맹자가 말하였다. "늙어서 아내가 없는 사람을 환(鰥)이라 하고, 늙어서 남편이 없는 사람을 과(寡)라고 하며, 늙어서 자식이 없는 사람을 독(獨)이라 하고, 어려서 아버지가 없는 사람을 고(孤)라고 한다. 이 네 가지 부류의 사람들은 세상에서 가장 곤궁한 자들로서 호소할 데도 없는 사람들이다. 문왕은 명령을 내려 인정을 베풀 때에 반드시 이 네 가지 부류의 사람들을 먼저 돌보았던 것이다. 《시경》에 이르기를, '부자들이야 괜찮지만 이 외로운 사람들이 불쌍하구나'라고 하였다." 《맹자》

주자가 말하였다. "선왕이 백성을 기르는 정책은 그들의 처자를 잘 인도하여 그들로 하여금 늙은이를 봉양하게 하고, 어린이를 사랑하게 하는 것이다. 그러나 백성들 중에 불행히도 환·과·고·독의 처지가 되어 부모와 처자의 양육을 받지 못하는 사람이 있으면 더욱 불쌍히 여기는 까닭에, 반드시 이들을 먼저 돌보았던 것이다. 시(詩)는 《시경》 '소아'의 정월(正月)편이다. 가(哿)는 괜찮다는 가(可)와 같은 뜻이며, 경(煢)은 괴롭고 근심스런 모습이다."

정자가 말하였다. "지극히 어질면 천지는 한몸이 되고, 천지 사이의 만 가지 형태의 사물은 팔다리와 온몸 각 부분이 되는 것이다. 사람이 자기 팔다리와 온몸을 보고서도 어찌 사랑하지 않을 수 있겠는가? 의서(醫書)에 손발이 중풍으로 인해 마비된 것을 '사체불인(四體不仁)'이라고 했는데, 이것은 그 아픈 것이 마음에 관련되지 않기 때문인 것이다. 도대체 손발은 나에게 있는데 아픈 것을 알지 못하니 불인이 아니고 무엇이겠는가? 잔인한 마음을 가지고 은혜를 베풀지 않는 사람은 이와 같이 자신을 버리는 것이다."*1

이는 백성을 사랑하는 도리를 말한 것입니다.

소공(召公)이 성왕(成王)에게 고하였다. "왕은 어서 덕을 일심으로 닦으소서. 크게 백성을 조화롭게 하여 현재의 큰 아름다움이 되게 하소서. 왕은 감히 미루지 말고 백성들을 두렵게 여기소서."　　《서경》〈주서·소고(召誥)〉

채씨가 말하였다. "함(諴)은 조화라는 뜻이요, 암(嵒)은 험하다는 뜻이다. 왕이 크게 백성을 조화롭게 하는 것이 오늘날의 큰 아름다움이 아니겠는가? 백성은 비록 지극히 미미하나 지극히 두려워해야 할 것이니, 왕은 마땅히 덕을 일심으로 닦기를 게을리 말고 백성들을 두렵게 여겨야만 하는 것이다."

오자지가(五子之歌)에서 말하였다. "아무리 어리석은 남자, 어리석은 여자라도 모두 나보다는 나을 것이다. 내가 만백성을 대하고 보니 위태롭고 두려워 마치 썩은 새끼줄로 여섯 마리의 말을 모는 것 같도다. 남의 위에 있는 사람이 어찌 공경하지 않겠는가?"　　《서경》〈하서·오자지가〉

채씨가 말하였다. "임금이 인심을 잃으면 외로운 사나이가 된다. 외로운 사나이가 되면 어리석은 남자, 어리석은 여자도 나를 이길 것이다. 썩은 새끼는 끊어지기 쉬워 말을 몰 수가 없다. 이것은, 그것이 위태로워 매우 두려워해야 한다는 것을 비유한 것이다."

맥구(麥丘) 읍의 한 사람이 제나라 환공에게 축원하기를 "임금께서는 신하들과 백성들에게 죄를 짓지 마옵소서" 하니, 환공이 화를 버럭 내면서 말하기를, "나는 자식이 아버지에게 죄를 짓고, 신하가 임금에게 죄를 지었다는 말은 들었어도 임금이 신하에게 죄를 지었다는 말은 듣지 못하였노라" 하였다. 그러니까 맥구의 사나이가 절하고 일어나 하는 말이 "아들이 아버지에게 죄를 지으면 고모나 자매나 숙부를 통하여 이해를 시키면 아버지가 그 죄를 용서해 줄 수 있고, 신하가 임금에게 죄를 지으면 좌우의 근신(近臣)들과 총애받는 이들을 통하여 사죄하면 임금이 그 죄를 용서해 줄 수 있을 것입니다. 그러나 옛날 걸이 탕에게 죄를 짓고, 주(紂)가 무왕에게 죄를 지었으니, 이것은 임금이 신하에게 죄를 지은 것이어서 사죄하여 줄 사람이 없어 지금까지 죄를 짓고 있습니다" 하였다. 그러자 환공이 말하기를 "참으로 옳은 말이로다" 하고는 그를 맥구의 땅에 봉(封)하였다.

이는 백성을 두려워하는 도리를 말한 것입니다.

충(忠)과 서(恕)는 도(道)에서 거리가 멀지 않다. 나에게 베풀어지기를 원하지 않는 것은 남에게도 베풀지 말라. 《중용》

주자가 말하였다. "나의 마음을 다하는 것이 충이요, 나를 미루어 남에게 미치는 것이 서이다. 위(違)는 거리이니, 여기에서부터 저기에 이르기까지 서로 간의 거리가 멀지 않다는 말이다. 나의 마음으로 남의 마음을 헤아려 보면 같지 않은 것이 없다. 그러므로 내가 바라지 않는 것은 곧 남에게 베풀지 말라는 것이다. 장자가 '나를 사랑하는 마음으로 남을 사랑하면 인(仁)을 다하는 것이다'라고 한 말이 바로 이것이다."

윗사람이 늙은이를 늙은이로 섬기면 백성들이 효(孝)를 일으키고, 윗사람이 어른을 어른으로 받들면 백성들이 공경을 일으키며, 윗사람이 외로운 이들을 불쌍히 여기면 백성들이 배반하지 않는다. 이 때문에 군자에게는 남의 처지를 살피는 혈구(絜矩 : 자기의 처지를 미루어 남의 처지를 앎을 이르는 말)의 도가 있다. 《대학》 아래도 같음

주자가 말하였다. "늙은이를 늙은이로 섬긴다는 것은 이른바 내 집 늙은이를 늙은이로 섬긴다는 말이다. 흥(興)이란 느낌에 반응하여 선뜻 일어나는 것을 말하는 것이다. 혈(絜)은 헤아린다는 뜻이요, 구(矩)는 그것으로써 모난 것을 만드는 것이다(구란 모난 물건을 만드는 기구로 속칭 곡척(曲尺)이라고 함). 이 세 가지는 위에서 행하면 아래에서 본받는 것이 그림자나 메아리처럼 빨라서 여기에서 인심의 같은 것을 알 수 있다. 그러나 한 사람이라도 안정을 얻지 못하게 해서는 안 된다. 따라서 군자는 반드시 같은 것(같은 것이란 마음이니, 마음이 곧 구임)을 미루어 남(物)을 헤아려 상대와 나 사이에 각 기분에 맞는 소원을 얻게 하면 상하와 사방이 가지런해지고 반듯하여져서 세상이 평화롭게 될 것이다."

윗사람에게서 싫었던 것으로써 아랫사람을 부리지 말고, 아랫사람에게 싫었던 것으로써 윗사람을 섬기지 말며, 앞사람에게서 싫었던 것으로써 뒷사람에게 먼저 하지 말고, 뒷사람에게서 싫었던 것으로써 앞사람을 따르지 말며, 오른쪽 사람에게서 싫었던 것으로써 왼쪽 사람에게 건네지 말고, 왼쪽 사람에게서 싫었던 것으로써 오른쪽 사람에게 건네지 말라. 이것을 혈구(絜矩)의 도라고 한다.

주자가 말하였다. "이것은 윗글의 혈구라는 두 글자의 뜻을 거듭 풀이한 것이다. 만약 윗사람이 나에게 무례하게 대하는 것을 원치 않는다면 반드시 이것으로써 아랫사람의 마음을 헤아려 역시 이 무례함으로써 부리지 말 것이요, 아랫사람이 나에게 불충한 것을 원치 않는다면 반드시 이것으로써 윗사람의 마음을 헤아려 또한 이 불충함으로 섬기지 말 것이다. 전후 좌우에 이르기까지 다 이와 같이 하지 않는다면 몸이 처한 상하와 사방, 길고 짧음과 넓고 좁음에 대해 피차간에 한결같게 되어 반듯하지 않음이 없을 것이다.

상대들도 다같이 그런 마음을 가지고 일어나는데 어찌 한 사람인들 안정을 얻지 못함이 있을 수 있겠는가? 잡은 도는 간략하나, 그것이 미치는 바는 넓으니, 이것이 온 세상을 편안하게 하는 중요한 길이다."

맹자가 말하였다. "백성들의 기쁨을 즐긴다면 백성들 역시 그 임금의 기쁨을 즐기고, 백성들의 근심을 걱정한다면 백성들 역시 그 임금의 근심을 걱정한다. 그러므로 세상 사람들의 기쁨을 즐기고, 세상 사람들의 근심을 걱정하여야 할 것이니, 이렇게 하고도 왕노릇을 하지 못한 이는 없었다."

걸(桀)과 주(紂)가 온 세상을 잃은 것은 그 백성을 잃은 것이고, 그 백성을 잃은 것은 그 민심을 잃은 것이다. 온 세상을 얻는 데는 도리가 있으니, 그 백성을 얻으면 곧 온 세상을 얻게 된다. 그 백성을 얻는 데도 도리가 있으니 그 민심을 얻으면 곧 백성을 얻게 된다. 그 민심을 얻는데 도리가 있으니, 백성이 바라는 것을 거두어 주고 싫어하는 것을 하지 않는 것이다.

《맹자》 아래도 같음

주자가 말하였다. "백성들이 바라는 것을 다 이루어 주기를 마치 거두어 들이는 것처럼 말하지만, 그러나 백성이 싫어하는 것은 그들에게 베풀지 않는 것이다."

조조(鼂錯)가 말하였다. "삼왕(三王) 때에는 신하와 임금이 모두 현명하였기 때문에 함께 계획을 세우고 서로 도왔다. 세상을 편안하게 하기 위한 계책은 하나도 사람의 감정에 근본을 두지 않은 것이 없었다. 오래 살기를 원하는 것이 모든 이의 바람이므로 삼왕은 이들을 살게 하되 해치지 않았으며, 생활이 넉넉하기를 바라는 것이 사람의 감정이기에 삼왕은 이들을 후하게 하여 곤궁하지 않게 하였으며, 편안하기를 바라는 것이 사람의 감정이므로 삼왕은 이들을 돕고 보호하여 위태롭지 않게 하였으며, 안일하기를 원하는 것이 사람의 감정이므로 삼왕은 그들의 힘을 절약해 다하지 않게 하였다. 그리고 법령을 만들어서는 사람의 감정에 합당하여야만 행하고, 대중을 동원하고 백성을 부리는 데는 인사에 근본을 둔 것이어야만 그것을 행하였다. 그러므로 온 세상이 그 정치를 즐거워하고 그의 덕으로 돌아가서, 바라보기를 마치 그 부모와 같이 하고, 그를 따르기를 마치 흐르는 물과 같이 하였다."

편안하게 해 주려는 방법으로 백성을 부린다면 비록 힘들더라도 원망하지 아니하고, 살리려는 방법으로 백성을 죽인다면 비록 죽더라도 죽인 자를 원망하지 않는다.

정자가 말하였다. "편안하게 해 주려는 방법으로 백성을 부린다는 것은 본래 편안하게 해 주려는 것을 말하는 것이다. 씨앗을 뿌리고 지붕을 손질하는 것 등이 그런 일이다. 살리려는 방법으로 백성을 죽인다는 것은 본래의 목적을 살리려는 것이라는 것을 말한 것이다. 해가 되는 것을 없애고 악을 제거하는 것 등이 이것이다. 대개 부득이하여 마땅히 해야 할 것을 행한다면, 비록 백성들의 욕망에 거슬린다 할지라도 백성들은 원망하지 않는다. 그렇지 않으면 이와 반대이다."

이는 혈구의 도를 말한 것입니다.

주공이 말하였다. "아! 군자는 편안함이 없는 곳을 처소로 삼는 것이니, 먼저 농사의 어려움을 알고 이 마음으로써 안일한 임금의 자리에 거처해야만 소인이 의지하는 것을 알 것이다."　　　《서경》〈주서·무일〉 아래도 같음

채씨가 말하였다. "소(所)는 처소와 같다. 군자가 편안함이 없는 곳을 자기의 처소로 삼는다는 것은 움직이거나 가만히 있거나 먹거나 숨쉬거나 항상 여기에 있어야 한다. 만약 그만두는 때가 있다면 이른바 처소로 삼은 것이 아니다. 먼저 농사의 어려움을 알고 난 뒤에 편안함에 거처한다는 것은 부지런히 힘쓰는 마음을 가지고 편안한 자리에 있어야 한다는 뜻이다. 의지한다는 것은 농사짓는 일을 가리켜 한 말이니, 소인이 믿고 살아가는 것이다. 사민(四民)[2]의 일 가운데, 농사짓는 일보다 더 수고로운 것은 없고, 백성의 공적 가운데 농사짓는 것보다 더 큰 것은 없다. 주공이 안일함에 빠지

지 말라는 훈계를 말하면서 맨 먼저 이것을 언급한 것은 그만한 까닭이 있기 때문이다."

문왕은 감히 유람과 사냥을 즐기지 않음으로써 제후로부터 정당한 공납만 받았습니다.

채씨가 말하였다. "놀이하고 사냥하는 데는 나라에 일정한 법이 있다. 문왕은 감히 즐겁게 돌아다니며 노는 것을 법도가 없게 하지 아니하여, 위에서 함부로 낭비하지 아니하였으므로 아래에서 지나치게 거둬들이는 것이 없었다. 그래서 제후국들에 대해서 반드시 정당한 공납만을 바치게 하였는데, 이는 정당한 공물을 규정된 액수로 받는 이외에 함부로 거둬들이지 않았다는 것이다."

애공(哀公)이 유약(有若)에게 물었다. "흉년이 들어 비용이 부족하니 어떻게 하면 좋겠는가?" 《논어》 아래도 같음

주자가 말하였다. "비용은 나라의 예산을 말한다. 애공의 뜻은 대개 세금을 더 많이 받아 국가 예산을 풍족하게 하려는 것이다."

유약이 대답하였다. "어찌 철법(徹法)을 쓰지 않으십니까?"

주자가 말하였다. "철(徹)은 통(通)한다는 뜻이요, 고르다〔均〕는 뜻이다. 주나라 제도에는 한 농부가 백묘(百畝)의 밭을 갈아 도랑과 정전(井田)을 같이하는 사람과 함께 힘을 합쳐 농사를 지어서 묘를 계산하여 고르게 거두었다. 그때 백성은 대개 아홉을 얻고 관청에서는 하나를 받는 까닭에 이것을 철법이라고 한다. 노(魯)나라에서는 선공 때부터 묘에 대한 세금을 받고, 또 그 위에 묘마다 $\frac{1}{10}$을 취하였으니 결국은 $\frac{2}{10}$를 취하는 것이 되었다. 그러므로 유약이 다만 오직 철법을 시행하여 애공이 절약함으로써 백성에게 후하게 대하기를 바랐던 것이다."

애공이 말하였다. "$\frac{2}{10}$를 받아도 나에게 오히려 부족하거늘 어떻게 철법을 쓰겠는가?"

주자가 말하였다. "2는 $\frac{2}{10}$를 말한다. 애공은 유약이 자기의 뜻을 깨닫지 못했다고 여겼기 때문에 이렇게 말함으로써 세금을 더 받을 뜻을 보인 것이다."

유약이 대답하였다. "백성이 풍족하다면 임금이 누구와 더불어 부족할 것이며, 백성이 부족하다면 임금이 누구와 풍족을 함께 하겠습니까?"

주자가 말하였다. "백성이 넉넉하면 임금만 홀로 가난하게 되지 않을 것이며, 백성이 가난하다면 임금만 홀로 넉넉할 수 없을 것이다. 유약은 임금과 백성이 일체라는 뜻을 깊이 말하여 애공이 지나치게 거두어들이려는 것을 저지시켰으니, 남의 윗사람이 된 자는 마땅히 깊이 생각하여야 할 것이다."

경원 보씨(慶源輔氏)가 말하였다. "애공이 세금을 더 거두려고 한 것은 오직 말단적인 이익만을 도모하는 것이다. 유약이 철법을 쓰려고 한 것은 근본으로 돌아가기 위한 의론이다. 사사로운 뜻으로 눈앞만 보면 근본으로 돌아가려는 의론은 비현실적인 것으로 여겨질 것이요, 말단적인 이익을 도모하면 하루아침에 효과를 보는 것은 있을 것이다. 그러나 이치에 따라 긴 입장에서 본다면 하루아침의 효과는 다만 뒷날의 근심만 더할 뿐이고, 근본으로 돌아가는 의론은 실로 오래 갈 수 있는 이익이 된다. 말류(末流)의 폐단은 더욱 말단적인 것만을 구하여 패망하는 데까지 이르지 않고서는 그만두지 않는다. 이것은 예나 지금이나 한결같은 것이다."

정씨(鄭氏)가 말하였다. "백성들의 재물은 곧 임금의 재물이요, 백성들의 힘은 곧 임금의 힘이다. 수레와 말은 다 백성이 생산하는 것이요, 곡식은 다 백성이 바치는 것이며, 힘으로써 부역하는 것 역시 다 백성이 하는 것이므로, 세금을 거두어들이는 것을 관대하게 할 수 있다면 백성들은 그 생명을 온전히 할 수 있어 힘을 내어 관청과 윗사람에게 이바지하는 사람이 반드시 많을 것이다. 그러니 어찌 그 부족한 것을 근심하겠는가? 그렇게 하지 않으면 가정은 흩어지고 밭과 들은 황무지가 될 것이다. 그러면 임금은 어디에서 비용을 조달하여 넉넉하게 하겠는가."

대영지(戴盈之)가 말하였다. "$\frac{1}{10}$세를 실시하고 관세와 시장세의 징수를 폐지하는 것은 지금은 능히 시행할 수 없습니다. 청하건대 조금 낮추는 정도로 했다가 내년까지 기다린 뒤에 그만두는 것이 어떻겠습니까?"

《맹자》 아래도 같음

주자가 말하였다. "영지(盈之)는 송나라의 대부이다. $\frac{1}{10}$세는 정전법(井田法)이다. 관세와 시장세는 상인들에게 부과하는 세금이다. 이(已)는 폐지한다는 뜻이다."

맹자가 대답하였다. "지금 어떤 사람이 날마다 그 이웃의 닭을 훔치고 있다. 어떤 사람이 그에게 말하기를, '그것은 군자가 할 짓이 아니다' 하니, 말하기를, '그러면 그것을 줄여 한 달에 닭 한 마리씩 훔치다가 내년에 가서 그만두겠다'라 한 것과 같은 것이다. 만약에 그것이 옳지 않다는 것을 알았으면 당장에 빨리 그만둘 것이지 어찌 내년까지 기다린단 말인가."

주자가 말하였다. "양(攘)이란 사물이 저절로 이쪽으로 온 것을 취하는 것이요, 손(損)은 줄임〔減〕을 뜻한다. 의리에 가당치 않음을 알고도 빨리 고치지 못하는 것은 한 달에 닭 한 마리씩 훔치는 것과 무엇이 다르겠는가?"

남헌 장씨가 말하였다. "군자가 옳지 않음을 멀리하기를 마치 고약한 냄새를 싫어하는 것같이 하며, 옳지 않음을 감히 가까이하지 아니하기를 마치 끓는 물에 손을 넣는 것같이 하며, 감히 잠깐이라도 편히 여기지 아니하기를 마치 진흙탕 위에 앉아 있는 것같이 하여야 한다. 그리고 옳은 길로 옮겨 감을, 마치 목마르고 배고픈 자가 음식을 대하는 것같이 하여야 한다. 이는 대개 그것을 밝게 알고 용기있게 결단하여, 만약 이와 같이 하지 않는다면 스스로 불의에서 빠져 나와 스스로를 새롭게 할 수 없다고 여겼기 때문이다. 선비가 개과천선(改過遷善)할 즈음에 그의 몸가짐이 대영지의 말과 같다면 종신토록 잘못 속에 빠져 있을 것이다. 신하가 나라일을 꾀하여 폐단을 개혁하고 옛날을 돌이키는 일에서 대영지의 말과 같이 한다면 끝내 습관에 젖어 구차한 지경에 빠지고 말 것이다. 그러므로 수신(修身)으로부터 치국(治國)에 이르기까지 지(知)·인(仁)·용(勇)의 세 가지 덕 중에 하나라도 빠져서는 안 된다. 지로써 이것을 알고, 인으로써 이것을 행하며, 용으로써 이것을 결단하는 것이니 가히 힘쓰지 않을 수 있겠는가?"

이는 세금을 가볍게 하는 도리를 말한 것입니다.

왕자의 제도〔王制〕편에 이르기를, "백성의 노동력을 쓰는 일은 일 년에 3일을 넘기지 못한다" 하였다. 《예기》

진씨(陳氏)가 말하였다. "백성의 노동력을 쓴다는 것은 성곽을 쌓고, 도로와 도랑을 만들고 궁실을 짓는 일 같은 것들이다. 《주례(周禮)》에 의하면 풍년에는 3일, 보통해에는 2일, 흉년에는 1일뿐이다. 전쟁 때에는 이 제도에 구애되지 않았다."

흉년이나 전염병이 유행하는 때에는 부역(賦役)도 없고 공물과 세금도 없다. 《주례》

정씨가 말하였다. "부역을 없앤 것은 그 노고를 가엾게 여기는 것이다. 공물과 세금을 없앤 것은 그 곤궁한 것을 가엾게 여기는 것이다(역정(力政)은 부역으로 대신하는 세금임)."

재물이 다하면 원망〔怨〕하고 힘이 다하면 원망〔懟〕한다.
《춘추곡량전(春秋穀梁傳)》

진씨(眞氏)가 말하였다. "이것은 백성들의 일반적 감정(常情)이다. 그러므로 훌륭한 임금들은 공물과 세금을 경감하여 그 재물을 탕진하지 아니하였고, 부역을 적게 하여 그 힘을 다하게 하지 않았다."

장공(莊公) 9년, 겨울에 수수(洙水 : 洙水의 지류)를 파서 깊게 하였다.

《춘추》의 경문임

호씨가 말하였다. "나라를 견고하게 하는 일에는 백성을 보존하는 것을 근본으로 삼는다. 백성의 노동력을 쓰는 것을 가벼이 여겨 함부로 큰 일을 일으켰다가 나라의 근본이 한번 흔들리면, 비록 긴 강이나 큰 냇물이 있어 경계를 이루어 그 봉역(封域)이 동정호(洞庭湖)와 팽려(彭蠡), 그리고 하수(河水)와 한수(漢水)처럼 험고하다 하더라도 오히려 의지할 수 없는데, 하물며 수수이겠는가? 수수를 파서 깊게 하였다는 것을 기록한 것은, 백성을 괴롭혀서 국가를 지키는 말단적인 방법에 힘썼으니 근본을 알지 못한 것임을 보여 주어 뒷사람의 경계로 삼은 것이다."

이는 부역을 가볍게 하는 도를 말한 것입니다.

《주역》에서 말하였다. "못 위에 바람이 있는 것이 중부(中孚) 괘이다. 군자는 이를 본받아 옥사(獄事)를 심리하여 죽음을 늦추어 준다."

〈중부괘·상사〉

정자가 말하였다. "못 위에 바람이 있으면, 물의 본체는 허(虛)한 까닭에 사물이 능히 감동시킬 수 있다. 바람이 못을 움직이는 것은 사물이 마음 속을 감동시키는 것과 같으므로, 중부의 상징으로 삼은 것이다. 군자가 옥사를 심리하는 데는 그 마음을 다할 뿐이요, 죽음을 판결할 때에는 끝까지 측은한 마음을 극진히 가지고 할 뿐이다. 온 세상의 일에 그 마음을 다하지 않는 것은 없으나, 옥사를 심리함에서 죽음을 늦추어 주는 것은 그 중에서 가장 큰 것이다."

순임금이 말하였다. "고요(皐陶)야, 이제 신하와 백성 가운데 나의 정령을 범하지 않는 것은 네가 사사(士師 : 송사를 맡은 관리)였기 때문이다. 다섯 가지 형벌을 밝혀서 다섯 가지 가르침에 도움이 되게 하여 나의 정치가 이루어지게 하였고, 형벌을 적용하되 앞으로 형벌이 없어지도록 하는 것을 목표로 함으로써 백성들이 중도에 합하게 되도록 한 것은 너의 공(功)이니 계속 힘쓰도록 하라." 《서경》〈우서·대우모〉 아래도 같음

채씨가 말하였다. "간(干)은 범한다는 뜻이요, 정(正)은 정령이며, 필(弼)은 돕는다는 뜻이다. 성인의 정치는 덕으로써 백성을 교화하는 것을 근본으로 삼는 것이며, 형벌은 다만 그 미치지 못하는 것을 도울 뿐이다. 기(期)라는 것은 일에 앞서서 반드시 기약함이 있는 것을 일컫는다. 백성들이 다 중도에 합할 수 있으면 형벌은 과연 쓸 곳이 없게 될 것이다. 무(懋)는 힘쓴다는 뜻이니, 순이 고요의 아름다움을 칭찬하여 이를 권면한 것이다."

고요가 말하였다. "임금님의 덕에는 허물이 없어서 아래의 신하들을 편히 대하시고 백성을 너그러움으로 부리시며, 형벌은 자손에게까지 미치지 않고 상은 후손에게 대대로 미치게 하였으며, 모르고 지은 죄는 크더라도 용서하시고, 고의로 저지른 죄는 작아도 처벌하셨으며, 죄의 가볍고 무거운 것을 잘 모를 때는 가벼운 쪽을 택하시고, 공의 가볍고 무거운 것을 잘 모를 때는 무거운 쪽을 택하셨습니다. 무고한 사람을 죽이는 것보다는 차라리 법 적용을 잘못하는 실수가 더 낫다고 여기셨습니다. 이처럼 살리기를 좋아하는 덕이 백성의 마음을 흠뻑 적셨기 때문에 백성들은 유사(有司)의 법도를 범하지 아니하였습니다."

채씨가 말하였다. "자식은 친근하고, 후손은 멀다. 죄는 부자간에 서로 이어지지 않고 상은 멀리 후세까지 이어지게 하였다. 이와 같이 착한 것을 좋아함은 길고, 악한 것을 미워함은 짧은 것이다. 과(過)는 알지 못하고 잘못하여 죄를 범한 것이요, 고(故)는 알면서 고의로 저지른 범행이다. 모르고 저지른 죄는 비록 크더라도 반드시 용서해 주고, 고의로 저지른 범행은 비록 작더라도 반드시 형벌을 주었다. 죄의 적용이 의심스러워 무겁게 할 수도 있

고 가볍게 할 수도 있는 경우라면 가벼운 것에 따라 그것을 벌하며, 공(功)의 해당이 의심스러워 가볍게 할 수도 있고 무겁게 할 수도 있는 경우라면 무거운 것에 따라 상을 주었다. 경(經)은 일정한 법도이다. 법도에 따라 죽일 수도 있고 죽이지 않을 수도 있다면, 그를 죽여서 그의 생명을 해치기보다는 차라리 살려서, 스스로 형벌을 잘못 적용하였다는 책임을 지는 것이 낫다는 것을 말한 것이다. 이는 지극히 인애(仁愛)하고 충후(忠厚)한 것으로서 모두가 이른바 '살리기를 좋아하는 덕'인 것이다. 대개 성인의 법은 한계가 있으나 마음은 무궁한 까닭에 그 형벌을 적용하고 상을 줄 때 혹시 의심스러운 것이 있으면 항상 법을 굽히고 은혜를 펴서 법을 지키려는 뜻이, 살리기를 좋아하는 덕을 능가할 수 없도록 한 것이다. 이것은 그 본심이 막힌 것이 없어서 정해진 법 밖에서 행할 수 있기 때문이다. 그 본심이 점점 넘치고 불어나서 민심 속에 점점 젖어들고 스며들면 천하 사람들이 애모하고 기뻐하여 선에서 일어나 스스로 유사의 법도를 범하지 않게 된다. 고요는 순이 자기의 공을 찬미한 까닭에 이것을 말하여 공을 순에게로 돌린 것이다."

계강자가 공자에게 정치에 관해 물었다. "무도한 자들을 죽여 사람들로 하여금 도가 있는 데로 나아가게 한다면 어떻겠습니까?" 공자가 대답하였다. "그대가 정치를 하면서 어찌 살인의 방법을 쓰려 하는가? 그대가 선을 원한다면 백성들은 선해질 것이다. 군자의 덕은 바람과 같고, 백성의 덕은 풀과 같아서, 풀 위로 바람이 지나가면 풀은 반드시 쓰러지게 된다."

《논어》

주자가 말하였다. "정치를 하는 사람은 백성들이 보고 본받는 대상인데 어찌 죽이는 일을 함부로 하겠는가? 정치를 하는 사람이 선을 원하면 백성들은 선해질 것이다. 상(上)은 한편으로 상(尙)이라고도 쓰는데 더한다는 뜻이요, 언(偃)은 쓰러진다는 뜻이다."

윤씨가 말하였다. "죽인다는 말이 어찌 남의 위에 있는 사람의 말이 되겠는가? 몸소 실천함으로써 가르치면 복종하고, 말로써만 가르치면 송사(訟事 : 숑)를 일으키는 것인데, 하물며 죽이는 것으로 가르칠 수 있겠는가?"

맹씨가 양부(陽膚)에게 사사(士師 : 재판관)를 시키자 양부가 증자에게 어떻게 할 것인가를 물었다. 증자가 말하였다. "웃자리에 있는 사람이 바른 도를 잃어 백성들이 흩어진 지가 오래 되었다. 만일 그들이 죄를 범하게 된 실정을 알게 되거든 슬퍼하고 불쌍히 여기되 기뻐하지 말라."

주자가 말하였다. "백성이 흩어졌다는 것은 감정과 의리가 어그러지고 떨어져서 서로 단결되지 않는 것을 말하는 것이다."

사씨(謝氏)가 말하였다. "백성들의 마음이 흩어지는 것은 부리는 데 도리가 없고 평소에 가르치지 않았기 때문이다. 그러므로 그들이 법을 범한 것은, 부득이해서 그런 것이 아니라면, 알지 못하는 탓으로 죄에 빠지게 된 것일 것이다. 그러므로 그 실정을 알게 된다면 슬퍼하고 불쌍히 여기되 기뻐하지 말라는 것이다."

면재 황씨(勉齋黃氏)가 말하였다. "죄를 범한 실정을 알게 되었다고 기뻐하면 너무 각박한 뜻이 법 밖으로 넘치게 되고, 죄를 범한 실정을 알게 되어 불쌍하게 여기면 차마 못하는 마음이 항상 법 안에서 작용하게 된다. 어진 사람의 말은 대개 이와 같다."

이는 형벌을 신중히 하는 도를 말한 것입니다.

신이 살피건대, 세금을 적게 하는 것, 부역을 가볍게 하는 것, 형벌을 신중히 하는 것, 이 세 가지는 백성을 편하게 하는 큰 요령입니다. 반드시 의(義)와 이(利)를 분별하고, 재물을 아껴쓰며, 백성에게 일정한 생계 대책이 있게 하고, 군정(軍政)을 밝게 닦아야만 백성을 편안하게 하는 도가 다 갖추어질 수 있습니다. 그러므로 아래 글에서는 이것으로써 순서를 삼았습니다.

정의가 이익을 이기면 치세(治世)가 되고, 이익이 정의를 이기면 어지러운 세상이 된다. 임금이 정의를 중하게 여기면 정의가 이익을 이기고, 임금이 이익을 중히 여기면 이익이 정의를 이긴다. 그러므로 천자는 많고 적은 것을 말하지 않고, 제후는 이해를 말하지 않으며, 대부는 득실(得失)을 말하지 않고, 선비는 재화를 늘리지 아니한다. 이것은 모두 이익을 부끄럽게 여겨 백성과 더불어 산업을 다투지 아니하며, 나누어 베풀어 주는 것을 즐거워하고 쌓아 보관하는 것을 부끄럽게 여기는 것이다. 《순자》

한(漢)의 문학(文學 : 군국(郡國)에서 천거하는 벼슬 이름)이 말하였다. "상업적인 이익을 억제하고 인의를 열어서 이익됨을 추구하는 것을 보이지 말아야만 교화(教化)가 일어나고 풍속이 바뀔 수 있다. 전(傳)에 이르기를, '제후가 이익을 좋아하면 대부가 비루해지고, 대부가 비루해지면 서민이 도둑질을 하게 된다' 하였다. 이것은 이익이라는 구멍을 열어 놓고 백성들에게 죄의 사다리를 만드는 일이다. 또한 이는 하늘로부터 온 것도 아니요, 땅으로부터 말미암은 것도 아니요, 한결같이 백성으로부터 취한 것이다. 오얏과 매실 열매가 한 해에 많이 열리면 그 다음 해에는 조금 열리게 되고, 새 곡식이 익으면 묵은 곡식은 이지러지는 것이다. 이처럼 자연에서 두 가지 이익을 한꺼번에 취할 수 없는데 하물며 인사(人事)에 있어서이겠는가? 그러므로 여기에서 이익을 보면 저기에서 손해를 보는 것이다. 지금 개나 말을 사육하거나 벌레나 짐승들이 곡식을 축내는 것이나, 쓸모없는 관리, 급하지 않은 일, 아무런 공적 없이 의식(衣食)을 취하는 지방 수령이 많기 때문에 위로는 재용이 부족하고 아래로는 백성의 생활이 궁핍한 것이다."

재물을 모으면 백성이 흩어지고, 재물을 흩으면 백성이 모인다. 어진 사람은 재물로써 몸을 일으키고, 어질지 못한 사람은 몸으로써 재물을 일으킨다. 《대학》 아래도 같음

주자가 말하였다. "발(發)이라는 것은 일으키는 뜻과 같다. 어진 사람은 재화를 나누어 줌으로써 백성을 얻고, 어질지 못한 사람은 몸을 망쳐서 재화를 늘린다."

윗사람이 인(仁)을 좋아하는데 아랫사람이 의(義)를 싫어하는 일은 아직 없었고, 아랫사람이 의를 좋아하는데도 윗사람이 계획하는 일이 이루어지지

않은 적은 아직 없었으며, 창고 속의 재화가 그 윗사람의 재화가 되지 않은 적은 아직 없었다.

주자가 말하였다. "윗사람이 인을 좋아하여 아랫사람들을 사랑하면, 아랫사람들은 의를 좋아하여 윗사람에게 충성하게 된다. 이렇게 되면 일은 반드시 이루어지고, 창고 속의 재화가 잘못 나가게 될 걱정은 없다."

육지(陸贄)가 덕종(德宗)에게 간하였다. "성인이 가르침을 세우면서 재화를 천하게 여기고 사양함을 높이며, 이익을 멀리하고 청렴을 숭상하였습니다. 그러므로 천자는 재화가 있고 없음을 묻지 않고, 제후는 재화의 많고 적음을 말하지 않은 것은, 뇌물이 인심을 자극하여 재앙의 실마리를 열고 풍속과 교육을 해쳐서 나라를 어지럽게 할까 두려워하기 때문입니다. 이 때문에 재화를 거두어 들이는 데 힘써 창고에 가득 쌓아 놓는 것은 필부의 부(富)요, 재화를 나누어 주어 백성들의 마음을 거두어들이는 데 힘쓰는 것은 천자의 부입니다. 그런데 하필이면 지존의 지위를 떨어뜨리고 유사(有司)의 직무를 대신하며, 천자의 지위를 욕되게 하여 필부들이 재물이나 쌓아두는 것을 본받겠습니까? 대개 국가의 일을 하면서 공공을 위하여 마음을 쓰면 사람들이 반드시 즐거워하며 이에 따르고, 자기만을 위해 마음을 쓰면 사람들이 반드시 어기고 배반할 것입니다. 남의 위에 있는 사람은 마땅히 자신의 마음을 깨끗히 씻고 삼무사(三無私)*[3]를 받들어서 백성의 마음을 하나로 통합해야 합니다. 그렇게 하다가 혹시 따르지 않는 사람이 있다면 그 때는 형벌을 써야 합니다. 그렇다면 백성들에게 이익을 베풀고 자신에게 사사로움을 금하는 것은 천자가 믿어야 할 것으로서 세상을 다스리는 도구입니다. 이것을 버리고 힘쓰지 아니하며, 백성들의 이익을 막고 나의 사사로운 욕심을 취한다면, 백성들의 탐하는 마음을 없애려고 하여도 할 수 없을 것입니다. 지금 임금의 두 창고에 모여 있는 진귀한 재물을 탁지부(度支部)에서 관장하지 않는 것은 사사로움을 추구하는 것입니다. 경비를 지급하지 않는 것은 백성에게 이익을 베풀지 않는 것입니다. 인심이 흩어지고 원망하게 되는 것도 마땅한 일이 아니겠습니까? 폐하께서는 평소에 욕심을 독차지하려던 것을 뒤늦게라도 경계하셔서 그릇의 사용을 너무 풍요하게 하지 말 것이며, 의식의 편안함을 반드시 아랫사람에게 나누어 주되 두 창고에 있는 재화는 다 공적이 있는 사람에게 내어 주도록 하시고, 단연히 회포를 펴서 백성과 더불어 바라는 것을 함께 하며, 이렇게 한 후에는 납공(納貢 : 예전에, 나라에 의무적으로 낸던 물품, 또는 물품을 내던 일)을 반드시 유사에게 돌릴 것입니다. 이와 같이 하면 혼란은 반드시 안정될 것이고 도적은 반드시 평정될 것이니, 이것이 곧 작은 저축을 나누어 큰 저축이 될 것이며, 조그마한 보물을 덜어서 큰 보물을 굳게 하는 것입니다."

주자가 상소문을 올려 말하였다. "내탕(內帑)의 세입이 얼마이건 간에 사적인 재산으로 인정해 버리고 가신(私人)으로 하여금 담당하게 하며, 재상이 납공에 대한 규정을 정해 그 출입을 조절할 수 없고, 호조에서 문서를 만들어 있고 없는 것을 고찰할 수가 없는데도 날로 소비되고 달로 소모되어 황실의 사사로운 잔치의 비용으로 제공되는 것이 얼마인지도 알 수 없습니다. 다만 호조의 경비가 날마다 심하게 결핍되어서 날마다 준엄하게 독촉하여 역대의 좋은 법이 폐지되고 마침내 가혹한 데까지 이르렀으니, 이것이 바로 백성의 재력(民力)이 더욱 곤궁하게 되는 까닭입니다."

신이 살피건대, 천자의 부는 온 세상에 보관하고 제후의 부는 백성에게 보관하는 것입니다. 곡식 창고와 물품 창고를 두는 것은 공공의 물건을 보관하기 위한 것이지 개인의 재산이 될 수는 없는 것입니다. 임금이 사사로이 축적을 하면 이것을 일러 이익을 다툰다고 하는 것입니다. 이익의 원천이 한번 열린다면 모든 신하들이 다투어 달려가게 되어 어디까진들 이르지 않겠습니까? 신의 어리석은 생각으로는, 전하께서 진실로 무언가 해 보려는 마음이 있으시다면, 반드시 먼저 내탕사(內帑司)와 내수사(內需司)를 호조(戶曹)에 부속시켜, 국가공공의 비용으로 쓰게 하고 사재로 여기지 않아, 신하와 백성으로 하여금 전하께서 조금도 이익을 탐하는 마음이 없음을 환하게 우러러 보게 한 후에야, 더러운 버릇을 깨끗이 씻어 내고 예의와 염치(四維)를 붙들어 이상적인 정치를 이룰 수가 있을 것입니다. 전하께서는 마땅히 깊이 생각하십시오.

이는 정의와 이익을 변별하는 것을 말한 것입니다.

재물을 이루는 데는 주요한 방법이 있다. 생산하는 사람은 많고 놀고 먹는 사람은 적으며, 일하는 사람은 민첩하게 하고 소비하는 사람은 서서히 하면 재물은 항상 풍족할 것이다. 《대학》

여씨가 말하였다. "나라에 노는 백성이 없으면 생산하는 사람이 많을 것이요, 조정에 요행으로 얻은 벼슬이 없으면 놀고 먹는 자가 적을 것이다. 농사철을 빼앗지 않는다면 일하는 것이 민첩하게 될 것이며, 수입을 헤아려서 지출한다면 소비가 서서히 이루어질 것이다."

주자가 말하였다. "나라를 풍족하게 하는 방법은 농사에 힘쓰고 비용을 절약하는 데 있다."

나라에 9년간 쓸 것을 비축해 두지 않으면 '부족하다' 하고, 6년간 쓸 것을 비축해 두지 않으면 '급하다' 하고, 3년간 사용할 비축이 없으면 '나라가 나라꼴이 아니다' 한다. 3년을 경작하면 반드시 1년 먹을 여분이 있고, 9년을 경작하면 반드시 3년을 먹을 여분이 있는 것이다. 비록 가뭄과 홍수가 있다 하더라도 백성들이 굶주린 기색이 없어야만 천자의 음식에 날로 좋은 반찬을 올려 그것을 즐길 수 있는 것이다. 《예기》

진씨(陳氏)가 말하였다. "인력이 갖추어지면 자연의 변화에 응할 수 있다. 왕도 정치를 행하는 임금은 백성과 더불어 근심을 같이하므로, 비록 가뭄이 들고 홍수가 있더라도 백성이 굶주린 기색이 없어야만 천자의 음식상에 좋은 찬을 올려서 즐겁게 권하는 것이다."

《주역》에서 말하였다. "하늘과 땅이 절도가 있으므로 사계절이 이루어진다. 절도로써 법도를 제정하면 재물을 상하지 않고 백성을 해치지 않게 된다." 〈절괘(節卦)·단사〉

정자가 말하였다. "이것은 절제(節)의 도를 유추하여 말한 것이다. 하늘과 땅은 절도가 있는 까닭에 4계절을 이룰 수 있다. 절도가 없으면 차례를 잃게 된다. 또한 성인이 제도를 만들어 절도로 삼은 까닭에 재물을 상하지 않고 백성을 해치지 않았다. 사람의 욕심은 끝이 없으므로 진실로 법도를 만들어 절제하지 않는다면, 사치하고 방자하게 되어 재물을 상하고 백성을 해치는 데까지 이르게 된다."

또 손괘의 전(傳)에서 말하였다. "손(損)이란 지나친 것을 덜어서 중도로 나아가는 것이요, 들떠 있는 말단적인 것을 덜어서 근본 알맹이로 나아가는 것이다. 온 세상의 해는 말단적인 것을 우선으로 함에 말미암지 않은 것이 없다. 높다란 집과 장식을 한 담장은 본래 궁실에서 나왔고, 주지육림은 본래 음식에서 나왔다. 혹독하고 잔인한 것은 형벌에서 나왔으며, 군대를 동원하여 함부로 전쟁을 하는 것은 정벌(征伐)에서 나온 것이다. 대개 사람의 욕심이 지나친 것은 모두 그 몸을 봉양하는 데서 시작된 것으로, 그것이 지나치게 흘러가면 해가 되는 것이다. 선왕이 그 근본을 제정한 것은 천리(天理)요, 후세 사람이 말류(末流)에 흐르는 것은 인욕(人慾)이니, 손괘의 뜻은 인욕을 덜어내어 천리를 회복하는 것일 뿐이다."

주자가 말하였다. "국가의 재물은 모두 백성으로부터 나온 것이다. 만약 절제하지 아니하여 용도에 부족함이 있다면 반드시 백성들에게 세금을 혹독하게 거두어들이게 될 것이다. 비록 사람을 사랑하는 마음이 있다 하더라도 백성은 그 혜택을 받지 못할 것이다. 그러므로 남을 사랑하려는 사람은 반드시 먼저 비용을 절약해야 한다. 이것은 바꿀 수 없는 이치인 것이다."

이는 씀씀이를 줄여 재물을 이루는 것을 말한 것입니다.

맹자가 말하였다. "일정한 생업(恒産)이 없더라도 한결같은 마음이 있는 것은 오직 선비만이 할 수 있는 일이다. 일반 백성들은 일정한 생계 대책이 없으면 따라서 한결같은 마음을 가질 수 없다. 진실로 한결같은 마음이 없다면 방탕하고 사치한 짓을 못할 것이 없을 것이다. 죄에 빠지기를 기다린 후에 따라가 처벌한다면 이것은 백성들에게 그물을 쳐서 잡는 꼴이다. 어찌 어진 사람이 임금의 자리에 앉아 백성들에게 그물을 쳐서 잡는 일을 할 수 있

겠는가?" 《맹자》 아래도 같음

　주자가 말하였다. "항(恒)은 항상이란 뜻이며, 산(産)은 생업이란 뜻이니, 항산(恒産)이란 항상 살아나갈 수 있는 생업을 말한다. 항심(恒心)은 사람이 항시 지니고 있는 착한 마음이다. 선비는 일찍이 학문을 하여 의리를 알기 때문에 비록 항산이 없다 하더라도 항심이 있지만, 백성들은 그럴 수가 없다. 망(罔)은 그물과 같은 말이니, 미처 보지 못한 점을 이용하여 잡는 것을 말한다."

　그러므로 명철한 임금이 백성들의 생업을 제정하는 데 있어서는, 반드시 위로는 충분히 부모를 섬길 수 있고 아래로는 충분히 처자를 먹여 살릴〔畜〕수 있어서, 풍년이 들면 종신토록 배불리 먹을 수 있고 흉년이 들더라도 죽음을 면할 수 있어야 한다. 그런 후에 백성을 몰아 선한 데로 나아가게 하므로 백성들이 따르기가 쉬운〔輕〕것이다.

　주자가 말하였다. "경(輕)은 쉽다는 뜻이다. 이것은, 백성들은 일정한 생계 수단이 있어야 한결같은 선한 마음이 있다는 것을 뜻하는 것이다."

　오늘날 백성들의 생업을 제정하는 데 있어서는 위로는 부모를 섬기기에 부족하고, 아래로는 자식을 먹여 살리기에 부족하며, 풍년이 들더라도 목숨을 다할 때까지 고생해야 하며, 흉년이 들면 죽는 것을 면할 수 없습니다. 이렇게 되면 오직 죽음만이라도 면하려고 해도 힘이 부족할까〔不贍〕 걱정인데, 어느 겨를에 예를 닦고 의를 행하겠는가?

　주자가 말하였다. "섬(贍)은 넉넉하다는 뜻이다. 이것은 이른바 항상 살아나갈 수 있는 생업이 없으면 사람이 항시 지니고 있는 착한 마음이 없다는 것을 말한 것이다."

　농사철을 어기지 않게 하면 곡식은 이루 다 먹을 수 없을 만큼 넉넉하게 될 것이요, 촘촘한〔數〕 그물〔罟〕을 웅덩이〔洿〕에 넣지 않게 하면 고기와 자라가 이루 다 먹을 수 없을 만큼 풍족하게 될 것이며, 때를 정하여 나무를 베게 하면 재목은 이루 다 쓸 수 없을 만큼 넉넉하게 될 것이다. 곡식과 물고기와 자라가 이루 다 먹을 수 없을 만큼 넉넉하고 재목이 이루 다 쓸 수 없을 만큼 풍부하다면, 이것은 백성들이 산 사람을 부양하고 죽은 사람을 장사 지내는 데 유감이 없도록 하는 것이다. 산 사람을 부양하고 죽은 사람을 장사 지내는 데 유감이 없도록 하는 것이 왕도 정치의 시작인 것이다.

주자가 말하였다. "농사철이란 봄에는 밭갈고, 여름에는 김매고, 가을에는 거두는 시기를 말한다. 국가에서 일을 일으킬 때는 백성들이 농사철을 어기지 않도록 겨울에 부역을 시켜야 하는 것이다. 촉(數)은 빽빽하다는 뜻이요, 고(罟)는 그물이며, 오(洿)는 웅덩이의 낮은 곳이니, 물이 모이는 곳이다. 옛날에는 그물은 반드시 네 치의 눈을 사용하고, 고기는 한 자가 되지 아니하면 시장에서 팔지 못하게 하고 사람들은 먹을 수가 없었다. 그리고 산림(山林)과 하천과 못은 백성들과 함께 공유(共有)하지만 이것을 지키고 금하는 것이 있었다. 여(厲)는 막아 지키는 것이요, 금(禁)은 백성들이 아무 때나 취하지 못하는 것이다. 초목의 잎이 시들어 다 떨어진 후에야 도끼를 가지고 들어 갈 수 있었다. 이것은 모두 나라를 다스리기 시작한 초기, 법제가 미비한 때의 일이며 또한 천지 자연의 이로움에 따라 절제하여 아끼고 기르던 때의 일이다. 그러나 음식과 궁실은 산 사람을 기르는 것이고, 제사와 시체를 넣는 속 널과 겉 널을 아울러 이르는 관곽(棺槨)은 죽은 사람을 보내는 일이다. 모두 백성들에게 급한 일이요 없어서는 안 될 일이다. 오늘날 모두가 그것을 할 수 있도록 해 주면 사람들은 여한이 없게 될 것이다. 왕도라는 것은 민심을 얻는 것을 근본으로 삼기 때문에, 이것을 왕도 정치의 시작이라고 하는 것이다.

다섯 묘(畝)를 가진 집에서 뽕나무를 심으면 50세의 노인이 비단옷을 입을 수 있고, 닭, 돼지, 개 등의 가축을 기르는 데 그 번식 시기를 잃지 않으면 70세의 노인이 고기를 먹을 수 있다. 백 묘의 전답을 가진 사람의 농번기를 빼앗지 않는다면 여러 명의 식구를 가진 집안이 굶주리지 않을 수 있다. 그리고 힘써 상서(庠序:학교)의 교육을 실시하여 효제의 뜻을 거듭 가르친다면 반백의 노인이 짐을 지거나 이고서 길을 다니지 않게 될 것이다. 70세의 노인이 비단옷을 입고 고기를 먹으며, 일반 백성이 굶주리지 않고 헐벗지 않게 하고서도 왕노릇을 하지 못하는 사람은 없었다."

주자가 말하였다. "시(時)는 새끼를 밸 때를 말한다. 예를 들면 맹춘(孟春)*4에는 암컷을 희생으로 쓰지 않는 따위이다. 상(庠)과 서(序)는 모두 학교의 이름이다. 신(申)은 거듭한다는 뜻이니, 재삼 되풀이하여 반복한다는 뜻이다. 반(頒)은 얼룩질 반(斑)과 같으니, 노인의 머리가 반은 검고 반은 흰 것을 말한다. 이것은 법과 제도, 등급과 절도를 지극히 상세하게 적용하고, 마름질하여 이루어 내고 보조하여 돕는 도를 극진하게 하여 백성을 돕는 것이다. 이것이 인덕을 근본으로 온 세상을 다스리는 왕도 정치의 완성이다."

《주역》에서 말하였다. "하늘과 땅이 서로 어울리는 것이 태괘(泰卦)이다. 임금은 이것을 본받아 천지의 도를 잘 마름질하여 이루어 내고, 천지의 마땅함을 잘 도와서 이로써 백성을 돕는 것이다." 〈태괘·상사〉

정자가 말하였다. "천지의 기운이 서로 어울려서 음양이 화합하면 만물이 무성하게 이루어지는 것이다. 이것이 태(泰: 통함)가 되는 까닭이다. 임금은 마땅히 천지의 기운이 상통하는 모습을 본받아, 천지의 도를 잘 이루고, 천지의 마땅함을 도움으로써 백성을 잘 돌보아야 하는 것이다. 재성(財成)이란 마름질해서 시행하는 방법을 이루는 것을 말하며, 보상(輔相)이란 백성들로 하여금 하늘의 때를 이용하고 땅의 이익에 따라 만물을 생산하고 길러 내는 공을 도와서 그 풍성하고 아름다운 이익을 이루게 하는 것이다."

이는 백성의 일정한 생업을 제정하는 것을 말한 것입니다.

《주역》에서 말하였다. "땅〔地〕 가운데 물〔水〕이 있는 것이 곤괘와 감괘(坎卦)가 거듭된 것으로 땅속에 물이 있음을 상징하는 사괘(師卦)이다. 군자는 이를 본받아 백성들을 포용하고 무리들을 기른다." 〈사괘·상사〉

정자가 말하였다. "군자는 땅 가운데에 물이 있는 모습을 보고 그 백성을 포용하여 보존하고, 그 무리를 모아 기르는 것이다."

주자가 말하였다. "물은 땅 밖에 있지 않고, 군사는 백성 밖에 있지 않으므로 백성들을 잘 기를 수 있으면 무리를 얻을 수 있다."

사(師)는 곧아야〔貞〕 하는 것이니, 장인(丈人)이라야 길하고 허물이 없을 것이다. 〈사괘·단사〉

정자가 말하였다. "군사의 도리는 올바른 것으로 근본을 삼는다. 군대를 일으켜 많은 사람을 동원하여, 그것으로써 세상에 해독을 끼치는 것이니, 올바른 도리로써 하지 않는다면 백성이 따르지 아니할 것이요, 강제로 몰아다가 시키는 것일 뿐이다. 그러므로 군사는 곧음을 위주로 하는 것이다. 그런데 그 움직임이 비록 바르더라도 통솔하는 사람이 반드시 장인(丈人)이라야 길하여 허물이 없다. 장인이란 존엄한 이를 일컫는 것이니, 군사를 통솔하여 무리를 이끄는 이가 그 무리들로부터 존경과 믿음을 받고, 두려워하여 복종함을 받지 못한다면 어찌 인심의 따름을 얻을 수 있겠는가? 이른바 장인이란 반드시 평소의 지위가 높고 귀한 것을 말하는 것은 아니고, 다만 그 재주와 지모와 덕업을 무리들이 두려워하여 복종할 수 있는 사람을 말하는 것이다."

《시경》에서 말하였다. "너의 수레와 말, 활과 화살, 군사를 잘 정돈하여서 군사 동원에 대비하고 먼 오랑캐의 방어에 쓰도록 하라." 〈대아·억〉

주자가 말하였다. "계(戒)는 대비한다는 뜻이요, 융(戎)은 군사이며, 작(作)은 일어난다는 뜻이요, 척(逷)은 멀다는 뜻이다."

신이 살피건대, 옛날에는 병사와 농사가 나누어지지 아니하였습니다. 평일에는 민생을 후하게 하여 은택을 입게 하고, 때로는 무예를 시험하여 사냥을 시켜보는 것으로 검열해 보며, 일이 없을 때에는 비려(比閭 : 마을)와 족당(族黨 : 문중 겨레붙이)을 위하여 사도(司徒)로부터 교육을 받아 임금을 존경하고 어버이를 사랑하는 행실을 돈독하게 합니다. 유사시에는 군대의 편성된 대열을 지어 사마의 명령을 들으며, 윗사람을 친애하고 우두머리를 위해 죽는 의지를 분발하게 하였습니다. 그러므로 왕자의 군대는 정벌은 있어도 실제 싸움은 없어서 감히 대적할 이가 없었습니다. 후세에는 백성을 먹여살리는 정치가 거행되지 않고, 병사를 점고하는 법이 엄하기만 하여, 거리 사람들을 몰아서 적과 싸우게 하였고, 나라의 재용을 다하여 군량을 공급하였습니다. 이것이 당·송대 군사정책의 폐단이었습니다.

우리 나라의 선왕들도, 백성들 중에서 선발하여 병졸을 만들고 병졸에게 농사를 짓게 하였습니다. 그러다가 식량이 넉넉하여지면 군대로 나아가게 하여 번갈아 휴식하게 하였습니다. 그러므로, 나라에는 군량의 낭비가 없었고 군사는 또 자기만 수고스럽다는 한탄이 없었으니, 그 법이 아주 아름다웠습니다. 그러나 다만 백성들의 삶이 차츰 곤궁해짐에 따라 근본이 튼튼하지 못하게 되고, 진영의 장수들이 침탈을 일삼아 흩어지는 병졸이 줄을 이었습니다. 변방의 수(戍)자리에 결원이 생기면 그 친족이나 이웃으로 충당하니, 도망하는 이가 날로 많아지고 그 해독이 날로 커졌습니다. 장정을 끌어다가 인원수를 채워 놓으면 곧 도망쳐서 돌아오지 않으니, 병적(兵籍)을 완비하기에 힘쓴다 해도 실제로는 빈 명부만 안고 있어서, 그 형세는 반드시 백성들이 한 사람도 남을 수 없게 하는 데까지 이르러야 비로소 그만두게 될 것입니다. 그 폐단의 근원을 파보면 실로 이것은 백성들에게는 일정한 생계 수단이 없고, 장수는 사람들의 호응을 얻지 못했기 때문입니다. 이것은 백성들을 포용하고 무리를 길러 나가는 것이 군사정책의 근본이 되고, 존엄한 인물이 군대를 통솔하는 것이 군사정책의 강령이 되는 까닭이니 전하께서는 마땅히 깊이 생각하십시오.

이는 군사정책을 정비하여 밝힐 것을 말한 것입니다.

신이 살피건대, 임금은 나라에 의존하고, 나라는 백성에게 의존하는 것입니다. 임금은 백성을 하늘로 삼고, 백성은 먹을 것을 하늘로 삼는 것입니다. 백성이 하늘로 삼을 바를 잃으면 나라가 의지할 데를 잃게 되는 것은 불변의 이치입니다. 왕자의 정치는 오직 이 백성에게 부모 노릇 하는 것을 마음으로 삼아, 백성의 노동력 동원을 늦추어 주고 백성들의 생업을 후하게 해 주며, 백성들이 하늘로 여기는 바를 넉넉하게 해 줌으로써 그 본연의 선심을 보존할 수 있게 할 뿐입니다. 임금으로서 이런 정치를 행할 수 없는 것은 여러 가지 욕심에 얽매여 스스로를 헤아리지 못하기 때문입니다. 대개 자기에게 이롭게 하고자 하면 반드시 남에게 해롭게 됩니다. 어찌 자기의 여러 가지 욕심을 채우면서 그 해로움이 백성에게 미치지 않을 수 있겠습니까? 간혹 임금 중에는 낡은 인습을 못 벗고 눈앞의 안일만 취하여 백성을 구하지 못하는 이가 있습니다. 이것이 비록 욕심과는 차이가 있지만 백성들의 심한 고통을 풀어주지 못하고 나라의 근본을 해쳐서 다같이 혼란과 멸망으로 돌아가게 하는 것은 같습니다. 아! 부모는 자식을 충심으로 사랑하여 그 즐거워하는 것을 이루어 주고 그 싫어하는 것을 제거해 주며 그 극진함을 다하지 않음이 없습니다. 임금이 진실로 백성에게 부모 노릇을 하고자 한다면, 한 사람의 백성이 그 안정을 누리지 못해도 다 나의 갓난아기가 우물로 들어가는 것같이 여겨 미친 듯이 달려가서 기를 쓰고 이것을 구제하려 할 것입니다. 누가 갓난아기가 우물로 빠져 들어가는 것을 가만히 앉은 채 보면서 태연히 웃으며 담화하는 것을 당연하다고 생각하겠습니까?

　옛날의 성왕은, 그 직책이 백성들에게 부모 노릇 하는 곳에 있는 줄 깊이 알았습니다. 그러므로 근심하고 걱정하여 밥먹을 겨를도 없이 마음은 언제나 백성들에게 있었을 뿐입니다. 백성의 힘을 아끼기를 마치 살을 베어 내듯 어렵게 여기고, 그 백성의 생업에 힘쓰기를 마치 배고플 때 먹을 것을 구하는 것처럼 하였으며, 그 폐습을 혁신하기를 마치 급한 병에 약을 복용하듯이 하여, 반드시 이 백성들을 지극히 만족하고 지극히 즐거운 지경에 도달하게 하여야만 비로소 마음으로 만족하게 여겼습니다. 그러므로 백성은 임금의 은혜가 골수에 스며들고 사랑이 폐부에 맺히어, 임금을 위하여 죽음에 나아가는 것을 단엿을 먹는 것보다 더 쉽게 하였습니다. 그러니 어찌 국세가 신장되지 않고, 오래도록 편안하게 다스려지지 않을 수가 있었겠습니까?

　다만 임금에게 부모의 마음이 없기 때문에 백성들도 임금을 사랑하여 추대하려는 마음이 없는 것입니다. 춥고 배고픔이 몸에 절박하면 예의가 다 상실되어, 그 임금을 보기를 승냥이나 호랑이나 원수와 같이 여기게 됩니다. 또 임금이 된 사람도 그들을 소홀히 하고 업신여기면서 감히 누가 나를 어떻게 할 수 없다고 생각하여 화(禍)의 싹이 보이지 않는 가운데에 잠복되어 있어도 경계할 줄 모릅니다. 그러다가 하루아침에 뜻밖의 변이 일어나고 환란이 생겨, 소홀히 여기던 필부필부가 모두 강적이 된 뒤에는 비록 후회하려 해도 이미 미칠 수 없게 되는 것입니다. 대개 백성의 힘이 쉬지 못하거나 백성의 생산이 늘어나지 않는다면 비록 군사가 진나라처럼 강하고, 재물이 수나라와 같이 풍부하다 하더라도 뿌리가 뽑힌 나무와 같아서, 식물의 가지와 잎은 무성하다 할지라도 그것이 말라 버리는 것은 가히 그 자리에 서서 기다릴 수 있는 일입니다. 하물며 부강함이 수나라나 진나라에 미칠 수 없는 경우에 있어서는 어떻겠습니까? 이 때문에 백성을 사랑하는 것은 자기 자신을 사랑하는 것이요, 백성을 편안하게 하는 것은 자기 자신을 편안하게 하는 것입니다. 대개 백성을 편안하게 한다는 것은 그들을 위하여 이로움을 일으키고 해로움을 없애어 그들로 하여금 그 삶을 즐기게 하는 것을 말하는 것입니다. 만일 고루한 것을 그대로 따르고 그릇된 것을 그대로 지켜 시일만 보내면서, 한 가지 폐단도 혁신하지 못하고 한 가지 정령(政令)도 제대로 거행하지 못하면서 다만 말로만 간절하게 아침저녁으로 부르짖기를, "나는 백성을 편안하게 하려 할 뿐이다" 한다면, 이는 성심으로 백성을 사랑하는 것이 아닙니다. 이 백성들은 지극히 어리석으면서도 지극히 신명(神明)하니 어찌 말로써 속일 수 있겠습니까? 지금 이 백성들이 편안하지 못한 것은 전하께서도 아시는 바이오니, 알고도 구제하지 않으신다면 백성들의 원망은 더욱 심해질 것입니다. 삼가 바라건대, 전하께서는 백성을 어질게 잘 다스리는 정치를 베푸십시오.

〈주〉
*1 이와 같이 천인합일(天人合一)이라는 관점에서 유가의 윤리 덕목인 인(仁)을 새롭게 해석하는 것이 명도의 인설(仁說)의 특징적인 점이다.
*2 사(士)·농(農)·공(工)·상(商).
*3 《예기》 '공자한거(孔子閒居)'에서 공자가 말한, "하늘은 사사로이 덜어 줌이 없고, 땅은 사사로이 실어 줌이 없으며, 일월(日月)은 사사로이 비추어 주는 것이 없다"라는 세 가지를 말한다.
*4 음력 정월(正月)을 가리킴.

교육을 널리 밝힘에 대하여〔明教〕

신이 살피건대, 《예기》에 이르기를, "묵은 땅이 없고 놀고 먹는 백성이 없으며, 제때에 먹고 때에 따라 일을 하면 백성들이 모두 편안하게 살 수 있어서, 일하기를 게을리하지 않고 공을 세우려 힘쓰며, 임금을 높이고 윗사람과 친하게 된다. 이런 후에야 학문을 일으킬 수 있다" 하였으니, 먼저 부유하게 하고 그 다음에 교화하는 것은 이치와 일이 되어가는 형세로 당연한 귀결입니다. 그러므로 안민장 다음에 명교장(明教章)으로써 끝을 맺습니다.

공자가 말하였다. "법령으로써 인도하고 형벌로써 다스리면 백성들은 형벌을 면하려고 할 뿐이요 수치스러움을 알지 못한다." 《논어》아래도 같음

주자가 말하였다. "도(道)는 인도한다는 뜻과 같으니, 앞서는 것을 일컫는 것이요, 정(政)은 법제와 금령(禁令)을 말한 것이요, 제(齊)는 가지런히 만드는 것이다. 인도하되 따르지 않는 자는 형벌로써 한결같이 되게 하는 것이다. '면하려고만 할 뿐이요 수치스러움을 알지 못한다'는 것은 구차하게 형벌은 모면하였어도 양심에 부끄러워함이 없는 것이다. 대개 이것은 비록 감히 악을 저지르지는 못할지라도 악을 행하려는 마음은 없어지지 않은 것이다."

덕으로써 이끌고 예로써 가지런히 하면 백성들은 수치를 알게 되고 또 선으로 나아가게 될 것이다.

주자가 말하였다. "예(禮)는 제도(制度)와 등급에 따른 절도(節度)를 뜻한다. 격(格)은 이른다는 뜻이다. 이것은, 임금이 몸소 실천하여 백성을 이끈다면 백성은 진실로 보고 느끼는 것이 있어서 스스로 분발하게 될 것이요, 그리고 그 중에서 얕고 깊고, 두텁고 얇은 차이가 있는 자들을 예로써 한결같이 다스린다면 백성들은 선(善)하지 않은 것을 수치로 여기고 선으로 나아가게 된다는 것이다. 어떤 한 가지 주장에 격이란 바르게 하는 것이니, 《서경》의 '그 그른 마음을 바르게 한다'는 것과 같은 것이라 한다."

또 말하였다. "법령이란 다스림의 기구이고, 형(刑)이란 다스림의 보조 역할을 하는 법이다. 덕과 예는 다스림의 근본이 되는 것이요, 덕은 또 예의 근본이다. 이것들은 서로 시작과 끝이 되므로 그 중에 하나라도 없앨 수는 없다. 그러나 법령과 형벌은 다만 백성들에게 죄를 멀리하게 할 뿐이요, 덕과 예의 효과는 백성들로 하여금 날마다 부지중에 선으로 나아가게 할 수 있는 까닭에, 백성을 다스리는 사람은 그 말단적인 것만을 믿지 말고 당연히 깊이 그 근본을 탐구해야 할 것이다."

정자가 말하였다. "백성을 가르치는 이가 그 선심을 길러 준다면 악은 자연히 없어지고, 백성을 다스리는 이가 공경과 겸양으로써 인도하면 다툼은 자연히 그치게 될 것이다."

가의(賈誼)가 상소를 올려 아뢰었다. "대개 사람의 지혜는 지난 일은 능히 볼 수 있지만 앞으로 다가올 일은 능히 보지 못합니다. 예라는 것은 앞으로 그러하기 전에 미리 금하는 것이요, 법이라는 것은 이미 그렇게 되고 난 다음에 금하는 것이기 때문에, 법이 쓰이는 이유는 알기 쉽고 예가 생겨난 이유는 알기 어렵습니다. 상(賞)으로써 선을 권장하고 형벌로써 악을 징계하는 것 같은 것은, 선왕들이 그러한 정치를 금석처럼 굳게 지켰고, 이 법령을 행하기를 네 계절의 변화처럼 신실하게 하였으며, 이것을 행하는 것을 공평하게 하여 하늘과 땅처럼 사사로움이 없었습니다. 돌이켜보건대 어찌 이러한 것을 쓰지 않았겠습니까마는, 그러나 예, 예라고 말하는 까닭은 악이 싹트기 전에 근절하여 가르침을 미미하고 조그마한 것에서부터 일으켜서 백성으로 하여금 날로 부지중에 선으로 나아가고 악을 멀리하게 하는 것을 귀하게 여겼기 때문입니다."

공자는 말하기를, "송사(訟事)를 듣고 판정하는 것은 나도 다른 사람과 같으나 나는 반드시 송사를 없게 하겠다" 하였으니, 임금된 사람은 취하고 버려야 할 것을 살피는 것보다 더 절실한 것은 없습니다. 취하고 버리는 것의 표준 안에서 정해지면 편안함과 위대한 싹이 밖에서 응하는 것이니, 편안한 것은 하루아침에 편안한 것이 아니요, 위태한 것은 하루아침에 위태롭게 되는 것이 아닙니다. 모두 점점 쌓여서 그렇게 된 것이니 살피지 않을 수 없는 것입니다. 임금이 쌓을 것은 쌓고 버릴 것은 버리는 데 있습니다. 예의로써 다스리는 사람은 예의를 쌓고, 형벌로써 다스리는 사람은 형벌을 쌓는 것입니다. 형벌이 쌓이면 백성들이 원망하여 배반하고, 예의가 쌓이면 백성들이 화친하게 됩니다. 그러므로 임금이 백성들을 선하게 만들고 싶은 것은 같지만, 백성을 선하게 만드는 방법은 각각 달라서 혹은 도덕으로서 사람을 착한 길로 인도하기도 하고 혹은 법령으로써 몰아대기도 합니다. 덕교(德敎)로써 인도하는 것은 덕교가 흡족하게 되면 백성들의 심기가 즐거워지고, 법령으로써 몰아대는 것은 법령이 지나치게 되면 백성들의 기풍이 애절해지니 애(哀)와 낙(樂)의 감동에 따라 화와 복이 응하는 것입니다. 진시황도 종묘를 높이고 자손을 편안하게 하려고 했지만 탕왕·무왕은 그 덕을 넓게 펴서 6, 7백 년을 행하여도 잃지 않았고, 진시황은 온 세상을 다스린 지 10여 년 만에 크게 패하였습니다. 이렇게 망하게 된 데는 다른 까닭이 있는 것이 아니라, 탕왕과 무왕은 온 세상을 평정하는 데 취하고 버릴 것을 잘 살폈으며, 진시황은 온 세상을 평정하는 데 취하고 버릴 것을 살피지 못했기 때문입니다.

천하라는 것은 큰 그릇입니다. 지금 사람이 그릇을 두되 편안한 데 두면 편안해지고, 위태로운 데 두면 위태로워지는 것입니다. 탕왕·무왕은 온 세상을 인·의·예·악에 두었기 때문에 그 덕이 사방의 오랑캐에게도 두루 미치게 되고, 자손 수십 대에까지 이르렀습니다. 이것은 천하가 다 들어서 알고 있는 사실입니다. 그러나 진시황은 온 세상을 법령과 형벌에 두었기 때문에 덕은 없어지고, 원망하고 한탄하는 것만 세상에 가득 차서 화(禍)의 기미가 자신에게 미치고 자손은 끊어지게 되었습니다. 이것은 천하가 다 보아 알고 있는 사실입니다. 이것이 어찌 밝은 본보기와 큰 증거가 되는 것이 아니겠습니까? 사람들이 말하기를 말을 듣고 그 말의 선악을 판단하는 방법은 반드시 그가 한 일을 가지고 관찰한다면 말하는 사람은 감히 망령된 말을 하지 못한다 하였습니다. 지금 혹시 말하기를 "예의는 법령만 못하고 교화는 형벌만 못하다"고 한다면, 임금께서는 어찌 은(殷)·주(周)·진(秦)과의 일을 가지고 그것을 살펴보지 않으십니까?

이는 교화(敎化)를 일으키는 근본을 말한 것입니다.

순(舜)이 말하였다. "설(契)아, 백성들이 친하지 않고 다섯 품계의 인간관계가 순조롭지 못하므로 너에게 사도(司徒)의 직을 맡기니, 삼가 다섯 가지 교화(五敎)를 펴되 너그러이 하라." 《서경》〈우서·순전〉

채씨가 말하였다. "오품은 부자·군신·부부·장유·붕우 등 다섯 가지 인륜의 명칭과 등급이다. 손(遜)은 순조롭다는 뜻이다. 사도는 교육을 맡은 벼슬이며 부(敷)는 편다는 뜻이다. 오교는 다섯 가지의 당연한 이치가 교화의 규율이 되는 것이다. 관(寬)은 여유있게 기다린다는 뜻이니, 이것은 그들로 하여금 점차로 배어들어 차츰차츰 들어오게 하는 것이다."

맹자가 말하였다. "사람의 도리로서 배불리 먹고 따뜻하게 입으며 편안하게 거처하면서 가르침이 없다면 금수에 가깝게 되는 것이다. 성인이 이를 근심하여 설에게 사도의 직을 주어 인륜을 가르치게 하였으니, 즉 부자간에는 친함이 있어야 하고, 군신간에는 의리가 있어야 하며, 부부간에는 분별이 있어야 하고, 어른과 아이 사이에는 차례가 있어야 하며, 벗들 사이에는 신의가 있어야 하는 것이다."

사도는 여섯 가지 예를 닦아 백성들의 성품을 절제하고, 일곱 가지 교화를 밝혀서 백성들의 덕을 일으키며, 여덟 가지 정치를 엄격히 하여 음탕한 것을 막고, 도덕을 순일하게 하여 풍속을 같게 하고, 노인을 보양하여 효를 이루고, 고독한 이를 불쌍히 여겨 부족한 것을 채워 주고, 어진 이를 숭상하여 덕을 높이고, 불초한 이를 가려내어 악을 물리친다. 《예기》

《예기》에 말하였다. "육례(六禮)는 관례·혼례·상례·제례·향례·상견례이다(향례와 상견례는 지금은 다만 향음주례(鄕飮酒禮 : 예전에, 온 고을의 유생이 모여 향약을 읽고 술을 마시며 잔치하던 일)와 사상견례(士相見禮)가 있으니, 거기에서 살펴볼 수 있다). 칠교(七敎)는 부자·형제·부부·군신·장유·붕우·빈객의 도에 대한 가르침이요, 팔정(八政)은 음식·의복·사위(事爲 : 공인의 기예)·이별(異別 : 다섯 지방의 생활 용품에 같고 다름이 있는 것)·도(度)·양(量)·수(數)·제(制)*1이다. 도와 양은 장단 대소가 다르지 않게 하는 것이요, 수와 제는 많고 적음, 넓이가 다르지 않도록 하는 것이다."

이는 입교(立敎)의 절목을 말한 것입니다.

옥은 갈지 아니하면 그릇을 이루지 못하고, 사람은 배우지 아니하면 도를 알지 못한다. 군자가 만일 백성을 가르치고 이끌어서 바른 방향으로 풍속을 이루려 한다면 반드시 배움으로부터 시작해야 하는 것이다. 《예기》아래도 같음

진씨(陳氏)가 말하였다. "백성을 가르치고 이끌어서 바른 방향으로 풍속을 이루는 데는 반드시 요·순 시대에 백성이 요의 덕에 감화되어 화락함을 누린 것처럼 되는 것이 궁극의 목표이다. 여기에서의 배움이란 곧 《대학》의 도인 명덕(明德)과 신민(新民)의 일이다."

옛날의 교육 기관으로는 가(家)에는 숙(塾)이 있고, 당(黨)에는 상(庠)이 있으며, 술(術 : 주(州)를 말함)에는 서(序)가 있고 국(國)에는 학(學)이 있었다.

진씨가 말하였다. "옛날에는 25가가 한 여(閭)가 되니 함께 한 마을에 있는 것이다. 마을의 입구에는 문이 있고 문 곁에 숙이 있다. 백성으로서 가에 있는 자는 조석으로 숙에서 교육을 받는다. 500가가 한 당이 되었다. 당의 학교를 상이라 하여 마을의 글방에서 뽑혀 올라온 사람을 가르친다. 술은 주(州)와 같은 것이다. 2,500가가 한 주가 된다. 주의 학교를 서라고 하며 당학(黨學)에서 뽑혀 올라온 사람을 가르친다. 천자의 도읍 및 제후의 도읍 가운데 있는 학교를 국학(國學)이라고 한다. 여기서는 천자의 원자(元子) 및 중자(衆子)와 공경과 사대부의 아들과 준재(俊才)로써 뽑혀 올라온 선비들을 가르친다."

악정(樂正)이 4술을 숭상하고 4교를 세워서 선왕의 시(詩)·서(書)·예(禮)·악(樂)으로써 선비를 양성하였다. 봄가을에는 예·악을 가르치고, 겨울과 여름에는 시·서를 가르쳤다.

오씨가 말하였다. "악정은 교육을 맡아 보는 벼슬아치이다. 술(術)이란 길이라는 말이니, 시·서·예·악의 네 가지 가르침이 곧 덕으로 들어가는 길

이라는 뜻이다. 조(造)는 이룬다는 뜻이다."

진씨가 말하였다. "옛 사람의 가르침이 비록 사시에 따라 각기 익히는 것이 있다고 하나, 실제로는 반드시 자르듯이 저것을 버리고 이것만을 익히는 것은 아니다. 아마도 이것은 상대적으로 말한 것일 뿐이요, 봄가을에는 시·서를 가르치지 않고, 겨울과 여름에는 예·악을 가르치지 않는다는 것은 아니다."

동씨의 대책(對策)에 이르기를, "《춘추》에서 계통을 하나로 귀결시키는 것〔一統〕을 크게 여긴 것은, 이것이 하늘과 땅의 보편적 도리이고 옛날과 오늘날에 통하는 의리이기 때문입니다. 《춘추공양전》에 '은공(隱公) 원년(元年) 봄, 왕정월(王正月)'이라 하였으니, 무엇 때문에 왕정월이라 하였겠습니까? 이것은 일통을 크게 여겼기 때문입니다. 동중서는 대개 이것을 빌려서 온 세상의 도술은 마땅히 하나로 통일이 되어야 함을 밝혔습니다. 지금은 스승들의 도가 다르고 사람들의 이론이 달라 백가(百家)가 모두 방향이 다르고 뜻이 같지 아니합니다. 그 때문에 위에서 하나로 통일할 수가 없어서 법제가 자꾸 변하여, 아래에서는 그 지킬 바를 알지 못합니다. 신의 어리석은 생각으로는, 육예(六藝)의 과목과 공자의 학술에 있지 않은 것은 모두 그 길을 끊어버리고 다시 나오지 못하게 해야 합니다. 간사하고 편벽된 말이 사라져야만 기강이 하나로 될 수 있고 법도가 밝아질 수 있으며, 백성들이 따를 곳을 알게 될 것입니다" 하였다.

신이 살피건대, 중고(中古) 시대 이래로 도술(道術)이 분열되어 노자·장자·양주(楊朱)·묵적(墨翟)·신불해(申不害)·한비자(韓非子)·소진(蘇秦)·장의(張儀)의 주장이 백성들을 미혹하여 어지럽게 하였고, 한·당으로 내려와서는 불교가 겹쳐 천하가 어두워져서 갈 곳을 잃게 되자, 호걸지사(豪傑之士)가 많이 그 쪽으로 빠져들었습니다. 그러나 그 당시에도 때때로 인재가 배출되어 실용에 적합하게 쓰일 수 있었고, 송나라 이후부터는 정자와 주자의 공적이 우주를 떠받치니 도술이 통일되고 다시 다른 갈래가 없어지게 되어 마땅히 인재를 이루기에 용이하여졌습니다. 그러나 오직 사람들이 학문을 하지 않았기 때문에 세도는 날로 떨어지고 인심은 더럽혀져서, 의리를 돌보지 않고 오직 이(利)만을 추구하게 되었습니다. 그러자 인물이 묘연하여 도리어 이단이 횡행하던 때만도 못합니다. 그러므로 사사로운 이익을 탐내는 욕심의 해악이 이단의 해악보다도 심하다는 것을 충분히 알 수 있으니, 깊이 개탄해야 할 일입니다. 전하께서는 마땅히 급하게 서둘러 옛날의 도를 회복하시어 그것으로 잘 가르쳐서 치도를 성취하십시오.

대사도(大司徒)가 향당에서 세 가지 일〔三物〕로써 만민을 가르쳐서 어진 인재를 등용하여 손님을 대하는 예로 그들을 대우하였다. 《주례》아래도 같음

주씨(朱氏)가 말하였다. "물(物)은 일이란 뜻이요, 흥(興)은 등용한다는 뜻이다. 세 가지 일에 대한 교육이 끝났다고 아뢰면 향대부가 그 어질고 유능한 이를 천거하여 예로써 빈객의 대우를 하는 것이다."

그 첫째가 육덕(六德)이니, 곧 지(知)·인(仁)·성(聖)·의(義)·충(忠)·화(和)이다.

주씨(周氏)가 말하였다. "지는 시비를 분별하는 것이요, 인은 사욕이 없는 것이며, 성은 통달하지 아니한 것이 없는 것이요, 의는 결단하여 제재함이 있는 것이다. 자기의 마음을 다하는 것을 충이라 하고, 어긋남이 없는 것을 화라고 한다."

둘째는 육행(六行)이니 곧 효(孝)·우(友)·목(睦)·인(婣)·임(任)·휼(恤)이다.

주씨가 말하였다. "효는 부모에게 효도하는 것이요, 우는 형제에게 우애 있는 것이다. 목은 구족(九族)과 화목하게 지내는 것이요, 인은 외가 쪽을 친애하는 것이다. 임은 벗들에게 신임이 있는 것이요, 휼은 빈궁한 이를 구제해 주는 것이다."

셋째는 육예(六藝)이니, 곧 예(禮)·악(樂)·사(射)·어(御)·서(書)·수(數)이다.

주씨가 말하였다. "예는 오례(五禮)요, 악은 육악(六樂)이며, 사는 오사(五射)요, 어는 오어(五御)이며, 서는 육서(六書)요, 수는 구수(九數)이다."

진씨가 말하였다. "예로써 마음을 다스리고, 악으로써 화를 인도하며, 사로써 덕행을 보고, 어로써 말을 모는 것을 바르게 하고, 서로써 심획(心劃)을 보며, 수로써 사물의 변화를 다하는 것이니, 모두 지극한 이치가 깃들어 있어서 일상생활에 빠뜨릴 수 없는 것이다."

정자가 말하였다. "온 세상을 다스리는 것을 잘 말하는 사람은 법도가 확립되지 않은 것을 근심하지 않고 인재가 없는 것을 근심하며, 몸을 잘 닦는 사람은 기질이 아름답지 못한 것을 근심하지 않고 스승의 교육이 밝지 못한 것을 근심하는 것이다. 인재가 없으면 비록 좋은 법과 아름다운 뜻이 있다 하더라도 누구와 더불어 이것을 행하며, 스승의 교육이 밝지 못하다면 비록 도를 받아들일 수 있는 바탕이 있다 하더라도 누구와 더불어 그것을 이루겠는가?"

또 말하였다. "옛날 사람들은 어려서 배울 때부터 귀와 눈으로 보고 들으며 접하는 것이 모두 선한 것이었고, 자라서도 좋지 못한 것을 보지 않았기 때문에 인격이 성취되기가 쉬웠다. 그런데 지금 사람들은 어려서부터 보는 것이 모두 선하지 않은 것이고, 겨우 말을 할 수 있게 되자마자 곧 더럽고 나쁜 것을 익혀 날마다 본성을 잃어가게 되었다. 여기에 다시 무슨 하늘의 도리가 있겠는가. 본래 사람의 도리를 다하기를 기다렸지만 아직 보편적인 본성을 약간이나마 지니고 있어서 인의(仁儀)를 다할 수 없게 된다. 이를 다 녹여 없앨 수는 없으므로 오히려 약간의 간사한 거짓이 남아 있게 되니, 이렇게 하루하루를 보내는 동안 다소의 교묘한 거짓을 일으키게 되고 얼마 간의 간계를 싹트게 한다. 그러한 것에 영향을 받아서 기(氣)로써 기를 움직이게 하니 성현이 나지 않고 화기가 싹트지 않는 것은 당연한 일이다. 평상시에 혹시 약간 화(和)한 때가 있고 풍년이 드는 것은 또한 요행으로부터 나온 것이다. 만약 그렇지 않다면 무엇 때문에 옛날에는 같은 때 같은 집에서 성인이 함께 났는데도 후세에 와서는 수천 년 동안이나 적막하게 되었겠는가?"

《주역》에서 말하였다. "위는 하늘이요, 아래가 못〔澤〕인 것이 이괘(履卦)이다. 군자는 이것을 본받아 위아래를 변별하여 백성들의 뜻을 안정시킨다" 하였다. 〈이괘·상사〉

정자가 말하였다. "상하의 분별이 분명하여야만 백성들의 뜻이 정해지고 백성들의 뜻이 정해져야만 다스림을 말할 수 있다. 백성들의 뜻이 정해져야만 온 세상을 다스릴 수 있다. 백성들의 뜻이 정해지지 아니하면 온 세상은 다스려질 수가 없다. 옛날에는 공경대부(公卿大夫)와 그 이하의 지위가 각기 그 덕에 합당하여, 종신토록 그 자리에 있으면서 자기의 분수를 얻었다. 만약 지위가 덕에 합당하지 않으면 임금이 그를 들어 승진시키고, 선비가 그 학문을 닦아 학문이 어느 경지에 이르면 임금이 그를 구하는 것은 모두 자기 몸을 위한 것이 아니었다. 농부·기술자·장사꾼들은 각각 그 일을 부지런히 하여도 누리는 것에는 한계가 있으므로 모두 정해진 뜻이 있어 온 세상의 마음이 하나로 통일될 수 있었던 것이다. 후세에는 일반 선비들로부터 공경대부에 이르기까지 날마다 존귀하고 영화로운 자리에 뜻을 두고, 농부·기술자·장사꾼은 날마다 부유하고 사치스러운 데에 뜻을 두어 모든 백성의 마음이 서로 이익에만 힘을 써서 천하가 어지러워졌으니 어찌 하나로 통일될 수 있겠는가? 이렇게 되면 어지럽지 않기를 바라더라도 어지러운 것이니, 이것은 상하가 정해진 뜻이 없기 때문이다. 그러므로 군자가 이괘의 상(象)을 관찰하여 상하를 분별하고 그들로 하여금 각기 그 분수에 맞도록 하여 백성들의 뜻을 안정케 한 것이다."

공자는 말하였다. "귀천에 등급이 있고 의복에 분별이 있으며, 조정에 지위가 정해져 있으면 백성들은 사양함이 있게 될 것이다."

《시경》에서 말하였다. "솔개는 하늘 높이 날고 물고기는 연못에서 뛰어오르네. 즐거운 군자가 어찌 사람들을 떨쳐 일으키지 않겠는가?"

〈대아·한록(旱麓)〉

상채 사씨(上蔡謝氏)가 말하였다. "솔개는 하늘 높이 날고 물고기가 연못에서 뛰어오르는 것은 상하가 각각 그 마땅한 자리를 얻은 것이다. 시인이, 이와 같은 기상은 주나라에서 사람을 떨쳐일어나게 한 것과 같다는 것을 말한 것이다."

주자가 말하였다. "이 시는 문왕의 덕을 노래한 것이다."

훌륭한 많은 선비들이 이 왕국에 태어났도다. 왕국에 태어남이여, 주나라의 기둥이라네. 그 많은 선비들이여, 문왕이 그들에게 힘입어 평안하리라.

《시경》〈대아·문왕〉

주자가 말하였다. "이것은 문왕의 나라가 이렇게 많은 선비를 낳았기 때문에 이들이 나라의 기둥이 될 수 있었고, 문왕도 여기에 힘입어 편안하게 되었다는 것을 말한 것이다."

정자가 신종(神宗)에게 고하여 말하였다. "지금 천하가 쇠미하여져서 인심이 날로 투박해지고 말세의 풍속이 떠들썩하여 다시 염치가 없습니다. 이것은 대개 조정에서 덕을 높이고 도를 즐기는 기풍이 신실하지 못하여 돈독하고 충직하고 온순한 교화가 아직 펴지지 못한 까닭입니다. 오직 폐하께서 성인의 가르침을 상고하시고 선왕의 다스림을 본받아 일심으로 뜻을 성실하게 하시며, 천도(天道)의 강건함을 본받아 힘써 행하신다면 천하가 크게 다행스러울 것입니다."(이것은, 사람을 가르치는 근본은 자신을 닦는 데 있다는 것을 말한 것입니다.)

또 말하였다. "한나라에서는 현량과(賢良科)를 보였는데도 오히려 사람들이 천거를 했습니다. 공손홍(公孫弘) 같은 사람도 오히려 남들이 억지로 일으켜서 책문에 응하게 했는데, 후세의 현량들은 스스로 등용해 줄 것을 요구하였습니다. 만약 '나는 다만 임금을 직접 대면하여 세상 일을 직언하고 싶은 것이다'라 한다면, 그래도 이런 사람은 또한 숭상할 만하지만, 그렇지 못하고 뜻이 부귀에 있을 때는 뜻을 얻게 되면 바로 교만하고 방종해지며, 뜻을 잃으면 곧 언행에 구속됨이 없거나 비탄과 수심에 빠질 뿐입니다."

또 조정에 진언하였다. "온 세상을 다스리는 데는 풍속을 바르게 하고 어진 인재를 얻는 것을 근본으로 삼아야 합니다. 임금께서는 마땅히 먼저 측근 신하와 어진 유학자와 모든 집사들을 예법에 맞게 임명하고, 마음을 다하여 사람을 물색하되, 덕업이 충실하게 갖추어져 귀감이 될 만한 사람을 택해야 합니다. 그 다음으로는 뜻을 독실히 하고 학문을 좋아하며 재질이 어질고 행실이 닦인 이가 있으면 후한 예우로써 초빙하여 서울에 모아놓고 아침저녁으로 서로 바른 학문〔正學〕을 강론하게 해야 합니다. 그런데 그 도는 반드시 인륜에 근본을 두고 사물의 이치를 밝혀야 하며, 그 가르침은 《소학》의 쇄소응대(灑掃應對), 즉 물뿌리고 쓸고 인사하고 대하는 데서부터 시작하여 효제충신(孝悌忠信)을 닦고 예악을 실천하는 데까지 이르게 하여야 합니다. 서로 부축하고 격려하여 점차 성취해 나가는 방법은 다 절도와 차례가 있으나, 그 요점은 선을 택하고 몸을 닦아서 온 세상을 교화하는 데 이르고 시골 사람으로부터 성인의 도에 이를 수 있게 하는 데 있으니, 그 학행이 모두 이에 합하게 되어야 덕을 이루게 되는 것입니다. 그중에서 재주와 식견이 밝고 통달하여 선으로 나아갈 수 있는 자를 택하여 날마다 그 학업을 받게 하고, 그 중에 학문이 밝고 덕행이 높은 사람을 택하여 태학(太學)의 스승으로 삼고, 그 다음 사람에게 온 세상의 교학을 나누어 가르치게 할 것입니다. 선비를 선발하여 학교에 입학시키되, 현에서 주로 천거하고 주에서 태학으로 천거하면, 태학에서는 이들을 모아 가르쳐서, 해마다 그 중에서 어진이와 재능이 있는 이를 조정에 천거합니다. 대개 선비를 선발하는 방법은 성품과 행실이 바르고 깨끗하며 집에서는 효도와 우애를 실천하고, 염치와 예의가 있으며 학업에 밝게 통달하고 정치의 도리에 통달한 사람으로 뽑는 것입니다."

이는 학교를 일으켜 선비의 습성을 바르게 할 것을 말한 것입니다.

《주역》에서 말하였다. "산 위에 나무가 있는 것은 점괘이다. 군자는 이를 본받아 어진 덕을 닦아서 풍속을 선하게 한다." 〈점괘(漸卦)·상사〉

정자가 말하였다. "산 위에 나무가 있으니 그 높이가 그것 때문에 더욱 높아지게 된다는 뜻이 있다. 군자는 점괘의 상(象)을 보고 그것을 본받아 어질고 선한 덕화를 닦아서 풍속을 아름답게 하는 것이다. 풍속을 바꾸는 것은 하루아침이나 하루저녁에 이룰 수 있는 것이 아니다. 그러므로 선한 풍속은 반드시 점차로 그렇게 이루어 가는 것이다."

성왕(成王)이 군진(君陳)에게 명하여 말하였다. "오직 백성들이 태어날 때는 그 본성이 두터우나 사물로 말미암아 바뀌어지는 것이다. 그리하여 위에서 명령하는 것을 어기고 그들이 좋아하는 것만을 따르고자 한다. 그대가 인류의 상도(常道)를 공경하여 몸에 덕을 나타낼 수 있다면, 곧 변하지 않는 것이 없게 되어 진실로 큰 도에 오르게 될 것이다." 《서경》〈주서·군진〉

채씨가 말하였다. "백성들이 태어날 때에는 본래 그 본성이 두터우나 그것이 각박하게 되는 까닭은 오랜 풍속에 이끌리고 사물로 말미암아 바뀌어지기 때문이다. 그러나 두터운 것이 이미 바뀌어 각박하게 되었다면, 각박한 것이 어찌 다시 두텁게 될 수 없겠는가? 각박한 것을 돌이켜 두텁게 하려면 웃음과 같은 겉치레로서는 할 수 없는 것이다. 백성들이 윗사람의 명령을 따르지 않고 그들이 좋아하는 것만을 따른다는 것은 《대학》에서 말한, '그 명령하는 것이 백성들이 좋아하는 것과 반대되면 백성들은 따르지 아니한다'는 것과 같은 것이다. 경전(敬典)이란 군신·부자·형제·부부·벗의 일상 도덕을 공경하는 것이요, 재덕(在德)이란, 그 오륜의 상도를 얻어 몸으로 체득하는 것이다. 대개 법도를 공경할 줄 알면서도 덕을 몸으로 체득할 줄 모른다면 법과 내가 둘이 되는 것이다. 오직 법도를 공경하면서 덕을 몸으로 체득할 수 있어야만 공경하는 법도가 실제로 나에게 있게 되는 것이다. 진실됨이 사람을 감동시키는 것은 북을 울리는 것보다 빠르다. 이 때문에 이에 변화하지 않는 사람이 없어서 진실로 큰 도에 오르게 되는 것이다."

대사도(大司徒)는 향(鄕)의 여덟 가지 형벌[八刑]을 가지고 만인을 바르게 한다. 첫째는 불효의 형벌이다. 둘째는 화목하지 못한 것에 대한 형벌이다. 셋째는 인척 사이에 친하지 않은 것에 대한 형벌이다. 넷째는 공경하지 않는 것에 대한 형벌이다. 다섯째는 벗들과 신의가 없는 것에 대한 형벌이다. 여섯째는 남을 구제하지 않는 것에 대한 형벌이며, 일곱째는 유언비어를 퍼뜨린 것에 대한 형벌이다. 여덟째는 백성을 어지럽히는 것에 대한 형벌이다.
《주례》

주씨가 말하였다. "삼물(三物)*2의 가르침을 따르지 않으면 여덟 가지 형벌을 만들어 이것을 바르게 잡는다."

도에는 오르내림이 있으니, 정치는 풍속에 따라 개혁하는 것이다. 그 착한 것을 착하게 여기지 않는다면 백성들을 권면할 수 없게 될 것이다.
《서경》〈주서·필명(畢命)〉 아래도 같음

채씨가 말하였다. "'오르내림이 있다'는 말은 높아질 때도 있고 낮아질 때고 있다고 말하는 것과 같은 것이다. 정치를 하는 사람은 풍속에 따라서 변혁을 하는 것이다."

선한 자를 표창하고 악한 자를 구별하며, 선한 이가 사는 마을을 표창하여 선한 것을 드러내고, 악한 것을 징계하여 선한 사람의 명성이 들리게 하라. 교훈과 법도를 따르지 않으면 그 마을의 경계를 다르게 하여 그들로 하여금 악을 두려워하고 선을 사모하게 하라.

채씨가 말하였다. "숙(淑)은 선한 것이고, 특(慝)은 악한 것이며, 단(癉)은 병이다. 선한 사람이 사는 마을을 특이하게 드러낸다는 것은 문[門閭]에 정표(旌表)를 세워 주는 것과 같은 것이다. 그 선한 일을 하는 사람은 드러내고 선하지 않은 사람은 징계하여, 선한 이를 교훈의 본보기로 당시에 드러나게 하고, 후세에까지 전하게 하는 것이 이른바 선한 이를 정표하는 것이다. 그 교훈과 법도를 따르지 않는 자는 그 마을의 경계를 달리하여 그들로 하여금 선한 이들과 함께 섞여 살지 못하게 하는 것은, 《예기》에서 말한 '변하여 착하게 되지 않으면 교(郊)로 옮기고, 수(遂)로 옮긴다'라고 한 바로 그 법이다. 이리하여 그들로 하여금 악한 일을 함으로써 화가 오게 되는 것을 두려워하게 하며, 선한 일을 함으로써 복이 오게 되는 것을 그리워하게 하는 것이 이른바 악한 이를 구별하는 것이다."

《주역》에서 말하였다. "내가 한 일의 결과를 보아서 군자이면 허물이 없을 것이다." 〈관괘(觀卦), 9·5효사〉

정자가 말하였다. "구오효(九五爻)는 임금의 자리에 위치하고 있다. 당시의 다스려짐과 혼란, 풍속의 아름다움과 추악함이 나에게 달려 있는 것이다. 만약 온 세상의 풍속이 모두 군자의 풍속이라면, 이것은 내가 행한 정치와 교화가 선한 것이므로 곧 허물이 없을 것이요, 만약 온 세상의 풍속이 군자의 도에 합당하지 않다면, 이것은 내가 행한 정치가 선하지 않은 것이므로 허물을 면할 수 없을 것이다."

이는 선악을 분별하여 풍속을 바로잡을 것을 말한 것입니다.

천자는 천지에 제사지내고, 제후는 조정에 제사지내며, 대부는 다섯 곳[五祀]에 제사지낸다. 천자는 온 세상의 명산과 큰 냇가에 제사지내고, 제후는 자기의 영토 내에 있는 산천에 제사지낸다. 《예기》

주자가 말하였다. "천자가 천지에 제사지내고, 제후가 자기 국내의 산천에 제사지내는 것은, 오로지 그것이 나에게 속해 있기 때문에 내가 그것에 제사를 지내는 것이다. 만약 그것이 나에게 속해 있지 않다면 기(氣)가 그것과 더불어 서로 감응하지 못하는 것이니 어찌 그렇게 제사를 지내겠는가."

공자가 말하였다. "관련 없는 귀신에게 제사지내는 것은 아첨하는 것이다. 《논어》

주자가 말하였다. "관련 없는 귀신이라는 것은 마땅히 제사를 지내야 할 귀신이 아니라는 말이요, 아첨이란 잘 보이기를 바란다는 말이다."

《시경》에서 말하였다. "즐거운 군자는 복을 구하는데 간사하지 않네."
〈대아·한록〉

주자가 말하였다. "회(回)는 간사하다는 뜻이다."

정씨는 말하였다. "이 시는, 문왕이 복을 구하되 덕을 닦아서 기다린 것이지 간사한 행동을 하여서 구한 것이 아니라는 것을 말한 것이다."

주자가 봉사(封事)를 올려 말하였다. "신이 듣건대, '하늘에는 밝은 도가 있으므로 선한 것은 선한 대로, 악한 것은 악한 대로 드러낸다. 선을 행하는 자에게는 백 가지 운수가 좋을 조짐〔吉祥〕을 내려주고, 선하지 않음을 행하는 자에게는 백 가지 재앙을 내려 준다' 하였으니, 이 때문에 사람의 화복이란 모두 그 자신이 스스로 지은 것이다. 선을 행하지 않고도 아첨하고 빌어서 복을 얻는 자는 없으며, 악한 짓을 하지 아니하고 바른 것을 지키면서 화(禍)를 얻는 자 역시 없다. 그런데 하물며 제왕이란 실로 천명을 받아서 교(郊)·종묘·사직·신(神)·인(人)의 주인이 되었으니, 진실로 덕을 닦고 정치를 행하여 만백성을 편안하게 구제한다면, 어찌 빌기를 기다려 재해가 사라지겠으며, 어찌 빌기를 기다려 복록이 이르겠습니까? 그러나 만약 이와 반대이면 하늘에 죄를 지어, 사람들이 원망하고 신이 노여워할 것이니, 비록 악귀를 물리치고 진인을 오게 하려 하여도 아무 소용이 없을 것입니다.

또한 선왕이 예를 제정하여, 천자로부터 서민에 이르기까지 근본에 보답하고 어버이에 제사지내는 것에 모두 떳떳한 법도가 있습니다. 희생과 기물과 시일에도 모두 떳떳한 법도가 있습니다. 그리하여 밝은 데는 예악이 존재하고, 어두운 데는 귀신이 있습니다. 여기에 일리가 관통하여 애당초 간격이 없으므로, 진실로 예가 있지 않다면 귀신은 흠향하지 않는 것입니다. 이 때문에 자신과 관련이 없는 귀신에게 제사를 지내는 것은 곧 부정한 귀신에게 제사를 지내는 것이 되는 것입니다. 음사에는 복이 없다고, 경(經)에서 이것을 명문화하여 밝힌 것은 굳이 이것을 만들어서 금하려는 것이 아니라, 그 이치가 그러하므로 바꿀 수 없기 때문입니다. 그런데 때로 황홀한 사이에 마치 신의 영향이 있는 것과 같은 것은 곧 마음에 주되는 것이 없어서 그런 것입니다. 망령되게 근심하고 의심하여 드디어 무당과 요사스런 사람이 그 틈을 타서 간사하고 기만적인 짓을 마음대로 합니다. 이렇게 하여 사람을 속이고 미혹하게 하는 술수가 행해지면, 그 재앙이 장차 미치지 않는 곳이 없게 될 것입니다. 옛날이나 지금이나 이 때문에 혼란과 멸망에 이른 자를 어찌 다 헤아릴 수 있겠습니까? 그 귀감이 되는 것이 또한 멀지 않습니다. 그러나 진실로 학문을 정밀하게 이루어 성명(性命)의 이치를 밝혀서, 이 마음으로 하여금 환하게 의혹되는 것이 없게 하여 마땅히 있어야 할 것은 있게 하고 마땅히 없어야 할 것은 없게 하지 않는다면, 또한 무엇에 근거하여 예를 잡고 법을 지켜 요망함의 근원을 끊을 수 있겠습니까?

선왕의 정치는, 옳지 못한 도로써 정치를 어지럽게 하거나 귀신을 빙자하여 백성을 의혹하게 하는 자는 모두 반드시 처벌하고 들어 주지 않았으니, 그 헤아림이 깊었던 것입니다. 그러나 전(傳)에 이르기를, '천지의 성(性)에 밝은 사람은 귀신이나 요괴로써 미혹되게 할 수 없고, 만물의 실정에 밝은 사람은 터무니없는 것으로써 속일 수 없다' 하였으니, 그 망령된 것은 대개 살피기 어려운 것이 아닙니다. 생각건대, 임금께서 이 점에 유의하신다면 세상은 크게 다행해질 것입니다."

이는 제사의 법도를 바르게 하여 귀신과 요괴를 끊을 것을 말한 것입니다.

신이 살피건대, 하늘이 이 백성을 낳을 때에 그들에서 사목(司牧)을 세웠으니, 사목은 실로 임금과 스승을 겸하였습니다. 목자(牧者)로써 그들을 기르고, 임금으로서 그들을 다스리며, 스승으로서 그들을 가르친 후에야 이 백성들이 그들의 삶을 편히 즐길 수 있고, 그들의 악을 개혁할 수 있으며, 그들의 선을 흥기시킬 수 있습니다. 삼대 이전에는 세 가지가 각기 그 도를 다하였으므로 정치가 이루어지고 교화가 행해져서 다스림이 성대하게 되고 풍속이 아름다워졌습니다. 후세로 내려오면서부터 도학(道學)이 행해지지 아니하여, 임금이 스스로 실천하는 실상이 없어서 사방을 바르게 하지 못하고 다만 법령으로 일세를 지탱하였을 뿐입니다. 때로는 간혹 인자한 임금이 있어서 백성들을 증가시키고 넉넉하게 한 일도 있었지만 그들이 백성을 교화했다는 소리는 들어 본 적이 없으니 인륜(人倫)이 차례를 잃고 풍속이 쇠퇴하여 무너지게 된 것을 어찌 괴이하게 여길 수 있겠습니까? 옛 도리가 행해지지 않은 지가 오래 되었으니 일반 사람들은 귀로 듣는 데 편안하고 눈으로 보는 데 익숙한 것을 모두 당연하다 생각하여 도리어 옛 도리를 놀랄 만한 것이라고 여기니, 지사(志士)는 분개하고 한탄하여 마지않는 것입니다. 이른바 옛 도리라는 것은, 산은 겨드랑이에 끼고 바다를 뛰어넘으며 허공을 달리는 것과 같은 것을 일컫는 것이 아니라, 다만 부자간에는 인(仁)을 다하고, 군신간에는 의(義)를 다하며, 부부간에는 분별을 다하고, 어른과 아이들 사이에는 예를 다하며, 벗들 사이에는 신(信)을 다하는 것을 일컫는 것입니다. 이것은 모두 타고난 본성에 뿌리를 두고 나와 아름다운 덕이 나타난 것이지 본래 행하기 어려운 것은 아닙니다. 다만 앞으로는 기품(氣稟)에 구애받고, 뒤에서는 물욕에 빠지는 데다 생업에는 일정한 대책이 없기 때문에 이리저리 전전하여 살 곳을 잃고, 죽음만이라도 면하려 하여도 힘이 부족하니, 그 양심을 잃어 한갓 형벌이 두렵다는 것만 알 뿐이요, 명예와 절개를 지켜야 할 것을 근심하지 않아 간사함과 거짓을 더하여 교묘하게 법망을 피할 뿐입니다. 이 때에 웃자리에 있는 사람이 교화의 도가 있는 것을 생각하지 아니하고 다만 형법이 세밀하지 못한 것만 염려하여, 조목을 더 첨가함으로써 속이는 것을 막으려 하니, 법이 더욱 세밀할수록 간악함은 더욱 심해집니다. 그리하여 풍속은 날로 무너지고 세상의 도리는 날로 낮아져서 구제할 수 없게 될 것입니다.

간혹 힘을 내어 세상의 악습을 교정하려는 사람이 있긴 하지만 또한 가르침을 베푸는 데는 근본이 있고, 백성을 교화하는 데는 순서가 있다는 것을 알지 못하여 헛되이 그 이름만 사모하고 그 실상을 얻지 못하며, 근본을 뒤로 하고 말단을 먼저 하니, 가르침은 있어도 효과는 없습니다. 여기에 세상 사람 중에 방종함을 즐기고 바로잡고 단속하기를 꺼리는 자는 틈을 타서 이것을 힘써 공격하여, 옛 도리는 진실로 회복할 수 없는 것이라 합니다. 이것은 한 잔의 물을 가지고 수레 한 채의 불을 끄려다가, 물은 불을 이길 수 없는 것이라 하는 것과 무엇이 다르겠습니까? 반드시 임금께서 먼저 몸소 실천하기에 힘써서 어진 이를 얻어 같이 다스리며, 조정의 명령은 인심을 기꺼이 복종시키고, 어렵고 의탁할 곳 없는 백성들로 하여금 모두 선에 떨쳐일어날 생각을 품게 한 뒤에, 그 폐단이 되는 것은 버리고 괴로움은 풀어주며, 마음을 정하여 그 생업을 이루어 주고, 학교를 설립하여 그들을 가르쳐서 그들이 갈 길을 인도하여 주며, 예를 제정하여 그들을 엄숙하게 단속함으로써 그 절도를 지키게 하며, 삼짓날과 중오절에 시골 한량들이 편을 갈라 활쏘기를 겨루는 향사(鄕射)와 향음주(鄕飮酒)의 의례를 만들어서 그들을 화락함으로 인도하고, 선을 권장하여 선양함으로써 나아갈 바를 결단하게 하고, 악을 징계하여 미워함으로써 하지 않아야 될 바를 알게 한다면, 장차 학교로 하여금 교육의 성대함에 이르게 할 것이요, 자기가 태어났거나 사는 시골 마을인 향당(鄕黨)에는 공경하고 사양하는 풍속을 일으키게 될 것입니다. 그러면 시절이 크게 다스려져서 형벌을 사용하지 않게 되고, 예악이 성하게 될 것입니다. 그러니 어찌 옛 도리를 참으로 오늘날에 실시할 수 없겠습니까?

어떤 사람이 묻기를, '이와 같이 한다면 그런 결과를 얻겠지만 반드시 임금이 몸소 실천하여 백성을 늘리고 부유하게 하기를 기다린 후에야 가르침을 베풀 수 있다면, 임금이 몸소 실천하는 날이 없고, 백성을 늘리고 부유하게 할 기약이 없을 때에는 끝내 가르침을 베풀 수 없는 것이 아닌가?' 하기에, 신이 이렇게 대답하였습니다. '임금이 진실로 몸소 실천해야 할 것을 알지 못하고 백성을 기르는 데 힘쓰지 아니한다면, 이것은 앉아서 망하기를 기다리는 것이니, 구제할 수 있는 방법이 없다. 그러니 어찌 옛 가르침을 베풀 수 있겠는가? 또한 만약에 반드시 임금이 덕을 이루고, 이 백성들이 늘고 부유하게 되기를 기다린 후에야 비로소 가르침을 베풀겠다고 한다면, 이것 또한 하나에만 집착된 주장이다. 오로지 임금은 몸소 실천할 뜻을 세우고 인정을 베풀며, 점차로 교육을 시행하면 기르는 것과 가르치는 것이 병행하여 서로를 이루어 줄 수 있을 것이다. 백성을 교화하는 도는 그 요령이 이와 같다' 하였습니다. 삼가 생각하건대, 전하께서는 힘써 노력하십시오.

〈주〉

*1 도(度)는 길이를 재는 것, 양(量)은 부피를 재는 것, 수(數)는 수량을 헤아리는 것, 제(制)는 베와 비단의 규격을 말한다.

*2 육덕(六德)·육행(六行)·육예(六藝).

올바른 정치를 펴는 효과에 대하여〔爲政功效〕

신이 살피건대, 임금이 이미 가르치고 기르는 도를 극진히 하였으면, 반드시 그 영향을 받아 감동되는 교화가 있게 되어 만세에까지 그 영향을 미칠 것입니다. 그러므로 여기에 그것의 공효를 밝혔습니다.

큰 도리가 행해질 때에는 천하가 공평하게 되어, 어진 이와 능한 이를 선발하여 신의를 강구하고 화목함을 닦는다. 그러므로 사람들은 비단 자기의 어버이만 어버이로 여기지 아니한다. 자기의 자식만 자식으로 여기지 아니한다. 늙은이는 종신(終身)할 곳이 있고, 젊은이는 쓰일 곳이 있으며, 어린이는 자랄 곳이 있고, 홀아비와 과부, 고아와 자식이 없는 사람, 병든자와 불구자도 모두 부양될 곳이 있다. 이 때문에 간사한 꾀가 일어나지 아니하며, 도적이 일어나지 아니하여 대문을 열어 놓고 닫지 않게 되니, 이것을 일러 대동(大同)이라고 한다. 《예기》

진씨(陳氏)가 말하였다. "모폐(謀閉)라는 것은 간사한 꾀가 꽉 막혀서 일어나지 않는 것이요, 대동이라는 것은 공평무사한 도가 크게 같아지는 세상이다."

맹자가 말하였다. "패자(霸者)의 백성들은 즐거워하고 기뻐하는〔驩虞〕 듯하다. 왕자의 백성은 드넓어서 스스로 크게 만족해하는〔皞皞〕 듯하다."
《맹자》 아래도 같음

주자가 말하였다. "환우(驩虞)는 몹시 즐거워하는 것과 같다. 호호(皞皞)는 스스로 크게 만족하는 모습이다."

정자는 말하였다. "환우는 의식적으로 조성하여 그렇게 된 것이니 어찌 오래 갈 수 있겠는가? '밭을 갈아 밥을 먹고 우물을 파서 물을 마시니 임금의 힘이 나에게 무슨 필요가 있겠는가?' 하였다. 이것은 하늘이 스스로 그렇게 한 것과 같은 것이니, 바로 왕자의 정치이다."

죽여도 원망하지 않고 이롭게 해 주어도 공으로 여기지 않으며, 백성들이 날로 선한 데로 옮겨 가면서도 누가 그렇게 만드는지 알지 못한다.

주자가 말하였다. "이것이 이른바 호호하다는 것이다. 용(庸)은 공(功)이다."

풍씨(豐氏)는 말하였다. "백성들이 미워하는 것을 근거로 하여 그것을 제거하는 것이지 본래 그것을 죽이려는 마음이 있는 것이 아닌데, 무슨 원망함이 있겠는가? 백성들이 이롭게 여기는 바에 따라 이롭게 해 주는 것이지, 본래 이롭게 해 주려는 마음이 있는 것이 아닌데 무슨 공으로 여길 것이 있겠는가? 다만 그 성품이 저절로 그러한 성품을 도와서 스스로 만족할 수 있게 해 준 까닭에 백성들은 날로 선한 데로 옮겨 가면서도 누가 그렇게 만들었는가를 모르는 것이다."

군자가 지나간 곳은 모두 감화가 되고, 마음을 두는 곳은 다 신묘하게 되어 상하가 천지의 변화와 함께 유행하게 되니, 어찌 도움이 적다고 하랴!

주자가 말하였다. "여기에서의 군자는 성인을 통틀어 말한 것이다. '지나가는 곳이 교화된다'는 말은 성인이 지나간 곳마다 교화되지 않은 사람이 없다는 것이다. 이것은 마치 순(舜)이 역산(歷山)에서 밭을 갈고 있을 때 밭 가는 사람들이 모두 밭두둑을 양보하고, 하빈(河濱)에서 질그릇을 구울 때는 그릇이 거칠거나 이지러진 것이 없었다는 것과 같은 것이다. '마음에 두는 것이 신묘해진다'는 것은 성인이 관심을 기울이고 있는 곳은 다 신묘하여 헤아릴 수 없게 된다는 것이다. 이것은 마치 공자가 '자립할 수 있게 해 주면 곧 자립하게 되고, 인도하면 곧 따르고, 편안하게 해 주면 곧 이르고, 동(動)하게 하면 곧 조화가 된다'는 것과 같아서, 어떻게 해서 그렇게 되는지를 미처 알지 못해도 그렇게 되는 것이다. 이것은 그 덕업의 성대함이 곧 천지의 화육(化育)과 더불어 함께 운행하여 온 세상 사람 모두를 완성된 사람으로 만들어 주는 것이다. 패자(霸者)가 단지 조그마한 혜택을 베풀어 그 부족함을 메꾸어 주는 것과는 다른 것이다. 이것이 바로 인덕을 근본으로 온 세상을 다스리는 왕도(王道)가 위대한 까닭이며, 학자가 마땅히 마음을 다해야 할 점이다."

이 때문에 명성이 중국에 넘치고 오랑캐에까지 미쳐서, 수레가 이르는 곳과, 인력이 통하는 곳과, 하늘이 덮고 땅이 싣고 있는 곳과, 해와 달이 비치고 서리와 이슬이 내리는 곳에 이르기까지 무릇 혈기를 지닌 것은 모두 성인을 존중하고 친애하지 않는 자가 없기 때문에 하늘과 짝짓는다〔配天〕고 일컫는 것이다. 《중용》

주자가 말하였다. "배천(配天)이란 그 덕이 미치는 것이 광대하여 하늘과 같다는 것을 말한 것이다."

이는 인(仁)이 온 세상을 덮는 효과를 말한 것입니다.

《시경》에서 말하였다. "아름답고 즐거워하는 군자여, 아름다운 덕이 드러나는 사람을 편안하게 하도다. 하늘로부터 복록(福祿)을 받았거늘, 또 보호하고 도와서 명하니, 이는 하늘이 거듭 돌봄이네." 〈대아·가락(假樂)〉

주자가 말하였다. "군자는 왕을 가리킨다. 민(民)은 뭇 백성이요, 인(人)은 벼슬에 나아가 있는 사람이며, 신(申)은 거듭한다는 뜻이다. 이 시는, 임금의 덕이 이미 모든 사람을 편안하게 하여 천록을 받게 되었으나, 하늘은 임금에게 대하여 그래도 반복하여 돌보아주기를 싫어하지 아니하여, 이미 보호하고 도와서 명하고 또 거듭하여 돌봐 주었다는 것을 말한 것이다."

또 말하였다. "문왕이 하늘 위에 있으니, 아! 하늘에서 밝게 살피도다. 주나라는 비록 오래된 땅이지만 그 천명은 새롭도다." 〈대아·문왕〉

주자가 말하였다. "이 시는, 문왕은 이미 죽었으나 그 신령이 위에 있어서 하늘 위에서 밝게 비추니 이 때문에 주나라가 비록 후직(后稷)이 처음 봉해진 것으로부터 천여 년이 지났으나 그 천명을 받은 것은 지금으로부터 비롯되었다는 것을 말한 것이다."

동양 허씨(東陽許氏)가 말하였다. "문왕은 밝은 덕〔明德〕을 밝혀 백성에게 미치게 하였으니 정치와 교화가 날로 새로워지게 되어 비로소 천명을 받은 것이다."

맹자가 등문공(滕文公)에게 말하였다. "《시경》에서 '주나라는 비록 오래된 땅이지만 그 천명은 새롭도다' 한 것은 문왕을 일컬은 것이다. 그대도 힘써 왕도를 행한다면 또한 그대의 나라를 새롭게 할 수 있을 것이다."

이는 덕이 천심(天心)과 부합하는 효과에 대한 말입니다.

《시경》에서 말하였다. "막강한 사람이라 사방에서 그를 교훈으로 삼도다. 더할 나위 없는 덕을 가진 사람을 백왕(百王)이 본받도다. 오호라! 이전의 왕을 잊을 수 없구나." 〈주송(周頌)·열문(烈文)〉

주자가 말하였다. "막강한 사람과 더할 나위 없는 덕이란 선왕의 덕을 가리킨 것이다. 사람들에게 잊혀질 수 없는 까닭은 이 도를 썼기 때문이다. 전왕은 문왕·무왕을 말한다."

군자는 그들이 어질게 여기던 사람을 어질게 여기고 그들이 친애하던 사람을 친애하며, 소인은 그들이 즐겁게 해 준 것을 즐기고 그들이 이롭게 해 준 것을 이롭게 여긴다. 이 때문에 이미 그들은 세상을 떠났지만 잊지 못하는 것이다. 《대학》

주자가 말하였다. "군자는 후세의 현자와 임금을 가리키는 것이고, 소인은 후세의 백성을 말하는 것이다. 이 말은, 이전의 왕이 백성을 새롭게 하여 지극한 선(至善)에 머물러서 온 세상 사람들로 하여금 자기 살 곳을 얻지 못한 사람이 한 사람도 없게 했기 때문에, 이미 전왕은 세상을 떠났지만 사람들이 그를 사모하여 오래도록 잊지 못한다는 것을 말한 것이다."

또 말하였다. "그들이 어질게 여기던 사람을 어질게 여긴다는 것은, 들어서 알고는 그 덕업의 성대함을 숭앙하는 것이요, 그들이 친애하던 사람을 친애한다는 것은 자손들이 그들을 보존하여 그 길러 준 은혜를 생각하는 것이다. 그들이 즐겁게 해 준 것을 즐긴다는 것은 배불리 먹고, 그 배를 두드리며 그 즐거움을 편안히 누리는 것이요, 그들이 이롭게 해 준 것을 이롭게 여긴다는 것은 밭을 갈아 밥을 먹고 샘을 파서 물을 마시며 그 이로움을 누리는 것이다. 이것은 모두 선왕의 성대한 덕과 지극한 선의 남은 혜택이다."

이는 은혜와 덕이 후세에 미치는 효과에 대해 말한 것입니다.

신이 살피건대, 정치의 효과는 인(仁)이 온 세상을 덮어서 은혜와 덕이 후세에까지 흐르게 하는 것입니다. 성인으로서 할 수 있는 일이 여기에 더할 것이 없게 되는 것이므로, 가히 높고도 원대하여 거의 미치기 어렵다고 할 수 있습니다. 비록 그러하나 몸소 실천하는 데 근본을 두고 순서에 따라 점진적으로 해 나간다면, 마치 길 가는 사람이 물러서지 않으면 반드시 집에 이르게 되고, 밥 먹는 사람이 그치지 않으면 반드시 배부르게 되는 것과 같아서 애초부터 바람이나 그림자를 잡는 것처럼 효과를 얻을 수 없는 것에 비할 것은 아닙니다. 다만 임금이 이것을 높고 원대하다고만 여겨 실행하지 않는 것을 근심할 뿐입니다. 성왕(聖王)의 정치는 갖가지 책(方冊)에 다 기록되어 있습니다. 마치 규구(規矩)가 손에 있으면 가히 동그라미와 사각형을 그릴 수 있는 것과 같습니다. 처음에는 비록 서툴더라도 나중에는 점차로 익숙하여질 것이니, 어찌 왕도(王道) 정치를 시행할 수 없다고 근심하겠습니까?

임금의 병에는 대개 두 가지가 있습니다. 하나는 욕심에 끌려 왕도 정치를 할 수 없다고 여기는 것입니다. 또 하나는 세상의 습속에 빠져서 왕도 정치를 할 수 없다고 여기는 것입니다. 욕심에 몰린 사람은 시비의 공정함이 항상 이해의 사사로움에 가리어지고, 세상의 습속에 빠진 사람은 성현의 말씀보다 항상 너절하고 더러운 말에 굴복하게 됩니다. 후세에 다스려지는 날이 항상 적은 것은 오직 이 때문입니다. 대개 인의(仁義)를 몸소 실행하는 것은 천부의 덕이고, 백성을 교화하고 기르는 것은 왕도입니다. 후세의 임금들은 항상 말하기를, "나 같은 소자(小子)가 어찌 감히 옛 도리〔古道〕를 바라겠는가?" 하며, 하늘의 덕과 왕도의 설은 옛날 사람들의 일이므로 나하고 관계가 없다고 생각하여, 신하 중에 이에 대해 진언하는 자가 있으면 문득 손가락질하며 웃으면서 '이상만 높고 실상은 없다'고 합니다. 이는 다만 내 마음이 올바르고 당당하고 사사로움 없이 공정한 것이 바로 천덕이요, 일을 처리하는 것을 마땅하게 하여 인심에 따르는 것이 바로 왕도인 것을 알지 못해서입니다. 때에는 고금이 없고, 도라는 것은 뜻이 높고 이상이 원대한 것이 아니어서 바로 일용적인 예사로운 일에 있는 것이니, 다만 생각하지 못하는 것을 근심할 뿐입니다. 욕심이 많은 임금은 자포자기하는 것을 편안히 여기므로 실로 말할 것이 못 됩니다. 그러나 때로는 선을 행하려는 임금도 흔히 세상 습속에 이끌리는 것을 면하지 못하니 더욱 원통하고 애석한 일입니다.

　세상 습속에 빠진 사람들은 반드시 말하기를, "옛 도리는 절대로 회복할 수 없다. 지금 만약 묵은 것을 개혁하여 새롭게 한다면 인심이 불안해져 장차 위험과 혼란에 이르게 되리라" 합니다. 임금이 그 말을 깊이 받아들이기 때문에 유학자들의 말을 돌아보지 아니하고 서로 용납지 아니하여 끝내 서로 부합되는 이치가 없게 됩니다. 그러면 어찌 다음과 같은 것을 깊이 생각해 보지 않으십니까? 즉, 오늘날 기강이 떨쳐지고 있느냐, 퇴폐해가고 있느냐? 선비의 기풍이 정당하냐, 구차하냐? 재상이 나라를 잘 다스리고 있느냐? 빈자리만 채우고 있느냐? 백관들이 자기 직책을 완수하고 있느냐? 게을리하고 있느냐? 백성들이 잘 길러지고 있느냐? 곤궁하고 고달픈가〔困瘁〕? 등을 깊이 생각해 보아야 합니다. 만약 기강이 진작되고 선비의 기풍이 바르며, 재상은 나라를 잘 다스리고 있고, 백관은 직책을 잘 감당하고 있으며, 백성들은 편히 휴양하고 있다면 이것은 거의 왕도 정치에 가깝습니다. 이러한 것이 한번 변하면 도에 도달할 수 있을 것인데, 옛 도리를 어찌 회복할 수 없겠습니까? 만일 기강이 퇴폐하여 선비의 기풍이 구차하며, 재상은 빈자리만 채우고 있고, 백관은 자기 직책을 게을리하며, 백성들이 곤궁하고 고달프다면 이것은 장차 망하려는 징조입니다. 이와 같다면 마땅히 급히 서둘러서 개혁하여야 할 것입니다. 그런데 고식적인 것만 편안히 여겨 오히려 무언가를 하려는 것을 그르다고 생각하는 것은 어찌된 일입니까? 이것은 아마도 일반 사람들의 지혜와 생각이 천박하고 얕아서 앞으로의 큰 근심을 생각하지 못하고 단지 목전의 무사함만을 구하기 때문이 아니겠습니까? 아니면 어진 이들은 초야에 묻혀 있고 불초한 사람들이 조정에 있으면서 똑같은 말로 임금을 기만하고 있는 실정이 아니겠습니까? 아니면 요직에 있는 자가 재주와 지혜가 부족하여 이미 스스로 일을 할 수도 없으면서 또한 어진 이를 천거할 줄도 모르고 다만 구차하게 잘못을 저지르는 책임만 모면하려는 것 아닙니까? 이와 같이 생각하여 그 까닭을 알게 되면, 세속적인 사람들의 뭇 비방도 한번 휘둘러 안정시킬 수 있습니다.

　예로부터 무도한 나라에서는 선한 사람을 용납하지 않았습니다. 그러므로 신하로서 선을 행하다가 죽임을 당한 자는 있었지만, 임금이 도를 행하다가 화(禍)를 입었다는 소리는 들어 본 적이 없습니다. 대개 임금이 명령을 내려 혼란(亂)을 다스림(治)으로 돌이키는 것은 다만 마음 하나에 달려 있을 뿐입니다. 마음 하나가 도를 향하여 쉬지 않고 힘써 나아간다면, 곧 정치에 베풀어져서 세상의 도가 바뀔 것입니다. 어찌 기강을 세우고 선비의 기풍을 바로잡으며, 재상에게 정사를 맡기고 온갖 기술자(百工)들을 흥기하게 하며, 서민들을 안락하게 하여 선왕의 도를 따르는 데도 도리어 재앙과 실패(禍敗)를 당할 리가 있겠습니까? 아! 생각하지 않았을 뿐입니다.

　어떤 사람이 묻기를, "정치를 하는 데는 반드시 선왕을 따라야 할 것이다. 그런데 임금이 몸소 행하는 것이 아직 덕을 이루지 못했다면 어떻게 해야 하는가?" 하고 물어서 신이 대답하기를, "마음과 행실을 바르게 닦아 수양하는 수신(修身)이 치국(治國)보다 앞선다는 것은 단지 그 순서가 마땅히 그러해야 함을 말한 것일 뿐이다. 만약에 반드시 수신이 지극해지기를 기다린 후에야 비로소 정치를 할 수 있다고 한다면, 옛 성왕들의 덕성이 이루어지기 전에는 국가를 어디에 두었겠는가? 정자는 말하기를, '후세의 왕이 《춘추》의 대의(大義)를 안다면 비록 우왕·탕왕과 같은 덕을 갖추지 않았더라도 오히려 삼대의 정치를 본받을 수 있다' 하였으니, 정자가 어찌 함부로 말하여 사람을 속였겠는가? 단지 임금이 취하고 버릴 것을 알고, 좋아하고 미워하는 것을 한결같이 하여 반드시 다스려 보겠다는 의지를 분발하여서 어진 이를 구하여 믿고 맡기면, 비록 덕은 이루어지지 않았더라도 다스림의 도리가 시작될 수 있다. 이로부터 나아가 점차로 학문이 날로 나아가고 덕이 날로 진보하며, 정치가 날로 다스려지고, 교화가 날로 넓어지면 수신과 치국이 함께 그 지극한 곳에 이를 수 있을 것이다" 하였습니다.

  삼가 바라옵건대, 전하께서는 하늘의 명(命)을 공경하시고, 부모의 꾸짖음〔責〕을 생각하시며, 백년 사직의 중대함을 염두에 두시고, 백성들이 도탄에 빠져 있는 고통을 불쌍히 여기시며, 사람에게 차마 그렇게 못하는 마음을 넓혀 보충하는 정치를 시행하시어 널리 백성들을 구제하고, 예와 악을 밝게 일으키시며, 세상의 도를 한번 새롭게 하여 삼황오제(三皇五帝)처럼 융성하게 하시고 조상〔祖宗〕들의 업적〔功烈〕을 빛내시어 전하의 후손〔文子文孫〕들에게 모범을 보이시기 바랍니다. 그러시면 만세에 큰 다행일 것입니다.

5편 도를 전하는 성현의 계통〔聖賢道統〕

　신이 살피건대, 아득한 옛날 성스러운 신이 하늘의 뜻을 이어 만백성의 표준을 세우니, 도통(道統)이 여기서부터 시작되었습니다. 문자가 생기기 이전은 막연하여 참고해 볼 수 없지만, 8괘가 처음으로 사용되기 시작하자 인문(人文)이 비로소 일어났습니다. 그러므로 삼가 성현들의 계책과 훈계의 글에 의거하고 역사 기록을 고찰하고 대략 여기에 기술함으로써 복희씨(伏羲氏)로부터 시작하여 주자에 이르기까지 자기 수양〔修己〕과 남을 다스리는〔治人〕 실적을 드러내었으니, 먼저 공적과 효과(功效)를 살피고 나중에 실적(實績)을 꼼꼼하게 따져 검토해 본다면 무엇을 따라야 할지 알 수 있게 됩니다.

복희씨에서 주공까지
　옛날 포희씨(包犧氏)가 세상을 다스릴 적에 위로는 하늘의 형상을 보고 아래로는 땅의 이치를 본받으며, 새와 짐승의 무늬와 땅의 법도를 살펴, 가까이는 자기 몸에서 취하고 멀리는 사물에서 취하여, 이에 비로소 8괘를 만들어 신명의 덕에 통하고 만물의 형적을 분류하였다.

《주역》〈계사전〉 아래도 같음

　왕소소(王昭素)가 말하였다. "'여지(輿地)'라는 글자 사이에 다른 여러 판본에는 천자(天字)가 들어 있다."

　주자가 말하였다. "아래를 굽어보고 위를 올려다보며, 멀리에서 취하고 가까이에서 취하는 것이 한결같지 않지만 취한 것은 모두 음양(陰陽)의 기(氣)가 변화하고 순환하는 양쪽에서 체험하는 데 지나지 않을 뿐이다. 신명의 덕이란 건(健)·순(順)·동(動)·지(止)의 성질과 같은 것이다(건(乾)은 건

(健)하고, 곤(坤)은 순하며, 진(震)은 동하고, 간(艮)은 지(止)한 것입니다). 만물의 정(情)이란 우레·바람·산·못과 같은 형상을 말한다."(진(震)은 우레가 되고, 손(巽)은 바람이 되며 간은 산이 되고, 태(兌)는 못이 됩니다.)

《사략(史略)》에서 말하였다. "태호 복희씨는 성(姓)이 풍(風)이다. 처음으로 8괘를 그리고 문자를 만들어 새끼줄의 매듭으로 뜻을 나타내는 방식으로 다스리던 정치를 바꾸었으며, 시집가고 장가가는 데 한 쌍의 사슴가죽으로 납폐(納幣)의 예를 하도록 하였고, 그물을 만들어 사냥하고 고기잡는 것을 가르쳤으며, 희생으로 쓰는 짐승을 사육하여 주방(廚房)을 풍부하게 하였으므로 포희(庖犧)라고 한다."

포희씨가 돌아가자 신농씨(神農氏)가 일어나 나무를 깎아 보습을 만들고, 나무를 구부려 쟁기를 만들어 밭갈고 김매는 것으로 세상 살아가는 방법을 가르쳤다.

절재 채씨(節齋蔡氏)가 말하였다. "보습은 쟁기의 날이요. 쟁기는 보습의 자루이다."

한상 주씨(漢上朱氏)가 말하였다. "염제(炎帝) 때에는 백성들이 새나 짐승 고기를 먹는 것에 싫증을 냈기 때문에 비로소 쟁기와 보습을 만들어 천하 사람들에게 농사짓는 법을 가르쳤다. 그러므로 신농씨라고 한다. 누(耨)는 김맨다는 뜻이다."

《사략》에서 말하였다. "염제 신농씨는 성이 강(姜)인데 처음으로 밭가는 것을 가르쳤고, 여러 가지 풀을 맛보아 처음으로 의약품을 만들었으며, 사람들에게 한낮에 시장을 열게 하여 물건을 서로 교환하도록 가르쳤다."

신농씨가 돌아가자 황제(黃帝)·요(堯)·순(舜)이 차례로 일어났다. 이들은 시대의 변화에 따르게 하여 백성들을 게으르지 않게 하였으며, 신묘한 방법으로 교화하여 백성들이 도리를 지키도록 하였다. 그리하여 옷깃을 가만히 늘어뜨리고 있어도 온 세상이 다스려졌다.

건안 구씨(建安丘氏)가 말하였다. "복희씨와 신농씨 시대에는 비록 사람들에게 해가 되는 것은 사라졌으나 인류 문화가 아직 나타나지 아니하였고, 의식(衣食)은 비록 풍족하였으나 예의가 아직 일어나지 아니하였다. 여기에 세 성인(황제와 요순)이 위로 하늘을 우러러보고 아래로 땅을 굽어 살펴서 건곤(乾坤: 하늘과 땅)의 모습을 체득하여 의상(衣裳)의 법도를 바르게 하였고, 하늘은 높고 땅은 낮은 이치를 가지고 군신의 분수와 의리를 나누었으니, 천하가 어찌 다스려지지 않았겠는가? 이 때는 세상의 질서가 아주 새로워질 기회였고 백성들이 변하여 선하게 될 수 있던 기회였다."

《사략》에서 말하였다. "황제 헌원씨(黃帝軒轅氏)는 공손성(公孫姓)이라고도 했고 또는 희성(姬姓)이라고도 했다. 그는 일월(日月)과 성신(星辰)의 모습을 보고 비로소 천문을 기록하는 책을 두었고, 대요(大撓)에게 명하여 북두칠성의 방향을 관찰하여 갑자(甲子)를 만들게 하였으며, 용성(容成)에게 명하여 달력을 만들게 하였다. 또 예수(隸首)에게 명하여 셈법(算數)을 만들게 하였으며, 영륜(伶倫)에게는 음률(律呂)을 만들게 하였다."

《주역》 계사전(繫辭傳)에서 말하였다. "나무를 파내어 배를 만들고, 나무를 깎아 노를 만들어, 건너지 못하던 물을 건널 수 있게 하고, 소와 말을 이용하여 무거운 것을 끌고 멀리까지 갈 수 있게 하여 세상살이를 이롭게 하였다. 문을 겹으로 달고 딱따기를 쳐서 못된 사람에 대비하였으며, 나무를 잘라 절구 공이를 만들고 땅을 파서 절구를 만들어 절구와 절구공이를 편리하게 써서 온 백성을 구제하였다. 나무를 휘어서 활을 만들고, 나무를 깎아 화살을 만들어 활과 화살로 천하를 두렵게 하였다. 먼 옛날에는 굴 속이나 들판에서 살았는데, 후세의 성인은 그것을 집으로 바꾸어, 위에는 마룻대가 있고 아래에는 처마가 있게 하여 비바람에 대비하였다. 옛날에는 장례를 지낼 때에 두텁게 나뭇섶으로 시체를 덮어 들 가운데 장사지내고는 봉분(封墳)도 만들지 않고 나무도 심지 않았다. 후세의 성인이 그것을 관(棺)과 관을 담는 곽(槨)으로 바꾸었다. 또 옛날에는 새끼줄로 매듭을 지어 다스렸으나 후세의 성인은 이를 문자로 바꾸었다. 그리하여 모든 관리는 그것으로써 다스리고, 백성 또한 그것으로써 살피게 하였다."

　신이 살피건대, 황제의 뒤에 소호(少昊), 전욱(顓頊), 제곡(帝嚳)의 삼제(三帝)가 있었는데, 이들은 모두 성현과 같은 임금이었습니다. 그러나 〈계사전〉에서는 다만 황제와 요·순만을 말하였기 때문에 여기서도 요임금을 황제 다음에 붙인 것입니다(선현(先賢)들이 도통(道統)을 논할 때도 역시 삼제에 대해서는 언급한 적이 없습니다).

　공자가 말하였다. "크도다! 요의 임금 됨됨이여! 높고도 높아라. 오직 하늘이 클 뿐인데 요임금이 홀로 그것과 대등하니, 그 덕이 아득히 넓고 멀어서 백성들이 무엇이라 이름지을 수도 없도다."　　　《논어》 아래도 같음

　주자가 말하였다. "유(惟)는 혼자(獨)라는 뜻과 같다. 측(則)은 대등하다는 뜻이며, 탕탕(蕩蕩)은 넓고 먼 것을 일컫는 말이다. 이는, 사물이 아무리 높고 크다 하더라도 하늘보다 더한 것이 없다. 그러나 오직 요임금의 덕만은 하늘과 같았기〔準〕때문에(준한다는 것은 하늘과 더불어 대등하다는 말) 그 넓고 원대한 덕이 또한 하늘처럼 말로 형용할 수 없는 것과 같다는 것이다."

　《사략》에서 말하였다. "요(堯)임금 도당씨(陶唐氏)의 성은 이기(伊祁)이다(제곡(帝嚳)의 아들이며, 황제의 현손(玄孫)). 그는 하늘처럼 어질고 그의 지혜는 신과 같아서, 백성들이 그에게 나아가기를 마치 해를 따르듯 하고 구름을 바라보듯 하였다."

　높고 높도다, 그가 이룩한 공업이여! 빛나도다, 그의 문장이여!

　주자가 말하였다. "이룩한 공적이란 그가 한 일이요, 환(煥)이란 밝게 빛나는 모습이며, 문장이란 예악과 법도이다."

　윤씨(尹氏)는 말하였다. "위대한 하늘의 도리는 하는 일이 없어도 이루어진다. 오직 요임금이 그것을 본받아(여기에서의 칙(則)자는 법칙의 칙) 세상을

다스렸기 때문에 백성들은 그것을 무어라 이름지을 수 없었으며, 다만 이름지을 수 있었던 것은 그의 공적과 문장이 높고 빛나는 것뿐이었다."

요임금이 말하였다. "아! 순아, 자연히 돌아오는 운수, 하늘의 역수(曆數)가 너에게 있으니 진실로 그 중심을 잡아라. 세상이 곤궁해지면 하늘이 주는 복록이 영영 끊어지리라."

주자가 말하였다. "이것은 요가 순에게 제왕의 자리를 물려주면서 명령한 말이다. 자(咨)는 탄식하는 소리이다. 역수는 제왕이 서로 계승해 나가는 차례이니, 사계절의 순환과 절기의 앞뒤와 같은 것이다. 윤(允)은 신(信)이란 뜻이며, 중(中)이란 지나치거나 미치지 못한 것이 없는 것을 일컫는 것이다."

《사략》에서 말하였다. "순임금 유우씨(有虞氏)의 성은 요(姚)이다. 그가 역산에서 밭을 가니 백성들이 모두 서로 밭두둑을 사양하였고, 뇌택(雷澤)에서 고기잡이를 하니 백성들이 다 고기잡는 자리를 양보하였으며, 하빈에서 질그릇을 구우니 그릇이 거칠고 흠이 있거나 이지러진 것이 없었다. 그가 거처하는 곳은 촌락을 이루어 2년이 되자 읍(邑)이 되었고, 3년이 되니 도시(都)가 되었다. 요임금을 도와 나라를 다스리면서 환두(驩兜)를 추방하고 공공(共工)을 유배하였으며, 곤(鯀)을 죽이고 삼묘(三苗)를 몰아냈다. 재능이 뛰어난 팔원(八元)[*1]과 팔개(八凱)[*2]를 기용하였다."

공자가 말하였다. "억지로 함이 없이〔無爲以治〕 나라를 다스린 사람이 순임금이다. 그는 무엇을 하였는가? 자기의 몸을 공손히 하여 임금의 자리를 지켰을 뿐이다."

주자가 말하였다. "억지로 함이 없이〔無爲以治〕 나라를 다스렸다는 것은 성인의 덕이 성대하여 백성들이 감화되어서 어떤 의식적인 행위를 필요로 하지 않았다는 것이다. 오직 순만을 칭한 것은 요의 뒤를 이어 인재들을 얻어서 중요한 직책을 맡겼으므로, 더욱 무언가 일을 한 자취를 볼 수 없었기 때문이다. 자기의 몸을 공손히 한다는 것은 성인이 덕을 공경하는 모습이다. 이미 아무런 하는 것이 없기 때문에 사람들이 볼 수 있는 것이 이와 같을 뿐이다."

순이 우(禹)에게 명하여 말하였다. "땅이 잘 다스려지고 하늘이 낸 법도 이루어졌으며, 육부(六府)와 삼사(三事)가 잘 다스려져서 만세에 영구히 힘입을 수 있게 된 것은 바로 너의 공이다." 《서경》〈우서·대우모〉 아래도 같음

채씨가 말하였다. "물과 땅이 다스려진 것을 평(平)이라 한다. 이것은 물과 땅이 이미 다스려져서 만물이 제대로 자랄 수 있게 되었다는 것을 말한 것이다. 육부는 곧 수, 화, 금, 목, 토, 곡(穀)이다. 이 여섯 가지에서 쓸 수 있는 재물이 나오게 되므로 부(府)라고 한다. 삼사는 정덕(正德), 이용(利用), 후생(厚生)이다. 이 세 가지는 사람이 마땅히 해야 할 일인 까닭에 사(事)라고 한다. 이것은 순이 우의 공을 미루어 그것을 찬미한 것이다."

《사략》에서 말하였다. "하우씨(夏禹氏)인 우(禹)는 성이 사(姒)이며 곤(鯀)의 아들이다. 곤이 홍수를 다스리지 못하였으므로, 순이 우를 기용하여 그를 대신하게 했다. 전심전력하여 8년이나 집 밖에 거처하면서 자기의 집 앞을 지나가도 집으로 들어가지 아니하였고, 9주(州)를 열어 9도(道)를 통하게 하고, 9개 못에 제방을 쌓고, 9산(山)을 측량하여 마침내 그 공을 이룬 것을 순에게 아뢰었다. 순이 그것을 칭찬하여 그에게 백관을 통솔하게 하고 천자의 일을 행하게 했다. 그러자 그의 말은 곧 법이 되고 그의 몸은 곧 법도가 되어 왼손에는 먹줄〔準繩〕을 오른손에는 곱자와 그림쇠〔規矩〕를 가진 것 같았다."

인심은 오직 위태하고 도심은 오직 겉으로 드러나는 것이 없이 오직 정성스럽고 한결같이 해야 진실로 그 중심을 잡으리라.

여기에 대한 주석은 이미 앞에서 말했습니다.

채씨가 말하였다. "옛날의 성인이 장차 온 세상을 다른 사람에게 주려고

할 때에는 그 다스리는 법도를 함께 전하지 않음이 없었다. 경전에 이와 같이 나와 있으니 후세의 임금이 어찌 깊이 생각하여 공경히 지키지 않을 수 있겠는가?"

공자가 말하였다. "높고 크도다, 순과 우가 천하를 가지고도 상관하지 않음이여!" 《논어》

주자가 말하였다. "높고도 높도다〔巍巍〕. 온 세상을 차지하고도 상관하지 않는다는 말과 같으니 이것은 왕위에 있는 것으로써 즐거움을 삼지 않는다는 말이다."

신안 진씨(新安陳氏)가 말하였다. "순과 우는 천하를 가지고서도 그 마음이 동요되지 않았으니, 상관하지 않는다는 점에서 그 높고 큼을 볼 수 있다."

성탕(成湯)이 크게 모든 곳에 고(告)하여 말하였다. "그대들에게 선이 있다면 짐은 감히 감추어 두지 않을 것이요, 죄가 나에게 해당되는 것이라면 감히 스스로 용서하지 않을 것이니, 그것을 살피는 것은 상제(上帝)의 마음에 있을 뿐이다. 너희 모든 곳에 죄가 있는 것은 그 책임이 나 한 사람에게 있지만, 나 한 사람의 죄는 너희 모두에게 전가할 수 없다."
《서경》〈상서·탕고〉

채씨가 말하였다. "간(簡)은 살핀다는 뜻이다. 살펴보는 것은 오직 하늘을 따를 뿐이다. 그러나 하늘이 나에게 천하를 맡겼으니, 백성들에게 죄가 있다면 실로 임금이 한 것이요, 임금에게 죄가 있다면 이것은 백성들이 그렇게 한 것이 아니다. 이것은 비단 성인이 자기의 잘못을 책망하기를 엄하게 하고 남의 잘못을 책망하기를 가볍게 하는 것일 뿐만 아니라, 여기에 바로 이치가 있으며 이것이 바로 임금의 도리이다."

《사략》에서 말하였다. "은나라 왕 성탕은 성이 자(子)이고, 이름은 이

(履)이다. 그의 선조는 설(契)인데, 제곡의 아들이다. 탕은 처음에 박(亳)에 도읍을 정하고, 사람을 시켜 폐백을 보내어 이윤을 신(莘) 땅에서 초빙하여 그를 하(夏)나라의 걸(桀)에게 추천하였으나, 걸이 등용하지 않으므로 다시 탕에게로 돌아왔다. 이와 같이 하기를 다섯 번이나 하였다. 걸은 욕심이 많고 사나우며 악하여 나라가 크게 붕괴되었으므로, 이윤이 탕을 도와 걸을 무력으로 쳐서 남소(南巢)로 추방하니, 제후들이 탕을 높여 천자로 삼았다."

《시경》에서 말하였다. "그윽하고 그윽하신〔穆穆〕 문왕이여. 한결같이 공경스러워 그것이 밝게 드러났도다." 남의 임금이 되어서는 어짊에 머물렀고, 남의 신하가 되어서는 경건에 머물렀으며, 남의 아들이 되어서는 효에 머물렀고, 남의 아비가 되어서는 자애로움에 머물렀으며, 나라 사람들과 사귐에는 믿음에 머물렀도다.　　　　　　　　　　　　　　　　《대학》

주자가 말하였다. "시는 《시경》 '대아 문왕편'이다. 목목(穆穆)은 깊고 멀다는 뜻이다(덕의 모습으로서 말한 것임). 오(於)는 찬미하는 말이요, 즙(緝)은 계속한다는 뜻이며, 희(熙)는 밝게 빛나는 것이요, 경지(敬止)는 공경하지 않음이 없어서 그 머무는 곳의 편안함을 말한다. 이 시를 인용한 것은, 성인의 머무름은 지극한 선〔至善〕이 아님이 없다는 것을 말한 것이요, 위의 다섯 가지는 그 큰 조목들이다."

《사략》에서 말하였다. "주나라 고공(古公 : 후직(后稷)의 후손)의 막내아들인 계력(季歷)이 태임(太任)을 아내로 맞아 창(昌)을 낳았다. 창에게는 성덕이 있어 추대하여 서백(西伯)으로 삼았다. 제후들이 그에게 귀복하여 세상의 $\frac{2}{3}$를 차지하였다. 무왕이 천자가 되고 나서 서백을 받들어 높여 문왕이 되었다."

공자가 말하였다. "천하를 삼분하여 그 둘을 가졌는데도 은나라에 복종하여 은을 섬기었으니, 주나라의 덕은 가히 지극한 덕〔至德〕이라고 할 수 있다."　　　　　　　　　　　　　　　　　　　　　　　《논어》

《춘추전(春秋傳)》에서 말하였다. "문왕은 상(商)나라에 반기를 든 나라들을 거느리고 주(紂)를 섬기었다."

범씨(范氏)가 말하였다. "문왕의 덕은 충분히 상을 대신할 만하여, 하늘이 그것을 허락하고 사람들이 귀순하여 복종하였으나, 천하를 마음대로 휘두르지 않고 오히려 섬겼으니, 이것이 지극한 덕이 되는 까닭이다."

주자가 말하였다. "문왕이 주를 섬긴 것은, 오직 신하로서 임금을 섬기는 것만을 알았지, 그 외의 다른 것은 알지 못했기 때문이니, 이것이 그 지극한 덕이 되는 까닭이다."

무왕은 문왕의 왕업을 계승하여 한번 철릭(옛 무관이 입던 공복(公服)의 하나)과 주립(朱笠: 융복을 입을 때 쓰는 붉은 갓)으로 된 융의(戎衣: 융복)를 입고 세상을 차지하였지만, 스스로 천하에 드러난 명성을 잃지 않았다. 《중용》 역시 공자의 말임

주자가 말하였다. "찬(纘)은 계승하는 것이요, 서(緖)는 왕업이라는 뜻이다. 융의는 갑옷과 투구 따위를 일컫는 말이다. 한번 융의를 입었다는 것은 한번 융의를 입고 주(紂)를 토벌한 것을 말한 것이다."

《사략》에서 말하였다. "주는 달기(妲己)를 총애하여 달기의 말이면 무엇이든지 다 들어주어, 세금을 과중하게 하고 정원〔苑囿〕·누각(臺榭)을 넓혀 주지육림(酒池肉林) 속에서 밤이 새도록 마시며 놀았다. 형벌을 엄중하게 하여 포락이라는 형벌〔炮烙之刑〕*3을 행하자 제후들이 모두 반기를 들었다. 서백이 죽고 아들 발(發)이 왕위에 오르니 이 사람이 무왕이다. 무왕이 서백의 왕업을 계승하여 그 후 13년에 제후들이 서로 기약하지 않고도 모여든 이가 800이었다. 그들은 모두 '주를 토벌해야 한다'고 하였으나, 왕은, '그럴 수 없다' 하고는 그들을 데리고 돌아왔다. 주가 끝내 잘못을 뉘우치지 않으니, 왕은 끝내 그를 토벌하였다. 주는 목야(牧野)에서 패하여 보석을 걸친 채로 스스로 분신 자살을 하였다. 무왕은 은나라를 멸하고 천자가 되었다."

맹자가 말하였다. "요·순은 본성을 그대로 한 사람이고, 탕왕과 무왕은 본성으로 되돌아간 사람이다." 《맹자》 아래도 같음

주자가 말하였다. "'본성 그대로 했다'는 것은 하늘로부터 부여받은 온전함을 잘 지켜 더럽히거나 훼손함이 없어서 더 닦을 필요도 없는 것이니 성(聖)의 지극한 경지에 이른 것이다. '본성으로 되돌아갔다'는 것은 몸을 닦아서 그 본성으로 되돌아가 성인의 경지에 이른 것이다."

정자가 말하였다. "요와 순은 다시 잘나고 못남의 분별이 없으나 탕왕과 무왕에 이르면 우열의 분별이 있게 된다. 맹자가 말한, '본성 그대로 했다'는 것과 '본성으로 되돌아갔다'는 것은, 예로부터 이와 같은 말을 한 사람은 없으나 다만 맹자가 분별한 이래로 요·순은 나면서부터 아는 사람[生而知之]이요, 탕왕과 무왕은 배워서 알게 된[學而知之] 사람이라는 것을 알 수 있게 되었다. 문왕의 덕은 요·순과 비슷하고 우(禹)의 덕은 탕왕·무왕과 비슷하니, 요컨대 이들은 모두 성인이다."

우는 맛좋은 술을 싫어하였고, 착한 말을 좋아하였다.

《전국책(戰國策)》에서 말하였다. "의적(儀狄)이 술을 만들었다. 우임금이 마셔 보고 매우 감미롭게 여겨 말하기를, '후세에 반드시 술 때문에 그 나라를 망하게 할 자가 나올 것이다' 하고는 드디어 의적을 멀리하고 맛좋은 술을 끊어버렸다."

《서경》에서 말하였다. "우임금은 좋은 말을 하는 이에게는 절을 하였다."

탕왕은 중심[中]을 지키고, 어진 이를 기용하는 데는 출신을 가리지 않았다.

주자가 말하였다. "집(執)이란 지켜서 잃지 않는 것을 말하며, 중(中)이란 지나치거나 미치지 못하는 것이 없는 것을 말하는 것이다. 방(方)은 유

(類)와 같은 뜻이니, 어진 이를 기용하는 데 그 유를 가리지 않았다는 것은, 오직 어질기만 하면 벼슬자리에 기용하고 그 출신을 묻지 않았다는 말이다."

또 말하였다. "탕왕의 중도를 지킨다는 것은 자막(子莫)의 집중*4과 다르니, 탕의 집중은 다만 일마다 꼭 알맞아서 지나치거나 모자라는 것이 없었을 뿐이다."

문왕은 백성들을 보기를 그냥두면 다칠 것처럼 여겼고, 도를 바라보면서도 아직 못 본 듯이〔而〕 하였다. (이(而)는 여(如)로 읽어야 하니 예전에는 서로 통용되었다.)

주자가 말하였다. "백성들이 이미 편안해졌는데도 그들을 마치 다칠 것처럼 여겼고, 도가 이미 지극하게 되었는데도 그것을 아직 보지 못한 것처럼 하였다. 이처럼 성인은 백성을 깊이 사랑하고 도를 간절히 구하였다. 이것은 스스로 만족하지 못하고 종일토록 부지런히 힘쓰는 것이다."

무왕은 가깝다고 하여 붙임성있게 하지도〔泄〕 않았으며, 멀리 있는 사람이라 하여 잊어버리지도 않았다.

주자가 말하였다. "설(泄)은 가까이 부리는〔狎〕 것이다. 가까운 사람은 붙임성있게 하기 쉬우나 따로 친숙하지 않고, 멀리 있는 사람은 잊어버리기 쉽지만 잊어버리지 않은 것은 덕이 크고 인이 지극했기 때문이다."

주공(周公)은 세 왕의 장점을 겸하여 위의 네 가지 일을 시행해 보려고 생각하였다. 그 마음에 혹시 합당하지 않은 것이 있으면 우러러 밤을 새워 그것을 생각하였다. 다행히 생각하여 그것을 터득하면 앉아서 날이 새기를 기다렸다.

주자가 말하였다. "세 왕은 우왕·탕왕·문왕과 무왕이요, 네 가지 일은 위에서 말한 네 조항의 일이다. 때가 다르고 형세가 다르므로 그 일이 혹시 합당하지 않은 것이 있으나, 생각하여 그 이치를 깨닫게 되면 그 이치는 본래 다름이 없는 것이다. 앉아서 날이 새기를 기다린다는 것은 빨리 행하고자 하는 급한 마음을 표현한 것이다. 이것은 여러 성인들에 대해 차례로 서술하여 각기 한 가지씩의 일을 들어서 그 근심하고 노력하며, 두려워하고 위태로워하는 뜻을 나타낸 것이다. 이는 대개 하늘의 도리가 언제나 그대로 존재하는 까닭이며 인심이 죽지 않〔不死〕는 까닭인 것이다."

정자가 말하였다. "맹자가 말한 것은 각기 그 한 가지 일만을 들어서 말한 것이지, 무왕은 중을 지키거나 어진 이를 기용할 수는 없었다거나, 탕은 가까운 사람에게는 붙임성있게 하고 멀리 있는 사람은 잊어버렸다고 말하는 것은 아니다. 또 사람들이 말하기를, '각각 그 뛰어난 점을 들어 말한 것이다' 하였으나, 이것도 역시 그렇지 않다. 성인은 또한 뛰어나지 않은 것이 없는 것이다."

공자가 말하였다. "무왕과 주공은 정말 보기 드문 효자로구나!"

《중용》 아래도 같음

주자가 말하였다. "달(達)은 통한다는 뜻이니, 천하 사람들이 온통 그것을 일러 효(孝)라고 하는 것으로, 맹자가 모든 이들로부터 존경받는다〔達尊〕고 말한 것과 같은 것이다."

무릇 효라는 것은 선인의 뜻을 잘 계승하고, 선인의 사업을 잘 따르는 것이다.

신안 진씨(新安陳氏)가 말하였다. "조상께서 하고자 하는 뜻이 있었는데 미처 이루지 못했다면 자손은 그 뜻을 잘 계승하여 성취하고, 조상께서 이미 해 놓은 사업이 있어 마땅히 본받을 만하면 자손은 그 사업을 이어받아 그것을 잘 따라야 한다."

서산 진씨(西山眞氏)가 말하였다. "마땅히 지켜야 할 것을 지키는 것은 진실로 잘 계승하여 따르는 것이요, 마땅히 형편에 따라서 변화시켜야 할 것을 잘 변화시킨 것 역시 잘 계승하여 따르는 것이다."

선왕의 지위에 오르고, 선왕의 예를 행하고, 선왕의 음악을 연주하며, 선왕이 높이던 것을 공경하고, 선왕이 친애하던 사람을 친애하여 죽은 이를 섬기기를 마치 살아 있을 때 섬기듯 하며, 없는 사람 섬기기를 마치 있는 듯이 하는 것이 지극한 효(孝)이다.

주자가 말하였다. "천(踐)은 밟는다는 뜻이요, 기(其)는 선왕을 가리킨다. 높이고 친애하던 이는 선왕의 조상과 자손과 여러 신하들이다. 처음 죽었을 때를 사(死)라 하고, 장례를 마치고 나면 반혼(反魂)하고서 망(亡)이라고 하는 것이니, 다 선왕을 가리키는 것이다. 이는 뜻을 계승하고 사업을 따른다는 뜻이다."

주나라는 2대를 거울삼았으니 그 문화가 찬란하도다. 나는 주나라를 따르겠다.　　　　　　　　　　　　　　　《논어》 역시 공자의 말임

주자가 말하였다. "감(監)은 본다는 뜻이요, 2대는 하(夏)와 상(商)을 일컫는다. 2대의 제도를 보고 이것에 더할 것은 더하고 뺄 것은 뺐다는 말이다. 욱욱(郁郁)은 문화가 성대한 모습이다."

윤씨(尹氏)가 말하였다. "3대의 예는 주나라에 이르러 크게 갖추어졌으니, 공자는 그 문화를 아름답게 여겨 이에 따른 것이다."

이상은 사물의 이치를 깨달아 통한 복희씨로부터 주공에 이어진 것을 말한 것입니다. 이들은 성인의 덕을 지니고 군주와 스승의 자리에 올라 자기를 수양하고 남을 다스려 제각기 지극한 경지에 이르렀습니다(주공이 비록 임금의 자리에 앉지는 않았으나 역시 천하를 다스리는 도를 다하였음).

도를 집대성한 공자

공자가 말하였다. "나는 15세가 되어 학문에 뜻을 세웠다."

《논어》 아래도 같음

주자가 말하였다. "옛날에는 15세에 대학(大學)에 들어갔다. 여기서 말한 학문이란 곧 대학의 진리이다. 여기에 뜻을 두었다는 것은 생각이 늘 여기에 있어서 이것을 익히는 데 싫증내지 않았다는 것이다."

30세가 되어 자립〔立〕하였다.

주자가 말하였다. "자립할 수 있으면 지키는 것이 견고하여 뜻을 두는 것을 일삼을 필요가 없다."

40세가 되어서는 마음 속에 의심하여 수상히 여겨지는 일〔不惑〕이 없었다.

주자가 말하였다. "사물의 당연한 이치에 대해 모두 의심되는 바가 없으면 아는 것이 밝아서 지키는 것을 일삼을 필요가 없다."

50세가 되어 하늘의 뜻인 천명(天命)을 알았다.

주자가 말하였다. "천명은 곧 천도(天道)가 흘러 작용하여〔流行〕 사물에 부여된 것이니, 이것이 사물의 당연한 이치가 되는 까닭이다. 천명을 알았다면 아는 것이 그 정밀함을 다하여서 불혹(不惑)을 또한 말할 필요가 없다."

60세가 되어서는 귀로 듣는 것에 다 통달〔耳順〕했다.

주자가 말하였다. "소리가 귀로 들어가면 마음에 통하여 어긋나고 거슬리는 것이 없으니, 이는 아는 것이 지극하여서 생각하지 않고도 터득한다는 것이다."

70세가 되어서는 마음이 하고자 하는 대로 따라도〔從心所欲〕 법도에서 벗어나지 않았다.

주자가 말하였다. "종(從)은 따르는 것이요, 구(矩)는 법도가 되는 기구이니, 모난 것을 만드는 것이다. 그 마음이 하고자 하는 대로 따라도 스스로 법도에 지나침이 없으니, 이것이 편안히 행하고〔安而行之〕 힘쓰지 않아도 들어맞는 것이다."

또 말하였다. "성인은 나면서부터 사리를 알아〔生知安行〕 실로 점차로 쌓아올라가는 일이 없다. 그러나 그 마음으로는 일찍이 스스로 이미 여기에 이르렀다고 하지 않는다. 그러므로 이것은 성인이 일상 생활에서 반드시 그 나아간 것을 홀로 깨달았으나 사람들이 그것을 알지 못하므로 그 근사한 일을 가지고 스스로 이름지어서 배우는 사람이 이것을 법도로 삼아 스스로 힘쓰게 하고자 하는 것이요, 마음 속으로는 실로 스스로를 성인이라 여기면서 짐짓 이것으로 사양한 것은 아니다."

호씨가 말하였다. "성인의 가르침에는 또한 방법이 많다. 그러나 그 요점은 사람으로 하여금 그 본성을 잃지 않게 하는 것일 뿐이다. 이 마음을 얻고자 하는 자는 오직 성인이 제시한 학문에 뜻을 두고 그 차례에 따라 나아가야 한다. 그래서 조금도 허물이 없고 모든 이치가 다 밝아지게 된 다음에는 그 일용의 사이에 본심히 환히 밝아져 하고 싶은 대로 따라도 지극한 이치에 맞는 것이다. 대개 마음을 먹으면 그것이 곧 본체(體)가 되고, 하고자 하면 그것이 곧 작용(用)이 되는데, 본체는 곧 도(道)요, 작용은 곧 의(義)이다. 말소리는 곧 법칙(律)이 되고 몸의 행동은 곧 법도가 된다."
또 말하였다. "성인이 이것을 말한 것은, 첫째로는 이것으로써 배우는 사람은 마땅히 우유함영(優遊涵泳)*5하여야 건너뛰어 나아갈 수 없다는 것을 보여 주는 것이며, 둘째로는 이것으로써 마땅히 날로 진보하고 달로 나아가 중도에서 그만두는 일이 없어야 한다는 것을 보여 주는 것이다."

《사기》 '세가(世家)'에서 말하였다. "공자의 이름은 구(丘)요, 자(字)는 중니(仲尼)이다. 그의 선조는 송(宋)나라 사람이다. 아버지는 숙량흘(叔梁紇)이요, 어머니는 안씨(顔氏)이다. 어려서 놀 때 항상 제사 때 쓰는 그릇을 늘어놓고 예절에 맞는 몸가짐을 차리는 것을 좋아하였다. 성장하여서는 주나라로 가서 노자(老子)에게 예를 물었고, 돌아오자 제자들이 더욱 모여들었다. 제(齊)나라에 갔다가 노(魯)나라로 돌아오니 정공(定公)이 중도재(中都宰)로 삼았다. 1년이 지나자 사방에서 모두 그를 본받게 되어 마침내 삼공의 벼슬 중 하나인 사공(司空)이 되었다. 또 대사구(大司寇)가 되어 재상의 일을 대신 행하여 국정에 참여한 지 3개월 만에 노나라가 크게 다스려졌다. 제나라 사람들이 여자 악사〔女樂〕들을 보내어 공자의 활동을 방해하려고 하였다. 실권자인 계환자(季桓子)가 그들을 받아들였다. 또 교제(郊祭)를 지내고 나서 대부들에게 나누어주는 번육(膰肉)*6이 그에게는 보내오지 않으므로 공자는 그곳을 떠났다. 위(衛)나라로 갔다가 다시 진(陳)나라로 갔으며, 또 채(蔡)와 섭(葉)으로 갔다. 초(楚)나라 소왕(昭王)은 공자에게 작위를 주려 하였으나 영윤 자서(令尹子西)가 반대하여 그만두었다. 그리하여 공자는 위나라로 되돌아갔다가 노나라로 다시 돌아왔다. 그 때 나이가 68세였다. 노나라는 끝내 공자를 등용하지 못하였고, 공자 역시 벼슬할 것을 원하지 않았다. 이에 《서전(書傳)》과 《예기》를 서술하고, 《시경》을 산정(刪定)하였으며, 악(樂)을 바로잡았다. 또 《역경》의 단전(彖傳), 계사(繫辭), 상전(象傳), 설괘(設卦), 문언(文言)을 서술하고 《춘추》를 지었다. 제자는 3천여 명에 이르렀으며 그 중에 육예(六藝)에 통달한 자가 72명이나 되었다."

봉황이 날아오지 않고, 황하〔河〕에서 그림〔圖〕이 나오지도 않으니 나는 그만두어야겠다.

주자가 말하였다. "봉황은 신령스러운 새로써 순임금 때 와서 춤을 추었고, 문왕 때에는 기산(岐山)에서 울었다. 하도(河圖)는 복희씨 때에 황하 속에서 용마(龍馬)가 그림을 지고 나타난 것이니, 모두 성왕(聖王)의 상서로운 조짐이다. 이(已)는 그만둔다는 것이다."

장자가 말하였다. "봉황이 날아오고 하도가 나타난 것은 문화가 밝아지려는 좋은 징조이다. 복희씨와 순임금, 문왕의 상서로운 조짐이 이르지 않으니 공자의 문장(文章)이 끝난 것을 알겠다."

중니는 요(堯)·순(舜)이 말한 바를 조술(祖述)하고, 문왕·무왕의 도를 헌장으로 삼았다. 위로는 천시(天時)를 본받고, 아래로는 물과 땅[水土]의 이치에 따랐다. 《중용》아래도 같음

주자가 말하였다. "조술(祖述)은 멀리 그들의 도를 종주(宗主)로 삼는다는 것이고, 헌장(憲章)을 한다는 것은 가까이 그 법도를 지킨다는 것이다. 천시를 본받는다는 것은 자연의 운행을 본받는 것이요, 물과 땅을 따른다는 것은 물과 땅의 일정한 이치를 따른다는 것이다. 다 내외와 본말을 겸하여 말한 것이다." (진씨가 말하였다. "정밀한 도리는 본(本)이 되고 내(內)가 되며, 거친 도리는 말(末)이 되고 바깥이 된다.")

비유하면 마치 땅이 받쳐서 실어 주지 않는 것이 없고, 하늘이 덮어 감싸지 않는 것이 없는 것과 같다. 계절이 번갈아 변하고, 해와 달이 번갈아 밝게 비추는 것과 같다.

주자가 말하였다. "착(錯)은 번갈아 바뀐다는 뜻이다. 이는 성인의 덕을 말한 것이다."

만물이 함께 자라나나 서로 방해가 되지 않고, 도가 병행하여도 서로 어긋나지 않는다. 소덕(小德)은 시내가 흐르는 것과 같고, 대덕(大德)은 돈후하게 교화하는 것이니, 이것이 천지가 위대한 까닭이다.

주자가 말하였다. "패(悖)는 어긋난다는 뜻이다. 하늘이 덮어 주고 땅이 실어 주어 만물이 그 사이에서 함께 자라나 서로 어긋나지 않으니, 서로 방해가 되지 않고 어긋나지 않는 까닭은 소덕의 흐름이 시내와 같기 때문이요, 함께 자라고 함께 행하는 까닭은 대덕의 돈후한 교화 때문이다. 소덕이란 전

체의 부분이요, 대덕이란 온갖 다른 것(萬殊)의 근본이다. 시내가 흐르는(川流) 것은 시냇물의 흐름과 같아서 맥락이 분명하면서 흘러 그치지 않는 것이다. 조화를 두텁게 한다(敦化)는 것은 그 교화가 돈후하여 근본이 성대하고 작용하는 것이 끝이 없는 것을 말한다. 이것은 천지의 도를 말하여 윗글에서 비유로 취한 뜻을 보여 준 것이다."

황씨가 말하였다. "천명의 본성은 바로 대덕의 교화가 인정히 두텁고 후한 것이요, 솔성(率性)의 도는 바로 작은 덕이 시냇물과 같이 흐르는 것이다. 대덕의 교화가 인정이 두텁고 후하다는 것은 본체(體)이고, 소덕이 시냇물과 같이 흐른다는 것은 작용(用)이다."

자공(子貢)이 말하였다. "선생님(夫子)께서 나라를 다스릴 수 있었다면 이른바 자립할 수 있게 해주면 곧 자립하게 되고, 인도하면 곧 따르고, 편안하게 해 주면 이에 따라오고, 격동하게 하면 곧 조화가 되어서, 살아서는 높이고 친애하지 않음이 없으며 죽어서는 슬퍼하게 되었을 것이다."

《논어》

주자가 말하였다. "자립할 수 있게 해 준다는 것은 살아갈 수 있는 방도를 세운다는 것이며, 도는 인도한다는 뜻이니 가르치는 것을 말한다. 행(行)은 따르는 것이요, 수(綏)는 편안하게 하는 것이며, 내(來)는 돌아와 붙는 것이요, 동(動)은 고무시키는 것이다. 화(和)는 이른바 '감화되어 변화했다'는 말과 같은 뜻이다. 그 감응의 묘가 신속한 것이 이와 같다는 것을 말한 것이다. 영(榮)은 높이고 친애하지 않는 사람이 없는 것이요, 애(哀)는 부모를 잃은 듯이 슬퍼하는 것이다."

정자가 말하였다. "이는 성인의 신통하고 묘한 교화(神化)가 상하로 천지와 더불어 함께 흐르는 것을 말한 것이다."

그 예를 보면 그 사람의 정치를 알게 되고, 그 악(樂)을 들으면 그 사람의 덕을 알게 되는 것이다. 백세 뒤에 백세의 왕들을 비교해 보면 이것을 벗어나는 일이 없다. 그러므로 이 세상에 사람이 생겨난 이래로 공자 같은 이는 아직 있지 않았다.　　　　　　　　《맹자》 아래도 같음. 역시 자공의 말임

주자가 말하였다. "대개 그 사람의 예를 보면 그 사람의 정치를 알 수 있고, 그 사람의 음악을 들으면 그 사람의 덕을 알 수 있다. 이 때문에 우리는 백세 뒤에 백세의 왕들을 비교해 보면 그 실정을 숨길 수 없으므로, 그들이 모두 부자의 성대함만 못하다는 것을 알 수 있다는 것을 말한 것이다."

재아(宰我)가 말하였다. "내가 보는 관점에서는 공자는 요·순보다 훨씬 더 훌륭하다."

정자가 말하였다. "성(聖)스러움으로 말하면 다름이 없으나 일의 공적으로 말하면 다름이 있다. 공자가 요·순보다 훌륭하다는 것은 일의 공적으로 말한 것이다. 대개 요·순은 천하를 다스렸고, 공자는 또 그 도를 미루어 가르침을 오랜 세대에까지 끼쳤다. 요·순의 도가 만약 공자를 얻지 못하였다면 후세의 사람들이 또한 어디에 근거하였겠는가?"

맹자가 말하였다. "공자 같은 이를 가리켜 하나의 체계를 이루어 완성했다고 한다. 이는 집대성했다는 뜻이며, 쇠로 만든 악기로 음악을 시작하여 옥(玉)으로 만든 악기로 음악을 끝맺는 것과 같은 것이다. 금석(金石)의 소리라는 것은 조리(條理)를 시작함이고, 옥경(玉磬)으로 음악을 끝맺는다는 것은 조리를 마치는 것이다. 조리를 시작하는 것은 지혜[智]의 일이요, 조리를 마치는 것은 성스러운 일이다."

주자가 말하였다. "성(成)이라는 것은 음악이 한번 끝나는 것이다. 《서경》에 이른바 '순임금의 음악인 소소(簫韶)'을 아홉 번 연주하였다는 것이 이것이다. 음악[樂]에는 여덟 가지 악기의 음*7이 있으니, 만약 한 음만을 독주할 때는 그 한 음이 독자적으로 처음과 끝[始終]을 이루어 하나의 소성(小成)이 된다. 여덟 가지 음 중에서 쇠와 돌[金石]의 음이 중요한 것이어서 여덟 가지 음을 함께 연주할 때는 우선 작은 종과 큰 종을 울려서 소리를 펴

뜨린 다음 특경(特磬)을 쳐서 여운을 거두어들인다. 소리를 퍼뜨려 연주를 시작하고 여운을 거두어들임으로써 연주를 마치는 것이다. 이 시작과 끝 사이에 맥락이 관통하여 여덟 음이 모두 연주되면 여러 소성(小成)이 합하여 한 대성(大成)을 이루는 것이다. 이는 마치 공자의 지혜가 끝까지 미치지 아니함이 없고, 덕이 완전하지 아니함이 없는 것과 같은 것이다."

이는 사물의 이치를 깨달아 통하는 것이 공자에 이르러 하나의 체계를 이루게 되어 만세의 스승이 되었다는 것을 말한 것입니다. 그러나 공자 이후로는 도를 자기 몸에서는 이루었지만 한 시대에도 행할 수 없었습니다.

도통의 단절
안연(顏淵)이 탄식하면서 말하기를, "우러러보면 볼수록 더욱 높고, 뚫으면 뚫을수록 더욱 견고하다. 바라보면 앞에 있는 듯하더니 홀연히 뒤에 있도다" 하였다. 《논어》 아래도 같음

주자가 말하였다. "위(喟)는 탄식하는 소리이다. 우러러보면 볼수록 더욱 높다는 것은 미칠 수 없다는 것이요, 뚫을수록 더욱 견고하다는 것은 들어갈 수 없다는 것이다. 앞에 있고 뒤에 있다는 것은 황홀하여 어떻게 형상을 지을 수 없다는 것이다. 이것은 안연이 부자의 도가 무궁무진하여 한정된 본체〔體〕가 없다는 것을 깊이 알아 그것을 감탄한 것이다. 성인은 단지 하나의 중도의 도리를 가지고 있을 뿐이니, 높고 견고하며, 앞에 있고 뒤에 있다는 것은 다만 중용을 실천하는 것이 불가능하다는 것이다."

선생님(夫子)께서는 순순(循循)히 사람을 잘 인도하시니, 글로써 나의 지식을 넓혀 주시고 예로써 나의 행동을 집약하여 주신다.

주자가 말하였다. "순순은 차례가 있는 모습이며, 유(誘)는 이끌어서 나아가게 하는 것이다. 박문약례(博文約禮)는 사람을 가르치는 순서이다. 이것은 공자의 도는 비록 높고 미묘하나 사람을 가르치는 데에는 차례가 있음을 말한 것이다."

후씨(侯氏)가 말하였다. "글로써 나의 지식을 넓혀 준다는 것은 치지격물(致知格物)이요, 예로써 나의 행동을 집약하여 준다는 것은 극기복례(克己復禮)이다."

정자는 말하였다. "이것은 안자(顔子)가 성인을 가장 적절하고 합당하게 일컬은 말이니, 성인이 사람을 가르치는 것은 오직 이 두 가지 일일 뿐이다.

그만두려 해도 그만둘 수 없어서 내 재주를 다하였더니, 무엇인가 우뚝 서 있는 것이 있는 것 같았으나, 비록 따르려고 하여도 따라갈 수가 없다."

주자가 말하였다. "탁(卓)은 우뚝 서 있는 모습이요, 말(末)은 없다는 뜻이다. 이것은 안자가 스스로 자기의 학문이 이른 곳을 말한 것이다. 대개 즐겨하는 것이 깊고, 힘쓰는 것이 극진하여 보는 것은 더욱 가까워졌으나 또한 그 힘을 쓸 곳이 없음을 말한 것이다."

오씨(吳氏)가 말하였다. "이른바 우뚝 서 있다는 것도 역시 일상의 행사 사이에 있는 것이지 깊고 멀고 아득한 속에 있는 것을 말하는 것은 아니다."

양씨(楊氏)는 말하였다. "'가욕지위선(可欲之謂善)'*8으로부터 확충하여 대(大)에 이르는 것은 힘써 행하는 것이 쌓여진 것이다. '대인이면서 사람들을 변화시키는 것'은 힘써 행하는 것으로 미칠 수 있는 것이 아니다. 이것이 안자가 한 단계 도달하지 못한 까닭이다."

호씨(胡氏)는 말하였다. "안자의 학문은 이미 터득한 것이 있었기 때문에 먼저 어려웠던 이유와 뒤에 얻어진 까닭을 서술하여 그 공을 성인에게 돌린 것이다. 높고 견고하며 앞에 있고 뒤에 있다는 것은 도의 본체[道體]를 말한 것이요, 우러러보고 뚫으며 바라보면 홀연히 뒤에 있다는 것은 그 중요한 점을 깨닫지 못한 것이다. 오직 공자는 순순히 나를 잘 인도하여 먼저 글로써 나의 지식을 넓혀 주어서 나로 하여금 예나 지금을 알게 하고 사물의 변화에 통달하게 한 다음에, 예로써 나의 행동을 집약하여 나로 하여금 들은 것을 존중하게 하고 아는 것을 행하게 하니, 마치 길가는 사람이 집으로 가거나 밥먹는 사람이 배부르기를 구하는 것과 같았다. 이 때문에 배움을 그만두고 싶어도 그만둘 수 없어서 진심진력(盡心盡力)하여 조금이라도 쉬거나 그만두는 일이 없게 된 뒤에야 공자가 이룩해 놓은 것이 얼마나 우뚝한지를 알게 되었다. 비록 그를 따르려 해도 연유할 곳이 없었다. 이는 대개 따르는 데 게을리하지 않아 반드시 확연히 서 있는 지위에 이르기를 구하는 것이다. 아니면 이 탄식은 안자가, '청컨대 이 말을 받들어 실천하겠습니다'(이 말이란 극기복례(克己復禮))라 한 뒤의 일이요, '석 달 동안 인(仁)을 어기지 않았다'고 하던 때의 일일 것이다."

안연이 나라를 다스리는 방법을 물었다.

주자가 말하였다. "안자(顔子)는 왕을 보좌할 재능을 지니고 있었던 까닭에 천하를 다스리는 방법을 물은 것이다. 그런데 천하를 다스린다고 하지 않고 나라를 다스리는 것이라고 한 것은 겸사(謙辭)이다."

공자가 말하였다. "역법(曆法)은 하(夏)나라의 것을 쓸 것이다."

주자가 말하였다. "하나라의 역법이란 북두칠성의 자루[斗柄]가 초저녁에 인방(寅方)을 가리키는 달을 정월(正月)로 삼은 것을 말한다. 하늘은 자시(子時)에 열리고, 땅은 축시(丑時)에서 열렸으며, 사람은 인시(寅時)에서 태어난 까닭에 북두칠성의 자루가 이 세 방위[辰]를 가리키는 달을 다 정월로 삼을 수 있다. 그러나 역법은 시기에 맞추어 일을 할 수 있도록 하기 위한 것이기 때문에, 일 년은 마땅히 사람을 위주로 하여 표준을 세워야 한다. 대개 이것은 천체의 주기적 현상을 기준으로 하여 세시(歲時)를 정하는 올바른 역법과 바람직한 절기를 취하여 안자에게 말해 준 것이다."

수레는 은(殷)나라의 수레를 탈 것이다.

주자가 말하였다. "상(商)나라의 수레는 나무로 만든 수레이다. 노(輅)는 큰 수레를 일컫는 말이다. 옛날에는 나무로써 수레를 만들었을 뿐이나 상나라에 이르러 노라는 이름이 있게 되었으니, 대개 처음으로 그 제도를 달리한 것이다. 주나라 사람들은 수레를 금과 옥으로 장식하였으므로 너무 사치스러우며 또 부서지기 쉬웠다. 이것은 상나라의 수레가 소박하고 튼튼하면서도 등급과 위엄이 이미 나뉘어 있어서, 바탕을 숭상하면서도 중도를 얻은 것만 못한 것이다."

관(冠)은 주나라의 면류관을 쓸 것이다.

주자가 말하였다. "주나라의 면류관은 다섯 가지가 있는데 제복(祭服)에 갖추어 쓰는 관이다. 이것은 황제(黃帝) 이래로 이미 있었던 것이다. 그러나 제도와 모양과 등급은 주나라에 와서 비로소 완비되었다. 공자가 이것을 받아들인 것은 아마 문식(文飾)이 있으면서도 중도를 얻었다고 여겼기 때문일 것이다."

악(樂)은 소무(韶舞)를 연주할 것이다.

주자가 말하였다. "그것은 완벽한 선(善)을, 완벽한 미(美)를 취한 것이다."

어떤 사람이 물었다. "안자가 나라를 다스리는 방법을 물으니 공자는 다만 이 4대 예악만을 가지고 말해 주고, 치국평천하(治國平天下)의 도리에 대해서는 언급하지 않았다. 이 문제에 대해서는 안자가 평일에 본래 조사하여 알아둔 것이 있었으므로 굳이 공자의 재언을 필요로 하지 않았기 때문이 아니었던가?" 그러자 주자가 말하였다. "그렇다."

정(鄭)나라의 음악을 내쫓고 아첨하는 사람을 멀리해야 한다. 정나라의 음악은 음란하고, 아첨하는 사람은 위태롭기 때문이다.

이 말의 주(註)는 이미 앞에서 말하였습니다.

정자가 말하였다. "정치〔政事〕에 대해 묻는 사람이 많았지만 오직 안연에게만 이것을 가지고 말해 준 것이다. 대개 삼대의 제도는 모두 시대에 따라 이익과 손해가 있었으나, 그것이 오래되자 폐단이 없을 수가 없었다. 주나라가 쇠퇴하여 성인이 일어나지 않으므로, 공자는 선왕의 예를 참작하여 영원히 세상에 펼 수 있는 도를 세웠는데, 이 말을 해서 그 조짐으로 삼은 것이다. 그러므로 이것으로 말미암아 추구하면 나머지도 다 알 수 있을 것이다."

안연이 죽자, 공자가 말하기를, "아! 하늘이 나를 망하게 하는구나, 하늘이 나를 망하게 하는구나" 하였다.

주자가 말하였다. "희(噫)는 상심하여 통탄하는 소리이다. 이는 도를 전해 줄 사람이 없어진 것을 슬퍼하여, 마치 하늘이 자기를 망하게 하는 것과 같다고 한 것이다."

운봉 호씨(雲峯胡氏)는 말하였다. "공자가 위로 문왕이 전하는 것을 이어받았을 때는 '하늘이 아직 이 문화를 없애려고 하지 않는다' 하였다. 또 아래로 안연에게 전해 주려 한 것을 잃었을 때는 '하늘이 나를 망하게 하는구나' 하였다. 그렇다면 사물의 이치를 깨달아 통하고 끊어지고 계속되는 것은 다 하늘에 달려 있는 것이다."

애공(哀公)이 물었다. "제자들 중에 누가 배우기를 좋아합니까?" 하였다. 공자가 대답하기를, "안회(顔回 : 회(回)는 안연의 이름)라는 이가 있었습니다. 배우기를 좋아하여 노여움을 다른 곳으로 옮기는 법이 없었고, 같은 허물을 두번 저지르지 아니하였습니다. 불행히도 명이 짧아 죽어 버려 지금은 없으니, 그 후 배우기를 좋아하는 사람이 있다는 말을 아직 듣지 못하였습니다."

증자가 말하였다. "유능하면서 무능한 사람에게 물어 보고, 견문이 많으면서 견문이 좁은 사람에게 물어보았다. 있어도 없는 것같이 하고, 꽉 차 있어도 빈 것같이 하였다. 남이 자기에게 잘못을 범하여도 잘잘못을 헤아리지 않았다. 옛날에 내 벗이 일찍이 이와 같이 하였다."(여기서의 벗이란, 마씨(馬

氏)는 안연이라고 여겼다.)

삼(參 : 증자의 이름)은 둔하다.　　　　　　　　　　　　　공자의 말임

주자가 말하였다. "노(魯)는 둔하다는 뜻이다."

정자는 말하였다. "증삼은 둔함으로써 마침내 도를 얻었다." 또 말하였다. "증자의 학문은 성실하고 독실할 뿐이다. 성인의 문하에서 배우는 학자들 중에 총명하고 재치있는 말솜씨가 있는 이가 적지 않으나, 마침내 그 도를 전한 사람은 곧 이 자질이 둔한 사람이었다. 그러므로 배움이란 성실을 귀하게 여기는 것이다."

윤씨(尹氏, 尹焞)가 말하였다. "증자는 재주와 기질이 둔한 까닭에 그 배움이 확고했다. 이것이 도에 깊이 들어갈 수 있게 된 까닭인 것이다."

증자가 말하였다. "나는 날마다 세 가지로 나 자신을 반성하니, 남을 위해 일을 도모하는 데 마음을 다했던가? 벗과 더불어 사귀는 데 신의가 없지는 않았는가? 스승의 가르침을 제대로 익혔던가 하는 것이다."

주자가 말하였다. "자기의 마음을 다하는 것을 충(忠)이라 하고, 진실되게 하는 것을 신(信)이라 한다. 전(傳)은 스승으로부터 받은 것을 말하는 것이며, 습(習)은 몸에 익히는 것이다. 증자는 이 세 가지로써 날마다 그 자신을 반성하여, 이런 일이 있으면 고치고 없으면 더욱 힘썼다. 그가 스스로를 다스리는 정성이 이와 같이 절실하였으니, 가히 학문을 하는 근본을 얻었다고 할 수 있다. 그런데 이 세 가지의 차례는 또 충과 신이 다른 사람으로부터 배워 익히는 것의 근본이 되는 것이다."

윤씨가 말하였다. "증자는 자신을 지키는 것이 간략했기 때문에 모든 행동의 잘잘못을 반드시 자신에게 따져보았다."

사씨(謝氏)는 말하였다. "여러 제자들의 학문은 다 성인에게서 나왔으나 그 후 시대가 차츰 멀어짐에 따라 점점 더 그 참된 것을 잃어버리게 되었다. 그런데 오직 증자의 학문만은 오로지 내면적인 것에 마음을 썼으므로 그것을 전하는 것에 폐단이 없었다. 이것을 자사(子思)와 맹자에게서 볼 수 있는 것이다. 애석하도다. 그 아름다운 말과 착한 행실이 세상에 다 전하지 못하였도다. 그러나 다행히 없어지지 않고 보존되어 있는 것에 대해서는, 배우는 사람이 어찌 마음을 다하여 공부하지 않을 수 있겠는가?"

공자가 말하였다. "삼(參)아, 나의 도는 하나로써 꿰뚫었다." 증자가 대답하였다. "예, 그렇습니다."

이 글의 주(註)는 이미 앞에서 말하였습니다.

공자가 밖으로 나가자 제자들이 물었다. "무슨 말씀입니까?" 증자가 말하였다. "선생님의 도는 충서(忠恕 : 충실하고 인정이 많음)일 뿐이다."

주자가 말하였다. "스스로 마음을 다하는 것을 충이라 하고, 자기의 마음을 남에게 가까이하는 것을 서(恕)라고 한다. '이이의(而已矣)'라는 것은 다하여 남음이 없다는 말이다. 공자의 일리(一理)는 전체로 하나여서 모든 것에 대응하여 꼭 들어맞았다. 이것은 비유하면, 마치 천지의 지극한 성실함[誠]은 쉼이 없어서 만물이 저마다 제자리를 얻는 것과 같다. 이 이외에는 다른 법이 없고, 또한 굳이 더 미루어 추측할 필요도 없는 것이다. 증자는 이런 것을 알았으나 말로 표현하기가 어려웠기 때문에, 배우는 사람은 자기의 마음을 다하고, 자기를 미루어 남에게 가까이 간다는 조목들을 가지고 이것을 드러내어 밝혀 사람들로 하여금 쉽게 깨닫도록 한 것이다. 대체로 지극히 성실하고 쉼이 없다는 것은 도의 본체이며, 수만 가지 현상의 근본이 하나〔一本〕이기 때문이다. 만물이 각기 그 마땅한 자리를 얻는 것은 도의 작용이니, 하나의 근본이 수만 가지 현상으로 나뉘는 까닭이다. 이것으로 살펴본다면 하나로써 꿰뚫었다는 실상을 알 수 있는 것이다."

정자(程子)가 말하였다. "성인이 사람을 가르치는 것은 각각 그 재질에 따라서 하는 것이다. '나의 도는 하나로 꿰뚫었다'는 것은 오직 증자만이 통달할 수 있었기 때문에 공자는 그에게 이렇게 말한 것이다. 증자는 제자들에게 말하기를, '선생님의 도는 충성과 용서일 뿐이다' 하였으니, 이것은 또한 공자가 증자에게 알려준 것과 같다."

자사(子思)는 증자(曾子)에게서 학문을 배워 《중용》을 지었다.　　《사기》

《사기》에서 말하였다. "공자가 이(鯉)를 낳았다. 이의 자는 백어(伯魚)인데, 공자보다 먼저 죽었다. 백어가 급(伋)을 낳으니 자(字)가 자사이다."

주자가 말하였다. "《중용》은 무엇 때문에 지었는가? 자사가 도학의 전통이 끊어질까 근심하여 지은 것이다. 아득한 옛날, 성스럽고 신령한 사람들이 하늘의 도리를 이어받아 사람의 표준이 되는 법칙을 세움으로부터 도통의 전승이 시작되었다. 경(經)에 나타난 그것을 보면, '진실로 그 중심을 잡으라'는 것은 요(堯)가 순(舜)에게 전수한 것이며, '인심은 오직 위태하고 도심은 오직 미미하니, 오직 정밀하고 오직 한결같이 하여야만 진실로 그 중심을 잡을 것이다' 한 것은 순임금이 우임금에게 물려준 것이다. 요임금의 한 마디는 지극하고 극진하였는데, 순임금이 다시 그것에다 세 마디의 말을 더한 것은, 저 요임금의 한 마디를 밝히기 위해서는 반드시 이와 같이 하여야만 더 분명해지기 때문이었다. 요·순·우는 천하의 큰 성인들이요, 온 세상을 서로 주고받는 것은 천하의 대사이다. 천하의 큰 성인으로서 천하의 대사를 실행하되 그 주고받을 즈음에 반복하여 말하며 경계한 것이 이와 같은 것에 지나지 않았다. 천하의 이치가 어찌 여기에 더 보탤 것이 있겠는가? 이 이후로 성인과 성인이 서로 계승하여 왔으니, 성탕(成湯), 문왕, 무왕 같은 이들이 임금이 되고, 고요, 이윤, 부열, 주공, 소공 같은 이들이 신하가 됨에도 모두 이것으로써 저 도통의 전승을 이었다. 우리 선생님(孔子) 같은 이는 비록 그러한 지위는 얻지 못하였으나, 지나간 성인들을 이어 앞으로 올 학문의 길을 열어 준 것은 그 공이 요·순보다 오히려 뛰어났다. 그러나 당시에 공자를 직접 보고 그것을 안 사람은 오직 안자·증자의 전승이 그 정통을 얻었으며, 증자의 거듭된 전승에 의하여 다시 공자의 손자인 자사에 이르러서는 성인과의 거리가 멀어져서 이단이 일어나게 되었다. 여기에서 자사는 시대가 오래면 오랠수록 그 중요하고 본질적인 부분을 잃게 될 것을 두려워하여 이에 요·순 이래로 서로 전승되어 온 뜻을 미루어 근본으로 삼고, 평일에 들은 조부와 스승의 말씀을 가지고 질정(質正)하여 번갈아 연역해서 이 책을 지어 후세의 배우는 사람들에게 보여 준 것이다."

맹자가 말하였다. "요·순으로부터 탕왕 때까지 약 500여 년의 거리가 있는데, 우, 고요, 이윤 같은 이는 직접 보고서 알았다." 《맹자》

조씨(趙氏)가 말하였다. "500년마다 성인이 나오는 것은 천도의 변함없는 이치이다. 그러나 또한 느리고 빠른 것이 있어서 꼭 500년이 될 수 없기 때문에 ~여 년(餘年)이라고 하였다."

윤씨는 말하였다. "안다는 것은 그 도를 아는 것을 말한다."

탕왕으로부터 문왕 때까지가 500여 년인데 이윤과 내주(萊朱) 같은 이는 직접 보고서 알았고, 문왕 같은 이는 듣고서 알았다.

조씨가 말하였다. "내주는 혹 중훼(中虺)라고도 하는데, 탕임금을 보좌한 좌상(左相)이었다."

문왕으로부터 공자 때까지가 약 500여 년이었는데, 태공망(太公望)과 산의생(散宜生) 같은 이는 직접 보고서 알았고, 공자 같은 이는 듣고서 알았다.

주자가 말하였다. "자공이 말하기를, '문무(文武)의 도(道)가 아직 땅에 떨어지지 아니하고 사람에게 있어서, 어진 이는 그 큰 것을 알았고, 어질지 못한 이는 그 작은 것을 알았으므로 문무의 도를 보유하지 않은 사람이 없었으니, 공자가 어느 것은 배우지 아니하였겠는가?' 하였으니, 이것이 이른바 듣고서 안 것이다."

공자 때로부터 지금까지는 100여 년밖에 안 된다. 성인이 살던 시대와 거리가 이와 같이 멀지 않고, 성인이 살던 곳에서 이와 같이 매우 가까운데도 공자의 도를 아는 사람이 없는 것을 보니, 아마도 앞으로는 들어서 알 사람도 없을 것이다.

임씨(林氏)가 말하였다. "맹자는 지금이 공자 때로부터 멀지 않고 추(鄒) 땅과 노나라의 거리가 또한 가깝지만, 그러나 이미 보고서 아는 사람이 없으니 500여 년 뒤에 또한 어찌 다시 들어서 알 사람이 있겠는가? 한 것이다."

주자가 말하였다. "이 말은 비록 맹자가 스스로 내가 공자의 도를 전해 받았노라 말하지는 않았지만 후세에 마침내 그 도를 전하는 것을 잃게 될 것을 근심한 것이다. 그러나 여기에서 스스로 그것을 사양할 수 없음을 보여 준 것이며, 또 저 천리(天理)와 백성의 떳떳한 도리(民彝)는 절대로 소멸시킬 수 없으므로 100세 이후에 반드시 장차 정신적으로 이해하고 마음으로 터득하는 이가 있을 것이라는 것을 보인 것이다. 그러므로 여러 성인들의 도통을 차례로 서술하여 이로써 그 결론을 맺었으니, 이는 도의 전승이 자기에게 있다는 것을 밝히고, 또 무궁하게 계속될 후세의 성인을 기다리는 것이다. 그 뜻이 매우 깊다."

나는 공자의 제자가 되지는 못하였지만 다른 사람을 통하여 공자를 사숙(私淑)하였다.

주자가 말하였다. "사(私)는 '내 나름대로'라는 뜻이요, 숙(淑)은 선(善)하다는 뜻이다. 이씨(李氏)는 이것을 방언(方言)이라 하였으니 그 말이 옳다. 다른 사람이란 자사의 제자를 말한다. 맹자는 말하기를, '내가 비록 공자의 문하에서 직접 수업하지는 못하였으나, 그래도 그 학문을 전할 수 있는 사람이 있었기 때문에 내가 그 사람으로부터 공자의 도를 듣고서 내 나름대로 내 자신을 선하게 할 수 있었다' 하였다. 대체로 이것은 공자를 높이 받들어 존경하고 자기를 낮추는 말이다."

《사기》에서 말하였다. "맹가(孟軻)는 추나라 사람이다. 자사의 문인에게서 가르침을 받았다. 도가 이미 통한 다음 제나라 선왕(宣王), 양나라 혜왕(惠王)을 찾아다니며 섬겼다. 그들은 맹자를 만나 보고서 맹자의 말은 너무 비현실적이라 하여 사정에 어둡다고 생각하였다. 당시에 천하는 바야흐로 합종연횡(合從連橫)에 힘써, 공격하고 정벌하는 것을 현명한 일이라 여겼다. 맹자는 요·순과 삼대 제왕의 덕을 말하였으니 이 때문에 가는 곳마다 뜻이 부합되지 않았다. 물러와 만장(萬章 : 맹자의 제자)의 무리들과 더불어 《시경》, 《서경》을 서술하고, 중니의 뜻을 서술하여 《맹자》 7편을 지었다."

옛날에 우임금이 홍수를 그치게 하자 천하가 평온하게 되었고, 주공이 이적(夷狄)을 병합하고 맹수를 몰아 내자 백성이 편안하게 되었으며, 공자가 《춘추》를 지으니 난신적자(亂臣賊子 : 나라를 어지럽히는 불충한 무리)가 두려워하였다.

주자가 말하였다. "억(抑)은 그치게 하는 것이요, 겸(兼)은 병합하는 것이다."

맹자는 말하였다. "주공은 무왕을 도와서 주(紂)를 토벌하고 엄(奄)나라를 정벌한 지 3년 만에 그 임금을 토벌하고 비렴(飛廉)을 바다 구석으로 몰아서 죽이니 멸망한 나라가 오십이다. 범, 표범, 외뿔소, 코끼리 등의 맹수를 몰아 멀리 쫓아버리니 천하가 크게 기뻐하였다."

나도 역시 인심을 바로잡고, 사악한 이론을 그치게 하고, 편파된 행동을 막고, 음란한 말을 몰아내어 세 성인을 계승하려고 한다.

한씨(韓氏)가 말하였다. "요임금은 이것으로써 순임금에게 전하였고, 순임금은 이것으로써 우임금에게 전하였으며, 우임금은 이것으로써 탕왕에게 전하였고, 탕왕은 이것으로써 문왕·무왕·주공에게 전하였으며, 공자는 맹가에게 전하였으나, 맹가가 죽자 그것이 전해지지 못하였다."

정자는 말하였다. "공자〔仲尼〕는 원기(元氣)이고, 안자는 봄의 생기이며, 맹자는 가을의 살기가 아울러 보인다. 중니는 포괄하지 않은 것이 없고, 안자는 어김이 없어 마치 어리석은 사람처럼 보이는 학문을 후세에 보여주니 자연스러운 화기(和氣)가 있어 말없이 화(化)하는 사람이다. 맹자는 그 재질을 겉으로 드러내었으니, 대개 이것은 또한 시대가 그러했기 때문이다. 중니는 천지요, 안자는 온화한 바람과 경사스러운 구름이요, 맹자는 험준한 태산의 기상이다. 이것은, 그 말을 살펴보면 모두 알 수 있는 것이다. 중니는 자취가 없고, 안자는 조금 자취가 있으며, 맹자는 그 자취를 드러내었다. 공자는 명쾌하였고, 안자는 화락〔豈弟〕하였으며, 맹자는 웅변적이었다."(섭씨가 말하였다. "공자의 몸에서 풍기는 청명함은 청천백일(靑天白日)과 같았다. 따라서 지극히 명쾌하였다. 안자는 마치 있어도 없는 듯이 하고 차 있어도 빈 것같이 하며, 남이 나에게 잘못을 범하여도 그 잘못을 헤아리지 않았으니 그 화락함을 다한 것이며, 맹자는 사설을 그치게 하고, 치우친 행동을 막고, 음란한 말들을 몰아냈기 때문에 그 웅변을 다한 것이다. 이 부분에서는 위대한 성인과 위대한 현인의 기상을 반복 형용하여 그 미묘함을 다하였으니 고금을 통하여 성현에 대해 언급한 것에 이만한 것이 없다. 배우는 사람은 마땅히 이것을 마음속 깊이 새겨야 할 것이다.")

이는 사물의 이치를 깨달아 통한다는 도통(道統)의 전승이 맹자에 이르러 끊어졌다는 것을 말한 것입니다.

신이 살피건대, 도통의 전승은 복희씨로부터 시작하여 맹자에 와서 그치게 되어 드디어 전해지지 않게 되었습니다. 순경(荀卿), 모장(毛萇), 동중서(董仲舒), 양웅(楊雄), 제갈양(諸葛亮), 왕통(王通), 한유(韓愈) 같은 이들이 이론을 제시하고 업적을 남겨 세상을 교화하는 데 도움이 된 것도 있었지만, 순경과 양웅은 다 한쪽으로만 치우쳐 순수하지 못하였고, 모장은 드러난 공로가 없으며, 왕통은 견해는 좁은데다 급히 이루려 하였으므로 모두 볼 만한 것이 적었습니다. 오직 동중서는 정의(正誼)와 명도(明道)에 대한 의론이 있었으며, 제갈양은 유학자의 기상이 있었고, 한유는 불교와 도가를 배척하였으니 다른 사람들보다는 우월하게 생각됩니다. 다만 동중서는 재앙이 되는 괴이한 학설에 흘렸고, 제갈양은 신불해(申不害)와 한비(韓非)가 추구하던 학설에 가까웠으며, 한유는 몸소 행동하는 자세〔實踐躬行〕가 소홀하였으니, 이것이 맹자의 전통을 이을 수 없는 까닭입니다.

주무숙(周茂叔)은 인품이 매우 고결하고 가슴속에 품은 뜻이 맑고 깨끗하여 마치 맑은 바람과 밝은 달 같았다.   황정견(黃庭堅)의 〈염계시서(濂溪詩序)〉

연평 이씨(延平李氏)가 말하였다. "이 말은 도가 있는 사람의 기상(氣象)을 잘 형용한 것이다."

염계 선생의 사장(事狀)에서 말하였다. "선생은 대대로 집이 도주(道州) 영도현(營道縣)에 있었다. 성은 주씨요, 이름은 돈실(惇實)이다. 뒤에 영종(英宗)의 옛 이름을 피하여 돈이(惇頤)라고 고쳤다. 널리 배우고 힘써 행하여 매우 일찍이 도를 알았다. 일을 처리할 때는 강하고 과단성이 있어 옛 사람의 기품이 있었다. 정치를 행하는 일에는 정밀하고 엄하였으며, 힘써 도리를 다하였다. 일찍이 '태극도(太極圖)', '역설(易說)', '역통(易通)' 등 수십 편을 지었다."

끊어진 도통이 주렴계에 와서 이어지다

도(道)가 상실된 지 천 년, 성인의 시대는 멀어져서 성인의 말이 다 없어졌다. 선각자가 없다면 누가 우리를 깨우쳐 이끌어주겠는가? 글은 말을 다 하지 못하고 그림은 뜻을 다하지 못하는데, 풍월(風月)은 끝이 없고 뜰 앞의 풀은 번갈아 푸르도다.   주자가 지은 〈염계선생 화상찬(濂溪先生畵像贊)〉

주자가 말하였다. "선생은 스승에게서 전수받지 않고도 혼자 마음속으로 도의 본체를 묵묵히 알아 그림을 만들고 글을 지어서 그 요령을 끝까지 파헤쳤다. 그때 그것을 보고서 안 사람은 정씨(程氏)였다. 그들은 마침내 이것을 확대하고 미루어 밝혔다. 하늘과 땅의 미묘함과 인륜의 뚜렷이 드러난 양상과 사물의 다양함과 귀신의 그윽한 까닭을 환히 밝혔으며, 모두를 하나로 일관시켜 주공, 공자, 맹씨가 전한 것을 환하게 다시 세상에 밝혔다. 뜻있는 선비가 이것을 얻어 하나하나 탐구하고 토론하며 몸소 행하여 그 바름을 잃지 않을 수 있다면, 마치 삼대 이전에 태어난 사람과 같아질 수 있을 것이다. 아! 참으로 성대하도다."

또 말하였다. "선생의 말은 그 높은 것이 태극·무극(無極)의 빼어나고 훌륭함을 다하였으나 그 실제는 일용(日用)의 사이를 떠나지 않으며, 그 깊은 것은 음양·오행의 조화의 미묘한 것까지 탐구했으나 그 실제는 인의예지와 강유선악(剛柔善惡)의 사이를 떠나지 않았다. 또 그 본체와 작용의 근원이 같고 드러난 것과 겉으로 나타나지 않은 것 사이에 간격이 없는 것은 진한(秦漢) 이래로 이러한 이치에 도달한 이가 없으나, 그 실상은 육경, 《논어》, 《중용》, 《대학》 7편을 전한 것에 지나지 않는다."

또 말하였다. "선생은 위로 공맹(孔孟)의 천년의 도통을 이어받고, 아래로 정씨에게 백세의 전승을 열어 주었으니, 그 맥락이 분명하고 규모가 굉장히 원대하다. 여러 유학자들이 차례로 주고 받은 것을 일일이 뽑아서 부흥시키고 새로 시작하였으며, 이단을 깨끗이 쓸어버리고 하나로 평정한 공로를 논하면 이보다 더 높은 자가 없다."

하남 정씨(河南程氏) 두 분 선생님께서 나와 맹씨의 전함을 이어 받았다.
주자가 지은 〈대학서〉

주자가 말하였다. "왕단명(汪端明)이 일찍이 말하기를, '두 분 정 선생의 학문은 전적으로 주선생(周先生)을 이어받은 것은 아니다' 한 것은, 대개 《통서》를 사람들이 소홀하게 여겨 이것을 연구하지 않았기 때문이다. 지금 《통서》를 보니, 모두 '태극도'를 밝힌 것이다. 글이 비록 많지는 않으나 계통과 체계는 이미 갖추어져 있다. 두 분 정 선생은 대개 그 전승을 얻은 것이다. 그러나 다만 두 선생의 학업이 넓을 뿐이다."

양휴(揚休)[*9]한 그 기상은 산처럼 우뚝 솟아 옥 같은 빛이요, 금 같은 소리로다. 원기의 모임이요, 다른 것과 조금도 섞이지 아니하여 자연과 같구나. 좋은 날씨와 상서로운 구름이요, 온화한 봄바람 같고 가뭄에 단비 같도다. 용의 덕(龍德)이 정중(正中)하니 은택을 베풂이 넓도다.

주자가 지은 〈명도 선생 화상찬〉

  명도 선생의 행장(이천선생(伊川先生)이 지었음)에 이르기를, "선생의 이름은 호(顥)요, 자(字)는 백순(伯淳)인데 하남인(河南人)이다. 자질과 인품이 뛰어났으며 수양을 충실히 하여 도를 지녔다. 정금(精金)과 같이 순수하고 좋은 옥(良玉)처럼 온화하고 윤기가 있었다. 관대하면서도 절제가 있었고, 화합하되 예부터 전해오는 풍속에 흐르지 않았으며, 충성은 금석(金石)을 꿰뚫었고, 효제(孝弟)는 신명에 통하였다. 그 얼굴빛을 보면, 사물을 접할 때에는 봄볕처럼 따뜻하였고, 그 말을 들으면, 그 소리가 귀로 들어가는 것이 때맞게 내리는 비가 사물을 윤택하게 해 주는 것 같았다. 가슴에 품은 것이 깊어서 사물을 환히 꿰뚫어 보았으며, 그 쌓인 것을 헤아리면 마치 넓고 넓은 바다가 가없는 것처럼 넓어, 그 덕을 다 표현하려면 아무리 아름다운 말을 다 끌어다 써도 형용하기 어렵다. 선생이 몸소 행한 것은 안으로는 경(敬)을 주로 하였고 밖으로는 서(恕)를 실천하여, 선한 일을 보면 마치 자기가 한 것처럼 좋아하였으며, 자기가 바라지 않는 것은 남에게도 베풀지 아니하였다. 어질게 살았으며 큰 도리를 실천하였다. 말을 하면 반드시 실천했고 행동에는 떳떳함이 있었다.

  선생의 학문은 이러했다. 15, 6세 때에 여남(汝南) 주무숙이 도를 논하는 것을 듣고는 드디어 과거를 위한 공부를 싫어하고 떨쳐 일어서 꿋꿋하게 진리를 추구할 뜻을 품었다. 그러나 아직 그 요령을 알지 못하여 여러 학파의 이론을 널리 읽고 찾아다녀 도교와 불교에 출입한 지 거의 10년이 되었으나 얻는 바가 없자, 다시 육경에서 구한 다음에 도를 얻었다. (주자가 말하였다. "다시 육경에서 구한 연후에 도를 얻었다는 것은 특히 그 공부의 효용이 크고 온전해졌다고 말한 것일 뿐이요, 학문으로 들어간 곳을 말한다면 염계로부터 시작한 것이 틀림없다.") 모든 사물의 이치에 대해 밝았고, 인륜을 분명하게 깨달았다. 본성을 다하고 사명에 이르는 것은 반드시 효제에 근본하여야 한다는 것을 알았다. 또한 신명을 끝까지 탐구하고 변화를 아는 것은 예악에 통하는 것에 말미암는다는 것을 알았다. 이단의 사이비(似而非)한 점의 옳고 그름을 따져서 백대(百代) 동안 밝히지 못했던 의혹을 해명하였으니, 진한 이래로 이러한 이치에 도달한 자가 없었다.

　선생은 '맹자가 죽은 뒤로 성학이 전해지지 않았다' 하여, 사문(斯文)을 다시 일으키는 것을 자기의 임무로 알았으며, 나아가서는 세상 사람들을 깨닫게 하려 하였고, 물러가서는 경전의 뜻을 밝히려 하였다. 그러나 불행히도 일찍 세상을 떠나 미처 다 미치지 못하고 말았다. 선생이 정미하게 옳고 그름을 따진 것이 세상에 조금 보이는 것은 그에게서 배운 학자들이 전한 것일 뿐이다. 선생의 문하에는 배우는 사람들이 많았다. 선생의 말은 평이하고 알기 쉬워 현명한 이나 어리석은 이나 할 것 없이 다 유익함을 얻었다. 이는 마치 많은 사람들이 강물을 마시더라도 각각 자기의 양대로 채울 수 있는 것과 같았다. 선생이 사람을 가르치는 데는, 앎을 끝까지 추구하는 치지(致知)로부터 지지(知止)에 이르기까지, 성의(誠意)로부터 평천하에 이르기까지, 청소와 손님 접대하는 것으로부터 진리탐구하는 데 이르기까지 가지런하고 질서가 있는 차례가 있었다.

　세상의 학자들이 일상에 가까운 것은 버리고 이상이 높고 원대한 것만 추구하며, 낮은 곳에 있으면서 높은 것만 엿보고는 경솔하게 스스로를 대단하게 여겨 마침내 아무런 소득도 없게 되는 것을 병통으로 여겼다. 선생이 사물을 접함에 있어서는 분별하여 막힘이 없었고, 서로 느껴서 통할 수 있었다. 사람들을 가르치면 그들이 쉽게 따랐고, 화를 내어도 그들이 원망하지 않았으니, 어질고 어리석고 선하고 악한 이 할 것 없이 모두 마음으로 복종하게 되었다. 교활하고 거짓된 자도 그 정성을 바쳤고, 포악하고 거만한 자도 공경을 다하였다. 명성을 들은 자는 진실로 복종하고, 그 덕을 본 자는 깊이 빠져들었으며, 비록 소인으로서 취향하는 바가 달라 이해만을 찾는 사람도 눈앞에서는 물리쳤으나 물러가 혼자서 생각해 보고는 선생을 군자라고 하지 않는 자가 없었다.

　선생이 정치를 하면서, 악을 다스리는 데는 너그러웠으며 번잡한 일에는 여유가 있었다. 법령이 번잡하고 치밀하게 적용해야 할 때는 대중편에 서서 법문에 따라 책임있게 처리했다. 사람들은 모두 구애됨을 병으로 여겨도 선생은 여유 있게 처신하였고, 뭇 사람들이 심히 어렵다고 근심하여도 선생은 명쾌하게 그것을 해 냈으며, 비록 화급한 일을 당하여도 목소리나 얼굴빛은 조금도 변하지 않았다. 선생이 만든 법의 강령·조문·법도는 사람들이 본받아 할 수 있었다. 그러나 이끌어 지도하면 따르고 격동하면 화답하였다. 사물은 추구하지 않아도 사물이 응하였으며, 믿음을 베풀지 않아도 백성들이 믿었던 것에 이르러서는 다른 사람들이 그에 미칠 수 없었다" 하였다.

묘표(墓表)에 이르기를, "노국태사(潞國太師 : 문언박(文彦博)임)가 정호의 묘비에 쓰기를 '명도 선생(明道先生)'이라 하고, 아우 이(頤)가 서(序)를 써서 말하기를, '주공이 세상을 떠나자 성인의 도(道)가 행해지지 아니하였고, 맹가가 돌아가자 성인의 학(學)이 전해지지 아니하였다. 도가 백세 동안 행해지지 않으니 잘 다스려진 정치가 없었고, 학이 천년 동안 전해지지 않으니 참된 선비가 없었다. 잘 다스려진 정치가 없는 것은 그래도 오히려 선비들이 참된 정치의 도를 밝혀서 그것을 다른 사람에게 사숙하게 하여 후세에 전할 수 있지만, 참된 선비가 없으면 천하 사람들이 도에 어둡게 되어 갈 바를 알지 못하게 되어서 인욕이 방자해지고 천리가 멸하게 될 것이다. 선생은 1천 4백년 뒤에 나서 전해지지 못한 학문을 남아 있던 경전에서 얻어, 이 도로써 이 백성을 깨우치려고 하였다. 그리하여 이단의 좋고 그름을 가려내고 사설을 막아 성인의 도가 환하게 다시 세상에 밝아지게 하였으니, 대개 맹자 이후로 오직 이 한 분뿐이다. 그러나 배우는 사람이 도에 대해 그 나아갈 바를 알지 못한다면 누가 이분의 공을 알 것이며, 이분의 학문이 도달한 바를 알지 못한다면 누가 이러한 명성이 사실과 부합된다는 것을 알겠는가?' 하였다"고 하였다.

그림쇠(規)처럼 둥글고, 곱자(矩)처럼 모나며, 먹줄처럼 곧고, 저울(準)처럼 평평하니, 진실로 군자요, 참으로 크게 이루었도다. 비단 같은 문장이요, 콩과 조(菽粟) 같은 맛이로다. 덕을 아는 이가 드무니 누가 그 귀함을 알겠는가?
주자가 지은 〈이천 선생 화상찬〉

이천 선생의 연보(年譜)에 말하기를, "선생의 이름은 이(頤)요, 자(字)는 정숙(正叔)이며, 명도 선생의 아우이다. 어릴 때부터 식견이 높아서 예(禮)가 아니면 움직이지 않았다. 14, 5세가 되어서는 명도 선생과 더불어 주무숙 선생에게서 공부하였다. 18세에 조정에 글을 올려 인종(仁宗)에게 '왕도를 실천할 것을 마음으로 삼고, 백성〔生靈〕을 위할 것을 생각하며, 세속의 의론을 물리치고 비상한 공(功)을 기약하라'고 권유하였으나 인종이 듣지 않았다. 철종 초에 사마광(司馬光), 여공저(呂公著)가 공동으로 올린 차자(箚子)에 이르기를, '하남의 처사 정이가 학문에 힘쓰고 옛 도를 좋아하며 안빈낙도(安貧樂道)하여 절의를 지키며, 말에는 반드시 충신이 있고 행동은 반드시 예의를 따릅니다. 나이 50이 넘도록 벼슬에 나아가기를 바라지 아니하니 참으로 선비의 높은 행실이며 성스러운 세상의 백성입니다' 하였다. 간관(諫官) 주광정(朱光庭)은 말하기를, '이(頤)는 도덕이 순수하게 갖추어졌고 학문이 깊고 넓으며, 재질이 굳세고 발라서 중심을 지키는 풍모가 있으며, 생각함이 명철하여 기미를 아는 것을 신처럼 한다는 오묘한 경지에까지 이르렀습니다. 언행이 서로 일치하여 잘잘못을 가릴 것이 없고, 인의가 자신에게 있으나 자랑하지 않습니다' 하였고, 또 말하기를, '선왕의 심오한 도리를 탐구하여 당세의 중요하게 다루어야 할 일에 통달하였으니, 곧 천민의 선각자이며 태평성대의 참 선비입니다' 하였다. 또 말하기를, '천지가 진행되어 온 과정을 알 수 있는 재능이 있고, 예악(禮樂)을 제작할 수 있는 자질을 갖추었으며, 도를 말하면 천(天)·지(地)·인(人) 삼재를 관철하여 털끝만큼의 틈도 없습니다. 덕을 말하면 중미(衆美)를 다 포괄하여 하나의 선이라도 빠뜨리는 것이 없으며, 학문으로 말하면 고금을 널리 통하여 하나라도 알지 못하는 것이 없었고, 재주로 말하면 만물의 이치에 통달하여 세상의 임무를 성취〔開物成務〕하여 하나의 이치라도 총괄하지 않음이 없었습니다. 이 때문에 성인의 도가 이에 이르러 전해지는 것입니다. 하물며 천자께서 학문으로 나아가는 처음에 만약 참된 학자로써 경연(經筵)을 전담하게 하신다면 어찌 아름답지 않겠습니까?' 하였다"고 하였다.

《송사(宋史)》에 이르기를, "이(頤)는 읽지 않은 책이 없었다. 그 학문은 성실에 바탕을 두었고, 《대학》, 《논어》, 《맹자》, 《중용》을 표적으로 삼아 육경에 통달하였으며, 행동할 때마다 멈출 때, 말할 때와 침묵할 때가 한결같이 성인을 스승으로 하여, 성인의 경지에 이르지 않으면 그만두지 않았다. 일찍이 말하기를, '지금 농부들이 혹독한 추위와 무더운 날의 장마비에도 깊이 갈고 김을 매어서 오곡을 파종하여 내가 얻어 먹으며, 많은 기술자들의 기예(技藝)가 기구와 물건을 만들어 내가 얻어 쓰고 있으며, 갑옷 입고 투구 쓴 군사들이 병기를 들고 나라를 지키므로 내가 편안히 살고 있다. 나는 사람들에게 아무런 공로나 은택도 미치지 못하고 세월만 헛되이 보내고 있으니 한심하게도 천지 사이에 있는 한 마리의 좀벌레이다. 그러므로 오로지 성인이 남긴 글을 엮어서 세상에 전한다면 아마도 조금의 보탬이 될 것이다' 하고는 이에 《주역》과 《춘추》의 전(傳)을 지었다. 그는 평생 동안 사람을 가르치는 데 게으르지 아니한 까닭에 학자들이 그 문하에서 가장 많이 나왔다. 그 연원(淵源)이 깊어지면서 모두 명사(名士)가 되었다. 그 중에서 유현(劉絢), 이유(李籲), 사량좌(謝良佐), 유작(游酢), 장역(張繹), 소병(蘇昞), 여대림(呂大臨), 여대균(呂大鈞), 윤돈(尹焞), 양시(楊時) 등이 덕을 이룬 사람으로 가장 저명하였다" 하였다.

횡거(橫渠)의 학문은 고심하여 터득한 것이니, 이것이 바로 한 분야에서 노력한 것이다. 《주자어록》

주자가 말하였다. "횡거를 정자에다 비교하면 마치 백이(伯夷)와 이윤을 공자에 비교해 보는 것과 같다."

젊어서 손무(孫武)와 오기(吳起)의 병서를 즐겼으나 늘그막에는 불교와 도교에서 도망쳐 벗어났네. 용감하게 호랑이 가죽〔皋比〕*10을 걷어 치우고 일변하여 도에 이르렀도다. 정밀하게 생각하고 힘써 실천하여 깨닫는 도리가 있으면 즉시 기록하였네. 정완(訂頑)의 교훈은 우리에게 우주의 넓은 곳에 거처하는 태도를 보여주었도다. 주자가 지은 〈횡거 선생 화상찬〉

《송사(宋史)》에 이르기를, "장재(張載)가 진사에 급제하여 운엄령(雲嚴令)에 발탁되니, 근본을 독실히 하고 풍속을 착하게 하는 것을 급선무로 여겼다. 황제(神宗)가 처음 즉위하여, 여러 가지 제도를 새롭게 하고 재주있고 명철한 선비를 구하여 함께 대책과 방법을 세울 것을 생각하였다. 이때 여공저가 장재를 옛 학문을 했다고 추천하므로 황제가 불러서 치도를 물었다. 장재가 대답하기를, '정치를 하는 데 있어 삼대를 본받지 않는다면 끝내 구차하게 될 것입니다' 하니, 황제가 기뻐하여 숭문교서(崇文敎書)로 삼았다. 왕안석(王安石)과 더불어 신법(新法)을 의논하다 뜻이 맞지 않으므로 병을 핑계하고 남산 아래에 은거하였다. 그의 학문은, 예를 존중하고 덕을 귀히 여기며 하늘의 이치를 즐기고 운명을 편안히 받아들이었다. 《주역》을 종지로 삼고 《중용》을 본체로 삼았으며 공자와 맹자를 법으로 삼아 괴상하고 거짓된 것을 물리치고 귀신을 변별하였다. 그의 집안에서는 혼례(昏禮), 상례(喪禮), 장례(葬禮), 제례(祭禮)를 모두 선왕의 뜻을 쫓아 행하되 지금의 예를 참작하였다. 저서로는 《정몽(正蒙)》과 《서명(西銘)》·《동명(東銘)》이 세상에 전해지고 있다(어떤 이가 정자에게 "《서명》은 어떠한 글인가?" 하고 물으니, 정자가 말하기를, "이것은 글 중에서 가장 순수한 것이다" 하였다. 또 묻기를, "그 글대로 다 실천하였을 때는 어떠한가?" 하니, 대답하기를 "성인이 된다" 하였다. 또 묻기를 "횡거는 능히 다 실천하였는가?" 하니, 대답하기를 "말에는 갈래가 많아 유덕(有德)한 말도 있고 도(道)에 이르게 하는 말도 있다. 유덕한 말이란 자신의 일을 말한 것으로 성인이 성인의 일을 말한 것과 같다. 도에 이르게 하는 말이란 지혜가 족히 이것을 아는 것이니, 현인이 성인의 일을 말하는 것과 같은 것이다" 하였다)" 하였다.

행장(行狀 : 여여숙(呂與叔) 이 찬하였음)에서 이르기를, "선생의 이름[諱]은 재(載)요, 자(字)는 자후(子厚)이며, 대대로 대량(大梁)에서 살았다. 강정(康定) 연간에 군대 나갈 때 선생의 나이가 18세였다. 분발하여 공명을 세울 것을 자부하고 편지를 올려 범문정공(范文正公)을 만나보았다. 공이 그의 그릇이 큰 것을 알고 그것을 성취시키기 위해 선생을 책망하여 말하기를, '유학자에게는 스스로 명교(名敎)[11]가 있는데 어찌 병사를 일삼으려 하는가?' 하고는 《중용》을 읽기를 권하였다. 선생이 《중용》을 읽고 비록 그것을 좋아하였으나 그래도 부족하다고 여기어, 이에 또 도교와 불교의 책을 탐구하였다. 여러 해 만에 그 학설을 다 연구하고는 아무것도 얻을 것이 없음을 알고 다시 돌아와 육경에서 도를 구하였다.

가우(嘉祐) 초에 정백순(程伯淳), 정정숙(程正叔)을 수도[京師]에서 보고 함께 도학의 요령을 논하고는 선생은 환하게 깨달은 바가 있어 자신을 가지고 말하였다. '오도(吾道 : 유생들이 유학의 도를 이르는 말)가 스스로 족한데 어찌 다른 것에서 그것을 구하리요?' 하고는, 이에 다른 도의 학문을 다 버리고 순수하게 되었다. (《송사》에서 말하기를, "장재가 일찍이 호피를 깔고 앉아 《주역》을 강의하였다. 이때 따르는 사람이 아주 많았다. 하루 저녁에는 정호·정이가 와서 같이 《주역》을 토론하였다. 다음 날 장재는 사람들에게 말하기를, '두 정씨를 보니 《주역》의 도리에 심히 밝아 내가 미칠 수가 없었다. 여러분들은 그분들을 스승으로 삼는 것이 좋을 것이다' 하고는 곧 자리를 거두어 버리고 강의를 철회하였다" 하였다.)

늘그막에 선생은 숭문원(崇文院) 벼슬로부터 병을 핑계하고 물러나 서쪽에 있는 횡거로 돌아왔다. 그러고는 종일토록 방 안에 꿇어앉아 책을 좌우에 두고 고개 숙여 책을 읽고 우러러 생각하였다. 깨닫는 것이 있으면 그때마다 기록하였다. 또는 한밤중에 일어나 앉아 촛불을 밝히고 생각난 것을 쓰기도 하였다. 도에 뜻을 두고 정밀하게 생각하여 잠시도 쉬는 때가 없고 잠시도 잊지 않았다. 배우는 사람들이 물을 때는 항상 예를 알고 본성을 이루어서 기질을 변화시키는 도리로써 말해 주고, 배움이란 반드시 성인처럼 된 뒤에 그만두어야 한다 하였다. 그러니 듣는 사람이 감동하여 진보하지 않는 이가 없었다.

일찍이 문인들에게 말하기를, '나의 학문이 이미 마음에 얻어졌다면 그 사명을 잘 닦아야 한다. 말에 어긋남이 없어야만 일을 결단할 수 있고, 일을 결단함에 잘못이 없어야 내가 당당히 정의입신(精義入神)*12하는 것에 참여할 수 있을 것이다' 하였다. 선생의 기질은 굳세고 덕이 크고 풍성하며 용모가 위엄이 있었으나 사람과 더불어 일정한 곳에 자리를 잡고 살게 되면 오래될수록 점점 친해졌다. 집안을 다스리고 사물을 대하는 원칙은 자신을 바르게 함으로써 남을 감동하게 하고, 남이 이것을 믿지 않으면 자신을 되돌이켜 반성하여 스스로를 다스릴 뿐 남에게 말하지 않았다. 비록 사람이 깨닫지 못하는 것이 있어도 태연하게 그것을 행하여 후회함이 없었기 때문에 아는 이나 모르는 이나 할 것 없이 그 명성을 듣고 두려워하여 옳은 일이 아니면 감히 털끝만한 것이라도 감히 선생에게 그 문제에 대해서 말하지 못하였다" 하였다.

신이 살피건대, 소강절(邵康節)은 안으로는 성인이 되고 밖으로는 왕이 되기를 추구하는[內聖外王] 학문이 이미 익숙하게 이루어졌습니다. 그러나 선현들이 일찍이 사물의 이치를 깨달은 바른 줄기를 인정하지 않았으므로 감히 여기에 싣지 않았습니다. 그러나 정자(程子) 문하의 제자들 가운데에서 우리 도를 도운 사람이 많았지만 도를 계승할 책임을 맡을 수 있는 사람은 역시 볼 수 없었습니다. 그러므로 정자와 장횡거의 뒤에는 주자로 이어졌습니다. 다만 구산(龜山)이 정자에게 배웠고, 예장(豫章)이 구산에게 배웠으며, 연평(延平)이 예장에게서 배웠으니, 이 세 선생의 업적이 비록 넓지는 않다 하더라도 주자의 본디 바탕이 되는 까닭에 간략하게 그 행적을 다음과 같이 기록하였습니다.

구산 선생(龜山先生) 양시(楊時)는 자(字)가 중립(中立)이다. 타고난 자질과 인품이 어질고 후덕하고 관대하여 모든 것을 포용하였다. 남다르게 모난 행동을 하거나 세속과 다른 행동을 하여 세속적인 명예를 구하지 않았으며, 남과 사귀면서도 그 태도가 시종 한결같았다. 또 효도가 지극하여 어려서 어머니를 잃었을 때는 그 슬퍼하는 것이 어른과 같았다. 하남의 두 정 선생의 도에 관해 듣고는 곧 가서 그들을 따라 공부하였다. 이 때 두 선생을 따라 배우는 학자가 매우 많았지만 선생만이 유독 여러 해 동안 들어앉아 경서(經書)에 깊이 파고들어, 스승의 학설을 널리 속속들이 연구하고 탐색하여 그 근본 이념을 끝까지 추구하여서 함축성이 있고 광대하였으나 감히 경솔하게 스스로 자랑하지 않았다.

예장 선생(豫章先生) 나종언(羅從彦)의 자는 중소(仲素)이다. 어릴 때부터 뛰어나게 총명하여 언어 문자에만 치우친 학문을 하지 않았으며, 성장하면서는 고생을 참고 견디며 부지런히 힘써 뜻을 돈독히 하고 도(道)를 구하였다. 처음에 오국화(吳國華)에게서 배우다가, 조금 뒤에 구산 선생이 이락(伊洛)의 학문*[13]을 얻었다는 것을 듣고 그에게로 가서 배웠다. 여기에서 지난 날 배운 학문이 그릇된 것이라는 것을 깨닫고는 놀라서 3일간이나 등에 땀을 흘리면서, "거의 일생을 그르칠 뻔하였다"고 말하였다. 구산이 도를 동남쪽에서 솔선하여 주장하자 따라 배우는 사람이 1000여 명이나 되었다. 깊이 생각하고 힘써 실행하며, 도를 밝힐 책임을 느끼고 깊은 경지까지 나아간 이는 오직 선생 한 분뿐이었다.

연평 선생 이통(李侗)의 자는 원중(愿中)이다. 나면서부터 천품이 남다른 데가 있었고, 어릴 때부터 뛰어나게 총명하였다. 조금 자라니 효심과 우애심〔孝友〕이 돈독하였다. 같은 고을 사람인 나중소(羅仲素) 선생이 이락의 학문을 얻었다는 말을 듣고 가서 배웠다. 나공(羅公)은 깨끗한 절의로써 세속과 인연을 끊었으므로 마을 사람들 중에 그를 아는 사람이 드물었다. 그래서 선생이 그를 따라 학업을 닦는 것을 보고는 사람들이 비웃었다. 그러나 선생은 못 들은 체하고 그를 따라 공부한 지 몇 해 만에 《춘추》, 《중용》, 《논어》, 《맹자》의 학설을 배워 조용히 깊이 음미함으로써 마음으로 깨닫게 되고, 그가 전하는 심오한 뜻을 다 깨우쳤다. 나종언은 마주 대했을 때 잘 한다는 말은 없었으나, 남에게는 자주 그를 인정하였다. 그는 물러나와 산밭에서 세상을 피해 수죽(水竹) 사이에 띠집을 짓고 살았다. 세상일을 끊은 지 40여 년 동안 곤궁하여 끼니가 자주 떨어져도 기쁜 마음으로 스스로를 즐겼다.

선생은 자질과 품성이 굳세고 남달랐다. 기개와 절의가 호탕하고 인품이 뛰어났으며, 본성을 기르고 늘리고 넓혀 충실함이 완전하고 순수하여 모난 데가 없었다. 깨끗한 얼음과 맑은 가을달처럼 한 점의 티끌도 없이 투명하였다. 정순(精純)한 기상이 얼굴에까지 나타나 안색은 온화하고 말은 엄정하였으며, 정신은 안정되고 기(氣)는 온화하였다. 말하기와 침묵, 움직임과 조용함이 바르고 상세하며 여유있고 태연하였다. 젊은 나이에 도를 듣고는 초연히 멀리 숨어서 마치 당세의 일에는 아무 뜻이 없는 것 같았으나, 시국(時局)을 근심하여 일을 논함에는 상대로 하여금 감격하여 움직이게 하였다. 치도를 말함에는 반드시 하늘의 바른 도리를 밝히고 인심을 바르게 하며, 절개와 의리를 숭상하고, 염치에 힘쓰는 것을 우선으로 하였다. 근본에서 말단까지 다 구비되었으니, 모두 다 실행할 만한 것이었지 단지 빈말에 지나는 것이 아니었다.

이방자(李方子)가 주자를 칭찬하여 말하였다. "공맹 이래로 박문(博文)·약례(約禮)의 두 가지가 다 그 극진한 데에 도달한 이는 선생 한 사람뿐이다." 《이락연원속록伊洛淵原續錄》

주자 행장 (면재황씨(勉齋)黃氏)가 지었음)에 이르기를, "선생의 성은 주씨요, 이름은 희(熹)이며, 자(字)는 중회(仲晦)이다. 주씨는 무원(務源) 지방에서 저명한 성이다. 선비로서 이름 있는 집안이요, 대대로 위인이 있었다. 이부공(吏部公 : 주자의 아버지 송(松)을 말함)은 문장과 의로운 행실이 학자들의 모범이 되었으며, 오는 위재 선생(韋齋先生)이다. 선생은 어려서부터 총명하고 정중하고 무게가 있었으며, 스승에게 나아가 수업을 하는데《효경》을 가르쳐 주니, 책을 한번 보고는 덮고 그 위에 이렇게 글을 썼다. '이렇게 못하면 사람이 아니다.' 일찍이 여러 아이들과 놀다가 홀로 단정히 앉아 손가락으로 모래 위에 그림을 그리는 것을 보니 팔괘(八卦)였다. 조금 자라서는 성현의 학문에 뜻을 굳게 두고, 널리 경전의 뜻을 공부하면서 두루 당대의 유식한 선비들과 교유하였다. 연평이 선생(李侗)은 위재(韋齋)와 동문(同門) 수학한 친구였다. 선생은 수백 리를 멀다 않고 걸어다니면서 연평에게 공부하여 여러 해 동안 실체를 정밀히 탐구하여 학문의 조예가 더욱 깊어졌다.

선생의 학문하는 방법 이치를 탐구하며 앎을 끝까지 추구하고 자기 몸에 돌이켜 실천하되, 주자학의 학문 수양 방법의 하나인 거경(居敬)은 그의 학문의 처음과 끝을 이루는 근본이 되는 것이었다. 말하기를, '앎을 끝까지 추구하는데[致知]를 경(敬)으로써 하지 않는다면 어둡고 혼란하여 의리가 변해가는 형편을 살필 수 없고, 몸으로 실천하되 경으로써 하지 않는다면 태만하고 절제가 없게 되어 의리의 실상에 이를 수 없을 것이다. 엄숙하고 장중하며 고요하고 한결같은 가운데에서 이 마음을 보존하고, 학문하고 옳고 그름을 가려내는 때에 이르러 이 이치를 속속들이 따지고 연구하여야 그만둘 수 없는 당연한 법칙과 바꿀 수 없는 이치를 다 볼 수 있을 것이다. 보이지 않고 들리지 않을 때에도 경계하고 두려워하는 것이 더욱 엄격하고 더욱 공경하며 겉으로 드러남이 없었다. 그리고 고요히 홀로 있을 즈음에도 성찰하는 것이 더욱 정밀하고 치밀하여서 사려가 싹트지 않았을 때에도 지각이 어둡지 아니하고, 사물과 이미 접촉한 뒤에도 품절(品節)이 어긋나지 아니하여 인욕의 사사로움을 용납함이 없고 천리의 바름을 온전하게 하여, 한쪽에 치우침을 편히 여기지 않고, 소성을 급하게 여기지 않아야만 이것이 바로 도의 정통이 되는 것이다. 그 도는 태극에서 음양이 나누어지고, 음양에서 오행이 갖추어지니, 하늘이 부여한 것이 명(命)이요 사람이 받은 것이 성(性)이며, 사물에 감동된 것이 정(情)이요 성정(性情)을 도맡아 움직이는 것이

심(心)이다. 사람에게서 구하면 사람의 이치가 자기와 다른 것이 없고, 사물과 대조하여 보면 물(物)의 이치가 사람과 다르지 않다'고 하였다. 그것을 분석할 때는 정밀함을 다하여 혼란스럽지 않게 하고, 그것을 합칠 때는 그 큰 것을 다하여 나머지가 없었다.

선생의 도에 대한 것은 천지에 세워 보아도 어그러지지 아니하였고, 성현의 도(道)와 대조해 보아도 의심이 없었다고 말할 수 있을 것이다. 그러므로 그것을 자신에게 얻어서 덕을 이루어, 일심으로 조화의 근원을 깊이 연구하고 성정의 묘리를 다하여 성현의 심오한 뜻에 통달하였으며, 일신(一身)으로 천지의 운행을 체득하고 사물의 이치를 갖추어 강상(綱常 : 삼강과 오상(五常)을 아울러 이르는 말)의 책임을 다하였다. 그리하여 총명은 그 세미한 것을 살필 수 있었고, 굳셈은 그 중임을 맡기에 충분하였다. 넓음은 그 광대한 것을 이룰 수 있었고, 꿋꿋함은 그 상도(常道)를 극진히 할 수 있었다. 그것을 보존하고 있을 때에는 텅 비고 고요하였으며, 그것이 발할 때에는 과감하고 확고하였다. 그것을 사용할 때는 일에 호응하고 사물에 접하여 막힘이 없었고, 그것을 지키는 데 있어서는 재앙이나 사고를 거치고 험난한 것을 겪어도 바뀌지 아니하였다. 본체와 말단, 정교함과 조잡함은 그것을 하나라도 빠뜨리는 것을 보지 못하였고, 겉과 속, 처음과 끝이 혹 달라지는 것을 보지 못하였다. 그 성정을 깊이 수양하고 학문을 두텁게 쌓아 긍지가 있으면서도 순수하게 익었고, 준엄함은 화평하였다. 마음을 반드시 잡지 않아도 도의가 보존되었으며, 반드시 자세히 찾지 않아도 정밀하였다. 오히려 의리는 무궁하고 세월은 유한하다고 여겨 항상 부족하다고 여기는 뜻이 있었으니, 날로 새롭게 하고 또 새롭게 하여 스스로 그만둘 수 없는 것이 있어 후학들이 본뜨거나 평가할 수 있는 것이 아니었다.

그 본보기가 될 만한 행실로서는, 몸을 닦아 얼굴빛은 장엄하게 하고 그 말은 엄정하게 하였다. 행동은 여유가 있으면서도 공손하였으며, 그 앉은 모습은 단정하고 곧았다. 평소에 거처할 때에는 날이 밝기 전에 일어나 심의(深衣 : 예전 선비가 입던 웃옷)를 입고, 복건(幅巾)을 쓰고, 모난 신발〔方履〕을 신고 가묘(家廟)와 옛 성인들에게 절을 하였으며, 물러나서는 서실(書室)에 앉으면 책상은 반드시 바르게 하고, 서적과 기물은 반드시 가지런하게 하였다. 음식을 먹을 때는 국과 밥을 놓는 데에 정해진 위치가 있었으며 수저를 들고 놓는데도 정해진 곳이 있었다. 피곤해져 쉴 때는 눈을 감고 단정히 앉아 쉬다가 일어나서는 반듯한 걸음으로 천천히 거닐었다. 한밤중이 되어서야 잠자리에 들었다. 자다가 깨면 이불을 끌어안고 앉아서 혹은 아침이 되도록 그렇게 있었다. 그리고 위엄이 있고 법도에 맞는 행동거지는 어릴 때부터 늙음에 이르기까지 매우 춥고 더운 때나 위급한 순간에라도 일찍이 잠시라도 벗어나는 일이 없었다.

집안에서 행동하는 것은 어버이를 봉양함에 효도를 다하였고, 아랫 사람을 돌보는 데에는 자애를 다하였다. 내실에서는 내외의 분별이 엄격하였으나 은의(恩義)가 두터워 화평하고 즐거웠다. 제사를 지낼 때는 크고 작은 일을 막론하고 반드시 정성을 다하여 공경하되 조금이라도 법도에 맞지 않은 것이 있으면 종일토록 즐거워하지 아니하였다. 제사를 예에 어긋남이 없이 끝내게 되면 그제야 기뻐하였다. 상사(喪事)에는 슬퍼하고 근심함을 다하였으며, 음식이나 상복에 이르기까지 각각 그 감정을 다하였다. 귀한 손님이 왕래할 때는 가정의 형편에 맞도록 대접하되 항상 그 기쁨을 다하였으며, 친한 사이에는 비록 멀리 있더라도 반드시 그 사랑을 다하였다. 마을〔鄕閭〕에서는 비록 미천한 사람에게라도 반드시 공손함을 다하였다. 길흉과 경조(慶弔)의 일에는 예(禮)가 빠진 일이 없었으며, 주휼(賙恤)*14·문유(問遺)*15에도 은혜가 빠지는 일이 없었다.

그러나 그 자신을 봉양하는 데 있어서는 옷은 그 몸을 가릴 정도였고, 음식은 배를 채울 정도였으며, 거처는 비바람을 겨우 막을 정도였다. 다른 사람은 견딜 수 없었으나 오히려 거처하는 데 여유가 있었다. 그러나 실제적으로 일을 시행함에 있어서는, 주현(州縣)에서 시행할 때나 조정에서 말할 때나 경륜과 규모와 계획이 정대하고 웅장하였다. 그런 점에서 선생의 여러 모습을 볼 수 있었다. 비록 지위가 높고 귀하게 되어 도를 실천하는 것은 한번도 베풀지 못하였지만, 그러나 물러나서 도를 밝혀 족히 아주 오랜 세월동안 전할 수 있었다. 선생은 말하기를, '성현들이 도통을 전한 것은 여러 가지 책에 골고루 수록되어 있으나, 성현의 가르침의 뜻이 밝혀지지 않아 도통의 전함이 비로소 어두워졌다' 하고는, 이에 그 정력을 다하여 성현이 남겨 놓은 경전과 주석을 깊이 연구하였다. 깊고 오묘한 뜻을 탐구하여 그 뜻을 남김없이 드러내었다. 선생이 사람을 가르치는 데는 《대학》, 《논어》, 《맹자》,

《중용》의 차례를 도에 들어가는 순서로 하였으며, 그 뒤에 모든 다른 경(經)을 공부하게 하였다. 글을 읽는 데 있어서는 반드시 그들로 하여금 발음과 해석을 분별하게 하였으며, 문장과 구절을 바르게 하여 그 말을 잘 생각하여 음미하고 그 뜻을 탐구하게 하였다. 정밀하게 연구하고 깊이 생각하여 그 알기 어려운 것을 깊이 파고들어 깊이 연구하고, 심기를 평이하게 하여 스스로 얻기를 기다리게 하였다. 그러나 자기 수양을 위하여 실질에 힘쓰고, 의리를 변별하며, 스스로를 속이지 말고, 혼자만이 아는 것을 삼가라는 경계를 재삼 간곡하게 당부하지 않음이 없었다" 하였다.

신이 살피건대, 공자는 여러 성인들을 모아서 이를 집대성하였고, 주자는 모든 현인들을 모아서 이를 집대성하였습니다. 성인은 태어나면서 알고 편안히 도리를 행하여 전체가 하나가 되어 아무 자취가 없기 때문에 갑자기 배울 수가 없습니다. 오직 주자는 오래도록 공부를 계속해 쌓아 나갔으므로, 모범으로 삼을 수 있기 때문에 먼저 주자를 배워야만 공자를 배울 수 있습니다. 그러므로 여기에 '행장(行狀)'을 상세하게 기록하였습니다(명도의 행장을 보면 자품(資稟)이 고명한 것을 상상해 볼 수 있고, 주자의 행장을 보면 공부가 정밀한 것을 깊이 살펴볼 수 있습니다).

공자 이후에는 증자와 자사가 그 미묘한 진리를 계승하였고, 맹자에 이르러 비로소 환하게 드러났으며, 맹자 이후에는 주자, 정자, 장자가 그 끊어진 학문을 이었는데, 선생에 이르러 비로소 크게 드러났다.   행장 가운데의 말

면재 황씨(勉齋黃氏)가 말하였다. "천여 년 동안에 공자(孔子)와 맹자(孟子)의 제자들이 이 도(道)를 밝혔지만 이미 불에 타 재가 되고 사그라져 없어졌으며, 남은 것도 쪼개지고 구멍이 뚫려 미묘한 말이 거의 끊어지게 되었다. 주자, 정자, 장자가 우리 학문이 자취도 없이 모두 없어지고 폐색되어 인심이 좁먹고 무너진 뒤에 우뚝 일어나서 이것을 붙잡아 반듯하게 세웠으니 그 공이 위대하나 이로부터 100년이 못 되어 어두워지고 혼란됨은 더욱 심해졌다. 선생이 나오니 주나라 이래로부터 성현이 서로 전해 주던 도가 하루 아침에 환해져서 마치 밝은 태양이 중천에 떠서 환하게 드러난 것 같았다.

선생이 세상을 떠나자 배우는 이로서 그 글을 전하고 그 도를 믿는 이가 더욱 많아졌으니, 또한 의리가 사람을 감동시키는 것이 깊다는 것을 볼 수 있다. 과거 성인들의 미미해져 가는 도(道)와 의리의 실마리를 잇고 이전의 현인들이 드러내지 못했던 기틀을 잡아 여러 학자들의 득실의 옳고 그름을 가려냈으며, 이단의 그릇된 것을 물리쳐서 천리를 밝히고 인심을 바르게 하였으니 사업에 있어서 이보다 더 큰 것이 있겠는가?"

  북계 진씨가 말하였다. "선생은 도가 크고 덕이 높았으며, 의리가 정밀하고 인(仁)이 완숙하였으며, 말은 바르고 온화하여 인심과 천리를 환히 꿰뚫었다. 모든 어질고 사리에 밝은 사람들을 통달하고 온갖 성인들의 가르침을 깨닫고 이해하여 공자·맹자·정자의 연원에 정통하였다. 무릇 지난날 일의 실마리만 드러나고 결론이 없었던 것을 이제 다 완비하였으며, 지난날 의문이 있어도 옳고 그름을 밝히지 못한 것이 이제 더욱 확실하고 명백해져서 그 대강과 대의가 마치 손바닥을 가리키는 것같이 분명해졌다. 그리하여 천백년의 오류를 씻고 후학을 위해 바꿀 수 없는 일정한 준칙을 정하였으니, 말은 간략하되 이치는 극진하고, 뜻은 밝고 의미는 깊었다. 그 심도 역시 맑고 밝고 빛나 아무 찌꺼기가 없었으며, 공부는 치밀하여 혼연히 조금도 물샐 틈이 없었으니, 이를 그 말 사이에서 상상해 볼 수 있다. 그러므로 공자·맹자·주자(周子)·정자의 도가 선생에 이르러 더욱 밝아졌으니, 이른바 이 세상의 맹주(盟主)가 될 만한 사람은 오직 선생 한 분일 뿐이다."

  초려 오씨(草盧吳氏)의 찬(贊)에서 말하기를, "의리는 아주 미묘하여 명주실이나 쇠털과 같고, 가슴 속이 넓고 넓은 것은 넓은 바다나 높은 산과 같으니, 호걸스러운 재능과 성현의 학문을 지녔다. 빛나는 별과 상서로운 구름과 같고, 태산교악(泰山喬嶽)과 같다" 하였다.

  이상은 도통의 전승이 주자(周子)로부터 끊어진 것이 다시 이어지게 되었고, 주자(朱子)에 이르러 크게 드러나게 되었다는 것을 말한 것입니다.

  신이 살피건대, 주자 이후에는 사물의 이치를 깨달아 도통의 정맥을 얻은 사람이 꼭 누구라고 지적할 만한 이가 없다고 봅니다. 장남헌(張南軒)은 주자와 더불어 도의로써 교제를 하였고, 강론한 공로가 있었으며, 채서산(蔡西山) 이하 여러 선생들은 모두 주자의 학문에서 얻은 것이 있었으므로 간략하게 그 행적을 아래와 같이 밝힙니다.

《송사(宋史)》에서 말하였다. "장식(張栻)의 자(字)는 경부(敬夫 : 남헌선생)인데, 승상 준(浚)의 아들이다. 영리하고 숙성하였기 때문에 아버지 준(浚)이 몹시 아껴 어려서 배울 때부터 가르치는 것이 인·의·충·효의 실행이 아님이 없었다. 자라서 호굉(胡宏 : 오봉선생)에게 사사(師事)하였는데, 굉(宏)이 한번 보고는 곧 공문(孔門)에서 인(仁)을 논한 자세한 뜻으로써 그에게 일러 주었다. 식(栻)이 물러나와 그것을 생각하여 얻은 것이 있었기 때문에, 굉(宏)이 칭찬하여 말하기를, '성문에 사람이 있구나' 하였다. 그러자 식(栻)이 더욱 스스로 분발하여 옛 성현과 같이 되겠다고 스스로 기약하여 '희안록(希顔錄)'을 지었다. 주자(朱子)는 말하기를, '공은 어려서부터 장년에 이르기까지 집안에서 나오지 않고 공부하여 진실로 저 충효의 가르침을 얻었고, 또 오봉의 문하에서 학문을 닦고 연구하고 난 다음에는 그 귀결점을 깨달았으니, 마음으로 묵묵히 터득한 것에는 사람들이 알 수 없는 것이 있었다. 다만 그 논설에 나타난 것으로 보면 의리와 이익 사이에서 세밀하게 변론하여, 대개 이전의 철인들이 말하고자 하였으나 미처 바른 대책과 방법을 찾아내지 못한 것에서 나온 것이 있었다. 사업을 실행한 것으로 보면 큰 줄기와 큰 쓰임, 큰 일과 작은 일, 뚜렷한 일과 미미한 일이 흉중에 환하지 않은 것이 없어 털끝만한 공리심(功利心)도 섞인 것이 없었다. 이 때문에 집에서 도를 논하였는데도 곳곳에서 학자가 다투어 모여들어 배웠고, 경연에 입시하거나 변방에 나아가 있거나 간에 천자도 그 말을 음미하고 그 업적을 칭찬하였다. 장차 크게 기용하려고 하였는데 경부(敬夫)가 불행히도 죽어 버렸다' 하였다."

채원정(蔡元定)의 자는 계통(季通)이다(이하는 모두 〈송사〉에 나오는 말임). 나면서부터 뛰어나게 총명하였다. 아버지 발(發)은 여러 책들을 널리 읽었으며 호를 목당 노인(牧堂老人)이라고 하였다. 그는 정씨(程氏)의 '어록'과 소강절의 '황극경세(皇極經世)'와 장횡거의 '정몽'을 원정에게 주면서 말하기를, "이것이 공자와 맹자의 정맥이다" 하였다. 원정이 깊이 그 뜻을 연구하였고, 성장하여 그 분석이 더욱 정밀해졌다. 서산의 꼭대기에 올라 배고픔을 참고 냉이를 씹으며 독서하다가 주희의 이름을 듣고 가서 그를 스승으로 삼았다. 주희가 그 학문의 정도를 물어 보고는 크게 놀라 말하기를, "이 사람은 나의 벗[老友]이지 제자의 자리에 두어서는 안 된다" 하고는, 드디어 그와 더불어 상(床)을 마주하고 앉아 모든 경전의 심오한 뜻을 강론하였다. 강론은 매번 밤중까지 계속하였으며, 사방에서 학자가 오면 주희는 반드시 그들로 하여금 먼저 원정에게 가서 물어 보라고 하였다. 원정이 죽자 주희가 애도문을 지어 말하기를, "정교하고 조예 깊은 학식과, 탁월한 재질과, 불굴의 뜻과, 무궁한 변론을 다시 볼 수 없도다" 하였다. 학자들이 그를 높여 서산 선생(西山先生)이라고 하였다.

황간(黃榦)의 자는 직경(直卿)이다. 유청지(劉淸之)를 만났을 때, 청지가 황간을 기이하게 여겨 말하기를, "자네는 곧 원대한 그릇[遠器]이로다" 하고는 곧 명하여 주희에게 수업을 받게 하였다. 간(榦)은 주희를 만나고부터 밤에 자리를 깔지 않고 허리띠도 풀지 않았으며, 조금 피곤하면 잠시 의자에 기대 앉았다가 다시 공부를 하였다. 자주 새벽까지 이렇게 하였다. 주희가 사람들에게 말하기를, "직경은 뜻이 굳고 생각이 독실하므로 그와 더불어 같이 거처하면 심히 유익하다" 하였다. 주희가 병이 위독해지자 심의(沈衣)와 저술한 책을 간(榦)에게 주면서 글을 손수 써서 영원히 헤어질 것을 예감하며 말하기를, "내 도(吾道)를 여기에 맡기니 나는 아무 유감이 없다" 하였다. 황간의 제자가 날로 성하여 파촉(巴蜀)과 장강과 동정호 일대의 선비들이 모두 와서 의문되는 것을 묻고 유익한 것을 청하는 것이 주희 때와 같았다.

이번(李燔)의 자는 경자(敬子)이다. 주희를 쫓아 학문을 배우자, 주희가 증자의 '홍의(弘毅)'*16란 말로써 그에게 가르쳐 주니, 이번이 물러가 자신의 서재의 이름을 홍(弘)이라는 글자를 넣어 짓고 스스로 경계하였다. 주희가 사람들에게 말하기를, "이번이 벗과 사귀면 유익함이 있고, 학문의 진보는 두려워할 만하며, 또한 곧고 믿음성이 있으며, 순박하고 착실하며 일을 처리하는 것이 구차하지 아니하니, 다음날 유학의 도를 맡은 사람은 반드시 이번이라" 하였다. 사미원(史彌遠)이 황태자 횡(竑)을 폐하였다. 이번은 삼강(三綱)에 관계된다고 여겨 이로부터 다시는 세상에 나아가지 아니하고 집에서 도를 강의하니, 학자들이 그를 높여 황간(黃榦)과 더불어 황리(黃李)라고 함께 불렀다.

신이 살피건대, 주자 이후에는 진덕수(眞德秀), 허형(許衡)이 선비로써 세상에 이름이 났으나, 그 출처(出處)를 파헤쳐 살펴볼 때 비난받을 점이 있습니다. 그래서 감히 여기에 싣지 않았습니다. 또 명나라 황조(皇朝)의 명신(名臣)들 중에도 이학(理學)에 마음을 쏟는 사람이 많았지만 다만 도통의 정맥에 접할 만한 이는 볼 수 없으므로 감히 여기에 기록하지 아니하였습니다.

신이 살펴 생각해 보건대, 태초의 사람들은 사람의 꼴〔風氣〕을 처음 갖추어 나무 위에 살고 짐승을 잡아먹었으며, 생활의 바탕이 채 갖추어지지 못해 머리를 풀어 헤친 채 발가벗고 살았습니다. 문화가 구비되지 못하여 임금도 없이 떼지어 살았으며, 이빨로 물어뜯고 손으로 움켜쥐어 먹고 살았습니다. 그런데 소박한 생활이 이미 흩어지고 대란(大亂)이 일어나려 할 무렵, 여기에 성인이 나타나 만물 가운데서 뛰어나고 총명 예지가 그 타고난 성품을 온전하게 실현할 수 있었으므로 수많은 백성들이 자연히 귀의하게 되었습니다. 그리하여 다툼이 있으면 해결해 주기를 구하였고, 의문이 있으면 가르쳐 주기를 구하여 백성들이 받들어 임금으로 삼았습니다. 민심이 있는 곳이 곧 천명이 돌아보는 곳입니다. 이 성인은 수많은 백성들의 무리가 귀의하는 것을 스스로 알아 군사의 책임을 자기의 임무로 하지 않을 수가 없었습니다. 그러므로 천시(天時)에 따르고 지리에 의지하여 삶의 도구를 만들었습니다. 이에 집과 의복과 음식, 살림에 필요한 그릇들이 점차로 갖추어지게 되고 백성들은 필요한 것을 얻어 삶을 즐기고 자기 일을 편안하게 하였습니다. 그러나 또 한편 안일하게 거처하면서 가르침이 없으면 금수에 가깝게 될 것을 근심하였습니다. 그러므로, 인심에 따르고 천리에 근거하여 교화의 제도를 만드니, 이에 부자, 군신, 부부, 장유, 붕우가 각기 그 도를 얻게 되어 하늘의 질서가 밝아지게 되고 또한 행해지게 되었습니다. 그런데 또다시 시대가 같지 않으므로 마땅한 제도가 있어야 하고, 현명함과 어리석고 사리에 어두움이 같지 않으므로 바로잡고 다스리는 방법이 있어야 한다고 생각하였습니다. 인정을 절제하고 시무(時務)를 헤아려서 이에 더하고 덜어 규범을 만들었습니다. 여기에 꾸밈과 본바탕(文質)과 법령(政令)과 표창(爵賞)과 형벌이 저마다 합당하게 이루어졌습니다. 그 지나친 것은 억제하고 미치지 못한 것은 끌어올려서, 착한 이는 더욱 떨치고 일어나도록 하고 악한 이는 징계하여 다스려서 마침내 대동(大同)의 세계로 돌아왔습니다. 성인이 하늘의 법칙을 이어 표준을 세우고 일세를 다스리는 것이 이와 같음에 지나지 않았으므로 도통이라는 이름도 여기에서 생겨나게 되었습니다.

성인이 위대한 지도자가 될 수 있었던 것은 그 도덕이 한 시대를 복종시킬 수 있었기 때문이지, 세력으로 빌려 올 수 있었던 것은 아닙니다. 그러므로 성인이 이미 세상을 떠나면 반드시 또 다른 성인이 나와서 그를 대신하여 천하를 다스렸습니다. 그리하여, 때에 따라 변통하여 백성으로 하여금 곤궁하지 않게 하였으나, 이른바 인심에 따르고 천리를 바탕으로 삼는다는 것은 조금도 변하지 않았습니다. 변하지 않는 것은 하늘과 땅의 보편적인 원리이고 변통하는 것은 고금의 공통된 의리(通誼)입니다. 그런데 시대가 점차로 내려옴에 따라 풍기가 옛날과 같지 않고, 성인이 드물게 일어나 성인에서 성인으로 전할 수 없었기 때문에 대통이 정해지지 못하고 도리어 간웅(姦雄)이 이를 엿보게 되었습니다. 성인이 이것을 근심하여 마침내 아들에게 제왕의 자리를 전해주는 법을 세웠는데, 제위를 아들에게 전하게 된 뒤로는 도통이 반드시 지도자에게 있지 않았습니다. 그리하여 반드시 아래에 있는 현인이나 성인을 얻어 재주와 도량을 성취하고 도와서 이루는〔栽成輔相〕도로써 보필함으로써 우리 도의 전승을 잃지 않았습니다. 이것이 바로 삼대 이상은 임금이 반드시 다 성인이 아니더라도 천하가 다스려질 수 있었던 까닭입니다. 시대가 더욱 내려오면서 풍기가 어지러워지고 경박해져 백성들의 거짓이 날로 더하여졌습니다. 그러니 교화가 이루어지기 어려운데다 임금은 이미 자기 수양의 덕이 없으며, 또한 어진 이를 좋아하는 정성이 결핍되어, 천하를 가지고 즐길 줄만 알았지 천하를 근심하지 않았습니다. 또 사람을 덕으로써 쓰지 않고 세상을 도로써 다스리지 않았으니, 아래에 있는 현자와 성인이 스스로 조정에 설 수가 없어서 그 재능을 깊이 감추어 두고 팔지 아니하였으며 보물을 쌓아 두고 그대로 일생을 마쳤습니다. 그러나 의(義)를 버리고 이익을 따르는 자들이 서로 배척하면서 다투어 나아가 상하가 서로 이익만 취하게 되니 도통의 전승이 비로소 일반 사람들 사이의 평범한 사람에게 돌아가게 되었습니다. 도통이 임금과 재상에게 있지 않은 것은 참으로 천하의 불행입니다. 이 이후로부터는 교화(敎化)가 없어지고 풍속이 무너졌으며, 게다가 이단이 횡행하고 권모술수가 치열하게 일어나 나날이 어두워지고 점점 고질이 깊어져 삼강(三綱)이 침몰되고 구법(九法)이 썩어 없어졌으며, 도통의 전승이 일반 사람들 사이에서도 끊어지게 됨에 천지의 암흑이 여기에서 극도에 달했습니다. 간혹 임금이 재능과 지혜로써 혼란이 잠잠해지는 상태에 이르게 할 수 있는 사람이 있었으나, 대개는 이익을 추구하는 학설에 빠져서 도덕의 실마리를 찾을 수 없었으니, 비유하면 이것은 마치 어둡고 긴 밤에 횃불을 밝히는 것과 같을 뿐입니다. 어찌 우주를 지탱하고 해와 달을 밝게 하여 도를 전하는 책임을 감당할 수 있겠습니까?

아! 도는 높고 원대한 것이 아니요, 단지 일상생활 사이에 있을 뿐입니다. 일상생활 사이와 동정(動靜)의 사이를 정밀히 관찰하여 진실로 그 중도를 잡을 수 있으면 이것이 바로 불리(不離)의 법*17입니다. 이것으로 덕을 이룬 것을 일러 '수기(修己)'라 하고, 이것으로 가르침을 베푸는 것을 '치인(治人)'이라 하며, 수기와 치인의 실상을 다한 것을 일러 도(道)를 전하는 것이라 합니다. 이 때문에 도통이 임금과 재상에게 있으면 도가 한 세대에 행해져서 은덕이 후세에까지 흐르게 되나, 도통이 보통 사람에게 있으면 도가 한 세대에도 행해질 수 없고 단지 후학에게 전하여질 뿐입니다. 만약 도통의 전승을 잃어 보통 사람까지도 일어나지 않게 되면 천하가 갈팡질팡하게 되어 어찌할 바를 모르게 됩니다. '주공이 돌아가니 백세 동안 잘 다스려진 정치가 없고, 맹가가 죽자 천년 동안 참된 선비가 없다'는 것은 이것을 일컬은 것입니다.

지금 신(臣)은 삼가 선배 유학자들의 학설에 의하여 도통의 전승을 차례로 서술하여 복희씨로부터 시작하여 주자에서 끝을 맺었습니다. 주자 이후에는 다시 확실한 정승이 없으니, 이것이 바로 신(臣)이 길이 한탄하는 까닦이며, 전하에게 깊이 바라는 까닭입니다. 지금 사람들은 도학이 높고 원대하여 행하기 어렵다 하고, 또한 옛날과 지금은 마땅히 그렇게 해야만 되는 그 원칙이 다르다는 것을 가지고 바꿀 수 없는 정론(定論)으로 삼고 있습니다. 그러나 대개 천지가 처음 열린 이래로 오늘에 이르기까지 몇천 년이 되었는지는 알 수 없으나, 하늘의 혼돈과 땅의 높고 낮은 형상은 옛 그대로이며, 산이 솟아 있고 내가 흐르는 형상도 옛 그대로이며, 초목(草木)과 조수(潮水)의 형상도 옛 그대로이고, 사람들의 집과 의복, 음식, 그릇에 이르기까지 모두 성인의 제작에 의하여 삶의 수단이 된 것으로써 없앨 수 없는 것입니다. 그리하여 오직 하늘의 질서만은 인심을 따르고 천리에 근본하여 만고에 걸쳐 변할 수 없는 것인데, 지금 퇴폐한 것을 편안히 여겨 옛날을 회복할 수 없다 하니, 이것은 무슨 생각이겠습니까? 아! 그 역시 생각하지 않은 것일 뿐입니다.

삼가 바라건대, 전하께서는 도에 뜻을 두어 게을리 하지 마시고, 멀리 요·순을 본받아 배움으로써 선(善)을 밝히고 덕(德)으로써 몸을 성실하게 하여 자기 수양의 공부를 다하고, 남을 다스리는 교화를 베풀어서 겁내어 물러나려는 생각에서 흔들리지 마십시오. 이로움과 해로움의 주장에 동요되지 말며, 인습을 따르자는 말에 구애되지 마시고 반드시 우리 도(道)로 하여금 크게 밝아지고 크게 행해질 수 있게 하여 도통의 전승을 이으신다면 영원히 큰 다행일 것입니다.

〈주〉

*1 여덟 명의 선량한 사람. 고신씨(高辛氏)의 재자(才子)인 백분(伯奮), 중감(中堪), 숙헌(叔獻), 계중(季中), 백호(白虎), 중태(中態), 숙표(叔豹), 계리(季狸) 등을 말한다.

*2 여덟 명의 온화한 사람. 고양씨(高陽氏)의 재자(才子)인 창서(倉舒), 퇴고(隤敱), 도인(檮戭), 대임(大臨), 방강(尨降), 정성(庭聖), 중용(仲容), 숙달(叔達) 등을 말한다.

*3 은(殷)의 주왕(紂王)이 구리기둥에 기름을 발라 숯불에 달군 후 죄인으로 하여금 그 위를 기어오르게 한 혹형(酷刑).

*4 《맹자》 진심장(盡心章)에 나오는 말. 즉 자막(子莫)의 집중(執中)이란 중(中)을 지키되 좇아야 할 규칙이나 법도가 없어 한 가지 일만을 지키고 그것에만 매달리게 되는

경우를 가리킨다.
* 5 서두르지 않고 조용히 학문의 깊은 뜻을 완미(玩味)함.
* 6 종묘의 제사에 쓰고 끝난 뒤에 나누어 주는 익힌 고기.
* 7 금(金), 석(石), 사(絲), 죽(竹), 포(匏), 토(土), 혁(革), 목(木)의 여덟 가지 음(音)을 일컬음.
* 8 《맹자(孟子)》 진심장(盡心章)에 나오는 말. 선(善)을 정의하여 "하고자 할 만한 것을 선이라 한다" 하였다. 이는 맹자적인 성선(性善)의 입장에서 말한 것이다.
* 9 봄기운이 사물을 따뜻이 품어주는 것과 같은 것을 형용한 말.
* 10 장군이나 학자들의 자리에 까는 호피(虎皮). 비유하여 스승의 지위를 말함.
* 11 인륜의 명분을 밝히는 가르침.
* 12 오묘한 이치를 깨달아 입신(入神)의 경지에 이름.
* 13 정자와 주자의 학문. 여기서는 정자의 학문을 가리킨다.
* 14 즉 진휼. 어려운 사람에게 물건을 베풀어 구조하는 것.
* 15 안부를 묻고 물건을 보내는 일.
* 16 《논어》 태백편에서 증자가 말하기를, "선비의 임무는 중대하고 도(道)는 멀기 때문에 강대(强大)하고 의지가 굳고 강직하지 않으면 그것을 감당할 수 없다"고 하였다.
* 17 《중용》에 이르기를, "도는 잠시도 떨어질 수 없는 것이니 떨어질 수 있으면 도가 아니다"라고 하였다.

격몽요결

격몽요결

시작하는 글

사람이 이 세상에 태어나서 학문을 하지 않으면 사람이 될 수 없다. 이른바 학문이란 것은 보통과 다른 별개의 것이 아니다. 다만 아비가 되어서는 마땅히 사랑해야 하고, 자식이 되어서는 마땅히 효도해야 하고, 신하가 되어서는 마땅히 충성해야 하고, 부부가 되어서는 마땅히 분별이 있어야 하고, 형제가 되어서는 마땅히 우애가 있어야 하고, 젊은이가 되어서는 마땅히 어른을 공경해야 하고, 친구가 되어서는 마땅히 신의가 있어야 하듯이, 모든 일상생활을 하는 사이에 일마다 각각 그 마땅함을 얻는 것뿐이요, 마음을 이치나 기예 경지가 이를 수 없는 미묘한 곳으로 달려, 신기한 효과를 바라고 노리는 것은 아니다. 다만 배우지 않은 사람은 마음의 본바탕이 막혀 있고 식견이 어둡기 때문에, 반드시 글을 읽고 이치를 연구하여, 그로써 마땅히 나아가야 할 길을 밝힌 뒤에라야 아는 것이 바르고 행동하는 것이 한쪽으로 치우치지 않게 되는 것이다. 지금 사람들은 학문이 일상생활에 있다는 것을 알지 못하고, 멋대로 높고 멀어 행하기 어려운 것이라 생각한다. 그래서 학문은 특별한 사람에게 미루고 예사로 자포자기하니 어찌 슬픈 일이 아니겠는가.

내가 해주(海州) 남쪽에 살고 있을 때, 한두 명의 배우는 사람이 따르며 학문을 물었다. 내가 스승이 될 수 없음을 부끄럽게 여기고, 또 처음 배우는 사람들이 방향을 알지 못하고 아직 굳은 뜻이 없이 막연히 배움을 바란다면, 서로가 도움이 없이 도리어 남의 비난을 사게 될까 두려운지라, 간략하게 책을 한 권 써서 대강 마음을 세우고 몸을 가다듬으며 부모를 받들고 사물을 접하는 방법을 말하고, 이름하여 《격몽요결(擊蒙要訣)》이라 하였다. 배우는 사람들로 하여금 이것을 보아 마음을 씻고 이를 출발점으로 하여 즉시 공부에 착수하기를 바라며, 나 또한 오랜 구습에 얽매여 괴로워하고 있으므로 이로써 스스로 일깨우고 살피려 한다.

정축년 늦겨울, 덕수(德水) 이이(李珥) 씀.

제1장 뜻을 세우고 정진함〔立志〕

　처음 배우는 사람은 먼저 모름지기 뜻을 세워 반드시 성인이 될 것을 스스로 기약해야 하며, 털끝만큼이라도 스스로를 작다 하여 뒤로 물러날 생각을 가져서는 안 된다. 뭇 사람들과 성인은 그 근본 성품만은 똑같은 것이다. 비록 기질에 맑고 흐림과 순수하고 섞임의 다름이 없을 수 없다 하더라도, 진실로 참되게 알고 실지로 행하여, 그 옛날 물든 것을 제거하고 그 본래의 성품을 되찾는다면, 털끝만한 것을 더 보태지 않고도 모든 착한 것이 다 넉넉히 갖춰지게 된다. 평범한 사람이라 하여 어찌 성인이 되는 것을 스스로 기약하지 않겠는가. 그러므로 맹자는 성품이 착함을 말할 때면 반드시 요(堯)·순(舜)을 들어 증거삼아서, '사람은 누구나 요·순이 될 수 있다'고 말했다. 어찌 우리를 속였겠는가.

　항상 스스로 분발하여 생각하면 사람의 성품은 본래 착해서, 예와 지금이나 지혜로움과 어리석음에 다름이 없다. 그런데 성인은 어찌하여 홀로 성인이 되고 나는 어찌하여 홀로 평범한 사람이 되었는가. 진실로 뜻이 서지 못하고 아는 것이 밝지 못하고 행하는 것이 독실하지 못한 때문이다. 뜻이 서고 아는 것이 밝고 행하는 것이 독실함은 다 내게 있는 것이다. 어찌 다른 데서 구하겠는가. 안연(顔淵)이 말하였다. "순(舜)은 어떤 사람이며 나는 어떤 사람인가. 하기만 하면 나도 순과 같이 될 수 있다." 나도 마땅히 안연이 순이 되기를 바란 것으로써 법을 삼을 일이다.

　사람의 얼굴이 추한 것은 곱게 만들 수 없다. 힘이 약한 것을 강하게 만들 수도 없다. 몸이 짧은 것을 길게 만들 수는 더욱 없다. 이것은 이미 정해진 분수이기 때문에 고칠 수 없는 것이다. 그러나 오직 마음과 뜻만은 어리석은 것을 바꾸어 지혜롭게 할 수 있고 어질지 못한 것을 바꾸어 어질게 할 수 있다. 이것은 마음의 허령(虛靈)함이 타고난 것에 구애되지 않기 때문이다. 지혜로운 것보다 더 아름다운 것이 없고 어진 것보다 더 귀한 것이 없는데,

무엇이 괴로워 어질고 지혜롭게 되지 못하고 하늘이 준 본 성품을 손상시킨단 말인가. 사람이 이런 뜻을 간직하여 굳게 물러나지 않는다면 도(道)에 가깝다고 할 수 있다.

보통 사람들이 스스로 뜻을 세웠다 말하면서도 즉시 힘을 쓰지 않고 주저하며 날을 보내는 것은, 이름은 뜻을 세웠다 하나 실은 배움을 향하는 정성이 없기 때문이다. 진실로 내 뜻이 참으로 학문이 있게 한다면, 어진 일을 하는 것은 내게 있는지라 하려고만 하면 곧 되는 것이어늘, 무엇을 남에게 구하고 무엇을 뒤로 미루겠는가. 뜻을 세우는 것이 소중하다는 것은, 즉시 공부에 착수하여 오히려 미치지 못할까 두려워하며 한결같은 생각으로 물러나지 않아야 하기 때문인 것이다. 만일 혹시라도 뜻이 참되고 독실하지 못하여 옛날 그대로 날을 보내게 된다면 늙어 죽도록 어찌 이룩하는 것이 있겠는가.

제2장 낡은 습관을 고침〔革舊習〕

사람이 비록 학문에 뜻을 두었어도 곧바로 앞으로 나아가 이룩하지 못하는 것은 옛날 버릇이 방해하기 때문이다. 옛날 버릇의 조목을 들면 다음과 같다. 만일 뜻을 가다듬는 것이 철저하지 못하면 끝내 학문하는 바탕이 없게 된다.

첫째, 마음과 뜻을 게을리하고 몸가짐을 함부로 하여, 다만 한가하고 편한 것만을 생각하고 구속하는 것을 아주 싫어하는 것이다.

둘째, 항상 움직이고 돌아다니는 것만을 생각하고 고요함을 지킬 수 없어 분주히 들락날락하며 이야기나 하고 날을 보내는 것이다.

셋째, 자기와 같은 사람을 좋아하고 다른 사람을 싫어하여 속된 무리들에 빠져, 약간 몸을 가다듬을 생각이 들다가도 무리들에게 배반당할까 두려워하는 것이다.

넷째, 문장으로 그 시대 세간의 칭찬을 얻기 위해 경전에 있는 것들을 몰래 따다가 겉모양을 꾸미는 것이다.

다섯째, 글씨에 교묘하며 저속한 음악이나 술마시기를 일삼아, 공연히 세월을 보내고 스스로 맑은 운치로 아는 것이다.

여섯째, 일 없는 사람들과 어울리기를 좋아하여 바둑이나 두고 노름이나 하며 하루 종일 배불리 먹고 다만 다투고 겨루는 일만 하는 것이다.

일곱째, 부귀를 그리고 부러워하며, 가난하고 천한 것을 싫어하고 부족하게 여겨, 나쁜 옷 나쁜 음식을 몹시 부끄러운 것으로 생각하는 것이다.

여덟째, 즐기는 것이 절도가 없어 능히 끊거나 억제하지 못하고, 재물과 이익과 음악과 여색에 빠져 그 맛을 사탕같이 여기는 것이다.

버릇이 마음을 해치는 것은 대개 이런 것들이고, 그 나머지는 일일이 들기 어렵다. 이런 버릇은 사람의 뜻을 견고하지 못하게 하고, 행실을 독실하지 못하게 하여, 오늘 한 것은 내일 고치기 어렵고 아침에 행한 것을 후회하고도 저녁이면 벌써 다시 그렇게 한다. 반드시 크게 용맹스런 뜻을 떨쳐, 마치 한 칼로 밑동을 시원스레 잘라버리듯, 마음을 깨끗이 씻어 털끝만한 남은 줄기마저 없게 하고, 때때로 깊이 반성하는 공부를 더해 이 마음으로 하여금 옛날 물든 더러움을 한 점이라도 없게 한 뒤라야 학문에 나아가는 공부를 말할 수 있다.

제3장 배우는 자세〔持身〕

배우는 사람은 반드시 정성된 마음으로 도를 향하고 세속의 잡된 일로 그 뜻을 어지럽히지 않은 뒤라야 학문하는 것이 터전이 있게 된다. 그러므로 공자가 말씀하였다. "충신을 주(主)로 한다." 주자가 이를 풀이하여 말하였다. "사람이 충신하지 못하면 일이 다 실상이 없어 악한 일 하기는 쉽고 착한 일 하기는 어렵게 된다. 그러므로 반드시 이로써 주를 삼는다." 반드시 충신으로써 주를 삼아 용감히 공부를 시작한 뒤라야 이룩하는 것이 있게 된다. 황면재(黃勉齋)의 이른바 '마음의 본바탕을 진실되게 하고 애써 공부를 하라'고 한 두 마디가 모든 것을 다 말한 것이다.

항상 일찍 일어나고 밤에 잠을 자며, 옷과 갓을 반드시 바르게 하고 얼굴빛을 반드시 엄숙하게 하며, 손을 모으고 단정히 앉으며, 걸음걸이를 편하고 조용히 하며, 말을 조심하고 무겁게 하여, 일거일동을 가볍게 해서는 안 된다.

몸과 마음을 가다듬는 것은 구용(九容)보다 더 절실한 것이 없고, 학문을 나아가게 하고 지혜를 더하는 것은 구사(九思)보다 더 절실한 것이 없다. 이른바 구용이란, 발의 모양은 무겁고(가볍게 들지 않는다. 어른 앞을 지날 때는 여기에 구애될 수 없다), 손의 모양은 공손하고(손은 거만하거나 늘어지는 일이 없고, 일이 없을 때는 마땅히 단정하게 모으고 함부로 움직이지 않는다), 눈의 모양은 단정하고(눈을 똑바로 가지고 옆을 흘겨보거나 간사하게 보아서는 안 된다), 입의 모양은 조용하고(말하거나 마시고 먹을 때가 아니면 입은 항상 움직이지 않는다), 목소리 모양은 고요하고(얼굴과 기운을 가다듬어 트림이나 헛기침 같은 잡된 소리를 내서는 안 된다), 머리 모양은 곧게 하고(머리를 바르게 하고 몸을 곧게 하여 기울거나 돌리거나 치우치거나 기대거나 해서는 안 되다), 기운 모양은 엄숙하게 하고(숨을 고르게 쉬며 소리가 나게 해서는 안 된다), 선 모양은 덕스럽게 하고(반드시 서서 기대는 일이 없고 점잖게 덕있는 기상을 갖는다), 얼굴빛은 씩씩하게 하는 것이다(얼굴빛을 바르게 하여 게으르거나 거만한 기운이 없게 한다). 이른바 구사(九思)란, 보기는 밝게 하기를 생각하고(편견의 가린 바가 없으면 모든 것이 밝게 보인다), 듣기는 분명하기를 생각하고(생각에 막힌 바가 없으면 모든 것이 올바르게 들린다), 얼굴빛은 온화하기를 생각하고(얼굴빛을 평화롭고 자연스럽게 하여 성나거나 사나운 기운이 없게 한다), 태도는 공손하기를 생각하고(온 몸의 몸가짐이 단정하지 않은 것이 없게 한다), 말은 충성되기를 생각하고(말하는 것이 진실하지 않은 것이 없게 한다), 일에는 공경을 생각하고(어떤 일이나 공경하고 조심하지 않는 것이 없다), 의심나면 묻기를 생각하고(마음에 의심나는 것이 있으면 아는 사람에게 가서 자세히 물어서 알아야 한다), 분하면 어려움을 생각하고(분한 일이 있으면 이성을 가지고 억제한다), 얻는 것을 보면 의(義)를 생각하는 것이다(재물을 보면 옳고 의로움을 맑게 가려내어 의리에 합당한 것이라야 갖는다). 항상 '구용'과 '구사'를 마음에 간직하고 몸을 가다듬어 잠시라도 방심하지 말며, 또 앉은 자리 옆에 써서 붙이고 때때로 보게 할 일이다.

  예(禮)가 아니면 보지 말고, 예가 아니면 듣지 말고, 예가 아니면 말하지 말고, 예가 아니면 움직이지 말라는 이 네 가지는 몸을 닦는 요점이다. 예냐 예가 아니냐 하는 것은 처음 배우는 사람은 분간하기 어려운 일이다. 반드시 이치를 연구하여 이를 밝혀야 한다. 그러나 이미 알고 있는 점을 힘써 행하면 생각이 거의 옳을 것이다.

  학문을 하는 것은 일상생활 가운데 있다. 만일 평상시에 거처를 공손히 하고, 일을 조심해서 하며, 남과 사귀기를 진실하게 하면, 이것이 바로 학문을 하는 것이다. 글을 읽는 것도 이런 이치를 밝히려는 것일 뿐이다.

  의복은 호화롭고 사치스러워서는 안 된다. 추위를 막으면 그만이다. 음식은 맛있고 좋은 것을 택해서는 안 된다. 배고픈 것을 면하면 그만이다. 거처는 편안하고 큰 것을 택해서는 안 된다. 병만 나지 않으면 그만이다. 오직 학문하는 공부와, 마음을 바르게 갖는 것과, 몸가짐과 행동하는 법칙만은 날마다 힘쓰고 또 힘써서 스스로 만족해서는 안 된다.

  나를 이기는 공부는 일상생활에 가장 적절하다. 이른바 나〔己〕라는 것은 내 마음에 좋아하는 것이 하늘의 이치와 맞지 않음을 말하는 것이다. 반드시 내 마음을 가다듬어 여색을 좋아하는가, 이득을 좋아하는가, 벼슬을 좋아하는가, 편안한 것을 좋아하는가, 마시고 노는 것을 좋아하는가, 진기한 물건을 좋아하는가를 살펴 모든 좋아하는 것이 이치에 맞지 않을 것 같으면 일체를 단호히 끊어 싹도 줄기도 남지 않게 한 뒤에라야 내 마음의 좋아하는 것이 비로소 의리 안에 있게 되어, 나를 이겨야 할 것이 없게 된다.

  말이 많은 것과 생각이 많은 것이 가장 마음을 해친다. 일이 없으면 마땅히 조용히 앉아 마음을 간직하고, 사람을 접하면 마땅히 말을 간단하고 무겁게 한다. 말할 때가 된 뒤에 말하면 말이 간단하지 않을 수 없다. 말이 간단한 것은 도에 가까운 것이다.

  선왕(先王)의 법복(法服)이 아니면 감히 입지 아니하고, 선왕의 법언(法言)이 아니면 감히 말하지 아니하고, 선왕의 덕행(德行)이 아니면 감히 행하지 않는 것은 마땅히 일생 동안 명심해야 할 일이다.

  학문을 하는 사람은 한결같이 도를 향하여야 하며 바깥 세상의 사물에 져서는 안 된다. 바깥 세상의 옳지 않음에는 일체 마음을 두지 말아야 한다. 고을 사람들이 모인 곳에서 만일 바둑이나 골패 등 놀이를 벌였으면 마땅히 구경을 하지 말고 피해 물러나야 하며, 만일 광대나 기생들이 노래를 부르고 춤을 추는 것을 만나면 반드시 피해 가야 한다. 만일 고을의 큰 모임을 당하거나 혹은 어른들이 억지로 붙들어 피해 물러날 수가 없으면, 비록 자리에 있더라도 얼굴을 가다듬고 마음을 맑게 하여 간악한 소리와 어지러운 광경들이 나를 범하지 못하게 한다. 잔치를 만나 술을 마셔도 심하게 취해서는 안 되며 얼큰하면 그치는 것이 옳다. 무릇 음식이란 마땅히 알맞게 먹어야 하며 마음에 당기는 대로 먹어치워 기운을 상하게 해서는 안 된다. 말과 웃음은 마땅히 간단하고 무거워야 하며 어지럽게 절도에 지나쳐서는 안 된다. 동작은 마땅히 편하고 조용해야 하며 거칠고 경솔하여 법도를 잃어서는 안 된다. 일이 생기면 이성을 가지고 일에 대처해야 하며, 글을 읽으면 정성들여 이치를 연구해야 한다. 이 두 가지를 제외하고는 고요히 앉아 마음을 가다듬어, 조용하여 어지럽게 일어나는 생각이 없게 하고, 분명하여 어두워지는 잘못이 없게 해야 한다. 이른바 공경을 가지고 마음을 곧게 한다는 것은 이와 같이 하는 것이다.

마땅히 몸과 마음을 바르게 하여 안과 밖을 하나같이 하고, 그윽한 곳에 있기를 드러난 곳에 있는 것처럼 하며, 혼자 있어도 여럿이 있는 것처럼 하여, 이 마음으로 하여금 청천백일처럼 사람들이 볼 수 있게끔 한다. 항상 이 생각을 가슴 속에 간직할 일이다. '한 가지 의롭지 못한 일을 행하고, 한 명의 죄없는 사람을 죽임으로 천하를 얻는다 해도 하지 않는다.'

공경에 머물러 근본을 세우고, 이치를 연구하여 선을 밝히며, 힘써 행하여 그 참을 밟는 이 세 가지는 일생을 통한 사업이다.

생각에 간사함이 없고 공경하지 않는 것이 없다는 이 두 글귀는 일생을 두고 써도 다함이 없다. 마땅히 벽 위에 걸어 두고 잠시도 잊지 말 일이다.

스스로 마음이 방일하지 않는가, 학문이 나아가지 않는가, 행하는 것을 힘쓰지 않는가를 매일 점검하여, 있으면 이를 고치고 없으면 더욱 힘써 게을리함이 없이 죽은 뒤에야 그만둔다.

제4장 배움의 방법〔讀書〕

배우는 사람은 항상 그 마음을 간직하여 다른 일에 빠지지 말고 반드시 이치를 연구하고 선을 밝힌 뒤에라야 마땅히 걸어가야 할 길이 훤히 앞에 있어 나아갈 수 있다. 그러므로 도에 들어가는 데는 이치를 연구하는 것보다 먼저 할 것이 없고, 이치를 연구하는 데는 글을 읽는 것보다 먼저 할 것이 없다.

성현의 마음 쓴 자취와 본받아야 하고 경계해야 할 선과 악이 다 글에 있기 때문이다.

무릇 글을 읽는 사람은 반드시 단정히 손을 모으고 반듯이 앉아 공경하는 마음으로 책을 대하되, 마음을 오로지하고 뜻을 가다듬어 자세히 생각하고 함영(涵泳 : 열심히 읽고 깊이 생각함)하여 뜻을 깊이 알고, 매 글귀마다 반드시 밟아 행할 방법을 찾는다. 만일 입으로만 읽고 마음으로 체득하지 못하고 몸으로 행하지 않는다면 글은 글대로 나는 나대로일 것이니 무슨 유익함이 있겠는가.

먼저《소학》을 읽어 부모를 섬기고 형을 공경하고 임금에게 충성하고, 어른에게 공경하고 스승을 높이고 친구를 사귀는 도리를 하나하나 자세히 맛들여 생각하고 힘써 행해야 한다.

다음은《대학》과《대학혹문》을 읽어, 이치를 연구하고 마음을 바르게 하며 몸을 닦고 남을 다스리는 길을 하나하나 참되게 알아 이를 실천한다.

다음은《논어》를 읽어 나를 위해 인(仁)을 구하고 근본을 함양하는 공부를 하나하나 정밀히 생각하여 깊이 이를 체득한다.

다음은《맹자》를 읽어 의(義)와 이(利)를 밝게 분별하여 사람의 욕심을 막고, 하늘의 이치를 간직하는 말을 하나하나 밝게 살피며 이를 확충시켜 나간다.

다음은《중용》을 읽어 성정(性情)의 덕과 사물의 이치를 궁구하는 공〔推致之功〕과, 하늘과 땅이 제자리를 지키고 만물이 자라는 묘리를 하나하나 깊이 맛들여 찾아 얻는 것이 있게 한다.

다음은《시경》을 읽어 성정의 바르고 바르지 못함과, 선과 악의 표창하고 경계할 것을 하나하나 깊이 새겨 풀어 감동 분발하며 징계할 일이다.

다음은《예경》을 읽어 천리(天理)의 절문(節文)과 의칙(儀則)의 도수(度數)를 하나하나 강구하는 바가 있게 한다.

다음은《서경》을 읽어 2제(二帝 : 堯와 舜)와 3왕(三王 : 夏의 禹王과 殷의 湯王과 周의 文王과 武王)이 천하를 다스린 큰 경륜(經綸)과 큰 법을 하나하나 그 요점을 파악하고 근본을 캐내어야 한다.

다음은《역경》을 읽어, 길흉(吉凶)과 존망(存亡)과 진퇴(進退)와 소장(消長)의 기미를 하나하나 관찰하고 음미하며 연구한다.

다음은《춘추》를 읽어 성인의 착한 일을 상주고 악한 일을 벌하여, 누르고 높이는 은미한 말과 심오한 뜻을 하나하나 정밀하게 연구하여 마음속으로 올바로 깨달아야 한다.

오서(五書 : 小學과 四書)와 오경(五經)을 차례로 돌려가며 읽고 또 읽어 이치를 계속 깨달음으로 의리(義理)를 날로 밝아지게 하고, 송(宋)나라 선정(先正 : 先賢)들이 지은 글로《근사록(近思錄)》《가례(家禮)》《심경(心經)》《이정전서(二程全書)》《주자대전(朱子大全)》《어류(語類)》와 그 밖의 성리설(性理說) 같은 것을 틈틈이 정밀하게 읽는다. 그리하여 의리가 늘 내 마음에 흠뻑 배어 있어 잠시도 끊어지는 사이가 없게 하고, 남은 여가에 또한 역사책을 읽어 고금(古今)과 천재지변이나 큰 사건 등에 통달하여 식견을 기르도록 하며, 만일 이단(異端)과 잡스런 종류의 옳지 못한 글들은 잠깐 동안이라도 펴보아서는 안 된다.

무릇 글을 읽는 것은 반드시 한 책을 익히 읽어 뜻과 내용을 다 알고 전체를 통해 의심이 없게 된 다음에야 다른 글을 읽도록 할 일이다. 많은 것을 얻으려고 욕심내어 성급하게 이것저것 마구 읽어서는 안 된다.

제5장 부모를 섬김〔事親〕

무릇 사람이면 부모에게 효도해야 한다는 것을 모르는 사람이 없다. 그러나 효도하는 사람이 대단히 적은 것은 부모의 은혜를 깊이 알지 못하기 때문이다. 《시경》에 말하지 않았던가. '아버지는 나를 낳으시고 어머니는 나를 기르시니 은덕을 갚고자 하나 하늘처럼 끝이 없다.' 남의 자식으로 태어나면, 생명과 피와 살이 다 부모가 주신 것으로 숨쉬는 것과 기운과 혈맥이 서로 통해 있으므로, 이 몸은 나의 사사로운 물건이 아니고 곧 부모가 주신 기운인 것이다. 그러므로 《시경》에 말하였다. '슬프다, 아버지 어머니여. 나를 낳으시고 수고하셨다.' 부모의 은혜가 과연 어떠한 것이겠는가. 어찌 감히 스스로 내 몸이라 하여 부모에게 효도를 다하지 않을 수 있겠는가. 사람이 이 마음만 항상 간직할 수 있으면 자연 부모에 대한 정성이 있게 된다.

무릇 부모를 섬기는 사람은 한 가지 일 한 가지 행동을 감히 내 마음대로 하지 않고 반드시 명령을 받은 뒤에 행한다. 만일 해야 할 일을 부모가 허락하지 않으시면 반드시 자세히 설명을 드려 허락을 얻은 뒤에 행한다. 만일 끝내 허락하지 않으셔도 바로 내 멋대로 해서는 안 된다.

매일 새벽 일찍 일어나 세수하고 머리를 빗고 옷을 차려 입은 다음 부모가 주무시는 곳으로 나아가 기운을 낮추고 소리를 부드럽게 하여 덥고 추운 것과 안부를 묻는다. 저녁이면 주무시는 곳으로 가서 그 요와 자리를 펴 드리고 방이 따뜻한지 서늘한지를 살핀다. 낮 동안 모시고 받들 때는 항상 즐거운 표정과 부드러운 얼굴로 말과 대답을 공경히 하고 좌우에 가까이 시중을 들어 있는 정성을 다한다. 밖에 나가고 집에 들어왔을 때는 반드시 절하고 하직하며 절하고 뵙는다. 지금 사람들은 대부분 부모에 의해 양육을 받으면서 제 힘으로 부모를 부양하지 못하고 있다. 이같이 세월을 지나면 끝내는 올바로 모실 때가 없게 된다. 반드시 몸소 집안 일을 맡아하며 직접 맛있는 음식을 준비한 뒤라야 자식의 도리를 지키는 것이 된다. 만일 부모가 굳이 듣지 않으신다면 비록 집안 일을 맡아하지는 못하더라도 마땅히 보살피고 도와 맛있는 음식의 자료를 얻는 데 힘을 다해 부모의 구미에 맞게 해야 한다. 만일 마음과 생각이 한결같이 부모를 부양하는 데 있을 것 같으면 맛있는 음식도 또한 반드시 얻을 수 있게 된다. 매양 왕연(王延)이 깊은 겨울 심한 추위 속에 몸에 성한 옷 한 벌을 걸치지 못하고도 부모에게 맛있는 음식을 드린 일을 생각하면 감격의 눈물이 절로 나오게 된다.

보통 가정의 부모와 자식 사이는 대개 사랑이 공경을 앞선다. 반드시 이런 옛 관습을 말끔히 씻어버리고 그 존경하는 도리를 극진히 해야 한다. 부모가 앉으시거나 누우시는 곳에서는 자식이 감히 앉거나 눕지 못하며, 부모가 손님을 접대하시는 곳에서는 자식이 감히 제 손님을 접대하지 못하고, 부모가 말을 타고 내리시는 곳에서는 자식이 감히 말을 타고 내리지 못한다. 부모의 뜻이 만일 의리에 해가 되는 것이 아니면 마땅히 먼저 뜻을 받들어 따를 일이요 조금이라도 거역해서는 안 된다. 만일 그것이 이치에 마땅치 않은 것이면 온화한 기색과 기쁜 태도와 부드러운 목소리로 잘못된 것을 고치도록 말하고 거듭 자세히 설명하여 기어코 말을 들으시도록 할 일이다.

부모가 병이 나면 걱정스런 마음과 안타까운 표정으로 다른 일을 다 버려두고 오로지 의원을 찾아 약을 쓰는 것만을 힘써야 한다. 병이 나으면 처음으로 돌아간다.

일상생활을 하는 가운데 잠시 동안이라도 부모를 잊지 않아야 곧 효도라고 말할 수 있다. 몸가짐이 조심스럽지 못하고, 말하는 것에 법도가 없으며, 놀면서 날을 보내는 사람은 부모를 잊고 있는 것이다.

세월이 물 흐르듯 하므로 부모를 오래 섬길 수 없다. 그러므로 자식된 사람은 모름지기 정성을 모두 기울이고 힘을 다하면서도 그래도 뭔가 부족한 게 없을까 두려워해야 한다. 옛 사람의 시에 말하였다. '옛 사람은 하루 봉양하는 것을 삼공(三公)과 바꾸지 않았다(古人一日養, 不以三公換).' 이른바 날을 아낀다는 것이 이와 같은 것이다.

제6장 장례 절차와 법도〔喪制〕

상제(喪制)는 마땅히 주문공(朱文公 : 朱子)의 《가례》에 따를 일이다. 만일 의심나고 모르는 점이 있으면 곧 선생과 어른 등 예를 아는 이에게 물어 반드시 그 예를 다해야 한다.

복(復 : 초혼(招魂)할 때 부르는 소리)을 할 때 세속 풍습으로는 반드시 이름을 부르는데 그것은 예가 아니다. 젊은 사람은 이름을 부르는 것이 괜찮지만 어른이면 이름을 불러서는 안 된다. 살았을 때 부르던 대로 따르는 것이 옳다(부녀자는 더구나 이름을 부르는 것이 마땅치 않다).

어머니 상(喪)은 아버지가 살아 있으면 아버지가 상주가 된다. 모든 축문(祝文)의 말은 다 남편이 아내에게 이르는 것으로 써야 한다.

부모가 돌아가시면 아내와 첩과 며느리와 딸자식은 다 머리를 풀고, 사내자식의 경우는 머리를 풀고 옷깃을 풀어 헤치고 발을 벗어야 한다(小斂 후에는 남자들은 옷을 어깨에 엇매고 머리를 묶어야 하며 부인들은 북상투 쪽을 찐다). 만일 아들로서 남의 양자가 된 사람과, 딸로서 이미 시집간 사람은 머리를 풀거나 발을 벗지 않는다(남자는 갓을 벗는다).

시체가 방에 있고 아직 빈소를 차리지 않아 남녀가 시체 옆에 자리하고 있을 때는 그 위치를 남쪽으로 한다. 시체의 머리 있는 곳(북쪽)을 위로 하기 때문이다. 빈소가 이미 차려진 뒤에는 여자는 이전대로 대청 위 남쪽에 자리 잡고 남자는 뜰 아래에 자리잡는다. 그 위치는 북쪽에 해당되는 쪽을 위로 한다. 빈소가 있는 곳이 위가 되기 때문이다. 발인(發靷) 때는 남녀들의 위치가 다시 남쪽으로 돌아간다. 영구(靈柩 : 시체를 담은 관)가 있는 곳으로 위를 삼기 때문이다. 때에 따라 위치를 바꾸는 것은 각각 예에 대한 뜻이 있기 때문이다.

지금 사람들은 대부분 예를 알지 못해 조문 온 손님이 위문할 때마다 일어나 움직이지 않고 전부 엎드려 있기만 하는데 이것은 예가 아니다. 조객이 영전에 절하고 나오면 상주도 마땅히 상차(喪次)에서 나와 조객을 향해 두 번 절하고 곡을 하는 것이 옳다(조객은 마땅히 답례를 해야 한다).

최질(衰絰 : 喪服)은 병을 앓거나 일을 할 때가 아니면 벗어서는 안 된다.

《가례》에는 부모의 상에는 성복(成服)을 입은 날에야 비로소 죽을 먹게 되고, 졸곡(卒哭) 날에야 비로소 소사(疏食)를 하고(糲飯 : 호米밥) 물을 마시며 (국을 먹지 않는다), 채소와 과일을 먹지 않는다. 소상(小祥) 후에 비로소 채소와 과일을 먹는다(국도 또한 먹을 수 있다). 예문(禮文)이 이러하므로 병이 없으면 예문을 따르는 것이 옳다. 사람들 중에는 혹 예에 지나쳐 3년 동안 죽을 먹는 사람이 있는데, 만일 효성이 남보다 뛰어나 털끝만큼도 억지로 하는 생각이 없다면, 비록 예에 지나쳐도 혹 옳다 하겠으나, 만일 효성이 지극하지 못하면서 억지로 예에서 지나치게 한다면 이것은 자신을 속이고 부모를 속이는 일이므로 깊이 경계해야 할 일이다.

지금 예를 안다는 집에서 흔히 장사 지낸 뒤에 반혼(返魂 : 죽은 사람을 장례지내고 그 혼을 집으로 도로 불러들임)을 하는데 이것이 원래 바른 예이기는 하다. 그러나 시속 사람들이 이를 본받아 마침내 무덤 근처에 여막을 짓고 사는 풍속을 폐지하고 각각 자기 집에 돌아와 아내와 함께 거처하니, 예법이 크게 무너진 것이 심히 한심스럽다. 무릇 부모상을 당한 사람이 스스로 하나하나를 헤아려 예를 따라 털끝만큼도 어긋남이 없게 한다면 마땅히 예에 의해 반혼해야 할 것이다. 혹 그렇지 못할 것 같으면 마땅히 옛날 풍속에 따라 무덤 근처에 여막을 짓고 사는 것이 옳다.

부모 상은 성복하기 전엔 울음이 그치지 않아야 한다(기운이 지치면 하인 하녀들을 시켜 대신 울게 한다). 장례 전에는 우는 것이 정한 때가 없어 슬프면 운다. 졸곡 후에는 아침 저녁 두 번뿐이다. 예문은 대개 이러하나, 만일 효자가 슬픈 정이 복받쳐 우는 것이야 어찌 정할 수 있겠는가. 무릇 초상이란 슬픔이 부족하고 예법만 번드르한 것보다도 예법이 미비하더라도 슬픔이 넘치는 것이 나은 것이다. 상사(喪事)란 슬픔과 공경을 다하는 것에 지나지 않는다.

증자가 말하였다. "사람은 절로 극진하게 되는 것이 없지만 친상(親喪)만은 반드시 극진해야 한다." 죽은 이를 보내는 것이 부모를 섬기는 큰 예절이다. 여기에 그 정성을 다하지 않으면 어디에 그 정성을 쓰겠는가. 옛날 소련(小連)과 대련(大連)은 거상(居喪: 상중에 있음)을 잘하여, 사흘을 게을리하지 아니하고, 석달을 게을리하지 아니하여 때맞춰 슬퍼하고, 3년을 근심했다 하니 이것이 거상하는 법이다. 효성이 지극한 사람은 힘쓰지 않고도 되지만, 만일 그렇지 못한 사람이 있으면 힘써 이에 따르는 것이 옳다.

사람이 상을 입는 데 정성과 효도가 지극하지 못해 능히 예를 따르지 못하는 것은 원래 말할 것도 없거니와, 간혹 바탕은 아름답고 배우지 못한 사람이 한갓 예를 지키는 것이 효도가 되는 것만 알고 몸을 상하게 하는 것이 옳지 못하다는 것을 알지 못하여, 너무 슬퍼한 나머지 몸이 약해지고 병이 이미 생겼는데도 차마 권도로 잘 먹지 못해 목숨을 잃는 사람이 혹 있으니 참으로 애석한 일이다. 이런 까닭에 몸이 여위어 생명을 해치는 것을 군자는 불효라 말한다.

무릇 복(服)을 입을 친척의 초상은 만일 다른 곳에서 부음(訃音)을 들었을 때는 위패를 차리고 곡을 한다. 만일 초상에 달려가면 집에 도착해서 성복을 하고, 만일 초상에 달려가지 못하면 나흘 되는 날 성복을 하는데, 재최(齋衰: 조선시대, 오복(五服)의 하나. 조금 굵은 생베로 짓되 아래 가를 좁게 접어서 꿰맨 상복)의 복일 경우는 성복하기 전 사흘 동안은 위패를 차리고 아침 저녁으로 곡을 해야 한다(재최를 대공(大功)으로 내린 사람도 또한 같다).

스승이나 친구로서 의리가 무거운 사람과, 복이 없는 친척으로 정이 두터운 사람과, 서로 아는 사이의 정분이 친밀한 모든 사람들은, 모두 부고를 들은 그 날, 만일 길이 멀어 초상에 갈 수가 없으면 위패를 차리고 곡을 한다. 스승의 경우는 그 정분과 의리의 깊고 옅음에 따라 혹은 상복은 입지 않고 상제와 같은 마음으로 3년을 지내기도 하고 1년을 하기도 하며, 혹은 9개월 혹은 5개월 혹은 3개월을 한다. 친구의 경우는 가장 무겁다 해도 3개월을 지나지는 못한다. 만일 스승의 상에 3년이나 1년을 입고자 하는 사람은, 초상에 달려갈 수 없으면 마땅히 아침 저녁 위패를 차리고 곡을 하여 나흘로 그친다(나흘 되는 날 아침에 그치는데, 만일 정이 무거운 사람은 이 한도에 그치지 않는다).

　무릇 상복을 만난 사람은 매달 초하루에 위패를 차리고 복(服)을 입고 모여 곡한다(스승과 친구는 비록 복은 없어도 또한 같다). 달 수가 이미 차면 다음 달 초하루, 위패를 차리고 복을 입고 모여 곡한 뒤에 벗는다. 그 동안은 슬픔이 복받치면 곡을 해도 된다.

　무릇 대공 이상의 상은, 장례 지내기 전에는 연고가 없으면 출입하지 말아야 하며, 또 남의 조문을 가도 안 되고, 늘 초상 치르는 것과 예를 강론하는 것으로써 일을 삼아야 한다.

제7장 제사 모시는 절차〔祭禮〕

　제사는 마땅히 《가례》에 의해야 한다. 반드시 사당을 세우고 선조의 신주(죽은 사람의 위패)를 받들어야 한다. 제사 지내는 밭을 두고 제사 지내는 도구를 갖추고 종자(宗子 : 종가의 맏아들)가 주장한다.

　사당을 받드는 사람은 매일 새벽 대문 안에서 뵙고 두 번 절하며(주인이 아니더라도 주인을 따라 함께 뵙는 것은 무방하다) 출입할 때는 반드시 말한다.

　혹 수재나 화재나 도적이 있으면 먼저 사당을 구하여 신주와 유서(遺書)를 옮기고 다음에 제사 그릇을 옮기고 그런 뒤에 집 재물을 구한다.

　정월 초하루, 동짓날과 매달 초하루 보름에는 참례하고, 풍속 명절 때는 그 때의 음식들을 올려야 한다.

　시제(時祭)는 산재(散齋 : 제사를 지내기 전에 목욕재계하는 일)를 나흘, 치재(致齋 : 제관이 입제 날부터 파제 다음 날까지 사흘 동안 몸을 깨끗이 하고 삼감)를 사흘 하고, 해마다 죽은 날에 지내는 기제(忌祭)는 산재를 이틀, 치재를 하루 하고, 참례(參禮)는 재숙(齋宿 : 제관이 제사를 지내는 곳에서 밤을 새는 일)을 하루 한다. 이른바 산재라는 것은 조상을 하지 않고 문병을 하지 않고, 매운 것을 먹지 않고 술을 마셔도 어지러운 데 이르지 않게 하고, 무릇 흉하고 더러운 일은 다 참여하지 않는 것이다(만일 도중에 갑자기 흉하고 더러운 것을 만나면 눈을 가리고 피하여 보지 않는다). 이른바 치재라는 것은, 음악을 듣지 않고 출입을 하지 않으며, 마음을 한결같이 제사 지낼 분을 생각하여, 그 거처를 생각하고 그 웃고 말하던 것을 생각하고, 그가 즐겨하던 것을 생각하며, 그가 좋아하던 것을 생각하는 것을 말한다. 대개 그런 뒤라야 제사 지낼 때를 당해, 그 모습을 보는 것 같고 그 목소리를 듣는 것 같아 정성이 지극하여 신령이 제사를 받게 되는 것이다.

무릇 제사는 사랑과 공경으로 정성을 다하는 것을 위주로 할 뿐이다. 가난 하면 집안 사람의 유무에 맞게 하고 병이 있으면 건강을 헤아려 행한다. 재물과 힘이 미칠 수 있는 사람은 자연 예법대로 하는 것이 당연하다.

무덤 앞에서 지내는 묘제(墓祭)와 해마다 죽은 날에 지내는 기제(忌祭)는 세속에서 돌려가며 지내는데 이것은 예가 아니다. 묘제는 비록 돌려가며 지내더라도 모두 무덤에서 제사를 지내기 때문에 상관이 없지만, 기제는 신주에게 제사를 지내지 않고 곧 지방(紙榜)에 제사를 지내게 되니 이것은 대단히 미안한 일이다. 비록 부득이 돌려가며 지내더라도 모름지기 제사 음식을 갖추어 집 사당에서 지내야만 그런 대로 괜찮을 것이다. 상례와 제례는 사람의 자식으로 가장 정성을 다해야 할 일이다. 이미 돌아가신 부모를 뒤쫓아 봉양할 수는 없는 일이나 만일 초상에 그 예를 다하지 못하고 제사에 그 정성을 다하지 못하면, 영원히 그 애통함을 부칠 데가 없고 풀 때가 없을 것이니 자식된 정리가 과연 어떻겠는가. 증자가 말하였다. "마지막을 삼가고(愼終 : 葬禮), 먼 것을 생각하면(追遠 : 祭祀) 백성의 덕이 후한 데로 돌아간다." 자식된 사람은 마땅히 깊이 생각할 일이다.

오늘날 세속에서는 대부분 예를 알지 못해, 제사를 지내는 법이 집집마다 같지 않으니 대단히 우스운 일이다. 만일 예로써 하나로 통일하지 않으면 끝내 어지럽고 차례가 없음을 면치 못하여 오랑캐의 풍속으로 돌아가게 될 것이다. 여기 제사 지내는 예를 적어 뒤에 붙이고 또 그림을 그려 두었으니 모름지기 자세히 살펴 따라 행할 일이다. 만일 부형이 원치 않으면 마땅히 자세히 설명하여 바른데로 돌아가기를 기해야 할 것이다.

제8장 집안을 다스림〔居家〕

무릇 집에 있어서는 마땅히 삼가 예법을 지켜 처가와 집안 사람들을 거느려야 한다. 직분을 각각 나누고, 일을 저마다에 맡겨 주어 그것을 성공하도록 책임을 지운다. 재물을 쓰는 것을 절도가 있게 하고 수입을 헤아려 지출을 한다. 집안 살림에 맞추어 위아래의 의복과 음식이며 좋은 일 궂은 일의 비용을 주되, 다 품절(品節)이 있어 고르지 않은 일이 없게 하며 쓸데없는 비용을 줄여 없애고 사치와 화려한 것을 금지하며, 항상 조금씩 남는 것이 있게 하여 뜻하지 않은 일에 대비한다.

관례(冠禮)와 혼례는 마땅히 《가례》에 따르고 구차하게 세속을 따라서는 안 된다.

형제는 함께 부모가 끼친 몸을 받아 나와 한몸 같은 사이이므로 보기를 마땅히 너와 나의 사이가 없게 하여, 음식과 의복과 있고 없는 것을 모두 함께 하는 것이 마땅하다. 가령 형이 굶주리고 아우가 배부르며 아우가 춥고 형이 따뜻하다면, 이것은 한몸 가운데 팔다리가 한쪽은 병들고 한쪽만 튼튼한 것이니 몸과 마음이 어찌 한쪽만 편안할 수 있겠는가. 요즈음 사람들이 형제끼리 서로 사랑하지 않는 것은 모두 부모를 사랑하지 않기 때문이다. 만일 부모를 사랑하는 마음이 있으면 어찌 부모의 자식을 사랑하지 않겠는가. 형제가 만일 착하지 못한 행실이 있으면 마땅히 정성을 다해 충성되게 간하며, 점차로 이치를 가지고 깨우쳐 느껴 깨닫도록 할 일이요, 문득 성난 얼굴과 거슬리는 말을 더하여 형제간의 화기를 잃게 해서는 안 된다.

오늘날 배우는 사람들은 겉으로는 비록 자랑스런 몸가짐을 하고 있으나 속으로는 독실함이 적어, 부부간에 이부자리 위에서 정욕을 함부로 노출시키는 일이 많고 그 위신과 예법을 잃기 때문에, 부부가 서로 희롱하지 않고 마땅히 공경하는 사람이 매우 적다. 이같이 하면서 몸을 닦고 집을 바르게 하려 한다면 또한 어렵지 않겠는가. 반드시 남편은 부드러우면서도 옳은 것으로 다스리고, 아내는 순종하면서도 바른 것으로 받들어 부부 사이에 예절과 공경을 잃지 않은 뒤라야 집안 일이 바르게 다스려질 수 있다. 만일 지금까지 서로 희롱하며 지내다가 하루 아침에 갑자기 서로 공경하려 한다면 형편이 자연 행하기 어렵게 된다. 모름지기 아내와 더불어 서로 경계하여 반드시 전날 버릇을 버리고 차차 예로 돌아가는 것이 옳다. 아내가 만일 내 말과 몸가짐이 한결같이 바른 데서 나오는 것을 보면 반드시 점점 서로 믿게 되어 순종할 것이다.

자식을 낳으면 약간 알기 시작할 때부터 마땅히 착한 길로 인도해야 한다.

어려서 가르치지 않고 이미 자라난 다음에는 그른 것을 익히고 마음을 놓아 버려 가르치기가 매우 어렵다. 가르치는 차례는 마땅히 《소학》에 따라야 한다. 대개 한 집안에 책과 붓·먹밖에 다른 잡기(雜技)가 없으면 자제들도 또한 밖으로 달리거나 배움에 어긋날 걱정은 없다. 형제의 자식도 내 자식과 같은 것이니, 그들을 사랑하고 그들을 가르침이 마땅히 똑같아야 한다. 가벼움과 무거움이나 후하거나 또는 야박하게 하는 일이 있어서는 안 된다.

하인 하녀들은 내 수고를 대신하므로 마땅히 은혜를 먼저 보이고 위엄을 뒤로 해야 한다. 그래야만 그들의 마음을 얻게 된다. 임금이 백성 대하는 것과 주인이 하인 대하는 것은 그 이치가 같다. 임금이 백성을 가엾어하지 않으면 백성이 흩어지고, 백성이 흩어지면 나라가 망한다. 주인이 하인을 가엾어하지 않으면 하인이 흩어지고, 하인이 흩어지면 집안이 망한다. 형세가 반드시 그렇게 되고 마는 것이다. 하인 하녀들에 대해서는 반드시 배고프고 추운 것을 걱정하여 옷과 먹을 것을 주어 편안히 있게 하고, 잘못된 일이 있으면 먼저 모름지기 간곡히 가르치고 타일러 고치게 하며, 가르쳐도 고치지 않으면 그때 비로소 매를 때려, 그들로 하여금 마음 속으로 주인의 매 때리는 것이 가르치기 위한 데서 나온 것이요, 미워서 그러는 것이 아님을 알게 한 뒤라야 마음을 고치고 태도를 바꾸게 할 수 있다.

집안을 다스리는 것은 마땅히 예법으로써 해야 한다. 안과 밖을 구별하여 비록 하인 하녀들이라도 남녀가 섞여 있게 해서는 안 된다. 사내종은 시킨 일이 없는데도 안으로 들어가서는 안 되며, 계집종은 마땅히 정해진 남편이 있게 하여 음란하지 않도록 해야 한다. 만일 음란한 짓을 그치지 않는 자는 마땅히 내쫓아 따로 살게 하여 가풍을 더럽히지 않도록 한다. 하인 하녀들은 마땅히 서로 화목하게 해야 하며, 만일 싸우거나 시끄럽게 하는 자가 있으면 마땅히 엄격한 금지와 제재를 더해야 한다.

군자는 도를 걱정하고 가난을 걱정하지 않는다 했다. 다만 집이 가난해서 살아날 길이 없으면 마땅히 가난함을 면할 방도를 생각해야 한다. 비록 그렇더라도 다만 배고프고 추운 것을 면하게 할 뿐 풍족하게 쌓아 두고 살 욕심을 가져서는 안 된다. 또 세간의 더러운 입을 마음 속에 머물러 두어서도 안 된다. 옛날 숨어서 산 사람들 중에는 신을 삼아서 먹고 지낸 사람과, 나무를 하고 고기를 잡아 생활한 사람과, 지팡이를 세워 두고 김을 맨 사람이 있다.

이런 사람들은 부(富)와 귀(貴)가 그의 마음을 움직일 수 없었기 때문에 이를 능히 편안히 여겼던 것이다. 만일 이해를 비교하고 잘살고 못사는 것을 따질 생각이면 어찌 마음가짐의 해가 되지 않겠는가. 배우는 사람은 모름지기 부귀를 가볍게 여기고, 빈천을 바르게 지키는 것으로써 마음의 중심을 삼아야 할 것이다.

집에 있으면서 살림이 가난하면 반드시 가난에 시달린 나머지 그 지킬 도리를 잃는 사람이 많다. 배우는 사람은 바로 여기에 힘써야 한다. 옛 사람이 말하였다. "궁(窮)하면 그 하지 않는 바를 보고, 가난하면 그 취(取)하지 않는 바를 보라." 공자는 말씀하였다. "소인은 궁하면 곧 벗어나는 짓을 한다." 만일 가난에 동요된 끝에 옳은 일을 행하지 못한다면 학문은 해서 무슨 소용이겠는가. 대체로 사양하면서 받고 가지고 주고 할 때는, 반드시 자세히 옳고 옳지 못함을 생각하여 옳으면 갖고 옳지 않으면 갖지 않아 털끝만큼이라도 아무렇게나 해서는 안 된다. 친구의 경우는 서로 재물을 통해 쓰는 의리가 있으므로 보내주는 것은 마땅히 다 받아야 한다. 다만 내가 궁핍하지도 않은데 쌀이나 옷감을 보내 오면 받지 않는 것이 옳다. 그 밖의 서로 아는 사람이면 다만 그 명분이 있어서 주는 것만 받고 명분이 없는 것은 받지 않아야 한다. 이른바 명분이 있다는 것은, 상사(喪事)의 부의(賻儀)나 여행에 필요한 경비나, 혼인 때 부조나, 양식이 떨어졌을 때 보태주는 따위가 그것이다. 만일 대단히 악한 사람으로 내 마음에 더럽고 악하게 여기던 사람이면, 그가 주는 것이 아무리 명분이 있다 해도 받으면 마음이 반드시 편치 못할 것이니, 마음이 편치 않은 것을 억지로 받아서는 안 된다. 맹자가 말씀하였다. "양심이 하려 하지 않는 일은 하지 말고, 양심이 원치 않는 일은 하지 말라." 이것이 옳은 일을 행하는 법이다.

중국에서는 고을마다 수령들이 사사로이 받는 녹이 있으므로 그 나머지를 가지고 남의 어려움을 도울 수 있었다. 우리나라는 수령들이 따로 사사로이 받는 녹이 없다. 다만 관청에서 주는 곡식으로 일상 수요에 응할 뿐이므로 만일 사사로이 다른 사람에게 주면 많고 적음을 따질 것 없이 다 죄가 된다. 심하면 횡령죄를 범하게 되고 받는 사람 또한 그렇다. 선비로서 수령이 주는 것을 받으면 곧 금령을 범하는 것이 된다. 옛날엔 나의 나라에 들어가면 금령을 물었는데, 그 나라에 사는 사람이 어떻게 금령을 범할 수 있겠는가. 수령이 주는 것은 대개 받기 어렵다. 만일 사사로이 관청 창고의 곡식을 준다면, 사람의 멀고 가까움과 명분의 유무와 물건의 많고 적음을 따질 것 없이 다 받아서는 안 된다(만일 교분이 두터운 고을 원이 관아에 있는 개인 재물로 어려움을 보살펴 주는 것이라면 혹 받을 수도 있다).

제9장 사람을 사귀는 예절〔接人〕

무릇 사람을 대하는 데는 마땅히 화기와 공경에 힘쓸 일이다. 나이가 배로 많으면 부모처럼 섬기고, 10년이 많으면 형처럼 섬기고, 5년이 많아도 또한 공경하는 태도를 취하며, 학문을 믿고 스스로 높은 체하거나 기운을 자랑하여 남을 업신여겨서는 안 된다.

친구를 택하는 데는, 반드시 학문을 좋아하고 착한 일을 좋아하며 바르고 엄숙하고 곧고 진실한 사람을 취하여, 더불어 같이 지내며 마음을 비워서 본받고 깨우침을 받아 나의 모자람을 채울 일이다. 만일 게으르고 놀기를 좋아하며 아첨하며 정직하지 않은 사람이면 사귀지 말아야 한다.

한 고향 사람으로 착한 사람이면 반드시 친근하게 정을 통해야 하며, 한 고향 사람으로 착하지 못한 사람도 또한 나쁜 말을 하거나 그의 좋지 못한 행동을 드러내 말해서는 안 된다. 만일 전부터 아는 사람이면 서로 만나도 인사만 하고 다른 이야기를 나누지 않으면 자연 점점 멀어지게 되고 또 원망이나 노여움을 사기 쉽다.

같은 소리는 서로 어울리고 같은 기운은 서로 찾는다고 했다. 만일 내가 학문에 뜻을 두면 내가 반드시 학문하는 선비를 찾을 것이며, 학문하는 선비도 또한 반드시 나를 찾을 것이다. 이름만 학문한다 내세우고 집 안에 잡된 나그네가 많아 떠들썩하게 날을 보내는 사람은, 반드시 그가 즐겨함이 학문에 있지 않기 때문이다.

무릇 절하고 읍(揖)하는 예는 미리 정할 수 없다. 대개 아버지의 친구 되는 사람이면 절을 해야 마땅하고, 같은 마을의 15살 이상 되는 사람도 절을 하는 것이 옳다. 벼슬이 당상관(堂上官)으로 나보다 10살 이상 나이가 많은 사람은 절을 해야 마땅하고, 고향 사람으로 나이가 20살 이상 많은 사람도 절을 해야 마땅하다. 그 사이의 고하(高下)와 곡절(曲折)은 때에 따라 알맞게 하면 된다. 반드시 이 준례에 구애받을 필요는 없다. 다만 항상 자신을 낮추고 남을 높이는 생각을 가슴 속에 간직하는 것이 옳다. 《시경》에 말하였다. '따뜻하게 남을 공경하는 것이 덕(德)의 바탕이 된다.'

　나를 훼방하는 사람이 있으면 반드시 스스로 반성할 일이다. 만일 내게 과연 나무랄 만한 행동이 있으면 스스로 꾸짖고 시비를 가려 허물을 고치기를 꺼리지 않아야 한다. 만일 내 허물이 아주 작은 것을 더 불리고 보태었다면, 그가 한 말이 비록 지나치더라도 내가 실상 비난을 받을 근거가 있는 것인만큼, 또한 마땅히 지난 허물을 파헤쳐 말끔히 씻어 없앨 일이다. 만일 내가 본래 잘못이 없는데도 거짓말을 만들어냈다면 이는 망령된 사람에 지나지 않는다. 망령된 사람과 무슨 사실 여부를 따질 것이 있겠는가. 또 그의 거짓 비난은 바람이 귓가를 지나가는 것 같고 구름이 허공을 지나가는 것과 같으니 내게 무슨 상관이 있겠는가. 대개 이렇게 하여 내게 훼방이 생겼을 때 그런 사실이 있으면 고치고 없으면 더욱 힘써 내게 유익하지 않은 것이 없게 한다. 만일 허물을 들었을 때 가만히 두지 못하고 스스로 변명하여 시끄럽게 자신을 결점 없는 사람으로 만들려고 하면, 그 잘못은 더욱 깊어지고 비난은 더욱 무거워진다. 옛날 어느 사람이 비난을 듣지 않는 방법을 묻자 문중자(文中子)가 말하였다. "스스로 닦는 것만한 것이 없다." 더 말해줄 것을 청하자 다시 말하였다. "변명하지 말라." 이 말이 배우는 사람의 법이 될 수 있다.

　무릇 선생과 장자(長者 : 덕이 있는 교양인)를 모신 사람은 마땅히 의리의 알기 어려운 점을 질문하여 그 학문을 밝혀야 하고, 고을이나 마을의 나이 많은 어른을 모실 때는 마땅히 조심하고 공손하여 말을 함부로 하지 않으며, 묻는 말이 있으면 공손히 사실대로 대답한다. 친구들과 같이 있을 때는 마땅히 도의를 논하고 연마하여 다만 문자와 의리를 말할 뿐, 세속의 천박한 이야기며 당시 정치의 득실이며 수령의 어질고 어질지 못한 것이며, 다른 사람의 허물과 악은 일체 입에 올려서는 안 된다. 일반 사람들과 같이 있을 때는 비록 묻는 대로 대답을 하더라도 끝내 야비하고 추한 말을 꺼내서는 안 되며, 비록 점잖고 엄숙한 태도를 지녔더라도 절대로 자랑하고 높은 체하는 기색이 있어서는 안 된다. 다만 착한 말로써 유도하여 반드시 이끌어 배움에로 향하게 한다. 어린 사람들과 같이 있을 때는 마땅히 진실한 태도로 효제(孝悌)와 충신(忠信)을 말하여 착한 마음이 생기게 한다. 이렇게 하기를 계속하면 지방 풍속을 차차 착하게 바꿀 수 있다.

　항상 따뜻하고 공손하고 사랑하는 마음으로 남을 이롭게 하고, 세상을 구제하는 마음으로 항상 살며, 만일 남을 침범하거나 세상을 해치는 일이면 털끝만큼이라도 마음에 두어서는 안 된다. 무릇 사람은 내게 이롭게 하려 하다 보면 반드시 남과 세상을 침해하게 된다. 그러므로 배우는 사람은 먼저 나를 이롭게 하려는 마음을 끊은 뒤라야 어진 일을 익힐 수 있다.

　시골에 사는 선비는, 공적인 일이나 예의로 찾아보거나 부득이한 일이 아니면 관청에 출입해서는 안 된다. 고을 수령은 아무리 친한 사이라도 역시 자주 가서 만나서는 안 된다. 더구나 친구가 아닌 사이라면 더욱 그렇다. 옳지 않은 간청 같은 것은 마땅히 일체 하지 말아야 한다.

제10장 선비로서 세상사는 법〔處世〕

　옛적의 학문하는 사람은 일찍이 벼슬을 구하지 않았고, 학문이 성취되면 위에 있는 사람이 불러서 일을 시켰다. 대개 벼슬이란 것은 남을 위하는 일이지 자신을 위한 것은 아니다. 그런데 지금 세상은 그렇지 못하다. 과거로써 사람을 취하기 때문에, 비록 하늘에 통한 학문과 남보다 뛰어난 행실이 있더라도 과거가 아니면 도를 행할 수 있는 직위에 나아갈 길이 없다. 그러므로 아무리 아비가 그 자식을 가르치고 형이 그 아우를 힘쓰게 한다 하더라도 과거 외에는 다시 다른 길이 없다. 선비의 풍습이 구차스러워진 것도 이 때문이다. 그리고 오늘날 선비된 사람이 대부분 부모들의 소망과 집안의 장래를 위하여 과거 공부하는 것을 면하지 못한다 하더라도, 또한 마땅히 그 기량을 다듬고 때를 기다려 얻고 잃음을 천명에 부칠 일이요, 성급히 욕심을 부리며 거기에만 열중한 나머지 선비로서의 본 뜻을 잃어서는 안 된다.

　사람들은 말하기를, 과거 공부 때문에 학문을 할 수 없다고 한다. 그러나 이것 또한 핑계의 말일 뿐 진심에서 나온 것은 아니다. 옛 사람은 부모를 봉양하기 위해 몸소 밭갈이한 사람도 있고, 품팔이를 다닌 사람도 있고, 쌀을 지고 다닌 사람도 있다. 대개 몸소 밭을 갈고 품팔이를 다니고 쌀을 지고 다니자면 매우 힘이 들고 고생스러울 텐데 어느 여가에 글을 읽겠는가. 오직 그들은 부모를 위해 힘든 일을 하며, 자식의 도리를 다하고 나서 남은 여가에 글을 배워도 또한 덕의 길로 나아갈 수 있었다. 오늘날 선비 된 사람으로서 부모를 위해 힘든 일 하는 것이 옛 사람과 같지 않음을 본다. 다만 과거 공부 한 가지가 부모들의 원하는 것이라 부득이 하고 있지만, 과거 공부가 비록 이치를 배우는 학문과 같지 않다 하더라도 역시 이것은 앉아서 글을 읽고 글을 짓고 하는 것이므로, 그 편함이 몸소 밭을 갈고 품팔이를 하고 쌀을 지는 것에 비하면 백 배 정도 더 편한 것 아니겠는가. 더구나 남은 여가에 성리(性理)에 관한 글을 읽을 수 있음에랴. 다만 과거 공부하는 사람은 으레 득실에 흔들려 마음이 항상 조급하고 서두르게 되어, 도리어 마음가짐을 해치지 않는 힘든 일하는 것만 못하다. 그러므로 선현(先賢)이 말하였다. "공부에 방해될까 걱정하지 말고 다만 뜻을 빼앗기게 될까를 걱정하라." 만일 능히 그 일을 해내며 지키는 것을 잃지 않는다면, 과거 공부와 이학(理學)을 함께 해도 상관 없다. 요즈음 사람은 과거 공부를 한다지만 실상 힘을 들이지 않고, 이학을 한다지만 실상 손을 대지 않고 있다. 만일 과거 공부를 하라고 책망하면 곧 이렇게 말한다. "나는 이학에 뜻이 있기 때문에 그런 것은 달가와하지 않는다." 만일 이학을 하라고 책망하면 곧 말한다. "나는 과거 공부에 얽매여 실지 공부에 힘을 쓸 수가 없다." 이렇게 양쪽으로 편리한 대로 미루며 편안히 날을 보내어 마침내는 과거 공부와 성리 공부 둘 다 이룬 것이 없게 되고 만다. 다 늙은 뒤에 뉘우친들 무슨 소용이 있겠는가. 슬프다, 어찌 경계할 일이 아니겠는가.

　사람이 벼슬을 하지 않았을 때는 오직 벼슬하기만을 서두르고 벼슬을 하게 된 뒤에는 또 이를 잃을까 겁낸다. 이렇게 빠져들어 그 본마음을 잃은 사람이 많으니 어찌 두려운 일이 아니겠는가. 지위가 높은 사람은 도를 행함을 위주로 하고, 도가 행해지지 않으면 물러나는 것이 옳다. 만일 집이 가난해서 급료를 위해 벼슬하는 것을 버릴 수 없다면, 모름지기 내직을 사양하고 외직을 택하며, 높은 자리를 사양하고 낮은 자리에 있어 그로써 배고픔과 추위를 면하도록 하면 된다. 비록 급료를 위한 벼슬일지라도 또한 마땅히 청렴하고 부지런히 나라에 이바지하여 그 직무를 다해야 한다. 자리를 비워두고 얻어먹기만 해서는 안 된다.

시와 부

시(詩)

화석정(花石亭)

숲 속 정자엔 가을이 이미 깊었으니
글하는 나그네 생각은 끝이 없어라
아득히 먼 물은 하늘에 닿은 듯 푸르고
서리맞은 단풍은 햇볕 받아 붉어라
산은 외로운 둥근 달을 토하고
강은 만리 바람을 머금었네
변방의 저 기러기는 어디로 가려는가
울음소리 저문 구름 속으로 사라져가는구나

풍악(楓岳)을 오르며 암자의 노승에게

　금강산을 구경가서, 하루는 혼자 깊은 골짜기로 접어들었다. 몇 리쯤 걸어 오르자 조그만 암자가 나왔는데 늙은 가사 차림의 스님이 반듯이 앉아 있었다. 그는 나를 힐끗 보고도 말이 없었다. 암자 안을 두루 돌아보니 물건이라고는 아무것도 없었고, 부엌에서 밥을 짓지 않은 지도 벌써 여러 날인 듯했다. "여기서 무얼 하십니까?" 물었으나 스님은 보일듯 말듯 웃으며 대답하지 않았다. 또 "무얼 드시고 굶주림을 면하십니까?" 물었으나, 스님은 소나무를 가리키며 "이것이 내 양식이오" 말한다. 나는 그의 말을 시험하여 보려고 다시 물었다.
　"공자와 석가 중 누가 더 성인입니까?"
　"어찌 선비가 늙은 나를 기만하려 하시오?"
　재빨리 내가 말했다.

"불교는 오랑캐의 교로서 중국에서는 시행할 수 없습니다."

약간 고개를 들며 스님이 말했다.

"순임금은 동쪽 오랑캐 사람이었고, 문왕(文王)은 서쪽 오랑캐 사람이라 했으니, 이들도 또한 오랑캐란 말이오?"

"불가에 묘(妙)란 것이 우리 유가보다 나을 것이 없는데, 하필이면 선비의 도를 버리고 부처의 도를 찾으십니까?"

허공을 향해 스님이 말했다.

"유가에도 마음이 곧 부처라고 한 말이 있소?"

"맹자는 사람의 성품이 착하다는 것을 이를 때면 반드시 요임금과 순임금을 들어 말했으니, 이것은 마음이 곧 부처라고 한 말과 무엇이 다르겠습니까. 다만 우리 유가에서 본 것이 더 참되다는 것뿐입니다."

스님은 잠시 긍정하려 하지 않고 있다가 "색(色)도 아니요 공(空)도 아니다란 말은 무슨 뜻이오?" 하고 묻는다. 내가 "이 또한 앞에 있는 경계(境界)입니다" 하니 스님이 빙긋 웃었다. 그래서 내가 "솔개가 날아 하늘에 이르고, 고기가 못에서 뛰어오르는 것은 색입니까 공입니까?" 하고 다시 물었더니, 스님은 "색도 아니요, 공도 아닌 것이 진여(眞如)의 본바탕인데 어떻게 이 시(詩)를 가지고 비교할 수 있겠소"라고 답한다. 나는 웃으며 말했다.

"이미 말이 있으면 바로 이것이 경계인데 어떻게 본바탕이라 말할 수 있습니까. 만일 그렇다면 유가의 묘란 것은 말로 전할 수 없는 것이요, 부처의 도는 글자밖에 없는 것이 아닙니까."

스님이 깜짝 놀라 내 손을 잡고 말한다.

"당신은 세속 선비가 아니구려. 나를 위해 시를 지어 그로써 아까 말한 그 솔개가 날고 고기가 뛴다는 글귀를 해석해 주오."

그래서 내가 시 한 수를 써서 주었더니, 스님은 읽은 뒤에 소매 속에 집어넣고 몸을 돌려 벽을 향했다. 나는 골짜기를 나왔다. 미처 그가 어떤 사람인지는 알지 못했다. 사흘 뒤에 다시 가 보았더니 작은 암자는 그대로 있으나 스님은 이미 가버리고 없었다.

　　물고기 뛰놀고 솔개 나는 것은 위아래가 같은 이치니

이것은 색(色)도 아니요 또한 공(空)도 아니다
뜻없는 웃음 끝에 이 몸을 돌아보니
지는 해 우거진 숲 속에 홀로 서 있어라

산사람 보응과 산을 내려와 풍암(豊岩) 이광문(李廣文) 집에 이르러 초당에 묵으며

도(道)를 배움은 곧 집착이 없음이니
인연을 따라 이르는 곳마다 놀 수 있네
잠시 청학동을 하직하고
와서 백구주를 구경하노라
이내 몸은 구름 밖 천리요
하늘과 땅은 바다 한쪽 머리이로구나
초당에 잠시 머물러 쉴제
매화에 비친 달이 바로 풍류이더라

살아가는 나날

밥 짓는 연기 피어오르고 한낮 닭울음 소리 들려라
숨어 사는 이 지팡이 짚고 시냇가에 이르러
산집이라 사월이 되어도 봄이 다 가지 않았네
울타리 두른 나물꽃이 울긋불긋 곱기도 하여라
오솔길에 이따금 뽕 따는 아낙네 보이고
남쪽 들녘엔 샛밥 나오는 게 자주 보이네
비낀 햇살 이슬비 맞으며 외딴 마을에 들어서자
목동의 피리소리 나무꾼 노래가 어울어져 들리네
사립문 두드려 주인을 불러내자
노인이 나를 보며 반갑게 맞아주네
소나무 평상 대자리가 너무나 깨끗하여
비단 같은 사치는 알지도 못하네

노인은 살아온 세상 햇수도 기억 못하니
인생의 희노애락 다 맛보았겠네
인정은 매미날개처럼 얄팍해 그지없이 무상하니
말하고 웃는 속에도 칼날이 숨겨져 있는가
내 이제는 조촐하게 몸 하나로 여생을 살아가리니
본디 칭찬이 없는데 누가 헐뜯으리오
그대를 만난 김에 세상 일들을 묻고 싶으니
시운이 몇 번이나 통했다가 막혔는가
부디 내 이름 옮겨 속세에 알리지 마소
나는 지금 숨어 사는 소인이라오
닭 잡고 기장밥 지어 배불리 먹은 뒤에
빈 집에 함께 누워 잠들면서 성리를 이야기하네
기이한 말 위험한 이야기 때때로 도리에 벗어나니
장자와 열자 따위는 개미처럼 내려보았네
이튿날 아침 깨어나자 사람은 오간데 없고
빈 뜨락에 벗어둔 신발뿐이구나

동문을 나서며

하늘과 땅은 누가 열었으며
해와 달은 누가 갈고 씻었던가
산과 강물은 이미 얽혀졌고
추위와 더위 번갈아 찾아드네
우리 인간이 만물 중에
그 지식 가장 으뜸이던가
어찌 조롱박처럼 한곳에만 매달리어
쓸쓸하게 한 처소에서 헤매이는가
온 사위 구주 사이에
어디 막혀서 한껏 놀지 못하나
저 봄 산 천 리 밖으로

지팡이 짚고 내 떠나리라
그 누가 나를 따르려는가
저녁 어스름에 서서 부질없이 기다리네

바람 달 물 구름

바람
나무 그늘이 처음 짙어가고 여름 해는 더디기만 하네
구름을 찌른 나뭇가지에선 늦바람이 일어나고
숨어 사는 이가 잠 깨어 옷자락 펼치며 일어나니
뼛속에 스며드는 서늘함 혼자서만 느끼네

달
만 리에 구름 한 점 없는 푸른 하늘
어스름 산마루에 광한궁이 나타났네
사람들은 차올랐다 이지러지는 모양만 바라볼 뿐
달바퀴가 밤마다 둥근 줄은 모른다네

물
밤낮 구름을 들어 잠시도 쉬지 않으니
근원과 갈래가 함께 끝없음 비로소 알겠네
강과 바다 끝없는 물결을 보라
모두 깊은 샘 한 줄기로부터 흐르지 않는가

구름
얼마나 깊은 산에 날아드는지
골짜기의 원숭이 학들이 바로 벗들이라네
어찌 하면 신룡을 따라가서
세상 사람이 비를 바라는 마음 위로해 줄까나

퇴계 선생 뵙고 율시를 바치다

시냇물은 수사의 물결에서 나뉘고
봉우리는 무이산처럼 빼어났어라
생계는 천 권의 경전이며
생애는 두어 칸 집뿐일세
선생의 마음은 갠 하늘 밝은 달보다 더 깨끗하고
말씀과 웃음이 거센 물결을 그치게 하네
소자는 도를 들으려 왔지
한가로움을 보내려 온 게 아닌 것을

술잔에 국화 꽃잎 띄우고

서리 맞은 국화를 사랑하기에
노란 꽃잎 따서 술잔에 가득 띄웠네
맑은 향내는 술맛을 더하고
빼어난 빛은 시인의 가슴을 적시네
도연명이 무심히 잎을 따고
굴원이 잠시 꽃을 맛보았지만
정다운 이야기만 나누는 것이
시와 술로 함께 즐기는 것과 어찌 같으리오

비는 시를

구름이 푸르른 산을 둘러 반쯤 삼켰다 뱉더니
홀연 비가 흩날려 서남쪽을 씻어 내리네
시를 지으라고 가장 재촉하는 게 어느 때인가
연잎 위에 구슬 두세 개 구를 무렵이어라

상산동에서

동구에 들어서자 산 모양 절로 달라지네
물 따라가는 지경이 더 새로워지니
숲이 깊어 더위를 잊고
샘물 소리 사람을 멈추게 하네
이끼 낀 돌에는 짚신이 미끄럽고
구름 낀 언덕 그늘진 자리 사랑스러운데
맑은 시를 미처 다 읊지도 못하고
티끌 세상으로 떠나는 부끄러움이여

옛생각에 잠겨

나그네 갑자기 생각이 슬퍼져라
산 그늘도 저녁 볕을 재촉하네
그 옛적 우리 형제 여기서 놀 때엔
벗들도 무리지어 따라왔었지
바위 틈 시냇가 봄 물이 울었으며
바위 봉우리 여름 구름이 솟았었지
이제 모두 옛자취 되어버렸네
다래 덩굴 핀 오솔길에 나 혼자 황혼을 맞아라

눈속에 차가운 달

한해는 저물어가고 산에 눈이 가득하네
들길이 가늘게 고목나무 사이로 열렸는데
소를 타고 어깨 들썩이며 어딜 가는가
내 좋아하는 사람 우계만(牛溪灣)으로 찾아가네
저물어 사립 두드려 들어서서 맑은 얼굴 바라보며 읍(揖)하니
작은 방 무명 옷 걸치고 짚방석을 깔았네

고요한 긴긴 밤 잠 못이루어 앉았으니
벽에 걸린 등불이 푸르스름 깜박이네
반평생 서럽도록 이별 슬픔 많으니
다시금 세상길 험함을 생각하네
이런 말 저런 말로 뒤치다 새벽 닭이 울어
눈을 드니 창문 서릿달빛 차가워라

부(賦)
이일분수부(理一分殊賦)

　우러러 혼돈을 꿰뚫어 앎이여, 구부려 방박(磅礴)을 명관(冥觀)하여라. 천지의 기운이 풍부한 조화(造化)의 근원을 캐냄이여, 만물의 지극히 미세함까지 다하였네. 만물의 시초를 넓게 생각함이여, 만 가지 다른 것이 근본이 하나임을 알겠어라.
　하늘의 조짐이 없는 것에서 비롯됨이여, 혼돈 속에 소리도 냄새도 없었네. 하나가 둘을 낳고 그것이 넷이 됨이여, 천지가 없어지고 시작됨이 돌고 돌아라. 여기서 상(象)을 이루고 본받음이여, 심오(深奧)하게 작용(作用)은 숨기고 결과만을 드러내네. 한 빛을 낮과 밤으로 나눔이여, 해와 달이 밝게 번갈아 빛나여라.
　한 소리를 땅에 흩음이여, 오만 가지 소리가 뭇 구멍에서 가락을 불려내네. 일원(一元)의 가고 오고 펴고 움츠림이여, 차례로 사시(四時)가 번갈아 드는가. 한 기운의 굽히고 펴고 없어지고 자라남이여, 어둡고 밝은 곳에서 귀신이 판별되네. 하물며 수없이 많은 물건들이야, 저마다 한 목숨을 받아 얼굴을 이루어라.
　다같이 풀무간에서 그릇을 이룸이여, 통하고 막힘에 상관이 없는 듯하여라. 그러나 기울고 바름이 이미 다름이여, 또한 움직이고 섬으로 구별되네. 비록 인성과 천명은 저마다 타고났으나 어느 것이 태화(太和)의 순수함이 아니리요. 비록 전체가 구별이 없지만, 또한 어찌 뚜렷이 차례가 없으리요. 거룩한 성군이 먼저 나심이여, 테두리를 만들어 둘러쌓여라. 투철의 큰 근본에 밝음이여, 달도(達道 : 누구나 지켜야 할 도리)를 내걸어 사람을 가르치네.
　아아, 저들 백성이 비록 동포라 하나, 사랑은 가까운 사람을 친하는 것보다 더 먼저 할 것이 없어라. 아아 저 만물이 비록 나와 함께라 하지만, 백성을 사랑함보다 더 급한 것이 없네. 내 부모를 부모로 하여 사랑을 세움이여,

효도는 능히 끝없는 곳까지 미치고, 내 어른을 어른으로 하여 공경을 세움이여, 순종함이 온 천하에 미치어라. 잘 미루어 행하나 차례가 있음이여, 그 누가 가까운 것을 버리고 먼 것을 취하리오.

처음은 한 집에 벗어나지 않음이여, 마침내는 덕행으로 이끎이 초목에까지 미치네. 이미 덕(德)이 원묘(元妙)에 합했으니, 어찌 남과 나의 떨어짐이 있으리오. 본디 자연의 질서가 어지럽지 않은데 어찌 본말(本末)이 서로 어긋나리오.

어쩌다 잘못된 견해의 생겨남이여, 하나를 들어 백 가지를 폐하려 드는가. 혹여 근본을 황홀에서 엿보려 함이여, 혹여 끝을 형기(形器)에서 찾으려 하네. 저 숨은 것을 찾아 물정(物情)에 어두움이여, 항상 둘이 아니란 생각에 병들었어라. 태산을 추호(秋毫)보다 작다 함이여, 장생(莊生 : 莊子)의 괴이함을 웃노라. 덕으로써 원한을 갚으려 함이여, 노씨(老氏 : 老子)의 거꾸로 베풂을 웃노라. 한갓 이치가 하나임만 생각함이여, 밭을 두고도 가꾸지 않음과 무엇이 다르리오.

저 옅은 생각이 만물의 이치에 어두움이여, 친함과 친하지 않음에 얽매여 사사로움에 치우치도다. 방과 집을 좁혀 빈 곳을 없앰이여, 며느리와 시어미의 싸움이 벌어지네. 사랑은 살기를 바라고 미움은 죽기를 바람이여, 눈에 티가 들고 마음이 병드는 것도 달가워하는가.

한갓 나눠 다른 것에만 얽매임이여, 밭갈이 하지 않고 거두기를 바람 같이 하네. 슬프다. 우리 삶의 고달프고 어리석음이여, 옛 성현의 교훈을 우러러 실마리를 찾으니. 안으로 가만히 마음을 찾음이여, 밖으로 솔개 날고 물고기가 반짝 배 드러냄을 바라보네. 공용(功用)은 비록 넓어도 크게 빛남이여, 본체(本體)는 숨어 나타나지 않네. 진실로 넓음을 보고 숨은 것을 앎이여, 참으로 그 미묘한 것이 드러나지 않으리.

그러나 참으로 실천하기가 진실로 어려움이여, 이 말이 행해지지 않을까 두려워라. 이에 자세히 설명하여 노래를 지음이여, 아마도 보고 살핌에 도움이 있으리. 노래하여 말하네. 음(陰)은 움직임을 뿌리로 하고 양(陽)은 고요함을 바탕으로 하네.

움직임과 고요함이 한덩어리인데 누가 두 모양(二儀 : 하늘과 땅)으로 나누었는가. 형체는 누르고 모난 것(黃矩 : 땅을 말함)을 바탕으로 하고, 기운은 검고 둥근 것(玄規:하늘을 말함)에 비롯했어라. 하늘과 땅이 공용(功用)을 달리하는데, 누가 하나로 꿰었다 했는가(孔子가 내 道는 하나로 꿰었다고 했다). 하나인 까닭에 신묘(神妙)하고, 둘인 까닭에 만물을 만들어 냄이여.

없는 것(無)에 묘한 있음(妙有)이 들어 있고, 있는 것(有)에 참없음(眞無)이 깃들어 있도다. 도(道)는 그릇(器:形體) 밖에 있는 것이 아니요, 이치는 만물과 더불어 함께 있어라. 돈화(敦化:大德)는 다함이 없고, 천류(川流:小德)는 쉬지 않네. 누가 그 기능(機)을 맡았는가, 거룩할손 태극(太極)이여.

율곡 이이 생애와 사상

율곡 이이 생애와 사상

1 율곡의 생애

출생

율곡은 1536년(중종 31) 강원도 강릉 북평 마을 외갓집에서 태어났다. 12월 26일 인시(寅時), 해가 뜨기 전 새벽 오죽헌(烏竹軒)에서였다. 아버지는 하급관리였던 이원수(李元秀), 어머니는 사임당(師任堂) 신씨(申氏)이다. 성은 이(李), 본관은 덕수(德水), 이름은 이(珥), 자는 숙헌(叔獻), 호는 율곡(栗谷)이다. 율곡은 그의 고향 경기도 파주 율곡촌(栗谷村)의 마을 이름을 따온 것이다.

덕수 이씨의 시조는 고려조 중랑장(中郞將)인 돈수(敦守)이다. 그가 덕수현(德水縣=開豊郡) 사람이므로 그에 따라 본관을 덕수로 한 것이다. 그의 4대손 천선(千善)은 공민왕 때 공을 세워 낙안백(樂安伯)에 봉해지고 시호를 양간(良簡)이라 했으며, 5대손 인범(仁範)은 벼슬이 정당문학(正堂文學) 예문관대제학(藝文館大提學)에 이르렀고, 7대손 명신(明晨)은 지돈령부사(知敦寧府事)로 시호를 강평(康平)이라 했다. 율곡의 할아버지 장(蔵)과 아버지 원수(元秀)는 뒷날 율곡의 영귀(榮貴)로 모두 의정부 좌참찬(左參贊)의 증직을 받았다. 율곡은 시조인 돈수의 12대손으로, 4형제 중 셋째였다. 율곡의 외할아버지는 기묘사화(己卯士禍) 때 명현의 한 사람인 진사 신명화(申命和)이다. 맏형은 선(璿), 둘째형은 번(璠), 아우는 우(瑀)였다.

율곡을 낳던 해 봄, 신사임당은 아주 기이한 꿈을 꾸었다. 꿈 속에 신씨는 동해 바다에 있었다. 문득 눈을 들어보니 한 선녀가 어린아이를 안고 있었다. 살결이 옥처럼 빛나면서 사람들의 주의를 끌 만하였다. 문득 선녀는 아이를 신사임당 품 안으로 던져 주었다. 그 얼마 뒤에 임신을 한다.

율곡을 낳던 날 저녁에 또 꿈을 꾸었다. 흑룡이 바다에서 침실 쪽으로 날

강릉의 오죽헌
율곡이 태어나 어린 시절을 보낸 곳. 우측의 몽룡실(夢龍室)은 율곡이 태어난 방으로, 신사임당이 검은 용이 날아오르는 꿈을 꾸고 율곡을 낳았다 하여 붙인 이름이다.

아와 마루 사이에 서려 있는 꿈이었다. 율곡의 어릴 적 이름을 현룡(見龍: '나타날 현'자를 써서 나타난 용이라는 뜻)이라고 한 것 또한 이와 같은 태몽에서 유래한 것이다.

재주가 빛나는 어린 시절

셋째 아들로 태어난 율곡은 외할머니 댁에서 자랐다. 말보다 글을 먼저 깨쳤다는 전설 같은 이야기가 있을 정도로 어릴 적부터 신동다운 면모를 발휘하였다.

세 살 때였다. 외할머니가 석류를 들어 보이며 물었다.

"이것이 무엇 같으냐?"

이이는 옛시를 인용하여 이렇게 답했다.

"부서진 붉은 구슬을 석류 껍질이 싸고 있습니다."

불과 세 살 어린아이의 답변에 주위 사람들은 탄복하고 말았다.

그러나 율곡은 단순히 총명하기만 한 것이 아니었다. 효심도 지극하였다. 다섯 살 때 어머니 신사임당이 병으로 위독해지자, 남몰래 외할아버지의 사당에 들어가 기도를 드리기도 하였다.

파주의 화석정
율곡이 8세 때에 시를 읊었던 정자. 경기도 파주군 파평면 율곡리 임진강 가의 벼랑 위에 자리잡고 있어, 개성의 오관산, 서울의 삼각산이 아득히 보인다고 한다.

또 같은 해에 이런 일도 있었다. 며칠째 큰비가 내렸다. 어떤 사람이 불어난 냇물을 건너다 발을 헛디뎌 그만 물살에 휩쓸렸다가 간신히 헤어났다. 모두들 그 사람이 미끄러져 허우적거리는 모습을 보고 깔깔대고 웃었다. 그러나 율곡만은 혼자 기둥을 끌어안고 걱정하다가 그 사람이 위기를 벗어나자 비로소 안도의 숨을 내쉬었다.

율곡은 여섯 살 때 서울의 부모 집으로 돌아와 어머니 신씨로부터 직접 글을 배우기 시작하였다. 여덟 살 때에는 그의 5대조 할아버지가 지은 율곡촌(栗谷村) 화석정(花石亭)에 올라 다음과 같은 한시를 지어 어른들을 또다시 깜짝 놀라게 한다.

    숲속 정자에 가을이 이미 깊은데
    시인의 정회는 다할 길 없어라
    물살은 널리 하늘에 닿아 푸르고
    서리 맞은 단풍은 햇살 받아 붉구나
    산은 외로운 둥근 달을 뱉고

강은 만리의 바람을 머금었네
차가운 저 기러기 어디로 가느냐
아득한 울음소리 저녁 구름 속으로 끊어져 버리네.

그야말로 신동 소리를 들을 만했다.

율곡은 13세에 벌써 진사 초시에 우수한 성적으로 뽑혔다. 시험관들이 기특히 여겨 접견하였는데, 같은 연배의 다른 합격자들이 매우 잘난 척한 것과는 달리 율곡은 어디까지나 천연스러웠다. 누구나 그 그릇의 큼을 짐작할 수 있었다. 이때부터 문장이 날로 진취하여 명성도 따라서 자자하였다. 그러나 과거를 최후의 목적으로 한 것이 아닌 율곡은 오로지 학문에만 전심하였을 뿐, 세상 명성은 도리어 못마땅하게 여겼다.

어머니 신사임당의 죽음

16세 때 율곡은 형과 함께 평안도로 출장 가는 아버지를 따라나섰다. 그들이 집을 비운 동안 어머니가 돌아가셨다. 파주 자운산에 어머니를 장사지낸 뒤, 무덤 옆에 초막을 짓고 3년 동안 정성스레 시묘살이를 하였다.

17세 여름에 복(服)을 마치고 예(禮)에 따라 심상(心喪)을 더 입었다. 심상은 《예기》〈단궁 상(檀弓上)편〉에서 스승에 대한 예로 행하는 것을 이른 데서 유래하는 예절로, 비록 상기(喪期)가 끝났더라도 죽은 이에 대한 슬픔을 전과 똑같이 가지는 것이다.

18세 가을에는 심제(心制 : 대상(大祥) 때부터 담제(禫祭) 때까지 입는 복)까지 마치고 당시 성인식인 관례를 행하였다. 상투를 틀고 성인의 복식을 갖춘 뒤 아버지와 함께 사당에 들어가 이 사실을 조상들에게 고하였다.

어머니의 죽음으로 인해 인생의 의미를 나이보다 훨씬 깊이 생각하게 된 율곡은, 인간의 삶과 죽음의 문제에 사로잡혀 마치 넋 빠진 사람처럼 세월을 보냈다. 인생이란 어디서 왔다가 어디로 가는 것인가? 울고 웃는 것도, 서러워하고 기뻐함도 모두가 한때의 꿈 같은 것, 인생이란 아침의 이슬처럼 너무나 덧없이 사라지고 마는 것이 아닌가? 거기에 무슨 뜻인들 찾을 수 있을 것이며 애착을 느낄 만한 값이 있는 것일까? 젊은 율곡은 이때 해결하기 힘든 철학적 사색 속에서 헤매며 고민을 거듭하였다. 때마침 선(禪)의 총본산으로 알려진 봉은사(奉恩寺)라는 절에서 불교 서적을 읽다가 자기 번민을 불교 연구로 풀으리라 결심했다.

19세 되던 해 봄, 금강산에 있는 절에 들어가 의암(義菴)이라 호를 짓고 칩거에 들어갔다. 비록 정식 절차에 의한 출가는 아니었다 하더라도, 그즈음의 사회 제도는 유생이 일단 불문에 들어가면 관직에 오를 수 없었던 시절이라, 그의 결심이 얼마나 비장한 것이었는지 이해할 수 있을 것이다.

불교를 공부하는 동안 그는 한 노승과 토론을 벌인 끝에 다음과 같은 시를 지었다.

신사임당 영정
율곡이 16세 되던 해, 서화에 능하고 부덕을 갖추었던 어머니 신사임당을 여읜 뒤 평생을 그리워했다. 영정은 오죽헌에 모셔져 있다.

> 물고기가 뛰놀고 솔개가 나는 것은 위와 아래가 같은 것
> 이런 것은 색(色)도 아니고 공(空)도 아니네
> 뜻없이 웃다가 문득 내 몸을 돌아보니
> 해 기운 수풀 속에 홀로 서 있구나.

그러나 그는 1년간의 수도 생활을 통해 불교 신앙으로는 인생을 이해할 수 없다는 결론을 내렸다. 그래서 20세에 출생지인 강릉의 외할머니 댁으로 돌아와 쇠약해진 몸을 추스르면서 새 출발의 의지를 확고히 했다. 그리고 11조로 이루어진 '자경문(自警文)'을 써서 반성의 거울로 삼았다. 그 요점은 다음과 같다.

첫째, 뜻을 크게 세워 성인의 경지에 도달할 때까지 끊임없는 노력을 기울일 것.

둘째, 마음을 안정시켜 쓸데없는 말을 삼갈 것.

셋째, 마음을 다잡을 것.

넷째, 혼자 있을 때 더욱 조심할 것.
다섯째, 실천이 없는 학문은 무용한 것이다.
여섯째, 물욕과 영예에 마음 두지 말 것.
일곱째, 필요한 일에 성의를 다할 것.
여덟째, 천하를 위한다 해도 죄가 없는 자를 한 사람이라도 희생해서는 아니 된다.
아홉째, 아무리 난폭한 사람이라도 감화시켜 이끌 것.
열째, 게으름과 수면을 탐내지 말 것.
열한째, 수양과 공부는 초조해하지도 풀어지지도 말고 끈기 있게 할 것.

이로 보아 입산수도의 1년 경험이 어떤 것이었는지를 짐작할 수 있다. 그것은 불법(佛法)의 기초 세계를 어느 정도 깨달았다고 말할 수 있으려니와, 선(禪)의 경지가 꼭 입산수도에서만 얻어지는 것이 아니라는 대승(大乘)의 진리도 이미 터득한 것 같았다. 그러나 그보다도 진리 탐구와 실천 윤리가 공존 병행하는 유교의 교리 쪽에서 좀더 높은 차원의 무엇을 발견하고자 했던 것은 아닐까.

22세 때 집으로 돌아온 율곡은, 성주 목사(星州牧使) 노경린(盧慶鱗)의 딸에게 장가들었고 노씨 집안에서는 이 수재 사위를 극진히 대접하였다.

평생의 벗

금강산으로 들어가기 직전, 19세 되던 해 3월 어느 날, 율곡은 성혼(成渾)을 처음 만났다. 당시 율곡은 아직 미혼이었고 성혼은 이미 결혼하여서 가정을 이루고 있었지만, 곧 서로 마음에 들어 도의지교(道義之交)를 맺었다. 성혼은 율곡과 함께 지내면서 그의 침착한 행동과 올바른 마음씨, 그리고 음험한 일을 하지 않는 것을 보고 깊이 감복하였으며, 율곡은 성혼의 조심스럽고 돈독한 행실을 높이 평가하였다.

그들은 시간 있을 때마다 만나 나라를 걱정하고 학문을 논하였으며, 경치 좋은 곳을 찾아 함께 여행하였다. 계곡 위 나무그늘에 앉아 이야기를 하다 보면 시간가는 줄 몰랐고, 만난 지 얼마 되지 않았으나 일찍부터 서로 잘 알았던 사이인 듯 달밤을 함께 지내기도 하였다.

오죽헌에 보관된 신사임당 집안의 유품들

 그로부터 20여 년의 세월이 흘렀다. 겨울 어느 날, 율곡은 불현듯 성혼이 보고 싶어, 눈 쌓인 산길을 저벅저벅 소를 타고 성혼을 찾아갔다. 그리하여 43세의 율곡과 그보다 한 살이 많은 성혼은 짚방석을 깔고 앉아 벽에 걸린 등잔불 아래에서 긴긴 겨울밤을 이야기로 지샜다. 20세 전후에 맺어진 우정이 40대에 들어서도 이토록 더 깊어갔던 것이다.
 무릇 친구란 기질적으로 서로 통하는 것이 있을 때 서로 좋아하게 된다. 율곡과 성혼도 서로 상대의 좋은 점을 발견했다고는 해도, 역시 기질적으로 상대에게 끌리는 점이 있어 친구가 되었다고 볼 수 있다. 율곡은 사람과의 사귐이 원만하면서도, 남의 단점을 쉽게 꿰뚫고 이를 용납지 못함으로써 잘 지내던 친구와도 결국 소원해지는 경우가 없지 않았다. 그런데 성혼과는 젊은 시절의 만남 이후 끝까지 우정이 변치 않았다.
 두 사람은 모두 몸이 약한 편이었다. 그러나 침착하고 강인하며 활달한 면에서는 율곡이 성혼을 앞서는 점이 있었다. 어느 날 두 사람은 임진강 화석정 아래에 작은 배를 띄우고 놀았다. 그런데 갑자기 풍랑이 크게 일어 배가 기우뚱거렸다. 성혼은 놀라며 허둥대는데, 율곡은 태연스레 뱃머리에 서서 시를 읊으며 물결이 일어나는 것을 바라볼 뿐이었다. 성혼이 놀라서 율곡을 나무랐다.

"어찌 변화에 대처하는 도리도 듣지 못하였단 말인가?"

율곡은 태연히 이렇게 말하였다.

"우리 두 사람이 어찌 익사할 리가 있겠는가."

조금 뒤 풍랑은 가라앉았다. 이처럼 율곡은 자신의 운명에 대해 확고한 믿음을 가지고 있었다.

율곡과 성혼이 함께 송강 정철(松江 鄭澈)의 생일 잔치에 초대받았다. 두 사람이 마당에 들어서니, 기생들도 함께 있었다. 고지식한 성혼이 정철에게 속삭이듯 말했다.

"오늘 모임은 기생이 끼일 자리가 아닌데."

그러자 옆에서 율곡이 웃으며 말했다.

"물들여도 검어지지 않으니 이것도 하나의 도리라네."

그리고선 함께 잔치를 즐겼다. 그만큼 율곡은 희고 검은 것을 함께 소화해 낼 줄 아는 활달함을 지녔던 것이다.

30대에 들어 둘은 철학적 문제를 가지고 논쟁을 벌이기도 하고, 때로 국사에 함께 참여하기도 하면서 변함없는 우정을 다져갔다. 율곡은 평소 성혼의 건강을 걱정해 주었고 자기보다 성혼이 먼저 가지 않을까 근심하였다. 그러나 율곡이 먼저 세상을 떠났고, 성혼은 그보다도 14년을 더 살면서 임진왜란까지 겪었다. 성혼은 율곡을 잊지 못해 그의 기일(忌日)이 되면 늘 소복을 입었으며, 율곡의 인품과 우정을 회상하며 슬픔에 젖곤 하였다.

퇴계를 만나다

결혼 이듬해인 23세가 되는 봄, 율곡은 성주의 처가를 거쳐 강릉의 외할머니 댁을 찾아가는 길에 도산(陶山)의 퇴계 이황 집을 방문하였다. 그때 이황은 58세로 천하에 명성을 떨치는 대학자였다. 율곡은 퇴계를 만나자 높고 깊은 인격과 학식에 감복하였으며, 수려한 도산의 풍치에도 마음이 끌렸다. 퇴계도 율곡에 대해서는 이미 듣고 있었다. 그러므로 율곡의 방문은 그에게도 기쁜 일이 아닐 수 없었다. 58세의 노학자 퇴계는 23세의 홍안 청년을 겸손하고 정중한 태도로 맞이하였다.

퇴계가 율곡을 어떻게 보았는지는 제자 조목(趙穆)에게 보낸 편지에 더욱 자세하게 나타나 있다.

"율곡이 찾아왔다네. 사람됨이 명랑하고 시원스러울 뿐 아니라, 지식과 견문도 넓고 우리의 학문에 뜻이 있으니, 후배가 두렵다는 공자의 말씀이 참으로 옳지 않은가."

율곡은 그곳에서 이틀 동안 머무르며, 이황의 학설에 대한 의문점들을 솔직하게 묻고, 진의를 밝히기 위해 한 점 주눅 들지 않고 자세한 설명을 청했다. 이 만남으로 인하여 율곡은 이황의 둘도 없는 제자로 알려지게 되었다.

실로 퇴계와의 만남을 계기로 과연 율곡은 정주(程朱)의 학문을 종(宗)으로 삼고, 독학으로 진리를 실천하고, 성인을 자기(自期)하면서 도학에의 지조를 더욱 깊이 하였다.

도산을 떠나던 날 아침, 율곡은 즉석에서 두 편의 시를 지었다. 퇴계는 이 시를 두고 이렇게 평하였다. "볼 만하나 그것을 지은 사람만은 못하다." 율곡의 됨됨이를 충분히 인정하고도 남음이 있었음을 알 수 있다.

한편 그 뒤로도 율곡은 퇴계를 높이 평가하고 흠모하였다. 그리하여 도산에서의 첫 만남이 있은 지 12년 뒤 퇴계 선생이 돌아가자, 〈곡퇴계선생(哭退溪先生)〉이란 만사(輓詞)를 지었으며, 흰 띠를 두르고 심상(心喪)을 하여 스승에 대한 예를 모두 갖추었다. 또 퇴계 선생으로부터 자신이 얻은 바를 말하였다.

"내가 학문의 길을 잃고 방황할 때, 사나운 말처럼 거친 벌판을 이리 뛰고 저리 뛰다가 방향을 바꿔 옛길로 돌아오게 되었으니, 이는 실로 퇴계 선생의 계발에 힘입은 것이다."

아버지의 죽음

26세 때인 1561년(명종 16) 5월에 아버지가 돌아가셨다. 어머니 신사임당이 떠난 지 10년 만에 이제 아버지마저 세상을 떠난 것이다. 아버지는 영락없는 한량으로 젊은 시절부터 밖으로 나다니기를 좋아하여 집안 살림에는 통 관심이 없었다. 그래서 신사임당이 세상을 떠난 이후로는 양민 출신의 권씨를 소실로 맞아들여 살림을 맡기는 수밖에 없었다. 그러나 새어머니는 살림살이에 규모가 없어서 생활은 더욱 어려워만 갔다.

율곡이 24세 때 시문 관계로 교유가 있었던 송인(宋寅)에게 보낸 서신 한

한 구절을 보자.

'집은 가난하고 아버지는 늙으신 데다 먹을 양식마저 자주 떨어져 어쩔 수 없이 과거 공부를 하지 않을 수 없게 되었습니다.'

바로 이런 어려운 형편에 아버지마저 돌아가신 것이다.

율곡에게 아버지는 특별한 의미를 일깨워 준 분이었다. 율곡은 11세 때, 아버지의 병이 위독하자 자신의 팔뚝을 찔러 그 피를 입에 넣어드리고 대신 죽기를 하늘에 빌었었다. 이튿날 아버지가 자리에서 일어나 가족들에게 한 가지 이야기를 들려 주었다.

"꿈에 백발노인이 나타나 어린 율곡을 가리키며, '이 아이는 동국(東國)의 대유(大儒)이니, 구슬 옥(玉) 변에 귀 이(耳)를 붙여 이름을 지어라'고 해서, 그 뒤부터 '이'(珥)라는 이름을 쓰게 된 것이다."

아버지는 율곡을 늘 각별한 애정으로 바라보며 장래를 기대했다. 그러한 아버지가 이제 가신 것이다. 율곡과 그의 형제들은 통곡하며 어머니 신사임당이 묻힌 파주의 선영하에 장사지냈다. 그리고 어머니가 돌아가셨을 때와 마찬가지로 형제가 함께 3년 동안 시묘살이를 하였다.

율곡은 새어머니에게도 극진한 효성을 보였다. 율곡의 새어머니는 성질이 매우 패악스러웠다고 하는데, 율곡은 그래도 공경과 효를 다하여 섬겼다고 알려져 있다.

하루는 선생이 손님과 앉아 있는데, 어떤 사람이 소반에 홍시를 담아 보내 왔다. 선생은 손님이 배고플까 하여 한 개는 손님에게 주고 또 하나는 자신이, 나머지는 새어머니에게 들여보냈다. 새어머니는 홍시 두 개가 없어진 것을 보고 크게 화를 냈다.

"이와 같이 할 바에야 무엇 하러 나에게 보냈느냐?"

새어머니가 고함을 지르며 야단치자 선생께서는 황급히 홍시 두 개를 들고 들어가 사죄하며 말했다.

"손님이 시장하실 것 같아 드렸는데 제가 정말 잘못했습니다."

그러자 새어머니가 드디어 노여움을 풀고 그것을 먹었다 한다.

구도장원공

수기치인(修己治人)이 유교의 양대 목표이기는 하지만 과거제도의 실시로 과거를 거쳐야만 출셋길이 열리게 된 형편에서는, 이 수기와 치인은 불합리한 헛구호에 불과했다.

자기의 몸을 닦는 수기(修己)는 곧 덕을 쌓는 공부인데 반해, 과거를 위한 공부는 귀로 듣고 입으로 옮기는, 즉 덕을 쌓는 일과는 배치되는 일이었다.

그러나 집안이 가난한데다가 주위 사람들의 권고에 마지못해 과거에 응하게 된 율곡은 아홉 번이나 장원으로 뽑혀 구도장원공(九度莊元公)이라 일컬어졌다. 퇴계를 방문했던 해의 별시(別試)에서는 천도책(天道策)에 대한 명논문을 써서 고시관을 놀라게 했으며, 그것이 중국에까지 알려져 국제적으로도 명성을 날렸다.

대과의 복시에 합격하면 대과급제라 하여 왕이 주는 일종의 합격증서인 홍패(紅牌)를 받고, 또 모화(帽花)를 머리에 꽂은 채 유가(遊街)를 하게 된다. 유가는 3일이나 5일 동안 시가를 행진하고 친척이나 친지를 방문하는 것으로, 급제자가 지방 사람인 경우에는 '도문(到門)'이라 하여, 귀향 당일 그곳 관민의 환영 속에 부모와 친지를 찾아뵙고 문묘에 절하며 거리를 돌게 된다. 물론 이런 행사 이전에 합격자를 알리는 방(榜)을 붙이고 나면 제일 먼저 궁전 뜰에서 어전에 사은(謝恩) 숙배(肅拜)부터 하게 된다.

이처럼 과거급제란 영광스러운 것이었다. 하물며 율곡은 전후 9번을 장원하였으니 세인의 주목을 한몸에 받았음은 두말할 나위가 없다. 율곡이 사은 숙배 후 홍패를 받고 모화를 꽂은 모습으로 유가에 나서자, 아이들이 그를 둘러싸고 "구도장원공!"이라 외치며 칭송을 아끼지 않았다.

문과(文科)에 장원한 것은 29세 명종 19년의 일이었다. 율곡은 뛰어난 역량을 인정받아 신임 관리로서는 매우 파격적으로 호조좌랑에 임명되었다. 그리고 유능한 관리로서 직무에 힘썼으며, 사간원 정언으로 있던 31세 때는 '시무삼사(時務三事)'라는 정책론을 왕에게 제출하였다. 그것은 국가의 정책을 논의하는 정언이라는 직무에 따른 것이기는 했지만, 그 글에는 정치가로서의 포부가 언급되어 있다.

첫째, 정치의 근본으로서 정의를 관철할 것.
둘째, 뛰어난 인재를 등용하여 깨끗한 정치를 행할 것.

셋째, 백성의 안정을 꾀하여 국가의 기초를 굳건히 할 것.

이것은 유학 사상의 표현이기는 하지만, 민생 안정을 강력하게 주장한 점에서 정치가로서의 그의 탁월한 생각이 담겨져 있다.

율곡이 본격적으로 벼슬살이를 하게 된 당시의 나라 형편은 이러하였다. 인종의 이복 아우 명종이 즉위하였으나, 실권은 생모인 대비 문정왕후(文定王后)와 그의 남동생 윤원형(尹元衡)의 손에 있었다. 왕이 통치권을 행사하고는 있었으나 모후인 문정왕후의 뜻을 거스를 수 없었고, 따라서 윤원형의 전횡을 알면서도 제어하기 어려운 형편이었다. 명종이 10대의 어린 나이로 왕위에 오르자 윤원형은 누나인 문정왕후를 충동질하여 여러 모로 횡포를 일삼았다. 명종이 즉위하던 바로 그해에는, 이른바 대윤(大尹)으로 불리던 윤임(尹任) 일파를 제거하기 위해 을사사화를 일으켜 많은 선비들을 죽이거나 유배보냈다.

기묘사화(己卯士禍)로 조광조가 죽임을 당한 후 움츠렸던 사림의 기운은 이로 인해 또 한번 꺾이지 않을 수 없었고, 많은 뜻 있는 선비들은 정계를 떠나거나 산림에 묻혀 지내려 하였다.

이조좌랑에 다시 오름

율곡은, 속인들 틈바구니 속에서 상처받는 것을 피하고자 했던 이황과는 대조적으로 신념을 지키고 적극적인 삶을 지향했던 인물이다.

그는 1566년(명종 21) 겨울, 관리의 등용을 주관하는 이조좌랑을 제수받았다. 그는 그 자리에 머물면서 더없이 공평하게 훌륭한 인재를 가려 발탁하고자 애썼다. 그러나 온갖 청탁과 압력, 여러 가지 연줄이 성행하던 때라, 이러한 그의 공정한 선발 태도를 불만스럽게 보는 사람이 적지 않았다. 인사권을 가진 자리란 예나 지금이나 말이 많고 일을 수행하기가 어렵게 마련이었다. 더구나 이조좌랑이란 자리는 정6품의 당하관(堂下官)에 속하지만, 인사권은 막강하여 제도적으로 이조판서도 그의 추천권을 함부로 빼앗을 수 없게 되어 있었다.

명종에게는 뒤를 이을 세자가 없었다. 하나밖에 없는 왕자는 장성하지도 못한 채 죽었다. 세자가 없다는 것은 곧 왕의 유고시 뒤를 이을 후계자가 없다는 것을 의미한다. 명종도 이를 걱정하여 왕손(王孫) 가운데 뛰어난 사람을 가려 보위를 물려주고자, 기회 있는 대로 왕손들의 사람됨을 시험하고, 특별히 왕손사부(王孫師傅)를 두어 왕손들을 가르치면서 학문의 진취도를 보아 적임자를 고르고자 하였다. 이렇게 해서 왕의 의중에 든 사람이 바로 덕흥군(德興君 : 중종의 일곱째 아들)의 셋째 아들 하성군(河城君)이다. 즉 새로 즉위하는 선조(宣祖)였다. 하성군은 매우 총명한 왕손이었다. 명종은 진작부터 그 인물됨을 알고 마음에 두어 사랑하였다. 왕손들이 사부를 따라 글을 배울 때도 하성군은 학문의 정밀함이 남달랐고, 의외의 질문으로 사부들이 미처 대답하지 못하는 경우도 있을 정도였다.

선조는 겨우 16세에 명종의 뒤를 이어 즉위하였다. 그러나 매우 침착하고 사려가 깊어 행동하는 것마다 예법에 맞았다. 임금에 오르자 내관의 수를 대폭 줄여 재정을 절약하였고, 늘 묵묵히 지내면서 내관들과 쓸데없는 말을 하지 않았다.

선조가 즉위하자 그를 키운 유모가 어느 날, 수를 놓아 꾸민 가마를 타고 대궐에 들어와 사사로운 청을 하였다. 선조는 마땅치 않게 생각하던 터에, 가마까지 탄 것을 알고는 이렇게 호령하여 물리쳤다. "네가 어찌 감히 가마를 탈 수 있느냐." 결국 유모는 걸어서 집으로 돌아가고 말았다.

마침 명나라에서 사신들이 당도하여 접견을 하게 되었는데, 그 접대함이 모두 예절에 맞아 사신들이 탄복하였다. 그리하여 아낌없이 칭찬하며 말하였다.

"이러한 현군(賢君)을 얻은 것은 동국(東國)의 복이다."

왕이 아직 어리므로 선왕비인 심씨가 정무를 봄에 따라 심씨 일족이 멋대로 권력을 장악하고 위세를 휘둘렀다. 나라의 부름을 받고 향리에서 올라와 대신이 된 이황은 곧 관직을 버리고 고향으로 돌아가려 하였다. 물론 68세 고령이기도 했지만, 보기 싫은 속인들과 어울리고 싶지 않았던 것이 진심이었다.

이때 32세 젊은 율곡은 대선배의 귀향을 만류하고 국정을 개혁하도록 강력하게 권유하였다. 그러나 이황은 이를 뿌리치고 고향으로 돌아가 버렸다. 결국 율곡은 조정의 신진 관리들과 결속하여 심씨 일가의 권력 핵심인 좌의정 심통원을 탄핵하는 대담한 글을 올렸다. 탄핵문에서 율곡은 심통원을 국가의 운명을 그르친 대역적이라 폭로하고 심통원을 추방할 것을 강력하게 주장하였다. 고발문을 쓴 율곡은 이미 죽음을 각오하고 있었다.

갖가지 파란이 있었지만, 그의 정론은 소극적 자세로 움츠러졌던 장로(長老)들을 분발시켜 얼마 뒤 선왕비가 물러나고 심통원도 사직하였다. 그러나 이 사건으로 율곡은 심씨 일족의 원한을 사게 되었다. 그러자 율곡을 돕는 이들이 그를 서장관(書狀官: 사신에 딸린 서기관)으로 추천해 명나라 사신 일행에 포함시켰다.

사신으로서 명나라로

기록관이라고도 불렸던 서장관은, 사신 일행에서 정사(正使), 부사(副使)와 함께 3사(三使)의 한 명으로 외교 실무에서 큰 몫을 하는 자리였다.

조선시대에만 해도 수레에 조공품을 싣고 말을 탄 채 약 4천여 리에 달하는 연경까지 몇 달을 걸려야 도착하기 마련이었다. 그나마 육로로는 국경인 압록강을 건너 중국 땅으로 쉽게 들어갈 수 있었다. 고려시대에는 중국 동북지방을 당시 오랑캐 금나라가 점유하고 있었으므로, 해로로 가자면 높은 파도에 시달리며 때로는 배가 침몰하여 죽는 경우도 허다하였기 때문이다.

만일 그런 사태가 명나라와 조선 두 나라 사이에 다시 재현된다면 어떻게 해야 할 것인가. 오랑캐가 만주를 막아 육로로 사신 행차를 할 수 없는 경우, 죽음을 무릅쓰고라도 바다를 건너가야 할 것인가. 율곡은 〈공로책(貢路策)〉에서 어떠한 위험을 무릅쓰고라도 가야 한다고 주장했다. 명나라와 조선은 한집안이므로 어려움이 있다 해서 사대(事大)의 임무를 저버릴 수는 없다는 것이었다. 그리하여 의리와 정성으로써 명나라를 섬겨야 하며, 가는 길이 험하다 해서 사신 한 사람 보내지 않고 무관심해서는 안 된다고 하였다.

자신이 신봉하는 학문의 연원이 중국에 있고 주자(朱子)를 절대적으로 신봉하는 율곡의 입장에서는, 중국 정통의 한족에 의해 세워진 명나라를 의리로써 존중하지 않을 수 없었을 것이다.

율곡은 중국 땅에 들어서면서 감회어린 일을 경험하게 된다. 회원관(懷遠館) 벽에 장인 노경린이 쓴 유필을 보게 된 것이다. 회원관은 요동성 밖에 있는 객관으로, 조선 사신들이 북경으로 가기 전 으레 묵는 곳이었다. 그래서 그곳 벽에는 고국을 떠나 고향을 그리는 사신들의 회포가 시로 적혀 있었다. 그 가운데에서 장인의 시를 발견한 것이다. 노경린도 일찍이 중국 사행길을 다녀오면서 이곳에다가 회포를 적어놓은 것이다. 노경린은 율곡이 고국을 떠나기 한 달 전인 4월에 세상을 떠났으니, 새삼 고인에 대한 생각이 떠오르지 않을 수 없었다. 그는 눈물을 흘리며 장인이 남긴 시를 더듬어 읽었다.

명나라 사신 목첨(睦詹)이 율곡 일행을 맞이하였다. 그때 주고받은 적지 않은 시가 당시 율곡 일행의 이모저모를 알려준다. 객관에 당도하여 잠이 오지 않는다고도 했고, 만리장성의 웅대한 자태를 보면서 그 실효가 의심스럽다고도 했으며, 귀국하는 우리 사신 일행(사은사(謝恩使)로 율곡의 천추사 일행에 앞서 중국에 갔다가 돌아오는 사람들)을 만나서 향수에 젖어 시름에 잠긴다고도 하였다.

연경에 도착한 율곡 일행은 당시 명나라 황제 목종을 배알하고, 태자궁의 경사스러운 잔치에도 참여하였다. 그러나 율곡은 오랑캐에게 시달리는 명나라의 현실을 똑바로 볼 수 있었다. 국방의 변고를 알리는 봉화는 산해관 장성(長城)에 거의 30여 리나 연이어 있었고, 오랑캐의 침입을 걱정하는 변방 백성들의 한숨소리도 들을 수 있었다.

이때 명나라 북쪽에는 몽고족이 자주 침입하였고, 남쪽에는 왜구의 노략질이 극성을 부렸다. 1510년 연경을 습격했던 몽고의 알탄은 여전히 세력을 떨치며 북쪽에 웅거하고 있었고, 시도 때도 없이 들락거리는 왜구 또한 중국의 연안 해적들과 결탁하여 명나라를 괴롭히는 데 한몫을 하고 있었다.

한편 국내적으로는 환관들이 국정을 어지럽히고 무능한 재상들이 세력다툼을 벌이며 정치적 부패가 만연하여 쇠운의 길을 걷고 있을 때였다. 율곡이 사신의 일원으로 방문했던 이 해에 명재상이었던 장거정(張居正)은 목종에게 국가의 급무(急務) 6조를 올렸다. 헛된 의논을 삼가고 기강을 펴도록 해야 하며, 조령(詔令)을 존중하고, 명분과 실리를 밝히며, 방본(邦本)을 굳건히 하고 국방을 강화해야 한다는 것이 주 내용이었다. 따지고 보면 율곡이 평생 주장한 것과 거의 같은 내용들이다. 장거정도 율곡 못지않은 수재여서 15세에 수재시험에 합격하고, 23세에는 진사시험에 급제하여 벼슬길로 나아간 유능한 인물이었다. 그는 임진왜란 때 원병을 파견한 신종(神宗)의 스승이었고, 신종의 재위 동안 재상으로서 일대 정치 혁신을 단행하여 중흥을 꾀했던 명재상이었다.

어떻든 율곡은 이번 사행을 통하여 중국의 새로운 문물을 접할 수 있었음은 물론, 흔들리는 명나라의 국방력도 어느 정도 엿볼 수 있었다.

연경에서 발길을 돌려 다시 서울로 돌아오기까지 여섯 달이 걸렸으니 서울에 도착했을 때는 이미 겨울이 되어 있었다. 돌아오자 왕은 그에게 홍문관 부교리 지제교 겸 경연 시독관 춘추관 기주관에 임명하고, 사가독서(휴가를 주어 공부하게 함)를 하도록 하였다. 불교에 심취했던 지난날 과실을 들어 상소를 올려 사양하였으나 윤허하지 않았다.

조정의 부름을 받다

율곡은 어린 왕 앞에서 《논어》를 강의하는가 하면, 정치에 임하는 왕의 마음가짐을 서술한 《동호문답》이라는 책을 지어 왕에게 바쳤다. 이 책은 11조로 된 왕도학(王道學)이라고도 할 수 있다. 그 가운데에서 율곡은 민생 안정을 위하여 백성들에게 가해지고 있는 나쁜 관행들을 즉시 없앨 것을 우선적으로 강조하였다.

예컨대 세금을 못 낼 경우 그 일족이나 이웃 사람들에게 연대 책임을 지우는 악습을 근절시킬 것, 철마다 거듭되는 진상품이나 공물을 일체 폐지할 것, 백성들을 부리는 부역 제도를 개선하여 국가를 위한 근로 봉사는 최소한에 그치게 할 것, 지방 관리들이 백성들을 수탈하는 행위를 철저히 단속할 것 등을 건의하였다.

34세가 되던 해 10월 그를 길러 준 외할머니가 세상을 떠났다. 이듬해 8월에는 다정한 큰형 선(璿)이 죽었다. 사랑해 마지않던 두 육친의 죽음으로 그는 큰 충격을 받았다. 이로 인해 얻은 병으로 그는 관직을 사직하고 해주 시골집에 칩거하며 요양했다. 건강을 회복하자 후배 양성을 위한 교육을 전개하는 한편, 파주 율곡에 있는 집과 해주의 집을 자주 왕래하면서 죽은 큰형의 유가족들과 가난한 일가 친척들의 생활을 돌보았다.

조정은 36세에 그를 청주 목사에 임명하였다. 약 반 년 정도의 임기였지만, 그는 민생 안정을 위한 정책을 충실히 실천하였다. 가혹한 세금 징수를 중지하고, 농민들이 서로 도울 수 있도록 '계(契)'를 만들기도 하였다.

이듬해 그는 다시 조정의 요직에 임명되지만 병을 이유로 사퇴하고 율곡에 있는 집으로 돌아갔다. 그리고 마을 이름인 '율곡'을 자신의 호로 삼았다. 그는 그 해 네 번이나 여러 관직에 임명되었으나 한결같이 사양하였다.
 그의 이러한 태도를 두고 일부 사람들은 비난을 퍼부었다.
 "사퇴를 원하여 받아들여졌으니 당신은 마음이 개운할지 몰라도, 다 사퇴해 버리면 도대체 누가 국사를 담당한단 말이오?"
 그러자 그는 웃으며 대답했다.
 "만일 위로는 상관으로부터 아래로는 하리(下吏)에 이르기까지 모두 사퇴할 생각을 가지게 된다면, 나라의 정세는 자연히 대도(大道)를 걷게 될 것이므로 일할 사람이 없어질까 염려할 필요도 없게 될 것이오."
 1573년 9월, 그는 상당히 높은 직책인 직제학(홍문관 관원으로/정3품 당하관)에 임명되고, 이듬해에는 우부승지(승정원의 관원으로/정3품 당상관)로 승진하였다. 이때 그는 왕에게 '모든 정치를 성실히 수행하기 위하여'라는 뜻을 내포한 《만언봉사(萬言封事)》라는 정책론을 제출하였다. 여기에서 그는 현실을 직시하여 백성에게 도움이 될 수 있는 정치를 펼 것을 역설하였다.
 그러나 같은 해 4월 다시 병이 들어 율곡으로 돌아갔다. 그의 병세가 차츰 회복되자 기다렸다는 듯이 10월에는 황해도 관찰사에 임명되었다. 그는 여기에서도 백성에게 구체적으로 도움이 될 수 있는 정책을 펴기 위해 모든 노력을 기울였지만, 과로로 인한 병으로 겨우 반년 만에 사직하고 만다.
 그는 책임이 따르는 일을 그만두고 요양에 힘쓰면서 교육 사업에 몰두하였다. 생활이 곤란한 친척들이 많은 해주의 석담이라는 시골에서 농사를 지으며 모두 자립할 수 있는 여건을 만들어 주었다.
 1576년부터 1580년에 이르는 5년 동안이 그가 가장 궁핍했던 시절임과 동시에 교육자로서 가장 충실히 일한 때이기도 했다.
 1581년 46세가 된 그는 다시 조정의 부름을 받아 사헌부 대사헌에 오르고, 곧 호조판서에 임명된다. 그로부터 3년 동안 율곡은 정치가로서 책임 있는 자리에 올라 열정적으로 활약했다.

나라의 위난

 율곡은 중종 때의 조정암과 같이 철인정치를 주창하며, 시대에 맞는 개혁 정치를 단행할 것을 선조 임금에게 애타게 호소했다. 그는 선조가 요순(堯

舜) 같은 훌륭한 임금이 될 것이라 큰 기대를 품고 있었다. 그래서 우선 군왕의 입지를 논하고, 다음에 자기 수양을 위한 학문에서부터 실제 문제에 이르기까지 기회 있을 때마다 의견을 아뢰었다. 말로써 부족하면 소장(疏章)과 저서로써 아뢰었다.

　선조 2년, 그가 34세로 홍문관 교리에 있을 때 지어 올린《동호문답》, 선조 7년 39세 우부승지로 있을 때 올린《만언봉사》, 이듬해 홍문관 부제학으로 있을 때 지어 올린《성학집요》, 47세 이조판서로 있을 때 왕명을 받들어 지어올린《인심도심설》, 이듬해 48세 병조판서로 있을 때 왕명을 받들어 지어 올린《시무육조계》라든가, 경연에서 아뢴〈십만양병론〉등이 다 시무(時務)와 임금의 도리에 대한 뛰어나고도 간곡한 언론이요, 저술들이었다. 그러나 임금이나 대신들은 이를 받아들이지 않았다.

　율곡의 마음을 아프게 한 것은 이것만이 아니었다. 낡은 제도의 모순은 백성을 죽음의 구렁텅이로 몰아넣었고, 그래도 뉘우칠 줄 모르는 조정 대신들은 세력 다툼과 자기 몸 보호에 여념이 없었으며, 명색이 사림(士林)이란 사람들은 붕당싸움에 끼어들어 열을 올리고, 나라의 장려와 백성의 다급한 사정은 강 건너 불보듯 하였다.

　무엇보다도 율곡은 동서 분쟁으로 국론이 분열되어, 국가가 위태롭고 백성이 도탄에 빠진 것이 안타까웠다. 겉으로는 국가와 백성을 위하는 체하며 속으로는 자기 쪽에 유리한 대로 양심과 자기 판단을 무시하고, 반대를 위한 반대를 일삼는 당쟁에 몸이 떨렸다. 곧 왜군이 침략하리라 내다보고 전전긍긍하고 있는 율곡으로서는 애가 타고 가슴이 미어지는 것 같았다. 그는 당쟁의 뿌리를 뽑으려고 중립 태도를 지키며, 시시비비를 가려 양쪽을 견제 무마하려 했으나 도리어 양편 모두로부터 의심받는 처지에 놓이게 되었다. 특히 동인(東人)들은 서인을 두둔하는 적으로 생각한 나머지 온갖 수단 방법을 다 써서 율곡을 제거하려 하였다.

　정계는 걷잡을 수 없이 혼란 속으로 빠져들었다. 선조 16년, 율곡이 병조판서로 있을 때, 북방을 침노하는 호인(胡人)을 막기 위해 군대를 파견하게 되었다. 이때 군마(軍馬)의 부족을 채우기 위해 사수(射手) 중 기술이 3등 이하인 사람으로 말을 바치는 사람에겐 출정을 면제해 주는 정책을 써서 말을 모아 보낸 뒤에 임금께 아뢰었다. 그리고 또 한 번은 율곡이 병으로 누워

《만언봉사》
율곡이 39세 때 올린 상소문으로, 당시 사회에 대한 전반적인 진단과 처방을 내리고 있다.

있을 때, 변보(邊報)로 왕의 부름을 받고 억지로 몸을 일으켜 대궐에 들어갔다가 현기증이 나서 임금을 뵙지 못하고 그대로 돌아온 일이 있었다. 없는 트집이라도 만들어 내려던 동인들은 이 두 사건을 물고 늘어지기 시작했다. 즉 임금의 명령을 기다리지 않고 정책을 제멋대로 처리했으니 이것은 천권(擅權: 권력을 마음대로 부림)이요, 대궐에 들어와서 임금을 뵙지 않고 돌아갔으니 이것은 만군(慢君: 임금을 모멸함)이라는 것이었다. 심지어 홍문관에서는 율곡을 '나라를 그르치는 소인'이라고 몰아붙여 파면을 청했다.

그러나 선조는 율곡을 신임하며 사랑하고 있었고, 동인들의 탄핵이 정도에 지나친 것을 알고 있었기 때문에 율곡의 사직을 허락지 않았다. 이때 동인들의 태도에 분개한 우계(牛溪) 성혼(成渾)이 상소하여 율곡을 변호하고 간악한 무리들의 뿌리를 뽑으라고 간청하였다. 왕은 율곡을 반대하는 우두머리 셋을 귀양 보내고 말았다.

율곡은 마침내 모든 것을 단념하지 않을 수 없었다. 그는 관직 생활에 바쁜 중에도 학문과 교육 및 사색을 게을리하지 않았다. 그는 병과 다른 이유를 들어 벼슬을 그만두고 파주 율곡과 해주 석담으로 물러나 학문을 궁구하고 강론으로 나날을 보내다가 왕의 부름을 받고 서울로 올라와 다시 이조판서에 임명되었다.

추모의 횃불 행렬

　49세 되던 해 1월 들어 율곡은 병이 깊어져 바깥 출입을 못하게 되었다. 임종하기까지 13일 동안이나 병석에 있었다. 그동안 집안 일에 관해서는 한 마디도 언급이 없었고, 정신이 몽롱한 가운데서도 웅얼거리는 말은 모두 나랏일 걱정뿐이었다.

　때마침 함경도 순무(巡撫)의 명을 받은 서익(徐益)이 왕의 내지(內旨)에 의해 율곡을 방문하고 순무에 관한 방략을 물었다. 율곡은 자제들의 만류를 뿌리치고 병석에서 일어나 앉아 자신은 입으로 부르고 아우 우(瑀)로 하여금 받아쓰게 하였다. 이것이 이른바〈육조방략〉으로 율곡의 마지막 글이다.

　첫 조목은 왕의 인덕(人德)으로 귀순한 번호(藩胡)들이 충의로써 감동되도록 할 것, 둘째는 왕의 위엄을 떨쳐 복종시키되 불응하는 자는 처자와 노약자를 볼모로 하여 투항하도록 유도할 것, 셋째는 북변과 관련된 공무로 인하여 백성들이 받는 고충을 될 수 있는 한 덜어주고, 현지 사령관인 원수(元帥)를 예로써 대접하여 어긋남이 없도록 할 것, 넷째는 현지 여러 고을의 장수들이 지닌 재략과 무예를 자세히 살펴 후일 적재적소에 쓸 수 있도록 할 것, 다섯째는 현지 지휘관들 사이의 불화를 잘 살펴 융화할 방도를 생각할 것, 여섯째는 변장(邊將)들의 실정이나 재능을 주의깊이 살펴야 한다는 것들이다.

　서익에게 주는 6조목을 다 불러준 뒤, 극심한 피로로 인하여 율곡은 까무러쳐 한동안 혼수 상태에 빠졌다가 얼마 뒤 깨어났다. 아들과 제자들만이 곁에서 지켜보고 있었다. 마침내 기력이 다해 가고 천식이 매우 악화되자, "나로 하여금 손톱 발톱을 자르도록 하고 목욕을 하게 해다오" 한 뒤에 이내 편안히 누워 손과 발을 가지런히 하며 머리를 동쪽으로 향한 채 단정한 모습으로 숨을 거두었다. 1584년(선조 17) 정월 16일 새벽이었다.

　하루 전 부인 노씨는 꿈을 꾸었다. 흑룡이 침방에서 나와 하늘로 올라가는 것을 보았다. 율곡의 태몽에 용이 나타났듯이, 임종에도 용이 나타난 것은 참으로 기이한 일이 아닐 수 없다.

　왕은 끊임없이 의원을 보냈으나 마침내 운명하였다는 소식이 전해지자, 소리내어 통곡하였으며 수라상에 고기를 올리지 못하게 하였다. 그리고 3일 동안 조회를 철폐하고, 예관을 보내어 조상하고 제사지냈으며, 연도에 명하

오죽헌의 문성사
율곡의 영정을 모신 곳. 율곡의 시호 문성(文成)을 따서 이렇게 부른다.

여 그의 처자들을 호위하도록 하였다.

장례식 날에는 해질 무렵 그의 혼을 전송하는 횃불이 서울의 중심가에 흘러 넘쳤는데, 그 횃불 행렬이 수십 리에 달했다고 한다.

그가 죽었을 때 집에는 저축해 놓은 것이 아무것도 없어서 시신에 입힐 수의조차 없었다. 하는 수 없이 친구의 것을 빌려 겨우 장례식을 치를 수 있었다. 일국의 대신을 지낸 그가 이렇게 비참하고 궁핍한 생계 속에서 삶을 마감한 것이다. 관직에 나서면 모두들 큰 부를 쌓았던 당시의 풍조 속에서, 그만은 최후까지 청렴함을 지켰던 것이다.

그가 죽은 뒤 서울에는 유족들이 살 집 한 칸도 없었다. 보다못한 친구들과 제자들이 돈을 모아 겨우 유족들이 살 집을 변통해 주었다.

율곡은 그의 삶이 얼마 남지 않은 것을 예감이나 한 듯, 1년 전 2월에는 《시무육조》를 써서 올리고, 4월에는 봉사(封事 : 임금에게 올리는 글)로써 시폐를 극론하는가 하면 임금을 직접 대한 자리에서 10만 양병(養兵)을 청하기도 했다. 그러나 본디 건강하지 못했던 그는 신명을 다 바친 정치 활동에 지쳐, 겨우 마흔 아홉이라는 한창 나이에 세상을 뜨고 만 것이다. 시호를 문성(文成)이라 하고 문묘에 배향되었다.

2 율곡의 학문과 사상

율곡이 공맹(孔孟)과 정주(程朱)를 학문의 정통으로 삼은 것은 두말 할 것도 없다. 다만 성리학에 있어서는 약간의 독창성을 지니고 있었지만 그 근본은 역시 정주에 두고 있었다. 우리나라 인물 가운데 율곡이 가장 존경했던 이는 정암 조광조와 퇴계 이황이었다. 이 두 사람의 인격과 포부와 학문은 율곡 사상의 근원을 이루고 있다 해도 과언이 아니다.

그러나 율곡은 학문적인 태도에 있어서는 퇴계와 다른 점이 많았다. 정주학을 존중하는 점에서는 다를 것이 없었으나, 퇴계가 무조건적인 데 대해 율곡은 비판적이었다. 퇴계는 중국 학자 육상산(陸象山:九淵)·진백사(陳白沙:獻章)·왕양명(王陽明:守仁)·나정암(羅整菴:欽順)과 우리나라 학자 서화담(徐花潭:敬德)과 그 문인인 이연방(李蓮坊:球)의 설을 모조리 반대하여 낱낱이 논박을 가하고 있었으나, 율곡은 그렇지 않았다. 율곡은 육상산과 왕양명의 학설을 지지한 일은 없었지만 같은 계통의 이기합일론자(理氣合一論者)로 주리적(主理的)인 나정암과 주기적(主氣的)인 서화담에 대해서는 이기불상리(理氣不相離)의 묘체(妙諦)를 알았다 하여 그들의 자득(自得)의 견해를 높이 평가하였다. 율곡은 누구를 지지한다고 해서 무조건 다 찬성하는 일이 없었고, 누구를 반대한다고 해서 그의 좋은 점 옳은 점마저 버리는 일은 없었다고 볼 수 있다.

성리철학

태극(太極)·음양설(陰陽說) 태극·음양에 대해서는 일찍부터 학자들 사이에 이론이 구구했었는데 율곡은 정주학에 입각하여 태극을 음양의 바탕으로 보고 태극을 이치(理)로 규정하는 동시에 그것이 항상 음양 안에 내재한 존재로 해석하였다.

율곡의 이러한 견해는 좌의정(左議政) 사암(思菴) 박순(朴淳)과의 내왕

서찰에서 자세히 엿볼 수 있다. 사암은 화담의 문인으로 화담의 사상을 많이 이어받은 이였다. 그는 생각하기를 경전(經傳)에는 천지가 생성하기 이전인 선천(先天)에 관해 언급한 것이 없는데, 선천은 오직 충막무짐(沖漠無朕), 즉 아무 조짐도 보이지 않는 아득한 상태로서 이를 음(陰)이라 규정하고, 그 속에 이른바 담일청허(澹一淸虛)한 것이 기운[氣]의 시초로서 음양을 낳는다고 보았다.

사암은 송(宋)나라 장횡거(張橫渠)의 영향을 많이 받은 화담의 설을 이어받아 '충막무짐'을 선천의 기운으로 규정하는 동시에 이것이 음양을 낳게 된다는 주기적인 존재론을 취하였다. 이에 대해 율곡은 정주의 학설에 입각해서 '충막무짐'은 기운 안에 내포된 이치, 즉 태극을 가리킨 것이라는 주리적(主理的)인 입장을 취하였다. 그리고 음양도 태극과 함께 처음과 끝이 없는 것으로 보았다.

이기론(理氣論) 율곡의 이기론은 다른 저술에서도 엿볼 수 있지만 우계(牛溪) 성혼(成渾)과의 문답 서찰에 가장 잘 나타나 있다.

율곡은 주자나 퇴계처럼 이치와 기운을 가지고 우주를 해석하여, 우주의 삼라만상이 이치와 기운을 떠나서 존재할 수 없고, 결국 그것에 의해 우주가 형성되고 삼라만상이 나타나는 것으로 보았다. 그러나 그는 이른바 이치와 기운을 판연히 두 몸[體] 두 물건[物]으로 규정하는 주자와 퇴계의 순수 이원론(純粹二元論)에는 반대의 입장을 취했다.

율곡은 이치를 형이상(形而上)·무위(無爲)·무변(無變)의 것, 기운을 형이하·유위·유변인 것으로 인식하고, 모든 사물, 즉 물질 현상과 동적인 현상의 총화(總和)를 기운으로 보는 동시에, 기운 자체 안에 있는 기본 원리와 원인을 이치라고 규정했다. 그리하여 이치와 기운을 일체양면(一體兩面)인 것으로 보아 이를 분석하면 둘이 되지만 떨어질 수 없는 관계에서 보면 한 물건에 지나지 않는다는 것이다.

율곡은 이치는 기운에 의해 천태만상의 개변성과 차별성을 낳게 되며, 기운은 그 자체 안에 있는 주재적(主宰的)인 이치가 아니면 나타나지 못한다는 것이다.

율곡은 이 인과관계를 요약하여 다음과 같이 말했다.

"발(發)하는 것은 기운이요, 발하게 되는 까닭은 이치이다. 기운이 아니면 발할 수 없고 이치가 아니면 발하게 되지 않는다."

그리고 그는 그 아래에 주를 달아 자신있게 말했다.

"성인이 다시 나와도 이 말은 고칠 수 없다."

심리론(心理論) 사람의 마음(心)과 성품(性)을 이치와 기운의 합한 것으로 보되 마음의 본체(體 : 理)와 발하지 않은 것(未發 : 사물에 감촉하지 않은 상태)을 성품이라 하고 마음의 작용(用 : 氣)과 이미 발한 것(已發 : 이미 감촉된 뒤)을 정(情)이라 하고, 또 마음으로 이럴까 하고 따지는 것을 생각(意)이라고 하는 점에서 율곡도 주자나 퇴계와 견해를 같이 했다. 그리고 또 성품을 분석하여 본연의 성품(本然之性)과 기질의 성품(氣質之性)으로 나누되, 본연의 성품은 기질의 성품 속에 포함되어 있는 이치를 가리켜 말한 것에 불과하다고 하는 주자 이래의 설이라든가, 《서경》의 이른바 도심(道心)과 인심(人心)을 이치와 기운에 나눠 대립시켜서 형기(形氣)의 사사로움에서 나온 것을 인심이라 하고, 성명(性名 : 理)의 바른 것에서 나온 것을 도심이라고 한 주자의 설(中庸序)과 이 설을 준수한 퇴계의 견해와도 일치하고 있다.

그러나 사단(四端)과 칠정(七情)을 이치와 기운에 나눠 대립시키는 견해에 대해서는 반대하고 나섰다. 원래 이 사단과 칠정을 대립시켜 말한 것은 주자였다. 주자는 《맹자》에 말한 사단 즉 측은(惻隱)·수오(羞惡)·사양(辭讓)·시비(是非)의 마음을 이치가 발한 것(理之發)이라 하고, 《예기》에 있는 이른바 칠정, 즉 희·노·애·구·애·오·욕(喜·怒·哀·懼·愛·惡·欲)을 기운이 발한 것(氣之發)이라고 했는데, 원(元)나라 정복심(程復心)의 〈이기설〉 역시 같은 말을 하였다.

우리나라에서도 양촌(楊村) 권근(權近)을 비롯해 많은 학자들이 이 설에 따르고 있었고 특히 퇴계는 그의 평생을 통한 노력의 결정체라고 볼 수 있는 천명도(天命圖)에서 '사단은 이치에서 발하고 칠정은 기운에서 발한다'고 했다.

퇴계의 천명도에 있어서의 이기호발(理氣互發)과 사단·칠정을 나눠 대립시킨 데 대해서는 그 당시 고봉(高峯) 기대승(奇大升)이 이의 불합리를 지적하여 논쟁이 벌어졌던 것은 유명한 이야기이며, 이것이 다시 율곡과 우계와의 사이에 오랜 토론을 낳게 되었던 것이다.

　퇴계는 기고봉의 반대 이론에 부딪혀 자기의 표현이 미흡했음을 시인하고 다시 이를 수정 부연하여 '사단은 이치가 발하여 기운이 이를 따르고〔四端：理發而氣隨之〕, 칠정은 기운이 발하여 이치가 이를 탄다〔七情：氣發而對乘之〕'고 하는 설명을 붙였었는데, 이 점에 대해 율곡은 비판을 가했던 것이다. 율곡은 우계에게 답한 편지 가운데에서 이렇게 말했다. "인심(人心)과 도심(道心)이 이름은 비록 다르나 근원은 오직 한 마음이다. 마음이 발하는 것이 혹은 도리를 위하고 혹은 식색(食色)을 위하기 때문에, 그 발하는 것에 따라 이름이 다를 뿐이다. 형이 말한 대로 이치와 기운이 각각 발한다고 하면 이것은 이치와 기운 두 가지가 각각 마음 속에 따로 뿌리를 박고 있어서 발하지 않은 때에도 인심과 도심의 싹이 따로 있어, 이치가 발하면 도심이 되고 기운이 발하면 인심이 되어야 할 것이다. 그렇게 되면 마음에 두 근본이 있게 되는 것이니 어찌 큰 잘못이 아니겠는가? ……퇴계는 주자의 설에 의해 사단은 이치가 발하여 기운이 이를 따르고 칠정은 기운이 발하여 이치가 이를 탄다고 했는데, 기운이 발하여 이치가 탄다고 한 것은 옳지만, 이것 역시 칠정만이 그런 것이 아니고 사단도 역시 마찬가지이다. 예를 들면 어린 아이가 우물에 빠지는 것을 본 뒤에야 측은한 마음이 나게 되는 것이니, 보고 측은해하는 것은 곧 기운〔氣：感性〕으로 이것이 이른바 기운이 발한다는 것이며, 측은히 여기게 되는 까닭은 어짐〔仁：理〕이니 이것이 이른바 이치가 탄다는 것이다. 어찌 사람의 마음만이 그러하리요. 천지의 조화도 모두 기운이 화해서 이치가 이에 실려 있지 않은 것이 없다. ……천지에 이미 이화(理化)·기화(氣化)의 구별이 없거늘 우리 마음인들 어찌 이발(理發)·기발(氣發)의 다름이 있겠는가. 만일 우리 마음이 천지 조화와 다르다고 한다면 나의 알 바가 아니다."

　율곡은 다시 퇴계와 고봉의 이론을 비교 논평하여 말했다.

　"퇴계가 기고봉과 더불어 사단·칠정을 논한 것이 무려 만여 마디에 이르지만 고봉의 논리는 분명하고 직필하여 대나무를 쪼개는 것 같고 퇴계의 변설은 비록 상세하나 그 뜻이 밝지 못하여 아무리 되풀이해 읽어 보아도 끝내 정확한 것이 없다."

　또 한편 주자의 설을 다른 뜻이 있어서일 것이라 변호는 하면서도 나중에 가서 이렇게 조심스런 반박을 가하고 있다.

"만일 주자가 참으로 이치와 기운이 각각 발한다고 주장했다면 주자도 그 점은 잘못일 것이니 어찌 주자가 될 수 있겠는가."

정치철학

민본사상(民本思想) 수기(修己)와 치인(治人)은 유교의 기본 사상이다. 자기 인격의 완성을 위한 노력은 자기만을 위한 것이 아니고, 치인, 즉 세상을 올바로 다스려 즐겁고 착하고 평화로운 이상 세계를 건설하기 위한 기초 작업이기도 했다. 따라서 정치의 기본 사상은 도덕에 그 바탕을 두고 있다. 도덕적으로 바른 사람이 아니면 바른 정치를 할 수 없는 것이다. 또 도덕적으로 완성된 뒤에 세상을 다스리지 않고 혼자만 즐기는 것은 인간의 의무를 망각하고 도덕의 진정한 뜻이 어디에 있음을 모르는 거나 다름없는 독선적이요 비윤리적인 태도라고 보는 것이 공자·맹자의 기본 이념이기도 했다.

그러나 공자와 맹자 자신이 그 목적을 달성하지 못하고 말았듯이 그 뒤로도 철인이 국정을 담당해서 자기 이상을 달성한 예는 없었다. 도리어 반드시 박해를 받지 않으면 세상 밖으로 밀려나야만 했던 것이다.

율곡 당시는 특히 조정암의 전철이 좋은 본보기로 되어 있어 이런 유교의 기본 사상은 현실과는 맞지 않는 한낱 이상론에 불과한 것으로 믿게 되었다. 그래서 많은 학자들이 자기 뜻과는 달리 대부분 정계를 떠나 조용히 들어앉아 지조를 지키며 학문에 전념했던 것이다. 대표적인 인물로 퇴계를 들 수 있다. 그러나 율곡만은 예외였다. 학문에 관한 의욕이 누구보다도 못지않았지만 기울어져 가는 국운을 바로잡고 도탄에 빠진 민생을 구해내며 안으로 선비들의 기강을 세우고 밖으로는 외세의 침략을 막아 수기치인의 실을 거둬 보려는 의욕에 찬 일생을 보냈던 것이다.

공자·맹자가 자기를 써 줄 임금을 찾아다닌 것은 임금의 힘을 빌지 않으면 정치를 할 수 없었기 때문이다. 맹자가 제선왕(齊宣王)에게 기대를 걸었듯이 율곡은 선조에게 백성은 나라의 근본이라는 유교의 기본 사상을 주입시키려 무한히 애를 썼다. 말로 글로 또 저서로 거듭 진언했다. 율곡의 선조에 대한 기대와 유도(誘導)와 이론은 맹자의 제선왕에 대한 것을 방불케 하는 무엇이 있다.

첫째 임금은 백성의 부모이니 백성을 내 자식처럼 돌보아 주지 않으면 안 된다는 것이었다. 율곡은 이 점을 강조하여 말한 끝에, 이렇게까지 극언했던 것이다.

"……임금으로서 백성의 부모 된 마음이 없으면 백성들은 임금을 받드는 마음이 없게 되고, 기한에 쫓기어 예의를 잃어서 임금을 호랑이와 원수처럼 보게 될 것이니, 하루 아침에 변이 나면 백성들은 모두 적으로 변할 것입니다. 그때 가서 후회한들 무슨 소용이 있겠습니까."

부모가 자식을 사랑함에 있어 무엇보다 먼저 배고프고 추운 일을 없애 주어야 하듯이 임금이 백성에게 가장 먼저 손을 써야 할 일은 그들의 생활을 안정시키는 일이다. 그래서 율곡은 기회 있는 대로 당장 타개해 가지 않으면 안될 시무책(時務策)을 입이 닳도록 아뢰었는데, 그 시무책의 기본이 되는 것은 낡은 제도가 빚고 있는 폐단을 근본적으로 없애기 위한 새로운 제도의 시설과 낡은 법의 개혁이었다.

시무책(時務策) 선조 3년, 율곡은 시폐를 논한 진시폐소(陳時弊疏) 가운데서 이렇게 말했다. "백성은 먹는 것에 의존하고, 나라는 백성에 의존하는 것이니 먹을 것이 없으면 백성이 없고 백성이 없으면 나라가 없게 되는 것은 필연의 이치입니다." 선조 7년 2월 향약(鄕約)의 실시 문제가 일어났을 때 율곡은 시기상조를 논하며 가르치는 것보다 기르는 것을 먼저 해야 한다고 말했다. 또 선조 16년 임금에게 올린 유명한 육조계(六條啓)에서는 군사를 기르기 위한 선결 문제가 역시 식량과 재물을 넉넉히 하는 데 있다는 것과 지금 국고가 1년을 지탱하기 어려우니 이 문제부터 해결하지 않으면 나머지 문제는 논의할 여지가 없다는 뜻을 말했다.

이러한 경우 우선의 시책에는 소극·적극의 두 가지를 들어 소극책으로는 절약과 간소화를 강조하여 필요없는 관리의 도태, 군현(郡縣)의 폐합, 필요없는 모든 비용의 삭감, 민폐의 제거, 공부(貢賦)의 경감과 궁정 폐기물의 이용 등을 제언하고, 적극책으로는 생산 증진──특히 당시에 점점 늘어가고만 있던 묵은 밭을 다시 개간해서 민생(民生)을 윤택하게 하는 한편 나라의 용도를 풍족히 하여야 한다고 했다.

율곡은 민생 문제와 밀접한 관계에 있는 법 개정과 개혁의 필요성을 특히 강조하였다. 그것은 낡은 법에 의한 폐단을 남의 일처럼 보는 임금과 위정자들의 고식적인 태도를 못내 안타깝게 여겨 유명한《만언봉사》와《동호문답》을 비롯하여 기회 있을 때마다 애타게 혁신을 호소하였다. 특히 선조 14년(46세 때)에는 경연 석상에서 왕에게 경제사(經濟司)를 설치할 것을 청한 일이 있었다. 경제사의 조직과 기능에 대한 율곡의 설명을 빌면 의정부 직속 기관으로 대신의 주재 아래 시무에 밝고 뜻이 있는 선비들을 뽑아, 그들로 하여금 모든 중요 사항에 대해 조사 검토해서 그 결과를 주청(奏請)케 하며 차례로 시폐(時弊)를 개혁해 나간다는 것이었다. 그러나 선조는 이를 채택하지 않았다.

율곡은 시폐의 제거와 시정을 촉구한 구체적인 안으로《동호문답》에서 가장 심하고 급한 5개 항목을 들고 있다.

1. 일족절린(一族切隣)의 폐
2. 진상번중(進上煩重)의 폐
3. 공물방납(貢物防納)의 폐
4. 역사불균(役事不均)의 폐
5. 이서주구(吏胥誅求)의 폐

이 5개 항에 걸친 시급한 폐단을 없애기 위한 부정적 비판과 시정책 외에, 보다 적극적이고 추구적인 시무책으로〈계미육조계(癸未六條啓)〉가 있다. 6조계의 6조란 다음을 말한다.

1. 임현능(任賢能)
2. 양군민(養軍民)
3. 족재용(足財用)
4. 고번병(固藩屛)
5. 비전마(備戰馬)
6. 명교화(明教化)

1과 6 이외의 네 개 항은 모두 국방 문제와 직결되어 있고 1항도 간접적이고 기본적인 면에서는 역시 국방과 불가분의 관계에 있다. 이것은 당시 율곡이 병조판서의 중책을 맡고 있었던 때문이라고도 볼 수 있겠으나, 한편 그가 이 세상을 마치던 1년 전의 일이요, 임진왜란이 일어나기 9년 전의 일임을 생각할 때, 자못 의미심장한 건의라 아니할 수 없다.

기대승과의 철학적 담론

기대승의 숙부 기준(奇遵)은 조광조의 문인으로 기묘사화 때 죽임을 당하였다. 기대승 일가는 광주로 내려와 터를 잡았고 기대승은 이곳에서 출생하였다. 그는 10세 전후에 벌써 남달리 총명했고, 태도가 의젓했으며, 경서(經書)와 수학(數學)은 물론 음양과 역학에도 통하였다. 25세에 알성시에 응시하여 합격권 안에 들었지만, 당시 실권을 잡고 있던 윤원형이 방해하여 불합격되고 말았다. 사림을 미워하는 윤원형으로서는 전형적인 지치주의파(至治主義派) 조광조의 가계 출신이 마땅치 않았던 것이다.

그러나 32세가 되자 마침내 문과 을과에 급제하여 벼슬길에 나서게 된다. 이 해 그는 호남의 대유(大儒)인 김인후와 만났고, 이황을 찾아가서 태극도설(太極圖說)에 관해 토론하였다. 그만큼 수준높은 학문과 성리학에 대한 깊은 관심과 이해를 지녔다. 그 뒤로도 두 사람과 꾸준히 학문적 교유를 가진다.

그는 퇴계의 인격에 크게 경도되었으나, 이기설에 대해서는 퇴계가 생각하는 바에 의문이 생겼다. 그리하여 퇴계의 천명도설(天命圖說)에 대해 이의를 제기하였고, 이에 따라 두 사람은 이기성정론을 둘러싼 서신을 주고받으며 8년여에 걸쳐 철학 논변을 벌였다. 퇴계가 사단(四端)과 칠정(七情)을 구분하여, 전자는 '이(理)'의 발(發)이고, 후자는 '기(氣)'의 발(發)이라고 본 데 대하여, 기대승은 칠정 안에 사단이 있다고 하면서 '이', '기'의 발이 동시에 이루어진다고 하였다. 기대승의 학설은 뒷날 율곡의 생각과 일치하는데, 어떻든 30여 년 연상의 노대가와 맞서 이만큼 철학 논변을 할 수 있었던 데서 그의 뛰어난 면모를 엿볼 수 있다.

요컨대 그는 정치활동 못지않게 성리학의 연구에도 많은 관심을 가지고 있었으며, 곧 율곡과도 철학적 담론을 벌이게 된다.

율곡과 기대승의 담론은 《대학》의 내용을 가지고 전개된다. 《대학》은 《논어》,《맹자》,《중용》과 함께 사서의 하나로, 당시 학문하는 사람들 사이에서 매우 중시되었다. 이제 기대승과 율곡 사이의 편지를 통한 담론의 요지만 살펴보자.

첫째, '지어지선(止於至善)'에 관한 문제이다. '지어지선'은 '지극히 착함에 머물다'라는 뜻으로서 《대학》에서 이르는 이른바 세 강령 중 하나이다.

기대승은 지어지선을 행동과 앎으로 나누지 않고 통괄하여 말하고 있는데, 율곡은 그것은 잘못이라고 한다. 행동과 앎 모두에 '지극한 착함'(至善)이 있고, 지선이라는 것은 사람의 당연한 법칙이어서, 세 강령의 나머지 두 가지인 '덕을 밝힘'(明明德)과 '백성과 친함'(親民)에도 있는 것이라고 주장한다. 그리고 이 모두 지어지선이 된 뒤에라야 지어지선의 마땅한 본분을 다할 수 있는 것이라고 한다.

또 기대승은 명덕이 비록 지극하더라도 아직 궁리진성(窮理盡性)의 경지에 이르지 못하였다고 주장한다. 그러나 율곡은 명덕을 밝히는 《대학》의 8조목에 격물치지(格物致知)가 있는데, 이것이 다름 아닌 궁리이고, 성의(誠意), 정심(正心), 수신(修身)이 있으니 이것들이 진성이라고 보아 반대한다.

또한 《대학》 수장(首章)편에서 지지(知止), 유정(有定), 능정(能靜), 능안(能安), 능려(能慮), 능득(能得)으로 말한 가운데, 능득을 사람에 따라 일률적으로 말할 수 없다고 보아 이를 불혹(不惑)과 동일시하는 기대승의 주장에 이의를 제기한다.

율곡은 기대승이 명덕의 밝힘을 다한 뒤에 지선에 머물 수 있다고 한 데 대해서도, 명덕이 이미 다 밝혀진 곳에 바로 명명덕(明明德)의 지선이 머물게 된다고 주장한다.

마지막으로 기대승이 지선은 중(中)이 아니라고 한 데 대해서도, 지선이 곧 천연(天然)한 자유의 '중'이라며 반대한다. 만일 '지선'과 '중'을 구분한다면, 배우는 사람으로서는 '지선'과 '중', 그리고 당연의 법칙이 저마다 따로 있는 것으로 알고 혼동할 테니 문제가 아니겠느냐고 반박한다.

이러한 담론이 서신을 통해 이루어진 때는 기대승이 41세, 율곡이 32세 때이다. 만만하지 않은 기대승이었지만 논지의 정밀함을 보면 오히려 율곡이 앞서 있는 느낌을 준다. 우수한 두뇌를 지닌 율곡에게는 천하의 기대승도 한 수 아래가 아니었나 싶다.

율곡은 항상 모든 사람을 샅샅이 살펴 평가하기를 좋아하였다. 좋고 나쁜 것을 함께 말하였으나, 대체로 부족한 점을 지적하는 데 더 강하였다. 당시 인물들 가운데 퇴계를 가장 존경하였지만, 때에 따라서는 그의 부족한 점을 지적하는 데도 주저하지 않았다. 하물며 기대승이야 말할 필요도 없다. 퇴계가 69세로 서울을 떠나면서 유용한 인재로 선조에게 천거한 사람이 바로 이준경과 기대승이었다. 퇴계는 기대승이 비록 학문은 아직 정밀하지 못하나 쓸 만한 인재라고 보아 추천하였다. 율곡은 이를 두고 사람을 알아보면 철인(哲人)이라 하며, 퇴계가 두 사람을 천거한 것에 불만을 나타냈다.

기대승이 죽은 뒤에는 학문이 넓고 큰 것만을 힘쓰고 실천의 공부는 없다 평가하였고, 두루두루 잘 사귀지 못하는 인간 관계의 취약함을 들먹이기도 했다. 그러나 율곡도 뒷날 이발(李潑)의 청명(淸名)을 잘못 알고 힘써 천거하였으니, 그도 철인은 될 수 없는 것이 아닐까. 기대승이 죽자 율곡은 만사(輓詞)를 지어 추모했다.

성혼과 율곡의 첫 번째 철학 논변

1568년, 선조가 즉위하였다. 이때 율곡은 33세였다. 율곡은 이 해 2월 정5품 사헌부 지평을 제수받았다. 이제까지 맡고 있던 정6품의 이조좌랑에서 품계로는 승진한 것으로 볼 수 있다.

3월 들어 왕은 널리 인재를 구하고자 초야에 묻혀 있는 숨은 인재를 천거하도록 명하였다. 이때 경기도 관찰사 윤현(尹鉉)이 성혼(成渾, 1535~1598)을 천거하였다. 성혼의 바른 행실과 학문의 깊이는 이미 파주 인근에 알려져 있었다. 이를 본 파주 목사가 감사에게 천거한 것이었다. 성혼의 절친한 친구 율곡은 감사에게 사람을 시켜 만류하였다. "성혼은 학자입니다. 갑자기 명예를 얻어 이름을 날리게 되면 어찌 부끄럽지 않겠소. 이 사람은 마땅히 편히 쉬게 하여 성취를 기약하는 것이 좋겠습니다." 그러나 감사는 이를 들으려 하지 않았다.

퇴계와 기대승 사이에 행해진 8년여에 걸친 사칠논변(四七論辯)은 조선시대 성리학 사상 가장 유명한 학술논쟁으로 꼽을 수 있겠으나, 이에 버금가는 율곡과 성혼 사이의 철학상 논변이 이때부터 행해진다. 성혼과 율곡은 모두 아홉 차례에 걸쳐 서신을 주고받으며 철학상의 문제에 대한 자신들의 주장을 펴고 있다. 퇴계와 기대승이 사단칠정(四端七情)을 중심으로 삼은 데 비해, 이들이 논변한 내용은 인심도심설(人心道心說)이 중심을 이루고 있는 점에 특색이 있다. 그러나 두 사람의 주장을 서신마다 대비하여 보는 것은 불가능한 일이다. 왜냐하면 율곡이 성혼에게 보낸 아홉 통의 서신은 그대로 전해지고 있는 데 비해, 성혼이 율곡에게 보낸 서신은 3·7·8·9회째의 것이 없어진 채 다섯 통만 전하고 있기 때문이다.

다만 이 해 5월 성혼이 보낸 서신은 두 사람 사이에 벌어진 정식 철학 논변으로 분류하기는 어렵다. 세간에서 성혼과 율곡 사이의 철학 논변으로 일컫는 것은, 1572년(선조 5) 이후 주고받은 일련의 철학적 내용을 담은 서신들을 가리키는 것이다. 이때 성혼은 38세, 율곡은 37세였다. 그 내용은 인심도심설은 물론 이기(理氣)와 성정론에 이르기까지 광범위하게 전개되어, 오늘날 우리가 율곡철학으로 일컫는 내용 거의 모두가 나타나 있다. 그러므로 매우 중요시하지 않을 수 없다.

우선 성혼은 '중'(中)을 '체'(體)로, '지선'(至善)을 '용'(用)으로 보며, '시중'(時中)의 '중'을 '솔성'(率性)의 '도'(道)로 생각하는 데 대해, 율곡은 자세하게 구분하여 설명한다.

율곡은 지선은 태극(太極)의 다른 이름이며 명덕의 본체라고 말한다. 하늘로부터 얻어 일정한 법칙이 있는 것은 지선의 '체'인데, 바로 우리 마음속에 있는 통체(統體)의 태극이고, 일용(日用)의 생활 속에 나타나 일정한 법칙이 있는 것은 지선의 '용'으로, 곧 사물이 저마다 갖춘 태극을 말한다. 이미 기대승과 주고받은 서신에서도 나타나듯이, 율곡은 '지선'과 '중'을 동일시한다. 그러므로 지선의 '체'가 바로《중용》에서 말하는 미발(未發)의 '중'이며, 지선의 '용'이란 다름 아닌 사물에 스스로 깃들어 있는 '중'인 것이다.

율곡은 다시《중용》의 첫머리에 나오는 '천명지위성 솔성지위도 수도지위교'(天命之謂性 率性之謂道 修道之謂敎)라는 구절을 들어 '지선'과 '중'을 이에 따라 설명한다. 즉, 지선의 '체'는 희로애락이 아직 발하지 않은 미발(未發)의 '중'으로 천명의 '성'이고, 지선의 '용'은 사물에 저절로 있는 '중'으로 솔성의 '도'이며, 지어지선(止於至善)이라는《대학》의 세 강령 중 하나는 시중의 '중'으로 수도의 '교'라는 것이다. 이렇게 볼 때 이들은《대학》과《중용》의 설을 한꺼번에 전개하여 논변의 범위로 삼고 있음을 알 수 있다. 이어서 율곡은 성혼이 "내 마음을 사물과 견주어 말한다면 내 마음이 '체'가 되고 사물이 '용'이 된다"고 한 데 대해서, 동의를 나타낸 뒤 좀 더 덧붙여 설명하였다. 즉 '체'와 '용'을 상대적이라고 보아 내 마음이 비록 사물에 대해서는 '체'가 되지만, 천도(天道)에 대해서는 천도가 '체'이고 내 마음은 '용'이라고 한다. 또 통체(統體) 중에 '체'와 '용'이 있고 각 구(具) 중에도 '체'와 '용'이 있다. 그래서 《주역》〈계사상전(繫辭上傳)〉에 나오는 '역유태극'(易有太極)의 태극으로써 본다면, 우리 마음의 한 태극도 역시 각 구 가운데 통체이고, 역유태극의 태극은 통체 가운데 통체인 것이다.

거듭 말하거니와 '지선'과 '중'은 하나이다. 지선이란 바로 우리 마음과 온갖 사물의 '중'으로 당연의 법칙이니, 이것을 본 뒤에야 사물의 법칙을 알 수 있다. 지선은 바로 정리(正理)만을 가리켜 말한 것이요, '중'은 치우침이나 과도함, 그리고 모자람이 없는 정리로 덕행까지 겸해 말한 것이다. 《중용》에서 말하는 이(理)와 행(行)이 지선이고 지지선(止至善)이며, 중화(中和)는 지선의 체용이고 치중화(致中和)는 바로 지지선이 된다고 설명한다.

이러한 율곡의 설명은 성혼의 생각에 비하면 상당히 일관되어 조리에 맞는다. 이러한 점은 30대 후반 들어 율곡이 본격적으로 전개하는 논변에서도 두드러지게 나타난다.

성혼과 율곡의 두 번째 철학 논변

37세 되던 해 여름, 율곡은 부응교에 제수되었으나 병 때문에 사직하고 율곡리의 거주지로 돌아갔다.

이 해 율곡은 성혼과 더불어 이기설과 사단칠정설, 그리고 인심도심설에 대하여 서신을 통해 아홉 차례에 걸쳐 논쟁을 벌여, 자신의 성리학 체계를 분명하게 하는 계기를 맞게 된다. 퇴계와 기대승의 사칠 논변에 비견되는 또 하나의 철학적 토론이라 할 만했다.

성혼은 퇴계를 열렬히 숭배했다. 따라서 그의 학설에서 퇴계의 영향을 엿볼 수 있다. 그는 퇴계의 이기호발설을 지지하며 다음과 같이 말했다.

"사단칠정의 그림에서 말씀하시기를 '이(理)'에서 발하고 '기(氣)'에서 발한다고 하였으니, 여기에 무슨 잘못이 있는가. '이'와 '기'가 서로 발함은 곧 천하의 정리(定理)이니 퇴옹(退翁)이 본 바가 역시 절로 마땅하지 않은가.

사단은 '이'에서 발하고 칠정은 '기'에서 발한다고 생각하는데, 다만 이 두 가지를 그림으로 표시할 때는 모두 정(情)의 테두리 안에서 할 수 있다. 그런데 사단이란 칠정 가운데 '이'가 주로 발한 것을 가리키고, 칠정의 중절(中節)치 못함은 '기'의 과불급 때문에 악으로 흐른 것으로 본다. 이런 입장에서는 사단이 선(善)한 것은 말할 것도 없지만, 칠정이라고 모두 악한 것도 아니다. '기'의 과불급 때문에 중절치 못한 칠정만이 악한 것일 뿐, 그 밖에는 선한 칠정이 아닐 수 없다."

또한 성혼은 이(耳)·목(目)·구(口)·비(鼻)·체(體)의 형기지사(形氣之私)에서 나오는 인심(人心)과 도덕적인 성명지정(性命之正)에서 나오는 도심(道心)을 사단칠정과 대비하면, 사단이 도심이라고 함은 옳지만, 인심을 칠정이라고 함은 옳지 않다고 주장한다. 또 도심은 '이'가 발한 것인데 비해 인심은 '기'가 발한 것이라면서, 사단칠정과 인심·도심이 발하는 근원이 저마다 다르다고 주장한다. 즉 성혼은 '성'(性)과 '심'(心)을 구분하여 사단칠정은 '성'에서 발하는 것이요, 인심과 도심은 '심'에서 발하는 것으로 보기도 한다.

또 성혼은 도심과 인심을 확연히 구분되는 것이라 보았다. 그러므로 인심이 도심이 되는 경우는 생각하기 어렵다. 율곡이 인심과 도심은 '기'의 작용에 의한 것이지만, 잘 살펴서 정리(正理)로 대처하느냐의 여부에 따라 얼마든지 서로 출입이 가능한 것으로 보는 것과는 대조적이다. 성혼은 역시 그가 존경하는 퇴계의 영향을 받아서 '이' 우위의 사고에 젖어 있었던 것이요, 그래서 퇴계가 '기'에서 발했다고 보는 인심이 감히 도심화할 수 있다는 것은 생각하기 어려웠던 것 같다.

율곡도 성혼과 마찬가지로 도심은 성명(性命)에서 나오고 인심은 형기(形氣)에서 나오는 것으로 본다. 그러나 성혼과 달리, 도심과 성명은 일체 움직이지 않는 것이 아니라 서로 시작과 끝이 될 수 있는 것으로 본다. 예컨대 처음에는 성명의 바름에서 나온 순수한 마음에 사사로운 욕망이 섞이면, 비록 시작은 도심이라도 끝은 인심이 될 수 있다. 이와 반대로 마음이 형기에서 나왔거나 처음에는 욕심에 끌려 나왔더라도, 성명의 바름에 합치되거나 처음의 욕심을 버리고 바른 데로 나아간다면 이는 인심이 도심으로 되는 것이다. 인심과 도심이란 정(情)과 의(意)를 겸하여 말한 것이어서 '의'에 따라 이렇게도 저렇게도 될 수 있기 때문이다.

이러한 인심과 도심은 칠정이나 사단과는 다르다. '정'은 발한 그대로이고, 여기에 '의'가 개입되어 있지 않은 것이다. 사람의 마음이 움직일 때 나타나는 것에는 칠정이 있는데, 그 가운데 착한 한 면을 가리켜 사단이라고 한다. 이러한 사단칠정은 성명과 형기에서 따로이 발한다는 구분도 없고, 사단이 칠정이 되고 칠정이 사단이 될 수 있는 것도 아니어서, 인심·도심과는 다른 것이다.

율곡은 또 '성(性)'과 '심(心)'을 구분하는 성혼의 견해에 반대하여 '성'이란 '심', 즉 마음이 발하지 않은 것이고, 발하면 이것이 '정'이요, 발한 뒤 헤아리고 생각하는 것은 '의'인데, 이것들이 모두 '심'이지 다른 것이 아니라고 한다.

'이'와 '기'의 역할을 말한다면, '기'는 발하는 것이요, '이'는 발하는 것의 근원이자 까닭이다. 그러므로 퇴계의 호발설을 지지하여 '이발'까지 수용한 성혼의 초기 서신에서 나타난 것을 율곡은 긍정하지 않는다. 또 발하는 것이 바른 '이'에서 나오면서 '기'의 가리움이 없다면 이것이 '선'이요 도심이고 사단인 데 비해, 그렇지 않다면 이것은 칠정의 선과 악을 합친 것이다. 그러나 후자의 경우 '의'를 통해 '바른이치'〔正理〕를 따라 '기'의 가리움을 제거해 간다면, 그것도 도심이 될 수 있다.

이런 설명에서 나아가 '이'의 본연은 순수하고 선하지만, '기'로 인해 더럽혀지거나 깨끗해질 수도 있다는, 이른바 이일분수(理一分殊)의 설을 전개한다.

율곡의 저술

율곡은 소년 시절부터 성현의 학문에 뜻을 두고 행동 규율을 거기에 맞게 수양을 쌓은만큼 무척 규범적인 생활을 하고 있었다. 가정에 있어서는 가훈(家訓)을 지어 가족들을 훈계하여 화기에 넘치는 생활을 하였고, 향촌 사회를 위해서는 청주 목사로 있을 때는 서원향약(西原鄕約), 해주 관찰사로 있을 때는 해주향약(海州鄕約)을 만들어 민중 교화에 좋은 성과를 올렸다. 또 모여드는 학도들을 위해서는 《학규(學規)》와 《약속(約束)》과 《격몽요결(擊蒙要訣)》 등을 지어 지도했다.

그리고 나아가 조정에서는 위에서 이미 말한 바와 같이 항상 임금을 철인(哲人)으로 이끌기 위해 수양과 학문에서부터 실제 문제에 이르기까지 힘쓰기를 권하여 말로써 부족하면 소장(疏章)과 저술로써 아뢰었다. 선조 2년 휴가를 받아 호당(湖堂 : 독서)에서 글을 읽고 있을 때 월과(月課)로 지어 올린 《동호문답》, 선조 7년에 올린 《만언봉사》, 8년에 올린 《성학집요》, 15년에 왕명에 의해 지어 올린 《학교모범(學校模範)》과 《인심도심설(人心道心說)》, 또 같은 해의 《시무육조계》와 같은 것들은 다 유명한 저술들이다.

또 《경연일기》에서는 율곡의 능숙한 사필(史筆)을 엿볼 수 있다. 이 일기는 명종 20년 7월에서 선조 14년 11월에 이르기까지 모두 17년에 걸친 것으로, 그 내용은 경연 석상에서 논외된 사실 외에 다른 중요한 시사(時事)까지도 자기가 직접 보고 듣고 체험한 것을 편년사체(編年史體)로 기록한 생생한 사기이다.

이 밖에도 율곡의 저술로는 《사서언해(四書諺解)》·《소학집주(小學集註)》와 시문(詩文), 잡저(雜著)들이 있다. 《율곡문집》의 편찬은 그가 죽은 뒤 얼마 되지 않아 문인들의 손에 의해 착수되었다. 시집(詩集)은 문인 박지화(朴枝華) 등이 선정하고 문집(文集)은 성우계의 지도를 받아 문인 박여룡(朴汝龍) 등이 편찬하여 광해주 3년(1611)에 해주에서 목판으로 간행되었다. 이 《율곡집》은 시집 1권, 문집 9권, 모두 7책으로 되어 있다. 그 뒤 연대 미상의 활자본으로 생각되는 《율곡선생 문집》이란 10책으로 간행되었고, 숙종조 거유인 박세채(朴世采)가 《율곡속집》 4권, 《외집(外集)》 4권, 《별집(別集)》 2권을 추가 편찬하여 숙종 8년(1682)에 목판으로 간행하였다. 그 뒤 영조 20년(1744)에 이재(李縡)가 위에 말한 전부에다 《성학집요》, 《격몽요결》, 《어록》 등을 수록하여 이름을 《율곡전서》라 붙이고 5년 뒤인 영조 25년(1749)에 활자본으로 간행했다. 그 뒤 다시 《습유(拾遺)》 6권을 더하였다.

《성학집요》

조선시대 선비들은 벼슬자리에 있을 때나 물러나 있을 때나 늘 학문에서 떠나지 않고자 하였다. 더구나 일상의 일이 모두 학문이라고 보는 사학일체(事學一體)의 관념을 가지고 있었던 율곡으로서는, 학문을 떠난다는 것은 상상할 수 없는 일이었다. 이미 율곡은 40세에 들어서면서 학문이 깊기로 정평이 나 있었고, 왕도 여러 번 대화와 상소문을 통해 이를 인정하였다. 그리하여 이 해 6월 유희춘의 추천으로 왕명을 받아 《사서언해(四書諺解)》에 착수하였다. 그러나 《사서언해》는 그의 생전에 완성되지 못하고, 사후 165년 만인 1749년(영조 25)에 미완인 채로 간행되었다. 이것은 그 후인 1628년(인조 6)에 간행된 관본(官本)의 언해에 비하여 정밀한 것으로 평가받고 있다. 그리고 9월에는 이른바 《성학집요》를 지어 왕에게 올렸다. 왕은 이 저서가 치국의 도리에 매우 유용하리라 인정하였지만, 자신은 능히 이대로 해내지 못하리라 하였다. 율곡은 한편 무척 실망하였지만, 책의 서문에 밝힌 대로 온 정력을 쏟아 저술하였으며, 이 저서가 분명히 왕도의 학문에 도움이 되리라 굳게 믿었다.

《성학집요》에서 '성학'은 공자·맹자·주자 등 성현들에 의해 이루어진 학문이란 뜻이고, '집요'는 그런 학문을 모아서 요약했다는 뜻이다. 이 책은 당시 24세 임금이었던 선조를 위해 저술하였지만, 율곡 자신도 서문에서 밝히고 있듯이 학문을 하고자 하는 사람은 누구에게든 결코 의미 없는 책이 아니다. 그만큼 이 책은 성학의 이름 아래, 선진유학(先進儒學)을 위시해 성리학에 이르기까지 유학의 모든 내용을 성현들이 말한 바를 따라 잘 요약하고 있다.

율곡은 일찍부터 왕과 후생(後生)들에게 유용한 책을 엮고자 하는 생각을 가졌다. 그러다가 38세에 실제로 쓰기 시작하여, 이후 출사(出仕)와 사직을 되풀이하는 가운데서도 틈틈이 관련 서적과 경전 등에서 좋은 말을 뽑아 정리했다.

이 책은 2년여에 걸쳐 씌어졌다. 뒷날 영조는 경연의 교본(教本)으로 사용하면서, 어제(御製)로 서문을 지어 이 책의 내용대로 실행할 것을 다짐하였고, 성리학을 비판하였던 실학자들 가운데서도 높이 평가한 사람이 있어 《성학집요》의 가치를 알게 한다. 따라서 율곡을 말하면서 이 책을 빼놓을 수는 없다. 다만 너무 방대하므로 필요한 내용을 될 수 있는 한 쉽게 풀어서 보는 것이 좋을 것이다.

그러므로 이것은 율곡의 다른 일반적인 상소문들과는 그 성격을 달리한다. 율곡의 상소문은 대체로 현실 개혁만을 담고 있는 경장책 중심의 시무소(時務疎)가 주를 이루지만 이 《성학집요》는 퇴계가 선조 즉위년에 올린 《성학십도》의 의도를 계승하여 제왕의 학문을 이루기 위한 성리학설을 담고 있는 것이 그 특징이다.

《성학집요》를 읽기 위해서는 먼저 《대학》을 알아야 한다. 왜냐하면 율곡 자신이 서문에서 밝힌 것처럼 《성학집요》는 《대학》의 내용을 토대로 전체적인 틀을 만들었기 때문이다. 따라서 간략하게 《대학》의 핵심 내용을 적는다.

《대학》의 근본 정신은 삼강령(三綱領)과 팔조목(八條目)에 나타나 있다. 삼강령은 명명덕(明明德)·친민(親民)·지어지선(止於至善)을 말하고, 팔조목은 격물(格物)·치지(致知)·성의(誠意)·정심(正心)·수신(修身)·제가(齊家)·치국(治國)·평천하(平天下)를 말한다.

먼저 삼강령에 대해서 살펴보자. 삼강령이란 세 가지 커다란 줄기라는 뜻이다.

첫 번째는 '명명덕'이다. 명명덕은 명덕을 밝힌다는 뜻인데, 명덕이란 인간이 타고난 밝고 맑은 본성, 즉 선한 본성을 말한다. 따라서 명명덕이란 인간이 타고난 선한 본성을 다시 밝혀내야 한다는 의미다.

두 번째는 '신민'이다. 백성을 새롭게 한다는 의미이다. 먼저 깨닫고 먼저 아는 사람이 있는가 하면 나중에 깨닫고 나중에 아는 사람이 있다. 따라서 먼저 완성한 사람은 그것을 다른 사람에게 베풀어서 그들도 함께 새롭게 태어나도록 인도해야 할 의무가 있다. 그것이 바로 신민이다.

세 번째는 '지어지선'이다. 지선(至善 : 지극히 선한 곳)에 도달하는 것을 최종 목표로 삼는다는 의미다. 지선의 세계는 인간이 추구하는 가장 이상적인 세계를 의미한다. 그런데 유학에서는 현실 세계 안에서 이상적인 세계를 찾는 것이 가능하다. 따라서 유학은 자신의 본성을 잘 밝혀내고 이것을 통해 백성들과 함께 이상적인 세계를 만들어 가는 것을 목적으로 한다.

다음 팔조목에 대해서 살펴보자. 팔조목이란 삼강령을 실천하기 위한 여덟 가지의 작은 항목을 말한다.

첫 번째는 '격물'이다. '사물에 이르다' 또는 '사물을 바르게 하다'라는 뜻이다. 주자는 사물을 바르게 인식하기 위해서는 사물을 접하고 사물에 다가가야 한다고 했고, 왕양명은 양지(良知), 즉 바른 지식을 통해 사물의 본질을 인식해야 한다고 했다.

두 번째는 '치지'이다. 치지란 앎을 완성하는 것이다. 유학에서 지식이란 단순하게 사실을 아는 것이 아니라 인간의 도덕적 각성도 포괄하는 것이다. 인간에게는 사물의 이치를 인식하는 마음이 있고 사물에는 객관적 이치가 있기 때문에 격물치지가 가능해진다.

세 번째는 '성의'이다. 남이 보지 않는 곳에서도 돈독하고 삼가서 덕을 쌓는 것이 자신의 의지를 성실하게 하는 것이다.

네 번째는 '정심'이다. 마음을 바르게 한다는 뜻이다. 마음이 바르지 않으면 사물도 바르게 인식할 수 없다. 따라서 마음을 바르게 해야 인식과 행동이 모두 발라진다.

다섯 번째는 '수신'이다. 자신을 닦는다는 뜻이다. 자신의 단점을 알고 보완하는 것을 말한다.

여섯 번째는 '제가'이다. 집안을 가지런하게 한다는 뜻이다. 자신이 바르면 집안 사람들도 바르게 된다.

일곱 번째는 '치국'이다. 나라를 다스린다는 뜻이다. 집안을 잘 다스리면 나라를 다스리는 것도 어렵지 않다.

여덟 번째는 '평천하'다. 온 세상을 평안하게 만든다는 뜻이다.

팔조목 가운데 격물·치지·성의·정심은 수신을 위한 준비 단계이다. 자신을 수양하기 위해서는 사물의 이치를 알아야 하고, 사물의 이치를 알기 위해서는 사물에 직접 다가가 경험과 지식을 쌓아야 한다. 그 다음에 자신의 의지를 성실하게 유지하며 유혹에 흔들리지 않고, 마음을 바르게 가져야 한다. 그렇다고 팔조목이 반드시 순서에 따라 이루어지는 것은 아니다. 팔조목은 서로 유기적으로 연관되어 있으므로 순서나 차례에 의해 갖추는 것이 아니라 동시에 갖추어야 하는 실천 사항이라고 볼 수 있다.

《성학집요》는 크게 5편으로 이루어져 있다. 제1편은 통설(統說)로서 서론에 해당되는 부분이다. 여기에서는 본론을 이루는 수기(修己), 정가(正家), 위정(爲政)의 도를 총론한다.

수기(修己)편에서는 총론·입지(立志)·수렴(收斂)·궁리(窮理)·성실(誠實)·교기질(嬌氣質)·양기(養氣)·정심(正心)·검신(檢身)·회덕량(恢德量)·보덕(輔德)·돈독(敦篤)·공효(功效)의 명칭으로 각 장을 나누어 설명하고 있다.

율곡은 심성을 닦아 인격을 갖추어 나가는 데 있어서 뜻을 세우는 것을 우선 중요시하였으며, 퇴계처럼 '경(敬)'을 강조하고, '성실'을 앞세웠다. 그래서 항상 이렇게 말하였다. "경은 성학의 시작이요 끝이다." "뜻이 성실하지 않으면 설 수 없고, 이치에 성실함이 없으면 궁구할 수 없으며, 기질이 성실하지 않으면 능히 자신을 변화시킬 수 없다." 그런데 그가 말하는 성실, 즉 '성'은 인간뿐 아니라 자연에도 해당되는 의미로 쓰인다. 그래서 "성이라는 것은 하늘의 진실된 이치이고, 마음의 본체"라는 것이요, '경'과의 관계에서는 '경'으로 말미암아 '성'에 이른다고 보아 두 가지를 자기 수양의 요체로 보았다.

어떻든 인간의 본성 안에는 착함(善)이 갖추어져 있으므로, 마음을 닦아 온전하게 인격을 갖춘다면 자신은 물론 왕의 다스림에도 큰 효과가 발생해 백성들이 그 덕을 입으리라 하였다.

정가(正家)편에서는 총론·효경(孝敬)·형내(刑內 : 자신이 모범을 보여 아내를 다스리는 것)·교자(敎子)·친친(親親 : 친척을 친애함)·근엄(謹嚴)·절검(節儉)의 각 장을 두었다.

이 속에는 가정과 경제에 대한 율곡의 관념이 잘 나타나 있다. 효도의 중요성을 강조함은 말할 것도 없지만, 부부 사이에도 이부자리 속에서 서로 손님처럼 공경하며 예의를 지키도록 권하고 있다. 또한 《주역》의 가인괘(家人卦)를 인용하여 가정에는 근엄함이 있어야 하며, 부녀자와 아이들이 지나치게 웃거나 떠들면 마침내 후회하게 된다며 경계하였다. 그리고 절약과 검소가 생활에 유용함을 말하고, 사회 기풍이나 국가 재정에서 절검이 필요함을 거듭 강조하고 있다.

위정(爲政)편에서는 총론·용현(用賢)·취선(取善 : 착함을 취하는 것)·식시무(識時務 : 시무에 대한 식견)·법선왕(法先王 : 선왕을 본받음)·근천계(謹天戒 : 하늘이 경계하는 것을 삼가함)·입기강(立紀綱)·안민(安民)·명교(明敎)·위정공효로 나누어 설명하고 있다.

왕은 백성의 부모이니, 항상 덕을 닦아 어질게 다스리는 것이 하늘이 내려준 직분을 올바로 행하는 길이다. 그러자면 어질고 재능 있는 인재를 구해 그들을 믿고 위임해서 능력을 발휘할 수 있도록 해야 한다. 또한 언론을 항상 주의 깊게 살펴야 하므로 그는 이렇게 거듭 강조했다. "천하의 눈을 나의 눈으로 삼으면 눈이 밝아 보지 못할 것이 없고, 천하의 귀를 나의 귀로 삼으면 귀가 밝아 듣지 못할 것이 없으며, 천하의 마음을 나의 마음으로 삼으면 슬기로워 생각하지 못할 것이 없다."

또 시무(時務)는 때에 따라 다르니, 창업(創業), 수성(守成), 경장(更張:개혁)의 각 시기를 잘 알아 적절하게 대응하는 것이 중요하다. 창업은 나라를 세워 일으키는 것이다. 천리(天理)와 인사에 두루 합해야 하고, 수성은 앞에서 이루어진 것을 지키는 것이며, 경장은 과거의 잘못된 폐단을 고쳐 중흥을 꾀하는 것이다. 지금은 바로 경장해야 할 때이다.

기강을 바로 세우고 백성들의 삶을 풍요하게 해 주어, 그들이 하늘로 여기는 식(食)에 문제가 없도록 해야 한다. 즉, 이렇다. "군주는 나라에 의지하고, 나라는 국민에 의지하며, 왕은 국민을 하늘로 삼고, 국민은 먹는 것(즉 경제)을 하늘로 삼는다." 이렇게 경제를 해결해 준 뒤에는 가르쳐야 한다. 그야말로 "목자로서 국민을 기르고, 임금으로서 다스리며, 선생으로서 가르쳐야 한다"는 것이다.

성현도통 편에서는 이렇게 자신의 의지를 피력하고 있다.

태초(太初)에 태어난 사람들은 마치 짐승과 같아, 의식주도 제대로 해결하지 못한 채 서로 싸우며 무질서하게 생활하고 있었다. 이때 무리들 가운데 총명하고 지혜가 뛰어난 성인이 있어 분쟁을 해결하고 의문을 풀어줌으로써, 이로 인해 추대를 받아 왕이 되었다. 그는 때와 곳에 따라 의식주와 관련된 기구를 만들고, 인식과 천리에 근본을 두고 교화의 준칙을 세워 삼강과 오륜이 시행되기에 이르렀다. 이러한 역사의 과정을 통해 세워진 것이 곧 성현도통(聖賢道統)이다. 중국 고대 복희씨(伏羲氏)로부터 시작해서 주공(周公)에게까지 이르렀는데, 그 뒤로는 도의 전통이 반드시 왕에게 있는 것만은 아니었다. 공자가 이를 집대성하고 맹자가 다시 이를 이었으며 오랜 세월이 흐른 뒤 주자가 부흥시켰다.

그러나 진정으로 백성이 혜택을 누리려면 도의 전통이 왕에게 있어야 한다. 그러므로 율곡은 주자 이후 끊긴 성현도통을 그즈음 지도자인 선조에게 바란다. 그래서 몸소 이렇게 소망하는 것이다. "부지런히 학문을 닦고, 덕으로써 몸을 성실하게 하여 도통을 계승하는 지도자, 즉 내성외왕(內聖外王:성인의 인격을 갖추고 왕의 지위를 가진 사람)이 되소서." 과연 선조는 진정으로 버거운 주문을 받은 셈이다. 율곡의 높은 이상에 질려버렸을 것 같기도 하다. 도저히 부족하여 그대로 행하지 못하겠다고 한 왕의 말에서도 그러한 심정을 충분히 짐작할 수 있다.

《격몽요결》

공자 이래 유학자들은 학문과 교육을 중시해 왔다. 유학자들이 생각하는 학문과 교육은 사실 세계에 대한 단순한 지식의 습득이 아니라 어디까지나 인간의 인간다움을 실현하기 위한 것이다. 또한 이상 세계란 구성원 개인의 이상적 인격 완성이 그 근본이 된다고 생각한다. 그러므로 결국 학문과 교육이란 수기치인(修己治人)의 근본이 되는 것이다.

그래서 율곡은 유가 본래의 수기치인의 도를 이룬 도학지사(道學之士)를 진유(眞儒)라 하였다. 이런 사람은 나아가 벼슬을 하면 일시에 도를 행하여 백성들에게 밝고 화락한 즐거움을 안겨주고, 물러나 은둔하면 난세에 가르침을 베풀어 학자로 하여금 큰 잠에서 깨어날 수 있게 한다고 하였다. 즉, 나아가거나 물러나거나 도에서 떠나지 않는 모습을 강조하였다. 이런 견지에서 처음 유학에 입문하는 초학자들을 위해 씌어진 것이 《격몽요결》이다.

율곡은 초학자들이 학문하는 방향을 모르는 것을 근심하여 입심(立心), 칙궁(飭躬), 봉친(奉親), 접물(接物)의 방법을 대략 서술하여 가르쳤는데 모두 10장으로 되어 있다.

이후 학파의 구분 없이 많은 사람들에게 널리 읽혔는데, 특히 퇴계의 제자 월천(月川) 조목(趙穆)은 크게 칭찬하면서 말하였다. "마땅히 천하만세에 행할 만한 것이지 어찌 유달리 동방에만 행하고 말 것인가. 지금부터 이《격몽요결》경신(敬信)하기를 허노재가《소학》에 대해서 한 것보다 더할 것이다." 이후 인조는 왕명으로 모든 향교에 배포하여 아이들을 가르치는 기본 학습서로 삼았다.

《격몽요결》은 서문과 본문 10장으로 구성되어 있다.

서문에서는 율곡이 생각하는 학문의 의미, 내용, 방법 및 학문이 필요한 이유와 유가적인 학문의 특징이 간결하게 표현되어 있다.

본문에서는 구체적 내용을 10장으로 나누어 하나하나 밝히고 있다. 먼저 성인이 되려는 뜻을 세우고 다음으로 지난날의 잘못된 습관들을 고치며 몸가짐을 바로 하는 공부부터 시작하여 독서가 이어지며, 그 다음으로 생활 속에서 어버이를 섬기는 바른 모습, 상례와 제례의 간략한 내용과 핵심, 집안에서의 처신과 집안을 꾸려가는 태도, 다른 사람 즉 벗이나 이웃 사람, 혹은 스승 등과의 관계에서 지켜야 할 태도, 그리고 마지막으로 과거시험이나 관직에 대해 선비가 가져야 할 태도 등을 하나하나 가르치고 있다. 좀 더 구체적으로 그 내용을 살펴보자.

제1장 입지(立志)에는 학문은 반드시 먼저 성인(聖人)이 되려는 데 뜻을 두어야 한다는 것이다.

그래서 초학자들은 모름지기 털끝만큼이라도 스스로를 작게 여기고 물러나려는 뜻을 가져서는 안 된다고 한다. '유가의 학문이란, 배워서 성인이 되려는 학문이다'라는 규정은 정자(程子) 이래로 성리학자들이 강조하는 기본입장이다. 일반적으로 성인이란 모든 사람들이 언젠가는 도달해야 될 인간의 이상을 가리킨다. 율곡은 성인과 보통사람의 차이는 기질의 차이일 뿐 그 본성은 동일하다는 말로써 모든 사람이 성인이 될 수 있음을 강조하였다. 그러므로 잘못된 습관을 제거하고 그 최초의 본성을 회복할 수 있으면 털끝만큼도 보탤 필요 없이 만가지 선(善)이 모두 갖추어져 있다는 것이다. 누구나 성인이 될 수 있으므로 우리는 항시 스스로 성인이 되기 위해 분발해야 한다. 내가 성인이 되지 못한 이유는 다만 뜻을 세우지 못했고 지혜가 밝혀지지 않았으며 행실이 돈독하지 못했기 때문이다. 그러면 우리가 성인이 되고자 뜻을 세우기만 하면 기질을 극복하고 성인이 될 수 있는 까닭은 어디에 있는가? 율곡은 이를 마음의 허령(虛靈)한 특성으로 설명하였다. 마음은 몸과 달리 허령한 존재로서 기질의 품수(稟受)에 구애되지 않기 때문에 어리석음을 바꾸어 지혜롭게 될 수도 있고, 불초(不肖)한 것을 바꾸어 어질게 될 수도 있다는 것이다.

《격몽요결》
율곡이 초학자들의 덕행과 지식을 함양하기 위해 지은 초등교과서인 《격몽요결》의 초고본 일부

제2장 혁구습(革舊習)에서는 구습을 고치는 것이다.

율곡은 사람들이 비록 학문에 뜻을 두었으나 용감하게 앞으로 나아가 성취하지 못하는 까닭이 바로 구습 때문이라고 보았다.

구습의 조목은 이렇다. 첫째, 그 뜻을 게으른 데 두고 몸가짐을 함부로 하며 다만 한가하고 편안할 것만 생각하고 구속을 매우 싫어하는 것. 둘째, 항상 돌아다닐 것만 생각하고 고요하지 못하며 바삐 드나들고 잡담이나 하면서 세월을 보내는 것. 셋째, 남과 같은 것을 좋아하고 다른 것을 싫어하며, 속된 무리에 섞여 몸가짐을 조금 닦으려 하다가도 다른 사람들과 어긋날까 두려워하는 것. 넷째, 좋은 글을 지어 남에게 칭찬받기를 좋아하여 경전을 베껴 문장을 화려하게 꾸미는 것을 좋아하는 것. 다섯째, 글씨 쓰는 기교나 익히고 노래하고 술 마시는 것을 주로 하며 편안하게 세월을 보내면서 스스로 정결한 습관이라고 여기는 것. 여섯째, 한가한 사람들을 모아놓고 바둑이나 장기를 두며 온종일 배불리 먹고 단지 승부를 겨루기만 하는 것. 일곱째, 부귀를 부러워하고 빈천(貧賤)을 싫어하여 조악한 음식과 옷을 매우 부끄럽게 여기는 것. 여덟째, 풍류에 절도가 없어 절제하지 못하여 돈과 여색의 맛을 꿀맛처럼 여기는 것 등이다.

다시 말해 세속적이고 물질적이며 감각적인 데 빠져 인간다움을 이루지 못함을 경계하는 것이며, 또 유학자는 예술가나 세상을 멀리하는 사람과 달라 엄격히 자신을 조절하여 당위를 실천해야 함을 강조한 것이다.

제3장 지신(持身)에서는 구체적인 몸가짐에 대해 언급한 것이다.

먼저 충(忠)과 신(信)의 토대 위에서 세속의 사소한 일들로 인해 마음을 어지럽혀서는 안 된다는 것을 전제하고, 다음으로 한 가지 행실마다 소홀하거나 구차함이 있어서는 안 됨을 강조하였다. 아침에 일찍 일어나고 저녁에 늦게 자며, 의관은 반드시 바르게 하고 용모와 안색은 엄숙히 하며, 두 손을 바로 모으고 반듯이 앉으며, 점잖게 걸으며, 말은 신중히 하여야 한다는 것이다. 다음으로, 몸과 마음을 수렴하는 데는 '구용'(九容)보다 더 절실한 것은 없으며, 학문을 진보하게 하고 지혜를 더하는 데는 '구사'(九思)보다 더 절실한 것은 없다고 하여 구용과 구사를 인용하면서, 항상 이것을 가지고 마음을 보존하고 몸을 검속(檢束)하여 잠시라도 잊어버리지 말 것이며, 또 자리 옆에 써 두고 항상 보아야 할 것이라 하였다.

제4장 독서(讀書)에서는 독서가 필요한 이유와 독서 방법 및 읽어야 할 책들과 그것을 읽는 차례를 말한 것이다. 독서가 필요한 이유는 반드시 궁리하여 선을 밝힌 뒤에야 마땅히 행해야 할 도리가 환하게 앞에 있어 학문이 진보할 수 있기 때문이다. 그래서 도에 들어가는 데에는 궁리보다 앞서는 것이 없고, 궁리하는 데는 독서보다 앞서는 것이 없으니 성현들이 마음을 쓴 자취와 본받아야 할 선과 경계해야 할 악이 모두 책 속에 나와 있기 때문이다.

이로 미루어 보면 유학자들이 널리 책을 읽는 것은 어디까지나 선(善)을 실천하고 악(惡)을 경계하려는 도덕적인 목적에서 비롯된 것임을 잘 알 수 있다. 공자는 이것을 '위기지학'(爲己之學)이라 하여 '위인지학'(爲人之學), 즉 남에게 보이기 위한 학문과 구별하였다. 따라서 책을 읽는 방법도 마음으로 그 내용을 깨우쳐 얻는 데 도움이 되도록 해야 한다.

책을 읽는 차례는 《소학》부터 시작하여 《대학》, 《논어》, 《맹자》, 《중용》, 《시경》, 《예경》, 《서경》, 《역경》, 《춘추》의 순서이다. 특히 율곡은 《논어》, 《맹자》, 《중용》, 《대학》의 사서(四書)에다 소학을 합쳐 오서(五書)라고 부르며 《소학》을 매우 중시하였다. 사림파의 입장을 그대로 계승한 예라 하겠다.

제5장 사친(事親)에서는 효로써 부모를 섬길 것을 말한 것이다. 율곡은 어버이에게 마땅히 효도해야 한다는 것을 모르는 것은 아니나 효도를 하는 사람이 드문 것은 부모의 은혜를 깊이 알지 못하는 까닭이라고 보았다. 그래서 부모가 나를 낳아 길러 주신 은혜를 강조하고, 항시 이런 부모의 은혜를 생각하면 스스로 부모에 대한 정성이 우러나올 것이라 하였다. 그리고 끝으로 정성을 다하고 힘을 다하여 효를 실천하면서도 오히려 부족함이 있지 않을까를 두려워해야 한다고 하여 효를 다할 것을 역설하였다.

제6장 상제(喪制)에서는 상례는 한결같이 《주문공가례》에 따라야 한다고 전제하고 그 대체를 밝힌 것이다.

제7장 제례(祭禮)에서는 제사도 마땅히 《주자가례》에 따라야 할 것이며,

반드시 사당을 세워 선조의 신주를 받들되 제전(祭田)과 제기(祭器)를 갖추고 맏아들이 주관해야 한다고 하면서 당시 풍속이 예를 갖추지 않고 집집마다 제사의 법도가 달라 질서가 문란한 것을 비판하였다.

제8장 거가(居家)에서는 집안에서의 행동규범을 밝힌 것이다. 삼가 예법을 지킬 것, 사치하지 말고 수입에 맞추어 쓰임새를 정할 것, 부모에 대한 효를 미루어 형제간에 화목할 것 등을 말하고, 또 부부 사이에 좋아하는 것이 너무 지나쳐 서로 공경함이 없으면 집안이 다스려지지 않으므로 예로써 공경하는 태도를 잃지 말 것 등을 말한다. 또한 자식을 기를 때에는 어릴 때부터 선(善)으로 이끌어야 하는데, 특히 집 안에 예법이 있고 어른이 모범을 보이면 아이들이 나쁜 곳으로 빠지게 될 염려가 없을 것이라 하여 어른들의 모범을 강조하였다. 또 조카도 자식처럼 구별 없이 사랑하고 가르쳐야 한다고 하였는데 이 말에서 당시의 가족관념을 볼 수 있다. 끝으로 학문하는 선비는 궁핍하게 살더라도 지방수령의 도움을 받아서는 안 된다는 말을 하고 있다. 왜냐하면 지방수령은 녹봉을 받지 않기 때문에 수령이 주는 물건은 모두 국가의 공적인 것으로서 사사롭게 쓸 수 있는 것이 아니기 때문이라는 것이다.

제9장 접인(接人)에서는 집안 사람이 아닌 친구, 이웃 사람, 선생이나 어른들을 대하는 태도나 방법에 대한 것이다.
기본적으로 타인을 대할 때는 화락하고 공경하는 태도로 할 것이며, 나이가 자기보다 배가 되는 사람은 부모 섬기는 도리로써 섬기고, 10년 연상이면 형을 섬기는 도리로써 섬기고, 5년 연상이라도 또한 공경하는 태도를 가져야 하는 것이니, 배운 지식을 믿고 스스로 높다고 여겨 남을 능멸하는 태도를 갖는 것이야말로 가장 나쁘다 하였다.

제10장 처세(處世)에서는 선비로서 관직에 대해 가져야 할 바른 몸가짐으로서 세상을 살아감을 말한다. 율곡은 무조건 벼슬하지 않는 것을 깨끗하고 이상적인 것이라 여기지 않았으며, 또한 벼슬을 부귀영화를 얻는 수단으로 생각해서도 안 된다고 여겼다. 즉, 벼슬한다는 것은 자기의 부귀영화를 얻기

위함이 아니라 기본적으로 다른 사람을 위한 것이라 하였다. 그러므로 학문을 이룬 뒤에 왕에게 발탁되어 등용되는 것이 이상적이지 벼슬길에 나가기를 맘먹고 과거시험에 응함으로써 도를 펼 수 있는 지위가 주어지는 제도 자체가 잘못된 것이라 본다. 그러나 지금의 제도가 그러하다면, 마땅히 자신의 능력을 길러놓고 때를 기다리되 현실적인 득실은 천명에 맡겨야지 벼슬을 조급히 탐하여 그 뜻을 잃어서는 안 된다는 것이다.

또한 과거시험을 준비하느라고 제대로 학문을 할 수 없다는 것도 핑계에 지나지 않는다고 비판하였다. 옛사람은 직접 밭을 갈아 부모를 봉양하고, 남의 고용살이를 하거나, 허드렛일을 하면서도 남은 힘으로 학문하고 덕을 길러나갔는데, 오늘의 선비들은 부모들이 과거급제만을 바라면서 모든 힘든 일을 면해 주고 있으니 옛사람보다 백배나 편하다는 것이다. 그러므로 이 핑계 저 핑계 시간만 허비하지 말고 과거시험 공부와 성리서 공부를 병행하여 뒷날 후회가 없도록 해야 할 것이라고 경계하였다.

율곡의 구도적(求道的) 시편들

여덟 살 때, 율곡은 경기도 파주 율곡(栗谷)으로 내려가 살았다. 여기에 조상들이 살던 옛집이 있었기 때문이었다. 율곡 임진강 가에 화석정이란 정자가 있었다. 그해 가을 율곡은 화석정에 올라 구경하며 시 한 수를 지었다. 가을 저녁, 시인의 쓸쓸한 정회가 고스란히 묻어 있는 한 편의 시는 율곡의 숨은 재능을 여실히 보여주는 명편(名篇)으로 남았다.

16세 때, 율곡은 경모해 마지않는 어머니 신사임당을 여의고 삶과 죽음의 문제에 심취하게 되었다. 결국 그는 산사(山寺)로 들어가 번민하면서 나날을 보내며 자유스럽게 시작(詩作)에 임하였다. 이때 율곡의 시에선 무엇보다도 탈속의 기품이 느껴진다. 조촐하게 여장을 꾸리고 자연을 벗삼아 유람하는 선비의 담담한 심경이 눈에 선하게 그려진다. 그 뒤, 율곡은 절을 나와 세상으로 돌아왔다. 불교 공부로는 자신이 구하는 인생의 문제를 명쾌하게 해결할 수 없음을 깨달았기 때문이다.

이제 율곡은 학자의 기품을 풍기면서 구도적 삶의 자세를 시를 빌려 찾고 있다. 따라서 율곡의 시 속에는 선비의 호연한 기품이 넘치고 있다. 율곡의 시는 도학자로서의 삶과 유리되어질 수 없었다. 이는 율곡이 지닌 세계관이

기도 했다. 따라서 현실 인식과 어느 정도 관련이 있는 것이었다. 〈만언봉사소〉에서는 백성들의 궁핍한 삶을 고발하고 지방관의 토색질을 비판하였으며, 민의를 중요시하는 '국시론(國是論)'을 전개하기에 이르렀다.

목릉성세(穆陵盛世 : 선조(宣祖) 때의 문치를 높여 칭송하는 말)의 화려한 문풍이 한 시대를 격동시키고 있음에도 불구하고 오히려 율곡에게선 당풍(唐風)과 같은 섬세한 정감이 나타나기보다는 유가 선비로서의 담담하고 절제된 정취가 격조 높게 풍긴다. 남용익(南龍翼)은 율곡의 시를 통명(通明)하다고 하였다. 정감에 치우치지 않았기 때문에 군더더기가 없고, 자유롭게 산천을 기행하듯이 썼기 때문에 탁 트여 있다는 것이다.

율곡은 시작(詩作)을 할 때, 미적인 표현에는 그다지 관심을 기울이지 않고 있다. 이것은 율곡이 시의 미적인 정취를 간과한 것이라기보다는, 유가 선비 본연의 모습을 찾아 선비로서의 굳건한 기상을 읊고자 했기 때문이다.

그러나 선조 11년(1578) 43세 되던 해 4월, 대사간 벼슬을 사양하고 율곡으로 내려갈 때 한강 배 위에서 지은 다음의 시에는 시적 정취와 소회가 다분히 나타나 있으니 무엇을 뜻함일까.

　배가 떠나 남산이 멀어지니
　설레는 이 마음 참을 길 없어
　사공에게 이르는 말
　돛을 달지 말라 하더라

율곡은 조선 중기의 대학자이자 시인이자 문장가였다. 젊은 시절 많은 번민을 거치면서 자연과 인생을 사유하여 주기론(主氣論)을 정립하였고, 이 주기론은 이후 기호학파 학자들의 충만한 학문적인 결실을 예견하게 해 준 것이었다. 이 점에서 그의 시풍 또한 도학자로서의 기품을 유감없이 보여 준 것이었고, 기호학풍의 터전을 일군 종장(宗匠)다운 경지를 열어 갔던 것이라고 하겠다.

48세 되던 해 6월, 어수선한 정계를 떠나 파주로 내려가면서 읊은 거국시(去國詩) 한 편에는 나라를 근심하는 율곡의 비장한 심정이 여실히 나타나 있다.

사방은 멀리 검은 구름으로 캄캄한데
중천에 드높이 햇빛은 밝기도 하오
외로운 신하의 한 줄기 눈물
한양성을 향하여 뿌리옵니다

연보

1536년(1세)
12월 26일 강릉 북평마을(오늘날의 강릉시 죽헌동) 외가에서 아버지 이원수와 어머니 사임당 신씨 사이에서 태어나다.

1538년(3세)
책을 읽을 줄 알다.

1540년(5세)
어머니 신사임당이 병으로 위중하자 외조부 사당에 들어가 기도하다.

1541년(6세)
신사임당을 따라 강릉에서 한성(서울) 수진방의 친가로 올라오다.

1542년(7세)
〈진복창전〉을 짓고, 어머니로부터 글을 배우다.

1543년(8세)
파주에 있는 집안 소유의 화석정에 올라 시를 짓다.

1544년(9세)
형제가 함께 부모를 모시며 사는 〈동거도(同居圖)〉를 그리다.

1545년(10세)
〈경포대부(鏡浦臺賦)〉를 짓다.

1548년(13세)
진사 초시에 장원으로 올라 명성을 얻다.

1551년(16세)
5월에 어머니 사임당이 별세하다.

1552년(17세)
여름에 삼년상을 마치고 심상(心喪)을 하다.

1553년(18세)

가을에 심상을 마치고 관례(冠禮)를 행하다.

1554년(19세)

우계 성혼과 교제하고, 어머니 묘소에서 3년 시묘를 하다. 3월에 어머니를 잃은 슬픔에 금강산에 들어가 불교 선학(禪學)을 탐구하다.

1555년(20세)

봄에 금강산에서 내려와 인생의 이정표를 정하고 그 목표를 실천하기 위한 11가지 구체적 방안을 세운 〈자경문(自警文)〉을 짓다.

1556년(21세)

봄에 한성 집으로 돌아와 한성시에 장원급제하다.

1557년(22세)

9월에 성주목사 노경린(盧慶麟)의 딸인 곡산(谷山)노씨와 혼인하다.

1558년(23세)

봄에 예안으로 퇴계 이황을 찾아가 뵙고 학문을 토론하고, 이해 별시에 〈천도책(天道策)〉으로 장원급제하다.

1560년(25세)

〈지야서회고시(至夜書懷古詩)〉를 쓰고, 〈파주향약서(坡州鄕約書)〉를 짓다.

1561년(26세)

5월에 아버지 이원수 공이 별세하다.

1564년(29세)

7월에 생원, 진사에 오르고, 8월에 명경과에 장원급제하여 호조좌랑에 처음 임명되다. 이때부터 관직생활을 시작하다.

1565년(30세)

봄에 예조좌랑으로 전임, 8월에 승려 보우를 논척하고, 윤원형을 탄핵하다.

1566년(31세)

사간원 정언에 임명되고, 겨울에 이조좌랑이 되어 시급히 개혁해야 할 일을 제안한 〈시무삼사(時務三事)〉를 상소하다.

1567년(32세)

새 왕의 즉위를 맞아 조정에 머물도록 퇴계 이황에게 간곡히 권하다.

9월에 중신 심통원을 부패혐의로 탄핵하다. 10월에 편지로 기대승과 철학을 토론하다.

1568년(33세)

2월에 사헌부 지평에 임명되고, 4월에 장인 노경린의 상을 당하다. 5월에 성혼과 지선(至善) 및 격치성정설(格致誠正說)을 논하고, 천추사(千秋使) 서장관으로 명나라에 다녀오다. 11월에 이조좌랑에 이어 그해 홍문관 부교리로서 춘추관기사관을 겸하여 《명종실록》편찬에 참여하다.

1569년(34세)

6월에 홍문관 교리에 임명되어 9월에 《동호문답(東湖問答)》을 선조에게 지어올리다. 또한 윤원형 등이 꾸민 을사사화의 위사위훈(衛社僞勳)을 삭제하여 국시를 정하도록 청하다. 10월에 특별휴가를 얻어 외조모에게 갔는데, 이때 외조모가 90세의 나이로 별세하다.

1570년(35세)

4월에 홍문관 교리에 임명되고 8월에 맏형 선(璿)이 세상을 떠나다. 10월에 병으로 벼슬을 사양하고 처가인 해주로 갔다가 12월 이황의 부음을 듣고 멀리서 곡하다. 해주의 고산(高山) 석담구곡(石潭九曲) 경관을 보고 여기서 살 계획을 세운다.

1571년(36세)

여러 벼슬을 제수받지만 병으로 모두 사퇴하고 해주로 돌아가다. 6월에 청주목사에 임명되어 향약을 만들어 백성들에게 실시하다.

1572년(37세)

3월에 병으로 사직하고 파주 율곡으로 돌아갔는데, 이때 우계 성혼과 이기설, 사단칠정론에 대해 토론을 벌이다. 그해 〈논붕당소(論朋黨疏)〉를 지어 사후의 이준경을 공격하다.

1573년(38세)

7월에 홍문관 직제학에 임명되어 병으로 사직했으나 허락을 받지 못하여 부득이 올라와서 세 번 상소하고 허락을 받다. 9월에 승정원 동부승지가 되다. 11월에 과거 출신 아닌 사람에게도 대헌(大憲)의 길이 통할 수 있도록 청하다. 이황에게 시호를 내려줄 것을 청하다.

1574년(39세)

정월에 우부승지에 오르고 〈만언봉사〉를 지어올려 시국을 바로잡는 데 힘쓰다. 3월에 사간원 대사간에 임명되고, 4월에 병으로 우부승지를 사직하고 파주 율곡으로 돌아가다. 6월에 큰아들인 서자(庶子) 경림이 출생하고, 10월에 황해도 관찰사에 임명되다.

1575년(40세)

3월에 병으로 황해도 관찰사를 사직하고 파주 율곡으로 돌아가다. 5월에 서경덕에게 증직(贈職)할 것을 청하다. 6월에 유희춘의 추천으로 왕명에 따라 사서오경의 언해에 착수하다. 9월에 《성학집요》를 지어올리다. 홍문관 부제학에 임명되다. 10월에 《대학연의(大學衍義)》를 임금에게 시강(侍講)하고 극기복례를 논하다. 12월에 박순의 태극음양설에 회답하다.

1576년(41세)

정월에 관직을 떠나 파주 율곡으로 돌아가고, 10월에 해주 석담으로 돌아가다. 앞으로 이곳에 살 계획으로 청계당을 짓기 시작하다. 12월에 한성으로 돌아오고, 병조참지의 임명을 사퇴하였다.

1577년(42세)

정월에 해주 석담으로 돌아와 종족회의를 열고 대가족이 함께 살기로 하면서 〈동거계사(同居戒辭)〉를 짓다. 12월에 《격몽요결》을 짓고, 향약을 만들어 고을의 폐습을 바로잡고 백성들을 구제하다.

1578년(43세)

〈고산구곡가〉를 짓고, 3월에 대사간에 임명되고, 4월에 파주 율곡으로 돌아갔다가 5월에 〈만언소(萬言疏)〉를 지어올리다.

1579년(44세)

3월에 〈도봉서원기〉를 짓고 《소학집주》를 완성하다. 차자인 서자 경정 출생하다. 5월에 대사간으로 부름을 받고 나갔으나 사양하고 곧 돌아오다. 〈사대사간겸진세척동서소기묘(辭大司諫兼陳洗滌東西疏己卯)〉를 올려 붕당의 문제점과 그것의 타파를 역설하다.

1580년(45세)

5월에 《기자실기(箕子實記)》를 편찬하고, 12월에 대사간으로 부름을 받고 나갔으나 사양하고 곧 돌아오다.

1581년(46세)

6월에 가선대부 사헌부 대사헌으로 승진하고, 10월에 자헌대부 호조판서에 오르다. 홍문관 예문관 대제학에 임명되고 《경연일기(經筵日記)》를 짓다.

1582년(47세)

정월에 이조판서에 임명되고, 7월에 《인심도심설(人心道心說)》을 지어올리다. 《김시습전(金時習傳)》과 《학교모범》 및 《사목(事目)》을 지어올리다. 8월에 형조판서에 임명, 9월에 숭정대부로 승진, 의정부 우찬성에 임명되어 또 〈만언소〉를 지어올리다. 10월에 명나라 사신을 영접하는 원접사가 되고 12월에 병조판서에 오르다.

1583년(48세)

2월에 〈시무육조(時務六條)〉를 올리고, 4월에 서얼허통(庶孼許通)과 재주 있는 공사천(公私賤)의 속량(贖良)을 청하다. 왜구의 침입에 대비하여 '십만양병설'을 주장하나 채택되지 않다. 6월에 당쟁을 조장한다는 동인의 탄핵으로 사직하고 파주 율곡으로 돌아왔다가 다시 해주 석담으로 가다. 9월에 판돈녕부사와 이조판서에 임명되다. 〈시폐봉사(時弊封事)〉를 지어올리다.

1584년(49세)

정월에 병석에 눕다. 주위의 만류를 무릅쓰고 북변으로 떠나는 서익(徐益)에게 〈6조방략(六條方略)〉을 지어주다. 1월 16일 한성의 대사동(지금의 인사동·관훈동·연지동에 걸치는 지역) 집에서 별세하다. 3월 20일에 파주 자운산 선영에 장사 지내다.

1611년(광해군 3년) 문집이 간행되고, 1624년(인조 2년) 8월에 문성(文成)이라는 시호가 내려지다. 1682년(숙종 8년) 문묘에 신주가 모셔지다.

고산(高山)

서울에서 태어나다. 성균관대학교국문학과졸업. 성균관대학교대학원비교문화학과졸업. 소설《청계천》으로〈자유문학〉등단. 1956~2021년 동서문화사 창업 발행인. 1977~87년 동인문학상운영위집행위원장. 1996년《한국세계대백과사전》편찬주간발행. 지은책《청계천 사람들》《불굴의 혼·박정희》《한국출판100년을 찾아서》《愛國作法·新文館 崔南善·講談社 野間淸治》《망석중이들 잠꼬대》《청년들아 야망을 가져라!》《高山 大三國志》《불과 얼음 장진호 혹한 17일》한국출판문화상수상, 한국출판학술상수상.

World Book 30

李珥

聖學輯要/擊蒙要訣

성학집요/격몽요결

이이 지음/고산 역해

1판 1쇄 발행/1978. 10. 10
2판 1쇄 발행/2008. 9. 1
2판 9쇄 발행/2023. 1. 1

발행인 고윤주
발행처 동서문화사
창업 1956. 12. 12. 등록 16-3799
서울 중구 마른내로 144(쌍림동)
☎ 546-0331~2 Fax. 545-0331
www.dongsuhbook.com

*

이 책의 출판권은 동서문화사가 소유합니다.
의장권 제호권 편집권은 저작권법에 의해 보호를 받는 출판물이므로
무단전재와 무단복제를 금합니다.
사업자등록번호 211-87-75330

ISBN 978-89-497-0495-1 04080
ISBN 978-89-497-0382-4 (세트)